本 书 资 源

读者资源

◎ 101个例题的Excel操作讲解视频文件

◎ 所有例题数据和习题数据的Excel文件

◎ Excel自定义加载宏安装文件

◎ Excel数据通安装用户手册及安装文件

本码2029年12月31日前有效

读者关注“博雅学与练”公众号后扫描右侧二维码即可获取上述资源。

一书一码，相关资源仅供一人使用。

视频资源仅供在线观看，其他资源请按提示下载至个人电脑中使用。

读者在使用过程中如遇到技术问题，可发邮件至lij@pup.cn。

教辅资源

◎ 长达1300多页的超大容量PPT

◎ 所有习题解答的Excel文件

任课教师可根据书后的“教辅申请说明”反馈信息，索取教辅资源。

数据、模型与决策

基于Excel的建模和商务应用（第三版）

DATA, MODELS AND DECISIONS

蒋绍忠/编著

图书在版编目(CIP)数据

数据、模型与决策:基于 Excel 的建模和商务应用/蒋绍忠编著. —3 版. —北京:北京大学出版社,2019. 10

21 世纪 MBA 规划教材

ISBN 978 - 7 - 301 - 30825 - 7

Ⅰ. ①数… Ⅱ. ①蒋… Ⅲ. ①表处理软件—应用—商业管理—研究生—教材 Ⅳ. ①F716 - 39

中国版本图书馆 CIP 数据核字(2019)第 205718 号

书　　名	数据、模型与决策——基于 Excel 的建模和商务应用(第三版) SHUJU、MOXING YU JUECE——JIYU EXCEL DE JIANMO HE SHANGWU YINGYONG (DI-SAN BAN)
著作责任者	蒋绍忠　编著
责任编辑	李　娟
标准书号	ISBN 978 - 7 - 301 - 30825 - 7
出版发行	北京大学出版社
地　　址	北京市海淀区成府路 205 号　100871
网　　址	http://www. pup. cn
微信公众号	北京大学经管书苑 (pupembook)
电子邮箱	编辑部 em@ pup. cn　总编室 zpup@ pup. cn
电　　话	邮购部 010 - 62752015　发行部 010 - 62750672　编辑部 010 - 62752926
印 刷 者	北京市科星印刷有限责任公司
经 销 者	新华书店
	787 毫米×1092 毫米　16 开本　30. 75 印张　768 千字
	2010 年 1 月第 1 版　2013 年 4 月第 2 版
	2019 年 10 月第 3 版　2024 年 4 月第 3 次印刷
定　　价	79. 00 元

第三版前言

自本书第二版出版以来，作者历经六年的教学实践和积累，终于完成了第三版的修订。

第三版修订的内容较多，主要包括以下四方面：

(1) 教材所用的 Excel 版本从第二版的 Excel 2007 升级为 Excel 2016。Excel 2007 以后的版本，部分函数采用了新的函数名。尽管 Excel 2007 以后的版本仍保留了对 Excel 2007 老函数名的兼容，但在第三版中这些函数全部采用新的函数名，并且 Excel 截图都换成 Excel 2016 的界面。

(2) 作者开发了一个教学辅助软件“Excel 数据通”，这是一个 Excel 外接程序，安装以后 Excel 就会增加相应的菜单和功能模块。“Excel 数据通”的特点是，大部分功能模块的输出结果不仅包括数据，还包括计算这些数据的公式。有了这个软件，读者可以把时间和精力集中于对本书有关原理和方法的理解，而不必去进行烦琐的计算。

(3) 增加了一些新的内容。例如，第 1 章增加了 Excel 常用函数，第 6 章增加了线性逐步回归、遍历子集回归和 Logistic 回归。线性逐步回归、遍历子集回归和 Logistic 回归是回归分析领域非常有用的工具，但 Excel 本身不具备这些功能。有了“Excel 数据通”，读者就可以学习和使用这些工具了。

(4) 本书很大篇幅用来介绍 Excel 的各种操作，许多操作单靠文字和图片很难表达清楚，为了帮助读者学习这些操作，作者为第三版的许多例题录制了操作视频。

希望以上这些改进能给第三版注入新的活力。

作者深深感谢北京大学出版社经管部李娟编辑。从第一版出版至今的近十年中，本书的编审、再版都凝聚了李老师的心血。没有她的支持、鼓励，本书的生命周期不可能延续至今。

同时，作者非常感谢本书的新老读者与修读作者课程的浙江大学和香港理工大学的学生。本书每改版一次，作者就会不断收到读者的反馈，他们指出书中存在的错误和问题，并提出许多非常有价值的建议。读者的期许，是鞭策作者不断改进的动力。

第三版的视频和软件,是新的改进和尝试,肯定会存在很多问题。特别是软件“Excel 数据通”,是作者历经数年独自开发的产品,虽然经过反复测试,仍不可避免地会有许多无法预见的异常。恳请读者将软件运行中发现的异常,截屏后用电子邮件发送给作者(邮件地址仍然是 jiangsz@ zju. edu. cn),以便作者研究和修正这些问题。作者会认真、及时地回复来自读者的每一封电子邮件!

蒋绍忠
2019 年 2 月
于浙江大学紫金港校区

第二版前言

自本书第一版出版以来，不少读者对本书的内容和结构提出了很多宝贵的建议，指出了其中的一些错误和欠妥之处。对于大家的指导和帮助，作者深表感谢。通过和大家的交流，作者感到广大读者，特别是MBA任课教师和MBA学生，对本书的内容还是肯定和欢迎的，作者也感受到大家对本书改版的期待。

作者从一年前就开始为改版做准备：在2011年秋冬季浙江大学管理学院MBA教学中，试用了改版以后的PPT演示文稿和其他教辅材料，学生反映良好；同时，在教学过程中，形成了与新内容配套的例题、习题、习题解答以及新的课堂视频文档；最后，在这些工作的基础上，完成了本书的第二版书稿。

第二版主要有以下一些改动：

（1）数据处理工具改为Excel 2007。Excel 2007无论是功能、界面还是稳定性都比Excel 2003有明显的改进，已经逐渐成为主流版本。很多熟悉Excel 2003的学生，使用Excel 2007时，觉得两者界面变化太大，许多原来熟悉的功能不知去向，有点无所适从。经过一个学期的学习，大家都觉得这样的改变是很值得的。Excel 2010和Excel 2013的功能及界面与Excel 2007非常接近，本书中的模型、方法、操作和文档，同样适用于Excel 2010和Excel 2013。

（2）增加了第五章"问卷调查"。这一章除了包括问卷调查的基本概念和方法等内容，还着重介绍了前四章的数据分析和统计工具在问卷数据分析中的应用。对于MBA学生来说，问卷调查无论对于他们的实际工作还是对于他们的学位论文写作，都是非常重要的。

（3）为了简化课程中一些比较复杂但很常用的计算操作，作者编制了一些Excel自定义函数。这些自定义函数是：个人所得税计算函数、问卷数据的克隆巴赫α信度系数计算函数、层次分析法判断矩阵特征向量和特征根计算函数。这些自定义函数与课程内容密切相关，使用简便灵活，既是很好的教学手段，又是有价值的实用工具。

与第一版一样，第二版有一张学习光盘随书发行，其中有与第二版内容配套的例题和习题的 Excel 2007 文档以及以上自定义函数的加载宏文件。另外,作者还准备了与第二版书稿配套的 PPT 教学演示文档、习题解答、课堂视频等教师用教辅材料。教师如果采用本书作为教材,只要向出版社提交书后的“教师反馈及课件申请表”,就可以从出版社免费获取第二版的教师用教辅材料。

在完成第二版书稿之际,作者再次对关心和支持本书的读者以及北京大学出版社表示由衷的感谢,并继续期待得到各位的指教。作者的电子邮箱仍然是:jiangsz@ zju. edu. cn。

蒋绍忠

2012 年 10 月

于浙江大学紫金港校区

第一版前言

无论是教师、医生、公司职工还是公务员，其工作或多或少都与数据处理有关。学生成绩的统计、治疗效果的评估、产品销量的预测、客户资料的分类、人事档案的管理等，都涉及数据处理。随着计算机以及应用软件的普及，人人都具备数据分析和处理的条件，可是并非人人都能科学、有效地分析和处理数据。

有了数据，人们需要借助理论和模型，才能获得对决策有用的信息。数据是基础，模型是工具，决策是目的。为了用数据辅助决策，人们需要学习一些相关的理论和模型（包括概率、统计、预测、模拟和优化等），还需要掌握相应的计算机软件工具。本书就是从理论模型和软件工具两个方面，比较全面地介绍数据分析和处理的方法和技能。本书的对象是那些有数据分析处理需求，具备计算机和软件操作基础，希望进一步学习数据处理的理论、模型、技术和方法的读者。

本书有以下几个特点：

（1）注重理论和方法相结合。书中的理论都有相应的实现方法举例，其中绝大多数例子都有软件操作界面的屏幕截图，并且对截图进行详细的标注。

（2）介绍最常用的数据分析模型，如回归模型、预测模型、模拟模型、优化模型和层次分析模型。模型是对数据进行深层次分析的必要工具，掌握这些模型对提高数据分析和处理能力以及将数据分析和处理与决策结合起来，是非常重要的。

（3）数据分析和处理软件采用 Excel。众所周知，Excel 是应用最广泛的电子表格，具有强大和完善的数据处理功能，Excel 表格和图形与 Word 等其他 Office 工具完全兼容。对于非专业化的数据处理人员，以 Excel 作为数据分析和处理工具，具有起点低、见效快的优势，显然是最佳的选择。

（4）学习数据分析和处理，操作练习是十分必要的。本书附有一张学习光盘，其中有本书所有例题和习题的 Excel 文档，以方便读者在阅读本书时，参照这些文档进行操作练习。

(5) 编写本书的直接目的,是为工商管理硕士(MBA)学生提供一本“数据、模型与决策”课程的教材。为此,本书还有一张配套的教师光盘,其中包括书中所有习题的解答、长达900多页的PPT演示文档,以及长达几十个小时的课堂教学视频文档。教师光盘只赠送给选用本书作为教材的老师。

本书是作者多年从事“数据、模型与决策”课程教学的成果。尽管作者在编写和审阅本书过程中尽了最大努力,但限于作者的水平、时间和精力,书中错误和疏漏在所难免,恳请读者指正并告知。作者的电子邮箱是:jiangsz@zju.edu.cn,恭候各位赐教。

蒋绍忠
2009年清明节
于求是村

目　录

第1章 数据和数据展示

1.1 数据

1.1.1 数据概述

“气象台今天18点发布报告,本市今天晴,最高气温12.3℃,最低气温5.1℃,偏北风5级。明天天气预报:小雨,10℃—6℃,微风,降水概率70%。”

“16日上证综指突破了3000点关口,以3018.18点大幅高开,午后更创下3036.35点的历史新高。当日上证综指报收于2998.47点,较前一交易日微涨0.18%。”

“截至第四节7分钟,姚明在场上15投5中得到16分,8个篮板、1次助攻、1次断球、1次封盖,并有2次犯规和2次失误。”

“今天本市空气污染指数为78,空气质量描述为良,主要污染物为可吸入颗粒。预计明天空气污染指数为40—50,空气质量描述为优。”

以上四段文字分别用不同类型的数据发布了不同的信息。其中,“晴”“小雨”“最低气温12.3℃”“降水概率70%”“上证指数3018.18点”“得分16分”“8个篮板”“空气污染指数78”“空气质量描述‘优’‘良’”等都是数据。

数据是信息的重要组成部分,每个人时时刻刻都要和数据打交道,数据成为现代社会生活不可或缺的因素。

数据根据其来源和用途可以大致分为科学数据、社会数据和商业数据。科学数据是自然现象、科学试验和工程项目的过程和结果的记录;社会数据是社会非商业活动的事件记录,如人口、教育、犯罪等数据;商业数据是经济和商业活动的记录,如宏观经济数据、股市数据、企业经营数据等。这些分类不是绝对的,例如,环境数据既是科学数据,又是社会数据。

在商业活动中,无论是商业情报、商业计划还是商业报表、商业决策,都离不开数据。数据展示和处理技术是商业活动的一项基本技能。本书的核心,就是介绍商业活动中基本的数据处理方法,用各种模型分析和处理数据,以及利用数据进行科学、正确的商业决策。

科学数据的主要特征是数据来源、过程记录和数据处理的客观性。科学数据要求数据的客观性和可重复性,数据的获取和处理过程应尽可能避免人为因素的影响。由于大多数商业数据本身就是人为活动的结果,而且一些商业数据只能依靠问卷调查来获得,因此,与科学数据相比,商业数据中人为因素是不可避免的。但是这并不意味着,商业数据可以随心所欲地编造或篡改。和科学数据一样,数据的客观性和可重复性原则同样是商业数据获取和处理的基本原则,即在相同环境下,对于同一个问题,由不同的人一次或多次获取的数据应该没有本质的区别。只有遵从数据的客观性和可重复性原则来获取和处理数据,数据处理的结果才有意义。

本书介绍的数据处理、建模技术和决策分析方法,主要针对商业领域,对政府、教育、科研、医疗卫生等非商业领域也是适用的。

1.1.2 数据的分类

1. 数值型数据和属性型数据

数据可以分为数值型数据和属性型数据。数值型数据是用数值来表示的,“12.3℃”“3 018.18 点”“0.18%”“16 分”“8 个篮板”等都是数值型数据。属性型数据是用文字、判断等表示的数据,“晴”“小雨”“微风”“优”“良”等都是属性型数据。

数值型数据又可以分为连续数值型数据和离散数值型数据。“12.3℃”“3 018.18 点”“0.18%”是连续数值型数据,“16 分”“8 个篮板”等是离散数值型数据。连续数值型数据可以连续变化,离散数值型数据只能取若干分散的数值,但通常都是整数。

2. 静态数据和动态数据

根据是否随时间变化,数据可以分为静态数据和动态数据。静态数据不变化或在所关注的时间段内很少变化,动态数据在该时间段内随时间有明显的变化。例如,某一个人的相关数据如表 1.1 所示。

表 1.1 静态数据和动态数据

项目	数据	数据性质
姓名	王大明	静态
性别	男	静态
出生年月	1970 年 4 月	静态
年龄	37 岁	动态
出生地	北京	静态
学历	本科	静态
身高	176 厘米	静态
体重	73 公斤	动态
年收入	13 万元	动态

3. 时间序列数据、截面数据和面板数据

根据时间属性,数据可以分为时间序列数据(简称时序数据)、截面数据和面板数据。时序数据展现不同时间段数据的变化,截面数据表示某一确定的时间段各相关数据的数值。而面板数据则是时间序列中不同时段的截面数据的集合。

例如,表 1.2 所列的数据是时序数据,表示 1997—2016 年中国能源生产总量的变化。

表 1.2　中国能源 1997—2016 年生产总量　　单位:亿吨标准煤

年份	1997	1998	1999	2000	2001	2002	2003	2004	2005	2006
能源生产总量	13.36	12.98	13.19	13.86	14.74	15.63	17.83	20.61	22.90	24.48
年份	2007	2008	2009	2010	2011	2012	2013	2014	2015	2016
能源生产总量	26.42	27.74	28.61	31.21	34.02	35.10	35.88	36.19	36.15	34.60

资料来源:中华人民共和国国家统计局. 中国统计年鉴 2017. 北京:中国统计出版社,2017.

表 1.3 所列的数据是截面数据,表示 2016 年这一时间段中国能源生产的分类结构。

表 1.3　中国能源 2016 年分类生产量　　单位:亿吨标准煤

能源分类	原煤	原油	天然气	一次电力及其他
生产量	24.15	2.84	1.80	5.81

资料来源:中华人民共和国国家统计局. 中国统计年鉴 2017. 北京:中国统计出版社,2017.

表 1.4 中的数据是面板数据,它表示 1978—2016 年原煤、原油、天然气和水电四类能源的生产量情况。其中,每一列都是一个时间序列数据,每一行都是一个截面数据。由此可见,面板数据是按时间序列展开的截面数据集合。

表 1.4　中国能源 1997—2016 年分类生产量　　单位:亿吨标准煤

年份	原煤	原油	天然气	一次电力及其他
1997	9.92	2.30	0.28	0.87
1998	9.52	2.30	0.29	0.88
1999	9.75	2.28	0.33	0.83
2000	10.10	2.33	0.36	1.07
2001	10.70	2.34	0.40	1.30
2002	11.42	2.39	0.44	1.38
2003	13.50	2.42	0.46	1.44
2004	15.81	2.51	0.56	1.73
2005	17.73	2.59	0.66	1.92
2006	18.97	2.64	0.78	2.08
2007	20.55	2.67	0.92	2.27
2008	21.31	2.72	1.08	2.64
2009	21.97	2.69	1.14	2.80
2010	23.78	2.90	1.28	3.25
2011	26.47	2.89	1.39	3.27
2012	26.75	2.98	1.44	3.93
2013	27.05	3.01	1.58	4.23
2014	26.63	3.04	1.70	4.81
2015	26.10	3.07	1.74	5.24
2016	24.15	2.84	1.80	5.81

资料来源:中华人民共和国国家统计局. 中国统计年鉴 2017. 北京:中国统计出版社,2017.

4. 定类数据、定序数据、定距数据和定比数据

根据数据之间的关系,数据可以分为定类数据、定序数据、定距数据和定比数据。

(1) 定类数据:数据分为不同的类,不同类的数据具有不同的单位,对不同类的数据求和、计算平均值都是没有意义的。

在表 1.5 中,每百户各类车辆拥有量就是不同类的数据,计算这些数据之和或者平均值都是没有意义的。

表 1.5　全国居民平均每百户年末各类车辆拥有数　　单位:辆/百户

家用汽车	摩托车	电动助力车
204.52	651.68	332.62

资料来源:中华人民共和国国家统计局. 中国统计年鉴 2017. 北京:中国统计出版社,2017.

(2) 定序数据:根据一定的准则,把数据排成一个数据序列,每一个数据都可以确定它在这个序列中的位置,如表 1.6 所示。

表 1.6　对服务质量的评价

评价等级	很好	较好	一般	较差	很差
评分	5	4	3	2	1

在表 1.6 中,服务质量数据是一组定序数据,这组数据表明服务质量的排列次序,但这些评分之间的差距和比例是没有意义的。

(3) 定距数据:一组数值数据可以比较它们之间的差距,但不能比较它们之间的比例,如表 1.7 所示。

表 1.7　城市的年平均气温　　单位:℃

城市	北京	南京	上海	杭州
年平均气温	13.5	16.9	17.5	17.8

在表 1.7 中,各城市的年平均气温之间的差距是有意义的,例如上海的年平均气温比北京高 4℃。但气温的比值没有意义,因为 0℃ 并不是气温的原点。

(4) 定比数据:对于一组数值数据,如果数值 0 是数据的原点,则可以计算数据之间的比例。这样的数据称为定比数据,如表 1.8 所示。

表 1.8　2016 年 GDP 最高的五个省　　单位:亿元

省份	广东	江苏	山东	浙江	河南
GDP	80 854.9	77 388.3	68 024.5	47 251.4	40 471.8

很明显,表 1.8 中五个省的 GDP 值是可以计算比例的,例如广东省 GDP 是河南省 GDP 的 2 倍,因此这组数据是定比数据;同时,也是定距数据,这五省 GDP 之间的差距是有意义的;当然也是定序数据,GDP 数据的大小表示各省经济规模的排序。

1.1.3 数据收集和处理的道德准则和行为规范

数据的客观性和可重复性是数据收集和处理的基本原则,商业数据的收集和处理也必须遵循这些原则。如果违反这些基本原则获得数据,人们就会对实际情况作出错误判断,导致决策失误。商业数据收集和处理应该遵循以下行为规范:

(1) 应尽可能收集原始数据或称第一手数据,即收集那些经济活动和企业生产经营中产生的、未经处理和变动的数据记录。在数据分析报告中应说明原始数据的来源、时段。

(2) 如果需要引用别人提供或处理过的数据,首先应该辨别是否侵犯数据提供者的知识产权。在合法引用的前提下,应该详细注明所引用数据的来源,既表示对数据提供者工作的尊重,也便于第三者需要时进一步考证。窃取别人提供的数据,作为自己的成果,是违背学术道德规范的行为。

(3) 原始数据中如果有异常数据,应尽可能分析产生异常的原因,并在数据分析报告中加以说明。如果异常数据是孤立或偶然的原因产生的,则数据处理中有必要删除这些异常数据,且需要特别加以说明。为了达到事先设定的主观目的,随意增删、篡改客观数据,是违背学术道德规范的行为。

(4) 公布数据处理结果时,应该明确说明数据处理的工具、方法以及流程,以便其他数据研究者和使用者确信,有关数据经过这样的处理数据处理的确实可以得到相应的结论。

(5) 通过问卷调查得到的数据,必须说明问卷调查的内容、问卷调查表的格式、确定问卷调查对象的原则和方式、问卷发放和回收的渠道和方式、问卷发放数量、回收数量、有效问卷的数量、问卷结果统计方法和统计结果等。

总而言之,商业数据的收集和处理与科学数据一样,是一项重要的基础工作,必须坚持实事求是的科学精神和严谨务实的科学态度。只有数据收集和处理工作做好了,数据的研究和分析才有意义。

1.2 Excel 基础

Excel 电子表格是 Microsoft Office 的一个组件。由于微软公司的 Windows 操作系统具有压倒性的市场占有率,Excel 和其他 Office 组件一样,以其完善的功能、友好的界面和稳定的性能成为目前应用最广泛的电子表格工具。

Microsoft Office 在发展过程中,形成了 Office 97、Office 2000、Office XP、Office 2003、Office 2007、Office 2010、Office 2013、Office 2016 等版本。从 Office 2007 起,界面从下拉式菜单改为平铺式功能区,操作更加直观便捷,稳定性也有了很大提高。目前 Office 2016 成为应用的主流,本书以 Office 2016 为基础介绍 Excel 的应用,下文中出现的 Excel 均指 Excel 2016。

阅读本书,需要掌握 Excel 的基本概念和基本操作。接下来,我们将介绍这些基本概念和基本操作。

1.2.1 工作簿、工作表和菜单

Excel 工作簿是最常用的 Excel 文件,Excel 2016 工作簿文件的扩展名为“ *. xlsx”,默认的工作簿文件为“Book1. xlsx”。Excel 工作簿由 Excel 工作表组成。默认的 Excel 工作簿仅包含一张工作表“Sheet1”,如图 1.1 所示。单击“sheet1”右侧的“⊕”,将会依次插入新的工作表“Sheet2”“Sheet3”等。

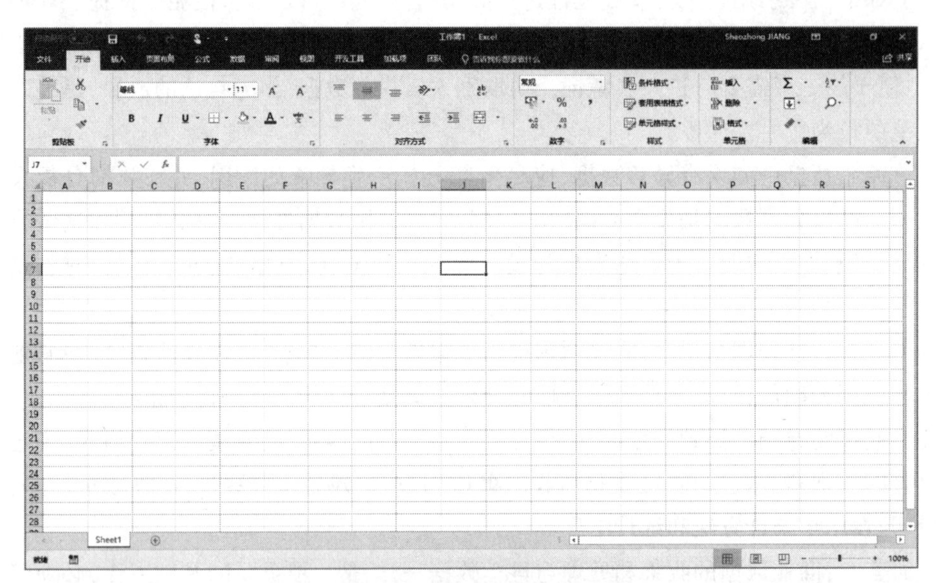

图 1.1 Excel 工作簿和工作表

右键单击工作表名“Sheet1”,弹出如图 1.2 所示的菜单。单击这些菜单项,可以对当前工作表进行插入、删除、重命名、隐藏等操作。Excel 2016 可以创建的工作表个数,系统没有限制,取决于计算机内存等硬件配置。

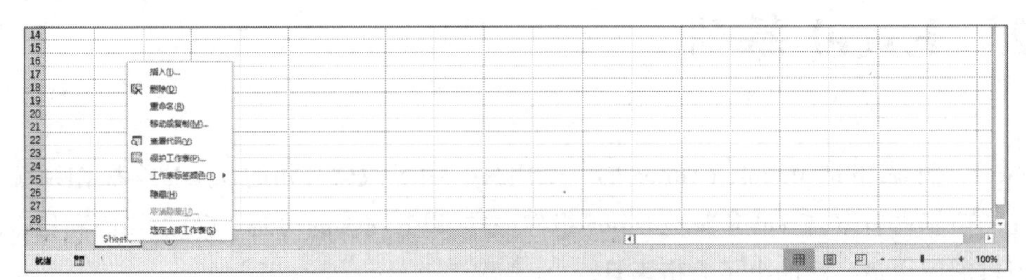

图 1.2 工作表的插入、删除和重命名

Excel 在左上角有一个“文件”按钮,Excel 很多属性的设置是从“文件”按钮开始的。Excel 功能区的层次分为四层:第一层为选项卡,第二层为若干平铺的功能区,第三层为功能区中的功能标签,有下拉箭头的功能标签还带有第四层下拉菜单。Excel 的选项卡、功能区、功能标签和下拉菜单如图 1.3 所示。

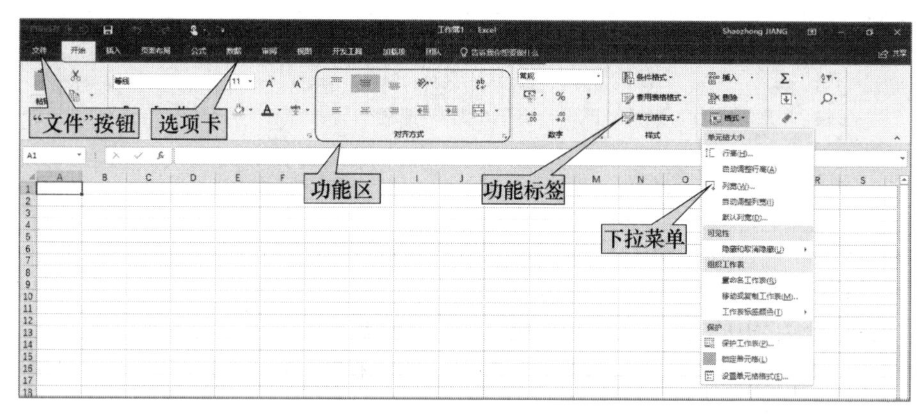

图 1.3　Excel 的选项卡、功能区、功能标签和下拉菜单

本书中 Excel 的选项卡、功能区、功能标签和下拉菜单的路径,用以下符号表示:"选项卡名称 > 功能区名称 > 功能标签名称 > 下拉菜单名称"。例如,图 1.3 中"单元格列宽"的路径表示为:"开始 > 单元格 > 格式 > 列宽"。

1.2.2　工作表的行、列、单元格和函数

Excel 每个工作表行的标号为 1,2,3,…,最多可以输入 1 048 576 行。列的标号为 A—Z,AA—ZZ,AAA—XFD,最多可以输入 16 384 列。

单元格是 Excel 的基本元素。单元格的格式可以用 Excel 菜单"开始 > 数字 > 常规"定义。单元格的格式类型如图 1.4 所示。

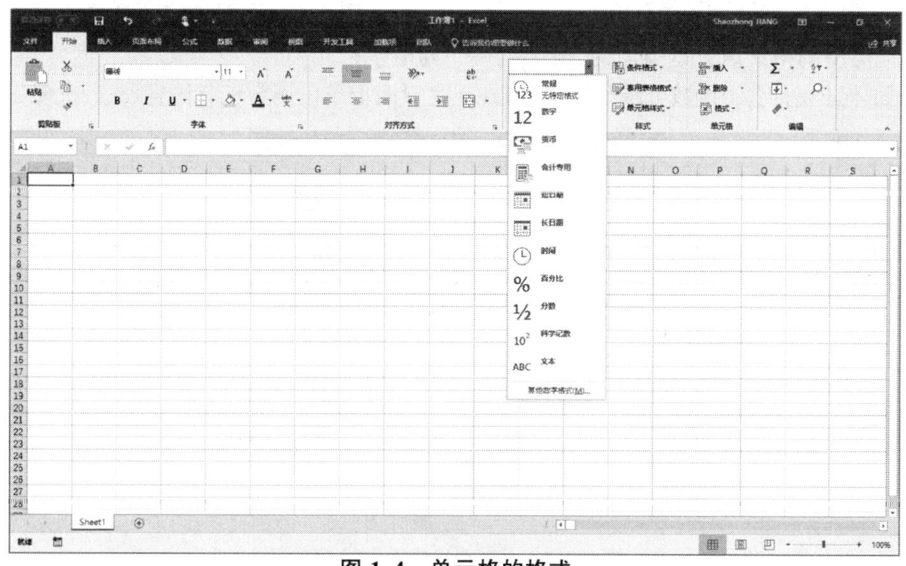

图 1.4　单元格的格式

单元格格式中,除了"常规"和"文本"没有格式选项以外,其他格式都有不同的选项可以

选择。单击“数字”功能区右下方“数字格式”小按钮,如图 1.5 所示。

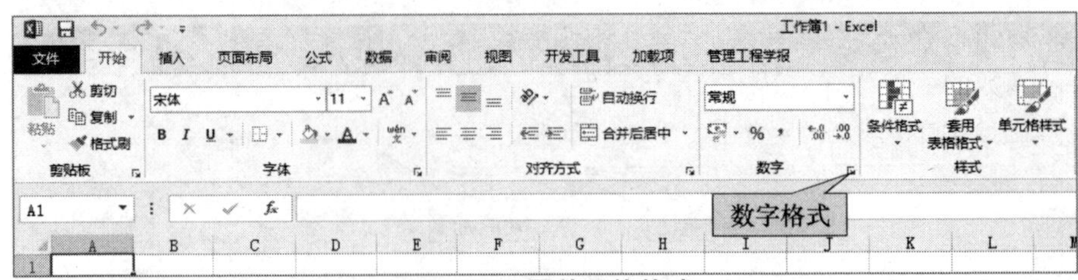

图 1.5　设置单元格格式

打开“设置单元格格式”对话窗口,就可以设置各种单元格格式。例如,如果需要设置数值格式,选择“分类”中的“数值”,在对话窗口的右边就出现数值格式的各种选项,如“小数位数”“使用千位分隔符”“负数”等,如图 1.6 所示。如果在“分类”中选择“日期”,则相应的对话窗口如图 1.7 所示。

图 1.6　设置数值单元格格式

图 1.7　设置日期单元格格式

其他类型的格式设置是类似的,就不再一一列举了。

Excel 有丰富的各类函数可以利用。在 Excel 主界面上单击函数工具图标“*fx*”,出现如图 1.8

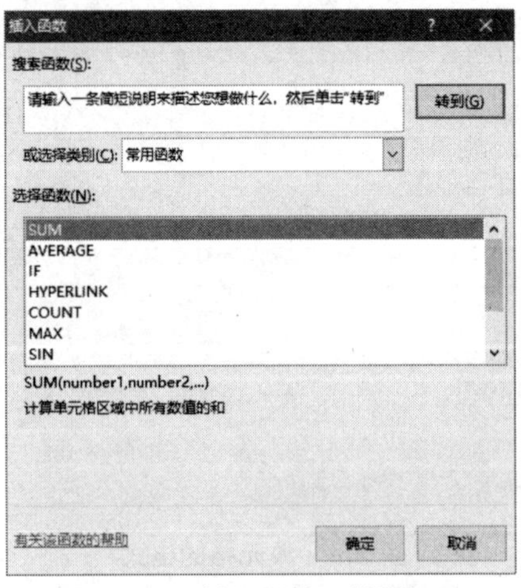

图 1.8　“插入函数”对话窗口

所示的“插入函数”对话窗口。在“搜索函数”文本框中输入相应内容,或者打开“选择函数”下拉菜单,就可以在选定的单元格中插入函数。

Excel 函数的一般格式为:函数名(参数 1,参数 2,……)。将光标停在“ = 函数名( )”上,会显示函数中参数的个数和每个参数的属性提示。例如,图 1.9 输入的函数“ = NORM. DIST( )”是计算正态分布概率值的函数,提示表明,这个函数有四个参数,第一个参数(x)是正态分布函数自变量,第二个参数(mean)是正态分布的均值,第三个参数(standard_dev)是正态分布的标准差,第四个参数(cumulative)表示是否计算累积概率值。在函数名后面的括号中依次输入这四个参数的值,按“Enter”键,相应的单元格中就会出现函数值的计算结果。

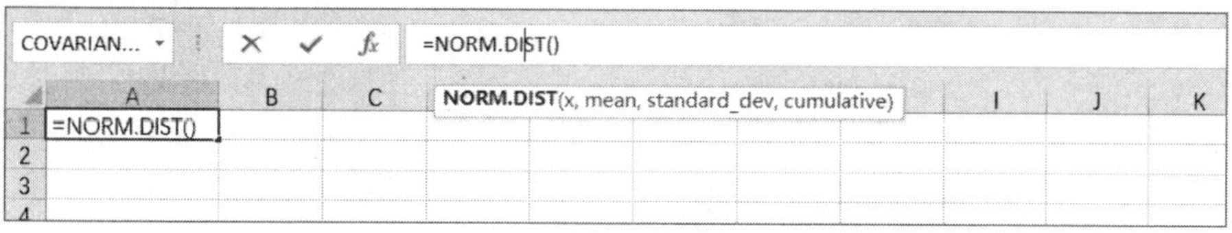

图 1.9　函数参数的提示

1.2.3　单元格的相对引用和绝对引用

Excel 最主要的功能是数值计算,即对一些单元格中的数据,经过某种计算,得到需要的数值,并将这些数值显示在事先给定的单元格内。数据所在的单元格称为数据源单元格,计算结果所在的单元格称为目标单元格。数据源单元格中的数据,包括数字、文字、日期等是用户输入的。目标单元格则定义了一个计算公式,它的数值由数据源根据这个公式计算得到。

Excel 数值计算最重要、最基本的概念和操作是单元格的绝对引用和相对引用。下面我们通过一个饮料销售额统计的例子来说明单元格的绝对引用和相对引用。

例 1.1　图 1.10 所示的 Excel 工作表,方框内是数据源单元格,其他标注了计算公式的是目标单元格。

目标单元格地址变动时,计算公式所引用的数据源单元格的地址随之变动,并且与目标单元格的相对位置保持不变,这样的引用称为相对引用。目标单元格地址变动时,计算公式所引用的数据源单元格的地址是固定的,这样的引用称为绝对引用。

单元格 I8 的计算公式“ = $B $5 * B8”中,销售单价单元格“$B $5”(26 元/箱)是绝对引用,“$B $5”中列号 B 前面的“$”,表示数据源单元格“B5”的列号 B 被锁定,不随目标单元格的变化而变化,“$B $5”中行号 5 前面的“$”,表示数据源单元格“B5”的行号 5 被锁定,不随目标单元格的变化而变化。销量单元格“B8”(425 箱)是相对引用。如果将单元格 I8 中的计算公式复制到单元格 I9 中,绝对引用的单元格销售单价“$B $5”(26 元/箱)不会变化,而相对引用的单元格 1 月份销量“B8”(425 箱)会变为 2 月份销量“B9”(759 箱)。

功能键 F4 是绝对引用和相对引用的快捷键。如果将光标放在计算公式中数据源单元格 B5 上,第一次按功能键 F4,锁定数据源的列和行:$B $5;再按一次 F4,锁定数据源的行但不锁定列:B $5;再按一次 F4,锁定数据源的列但不锁定行:$B5;再按一次 F4,数据源的行列都不锁定:B5。继续按 F4 键,单元格 B5 的锁定状态按上述次序循环往复。

正确使用单元格的相对引用和绝对引用,是 Excel 操作的一项基本技能。

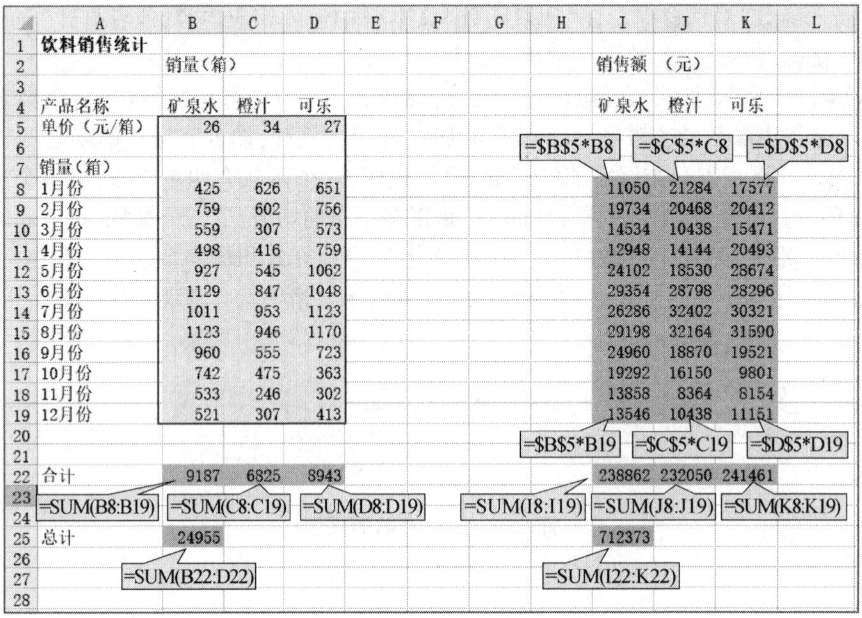

	A	B	C	D	E	F	G	H	I	J	K	L
1	饮料销售统计											
2		销量(箱)							销售额	(元)		
3												
4	产品名称	矿泉水	橙汁	可乐					矿泉水	橙汁	可乐	
5	单价(元/箱)	26	34	27								
6												
7	销量(箱)											
8	1月份	425	626	651					11050	21284	17577	
9	2月份	759	602	756					19734	20468	20412	
10	3月份	559	307	573					14534	10438	15471	
11	4月份	498	416	759					12948	14144	20493	
12	5月份	927	545	1062					24102	18530	28674	
13	6月份	1129	847	1048					29354	28798	28296	
14	7月份	1011	953	1123					26286	32402	30321	
15	8月份	1123	946	1170					29198	32164	31590	
16	9月份	960	555	723					24960	18870	19521	
17	10月份	742	475	363					19292	16150	9801	
18	11月份	533	246	302					13858	8364	8154	
19	12月份	521	307	413					13546	10438	11151	
20												
21												
22	合计	9187	6825	8943					238862	232050	241461	
23												
24												
25	总计	24955							712373			
26												
27												
28												

=$B$5*B8 =$C$5*C8 =$D$5*D8
=$B$5*B19 =$C$5*C19 =$D$5*D19
=SUM(B8:B19) =SUM(C8:C19) =SUM(D8:D19) =SUM(I8:I19) =SUM(J8:J19) =SUM(K8:K19)
=SUM(B22:D22) =SUM(I22:K22)

图 1.10 饮料销售统计表

在一个单元格中定义好计算公式,选中这个单元格,用鼠标按住这个单元格右下角的小黑方块,向上下左右拖动,就可以简单地将计算公式复制到其他单元格中。在拖动过程中,绝对引用的单元格地址不会改变,而相对引用的单元格地址会随着拖动的方向相应变化。

如果将数据单元格 B5、C5、D5 剪切并复制到新的位置 B6、C6、D6,则以上所定义的公式中包含的 B5、C5、D5 会自动替换成 B6、C6、D6,如图 1.11 所示。

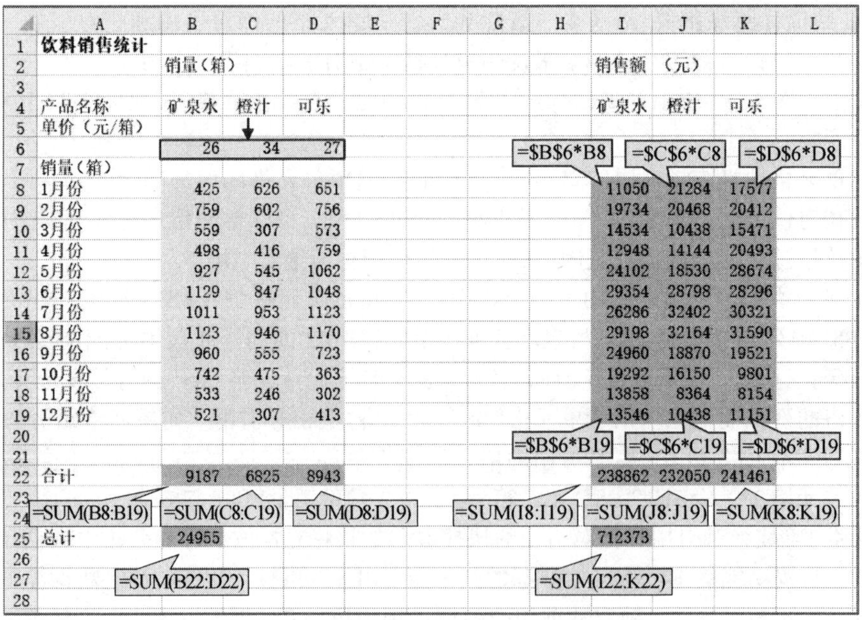

	A	B	C	D	E	F	G	H	I	J	K	L
1	饮料销售统计											
2		销量(箱)							销售额	(元)		
3												
4	产品名称	矿泉水	橙汁	可乐					矿泉水	橙汁	可乐	
5	单价(元/箱)											
6		26	34	27								
7	销量(箱)											
8	1月份	425	626	651					11050	21284	17577	
9	2月份	759	602	756					19734	20468	20412	
10	3月份	559	307	573					14534	10438	15471	
11	4月份	498	416	759					12948	14144	20493	
12	5月份	927	545	1062					24102	18530	28674	
13	6月份	1129	847	1048					29354	28798	28296	
14	7月份	1011	953	1123					26286	32402	30321	
15	8月份	1123	946	1170					29198	32164	31590	
16	9月份	960	555	723					24960	18870	19521	
17	10月份	742	475	363					19292	16150	9801	
18	11月份	533	246	302					13858	8364	8154	
19	12月份	521	307	413					13546	10438	11151	
20												
21												
22	合计	9187	6825	8943					238862	232050	241461	
23												
24												
25	总计	24955							712373			
26												
27												
28												

=$B$6*B8 =$C$6*C8 =$D$6*D8
=$B$6*B19 =$C$6*C19 =$D$6*D19
=SUM(B8:B19) =SUM(C8:C19) =SUM(D8:D19) =SUM(I8:I19) =SUM(J8:J19) =SUM(K8:K19)
=SUM(B22:D22) =SUM(I22:K22)

图 1.11 数据单元格移动和公式单元格的变化

1.2.4 Excel 常用函数

Excel 有非常丰富的函数。在本书的各章节中都会介绍与其内容有关的 Excel 函数。在此我们将结合例题介绍几个基本的常用函数,这些函数是:逻辑函数 AND(与)、OR(或)和 NOT(非),条件函数 IF,垂直查找函数 VLOOKUP,计数函数 COUNT、COUNTA 和 COUNT-BLANK,单条件计数函数 COUNTIF,多条件计数函数 COUNTIFS,求和函数 SUM 和单条件求和函数 SUMIF,多条件求和函数 SUMIFS,乘积求和函数 SUMPRODUCT。

例 1.2 逻辑函数 AND(与)、OR(或)和 NOT(非)

Excel 除了可以进行数值计算,还可以进行逻辑运算。逻辑运算的基础是逻辑变量和逻辑表达式。为了说明什么是逻辑变量和逻辑表达式,打开文件"例 1.2 逻辑函数 AND(与)和 OR(或).xlsx",局部如图 1.12 所示。

	A	B	C	D	E	F	G	H	I	J
1	筛选标准1:笔试和面试成绩都不低于55分									
2	筛选标准2:笔试和面试成绩中,至少有一项不低于65分									
3	筛选标准3:男性总成绩不低于120分									
4	筛选标准4:女性总成绩不低于110分									
5	序号	姓名	性别	笔试成绩	面试成绩	总成绩	筛选标准1	筛选标准2	筛选标准3	筛选标准4
6	1	徐常松	男	92	71	163	TRUE	TRUE	TRUE	FALSE
7	2	郑伊玲	女	53	56	109	FALSE	FALSE	FALSE	FALSE
8	3	胡楠	男	82	78	160	TRUE	TRUE	TRUE	FALSE
9	4	胡育新	男	89	79	168	TRUE	TRUE	TRUE	FALSE
10	5	张智恒	男	61	63	124	TRUE	FALSE	TRUE	FALSE
11	6	陈亮	男	70	77	156	TRUE	TRUE	TRUE	FALSE
12	7	缪奇凤	女	55	70	125	TRUE	TRUE	FALSE	TRUE
13	8	温翠云	女	62	75	137	TRUE	TRUE	FALSE	TRUE
14	9	汪倩	女	50	84	134	FALSE	TRUE	FALSE	TRUE
15	10	李鹏飞	男	63	78	141	TRUE	TRUE	TRUE	FALSE
16	11	余晖	男	69	57	126	TRUE	TRUE	TRUE	FALSE

图 1.12 逻辑函数 AND(与)和 OR(或)

图 1.12 是应聘某公司职位的 50 名毕业生应聘测试成绩的数据文件,其中基本数据有姓名、性别、笔试成绩、面试成绩和总成绩。根据有关数据,公司可以制定各种聘用筛选标准,例如:① 笔试成绩和面试成绩都不低于 55 分;② 笔试成绩或面试成绩至少有一项不低于 65 分;③ 男性总成绩不低于 120 分;④ 女性总成绩不低于 110 分。

这些筛选标准,可以用逻辑表达式表示。以上四项筛选标准相应的逻辑表达式是:① AND(笔试成绩 > =55, 面试成绩 > =55);② OR(笔试成绩 > =65, 面试成绩 > =65);③ AND(性别 ="男",总成绩 > =120);④ AND(性别 ="女",总成绩 > =110)。

对于每一个筛选标准,符合要求的应聘者返回逻辑值 TRUE,不符合的返回 FALSE。

这里用到的逻辑函数有如下两个:

■ 逻辑函数 AND(Logical1,Logical2,…)

其中,参数 Logical1,Logical2,…为逻辑变量。逻辑变量的取值为 TRUE 或 FALSE。例如,以上筛选标准中,"笔试成绩 > =55""面试成绩 > =55""性别 ='男'"都是逻辑变量。如果这些等式或不等式成立,则相应的逻辑变量值为 TRUE;如果不成立,则逻辑变量值为 FALSE。如果 AND 函数中所有的逻辑变量 Logical1,Logical2,…的值都是 TRUE,则逻辑函数 AND 返回逻辑值 TRUE,否则返回逻辑值 FALSE。

■ 逻辑函数 OR(Logical1,Logical2,…)

其中,参数 Logical1,Logical2,…为逻辑变量。如果逻辑函数 OR 中的逻辑变量 Logical1,Logical2,…中至少有一个逻辑变量值为 TRUE,则逻辑函数 OR 返回逻辑值 TRUE;如果所有逻辑变量值都是 FALSE,则返回逻辑值 FALSE。

还有一个此例中没有用到的逻辑函数 NOT(Logical),用于反转逻辑变量 Logical 的逻辑值。如果逻辑变量 Logical 的值为 TRUE,则返回逻辑值 FALSE;如果逻辑变量 Logical 的值为 FALSE,则返回逻辑值 TRUE。

本例中 50 位应聘者四个筛选标准的逻辑表达式以及计算结果,见文件“例 1.2 逻辑函数 AND 和 OR. xlsx”。

例 1.3 用条件函数 IF,将百分制成绩分别转换成二级记分、三级记分和五级记分。

在文件“例 1.3 条件函数 IF. xlsx”中,记录了 50 位应聘者考试的百分制成绩,以及将百分制成绩转换成二级记分(通过/未通过)、三级记分(好/中/差)和五级记分(A/B/C/D/F)的标准,如图 1.13 所示。用条件函数 IF 将相应百分制成绩转换成二级记分、三级记分和五级记分。

	A	B	C	D	H	I	J	K	L	M	N	O	P
1	序号	姓名	性别	百分制		二级记分标准			三级记分标准			五级记分标准	
2	1	徐常松	男	92		百分制成绩<60	未通过		百分制成绩<60	差		百分制成绩<60	F
3	2	郑伊玲	女	53		百分制成绩>=60	通过		60<=百分制成绩<80	中		60<=百分制成绩<70	D
4	3	胡楠	男	82					80<=百分制成绩<=100	好		70<=百分制成绩<80	C
5	4	胡育新	男	89								80<=百分制成绩<90	B
6	5	张智恒	男	61								90<=百分制成绩<=100	A
7	6	陈亮	男	79									
8	7	缪奇凤	女	55									
9	8	温翠云	女	62									
10	9	汪倩	女	50									
11	10	李鹏飞	男	63									
12	11	余晖	男	69									
13	12	於雄	男	96									
14	13	蒋舟迪	男	81									

图 1.13 百分制成绩转换成二级记分、三级记分和五级记分的标准

■ 条件函数 IF(logical_test, [value_if_true], [value_if_false])

三个参数的含义如下:logical_test 为逻辑表达式;value_if_true 为逻辑表达式成立时 IF 函数返回的值;value_if_false 为逻辑表达式不成立时 IF 函数返回的值。

根据给定的记分标准,将百分制成绩分别转换成二级记分、三级记分和五级记分的 IF 函数表达式如下:

二级记分:IF(百分制成绩<60,“未通过”,“通过”)。

三级记分:IF(百分制成绩<60,“差”,IF(百分制成绩<80,“中”,“好”)),其中有 2 层 IF 函数嵌套。

五级记分:IF(百分制成绩<60,“F”,IF(百分制成绩<70,“D”,IF(百分制成绩<80,“C”,IF(百分制成绩<90,“B”,“A”)))),其中有 4 层 IF 函数嵌套。

具体的转换计算,详见文件“例 1.3 条件函数 IF. xlsx”。

例 1.4 用垂直查找函数 VLOOKUP 将百分制成绩转换成五级记分。

由例 1.3 可知,用条件函数 IF 进行多层判断需要将 IF 函数多层嵌套,表达式比较复杂。在此例中改用垂直查找函数 VLOOKUP 将百分制成绩转换成五级记分。

■ 垂直查找函数 VLOOKUP(lookup_value,table_array,col_index_num,range_lookup)

其中,四个参数的含义如下:lookup_value 为需要查找的内容。table_array 为被查找的单元格区域。特别提醒:lookup_value 总是在 table_array 最左边一列中查找需要查找的内容。col_index_num 为被查找的单元格区域 table_array 中返回的列号。range_lookup 为逻辑值,指明函数查找时是精确匹配还是近似匹配。range_lookup = “TRUE”或“1”或省略,函数将查找样本编号的近似匹配值。也就是说,如果在总体中找不到样本编号的精确值,则用小于样本编号的最大数值查找并显示。特别提醒:如果用近似匹配,则单元格区域 table_array 必须按最左边第一列升序排列。range_lookup = “FALSE”或“0”,函数将查找并显示样本编号的精确匹配值。如果在总体中找不到这个编号,则返回错误值。如果用精确匹配,则单元格区域 table_array 可以不排序。

打开文件“例 1.4 垂直查找函数 VLOOKUP. xlsx”,局部如图 1.14 所示。

E2 =VLOOKUP(D2,$G$2:$I$6,3,TRUE)

	A	B	C	D	E	F	G	H	I
1	序号	姓名	性别	百分制	五级记分		区间下界	五级记分标准	
2	1	徐常松	男	92	A		0	百分制成绩<60	F
3	2	郑伊玲	女	53	F		60	60<=百分制成绩<70	D
4	3	胡楠	男	82	B		70	70<=百分制成绩<80	C
5	4	胡育新	男	89	B		80	80<=百分制成绩<90	B
6	5	张智恒	男	61	D		90	90<=百分制成绩<=100	A
7	6	陈亮	男	79	C				

图 1.14 用函数 VLOOKUP 将百分制成绩转换成五级记分

在“五级记分标准”的左边添加一列,数值为记分标准区间下界。

在“五级记分”列输入函数“ = VLOOKUP(D2, $G $2: $I $6, 3, TRUE) ”,其中有四个参数:“D2”“$G $2: $I $6”“3”和“TRUE”。其中,“D2”为需要查找的百分制成绩“92”分的相对地址。“$G $2: $I $6”为查找区域,此区域的第一列是与查找数据“92”匹配的值。“3”表示匹配成功后,返回匹配成功行第 3 列(F、D、C、B、A)中的数据。“TRUE”表示匹配方式为近似匹配。采用“近似匹配”,需要将查找区域$G $2: $I $6 按第一列升序重新排列。此例中查找区域$G $2: $I $6 的第一列 G2:G6 已经按升序排列,因此不需要重排。

“近似匹配”过程如下:

第一个应聘者的百分制成绩“92”,在查找区域的第一列中自上而下查找比“92”小但最接近“92”的数据,结果匹配值为“90”,匹配值位于查找区域的第 5 行,因此返回第 5 行中第 3 列的数据,即“A”。

第二个应聘者的百分制成绩“53”,在查找区域的第一列中自上而下查找比“53”小但最接近“53”的数据,结果匹配值为“0”,匹配值位于查找区域的第 1 行,因此返回第 1 行中第 3 列的数据,即“F”。

所有应聘者的百分制成绩用 VLOOKUP 函数转换成五级记分成绩的结果,见文件“例 1.4 垂直查找函数 VLOOKUP. xlsx”。

例 1.5 垂直查找函数 VLOOKUP 的精确匹配和近似匹配。

打开文件“例 1.5 垂直查找函数 VLOOKUP 精确匹配和近似匹配. xlsx”,局部如图 1.15 所示。图 1.15 的左边列示了 50 位应聘者的姓名、性别、笔试成绩、面试成绩和总成绩,右边 I 列是需要查找的 5 位应聘者的姓名:“李鹏飞”(I2)、“陈彬”(I3)、“陈明”(I4)、“胡亮”(I5)和“张振华”(I6)。用函数 VLOOKUP 在左边的成绩表中查找这 5 位应聘者的姓名,查到后分别将查到的应聘者姓名、性别、笔试成绩、面试成绩和总成绩列在右边的表中。

用函数 VLOOKUP 精确匹配查找字符串“李鹏飞”,返回第 1—5 列数据的公式如下:

VLOOKUP(I2, $B $2: $F $51, 1, FALSE) 返回“姓名”

	A	B	C	D	E	F	G	H	I	J	K	L	M	N	O
1	序号	姓名	性别	笔试成绩	面试成绩	总成绩		匹配方式	需要查找的姓名		查到的姓名	性别	笔试成绩	面试成绩	总成绩
2	1	徐常松	男	92	71	163		精确匹配	李鹏飞		李鹏飞	男	63	78	141
3	2	郑伊玲	女	53	56	109		精确匹配	陈彬		陈彬	男	45	57	102
4	3	胡楠	男	82	78	160		精确匹配	陈明		#N/A	#N/A	#N/A	#N/A	#N/A
5	4	胡育新	男	89	79	168		精确匹配	胡亮		#N/A	#N/A	#N/A	#N/A	#N/A
6	5	张智恒	男	61	63	124		精确匹配	张振华		#N/A	#N/A	#N/A	#N/A	#N/A
7	6	陈亮	男	79	77	156									
8	7	缪奇凤	女	55	70	125									
9	8	温翠云	女	62	75	137									
10	9	汪倩	女	50	84	134									
11	10	李鹏飞	男	63	78	141									
12	11	余晖	男	69	57	126									
13	12	於雄	男	96	77	173									

图 1.15　函数 VLOOKUP 的精确匹配查找

VLOOKUP(I2,$B $2: $F $51,2,FALSE)　　返回“性别”

VLOOKUP(I2,$B $2: $F $51,3,FALSE)　　返回“笔试成绩”

VLOOKUP(I2,$B $2: $F $51,4,FALSE)　　返回“面试成绩”

VLOOKUP(I2,$B $2: $F $51,5,FALSE)　　返回“总成绩”

其中,第一个参数“I2”为字符串“李鹏飞”;第二个参数“$B $2: $F $51”为查找区域;第三个参数“1”“2”“3”“4”“5”分别表示返回查找区域的列编号;第四个参数“FALSE”表示精确匹配。

查找“陈彬”“陈明”“胡亮”和“张振华”,只要将以上公式中的第一个参数“I2”分别改为“I3”“I4”“I5”和“I6”就可以了。但是,在查找“陈明”“胡亮”和“张振华”时,出现了#N/A (not available,无法使用)错误,原因是应聘者名单的姓名列中找不到这 3 个应聘者的姓名。

如果将应聘者成绩数据表按 B 列(“姓名”)重新升序排列,同时将查找“陈明”“胡亮”和“张振华”的函数公式中第四个参数由精确匹配(FALSE)改为近似匹配(TRUE),得到的结果如图 1.16 所示。

	A	B	C	D	E	F	G	H	I	J	K	L	M	N	O
1	序号	姓名	性别	笔试成绩	面试成绩	总成绩		匹配方式	需要查找的姓名		查到的姓名	性别	笔试成绩	面试成绩	总成绩
2	18	卜献仓	男	65	75	140		精确匹配	李鹏飞		李鹏飞	男	63	78	141
3	32	陈彬	男	45	57	102		精确匹配	陈彬		陈彬	男	45	57	102
4	45	陈慧	女	81	63	144		近似匹配	陈明		陈亮	男	79	77	156
5	6	陈亮	男	79	77	156		近似匹配	胡亮		杭俊	男	96	58	154
6	50	陈炜	男	35	78	113		近似匹配	张振华		张凰	女	57	84	141
7	14	陈小华	女	79	70	149									
8	44	窦龙	男	77	86	163									
9	29	方天择	男	40	73	113									
10	25	方卫星	男	44	74	118									
11	48	戈爱群	男	69	79	148									
12	43	颜缪	男	97	83	180									
13	33	杭俊	男	96	58	154									
14	3	胡楠	男	82	78	160									

图 1.16　函数 VLOOKUP 精确匹配和近似匹配查找

后面三个姓名的查找改为近似匹配后,#N/A 错误不再出现,但用字符串“陈明”“胡亮”和“张振华”查找到的姓名是“陈亮”“杭俊”和“张凰”。这是由于选用近似匹配以后,在成绩表中找不到与“陈明”完全匹配的姓名,就会在姓名列中查找序列值比“陈明”小(即排序在“陈明”前面)同时最靠近“陈明”的字符串,这就是“陈亮”。另外两个姓名“杭俊”和“张凰”也是这样查找到的。这个例子清楚地说明了函数 VLOOKUP 精确匹配和近似匹配操作和输出结果的不同。

例 1.6　计数函数 COUNT、COUNTA 和 COUNTBLANK

计数函数 COUNT、COUNTA 和 COUNTBLANK 的公式分别说明如下:

- COUNT(value1,value2,…)　　计算区域中包含数字的单元格的个数
- COUNTA(value1,value2,…)　　计算区域中非空单元格的个数
- COUNTBLANK(range)　　计算区域 range 中包含空单元格的个数

打开文件“例 1.6 计数函数 COUNT、COUNTBLANK 和 COUNTA. xlsx”,有 10 个数据,其中 4 个是数值,3 个是空单元格,3 个是字符,如图 1.17 所示。

	A	B
1	序号	数据
2	1	987
3	2	123.4545
4	3	
5	4	0.378
6	5	2.10E+12
7	6	ABC
8	7	
9	8	数据1
10	9	
11	10	数据2
12	COUNT(B2:B11)=	4
13	COUNTBLANK(B2:B12)=	3
14	COUNTA(B2:B11)=	7

图 1.17　计数函数 COUNT、COUNTBLANK 和 COUNTA

分别用计数函数 COUNT、COUNTBLANK 和 COUNTA 计算这 10 个单元格的计数,得到的结果是:

COUNT(B2:B11)=4　　表示有 4 个数值单元格

COUNTBLANK(B2:B11)=3　　表示有 3 个空单元格

COUNTA(B2:B11)=7　　表示有 7 个非空(数值和字符)单元格

例 1.7　单条件计数函数 COUNTIF

单条件计数函数 COUNTIF 公式及其参数说明如下:

- COUNTIF(range,criteria)　　计算某个区域中满足给定条件的单元格的个数

其中,range 为条件所在的区域,criteria 为条件。

打开文件“例 1.7 单条件计数函数 COUNTIF. xlsx”,局部如图 1.18 所示。

	A	B	C	D	H	I	J	K	L	M	N	O	P	Q
1	序号	姓名	性别	百分制	五级记分		性别	人数		及格/不及格	人数		五级记分	人数
2	1	徐常松	男	92	A		男	34		及格	36		A	10
3	2	郑伊玲	女	53	F		女	16		不及格	14		B	9
4	3	胡楠	男	82	B		合计	50		合计	50		C	9
5	4	胡育新	男	89	B								D	8
6	5	张智恒	男	61	D								F	14
7	6	陈亮	男	79	C								合计	50
8	7	缪奇凤	女	55	F									
9	8	温翠云	女	62	D									
10	9	汪倩	女	50	F									
11	10	李鹏飞	男	63	D									

图 1.18　单条件计数函数 COUNTIF

图 1.18 进行了三项条件计数:按性别计算人数,按及格(60 分及以上)/不及格(60 分以下)计算人数,按五级记分成绩(A、B、C、D、F)计算人数。

(1) 按性别计算人数的单条件计数函数公式为:

COUNTIF(C2:C51,“男”)

COUNTIF(C2:C51,“女”)

其中,C2:C51 为性别所在的区域,“男”“女”为计数条件。

以上两个公式也可以写成：

COUNTIF(C2:C51,J2)

COUNTIF(C2:C51,J3)

其中,C2:C51 为性别所在的区域,J2、J3 为计数条件单元格。

注意：如果计数条件为常数,则常数要加双引号；如果计数条件为单元格地址,则不加双引号。

(2) 按“及格/不及格”计算人数的单条件计数函数公式为：

COUNTIF(D2:D51,“ > =60”)

COUNTIF(D2:D51,“ <60”)

其中,D2:D51 为百分制成绩区域,“ > =60”“ <60”为计数条件。

(3) 按五级记分成绩计算人数的单条件计数函数公式为：

COUNTIF($H $2: $H $51,“A”)

COUNTIF($H $2: $H $51,“B”)

…

COUNTIF($H $2: $H $51,“F”)

其中, $H $2: $H $51 为五级记分成绩区域,“A”“B”“C”“D”“F”为计数条件。

以上五个公式也可以写成：

COUNTIF($H $2: $H $51,P2)

COUNTIF($H $2: $H $51,P3)

…

COUNTIF($H $2: $H $51,P6)

其中, $H $2: $H $51 为五级记分成绩区域,P2,P3,…,P6 为计数条件单元格。

同样,如果计数条件为常数,则常数要加双引号；如果计数条件为单元格地址,则不加双引号。

例 1.8 多条件计数函数 COUNTIFS

多条件计数函数 COUNTIFS 的公式及其参数说明如下：

- COUNTIFS(criteria_range1,criteria1, criteria_range2,criteria2,…)

用于计算满足一组条件的单元格的个数。其中,criteria_range1 为第 1 个条件的区域,criteria1 为第 1 个条件；criteria_range2 为第 2 个条件的区域,criteria1 为第 2 个条件；以此类推。

打开文件“例 1.8 多条件计数函数 COUNTIFS. xlsx”,局部如图 1.19 所示。

	A	B	C	D	E	F	G	H	I	J	K	L
1	序号	姓名	性别	百分制	五级记分		百分制成绩区间	计数		五级记分	男	女
2	1	徐常松	男	92	A		成绩<60	14		A	8	2
3	2	郑伊玲	女	53	F		60<=成绩<70	8		B	6	3
4	3	胡楠	男	82	B		70<=成绩<80	9		C	7	2
5	4	胡育新	男	89	B		80<=成绩<90	9		D	7	1
6	5	张智恒	男	61	D		90<=成绩<=100	10		F	6	8
7	6	陈亮	男	79	C		合计	50		合计	34	16
8	7	缪奇凤	女	55	F							
9	8	温翠云	女	62	D							
10	9	汪倩	女	50	F							
11	10	李鹏飞	男	63	D							
12	11	余晖	男	69	D							

图 1.19 多条件计数函数 COUNTIFS

此工作表中包含两个多条件计数,一个是百分制成绩落在给定区间的考生计数,另一个是不同性别考生不同五级记分成绩的计数。

单条件计数函数 COUNTIF 只能统计百分制成绩大于等于某一个值或小于等于某一个值的考生计数,例如百分制成绩大于等于 60 分(即及格)的人数;而多条件计数函数 COUNTIFS 可以统计百分制成绩在两个数值之间的考生计数。

以落入 60—70 分(含 60 分,不含 70 分)成绩区间考生计数为例,COUNTIFS 公式为:

COUNTIFS($D $2:$D $51,"> =60",$D $2:$D $51,"<70")

其中,$D $2:$D $51 为第 1 条件的区域,"> =60"为第 1 条件;$D $2:$D $51 为第 2 条件的区域,"<70"为第 2 条件。

注意,此例中第 1 条件区域和第 2 条件区域是相同的,都是百分制成绩区域。落入其他区间的考生人数统计可以类推。

不同性别不同五级记分成绩考生人数计数的 COUNTIFS 公式如下:

男性考生五级记分成绩分别为"A""B""C""D""F"的计数为:

COUNTIFS($C $2:$C $51,"男",$E $2:$E $51,"A")

COUNTIFS($C $2:$C $51,"男",$E $2:$E $51,"B")

…

COUNTIFS($C $2:$C $51,"男",$E $2:$E $51,"F")

其中,$C $2:$C $51 为第 1 条件"性别"区域,"男"为第 1 条件;$E $2:$E $51 为第 2 条件"成绩"区域,"A""B""C""D""F"为第 2 条件。

以上公式中的条件,"男"也可以用单元格地址 K1 表示,五级记分成绩"A""B""C""D""F"也可以分别用所在单元格地址 J2,J3,…,J6 表示。用单元格地址表示时不加双引号。具体如下:

COUNTIFS($C $2:$C $51,K1,$E $2:$E $51,J2)

COUNTIFS($C $2:$C $51,K1,$E $2:$E $51,J3)

…

COUNTIFS($C $2:$C $51,K1,$E $2:$E $51,J6)

女性考生成绩分别为"A""B""C""D""F"的计数可以类推。

多条件计数函数 COUNTIFS 的具体计算,详见文件"例 1.8 多条件计数 COUNTIFS. xlsx"。

例 1.9 求和函数 SUM 和单条件求和函数 SUMIF

求和函数 SUM 为:

- SUM(number1,number2,…)

其中,number1,number2,…为数值。此函数计算单元格区域内所有数值之和。

单条件求和函数 SUMIF 为:

- SUMIF(range,criteria,sum_range)

其中,range 为条件所在的区域;criteria 为条件;sum_range 为求和范围。

打开文件"例 1.9 单条件求和函数 SUMIF. xlsx",局部如图 1.20 所示。文件中有不同品牌电器的销量数据。用单条件求和函数 SUMIF 分别按品牌和产品统计销量。

按品牌统计销量的 SUMIF 函数公式为:

SUMIF($B $2:$B $101,"美的",$D $2:$D $102)

SUMIF($B $2:$B $101,"海尔",$D $2:$D $102)

…

SUMIF($B $2:$B $101,"容声",$D $2:$D $102)

	A	B	C	D	E	F	G	H	I	J	K	L
1	序号	品牌	产品	销量		序号	品牌	销量		序号	产品	销量
2	1	格力	电饭煲	137		1	美的	1947		1	电饭煲	1229
3	2	海尔	微波炉	114		2	海尔	1866		2	冰箱	1239
4	3	海尔	洗衣机	123		3	格兰仕	1840		3	微波炉	1332
5	4	格力	洗衣机	60		4	格力	2702		4	空调	1021
6	5	美的	电磁炉	121		5	容声	1377		5	电磁炉	1351
7	6	格力	冰箱	96			合计	9732		6	热水器	1235
8	7	美的	油烟机	61						7	油烟机	892
9	8	格兰仕	电饭煲	106						8	洗衣机	1433
10	9	格兰仕	空调	145							合计	9732
11	10	格力	空调	81								
12	11	格力	电磁炉	80								
13	12	容声	微波炉	121								
14	13	美的	油烟机	65								

图 1.20　单条件求和函数 SUMIF

其中，$B $2：$B $101 为条件（品牌）区域，品牌名“美的”“海尔”，…，“容声”为条件，$D $2：$D $102 为求和（销量）区域。以上公式中的条件“美的”“海尔”，…，“容声”也可以用条件所在的单元格地址 G2，G3，…，G6 表示。

按产品统计销量的 SUMIF 函数公式为：

SUMIF（$C $2：$C $101，“电饭煲”，$D $2：$D $102）

SUMIF（$C $2：$C $101，“冰箱”，$D $2：$D $102）

…

SUMIF（$C $2：$C $101，“洗衣机”，$D $2：$D $102）

其中，$C $2：$C $101 为条件（产品）区域，产品名称为条件，$D $2：$D $102 为求和（销量）区域。以上公式中的条件产品名称，也可以用产品名称所在的单元格地址 K2，K3，…，K9 表示。

单条件求和函数 SUMIF 的具体计算，详见文件“例 1.9 单条件求和函数 SUMIF. xlsx”。

例 1.10　多条件求和函数 SUMIFS

多条件求和函数 SUMIFS 的公式及其参数说明如下：

■ SUMIFS（sum_range，criteria_range1，criteria1，criteria_range2，criteria2，…）

其中，sum_range 为求和区域；criteria_range1 为第 1 条件区域；criteria1 为第 1 条件；criteria_range2 为第 2 条件区域；criteria2 为第 2 条件；以此类推。

打开文件“例 1.10 多条件求和函数 COUNTIFS. xlsx”，其中有不同品牌不同类别的 100 项电器产品销售记录，局部如图 1.21 所示。

	A	B	C	D	E	F	G	H	I	J	K	L	M	N	O	P
1	序号	品牌	产品	销量		序号	品牌\产品	电饭煲	冰箱	微波炉	空调	电磁炉	热水器	油烟机	洗衣机	小计
2	1	格力	电饭煲	137		1	美的	73	332	265	53	421	354	355	94	1947
3	2	海尔	微波炉	114		2	海尔	302	456	114	248	227	228	60	231	1866
4	3	海尔	洗衣机	123		3	格兰仕	233	82	118	197	77	174	98	861	1840
5	4	格力	洗衣机	60		4	格力	335	313	519	315	324	417	290	189	2702
6	5	美的	电磁炉	121		5	容声	286	56	316	208	302	62	89	58	1377
7	6	格力	冰箱	96			合计	1229	1239	1332	1021	1351	1235	892	1433	9732
8	7	美的	油烟机	61												
9	8	格兰仕	电饭煲	106												
10	9	格兰仕	空调	145												
11	10	格力	空调	81												
12	11	格力	电磁炉	80												
13	12	容声	微波炉	121												

图 1.21　多条件求和函数 SUMIFS

根据这 100 项销售记录数据，统计不同品牌下各种电器的销量，填入右侧的二维表中。以第一个电器产品“电饭煲”为例：

"美的"电饭煲销量的计算公式为：

SUMIFS($D $2：$D $101，$B $2：$B $101，G2，$C $2：$C $101，$H $1)

其中，$D $2：$D $101 为求和区域；$B $2：$B $101 为第 1 条件(品牌)区域；G2 为第 1 条件(品牌：美的)单元格地址；$C $2：$C $101 为第 2 条件(产品)区域；$H $1 为第 2 条件(产品：电饭煲)单元格地址。

"海尔"电饭煲销量的计算公式为：

SUMIFS($D $2：$D $101，$B $2：$B $101，G3，$C $2：$C $101，$H $1)

其中，$D $2：$D $101 为求和区域；$B $2：$B $101 为第 1 条件(品牌)区域；G3 为第 1 条件(品牌：海尔)单元格地址；$C $2：$C $101 为第 2 条件(产品)区域；$H $1 为第 2 条件(产品：电饭煲)单元格地址。

"格兰仕"电饭煲销量的计算公式为：

SUMIFS($D $2：$D $101，$B $2：$B $101，G4，$C $2：$C $101，$H $1)

其中，$D $2：$D $101 为求和区域；$B $2：$B $101 为第 1 条件(品牌)区域；G4 为第 1 条件(品牌：格兰仕)单元格；$C $2：$C $101 为第 2 条件(产品)区域；$H $1 为第 2 条件(产品：电饭煲)单元格地址。

"格力"电饭煲销量的计算公式为：

SUMIFS($D $2：$D $101，$B $2：$B $101，G5，$C $2：$C $101，$H $1)

其中，$D $2：$D $101 为求和区域；$B $2：$B $101 为第 1 条件(品牌)区域；G5 为第 1 条件(品牌：格力)单元格；$C $2：$C $101 为第 2 条件(产品)区域；$H $1 为第 2 条件(产品：电饭煲)单元格地址。

"容声"电饭煲销量的计算公式为：

SUMIFS($D $2：$D $101，$B $2：$B $101，G6，$C $2：$C $101， $H $1)

其中，$D $2：$D $101 为求和区域；$B $2：$B $101 为第 1 条件(品牌)区域；G6 为第 1 条件(品牌：容声)单元格；$C $2：$C $101 为第 2 条件(产品)区域；$H $1 为第 2 条件(产品：电饭煲)单元格地址。

以上五个品牌电饭煲销量的计算公式也可以写成：

SUMIFS($D $2：$D $101，$B $2：$B $101，"美的"，$C $2：$C $101，"电饭煲")

SUMIFS($D $2：$D $101，$B $2：$B $101，"海尔"，$C $2：$C $101，"电饭煲")

SUMIFS($D $2：$D $101，$B $2：$B $101，"格兰仕"，$C $2：$C $101，"电饭煲")

SUMIFS($D $2：$D $101，$B $2：$B $101，"格力"，$C $2：$C $101，"电饭煲")

SUMIFS($D $2：$D $101，$B $2：$B $101，"容声"，$C $2：$C $101，"电饭煲")

即用条件名称代替条件所在单元格地址。

五个品牌其他电器销量的统计类似，不再赘述。

此例多条件求和函数 SUMIFS 的具体操作，详见文件"例 1.10 多条件求和函数 COUNTIFS. xlsx"。

例 1.11 乘积求和函数 SUMPRODUCT

现实中经常遇到如下问题：两个长度相等的数组 A 和 B，n 为数组长度，求数组对应元素 $A(i)$ 和 $B(i)$ 的乘积 $A(i)B(i)$ $(i=1,2,\cdots,n)$，然后将 n 项乘积求和，得到 $\sum_{i=1}^{n} A(i)B(i)$。

如果 $A(i)$ 是商品的售价，$B(i)$ 是该商品的销量，则乘积求和就是该商品的销售额；如果

$A(i)$是某种品牌在第 i 个城市的市场占有率，$B(i)$是该城市同类商品的销量，则乘积求和就是这种品牌商品的总销量；如果 $A(i)$是某种疾病在第 i 个地区的发病率，$B(i)$是该地区的人口数，则乘积求和就是这种疾病的患者总数。

Excel 的乘积求和函数 SUMPRODUCT 的功能，就是计算两个数组对应元素的乘积之和。

乘积求和函数 SUMPRODUCT 的公式及其参数说明如下：

■ SUMPRODUCT(array1,array2,array3,…)　　返回相应数组或区域成绩的和。

其中，array1，array2，array3，…是 2 到 255 个数组，所有数组的维数必须一样。

打开文件“例 1.11 乘积求和函数 SUMPRODUCT. xlsx”，表中列出了某种商品在杭州、宁波、温州三个城市四个季度的售价和销量，据此分别计算每个季度和每个城市的销售额。局部如图 1.22 所示。

	A	B	C	D	E	F	G
1	售价（元/吨）	一季度	二季度	三季度	四季度		
2	杭州	36	34	34	35		
3	宁波	36	28	29	29		
4	温州	26	29	25	36		
5							
6	销量（吨）	一季度	二季度	三季度	四季度	销售额（元）	
7	杭州	535	470	456	466	67054	
8	宁波	519	502	464	493	60493	
9	温州	504	512	498	522	59194	
10	销售额（元）	51048	44884	41410	49399		
11							
12	全年销售总额（元）	186741					
13							

图 1.22　已知售价和销量，用乘积求和函数 SUMPRODUCT 计算销售额

杭州销售额(F7)＝SUMPRODUCT(B2:E2,B7:E7)，其中 B2:E2 是此商品在杭州一季度到四季度的售价，B7:E7 是此商品在杭州一季度到四季度的销量。

宁波销售额(F8)＝SUMPRODUCT(B3:E3,B8:E8)，其中 B3:E3 是此商品在宁波一季度到四季度的售价，B8:E8 是此商品在宁波一季度到四季度的销量。

温州销售额(F9)＝SUMPRODUCT(B4:E4,B9:E9)，其中 B4:E4 是此商品在温州一季度到四季度的售价，B9:E9 是此商品在温州一季度到四季度的销量。

一季度销售额(B10) ＝ SUMPRODUCT(B2:B4,B7:B9)，其中 B2:B4 是一季度此商品在杭州、宁波、温州的售价，B7:B9 是一季度此商品在杭州、宁波、温州的销量。

二季度销售额(C10) ＝ SUMPRODUCT(C2:C4,C7:C9)，其中 C2:C4 是二季度此商品在杭州、宁波、温州的售价，C7:C9 是二季度此商品在杭州、宁波、温州的销量。

三季度销售额(D10) ＝ SUMPRODUCT(D2:D4,D7:D9)，其中 D2:D4 是三季度此商品在杭州、宁波、温州的售价，D7:D9 是三季度此商品在杭州、宁波、温州的销量。

四季度销售额(E10) ＝ SUMPRODUCT(E2:E4,E7:E9)，其中 E2:E4 是四季度此商品在杭州、宁波、温州的售价，E7:E9 是四季度此商品在杭州、宁波、温州的销量。

关于函数 SUMPRODUCT，有两点需要说明：

(1) 此例仅涉及两个数组的对应乘积求和。事实上，函数 SUMPRODUCT 可以计算最多达 255 个数组的乘积求和。

(2) 乘积求和是函数 SUMPRODUCT 的最基本功能。这个函数还有更多非常有用的功能,由于篇幅关系就不展开了。如果需要,请自行搜索相关资料。

1.3 数据透视表

Excel 工作表是由多列不同属性的数据组成的,例如,在 Excel 人事数据统计表中通常包含职工的工号、姓名、性别、年龄、部门、职务、职称、专业、工作年限、工资等数据。在实际工作中,经常需要对其中一些数据进行交叉汇总。例如,要求以"部门"为行、"职称"为列、"人数"为交叉因素制作统计汇总表。数据透视表是一种对大量数据进行快速汇总统计和建立交叉列表的交互式工具,在实际工作中有广泛的应用。

例 1.12 在文件"例 1.12 单层数据透视表.xlsx"中,创建以"部门"为行字段、"性别"为列字段、"人数"为数据区域的数据透视表。

打开文件,选定 Excel 菜单"插入 > 表格 > 数据透视表",出现"创建数据透视表"对话窗口。选定"选择一个表或区域",选择数据区域"数据表! $A$1: $J$116"和"新工作表",如图 1.23 所示。

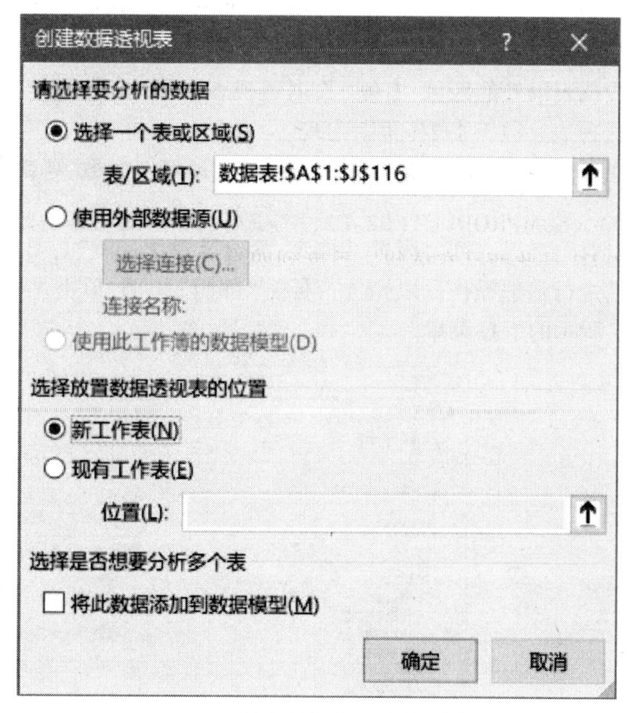

图 1.23 "创建数据透视表"对话窗口

单击"确定",出现如图 1.24 所示的窗口。单击"选择要添加到报表的字段"中"姓名""性别"和"部门",并分别把它们拖到"数值""列标签"和"行标签"区域中,左侧就产生了以"部门"为行字段,以"性别"为列字段,以"人数"为计数项的数据透视表。

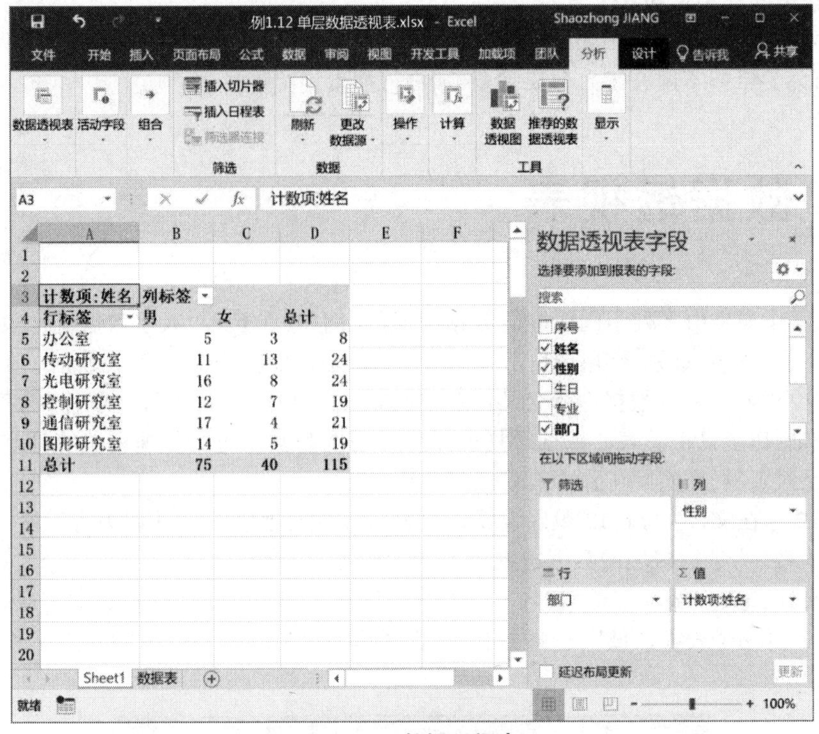

图 1.24 数据透视表

此时单击数据透视表以外的区域,右侧"数据透视表字段"列表就会消失;单击数据透视表内部,右侧"数据透视表字段"列表将重新出现。

从以上数据透视表得到的汇总数据可以看出该研究所职工总数、各部门职工数以及各部门男、女职工人数。

数据透视表可以对行字段或列字段进行排序、筛选等操作。例如,要对图 1.24 数据透视表的行标签或列标签进行筛选操作。以筛选行标签"部门"为例,单击"行标签"右边的下拉按钮,弹出如图 1.25 所示的下拉菜单。

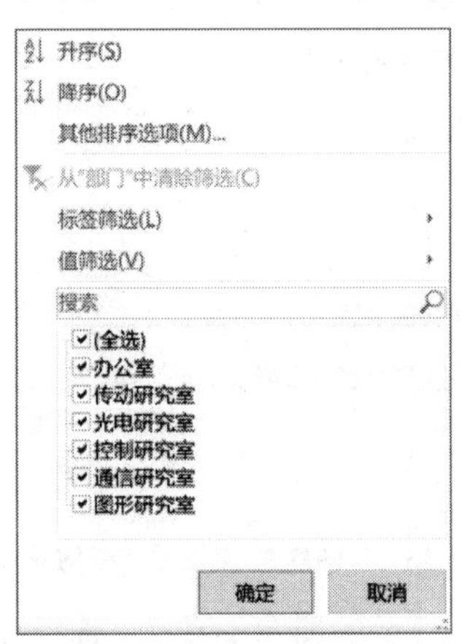

图 1.25 筛选行标签

取消勾选"办公室",单击"确定"后,数据透视表中就不包括"办公室"这个部门的汇总统计,如图 1.26 所示。

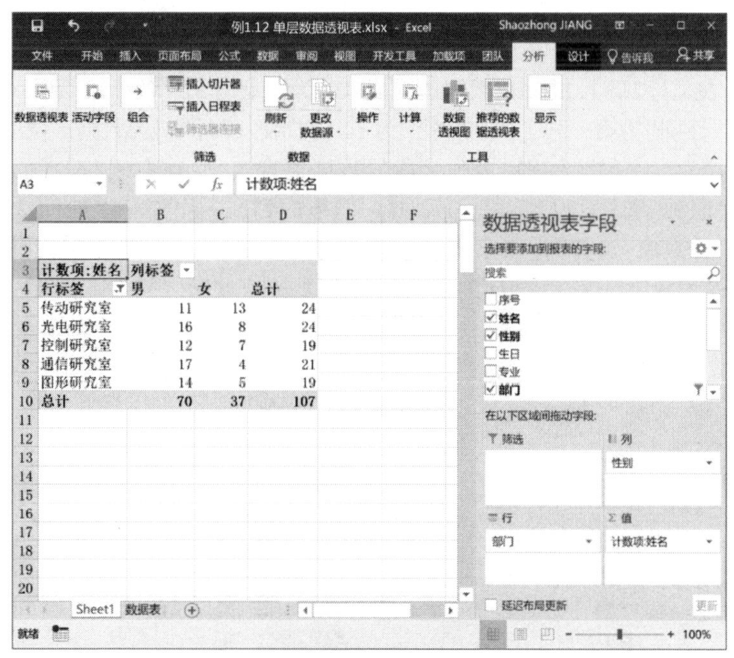

图 1.26 改变数据透视表中字段的显示值后的视图

如果需要删除一个行字段、列字段或者数据项字段,只要用鼠标按住数据透视表中要删除的字段名的单元格,把它拖出数据透视表范围以外就可以了。删除某一个字段以后,从“字段列表”中选择一个新字段,再把它拖到被删除字段所在的单元格,就可以更新行字段或列字段。

需要说明的是,为什么将“姓名”字段拖到数据项区域,在数据透视表中出现的数值会是人数。右键单击数据项区域,出现右键菜单,如图 1.27 所示。选定“值字段设置”,得到“值字段设置”对话窗口,如图 1.28 所示。

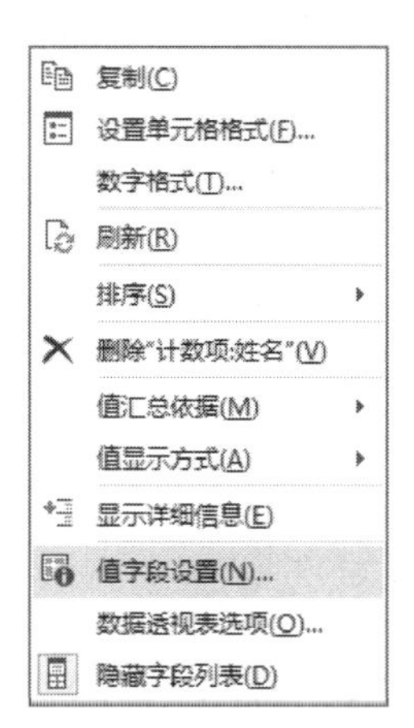

图 1.27 改变数据透视表中字段的属性

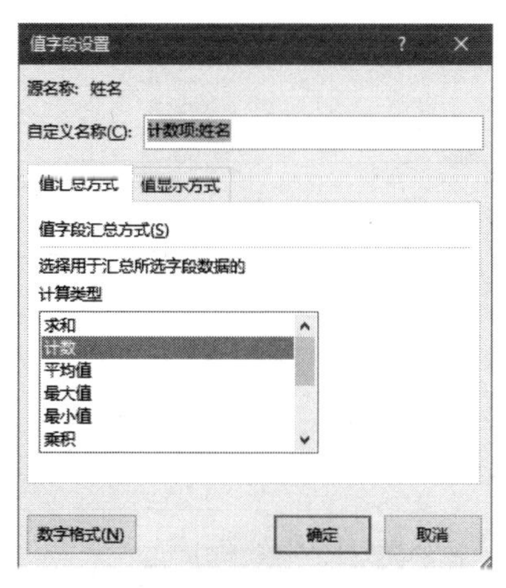

图 1.28 定义数据透视表中字段属性的对话窗口

由于“姓名”字段是字符型字段而不是数值型字段,默认的“汇总方式”为计数,因此“姓名”字段的计数汇总方式就是职工人数。如果字段是数值型的,就有求和、平均值、最大值、最小值、乘积、数值计数等多种汇总方式可以选择。

数据透视表工具还可以产生多层行字段或列字段的数据透视表。例如,在“职务”字段中分“职称”统计,在“性别”字段中分“学历”统计。

例 1.13 在文件“例1.13 多层数据透视表. xlsx”中,创建以“部门”为第一行字段、“职称”为第二行字段、“性别”为第一列字段、“学历”为第二列字段、“月薪”为数据区域的数据透视表。

在以“部门”为行字段、“性别”为列字段的数据透视表中,在右侧“选择要添加到报表的字段”中,选定“职称”和“学历”字段,分别把它们拖放到“行标签”和“列标签”区域。同时,把“Σ 值”中的“计数项:姓名”拖出字段区域外,再选定字段“月薪”从“字段列表”中拖进“Σ值”区域中,就得到两层行字段、两层列字段的数据透视表,如图 1.29 所示。

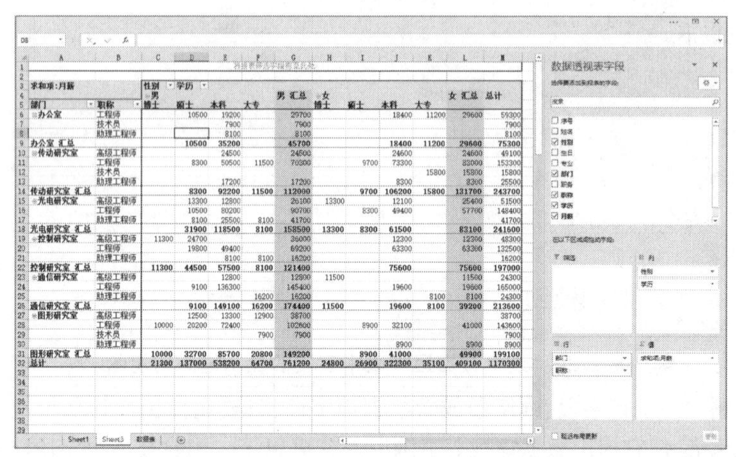

图 1.29 建立第二层行字段和列字段

右键单击数据透视表的数据区域,出现当前汇总字段“月薪”的属性对话窗口,如图 1.30 所示。单击“值字段设置(N)”菜单项,弹出如图 1.31 所示的对话窗口。当前“月薪”字段的“值汇总方式”是“求和”,也可以重新设置为“平均值”“最大值”或“最小值”等。

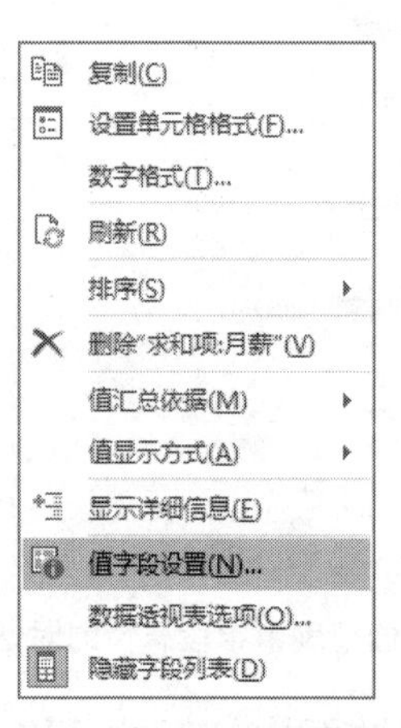

图 1.30 数据透视表值字段设置

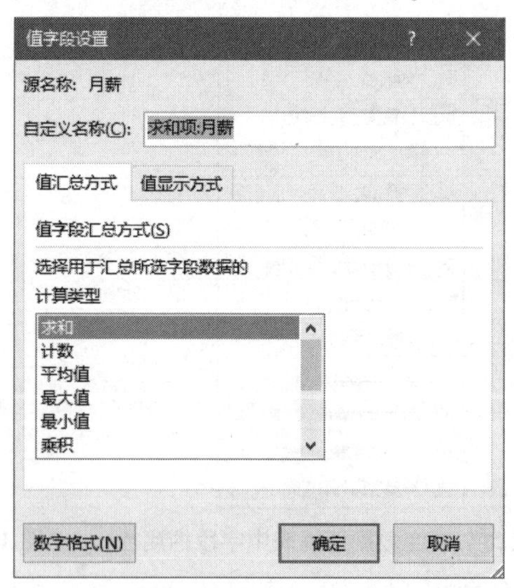

图 1.31 重新设置数据透视表的字段属性

数据透视表在问卷调查数据的汇总处理中有重要的应用。

例 1.14 对新推出的一款家用轿车购买者的调查问卷如下：

您所在的城市：

□北京 □南京 □西安 □昆明 □长沙

您的性别：

□男 □女

您的年龄：

□25 岁以下 □25—55 岁 □55 岁以上

您的年薪：

□10 万元以下 □10 万—20 万元 □20 万—30 万元 □30 万元以上

您对这辆车外观的评价：

□好(5 分) □较好(4 分) □一般(3 分) □较差(2 分) □差(1 分)

您对这辆车动力性能的评价：

□好(5 分) □较好(4 分) □一般(3 分) □较差(2 分) □差(1 分)

您对这辆车安全性能的评价：

□好(5 分) □较好(4 分) □一般(3 分) □较差(2 分) □差(1 分)

问卷调查获得的数据见文件“例 1.14 数据透视表分析汽车调查问卷. xslx”。请利用数据透视表统计不同城市、不同性别、不同年薪购买者对车辆外观、动力性能和安全性能的平均评价。

对车外观评价的统计表如图 1.32 所示。

平均值项:外观评价		年薪				
城市	性别	10万元以下	10万—20万元	20万—30万元	30万元以上	总计
⊟北京	男	4.80	4.00	2.92	2.20	3.38
	女	4.20	4.00	2.50	1.60	3.04
北京 汇总		4.50	4.00	2.73	1.90	3.21
⊟昆明	男	4.25	4.00	2.79	2.00	3.13
	女	4.50	4.20	2.67	3.00	3.44
昆明 汇总		4.33	4.15	2.73	2.33	3.29
⊟南京	男	4.75	3.91	3.06	2.50	3.43
	女	4.00	3.63	2.71	2.00	3.18
南京 汇总		4.60	3.79	2.96	2.40	3.35
⊟西安	男	4.67	4.00	3.08	1.60	3.46
	女	4.67	3.82	2.60	3.00	3.40
西安 汇总		4.67	3.92	2.87	1.83	3.44
⊟长沙	男	5.00	4.00	3.38	3.00	3.76
	女	5.00	3.67	3.13	3.00	3.38
长沙 汇总		5.00	3.89	3.25	3.00	3.60
总计		4.58	3.94	2.88	2.12	3.36

图 1.32 外观评价数据透视表

对车动力性能评价的统计表如图 1.33 所示。

对车安全性能评价的统计表如图 1.34 所示。

以上例子仅涉及使用数据透视表对问卷数据进行汇总，如何对获得的数据进行分析将在第 5 章问卷调查中详细介绍。

平均值项:动力性能评价		年薪				
城市	性别	10万元以下	10万—20万元	20万—30万元	30万元以上	总计
⊟北京	男	3.00	3.57	3.42	3.20	3.34
	女	3.80	3.29	3.50	3.60	3.52
北京 汇总		3.40	3.43	3.45	3.40	3.43
⊟昆明	男	3.75	3.00	3.14	3.50	3.26
	女	2.50	3.10	3.67	4.00	3.36
昆明 汇总		3.33	3.08	3.38	3.67	3.31
⊟南京	男	2.50	3.36	3.22	3.25	3.19
	女	2.00	4.00	2.86	1.00	3.24
南京 汇总		2.40	3.63	3.12	2.80	3.20
⊟西安	男	3.00	3.38	3.08	3.20	3.19
	女	2.67	2.82	3.60	3.00	3.12
西安 汇总		2.89	3.13	3.30	3.17	3.16
⊟长沙	男	4.00	2.83	3.63	5.00	3.47
	女	4.00	3.67	3.25	4.00	3.46
长沙 汇总		4.00	3.11	3.44	4.50	3.47
总计		3.15	3.29	3.33	3.35	3.30

图 1.33　动力性能评价数据透视表

平均值项:安全性能评价		年薪				
城市	性别	10万元以下	10万—20万元	20万—30万元	30万元以上	总计
⊟北京	男	4.20	3.29	4.17	4.60	4.03
	女	3.20	4.43	3.30	3.80	3.67
北京 汇总		3.70	3.86	3.77	4.20	3.86
⊟昆明	男	4.25	4.33	4.21	5.00	4.30
	女	4.50	3.40	3.92	4.00	3.76
昆明 汇总		4.33	3.62	4.08	4.67	4.02
⊟南京	男	4.50	4.09	4.06	3.75	4.08
	女	4.00	3.00	3.86	5.00	3.53
南京 汇总		4.40	3.63	4.00	4.00	3.91
⊟西安	男	4.50	3.69	3.92	3.20	3.84
	女	3.33	4.27	3.70	3.00	3.88
西安 汇总		4.11	3.96	3.83	3.17	3.85
⊟长沙	男	4.50	4.17	4.50	2.00	4.24
	女	5.00	4.00	3.63	2.00	3.69
长沙 汇总		4.67	4.11	4.06	2.00	4.00
总计		4.12	3.82	3.95	3.81	3.92

图 1.34　安全性能评价数据透视表

1.4　数据展示图

1.4.1　数据展示图概述

数据展示的基本方法有表格展示和图形展示两种。表格展示适用于展示数据的细节，便于对数据进行查询、保存、处理和引用，但表格展示有不形象、不直观、难以反映数据的总体特征等缺点。

数据的图形展示则具有直观、鲜明、形象的特点，能够较好地反映数据的总体特征、各部分的比例关系、不同类型数据的差别以及数据的发展趋势。图形的色彩和形状能给读者或听众留下深刻的视觉印象。在产品宣传、商业计划研讨、商业决策分析、商业成果展示和商业绩效评估等领域，数据展示图都具有不可替代的作用。制作和展示数据图形是一项基本的商业沟通技能。

Excel 具有强大的用图形展示数据的功能，它不仅方便快捷、形式多样，而且便于编辑修改。Excel 是 Office 系列中主要的数据图形绘制和编辑工具,它制作的数据展示图与 Office 其他组件(如 Word、PowerPoint 等)有很好的兼容性。

Excel 可以由数据表生成柱形图、条形图、折线图、饼图、散点图、面积图、圆环图、雷达图、曲面图、气泡图、圆柱图、圆锥图、棱锥图等 13 种图形,而且每种图形又可以选择多种不同的表现形式。这些图形生成的基本步骤是相同的,由于篇幅关系,本书仅介绍一些常用的图形制作,其他图形的制作可以举一反三。

1.4.2 柱形图

各种不同图形的生成步骤基本相同,我们仅以柱形图为例,说明生成图形的几个步骤。

柱形图是最常用的数据图形之一,柱形图常用来表示不同项目之间的数量关系。

例 1.15 用柱形图表示表 1.9 中我国 1978—2016 年第一、第二和第三产业产值的变化。

表 1.9 1978—2016 年三次产业产值 单位:万亿元

年份	第一产业	第二产业	第三产业
1978	27.7	47.7	24.6
1990	26.6	41.0	32.4
2000	14.7	45.5	39.8
2016	8.6	39.8	51.6

资料来源:中华人民共和国国家统计局. 中国统计年鉴 2017. 北京:中国统计出版社,2017.

首先打开文件"例 1.15 1978　2016 年三次产业产值. xlsx",选择数据区域 B2:D6,打开菜单"插入 > 图表 > 柱形图",选定"二维柱形图"中的"簇状柱形图",如图 1.35 所示,出现如图 1.36 所示的三次产业产值的柱形图。

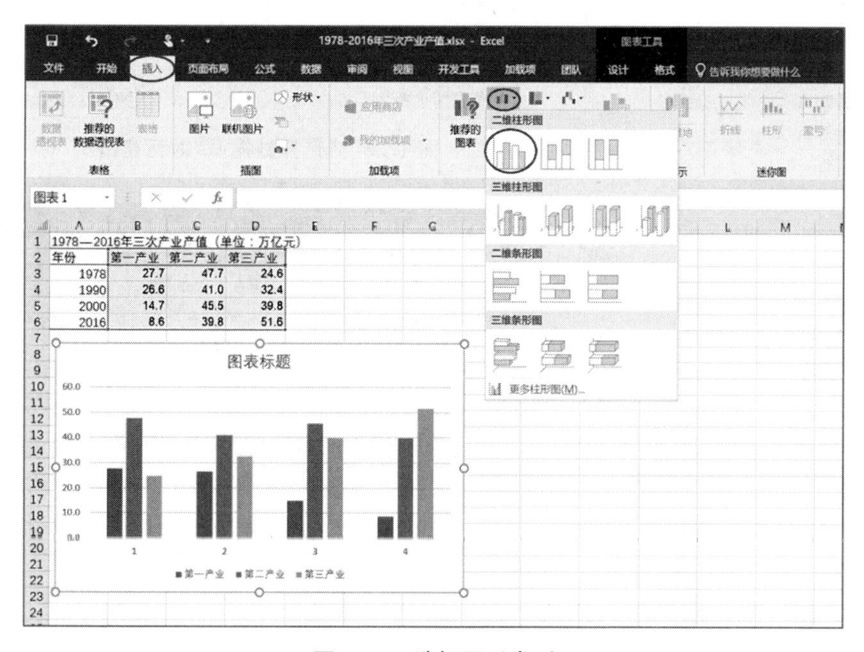

图 1.35 选择图形类别

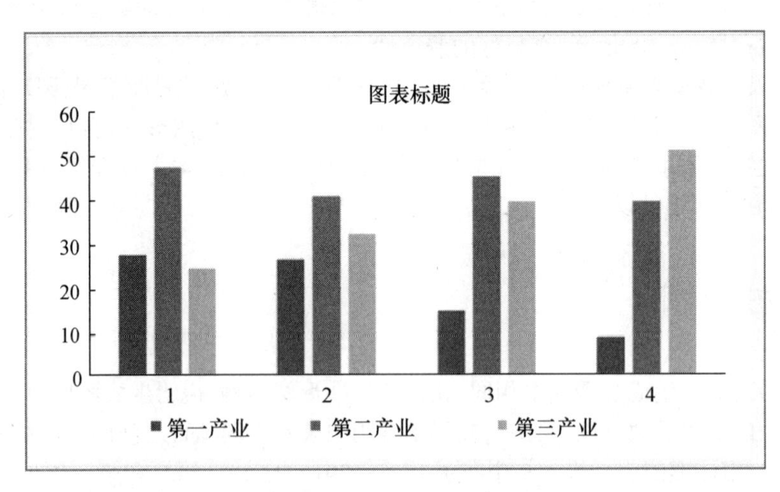

图 1.36　三次产业产值柱形图

右键单击图形,出现如图 1.37 所示的菜单,单击“选择数据”,出现如图 1.38 所示的“选择数据源”对话窗口,在“水平(分类)轴标签”中单击“编辑”,出现如图 1.39 所示的“轴标签”对话窗口。

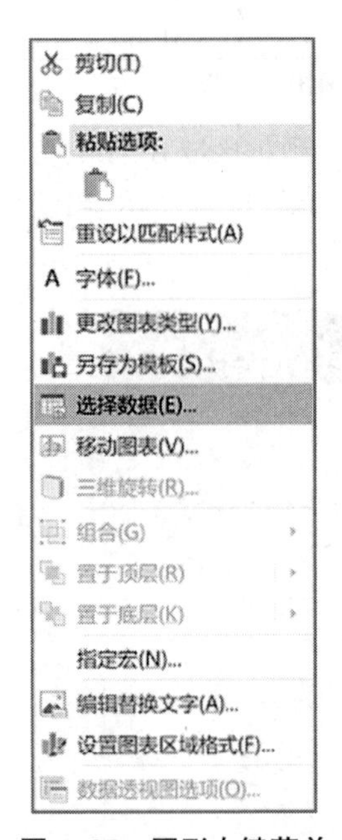

图 1.37　图形右键菜单

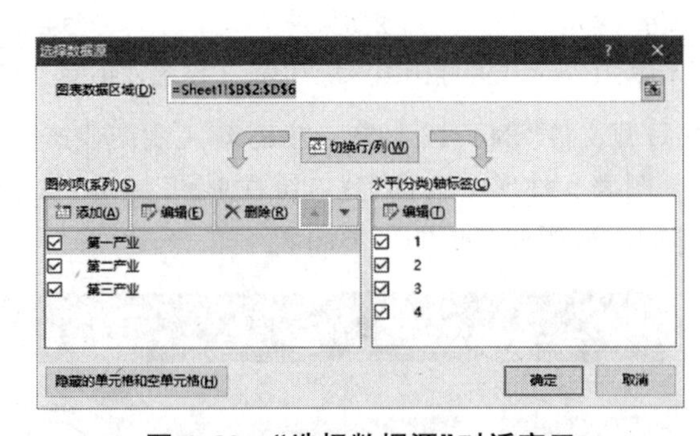

图 1.38　“选择数据源”对话窗口

图 1.39　编辑水平轴标签对话窗口

在“轴标签”对话窗口中,选择 A3:A6 区域中年份数据 1978、1990、2000 和 2016,单击“确定”,水平轴标签改为年份,如图 1.40 所示。

右键单击纵轴,出现如图 1.41 所示的右键菜单。

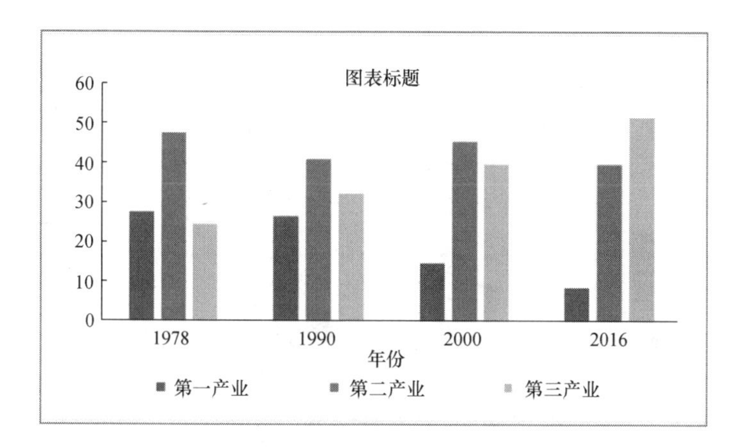

图 1.40　水平轴标签改为年份

图 1.41　坐标轴右键菜单

选定“设置坐标轴格式”，在工作表右侧出现“设置坐标轴格式”对话窗口（见图 1.42）。

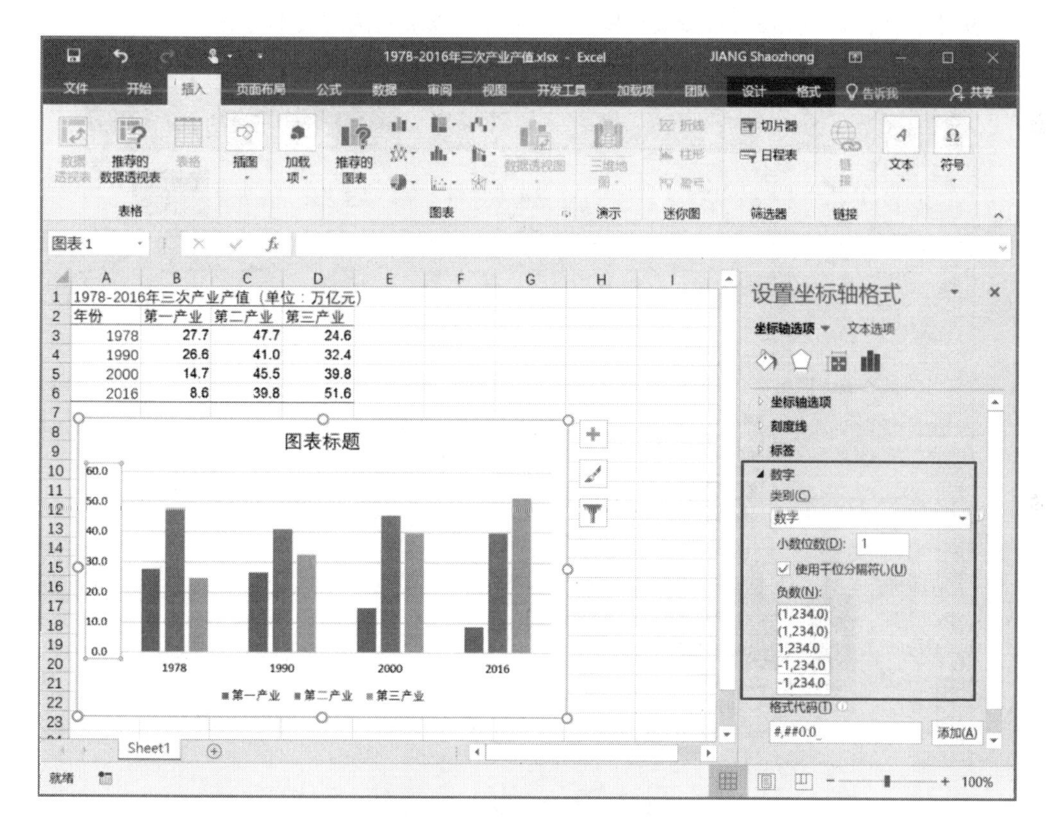

图 1.42　设置坐标轴格式对话窗口

在以上对话窗口中，可以设置坐标轴的各种属性。例如，将“数字”的“类别”设置为“数字”，并且将“小数位数”设为 1，就修改了纵轴的数字格式，如图 1.43 所示。

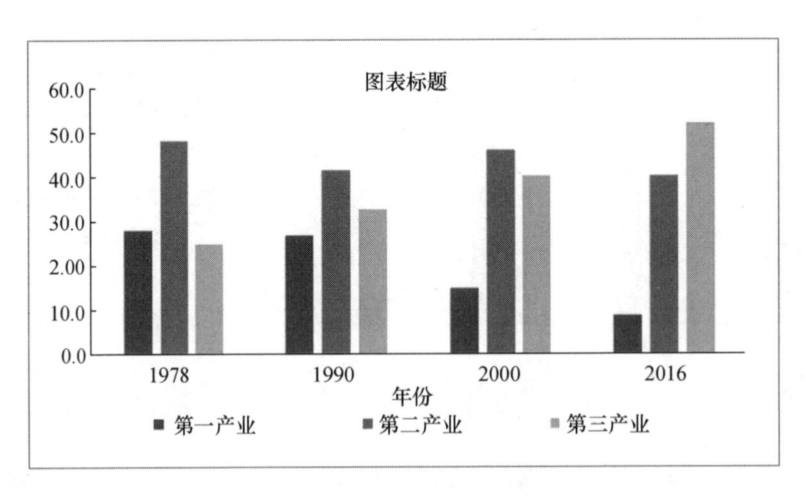

图 1.43　纵轴数字改为 1 位小数的柱形图

最后,添加图形和坐标轴的标题。打开菜单“设计 > 图表布局 > 快速布局”,选定其中的“布局 9”,如图 1.44 所示,出现图表标题、坐标轴标题以及图例的文本框。

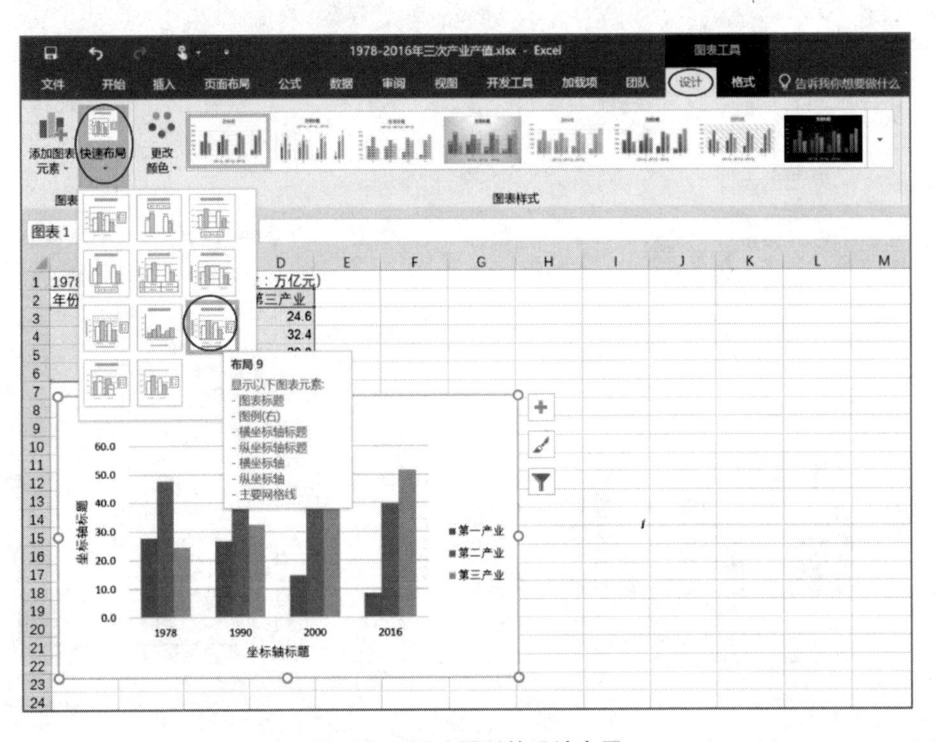

图 1.44　更改图形的设计布局

在文本框中输入图表标题和坐标轴标题,并调整标题的字体字号,最终完成的图形如图 1.45 所示。

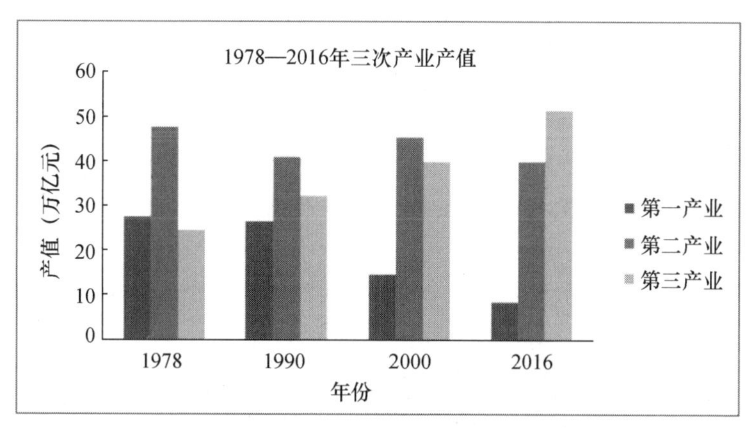

图 1.45　最终完成的柱形图

1.4.3　堆积百分比柱形图

堆积百分比柱形图常用来表示不同系列数据占总量的比例。

例 1.16　创建表 1.9 中第一、第二、第三产业产值占国内生产总值比例的堆积百分比柱形图。

图形生成的步骤和柱形图相同，也可以在生成柱形图以后，右键单击“图表区”，在右键菜单中选择“更改图表类型”，再选择“堆积百分比柱形图”，就可以将柱形图转换成堆积百分比柱形图（见图 1.46）。顺便指出，其他类型的图形之间都可以这样转换。

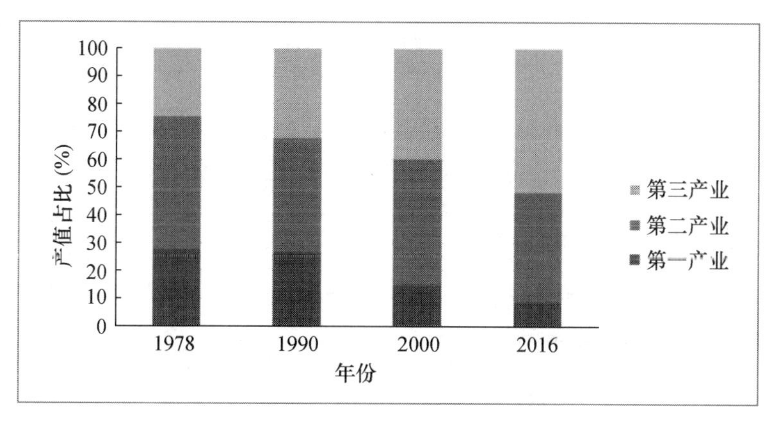

图 1.46　堆积百分比柱形图

1.4.4　饼图

例 1.17　饼图常用于表示一项数据中各部分的比例。我国 2016 年第一、第二和第三产业的产值如表 1.10 所示。

表 1.10　2016 年我国三次产业产值　　单位:万亿元

年份	第一产业	第二产业	第三产业
2016	8.6	39.8	51.6

资料来源:中华人民共和国国家统计局. 中国统计年鉴 2017. 北京:中国统计出版社,2017.

表 1.10 的数据文件见“例 1.17 2016 年三次产业总值饼图. xlsx”。表 1.10 中数据生成的饼图如图 1.47 所示。

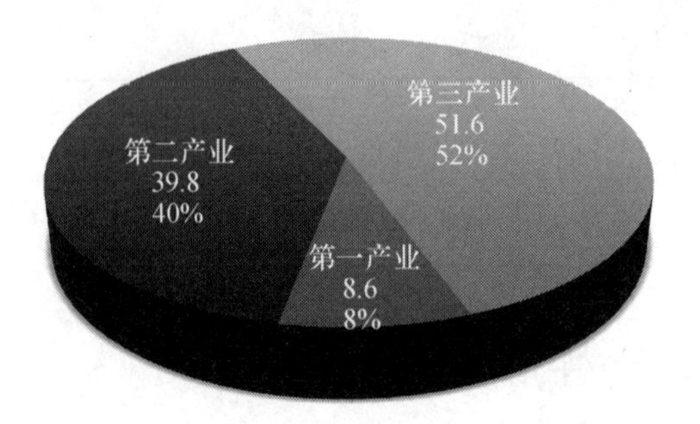

图 1.47　2016 年三次产业产值及比例构成

1.4.5　折线图

折线图常用于表示数据随时间或项目不同的变化。

例 1.18　将表 1.9 中三次产业产值随时间的变化趋势用折线图表示为图 1.48。Excel 数据文件见“例 1.18 1978—2016 年三次产业产值折线图. xlsx”。

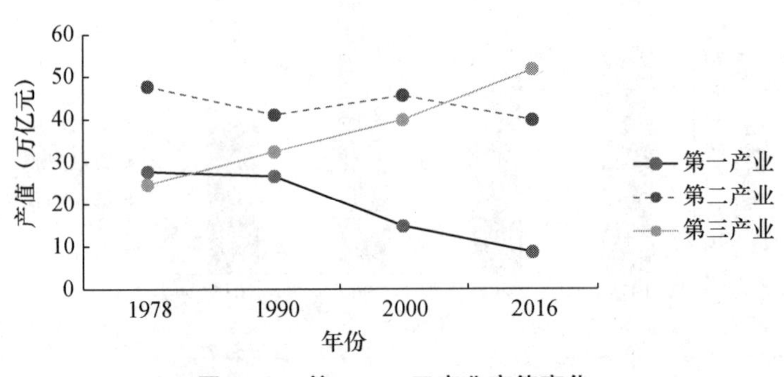

图 1.48　第一、二、三产业产值变化

1.4.6　散点图

散点图用于表示两个变量数值之间的相关关系。图形的横轴表示一个变量,纵轴表示另一个变量。

例 1.19 用表 1.11 中的数据,创建原油消费量和天然气消费量之间相关关系的散点图,数据文件见“例 1.19 1978—2016 年原油和天然气消费量散点图. xlsx”。

表 1.11 1978—2016 年能源消费量及构成(局部) 单位:万吨标煤

年份	煤炭	原油	天然气	其他能源
1978	40 401	12 972	1 829	1 943
1980	43 519	12 477	1 869	2 411
1985	58 125	13 113	1 687	3 757
1990	75 212	16 385	2 073	5 034
2000	100 670	32 332	3 233	10 728
…	…	…	…	…
2009	240 666	55 125	11 764	28 571
2010	249 568	62 753	14 426	33 901
2011	271 704	65 023	17 804	32 512
2012	275 465	68 363	19 303	39 007
2013	280 999	71 292	22 096	42 525
2014	279 329	74 090	24 271	48 116
2015	273 849	78 673	25 364	52 019
2016	270 320	79 788	27 904	57 988

原油消费量和天然气消费量之间相关关系的散点图如图 1.49 所示。

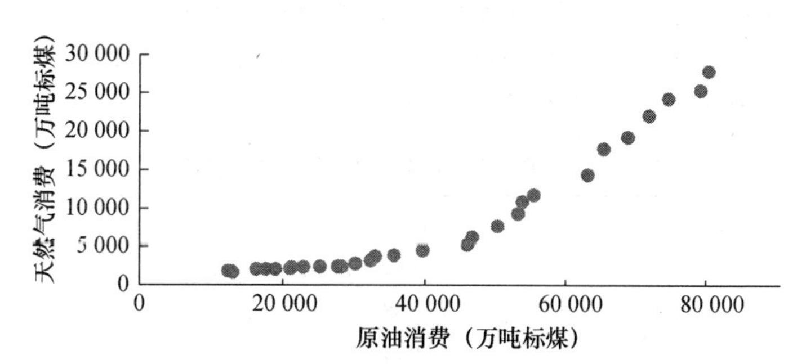

图 1.49 1978—2016 年原油和天然气消费量的散点图

1.4.7 雷达图

雷达图常用来表示两组变量相应数值的比较。

例 1.20 有两家企业 A 和 B,它们的资产评估结果如表 1.12 所示。

表 1.12　企业资产评估表

	收益性	安全性	流动性	成长性	生产性
企业 A	0.7	0.8	0.8	0.6	0.9
企业 B	0.9	0.6	0.4	0.5	0.7

表 1.12 的数据文件见“例 1.20 企业资产属性比较雷达图. xlsx”。这两家企业资产属性比较的雷达图如图 1.50 所示。

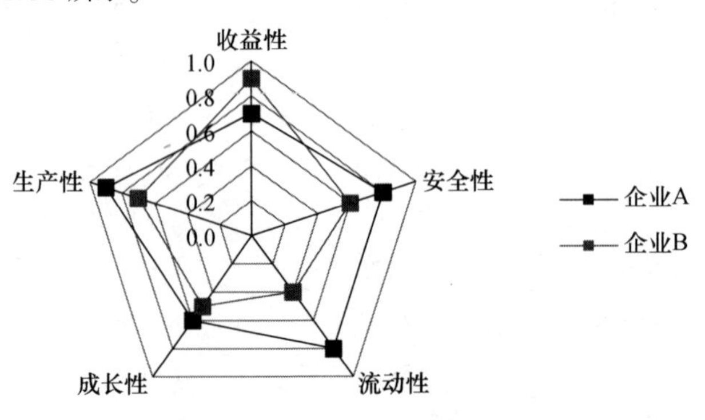

图 1.50　企业资产属性雷达图

1.4.8　气泡图

气泡图可以对一组数据的三个指标进行展示和比较。

例 1.21　表 1.13 为 2016 年 12 个省市的 GDP 和人均 GDP 数据。用气泡图表示这 12 个省市 GDP 和人均 GDP，气泡的高度表示 GDP 总量的大小，气泡的大小表示人均 GDP 的高低。表中已对 GDP 进行降序排列。因此，序号表示各省市人均 GDP 从高到低排列的次序。数据文件见“例 1.21 2016 年 12 个省市 GDP 和人均 GDP 气泡图. xlsx”。

表 1.13　2016 年 12 省市 GDP 和人均 GDP

序号	省市	GDP(亿元)	人均 GDP
1	广东	80 854.91	7.35
2	江苏	77 388.28	9.67
3	山东	68 024.49	6.84
4	浙江	47 251.36	8.45
5	河南	40 471.79	4.25
6	四川	32 934.54	3.99
7	湖北	32 665.38	5.55
8	河北	32 070.45	4.29
9	湖南	31 551.37	4.62
10	福建	28 810.58	7.44
11	上海	28 178.65	11.64
12	北京	25 669.13	11.81

GDP 和人均 GDP 两个指标的气泡图如图 1.51 所示。其中,纵坐标为 GDP(单位:亿元),横坐标为序号,即 GDP 总量的排列次序,气泡的大小表示人均 GDP 的高低。由图 1.51 可以看出,广东省虽然 GDP 总量排第 1 位,但人均 GDP 只排在第 6 位;北京市虽然 GDP 总量排第 12 位,但人均 GDP 最高。

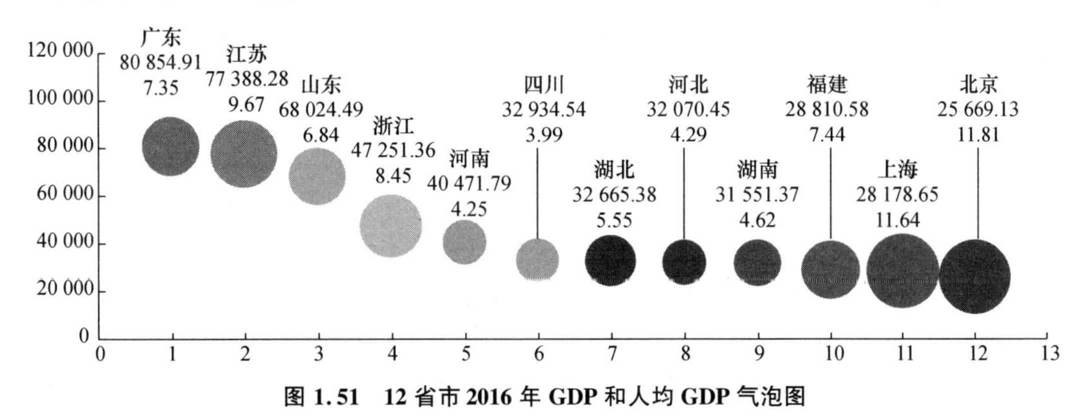

图 1.51　12 省市 2016 年 GDP 和人均 GDP 气泡图

1.5　数据的分布属性

1.5.1　数据集中和分散属性的度量

实际发生的数据总是有波动或变化的,不同数据波动特性有所不同。反映数据波动特性的指标有以下两类:

一是反映数据集中趋势的指标,包括数据的均值(mean)、中位数(median)和众数(mode)。

二是反映数据分散程度的指标,包括数据的极差(range)、方差(variance)、标准差(standard deviation)和(均值的)标准误(standard error of mean)。

某班级 30 名学生的身高测量数据如表 1.14 所示。

表 1.14　学生身高测量数据

学生编号	1	2	3	4	5	6	7	8	9	10	11	12	13	14	15
身高(厘米)	155	156	157	158	158	159	159	160	160	160	161	161	162	163	163
学生编号	16	17	18	19	20	21	22	23	24	25	26	27	28	29	30
身高(厘米)	164	164	165	165	165	165	166	166	167	167	168	169	171	173	174

设这组数据的值为 $x_1, x_2, \cdots, x_N$,其中 $N = 30$。

(1) 均值是反映数据围绕中心波动的常用指标。均值的计算公式为:

$$\mu = \frac{1}{n}\sum_{i=1}^{n} x_i \tag{1.1}$$

这组学生身高的数据均值为163.38厘米。

(2) 将一组数据按照大小顺序排列,最靠近中间的数值称为中位数。如果数据的个数为奇数,则中位数就是最中间的那个数;如果数据的个数为偶数,则中位数是最靠近中间的两个数。例如,表1.14中数据的中位数是163厘米和164厘米。

Excel的中位数函数MEDIAN是这样定义的:如果数据的个数是奇数,则中间的数据就是中位数;如果数据的个数是偶数,则中间两个数据的平均数称为中位数。表1.14中数据的中位数是(163+164)/2=163.5。

(3) 一组数据中出现次数最多的数称为众数。表1.14中身高为165厘米的学生有4人,是数据中出现次数最多的,因此,这组数据的众数就是165厘米。也有可能一组数据中出现次数最多的数值有两个,它们出现的次数相等,这样的数据就有双众数。

在Excel 2007及更早的版本中,众数函数MODE是这样定义的:如果数据中出现次数最多的数据只有一个,这个数据就是众数;如果有两个数据出现的次数相等,MODE()函数等于其中小的一个。在Excel 2007以后的版本中,众数函数有两个:MODE.SNGL()和MODE.MULT()。MODE.SNGL()返回单一的众数,MODE.MULT()返回一个以上的众数。

(4) 极差是数据中最大值与最小值之差。用公式表示为:

$$R = \max(x_1, x_2, \cdots, x_n) - \min(x_1, x_2, \cdots, x_n) \tag{1.2}$$

表1.14中数据的极差为174厘米-155厘米=19厘米。Excel没有提供计算极差的函数。

(5) 方差的计算公式为:

$$\sigma^2 = \frac{\sum_{i=1}^{n}(x-\bar{x})^2}{n} \tag{1.3}$$

表1.14中数据的方差为22.57厘米^2。方差是测量数据平均分散程度的重要指标,由于方差的单位是数据单位的平方,因此,它的数据不是很直观。

(6) 标准差的计算公式为:

$$\sigma = \sqrt{\frac{\sum_{i=1}^{n}(x_i-\bar{x})^2}{n}} \tag{1.4}$$

表1.14中数据的标准差为4.83厘米。和方差一样,标准差也是测量数据平均分散程度的指标,由于它的单位和数据单位相同,因此它的数值比方差更具直观性。在经济领域中,标准差常用来反映未来数据的不确定性,有重要的理论和应用价值。

(7) 标准误通常是针对抽样的样本均值$\bar{x}$来说的,有的书上和Excel的统计功能中称其为标准误差(应该用"标准误",不推荐用"标准误差",以避免与"标准差"混淆)。标准误的计算公式为:

$$\sigma_{\bar{x}} = \frac{\sigma}{\sqrt{n}} \tag{1.5}$$

注意,标准误的记号$\sigma_{\bar{x}}$的下标为$\bar{x}$,表示这个指标是针对样本均值的。(样本均值的)标准误在抽样中有重要应用。

1.5.2 频数和频数统计

频数(frequency)是数据分布的基本属性之一。表1.15是一家饮料公司过去一年每天饮料销量的统计数据。

表1.15 饮料日销量统计表(局部) 单位:箱

1月		2月		…		12月	
日期	销量	日期	销量	…	…	日期	销量
1	151	1	147	…	…	1	146
2	157	2	150	…	…	2	159
3	137	3	151	…	…	3	149
4	153	4	155	…	…	4	152
5	162	5	155	…	…	5	140
…	…	…	…	…	…	…	…
27	144	27	150	…	…	27	148
28	146	28	156	…	…	28	143
29	142			…	…	29	146
30	150			…	…	30	158
31	143			…	…	31	151

例1.22 表1.15的数据文件见"例1.22 饮料365天日销售数据折线图.xlsx"。饮料日销量的Excel折线图如图1.52所示。

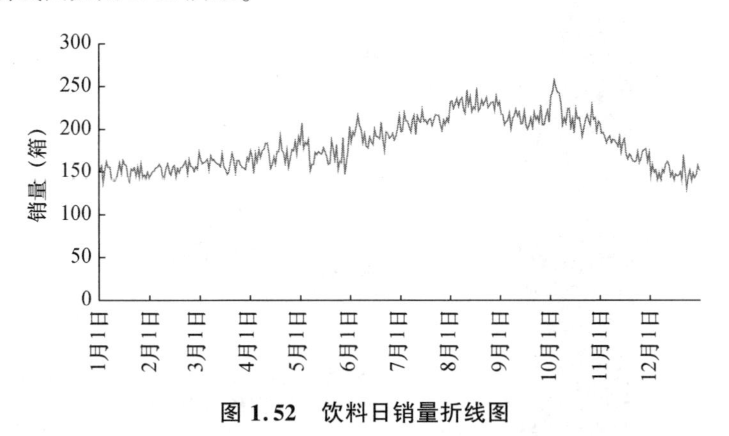

图1.52 饮料日销量折线图

由表1.15和图1.52可以看出,全年最高日销量为257箱,出现在10月3日,最低日销量为130箱,出现在12月23日,全年平均日销量为183.008箱。

为了反映饮料日销量的分布特征,从最小值130箱到最大值257箱,每间隔10箱作为一个区间,即$(-\infty,130]$,$(131,140]$,$(141,150]$,…,$(251,260]$,共14个区间。计算全年365

天销量分别落在这些区间中的天数(我们将其称为频数)。

为了计算日销量的频数,在 Excel 表中将 365 个销量数据排成一列,如图 1.53 所示。

	A	B	C	D	E	F	G	H	I	M	N
1	日期	销量		最大值	最小值	平均值		区域			
2	1月1日	151		257	130	183.008		120			
3	1月2日	157						130			
4	1月3日	137						140			
5	1月4日	153						150			
6	1月5日	162						160			
7	1月6日	155						170			
8	1月7日	156						180			
9	1月8日	141						190			
10	1月9日	140						200			
11	1月10日	139						210			
12	1月11日	141						220			
13	1月12日	151						230			
14	1月13日	161						240			
15	1月14日	148						250			
16	1月15日	164						260			
17	1月16日	159									
18	1月17日	158									
19	1月18日	144									

图 1.53 计算饮料销量频数的 Excel 表(局部)

计算数据频数有以下两种方法:一是 Excel 数据分析工具“直方图”,二是 Excel 函数 FREQUENCY( )。

1. 用数据分析工具“直方图”统计频数

例 1.23 用 Excel 数据分析工具生成数据频数图。

首先单击 Excel 主界面左上角“文件”按钮,出现如图 1.54 所示的界面。

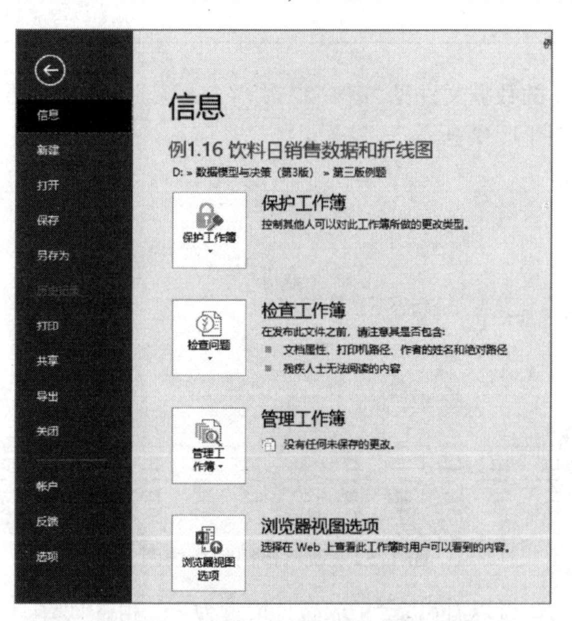

图 1.54 安装“分析工具库”第一步

然后在图 1.54 左侧菜单底部单击“选项”,出现如图 1.55 所示的“Excel 选项”对话窗口。

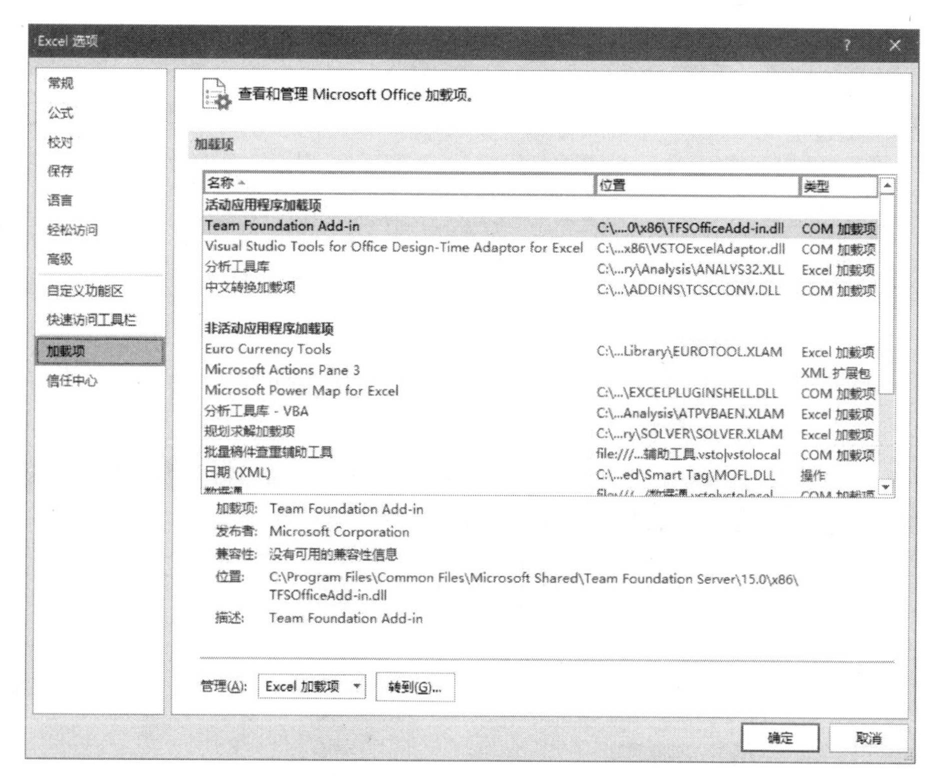

图 1.55　安装“分析工具库”第二步

选定“加载项”，单击“转到”按钮，出现如图 1.56 所示的“加载宏”对话窗口。

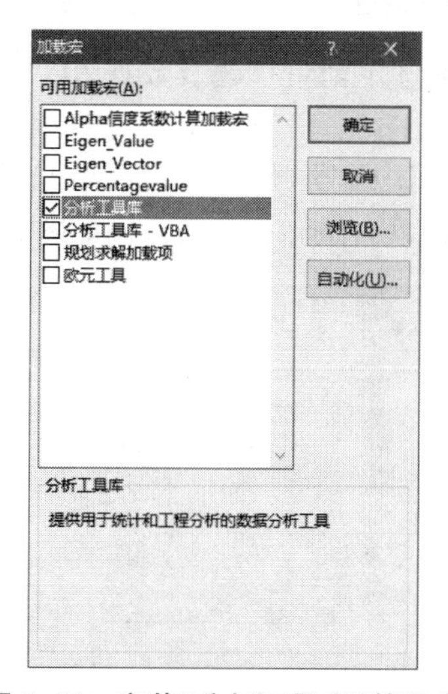

图 1.56　安装“分析工具库”第三步

勾选“可用加载宏”中的“分析工具库”选项，单击“确定”，在“数据”选项卡“分析”功能区出现“数据分析”工具图标，如图 1.57 所示。

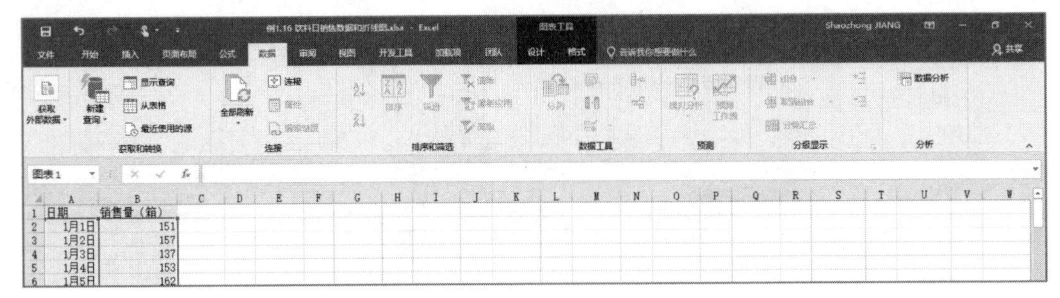

图 1.57 "数据分析"安装完成

单击"数据分析"工具图标,出现"数据分析"对话窗口(见图 1.58),选定其中的"直方图",单击"确定",出现"直方图"对话窗口(见图 1.59)。

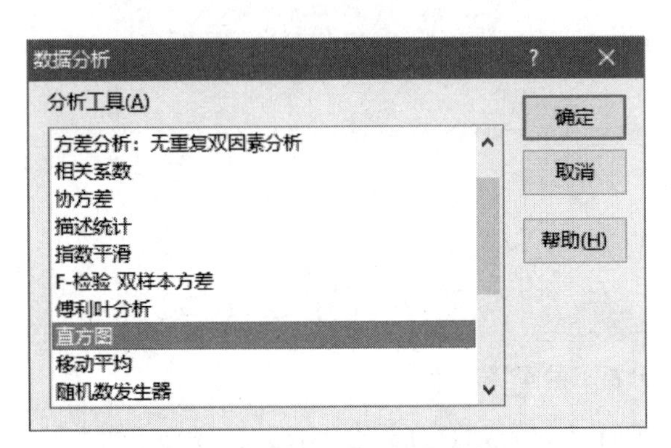

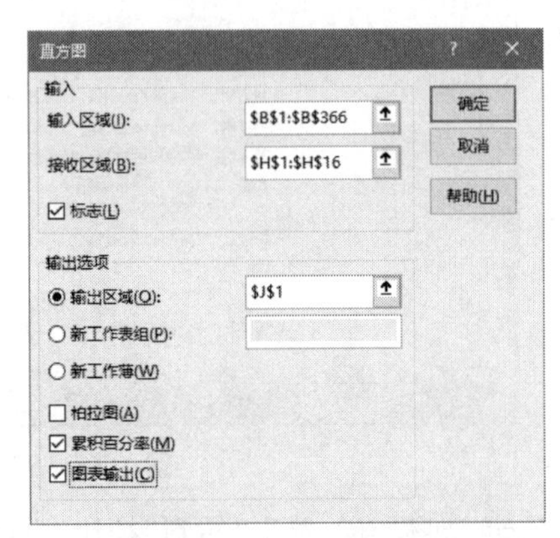

图 1.58 "数据分析"对话窗口

图 1.59 频数统计工具"直方图"对话窗口

在"输入区域"控件中用鼠标选定销量标题及数据 B1:B366,在"接收区域"控件中用鼠标选定分组区域标题及数值 H1:H16。由于以上两组数据都包含标题,因此需要选定"标志"。在"输出选项"中选择"输出区域"并用鼠标在控件中选择输出区域的左上角单元格的位置 J1。单击"确定",生成频数①统计的数据及直方图如图 1.60 所示。

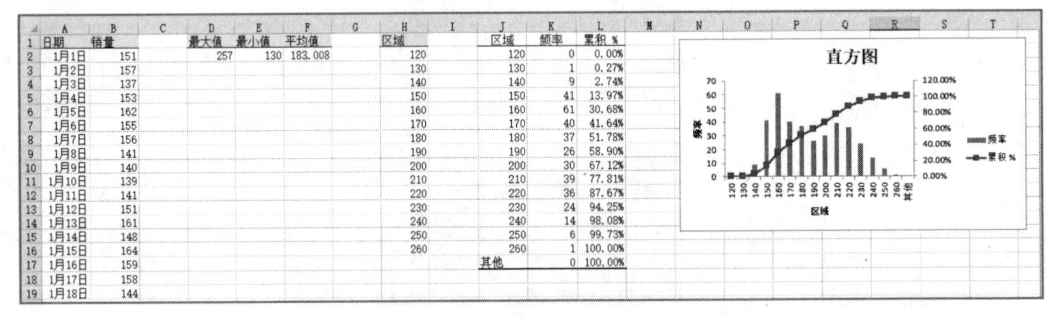

图 1.60 生成频数统计和频数直方图

从图 1.60 中可以看出,日销量在 130 箱以下(含 130 箱)的只有一天,销量出现最多的频数是在区间(151,160]中,有 61 天的销量落在这个区间内。

① 中文版 Excel 中将"frequency"译为"频率",这是不确切的,在统计学中"frequency"应该译为"频数"。

2. 用 Excel 函数 FREQUENCY 生成数据频数

例 1.24 用 Excel 函数 FREQUENCY 生成数据频数。

先用鼠标选择准备好的频数区域 I2:I15,然后在函数栏中输入函数"=FREQUENCY( )"。从提示可以看出,这个函数有两个参数,第一个参数"data_array"为"销量"B2:B366,第二个参数"bin_array"为"区间"H2:H15,如图 1.61 所示。

I2 =FREQUENCY(B2:B366,H2:H15)

	A	B	C	D	E	F	G	H	I
1	日期	销量		最大值	最小值	平均值		区间	频数
2	1月1日	151		257	130	183.008		130	,H2:H15)
3	1月2日	157						140	
4	1月3日	137						150	
5	1月4日	153						160	
6	1月5日	162						170	
7	1月6日	155						180	
8	1月7日	156						190	
9	1月8日	141						200	
10	1月9日	140						210	
11	1月10日	139						220	
12	1月11日	141						230	
13	1月12日	151						240	
14	1月13日	161						250	
15	1月14日	148						260	
16	1月15日	164							
17	1月16日	159							
18	1月17日	158							

图 1.61 用 Excel 函数 FREQUENCY 计算频数

输入完毕后,按组合键"CTRL + SHIFT + ENTER",频数就会出现在 I2:I15 区域中,如图 1.62 所示。

I2 {=FREQUENCY(B2:B366,H2:H15)}

	A	B	C	D	E	F	G	H	I
1	日期	销量		最大值	最小值	平均值		区间	频数
2	1月1日	151		257	130	183.008		130	1
3	1月2日	157						140	9
4	1月3日	137						150	41
5	1月4日	153						160	61
6	1月5日	162						170	40
7	1月6日	155						180	37
8	1月7日	156						190	26
9	1月8日	141						200	30
10	1月9日	140						210	39
11	1月10日	139						220	36
12	1月11日	141						230	24
13	1月12日	151						240	14
14	1月13日	161						250	6
15	1月14日	148						260	1
16	1月15日	164							
17	1月16日	159							
18	1月17日	158							

图 1.62 计算得到的频数

以上介绍的用 frequency 函数绘制 I2:I15 频数柱形图如图 1.63 所示,得到和"数据 > 分析 > 数据分析 > 直方图"同样的结果。

频数图是概率和统计的一个基础性的工具,概率和统计的许多重要概念都是从"频数"发展起来的。在商业实际问题研究和分析中,数据的频数也是分析和研究相应问题的基础。本书后面的章节会反复出现与数据频数和频数分布图相关的概念。因此,正确理解数据频数的概念、掌握频数分布图的制作十分重要。

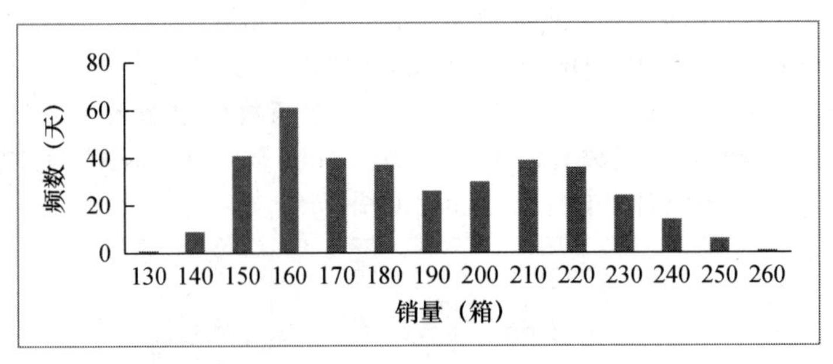

图 1.63　频数柱形图

1.5.3　数据频数的分布形态

通过频数统计,可以了解数据的分布形态。

例 1.25　有 A、B、C 三家公司,员工的月薪数据如表 1.16 所示,请用频数统计分析公司员工的薪酬结构。数据文件见“例 1.25 用频数统计分析公司员工薪酬结构.xlsx”。

表 1.16　公司 A、B、C 员工的薪酬数据(局部)　　单位:元

序号	公司 A	公司 B	公司 C
1	2 503	6 671	5 500
2	2 269	6 787	4 807
3	3 602	5 252	4 544
4	2 472	4 585	5 312
5	4 979	6 771	6 118
6	4 772	6 447	6 426
7	2 983	5 319	4 429
8	2 560	7 641	6 180
9	3 287	5 410	4 747
10	4 703	6 662	4 167

用 Frequency 函数分别计算它们的频数,并计算相对频数和累积相对频数如表 1.17 所示。

表 1.17　公司 A、B、C 员工的薪酬数据

公司 A				公司 B				公司 C			
区间	频数	相对频数	累积相对频数	区间	频数	相对频数	累积相对频数	区间	频数	相对频数	累积相对频数
1 500	0	0.000	0.000	1 500	0	0.000	0.000	1 500	0	0.000	0.000
2 000	16	0.032	0.032	2 000	0	0.000	0.000	2 000	0	0.000	0.000
2 500	67	0.133	0.165	2 500	0	0.000	0.000	2 500	4	0.008	0.008
3 000	92	0.183	0.347	3 000	1	0.003	0.003	3 000	14	0.029	0.037
3 500	100	0.198	0.546	3 500	3	0.008	0.011	3 500	38	0.078	0.115
4 000	93	0.185	0.730	4 000	9	0.024	0.035	4 000	56	0.115	0.231
4 500	67	0.133	0.863	4 500	21	0.056	0.091	4 500	84	0.173	0.404

(续表)

公司 A				公司 B				公司 C			
区间	频数	相对频数	累积相对频数	区间	频数	相对频数	累积相对频数	区间	频数	相对频数	累积相对频数
5 000	38	0.075	0.938	5 000	41	0.110	0.201	5 000	88	0.181	0.586
5 500	19	0.038	0.976	5 500	58	0.155	0.356	5 500	79	0.163	0.748
6 000	9	0.018	0.994	6 000	65	0.174	0.529	6 000	61	0.126	0.874
6 500	2	0.004	0.998	6 500	75	0.201	0.730	6 500	45	0.093	0.967
7 000	1	0.002	1.000	7 000	56	0.150	0.880	7 000	15	0.031	0.998
7 500	0	0.000	1.000	7 500	34	0.091	0.971	7 500	1	0.002	1.000
8 000	0	0.000	1.000	8 000	11	0.029	1.000	8 000	0	0.000	1.000
合计	504	1.000		合计	374	1.000		合计	485	1.000	

它们的频数分布图如图 1.64 所示。

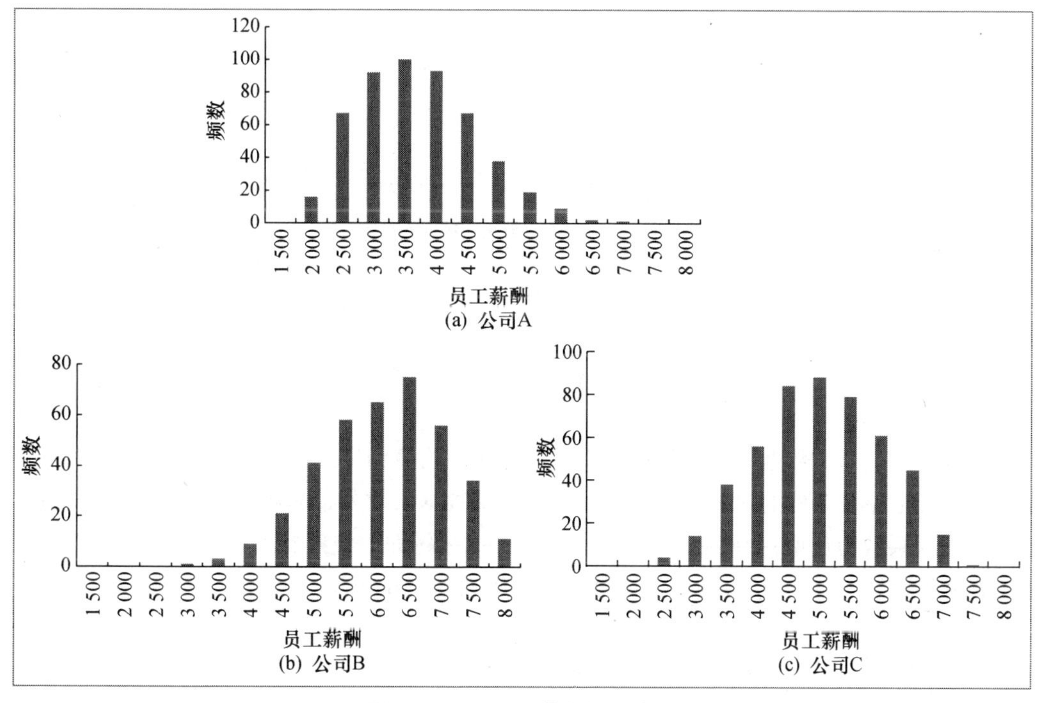

图 1.64　员工月薪频数分布图

从以上频数分布图可以看出,三家公司员工月薪的频数分布特性是不同的:公司 A 月薪频数最高的一组月薪在 3 000—3 500 元,人数为 100,峰值人数偏左(低端)。公司 B 月薪频数最高的一组月薪在 6 000—6 500 元,人数为 75,峰值人数偏右(高端)。公司 C 月薪频数最高的一组月薪在 4 500—5 000 元,人数为 88,峰值人数基本居中。

另外,根据表 1.17 中"累积相对频数"的值,公司 A、D、C 员工月薪在 6 000 元及以下人数的比例,分别为 99.4%、52.9% 和 87.4%。也就是说,公司 A、B、C 员工月薪在 6 000 元以上(不含 6 000 元)的人数比例分别为 0.6%、47.1% 和 12.6%。

由上述分析可知,数据的频数是刻画数据分布的重要指标,在数据分析中有重要的作用。

表征数据频数分布形态的两个指标为峰度和偏度。

峰度系数(coefficient of kurtosis)的计算公式为:

$$\mathrm{CK}=\frac{N(N+1)}{(N-1)(N-2)(N-3)}\times\frac{\sum_{i=1}^{N}(x_i-\mu)^4}{\sigma^4}-\frac{3(N-1)^2}{(N-2)(N-3)} \tag{1.6}$$

峰度系数是描述数据分布陡峭或平坦的指标。与相同均值和标准差的正态分布相比,数据频数图的形状和正态分布接近的,峰度系数为零;形状比正态分布更平坦的,峰度系数为负值,图形越平坦,峰度系数绝对值越大;形状比正态分布更尖更窄的,峰度系数为正值,图形越尖越窄,峰度系数值越大。具体如图 1.65 所示。

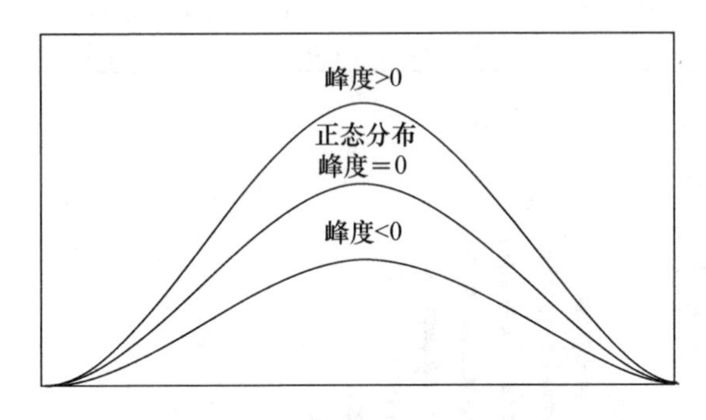

图 1.65　数据频数分布的峰度值

偏度系数(coefficient of skewness)的计算公式为:

$$\mathrm{CS}=\frac{N}{(N-1)(N-2)}\times\frac{\sum_{i=1}^{N}(x_i-\mu)^3}{\sigma^3} \tag{1.7}$$

偏度系数是描述数据分布对称性的指标。与相同均值和标准差的正态分布相比,如果数据频数分布是左右对称的,则偏度系数等于零;如果数据频数分布的峰向右偏(即长拖尾在左边),则偏度系数为负值;如果数据频数分布的峰向左偏(即长拖尾在右边),则偏度系数为正值。偏离程度越大,偏度系数的绝对值越大。具体如图 1.66 所示。

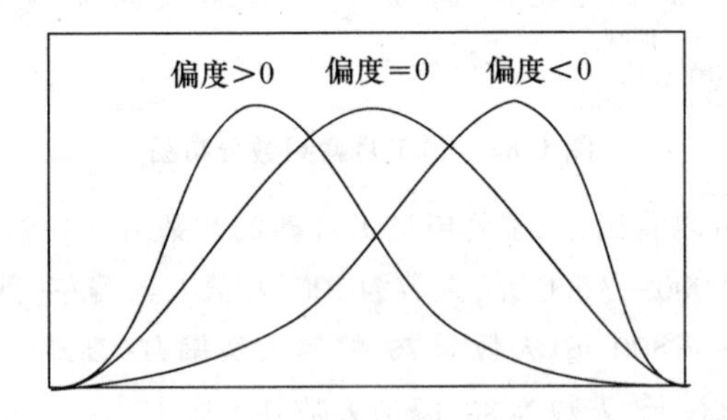

图 1.66　数据频数分布的偏度值

以上峰度系数和偏度系数的公式消除了数据量大小对计算结果的影响,因此对于数据量不同的数据,用以上公式计算的偏度系数是可比的。

根据式(1.6)和式(1.7),计算数据 A、B、C、D 的偏度系数和峰度系数,结果如表 1.18 所示。

表 1.18　公司 A、B、C 员工月薪数据的偏度系数和峰度系数

	公司 A	公司 B	公司 C
峰度系数	-0.1199	-0.3199	-0.6079
偏度系数	0.4662	-0.3297	-0.0752

可以看出,公司 A、B、C 员工月薪数据的峰度系数都小于 0,因此都比相应的正态分布平坦。从偏度看,公司 A 员工月薪数据的偏度系数为正数,频数分布的峰是左偏的;公司 B 员工月薪数据的偏度系数为负数,频数分布的峰是右偏的;公司 C 员工月薪数据的偏度系数比较接近于零,频数分布的峰比较居中。

1.5.4　描述统计和描述统计指标的函数

中位数、众数、均值、方差、标准差、峰度、偏度等指标的数值,可以用 Excel 菜单“数据 > 分析 > 数据分析 > 描述统计”来产生。

例 1.26　对例 1.25 中公司 A、B、C 员工月薪数据分别进行描述统计,数据文件见“例 1.26 公司员工月薪数据的描述统计.xlsx”。

操作方法如下:打开 Excel 菜单“数据 > 分析 > 数据分析”,会出现如图 1.67 所示的对话窗口,选取“描述统计”,单击“确定”,出现“描述统计”对话窗口,输入“输入区域”“分组方式”“输出选项”等内容,选择“汇总统计”,如图 1.68 所示。

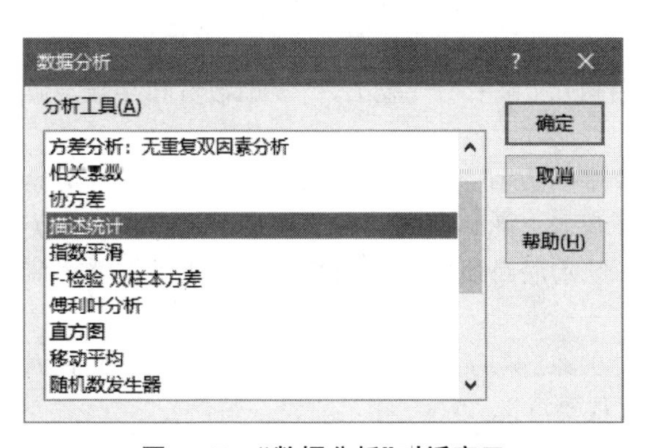

图 1.67　“数据分析”对话窗口

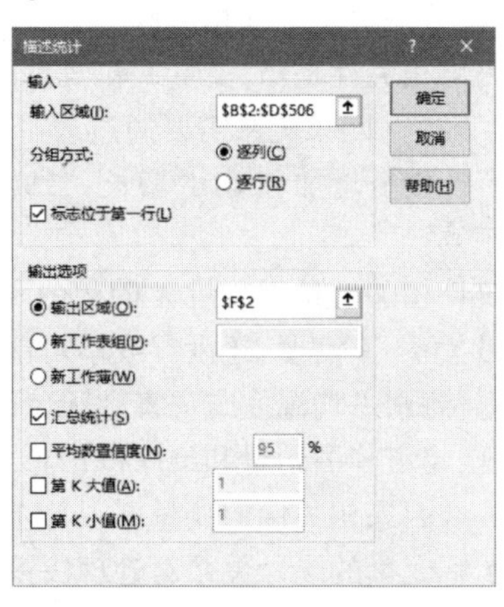

图 1.68　“描述统计”对话窗口

单击“确定”,得到图 1.69 中的输出结果。

公司 A		公司 B		公司 C	
平均	3440.2976	平均	5852.0722	平均	4775.7649
标准误差	40.9456	标准误差	49.6141	标准误差	46.1064
中位数	3371	中位数	5910	中位数	4756
众数	3301	众数	6627	众数	3386
标准差	919.2274	标准差	959.4912	标准差	1015.3874
方差	844978.9411	方差	920623.2790	方差	1031011.6678
峰度	−0.1199	峰度	−0.3199	峰度	−0.6079
偏度	0.4662	偏度	−0.3297	偏度	−0.0752
区域	4952	区域	5061	区域	5000
最小值	1613	最小值	2768	最小值	2050
最大值	6565	最大值	7829	最大值	7050
求和	1733910	求和	2188675	求和	2316246
观测数	504	观测数	374	观测数	485

图 1.69　公司 A、B、C 员工月薪数据的描述性统计

以上对数据的描述统计,也可以单独用相应的 Excel 函数计算,前面已有介绍。需要说明的是,图 1.69 中的“区域”在统计学中的标准术语应为“极差”,即最大值减去最小值。

1.5.5　数据的统计相关性

事物之间存在着相关性。相关性的种类很多,其中有两类相关性最为重要:一类是因果相关性,另一类是统计相关性。

因果相关性是指,变量 x 和变量 y 之间存在因果关系。x 是原因,y 是结果。如果 x 发生,y 就会发生。因果关系需要通过理论或实验来证实。以下是变量之间存在因果关系的例子:固定资产投资增加和 GDP 增长;二氧化碳排放量和平均气温上升;吸烟数量和年限与肺癌的发病率。

统计相关性是指变量 X 的数值和变量 Y 的数值之间可以找出统计关系。统计关系是一种数量关系,不需要、还没有或不可能解释两者之间相关的原因。变量之间存在统计关系的例子有:海水平均温度与灾害性天气天数(厄尔尼诺现象);公司高尔夫球水平与公司股票市场表现;超市啤酒销量和纸尿裤销量。

具有因果相关性的变量不一定有统计关系,具有统计相关性的变量也不一定有因果关系。了解变量的统计关系对管理决策具有重要意义。

线性相关系数是反映两个变量之间线性统计关系的指标。设变量 X 有 N 个值($x_1, x_2, \cdots, x_N$),均值为 μ_x,标准差为 σ_x;变量 Y 也有 N 个值($y_1, y_2, \cdots, y_N$),均值为 μ_y,标准差为 σ_y。变量 X 和 Y 的线性相关系数定义为:

$$R = \frac{\operatorname{cov}(X,Y)}{\sigma_x \sigma_y} \tag{1.8}$$

其中,

$$\text{cov}(X,Y) = \frac{\sum_{i=1}^{N}(x_i - \mu_x)(y_i - \mu_y)}{N} \tag{1.9}$$

称为变量 X 和 Y 的协方差。Excel 计算两个变量协方差的函数是 COVAR(var1,var2)。将式(1.9)代入式(1.8),可得 X 和 Y 的线性相关系数的表达式为:

$$R = \frac{\sum_{i=1}^{N}(x_i - \mu_x)(y_i - \mu_y)}{N\sigma_x\sigma_y} \tag{1.10}$$

线性相关系数 R 的值在 -1 到 1 之间。如果线性相关系数是正数,说明其中一个变量增加或减少时,另一个变量也随之增加或减少。如果线性相关系数是负数,说明一个变量增加或减少时,另一个变量按相反的方向变化,即减少或增加。线性相关系数等于零,说明两个变量不相关,即一个变量的变化和另一个变量的变化没有关系。不同数据的线性相关系数的变化如图 1.70 所示。

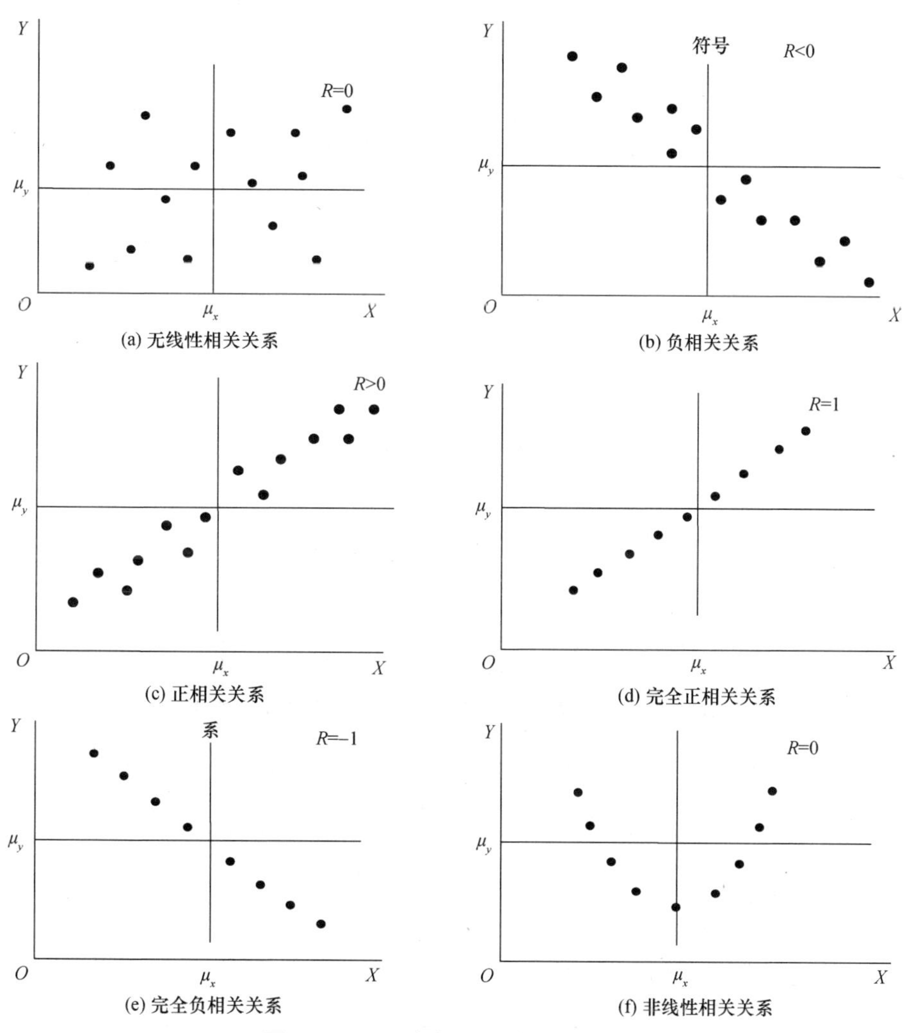

图 1.70　两项数据之间的线性相关性

必须指出,数据的线性相关系数只表示数据之间的线性相关性,即使数据之间有明显的非线性相关关系,如图 1.70(f),它们的线性相关系数还是可能等于零。如果不是特别强调,本书中所称的“相关系数”都是指“线性相关系数”。

如果有多项数据,则它们之间每两项数据的相关系数构成线性相关系数矩阵。

例 1.27 中国足球超级联赛 2016 赛季 16 支球队赛绩统计数据,见文件“例 1.27 2016 赛季中超战绩指标相关系数矩阵. xlsx”。说明如何计算胜、平、积分等 12 项统计数据的相关系数矩阵。

打开 Excel 菜单“数据 > 分析 > 数据分析”,出现如图 1.71 所示的“数据分析”对话窗口,选择“相关系数”,出现“相关系数”对话窗口,如图 1.72 所示。

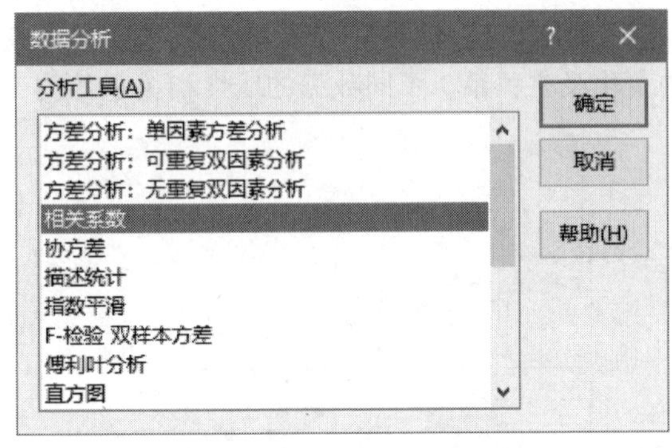

图 1.71 “数据分析”对话窗口

图 1.72 “相关系数”对话窗口

填写表单,完毕后单击“确定”,得到图 1.73 所示的相关系数矩阵。可以看出,变量的相关系数矩阵是一个下三角矩阵,其中对角线上分布的是 12 项指标自己对自己的相关系数,当然全部是 1。其他的数字分别表示不同的两个指标统计数据之间的相关系数。

	胜	平	负	进球	失球	净胜	场均得分	场均失分	胜率	平率	负率	积分
胜	1											
平	-0.1376	1										
负	-0.8331	-0.4333	1									
进球	0.8336	0.1927	-0.8661	1								
失球	-0.7677	-0.1150	0.7628	-0.5192	1							
净胜	0.9200	0.1783	-0.9366	0.8826	-0.8601	1						
场均得分	0.8339	0.1881	-0.8638	1.0000	-0.5168	0.8813	1					
场均失分	-0.7674	-0.1155	0.7628	-0.5195	1.0000	-0.8602	-0.5171	1				
胜率	1.0000	-0.1375	-0.8332	0.8336	-0.7677	0.9200	0.8339	-0.767 5	1			
平率	-0.1377	1.0000	-0.4331	0.1925	-0.1149	0.1781	0.1879	-0.115 4	-0.1376	1		
负率	-0.8332	-0.4332	1.0000	-0.8661	0.7628	-0.9367	-0.8638	0.76 28	-0.8332	-0.4330	1	
积分	0.9790	0.0675	-0.9285	0.8794	-0.7970	0.9634	0.8787	-0.7968	0.9790	0.0674	-0.9285	1

图 1.73 中超球队 2016 赛季赛绩数据相关系数矩阵

选择其中的四组变量,由图 1.73 得到这四组变量数据的相关系数(见表 1.19)。

表 1.19 四组变量的相关系数

变量	相关系数
进球—场均得分	1.0000
进球—场均失分	-0.5195
进球—积分	0.8794
失球—积分	-0.7970

对每一组变量做出散点图,如图 1.74 所示。

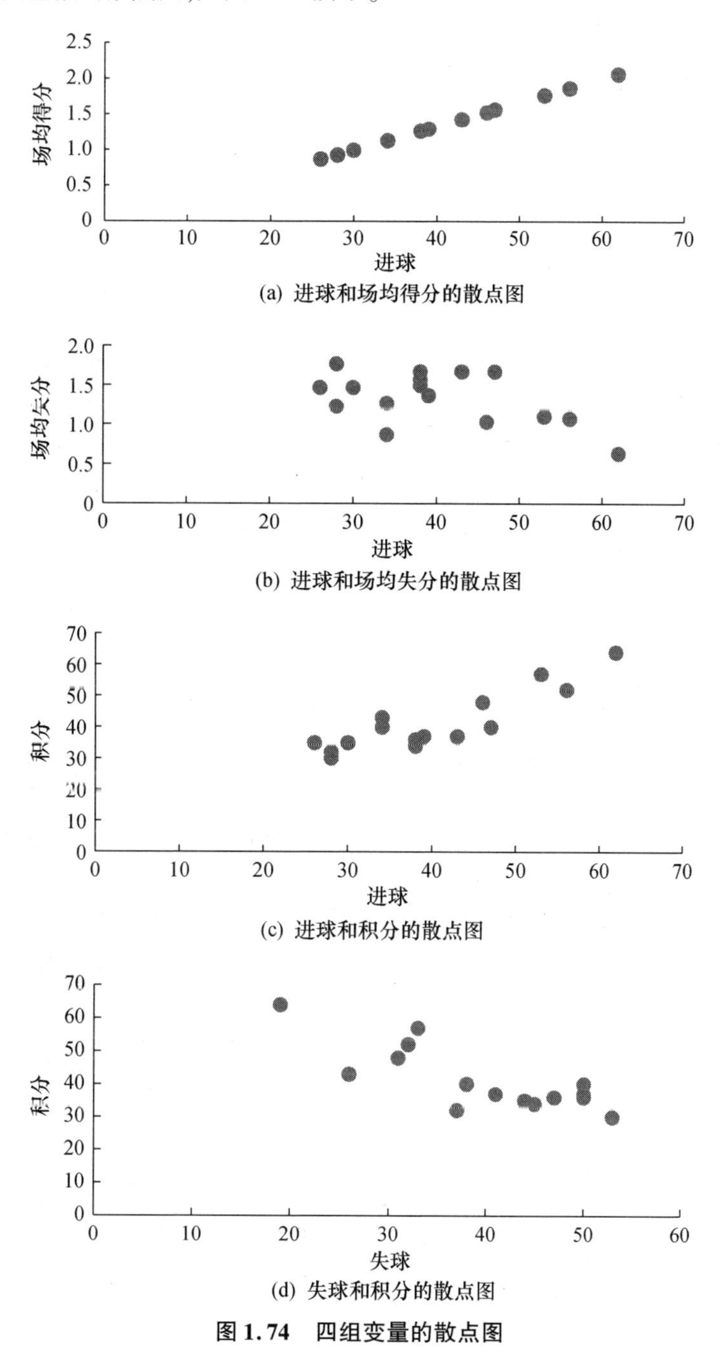

图 1.74　四组变量的散点图

由图 1.74 可以看出,进球和场均得分是密切相关的,而且是正相关;进球和场均失分负相关,但相关关系不明显;进球和积分正相关,相关关系明显;失球和积分负相关,但相关关系不太明显。

在第 6 章回归分析中,我们还将利用变量之间的散点图来进一步分析变量之间的数值关系的表达式。

习　题

习题 1-1　研究所员工资料数据见文件"习题 1-1. xlsx",用数据透视表分析以下问题:

(1) 行变量为"职务—职称",列变量为"专业—学历",进行人数统计。

(2) 行变量为"职务—职称",列变量为"专业—性别",进行人数统计。

(3) 行变量为"职务—职称",列变量为"专业—学历",进行(平均)工资统计。

(4) 行变量为"职务—职称",列变量为"专业—学历",进行(最高)工资统计。

(5) 行变量为"职务—职称",列变量为"专业—学历",进行(最低)工资统计。

习题 1-2　1978—2004 年中国能源消费总量及构成数据见文件"习题 1-2. xlsx"。

(1) 以年份为横坐标,总量、煤炭、石油、天然气、水电五个变量的值为纵坐标,分别画出五个变量的折线图。

(2) 对 2004 年的数据,画出煤炭、石油、天然气、水电四个变量的饼图。在图上标注变量名称和消耗量占总量的百分比。

(3) 计算总量、煤炭、石油、天然气、水电这五个变量的均值、方差和标准差。

(4) 计算总量、煤炭、石油、天然气、水电这五个变量的相关系数矩阵。

习题 1-3　1979—2005 年杭州市 GDP 以及第一、第二、第三产业的生产总值数据见文件"习题 1-3. xlsx"。

(1) 以年份为横坐标,GDP 以及第一、第二、第三产业的生产总值为纵坐标,画出四个变量的折线图。

(2) 对 2002 年、2003 年、2004 年和 2005 年第一、第二、第三产业的生产总值的数据,画出堆积百分比柱形图。

(3) 对 2002 年、2003 年、2004 年和 2005 年第一、第二、第三产业的生产总值的数据,画出堆积百分比条形图。

(4) 对 1979 年和 2005 年的数据,分别画出第一、第二、第三产业的生产总值的饼图。

习题 1-4　客户对三种型号的越野车 A、B、C 的性能和价格的满意程度评分如下,其中,1 为最不满意,5 为最满意。

	价格	动力	安全	油耗	外观	内饰
A	4	5	3	1	5	4
B	2	3	4	5	3	3
C	3	4	5	3	4	5

画出三种车六个指标的雷达图。

习题 1-5　2007 年《中国互联网络发展状况统计报告》中各省网民人数以及各省网民人数占各省人口的比例数据见文件"习题 1-5. xlsx"。

(1) 将网民人数和网民人数占各省人口的比例用柱形图表示,其中网民人数为主坐标轴,网民人口比例为次坐标轴(提示:在分主次坐标轴的情况下,两个数据系列的柱形是重叠的,如果在数据系列之间添加若干个值为 0 的空系列,可以使两个柱形系列分开)。

(2) 将网民人数最多的 5 个省的网民人数和网民人数占各省人口的比例用气泡图表示,气泡高度表示网民人数的多寡,气泡大小表示网民人数占本省人口的比例的高低。

第 2 章 概率论和统计学基础

2.1 随机事件、随机变量和频数

2.1.1 随机事件和随机变量

事件分为确定性事件和随机事件。在一定的条件下，一定会发生的事件称为确定性事件。例如，日出日落，月盈月亏；标准大气压下，水加热到100℃就会沸腾，这些都是确定性事件。即使条件满足，可能发生也可能不发生、发生的数量或性质不确定的事件称为随机事件。例如，掷骰子出现的点数、未来的天气状况、未来股票的价格等都是随机事件。

用来表示随机事件各种可能结果的变量称为随机变量。每个随机变量都有它一定的取值范围。例如：

- 投掷两颗骰子 A 和 B，每颗都可能出现 1—6 的点数。设 S 为两颗骰了出现的点数之和，那么 S 就是一个随机变量，取值是 2—12 的整数。
- 一家银行的营业部记录了从 4 月 1 日到 4 月 30 日每天营业的 8 小时中，每小时来到营业部办理业务的顾客人数 C 是一个随机变量，它的取值范围为 0，1，2，…，这个随机变量的取值理论上没有上限。
- 明天的天气有晴天、多云、阴天和下雨四种可能。用变量 W 表示明天的天气，则 W 就是一个随机变量，它有晴天、多云、阴天和下雨四种可能的取值。
- 某一品牌瓶装饮料的标准容量是 250 毫升，允许的容量偏差为 ±10 毫升。出厂时每瓶饮料的实际容量 V 是一个随机变量，容量合格的标准为 $240 \leqslant V \leqslant 260$。

以上四个随机变量中，第一个随机变量“两颗骰子的点数之和”只能取 2，3，…，11，12，称为离散型随机变量；第二个随机变量“银行营业部每小时到达顾客人数”取值为 0，1，2，…，也是离散型随机变量；第三个随机变量“明天的天气”取值为晴天、多云、阴天和下雨四种状态，称为属性型随机变量（属性型随机变量一般是离散的）；第四个随机变量“饮料产品抽样的容量”可以在 250 ±10 毫升范围连续取值，如 248.3 毫升、254.6 毫升等，称为连续型随机变量。

2.1.2 随机变量的样本数、频数、相对频数和累积相对频数

为了了解随机变量的分布特性，需要记录一定数量的随机变量发生的值。随机变量发生的次数称为样本数。

由于随机变量具有不确定性，因此它每一次发生的值都是不同的。随机变量 X 等于某一个给定的值或者落在某一个给定区间内的次数，称为这个随机变量的频数，记为 $F(X=x_i)$ 或者 $F(a \leqslant X < b)$。很明显，随机变量等于所有可能的值或落在所有可能区间内的频数之和，等于样本数，即：

$$\sum_{i=1}^{N} F(X = x_i) = N \tag{2.1}$$

随机变量的频数占样本数的比例，称为相对频数。相对频数记为：

$$f(X = x_i) = \frac{F(X = x_i)}{N} \tag{2.2}$$

随机变量的所有相对频数之和等于 1，即：

$$\sum_{i=1}^{N} f(X = x_i) = 1 \tag{2.3}$$

例 2.1　两颗骰子的点数之和的频数、相对频数和累积相对频数

由于两颗骰子的点数之和 S 可能出现的各种情况是可以事先罗列的，因此可以从理论上计算随机变量 S 的样本数、随机变量 S 可能取的值以及随机变量 S 等于某一个值的频数和相对频数。

两颗骰子点数可能的组合数为 36 种（6×6），即样本数 $N=36$。设随机变量 $S=3$，即两颗骰子 A 和 B 的点数之和为 3。这个随机变量的频数 $F(S=3)$ 等于 2，即可能出现 $\{A=1, B=2\}$ 或 $\{A=2, B=1\}$ 两种情况。随机变量 $S=3$ 的相对频数为 $f(S=3)=F(S=3)/N=2/36=0.056$。

对于 $S=7$，即点数之和为 7，可能出现 $\{A=6, B=1\}$、$\{A=1, B=6\}$、$\{A=5, B=2\}$、$\{A=2, B=5\}$、$\{A=4, B=3\}$、$\{A=3, B=4\}$ 六种情况，因而频数 $F(S=7)=6$，相对频数 $f(7)=F(7)/N=6/36=0.167$。而对于 $S \geqslant 10$，即点数之和大于等于 10，频数 $F(S \geqslant 10)=F(10)+F(11)+F(12)=3+2+1=6$，相对频数 $f(S \geqslant 10)=F(S \geqslant 10)/N=6/36=0.167$。频数、相对频数和累积相对频数如表 2.1 所示。

表 2.1　两颗骰子点数之和的频数、相对频数和累积相对频数

序号	点数	频数	相对频数	累积相对频数	序号	点数	频数	相对频数	累积相对频数
1	2	1	0.0278	0.0278	7	8	5	0.1389	0.7222
2	3	2	0.0556	0.0833	8	9	4	0.1111	0.8333
3	4	3	0.0833	0.1667	9	10	3	0.0833	0.9167
4	5	4	0.1111	0.2778	10	11	2	0.0556	0.9722
5	6	5	0.1389	0.4167	11	12	1	0.0278	1.0000
6	7	6	0.1667	0.5833		合计	36	1.0000	

这些数据的频数、相对频数和累积频数图如图 2.1 所示。

例 2.2　银行营业部每小时到达的顾客人数

表 2.2 统计了银行营业部 4 月 1—30 日每天 9:00—17:00 每小时到达的顾客人数，一共有 240 个样本（8×30）。每小时到达顾客人数的频数、相对频数和累积相对频数如表 2.2 所示。

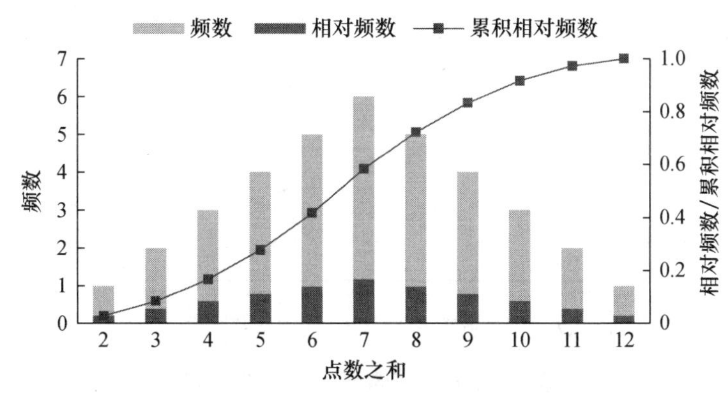

图 2.1　两颗骰子点数之和的频数、相对频数和累积相对频数

表 2.2　银行营业部每小时到达顾客人数的频数、相对频数和累积相对频数

每小时到达顾客人数	频数	相对频数	累积相对频数	每小时到达顾客人数	频数	相对频数	累积相对频数
0—4	20	0.083	0.083	40—44	5	0.021	0.975
5—9	70	0.292	0.375	45—49	1	0.004	0.979
10—14	52	0.217	0.592	50—54	1	0.004	0.983
15—19	38	0.158	0.750	55—59	2	0.008	0.992
20—24	20	0.083	0.833	60—64	0	0.000	0.992
25—29	14	0.058	0.892	65—69	1	0.004	0.996
30—34	10	0.042	0.933	70 以上	1	0.004	1.000
35—39	5	0.021	0.954	合计	240	1.000	

图 2.2 是这些数据的频数、相对频数和累积相对频数图。

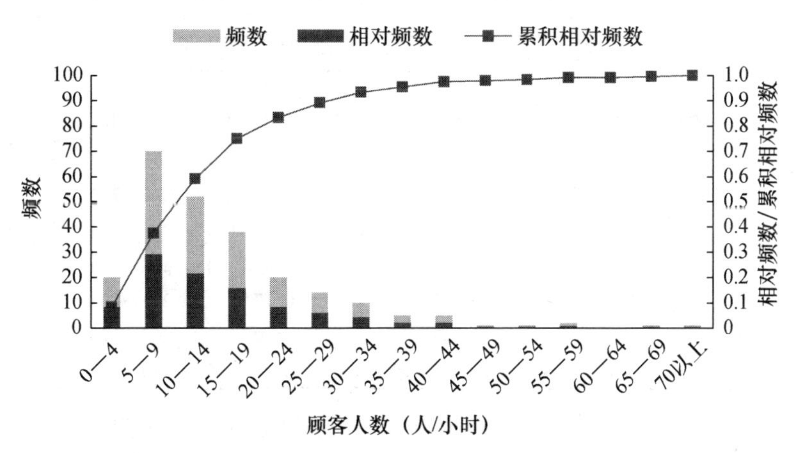

图 2.2　银行营业部每小时到达顾客人数的频数、相对频数和累积相对频数

例 2.3　天气

根据过去 50 年的气象资料，5 月 1 日天气为晴天、多云、阴天和下雨的天数分别为 13 天、18 天、11 天和 8 天。因此，随机变量 W 的样本数 $N=50$，频数、相对频数和累积相对频数如表 2.3 所示。

表 2.3 天气的频数、相对频数和累积相对频数

天气	频数(天)	相对频数	累积相对频数
晴天	13	0.26	0.26
多云	18	0.36	0.62
阴天	11	0.22	0.84
下雨	8	0.16	1.00
合计	50	1.00	

图 2.3 是这些数据的频数、相对频数和累积相对频数图。

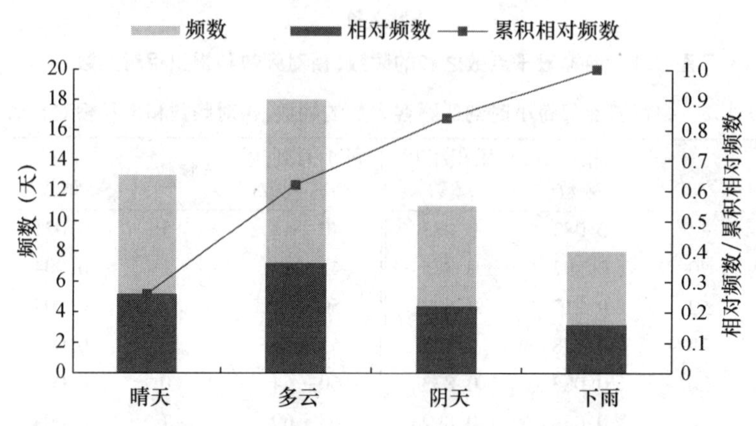

图 2.3 天气频数、相对频数和累积相对频数

例 2.4 饮料产品抽样的容量

根据饮料产品抽样的结果，100 个饮料样品容量的频数、相对频数和累积相对频数如表 2.4 所示。

表 2.4 饮料样品容量的频数、相对频数和累积相对频数

序号	容量（毫升）	频数	相对频数	累积相对频数	序号	容量（毫升）	频数	相对频数	累积相对频数	序号	容量（毫升）	频数	相对频数	累积相对频数
1	230—232	0	0	0	8	244—246	10	0.10	0.17	15	258—260	3	0.03	0.97
2	232—234	0	0	0	9	246—248	9	0.09	0.26	16	260—262	3	0.03	1.00
3	234—236	0	0	0	10	248—250	17	0.17	0.43	17	262—264	0	0	1.00
4	236—238	0	0	0	11	250—252	17	0.17	0.60	18	264—266	0	0	1.00
5	238—240	1	0.01	0.01	12	252—254	17	0.17	0.77	19	266—268	0	0	1.00
6	240—242	5	0.05	0.06	13	254—256	12	0.12	0.89	20	268—270	0	0	1.00
7	242—244	1	0.01	0.07	14	256—258	5	0.05	0.94	21	270—	0	0	1.00

根据 100 个样品的容量落在各区间的次数，可以计算出该产品容量在所有 21 个区间范围内的频数和相对频数。在这 100 个样品中，落在 250 ± 10 毫升范围内的相对频数为 0.96，即瓶装饮料容量的抽样合格率为 0.96。

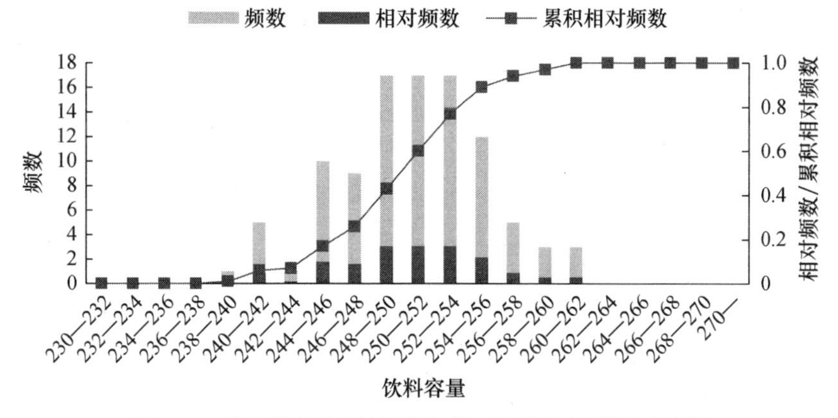

图 2.4 饮料样品容量的频数、相对频数和累积相对频数

在以上四个例子中,两颗骰子的点数之和的频数是通过理论计算得到的,银行营业部每小时到达的顾客人数的频数、出现各种天气的频数以及饮料不同容量的频数都是通过实际数据计算得到的。事实上,银行营业部每小时到达的顾客人数的统计时间长短、气象资料记录的时间长短和饮料抽样数量的多少、饮料容量区间划分的大小都会影响频数的数值和分布。

2.2 离散型随机变量及概率分布

2.2.1 离散型随机变量概率和累积概率

例 2.1—例 2.3 描述了三个离散型随机变量的频数。其中,例 2.1 中两颗骰子点数之和的频数是理论频数。投掷两颗骰子得到的点数之和的实际频数并不完全等于理论频数。事实上,投掷的次数即样本数 N 越大,实际频数就越接近理论频数。其他两个例子中的离散型随机变量的频数也是这样。于是,我们有以下定义:

定义 2.1 当样本数无限增大时,离散型随机变量的相对频数称为离散型随机变量的概率。

我们将离散型随机变量 X 等于某一个数值 x_i 的概率记为 $P(X=x_i)$,则以上定义可以写成:

$$P(X = x_i) = \lim_{N\to\infty} f(X = x_i) \tag{2.4}$$

由以上定义可知,当样本数足够大时,离散型随机变量的相对频数非常接近随机变量的概率。

定义 2.2 离散型随机变量 X 小于或等于某一个数值 x_i 的概率称为随机变量的累积概率,记为 $F(x)$。$F(x)$ 的表达式为:

$$F(x) = P(X \leqslant x_i) = \sum P(X = x_i) \tag{2.5}$$

例 2.1 中两颗骰子的点数之和分别等于 2,3,4,…,11,12 的理论频数,即这个随机变量的概率可以通过理论推算出来,但我们并不知道例 2.2 中每小时到达银行的顾客人数的概率,以及例 2.3 中天气分别为晴天、多云、阴天和下雨的概率。对于很多离散型随机变量而言，它们的概率分布需要在理论研究和大量数据分析的基础上，才能得知取各种可能值的概率服从何种分布。

例如，在一定的假设前提下，通过理论分析可以得出，在单位时间内，有 k 名顾客到达银行这一事件发生的概率为：

$$P(k) = \frac{\lambda^k e^{-\lambda}}{k!} \tag{2.6}$$

式中，λ 为单位时间内到达银行顾客人数的均值。

如果一个离散型随机变量 X 的值等于整数 $k(k=0,1,2,3,\cdots)$ 的概率由式(2.6)表示，则称这个随机变量服从泊松(Poisson)分布。

根据式(2.6)，计算一个均值 $\lambda=12$(人/小时)的泊松分布随机变量 X 的概率 $P(X=k)$，k 从 0 到 29 的概率如表 2.5 所示。

表 2.5　服从泊松分布的顾客人数的概率

到达的顾客人数 k	概率 $P(X=k)$	到达的顾客人数 k	概率 $P(X=k)$	到达的顾客人数 k	概率 $P(X=k)$
0	0.0000	10	0.1048	20	0.0097
1	0.0001	11	0.1144	21	0.0055
2	0.0004	12	0.1144	22	0.0030
3	0.0018	13	0.1056	23	0.0016
4	0.0053	14	0.0905	24	0.0008
5	0.0127	15	0.0724	25	0.0004
6	0.0255	16	0.0543	26	0.0002
7	0.0437	17	0.0383	27	0.0001
8	0.0655	18	0.0255	28	0.0000
9	0.0874	19	0.0161	29	0.0000

图 2.5 为服从泊松分布的顾客人数的概率柱形图。可以看出，它的形状和图 2.2 中的相对频数图非常相似。

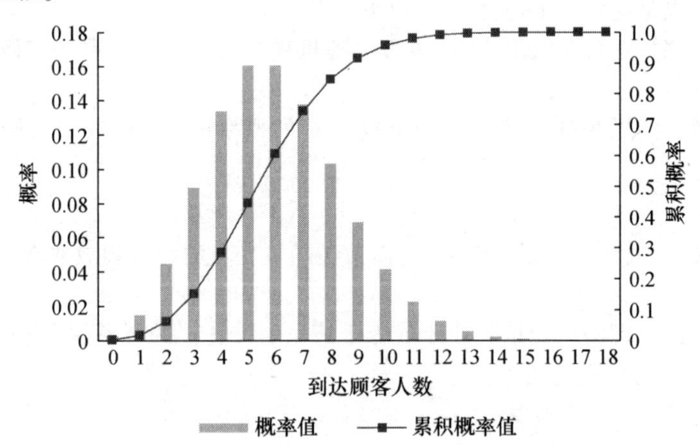

图 2.5　到达顾客人数的泊松分布概率($\lambda=12$)

2.2.2 贝努里分布

如果一个随机变量只有两种结果,并且这两种结果发生的概率是不变的,则称这个随机变量服从贝努里分布。例如,随机变量 x 是风险投资的结果,它只有成功($x=1$)和失败($x=0$)两种可能。x 的概率分布函数为:

$$f(x)=\begin{cases}p & x=1\\1-p & x=0\end{cases}$$

式中,$0\leqslant p\leqslant 1$,表示投资成功的概率。

例 2.5 原告向法院提出一项诉讼请求。原告的律师认为,原告的这项诉讼胜诉的概率为0.75,败诉的概率为0.25。如果我们用随机变量 x 表示诉讼结果,x 的概率分布函数为:

$$f(x)=\begin{cases}0.75 & x=\text{胜诉}\\0.25 & x=\text{败诉}\end{cases}$$

例 2.6 一项风险投资,结果只有成功和失败两种可能。成功的概率为0.3,失败的概率为0.7。如果我们用随机变量 x 表示风险投资的结果,那么,$x=1$ 表示投资成功,$x=0$ 表示投资失败。于是,x 的概率分布函数为:

$$f(x)=\begin{cases}0.3 & x=1\\0.7 & x=0\end{cases}$$

2.2.3 二项分布

前面介绍风险投资时,假设投资是一次性的,成功的概率为 p,失败的概率为 $1-p$。假如投资不是进行一次而是进行 n 次($n\geqslant 2$ 为一个有限的整数),那么这 n 次风险投资中有 x 次($x\leqslant n$,x 为整数)成功、$n-x$ 次失败的概率分布函数为:

$$f(x)=\begin{cases}C_n^x p^x(1-p)^{n-x} & x=0,1,2,\cdots,n\\0 & \text{其他}\end{cases}$$

式中,C_n^x 表示从 n 个对象中选取 $x(0\leqslant x\leqslant n)$个不同对象的组合数。组合数的计算公式为:

$$C_n^x=\frac{n!}{x!(n-x)!}$$

二项分布有三个参数,分别是成功次数(x)、总数(n)、成功的概率(p),因此二项分布可以简记为 $B(x,n,p)$。

例 2.7 单发子弹命中目标的概率为0.8。发射5发子弹,其中 $x(0\leqslant x\leqslant 5)$发命中目标的概率为:

$$f(x)=C_5^x 0.8^x(1-0.8)^{5-x}\quad(0\leqslant x\leqslant 5)$$

如果 $x=2$,则 5 发子弹 2 发命中目标的概率为:

$$f(2)=C_5^2 0.8^2(1-0.8)^{5-2}=\frac{5!}{2!(5-2)!}0.8^2(1-0.8)^3=\frac{5!}{2!3!}0.8^2 0.2^3$$

$$=\frac{5\times4\times3\times2\times1}{(2\times1)\times(3\times2\times1)}0.8^2 0.2^3=10\times0.64\times0.08=0.512$$

例 2.8 一件产品的不合格率为 0.03。抽检 100 件产品,其中 $x(0\leqslant x\leqslant100)$ 件不合格的概率为:

$$f(x)=C_{100}^x 0.03^x(1-0.03)^{100-x}=\frac{100!}{x!(100-x)!}0.03^x(1-0.03)^{100-x}$$

抽检的 100 件产品中有 5 件不合格的概率为:

$$f(5)=C_{100}^5 0.03^5(1-0.03)^{100-5}=\frac{100!}{5!(100-5)!}0.03^5(1-0.03)^{100-5}=\frac{100!}{5!95!}0.03^5 0.97^{95}$$

用手工计算这个数字有一定困难,我们可以用 Excel 中的二项分布函数进行计算。介绍如下:

■ BINOM.DIST(number_s, trials, probability_s, cumulative)

其中,参数 number_s 为试验成功的次数。trials 为独立试验的次数。probability_s 为每次试验成功的概率。cumulative 为一逻辑值,用于确定函数的形式。如果 cumulative 为 TRUE,函数 BINOMDIST 返回累积概率值,即至多 number_s 次成功的概率;如果 cumulative 为 FALSE,返回概率值,即 number_s 次成功的概率。

对于上面的例子,用 Excel 函数计算如下:

BINOM.DIST(5, 100, 0.03, FALSE) = 0.1013

即抽检 100 件产品,其中恰有 5 件不合格的概率约为 0.10。

服从二项分布的随机变量的均值为 np,方差为 $np(1-p)$,即标准差为 $\sqrt{np(1-p)}$。这一结果在第 3.4.2 节“比例的置信区间”中要用到。

2.2.4 泊松分布

在 2.2.1 节中,我们指出每小时到达银行营业部的顾客人数服从泊松分布。为了直观起见,我们还是以每小时到达的顾客人数为例。假定到达的顾客人数具备以下特性:

(1) 平衡性:单位时间内到达的顾客人数的均值与时间无关。

(2) 普通性:任何两个到达的顾客之间都是相互独立的,即没有两个或两个以上的顾客是有预约地一起到达的,即使有,也是极个别的。

(3) 无后效性:前面到达的顾客人数的多少,不会影响后面到达的顾客人数。

(4) 有限性:所有可能的时段内到达的顾客总数是有限的。

根据这些假设条件,通过数学推导①,可以得出到达 k 个顾客的概率为:

---

① 蒋绍忠. 管理运筹学教程. 2 版. 杭州:浙江大学出版社,2014.

$$P(k) = \frac{\lambda^k e^{-\lambda}}{k!} \tag{2.7}$$

式中,λ 是单位时间到达的顾客人数的均值。

泊松分布是一种很常见的离散型随机变量的分布。除了 2.2.1 节提到的到达银行营业部的顾客人数,高速公路收费站车辆到达的数量、流水线上出现不合格品的数量、文字输入中每页出现错别字的个数、消防队每个月接到的火警数量、投诉接待中心每周接到的投诉次数、家用电器维修中心每天接到的报修故障电器次数、手机每天收到的短信数量等随机变量都符合以上四个条件,因而它们都服从泊松分布。

泊松分布只有一个参数 λ。服从泊松分布随机变量的均值为 λ,方差也等于 λ。

图 2.6 为 $\lambda=6$ 和 $\lambda=15$ 的服从泊松分布随机变量的概率分布图。

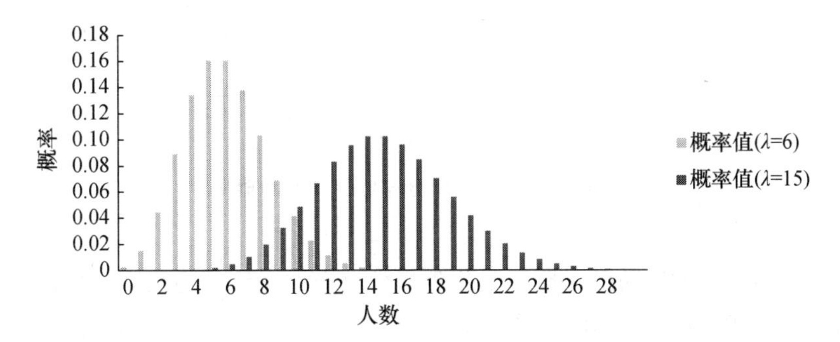

图 2.6　银行营业部每小时到达顾客人数的泊松分布的概率

泊松分布随机变量的概率分布是左偏的,即峰在左,拖尾在右,偏度系数大于零。λ 越小,峰越向左偏;当 λ 变大时,图形逐渐转向对称。当 λ 足够大,例如 $\lambda>15$ 时,泊松分布的图形基本上是对称的。

Excel 中计算泊松分布随机变量概率的函数为:

■ POISSON.DIST(x, mean, cumulative)

其中,参数 x 是随机变量的取值;mean 是均值,即 λ;cumulative 是一个逻辑变量,取值为 TRUE 时计算累积概率值,取值为 FALSE 时计算概率值。

例 2.9　用 POISSON.DIST 函数计算 $\lambda=6$ 的泊松分布概率和累积概率。

计算过程和结果如图 2.7、图 2.8 所示。

	A	B	C
1	POISSON分布概率和累积概率计算		
2	λ=	6	
3	k	概率值(λ=6)	累积概率值
4	0	0.0025	0.0025
5	1	0.0149	0.0174
6	2	0.0446	[illegible].0620
7	3	0.0892	[illegible]
8	4	0.13[illegible]	[illegible]
9	5	0.16[illegible]	[illegible]
10	6	0.1606	0.6063
11	7	0.1377	0.7440
12	8	0.1033	0.8472
13	9	0.0688	0.9161
14	10	0.0413	0.9574
15	11	0.0225	0.9799
16	12	0.0113	0.9912

=POISSON.DIST(A4, $B$2, TRUE)

=POISSON.DIST(A4, $B$2, FALSE)

图 2.7　计算泊松分布概率和累积概率的 Excel 工作表(局部)

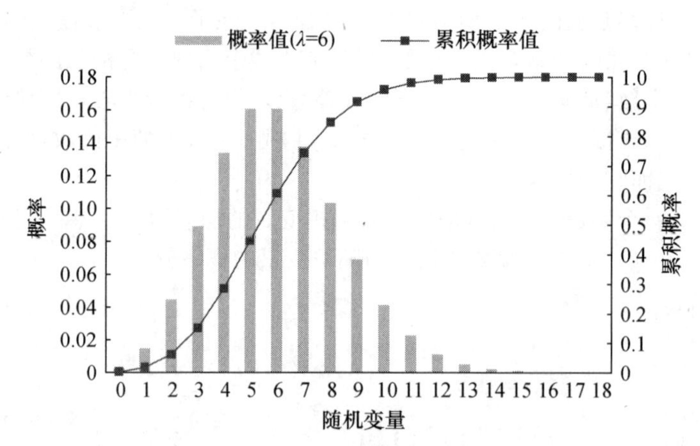

图 2.8 $\lambda=6$ 的泊松分布概率和累积概率

服从泊松分布的离散型随机变量和服从负指数分布的连续型随机变量之间有密切的关系。这一点将在介绍负指数分布时详细讨论。

例 2.10 假设到达一个高速公路收费站的汽车数量是服从泊松分布的随机变量。到达汽车的平均流量为 120 辆/小时,即平均每分钟到达 2 辆车。求以下随机事件发生的概率。

(1) 1 分钟内没有汽车到达。

(2) 1 分钟内到达 5 辆汽车。

(3) 1 分钟内到达 3 辆及 3 辆以下汽车。

(4) 1 分钟内到达 3 辆以上(不含 3 辆)汽车。

解 $\lambda=2$ 辆/分钟,单位时间为 1 分钟。

问题(1)和(2)分别计算 $k=0$ 和 $k=5$ 的泊松分布概率,问题(3)计算 $k\leqslant 3$ 的泊松分布累积概率,问题(4)是计算 $k>3$ 的泊松分布累积概率。利用 Excel 中泊松分布函数,得到:

(1) 1 分钟内没有汽车到达的概率为:

$$P(k=0)=\text{POISSON. DIST}(0,\ 2,\ \text{FALSE})=0.135$$

(2) 1 分钟内到达 5 辆汽车的概率为:

$$P(k=5)=\text{POISSON. DIST}(5,\ 2,\ \text{FALSE})=0.036$$

(3) 1 分钟内到达 3 辆及 3 辆以下汽车的概率为:

$$P(k\leqslant 3)=\text{POISSON. DIST}(3,\ 2,\ \text{TRUE})=0.857$$

(4) 1 分钟内到达 3 辆以上(不含 3 辆)汽车的概率为:

$$P(k>3)=1-P(k\leqslant 3)=1-\text{POISSON. DIST}(3,\ 2,\ \text{TRUE})=0.143$$

图 2.9—图 2.12 为以上四个问题的泊松分布概率图。

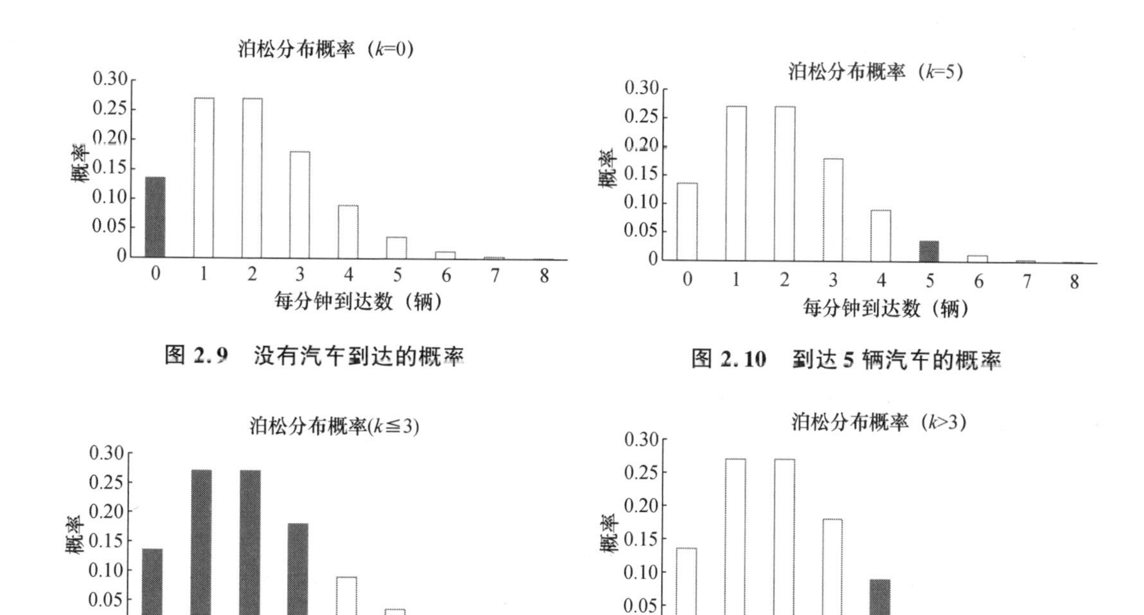

图 2.9　没有汽车到达的概率

图 2.10　到达 5 辆汽车的概率

图 2.11　到达 3 辆及以下汽车的概率

图 2.12　到达 3 辆以上(不含 3 辆)汽车的概率

图 2.13 表示用 Excel 函数计算泊松分布随机变量概率的过程。

	A	B	C	D	E	F	G
1	泊松分布概率计算						
2	λ=	2					
3	到达的汽车恰为	0	辆的概率为	0.135			
4	到达的汽车恰为	5	辆的概率为	0.036			
5	到达的汽车在	3	辆以下（含3辆）的概率为	0.857			
6	到达的汽车在	3	辆以上（不含3辆）的概率为	0.143			
7							
8							

图 2.13　Excel 函数计算泊松分布随机变量的概率

2.3　连续型随机变量及概率分布

2.3.1　连续型随机变量的概率密度函数和累积概率分布函数

在例 2.4 中,瓶装饮料的容量是一个连续型随机变量,样本数为 100,频数区间间隔为 2 毫升,图 2.14 是根据抽样统计的频数计算的相对频数和累积相对频数图。

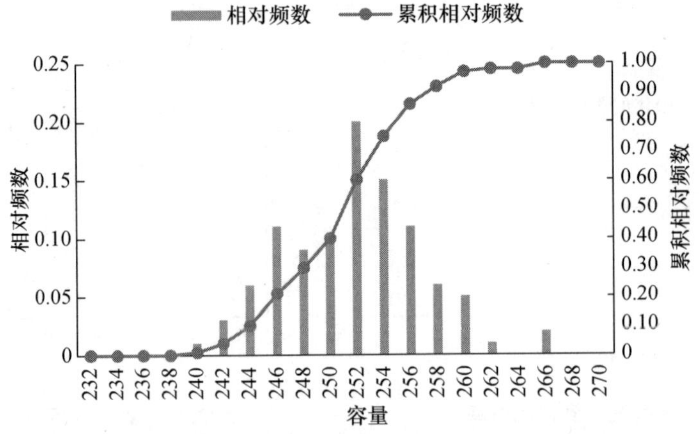

图 2.14　样本数为 100 的饮料容量相对频数和累积相对频数

如果样本数增加到 1 000,频数区间间隔缩小为 1 毫升,根据抽样统计的频数计算的相对频数和累积相对频数图如图 2.15 所示。

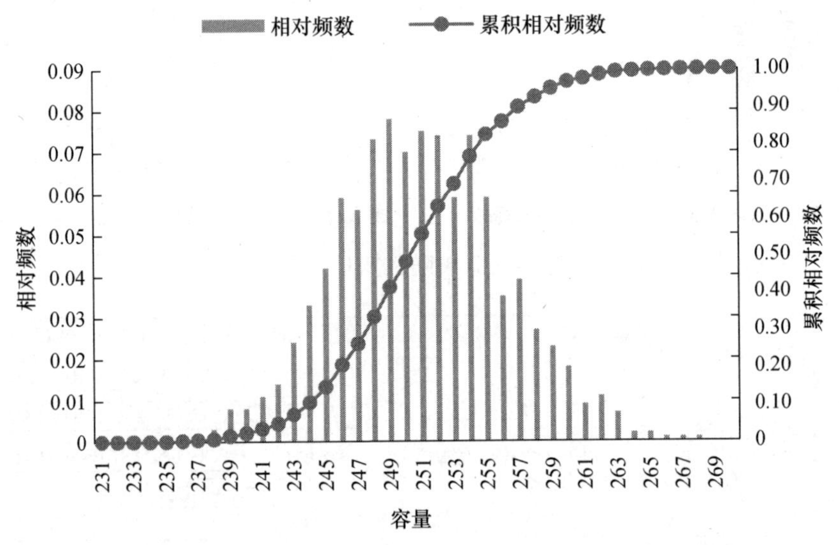

图 2.15　样本数为 1 000 的饮料容量相对频数和累积相对频数

如果抽样的样本数继续增加、频数区间间隔继续缩小,则相对频数和累积相对频数的图形就逐渐演变成连续曲线。图 2.16 是样本数为 10 000、频数区间间隔为 0.5 毫升的相对频数和累积相对频数图。

将饮料容量记为随机变量 X,当样本数无限增加、频数区间间隔无限缩小时,相对频数转化为概率,记为 $f(x)$,称为连续型随机变量 X 的概率密度函数。累积相对频数转化为累积概率,记为 $F(x)$,称为连续型随机变量 X 的累积概率分布函数。图 2.16 中,由于样本数相当大,频数区间间隔相当小,因此相对频数曲线可以认为是饮料容量 X 的概率密度函数,累积相对频数可以认为是饮料容量 X 的累积概率分布函数。

定义 2.3　设一个连续型随机变量 X 的取值范围为 $[a,b]$,概率密度函数为 $f(x)$,累积概率分布函数为 $F(x)$,则它们具有以下性质:

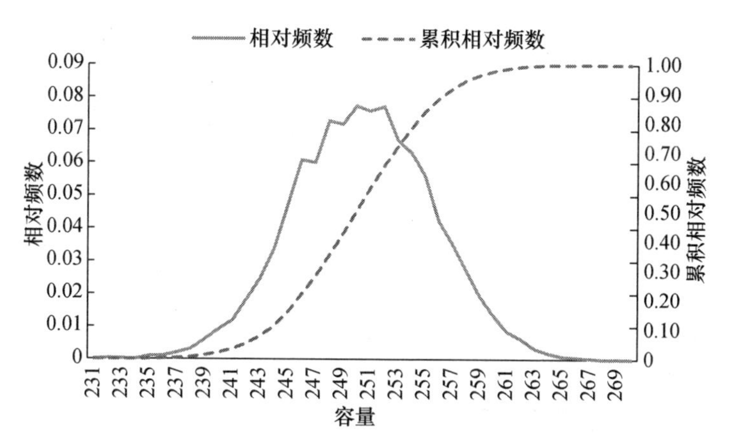

图 2.16　样本数为 10 000 的饮料容量相对频数和累积相对频数

（1）随机变量 X 落在区间 $[x_1, x_2]$（$a \leqslant x_1 < x_2 \leqslant b$）中的概率为：

$$P(x_1 \leqslant X \leqslant x_2) = \int_{x_1}^{x_2} f(t)\,\mathrm{d}t \tag{2.8}$$

即随机变量 X 落在区间 $[x_1, x_2]$ 中的概率等于概率密度函数 $f(x)$ 曲线下位于 x_1 和 x_2 之间的面积，如图 2.17 所示。

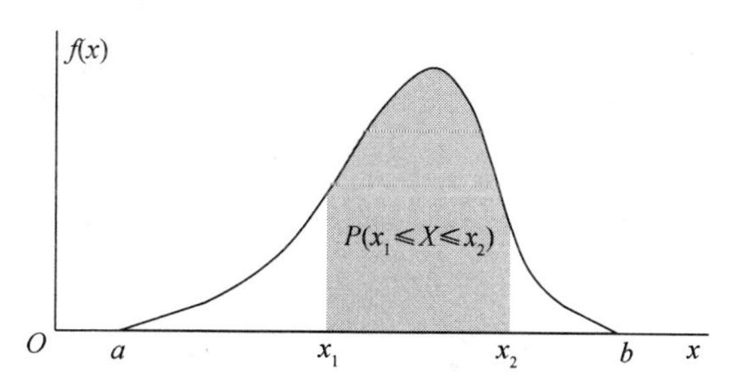

图 2.17　连续型随机变量概率的图示之一

（2）概率密度函数在随机变量所有取值范围内的积分等于 1。

$$\int_a^b f(t)\,\mathrm{d}t = P(a \leqslant X \leqslant b) = 1 \tag{2.9}$$

即概率密度函数 $f(x)$ 曲线和 x 轴围成的全部面积等于 1，如图 2.18 所示。

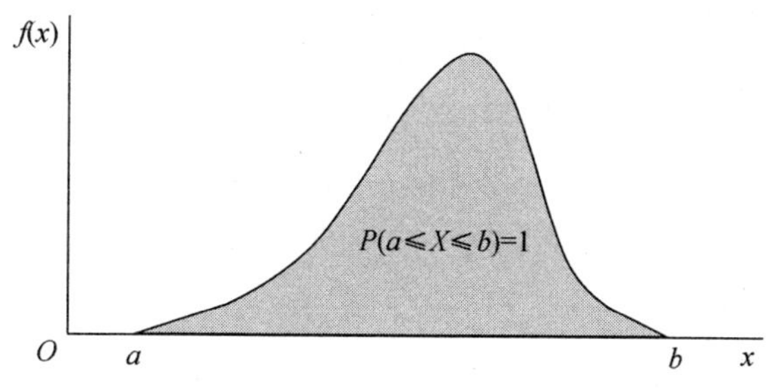

图 2.18　连续型随机变量概率的图示之二

（3）累积概率分布函数 $F(x)$ 是随机变量 X 小于或等于数值 x 的概率，即累积概率分布函数 $F(x)$ 是概率密度函数 $f(x)$ 的积分。

$$F(x) = P(X \leqslant x) = \int_a^x f(t)\,\mathrm{d}t \tag{2.10}$$

即累积概率分布函数 $F(x)$ 的值等于概率密度函数 $f(x)$ 曲线下从 a 到 x 的面积，如图 2.19 所示。

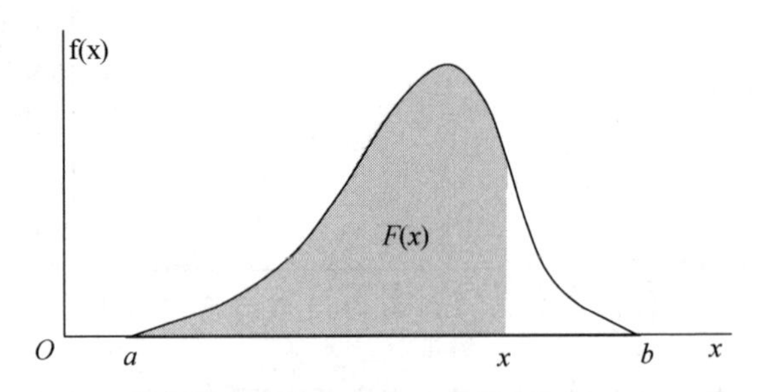

图 2.19　连续型随机变量概率的图示之三

（4）根据以上两条性质，可以推出：

$$P(x_1 \leqslant X \leqslant x_2) = \int_{x_1}^{x_2} f(t)\,\mathrm{d}t = \int_a^{x_2} f(t)\,\mathrm{d}t - \int_a^{x_1} f(t)\,\mathrm{d}t = F(x_2) - F(x_1) \tag{2.11}$$

即随机变量 X 落在区间 $[x_1, x_2]$ 内的概率等于概率密度函数 $f(x)$ 曲线下从 a 到 x_2 的面积和从 a 到 x_1 的面积之差，如图 2.20 所示。

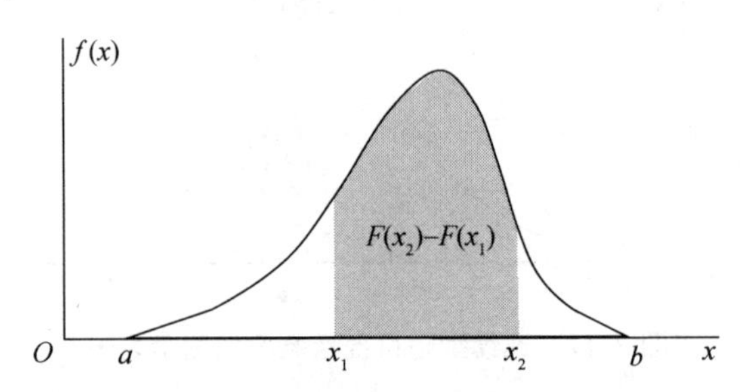

图 2.20　连续型随机变量概率的图示之四

（5）累积概率分布函数还有以下性质：

$$F(a) = \int_a^a f(t)\,\mathrm{d}t = 0 \tag{2.12}$$

$$F(b) = \int_a^b f(t)\,\mathrm{d}t = 1 \tag{2.13}$$

2.3.2　正态分布

正态分布是最重要的连续型随机变量的分布。许多连续型随机变量都服从正态分布。例如，射击比赛的环数、机械加工零件的尺寸的公差等都服从正态分布。

正态分布随机变量的概率密度函数表达式为：

$$f(x) = \frac{1}{\sigma\sqrt{2\pi}} e^{-\frac{1}{2}\left(\frac{x-\mu}{\sigma}\right)^2} \tag{2.14}$$

式中,μ 为正态分布随机变量的均值,σ 为标准差。

正态分布随机变量的累积概率分布函数为:

$$F(x) = P(X \leqslant x) = \int_{-\infty}^{\infty} \frac{1}{\sigma\sqrt{2\pi}} e^{-\left(\frac{x-\mu}{\sigma}\right)^2} \tag{2.15}$$

$F(x)$的意义是正态分布随机变量 X 小于或等于数值 x 的概率。正态分布随机变量的累积概率分布函数无法用解析式表达。

图 2. 21 是 $\mu = 10$、$\sigma = 2$ 的正态分布随机变量的概率密度函数图形。

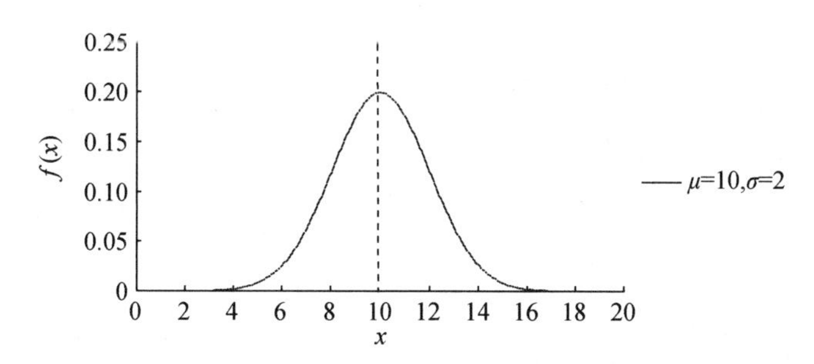

图 2. 21　正态分布随机变量的概率密度函数图形

从图 2. 21 可以看出,正态分布随机变量的概率密度函数图形是以均值为对称轴、向两侧无限延伸的"钟形"。图 2. 22 是标准差 σ 等于 2,均值 μ 分别等于 8、10 和 12 的正态分布随机变量概率密度函数图形。

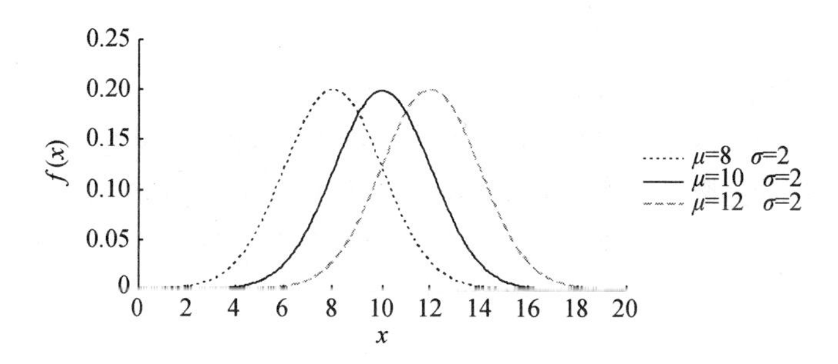

图 2. 22　标准差相同、均值不同的正态分布随机变量的概率密度函数图形

从图 2. 22 可以看出,均值的变化使概率密度函数左右移动。图 2. 23 是均值 μ 等于 10,标准差 σ 分别等于 1、2、3 的正态分布随机变量的概率密度函数图形。

从图 2. 23 可以看出,标准差越小,概率密度函数图形越尖窄;标准差越大,概率密度函数图形越扁平。

$\mu = 0$、$\sigma = 1$ 的正态分布称为标准正态分布。图 2. 24 是标准正态分布随机变量的概率密度函数和累积概率分布函数的图形。

Excel 中计算正态分布随机变量概率的两个函数:

- NORM. DIST(x, mean, stand_dev, cumulative)

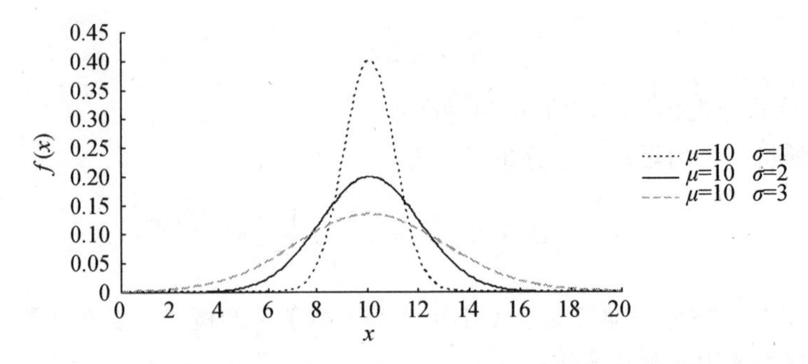

图 2.23 均值相同、标准差不同的正态分布随机变量的概率密度函数图形

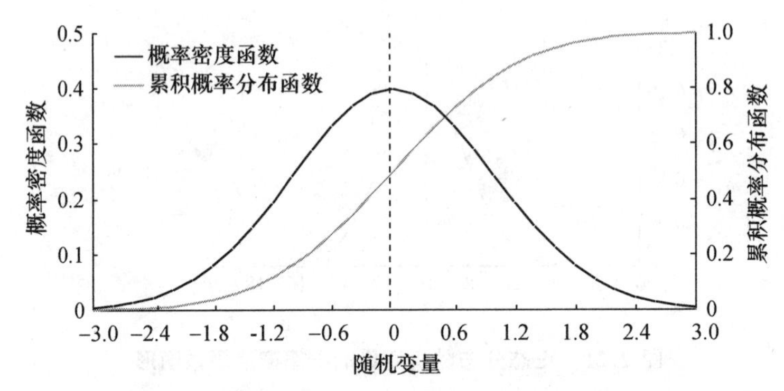

图 2.24 标准正态分布随机变量的概率密度函数和累积概率分布函数图形

其中,随机变量值 x、均值 mean、标准差 stand_dev 和是否累积 cumulative 是该函数的四个参数。当 cumulative 取值为 FALSE(或 0)时,计算概率值;当 cumulative 取值为 TRUE(或 1)时,计算累积概率值。

■ NORM. S. DIST(x,cumulative)

该函数有两个参数,即标准化的随机变量值 x 和是否累积 cumulative。当 cumulative 取值为 FALSE(或 0)时,计算概率值;当 cumulative 取值为 TRUE(或 1)时,计算累积概率值。

对于均值为 μ、标准差为 σ 的一般正态分布随机变量 x,可以用以下公式转换成标准正态分布随机变量 z:

$$z = \frac{x - \mu}{\sigma} \tag{2.16}$$

例 2.11 瓶装饮料产品的饮料容量服从均值 $\mu = 250$ 毫升、标准差 $\sigma = 5$ 毫升的正态分布。求:

(1) 饮料容量小于 260 毫升的概率。

(2) 饮料容量在 245 毫升到 260 毫升之间的概率。

解 (1) 本题既可以用正态分布函数 NORM. DIST 计算,也可以用标准正态分布函数 NORM. S. DIST 计算。

用正态分布函数 NORM. DIST 计算:$x = 260$,均值 $\mu = 250$,标准差 $\sigma = 5$, NORM. DIST(260,250,5,TRUE) = 0.9772。

用标准正态分布函数 NORM. S. DIST 计算：$z=\frac{x-\mu}{\sigma}=\frac{260-250}{5}=2$，即 260 毫升相当于标准正态分布随机变量值 2.0，NORM. S. DIST(2.0,TRUE) = 0.9772。

两种计算方法的结果是一致的。因此，饮料容量小于 260 毫升的概率 $P(X \leqslant 260)$ = 0.9772，两种计算过程的图解见图 2.25。

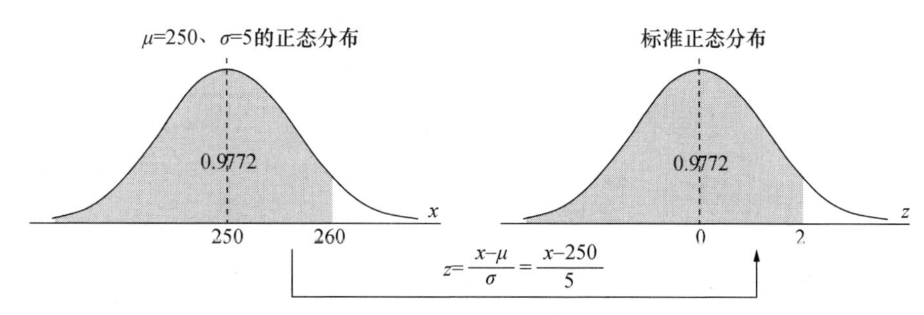

图 2.25　饮料容量小于 260 毫升概率的图解

（2）本题同样既可以用正态分布函数 NORM. DIST 计算，也可以用标准正态分布函数 NORM. S. DIST 计算。

用正态分布函数 NORM. DIST 计算：$x_1=245$，$x_2=260$，均值 $\mu=250$，标准差 $\sigma=5$，NORM. DIST(260,250,5,TRUE) − NORM. DIST(245,250,5,TRUE) = 0.9772 − 0.1587 = 0.8185。

用标准正态分布函数 NORM. S. DIST 计算：$z_1=\frac{x_1-\mu}{\sigma}=\frac{245-250}{5}=-1$，$z_2=\frac{x_2-\mu}{\sigma}=\frac{260-250}{5}=2$，即 245 毫升相当于标准正态分布的值 −1.0，260 毫升相当于标准正态分布的值 2。NORM. S. DIST(2.0,TRUE) − NORM. S. DIST(−1.0,TRUE) = 0.9772 − 0.1587 = 0.8185。因此，饮料容量在 245 毫升到 260 毫升之间的概率 $P(245 \leqslant X \leqslant 260)=0.8185$。两种计算过程的图解见图 2.26。

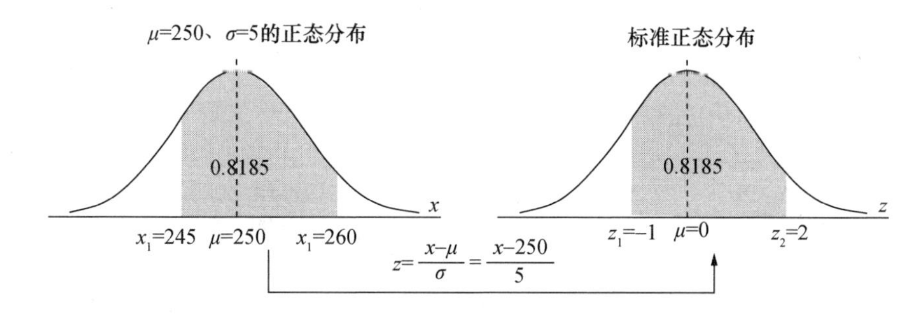

图 2.26　饮料容量在 245 毫升到 260 毫升之间概率的图解

例 2.12　利用 Excel 函数计算饮料容量小于或等于 260 毫升的概率以及饮料容量在 245 毫升到 260 毫升之间的概率。

计算过程及结果如图 2.27 所示。

	A	B	C	D	E	F
1	例2.12 用正态分布函数计算饮料容量的概率					
2	瓶装饮料容量服从均值为250毫升，标准差为5毫升的正态分布。分别用正态分布函数和标准正态分布函数计算饮料容量在以下区间内的概率：					
3	(1) 小于260毫升				=NORM.DIST(B11,$B$7,$B$8,TRUE)	
4	(2) 小于245毫升					
5	(3) 在245毫升到260毫升之间					
6						
7	饮料容量均值μ=	250	毫升		=NORM.DIST(B12,$B$7,$B$8,TRUE)	
8	饮料容量标准差σ=	5	毫升			
9						
10	用正态分布函数NORM.DIST计算					
11	饮料容量小于	260	毫升		的概率为 NORM.DIST(260,250,5,TRUE)=	0.97725
12	饮料容量小于	245	毫升		的概率为 NORM.DIST(245,250,5,TRUE)=	0.15866
13	饮料容量在	245	毫升到	260	毫升之间的概率为 NORM.DIST(260,250,5,TRUE)-NORM.DIST(245,250,5,TRUE)=	0.81859
14						
15	变量转换					=F11-F12
16	饮料容量x（毫升）	标准化随机变量z				
17	260	(260-250)/5=	2.0		正态分布随机变量x转换成标准正态分布随机变量z的公式 $z=\frac{x-\mu}{\sigma}$	
18	245	(245-250)/5=	-1.0			
19						
20	用标准正态分布函数NORM.S.DIST计算					
21	饮料容量小于	260毫升			的概率为 NORM.S.DIST(2.0,TRUE)=	0.97725
22	饮料容量小于	245毫升			的概率为 NORM.S.DIST(-1.0,TRUE)=	0.15866
23	饮料容量在	245毫升到260毫升			之间的概率为 NORM.S.DIST(2.0,TRUE)-NORM.S.DIST(-1.0,TRUE)=	0.81859

图 2.27　用正态分布函数计算概率

2.3.3　负指数分布

负指数分布也是一种重要的连续型随机变量的概率分布。负指数分布随机变量的概率密度函数是：

$$f(x) = \lambda e^{-\lambda x} \quad x \geqslant 0 \tag{2.17}$$

它的累积概率分布函数表达式是：

$$F(x) = P(X \leqslant x) = \int_0^x \lambda e^{-\lambda t} dt = 1 - e^{-\lambda x} \quad x \geqslant 0 \tag{2.18}$$

$F(x)$表示随机变量X小于或等于某一个值x的概率。

负指数分布随机变量的均值$\mu = 1/\lambda$，方差$\sigma^2 = (1/\lambda)^2$。图 2.28 是$\mu = 1$的负指数分布函数的图形。

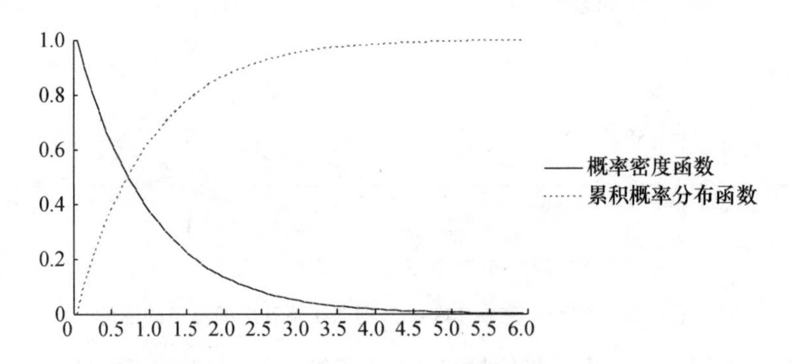

图 2.28　负指数分布函数图形

负指数分布具有以下重要性质：

（1）许多元器件的寿命（即无故障运行时间或到第一次出现故障前的时间）服从负指数分布。运行寿命服从负指数分布的器件发生故障的概率和已经正常运行的时间无关。

也就是说，寿命服从负指数分布的器件，刚开始运行（即新的器件）的1 000小时内不发生故障的概率，和这种器件无故障运行了1万小时以后的1 000小时内不发生故障的概率是相等的。

人的寿命显然不服从负指数分布。众所周知，一个20岁的人还能继续活10年的概率显然比一个70岁的人还能继续活10年的概率大。

经验表明，一些运行有损耗的产品和器件（如汽车发动机、制冷压缩机、白炽灯等）发生故障的概率和已运行的时间有关。而一些非运行损耗的器件，特别是电子器件，如计算机芯片、半导体存储器等，发生故障往往只与外部的偶然因素如撞击、电压冲击等有关，而与器件本身已经实现的无故障运行时间无关。我们把器件的这种寿命特性称为“永远年轻”的特性。

事实上，日常生活中的许多物品（如玻璃器皿、瓷器等）的寿命（即从开始使用到被打碎的时间）确实和已使用的时间无关。

（2）负指数分布和泊松分布有密切的关系。通过概率论可以证明①，如果离散的随机事件发生的次数（如每小时到达银行的顾客人数）服从参数为λ的泊松分布，那么相邻的两个离散随机事件（如相邻两个顾客到达）之间的时间间隔服从相同参数λ的负指数分布。负指数分布的这一特性，我们会在本书第9.5节“排队系统模拟”中用到。

例2.13　设某种电子元器件的寿命（无故障运行时间）服从负指数分布。根据大量实际数据测定，这种电子元器件的平均无故障运行时间为1 000小时。试回答以下问题：

（1）这种电子元器件无故障运行1 200小时的概率。

（2）这种电子元器件无故障运行800小时的概率。

（3）这种电子元器件无故障运行200小时的概率。

均值$1/\lambda=1\,000$，$\lambda=1/1\,000$；$t=1\,200$小时、800小时、200小时；x为随机变量，表示发生故障的时间。

（1）这种电子元器件无故障运行1 200小时的概率为：

$$P(x\leqslant 1\,200)=F(1\,200)=1-e^{-0.001\times 1\,200}=1-e^{-1.2}=1-0.3012=0.6988$$

（2）这种电子元器件无故障运行800小时的概率为：

$$P(x\leqslant 800)=F(800)=1-e^{-0.001\times 800}=1-e^{-0.8}=1-0.4493=0.5507$$

（3）这种电子元器件无故障运行200小时的概率为：

$$P(x\leqslant 200)=F(200)=1-e^{-0.001\times 200}=1-e^{-0.2}=1-0.8187=0.1813$$

Excel计算负指数分布随机变量概率的函数是：

■ EXPON.DIST(x, lambda, cumulative)

其中，x是随机变量的值；lambda是参数λ的值；cumulative取值为TRUE时计算累积概率值，cumulative取值为FALSE时计算概率值。

用Excel函数EXPON.DIST计算例2.13的三个概率。

（1）第一次故障发生在1 200小时之前的概率为：

EXPON.DIST(1 200,1/1 000,TRUE) = 0.6988

（2）第一次故障发生在800小时之前的概率为：

---

① 蒋绍忠. 管理运筹学教程. 2版. 杭州：浙江大学出版社，2014.

EXPON.DIST(800,1/1 000,TRUE) = 0.5507

(3) 第一次故障发生在200小时之前的概率为：

EXPON.DIST(200,1/1 000,TRUE) = 0.1813

2.3.4 均匀分布

如果连续型随机变量落在某一个区间内的概率相等，则称这个随机变量服从均匀分布。服从均匀分布的随机变量的概率密度函数是定义在一个区间$[a,b]$上的一个常数$c(c>0)$。根据随机密度函数曲线下的面积等于1，可以得到$c=\frac{1}{b-a}$。图2.29为均匀分布的概率密度函数$f(x)$和累积概率分布函数$F(x)$的图形。

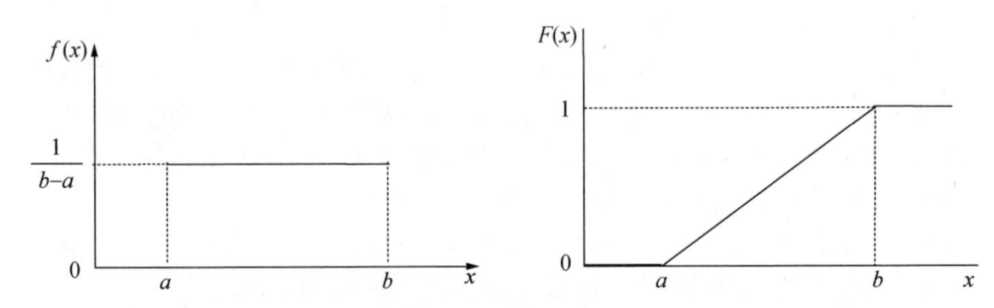

图2.29 均匀分布随机变量的概率密度函数和累积概率分布函数

均匀分布随机变量的概率密度函数和累积概率分布函数为：

$$f(x)=\begin{cases}\frac{1}{b-a} & a\leqslant x\leqslant b\\ 0 & \text{其他}\end{cases} \tag{2.19}$$

$$F(x)=\begin{cases}0 & x<a\\ \frac{x-a}{b-a} & a\leqslant x<b\\ 1 & x\geqslant b\end{cases} \tag{2.20}$$

均匀分布随机变量的均值为$\frac{1}{2}(b-a)$，方差为$\frac{1}{6}(b-a)^2$。

Excel产生均匀分布随机变量的函数为**RAND()**。其中，括号中不需要填写任何数据或字符。函数RAND()产生0—1之间的均匀分布随机变量，不包括0和1。

如果需要产生其他区间中的随机变量，可以用包含这个函数的相应表达式进行区间的变换。例如，表达式10 * RAND()产生0—10之间的均匀分布随机变量，表达式5 * RAND() + 2产生2—7之间的均匀分布随机变量，等等。

2.3.5 三角分布

三角分布有三个参数，即最小值a、最大值b和最可能值c。三角分布随机变量的概率密度函数为：

$$f(x) = \begin{cases} \dfrac{2(x-a)}{(b-a)(c-a)} & a \leqslant x \leqslant c \\ \dfrac{2(b-x)}{(b-a)(b-c)} & c < x \leqslant b \\ 0 & \text{其他} \end{cases} \tag{2.21}$$

累积概率分布函数为：

$$F(x) = \begin{cases} 0 & x < a \\ \dfrac{(x-a)^2}{(b-a)(c-a)} & a \leqslant x < c \\ 1 - \dfrac{(b-x)^2}{(b-a)(b-c)} & c < x \leqslant b \\ 1 & b < x \end{cases} \tag{2.22}$$

图 2.30 为三角分布随机变量的概率密度函数和累积概率分布函数的图形。

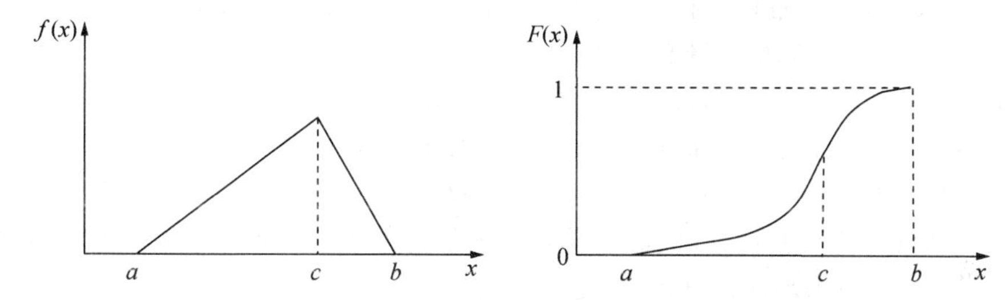

图 2.30　三角分布随机变量的概率密度函数和累积概率分布函数

三角分布随机变量的均值为$\frac{1}{3}(a+b+c)$，方差为$\frac{1}{18}(a^2+b^2+c^2-ab-ac-bc)$。

三角分布常用于描述这样一些随机变量：决策者对这些随机变量有一定的经验，随机变量的最小值、最大值和最可能值比较容易估计。例如，项目管理中工序完工时间的估计、商品销量的估计等。

Excel 没有计算三角分布随机变量概率的函数。

2.3.6　t 分布

t 分布是 William S. Gosset 于 1908 年在一篇用笔名 Student 发表的论文中提出的，因此这种分布也被称为“学生氏 t 分布”。

t 分布的随机变量是连续的，它的概率密度函数表达式为：

$$f(t) = \frac{[(\nu-1)/2]!}{\sqrt{\nu\pi}[(\nu-2)/2]!}\left[1+\frac{t^2}{\nu}\right]^{-(\nu+1)/2} \quad -\infty < t < \infty \tag{2.23}$$

式中，$\pi = 3.14159\cdots$，ν 称为 t 分布的自由度（degree of freedom, df）。t 分布的均值为 0，方差为 $\nu/(\nu-2)$。

自由度 $\nu = 3、5、10$ 的 t 分布和标准正态分布随机变量概率密度函数的比较如图 2.31 所示。

由图 2.31 可以看出，t 分布随机变量的概率密度函数是以 $t=0$ 为对称轴的钟形曲线。由

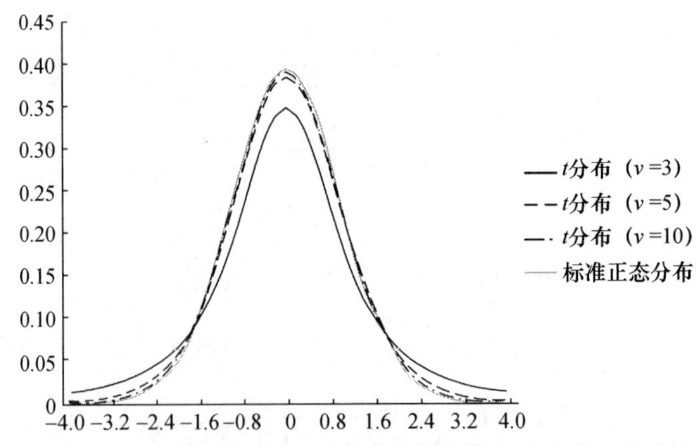

图 2.31 t 分布和标准正态分布随机变量的概率密度函数比较

于它的方差为 $\nu/(\nu-2)>1$,自由度 ν 越大,方差越小,曲线越尖锐,越接近标准正态分布。一般认为,当 $\nu>30$ 时,t 分布和标准正态分布的区别就可以忽略不计了。

Excel 中计算 t 分布随机变量概率的函数有三个:

- T. DIST(x,deg_freedom,cumulative)　　左尾分布
- T. DIST. RT(x,deg_freedom)　　右尾分布(RT 是 right tail 的缩写)
- T. DIST. 2T(x, deg_freedom)　　双尾分布(2T 是 two tails 的缩写)

其中,x 表示随机变量 t 的值, $x\geqslant 0$;deg_freedom 表示自由度;cumulative 取值为 TRUE 时计算累积概率值,取值为 FALSE 时计算概率值。

注意, t 分布函数 T. DIST. RT 和 T. DIST. 2T 没有 cumulative 参数,不能计算概率值,默认计算累积概率值。自由度 deg_freedom 应该是大于等于 1 的整数,如果不是整数,将自动截尾取整数值计算。如果这些参数不符合要求,Excel 将返回值错误"#NUM"。

例 2.14　计算自由度为 30、$t=1.3$ 的 t 分布随机变量左尾、右尾和双尾累积概率。

t 分布随机变量的概率函数以及相应的示意图如图 2.32 所示。

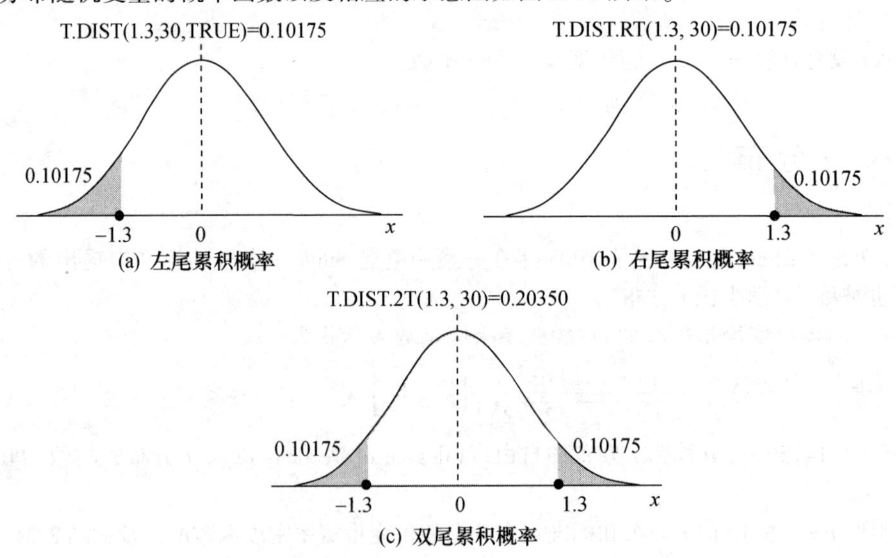

图 2.32 t 分布随机变量的左尾、右尾和双尾累积概率

2.3.7 F分布

F分布随机变量也是连续的。F分布随机变量的概率密度函数为：

$$f(F) = \frac{\left(\frac{\nu_1+\nu_2-2}{2}\right)!}{\left(\frac{\nu_1-2}{2}\right)!\left(\frac{\nu_2-2}{2}\right)!}\left(\frac{\nu_1}{\nu_2}\right)^{\frac{\nu_1}{2}} \frac{F^{\frac{\nu_1-2}{2}}}{\left(1+\frac{\nu_1 F}{\nu_2}\right)^{\frac{\nu_1+\nu_2}{2}}}, \quad F > 0 \tag{2.24}$$

式中，参数ν_1称为分子自由度，ν_2称为分母自由度。

F分布随机变量的概率密度函数图形如图2.33所示。

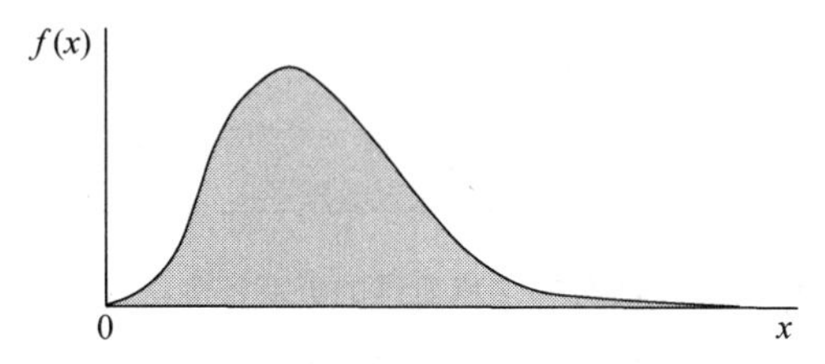

图2.33　F分布随机变量的概率密度函数图形

由图2.33可以看出，F分布随机变量的概率密度函数是一个不对称的曲线，F的最小值为0，最大值为无穷大。

Excel中计算F分布随机变量概率的函数有：

- F.DIST(x,df1,df2,cumulative)　　左尾分布
- F.DIST.RT(x,df1,df2)　　右尾分布

其中，x表示F分布随机变量，$x \geqslant 0$；df_1表示分子自由度；df_2表示分母自由度；cumulative取值为TRUE时计算累积概率值，cumulative取值为FALSE时计算概率值。

注意，右尾F分布函数F.DIST.RT没有参数cumulative，不能计算概率值，默认计算累积概率值。

例2.15　分子自由度$df_1=5$，分母自由度$df_2=7$，对于$x=1.0$，用Excel函数分别计算其F分布随机变量左尾和右尾累积概率的公式及示意图如图2.34所示。

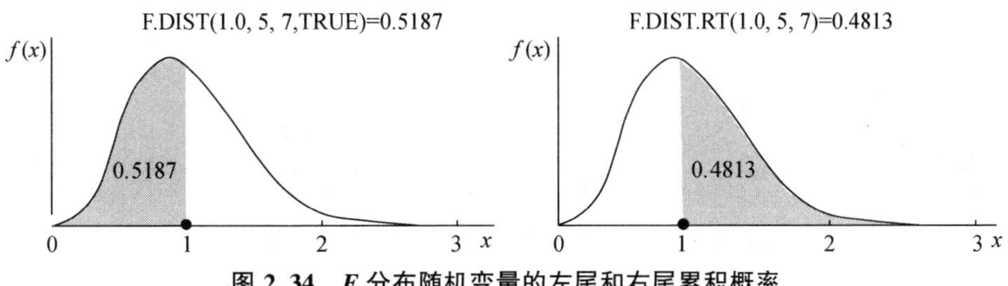

图2.34　F分布随机变量的左尾和右尾累积概率

函数F.DIST(x, df1, df2)中的参数x必须是非负的，自由度df_1和df_2应该是大于等于1的整数，如果df_1和df_2不是整数，将自动截尾取整数值计算。如果这些参数不符合要求，

Excel 将返回值错误“#NUM”。

2.3.8 χ^2 分布

χ^2 分布随机变量也是连续的。χ^2 分布随机变量的概率密度函数为：

$$f(x) = \frac{(1/2)^{k/2}}{\Gamma(k/2)} x^{\frac{k}{2}-1} e^{-\frac{x}{2}} \tag{2.25}$$

式中，k 为随机变量的自由度，$\Gamma(\cdot)$为伽马函数。

χ^2 分布随机变量的概率密度函数图形如图 2.35 所示。

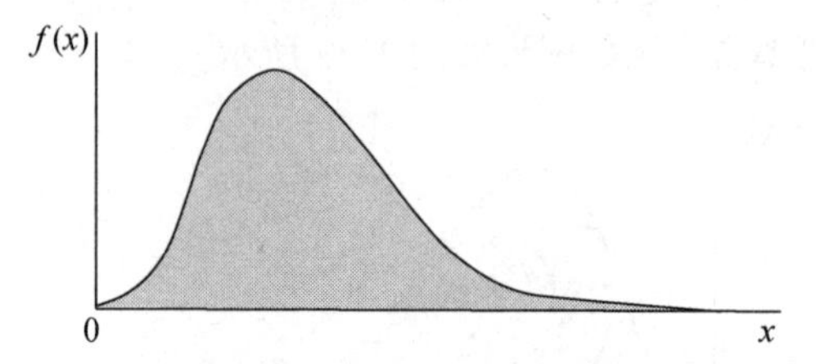

图 2.35 χ^2 分布随机变量的概率密度函数图形

由图 2.35 可以看出，和 F 分布一样，χ^2 分布随机变量的概率密度函数也是一个不对称的曲线，x 的最小值为 0，最大值为无穷大。

Excel 中计算 χ^2 分布随机变量概率的函数有：

- CHISQ. DIST(x, degree_freedom, cumulative)　　左尾分布
- CHISQ. DIST. RT(x, degree_freedom)　　右尾分布

其中，x 表示 χ^2 分布随机变量，$x \geqslant 0$；degree_freedom 表示自由度；cumulative 取值为 TRUE 时计算累积概率值，取值为 FALSE 时计算概率值。

注意，右尾 χ^2 分布函数 CHISQ. DIST. RT 没有参数 cumulative，不能计算概率值，默认计算累积概率值。

例 2.16　自由度 $df = 5$，对于 $x = 3.1$，用 Excel 函数分别计算 x 相应的 χ^2 分布累积概率的公式及示意图如图 2.36 所示。

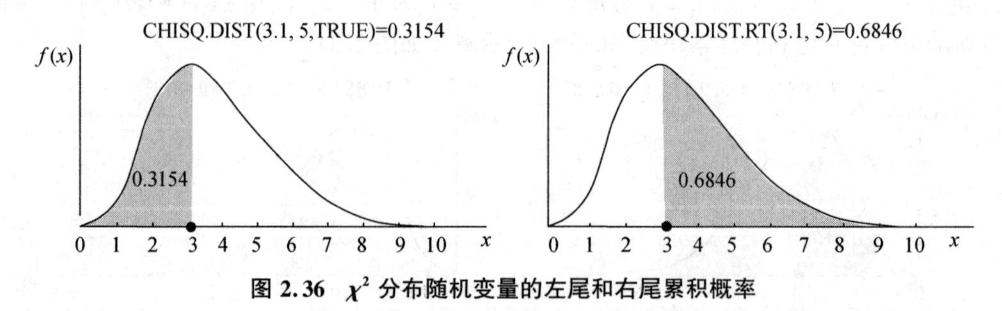

图 2.36 χ^2 分布随机变量的左尾和右尾累积概率

由图 2.36 可知，Excel 中计算 χ^2 分布随机变量左尾累积概率的函数 CHISQ. DIST 是从左向右（即从小到大）累积的，计算 χ^2 分布随机变量右尾累积概率的函数 CHISQ. DIST. RT 是从右向左（即从大到小）累积的，同时，函数 CHIDIST(x, degree_freedom)中的参数 x 必须是非负

的，自由度 degree_freedom 应该是大于等于 1 的整数，如果 degree_freedom 不是整数，将自动截尾取整数值计算。如果这些参数不符合要求，Excel 将返回值错误“#NUM”。

正态分布、标准正态分布、t 分布、F 分布和 χ^2 分布随机变量的概率函数总结如表 2.6 所示。

表 2.6　Excel 常用概率函数

	左尾概率	右尾概率	双尾概率
正态分布	NORM. DIST(x, mean, stdev, cumulative)	—	—
标准正态分布	NORM. S. DIST(x, cumulative)	—	—
t 分布	T. DIST(x, df, cumulative)	T. DIST. RT(x, df)	T. DIST. 2T(x, df)
F 分布	F. DIST(x, df1, df2, cumulative)	F. DIST. RT(x, df1, df2)	—
χ^2 分布	CHISQ. DIST(x, df, cumulative)	CHISQ. DIST. RT(x, df)	—

表 2.6 中的参数含义如下：x 表示随机变量值；mean 表示均值；stdev 表示标准差；cumulative 表示是否累积，取值为 TRUE（或 1）时计算累积概率值，取值为 FALSE（或 0）时计算概率值；df 表示自由度，df1 表示第一自由度（分子自由度），df2 表示第二自由度（分母自由度）。

2.3.9　概率函数的反函数

以上介绍的连续型随机变量的概率函数，都是以随机变量值 x 为自变量、以随机变量相应的概率值 y 为因变量的函数，记为 $y = P(x)$。这样的函数对应关系，可以用图 2.37 表示。

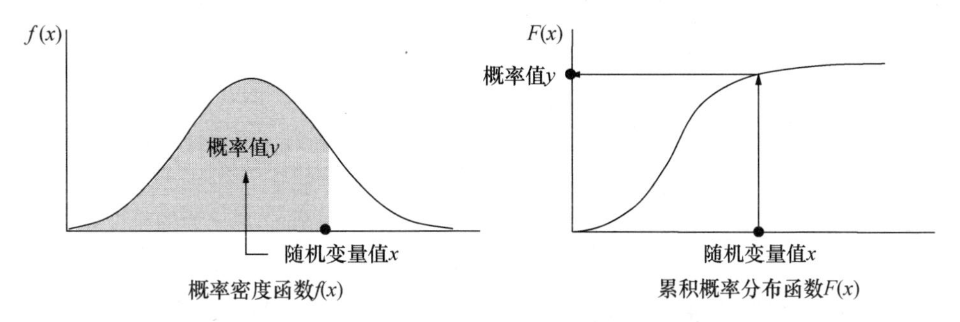

图 2.37　概率函数由随机变量值到概率值的函数对应关系

由图 2.37 可以看出，无论是概率密度函数还是累积概率分布函数，当随机变量值 x 确定以后，相应的概率值 y 也就唯一地确定了，因此这种函数关系是单值的函数关系。无论是正态分布，还是 t 分布、F 分布和 χ^2 分布，它们的 Excel 概率函数 NORM. DIST、NORM. S. DIST、T. DIST、T. DIST. RT、T. DIST. 2T、F. DIST、F. DIST. RT 和 CHISQ. DIST、CHISQ. DIST. RT 都是以随机变量值 x 为自变量，以概率值 y 为因变量的函数。

仅仅掌握由随机变量的值求相应的概率值的函数是不够的，在许多情况下，还需要反过来由概率值来计算相应的随机变量值的函数，这样的函数记为 $x = P^{-1}(y)$，称为函数 $y = P(x)$ 的反函数（inverse functions）。凡是单值的连续函数，都有其相应的反函数。

在概率反函数中，概率值 y 是自变量，而随机变量值 x 是因变量，反函数中自变量和因变量的对应关系可以用图 2. 38 表示。

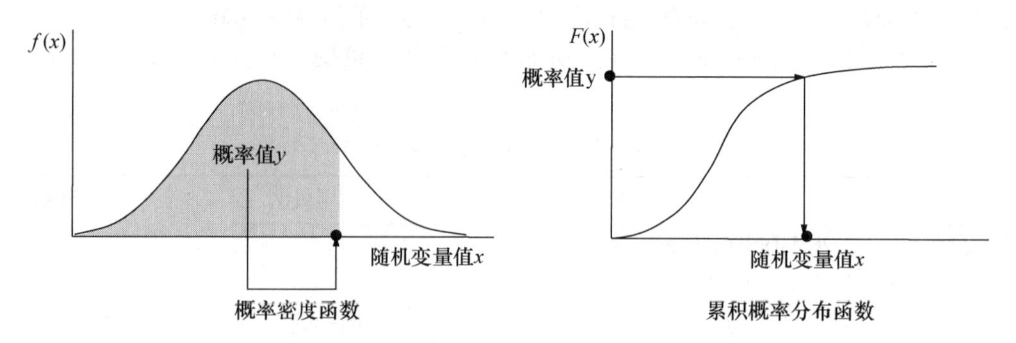

图 2.38　概率反函数由概率值到随机变量值的函数对应关系

Excel 提供了许多概率函数的反函数,其中在本书中需要用到的如表 2.7 所示。

表 2.7　Excel 常用的概率函数和反函数

	概率函数(返回概率值)	反函数(返回随机变量值)
正态分布左尾	NORM. DIST(x,mean,stdev,cumulative)	NORM. INV(probability, mean,stdev)
标准正态分布左尾	NORM. S. DIST(x,cumulative)	NORM. S. INV(probability)
t 分布左尾	T. DIST(x,df,cumulative)	T. INV(probability,df)
t 分布右尾	T. DIST. RT(x,df)	无
t 分布双尾	T. DIST. 2T(x,df)	T. INV. 2T(probability,df)
F 分布左尾	F. DIST(x,df1,df2,cumulative)	F. INV(probability, df1,df2)
F 分布右尾	F. DIST. RT(x, df1,df2)	F. INV. RT(probability, df1,df2)
χ^2 分布左尾	CHISQ. DIST(x, df,cumulative)	CHIISQ. INV(probability, df)
χ^2 分布右尾	CHISQ. DIST. RT(x, df)	CHISQ. INV. RT(probability, df)

表 2.7 函数名中关键字的含义如下:DIST 表示分布函数,即自变量为随机变量,函数返回概率值;INV 表示分布函数的反函数,即自变量为概率值,函数返回随机变量值。函数参数的含义如下:x 表示随机变量值;mean 表示样本均值;stdev 表示样本标准差;cumulative 取值为 TRUE(或 1)时表示计算累积概率值,取值为 FALSE(或 0)时表示计算概率值;df 表示自由度,df1 表示第一自由度或分子自由度,df2 表示第二自由度或分母自由度;probability 表示概率值。

从表 2.7 中可以看出,概率函数具有以下特点:① 函数名中都有 DIST,这是英文 distribution(分布)的缩写;② 第一个参数都是随机变量的值 x;③ 函数返回的值都是相应的概率值。因此,概率函数都是已知随机变量的值计算相应的概率值。概率反函数具有以下特点:① 函数名中都有 INV,这是英文 inverse 的缩写;② 第一个参数都是概率值 probability;③ 函数返回的值都是相应的随机变量的值。因此,概率反函数是已知随机变量的概率计算相应的随机变量的值。

概率反函数在第3章“抽样和估计”以及第4章“假设检验”中有重要的应用。

例 2.17 正态分布概率反函数的计算

某一零件成品的尺寸服从正态分布。根据零件批量实测，零件尺寸的均值为25厘米，标准差为0.3厘米。请问：应如何确定零件尺寸合格的公差范围，使得尺寸合格零件的比例恰为95%？

解 这是一个已知正态分布概率，求相应的正态分布随机变量值的问题，应该用概率反函数计算。由图2.39可知，零件尺寸在公差范围内的概率要求为0.95，即尺寸落在公差范围以外的概率应该是 $1-0.95=0.05$，由于公差的上下界应该是对称的，因此小于公差下界的概率和大于公差上界的概率应该是相等的，各为 $0.05/2=0.025$。这样，零件尺寸小于公差下界的累积概率应为0.025，小于公差上界的累积概率应为0.975。用正态分布概率反函数计算这两个累积概率相应的随机变量（零件尺寸）：

$$x_1 = \text{NORM.INV}(0.025,25,0.3) = 24.41(\text{厘米})$$

$$x_2 = \text{NORM.INV}(0.975,25,0.3) = 25.59(\text{厘米})$$

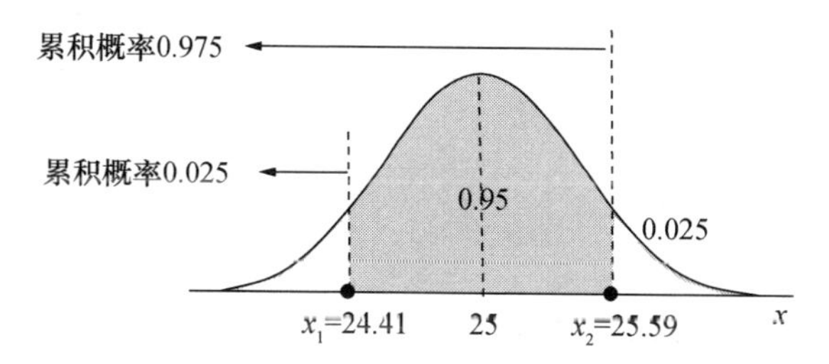

图 2.39 零件尺寸合格率为 0.95 的公差范围图示

这个问题也可以用标准正态分布的概率函数的反函数来解。对应于累积概率0.025和0.975的标准正态分布随机变量分别为：

$$z_{0.025} = \text{NORM.S.INV}(0.025) = -1.9599$$

$$z_{0.975} = \text{NORM.S.INV}(0.975) = 1.9599$$

相应的图形如图2.40所示。

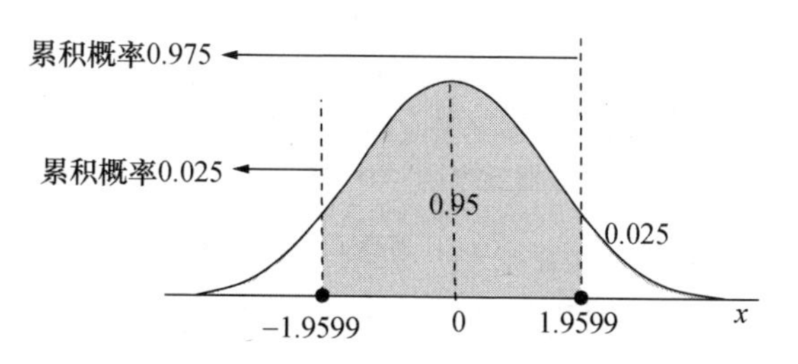

图 2.40 零件尺寸合格率为 0.95 的标准公差范围图示

用标准正态分布值到正态分布值的转换公式 $x=\mu+\sigma z$，得到：

$$x_1 = \mu + z_{0.025}\sigma = 25 - 0.3 \times 1.9599 = 24.41(\text{厘米})$$

$$x_2 = \mu + z_{0.975}\sigma = 25 + 0.3 \times 1.9599 = 25.59(\text{厘米})$$

两种计算方法的结果相同。

设概率值 $\alpha=0.05$,对应于概率 $\alpha=0.05$、$1-\alpha=0.95$、$\alpha/2=0.025$、$1-\alpha/2=0.975$ 的标准正态分布反函数(随机变量)值如下:

$$z_{\alpha}=z_{0.05}=\text{NORM.S.INV}(0.05)=-1.6449$$

$$z_{1-\alpha}=z_{0.95}=\text{NORM.S.INV}(0.95)=1.6449$$

$$z_{\alpha/2}=z_{0.025}=\text{NORM.S.INV}(0.025)=-1.9599$$

$$z_{1-\alpha/2}=z_{0.975}=\text{NORM.S.INV}(0.975)=1.9599$$

以上这些符号和数值在本书后面的章节中会反复出现,这些符号和数值相应的图解如图 2.41 所示。

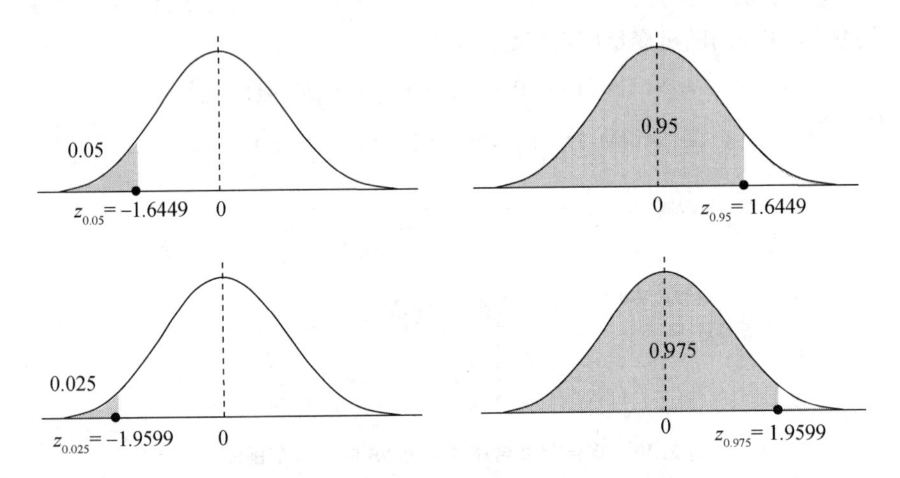

图 2.41 常用的标准正态分布反函数值及其图解

例 2.18 t 分布左尾反函数、右尾反函数和双尾反函数

设自由度 df = 30,分别计算左尾概率为 0.05、右尾概率为 0.05 和双尾概率为 0.05 的 t 分布随机变量值。

解 (1) 左尾的概率为 0.05,t 分布随机变量值:

$$t_{\text{左尾}0.05,30}=\text{T.INV}(0.05,30)=-1.6973$$

(2) 如表 2.7 所示, Excel 没有提供 t 分布右尾反函数。因此右尾概率为 0.05 时,t 分布随机变量的值需要由左尾反函数来转换。有以下两种计算方法:

第一种,右尾概率为 0.05,则左尾概率为 $1-0.05=0.95$。用左尾反函数计算:

$$t_{\text{右尾}0.05,30}=t_{\text{左尾}0.95,30}=\text{T.INV}(0.95,30)=1.6973$$

第二种,由于 t 分布是以原点对称的,右尾概率为 0.05,随机变量值为左尾相应的随机变量值的相反数:

$$t_{\text{右尾}0.05,30}=-\text{T.INV}(0.05,30)=-(-1.6973)=1.6973$$

这个问题的图解如图 2.42 所示。

(3) 双尾的累积概率为 0.05,相应的 t 分布随机变量有两个值,一个是正值,一个是负值。由于 t 分布是以原点左右对称的,两个值的绝对值相等。函数 T.INV.2T(0.05,30) 只给

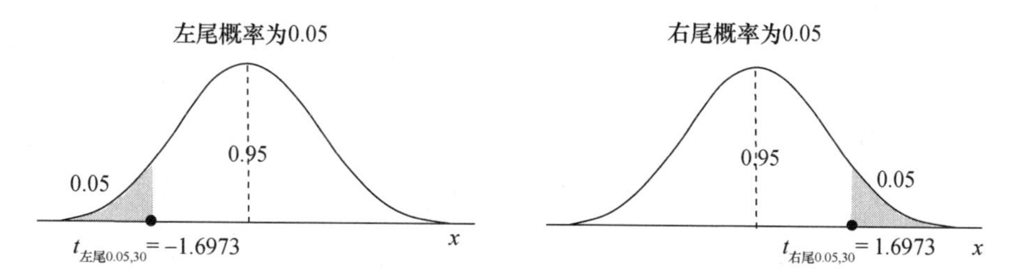

图 2.42　用左尾和右尾概率计算 t 分布随机变量值

出其中的正值，如果要指明其中的负值，应该在这个正值前面加一个负号。这两个值的计算公式为：

$$t_{双尾0.05,30} = \text{T.INV.2T}(0.05,30) = 2.0423$$

$$-t_{双尾0.05,30} = -\text{T.INV.2T}(0.05,30) = -2.0423$$

这个问题的图解如图 2.43 所示。

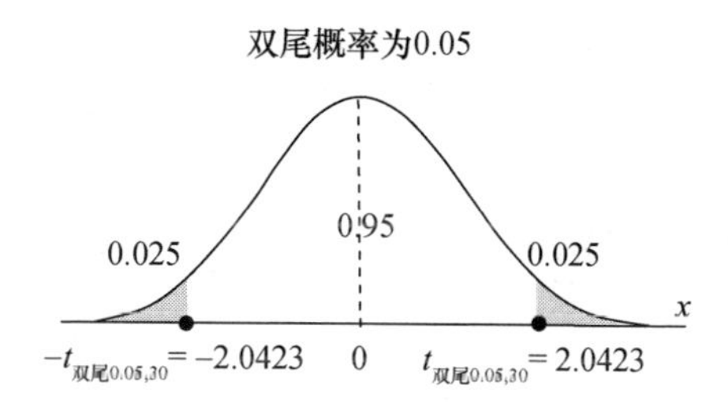

图 2.43　双尾概率为 0.05 的 t 分布随机变量值

例 2.19　F 分布反函数的计算

设第一自由度（分子自由度）df1 = 15，第二自由度（分母自由度）df2 = 20，设左尾和右尾累积概率分别为 $\alpha = 0.05$，分别计算相应的 F 分布随机变量值。

解　这也是应用随机变量反函数的问题。由于 F 分布随机变量的概率密度函数图形不是左右对称的，因此，左尾概率为 0.05 和右尾概率为 0.05 相应的 F 分布随机变量值需要分别用函数 F.INV 和 F.INV.RT 来计算：

$$F_{左尾\alpha,df1,df2} = F_{左尾0.05,15,20} = \text{F.INV}(0.05,15,20) = 0.4296$$

$$F_{右尾\alpha,df1,df2} = F_{右尾0.05,15,20} = \text{F.INV.RT}(0.05,15,20) = 2.2033$$

这个问题的图解如图 2.44 所示。

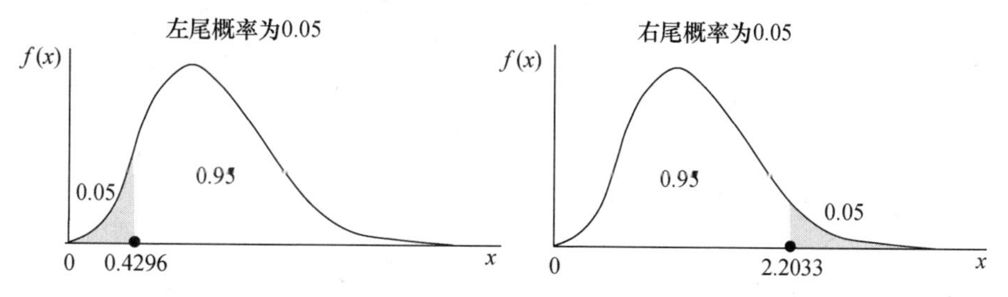

图 2.44　用左尾概率和右尾概率计算 F 分布随机变量值

例 2.20　χ^2 分布反函数的计算

设自由度 df = 30，累积概率分别为 $\alpha = 0.05$ 和 $\alpha = 0.95$，分别计算相应的 χ^2 分布随机变量值。

解　这是已知 χ^2 分布累积概率求相应的随机变量值的问题，需要用 χ^2 分布反函数计算。

$$\chi^2_{左尾\alpha,n-1} = \chi^2_{左尾0.05,30} = \text{CHISQ.INV}(0.05,30) = 18.4927$$

$$\chi^2_{右尾\alpha,n-1} = \chi^2_{右尾0.05,30} = \text{CHISQ.INV.RT}(0.05,30) = 43.7730$$

这个问题的图解如图 2.45 所示。

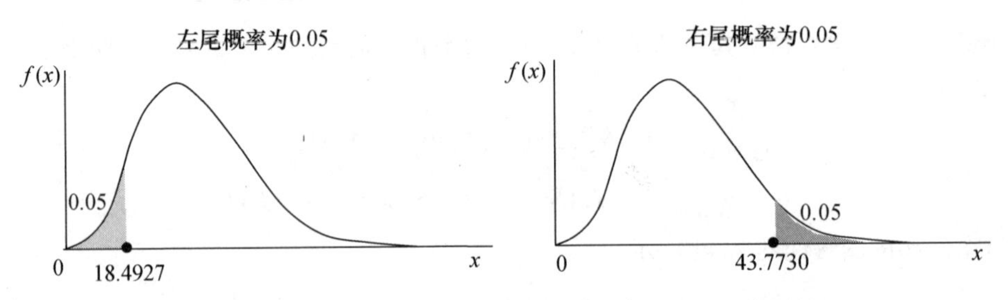

图 2.45　用左尾概率和右尾概率计算 χ^2 分布随机变量值

2.4　统计学概述

统计学是处理统计数据的科学。统计学在科学研究、社会经济分析、商业决策和日常生活中有着广泛的应用。

根据处理统计数据的目的和方法的不同，统计学可以分为描述统计、推断统计和预测统计。下面简要介绍这三类统计的主要内容。

2.4.1　描述统计

统计数据有不同的特征。例如，哈尔滨市和三亚市的年气温变化显然有很大差别。哈尔滨的年温差（一年中最高气温和最低气温之差）较大而三亚的年温差较小，两地的年平均气温（全年每小时气温的平均值）也相差很大。描述统计就是计算和分析统计数据的一些统计指标，用来表示统计数据的特点。这些统计指标包括第 1.5 节中介绍过的均值、方差、标准差、中位数、极差以及峰度、偏度、相关系数等。研究分析和表示统计数据的统计特征，就是描述统计的主要内容。

2.4.2　推断统计

我们经常需要通过研究数据，来确定某一个统计结论有效的范围，或者用统计数据证实或否定一些统计结论。

例如,通过抽样检测得出“某件产品的合格率为97%”,通过市场调查确定“某商品的市场份额为12%”,根据民意调查得知“某候选人在未来的选举中得票率为59%”。由于这些统计数据是根据抽样得到的,重复进行抽样,这些数据会有所不同。因此,在得出这些统计数据的同时,还需要了解它们在多大范围内、在多大程度上是可信的。这些例子都是为了确定统计结论的有效范围。

“黑色汽车发生交通事故的概率高于其他颜色的汽车”“这种药物对治疗哮喘没有显著的疗效”“这项治安措施对减少盗窃案有明显的作用”“这个广告对提高商品销量有显著的效果”“这两所中学历年高考成绩没有显著的差异”。这些推断是否正确?能否用统计数据证实或否定它们?

对以上问题的研究就是推断统计的范畴。本书第3章和第4章的内容就属于推断统计的范围。

2.4.3 预测统计

在日常生活和经济活动中,经常需要对已经观察到的统计数据进行分析研究,以便估计将要发生的数据。例如,通过对某一城市历年气温数据的分析,预测明年夏季这个城市的最高气温;通过对以往股市行情数据的分析,预测股市今后的走势;根据一些父母的身高统计数据,预测未成年子女未来的身高,等等。这些例子属于预测统计的范畴。本书第5章和第6章将介绍预测统计的一些常用方法和工具。

习　题

习题2-1　用函数RAND()在Excel表的一列产生100个在8—20之间均匀分布的随机变量。

(1)用FREQUENCY函数统计这些随机变量的频数,画出频数直方图。按F9键重新产生随机变量,并观察这些随机变量是否服从均匀分布。

(2)将随机变量增加到1000个,画出频数直方图。按F9键重新产生随机变量,观察频数直方图是否发生变化。

习题2-2　到达银行营业部的顾客人数服从泊松分布,每小时平均到达12人。用Excel计算以下概率:

(1)一个小时内没有顾客到达的概率。

(2)一个小时内到达6个顾客的概率。

(3)一个小时内到达15个顾客的概率。

(4)一个小时内到达4个以下(含4个)顾客的概率。

(5)一个小时内到达20个以上(不含20个)顾客的概率。

(6)一个小时内到达5个(不含5个)到15个(含15个)顾客的概率。

习题2-3　一个零件直径的图纸尺寸为12毫米,成品尺寸服从均值$\mu=12$毫米、标准差$\sigma=0.05$毫米的正态分布。用Excel计算以下概率:

(1) 加工零件直径小于11.85毫米的概率。

(2) 加工零件直径大于12.15毫米的概率。

(3) 如果零件直径尺寸的检验标准为12 ±0.1毫米,加工零件的不合格率是多少?

(4) 如果零件直径尺寸的检验标准提高到12 ±0.08毫米,加工零件的不合格率是多少?

(5) 零件直径尺寸的公差应如何设定,可以使得加工零件的合格率恰好为95%?

(6) 如果零件直径尺寸的检验标准为12 ±0.08毫米,标准差要降至多少才能保证加工零件的不合格率低于0.05?

提示:$z=\frac{\chi-\mu}{\sigma}$, $\sigma=\frac{\chi-\mu}{z}=\frac{(12+0.08)-12}{\text{NORM.S.INV}(1-0.05/2)}$

习题2-4 设t分布随机变量的自由度df = 30。

(1) 随机变量值$t=1.2$,求相应的左尾概率α。

(2) 随机变量值$t=-0.7$,求相应的左尾概率α。

(3) 随机变量值$t=1.2$,求相应的双尾概率α。

(4) 随机变量值$t=-0.7$,求相应的双尾概率α。

(5) 设左尾概率$\alpha=0.1$,求相应的随机变量值t。

(6) 设右尾概率$\alpha=0.1$,求相应的随机变量值t。

(7) 设双尾概率$\alpha=0.1$,分别求左右两尾相应的随机变量值t_1和t_2。

习题2-5 设F分布随机变量的第一自由度$df_1=20$,第二自由度$df_2=30$。

(1) 随机变量值$F=1.2$,求相应的右尾概率α。

(2) 设左尾概率$\alpha=0.90$,求相应的随机变量值F。

习题2-6 一种电子元件的无故障运行时间服从负指数分布,平均无故障运行时间(平均寿命)为1 000小时。用Excel计算以下概率:

(1) 这种电子元件的第一次故障发生在500小时以内的概率。

(2) 这种电子元件的第一次故障发生在2 000小时以内的概率。

(3) 这种电子元件的第一次故障发生在500小时到2 000小时之间的概率。

第 3 章　抽样和估计

3.1 统计抽样

3.1.1 抽样的基本概念

抽样是统计分析的一种基本方法,在科学、医学、社会学、政治、商业中有着十分广泛的应用。抽样就是通过对局部的研究来了解全局,其原理是建立在局部和全局总有某种相似性的基础上,因而局部在某种程度上可以代表全局。

下面对与抽样有关的基本概念进行简要介绍。

1. 总体和样本

研究对象的全部被称为总体,可重复获取的总体中的一部分被称为样本。例如,在进行人口的抽样调查时,所研究的国家或地区的全部人口就是总体,所获取的一部分人口资料就是样本。在研究某一产品的合格率时,出厂的全部产品是总体,某一个日期或某一批次的产品就是样本。

2. 抽样

根据一定的规则取得总体的一定数量的样本,通过对样本的统计分析来推测总体的统计特性,这种方法被称为抽样。

用抽样得到的样本来研究总体的统计特性是可能的,也是必要的。首先,统计学理论对总体特性和样本特性的关系进行了十分深入的研究,通过样本的统计资料来推测总体的统计特性,统计学有完整的理论和方法。根据这些理论和方法进行抽样,抽取的样本就具有一定的代表性,样本的统计特性就可以接近总体的特性。其次,通过样本来研究总体也是必要的。因为在很多情况下,总体的数量通常很大,直接研究总体往往不可能,或者需要花费过多的时间和代价因而没有必要。如果研究是有破坏性的,如测试灯泡的寿命,那么抽样研究的方法更是必不可少。

3. 抽样目标

抽样目标就是需要通过抽样来估计的总体的参数。一次抽样的目标可以是一个,也可以是多个。例如,在竞选的民意抽样调查中,抽样目标就是候选人的得票率。在产品抽样调查中,抽样目标可以设定为产品的合格率、市场占有率等。在人口抽样统计中,抽样目标可以设定为各年龄组人口的比例、人口的平均受教育年限、人口的性别比等。在电视节目收视率抽样调查中,抽样目标可以是某一段时间内收看电视人数的比例、某一个电视频道的平均收视率、某一个节目的平均收视率等。

4. 抽样误差

尽管用抽样方法来研究总体是可能和必要的,但是通过抽样推测的总体统计特性和真实的总体特性之间还是有误差的。误差分为抽样误差和非抽样误差。

抽样误差是由于总体和样本数量的差别引起的,无论抽样方法多么完善,抽样误差总是无法避免的。

非抽样误差是由于抽样方法不当、数据收集和处理过程中人为错误产生的误差。不同的抽样方法,产生的非抽样误差是不同的。在实际抽样过程中,应该在人力、财力、时间允许的范围内,设计尽量完善的抽样体系和方法,完善抽样调查的过程管理,尽量减少非抽样误差。

5. 抽样单元

为了进行抽样,需要把总体划分成互不重叠的部分,每个部分被称为抽样单元。在比较复杂的抽样中,抽样单元又需要划分成若干二级单元,二级单元还可以划分成若干三级单元等。抽样中不可再分或者没有必要再分的单元称为基本单元。例如,在全国人口抽样调查中,一级单元为省,二级单元为市,三级单元为县等。人口抽样调查的基本单元应该是户。

6. 抽样框

全部抽样单元的一份详细资料称为抽样框。资料内容包括抽样单元名称、编码、隶属关系、主要属性等相关信息。例如,全国人口抽样调查的抽样框应包括一级单元——各省名称、编码、地图,二级单元——各省所属市县名称、编码、地图,等等,直到基本单元——每户的人口花名册;一家饮料生产企业的产品市场占有率抽样调查的抽样框,应包括该厂和其他同类生产厂的厂名、商标、相关产品系列目录、产品名称、产品编码、生产地、销售地等资料。

7. 抽样方法

抽样方法有两大类:主观抽样和随机抽样。

采用主观抽样方法,某一个抽样单元是否被抽中是由抽样组织者直接确定或者按组织者指定的规则来确定的。例如,在产品市场占有率调查中,可根据专家意见抽取某一个有代表性的产品。在民意抽样调查中,通过拨打电话进行访谈等方式进行抽样调查。在产品合格率抽样中,可以在生产流水线上,每隔一定时间抽取一件产品进行检测等。

采用随机抽样方法,某一个抽样单元是否被抽中是由随机的方法来确定的。例如,用随机数发生器确定调查对象的电话号码,用抽签的方式确定被抽检产品的品种、批次和编号等。

对于随机抽样,还有一个被抽中的样本是否放回的问题。由于抽样是随机的,如果抽样后样本被放回,该样本就有可能再一次被抽中。放回和不放回两种策略下,每一个样本被抽中的概率是不一样的。究竟采用哪一种方法,要根据抽样的具体要求,在抽样方案设计中事先确定。不过,如果样本数量 n 小于总体数量 N 的 5%,放回与不放回的差别就不会很明显。如果样本数量 n 大于总体数量 N 的 5%,则应该对抽样的结果加以校正。具体校正的方法参见例 3.4。

8. 抽样方案设计

抽样方案设计是抽样调查的第一步，就是根据抽样调查确定的抽样总体、抽样目标和样本要求，设计一份有效的抽样计划，以尽可能产生对于总体而言有代表性的样本，从而得出有意义的抽样调查结论。

抽样方案设计是进行一次抽样的指导性文件，应包括抽样总体、抽样样本、抽样目标、抽样单元、抽样框和抽样方法等内容。

目前，越来越多的抽样调查由业主委托专业的调查机构来进行。业主需要明确提出抽样的总体、样本和抽样目标要求，在此基础上，受委托的专业调查机构负责设计抽样方案，在获得业主认可后进行抽样调查，并最终向业主递交抽样调查报告。

3.1.2 Excel 抽样工具

例 3.1 打开文件“例 3.1 研究所员工资料抽样. xlsx”。抽样的总体是该研究所，其中每一行（表示每个员工的资料）作为一个基本单元，单击 Excel 菜单“数据 > 分析 > 数据分析 > 抽样”，出现如图 3.1 所示的“抽样”窗口。

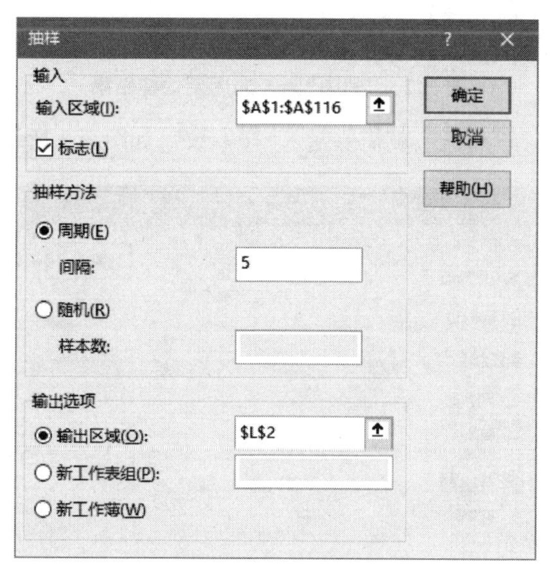

图 3.1 “抽样”窗口

填写“抽样”窗口选项，其中，“输入区域”是抽样总体中每一个基本单元的编号，在本例中“输入区域”为 A 列“序号”。注意抽样的输入区域（不包括“标志”）必须是数字，如果“输入区域”包含非数字单元格，将出现“抽样—输入区域包含非数值型数据”的错误提示。如果作为总体的 Excel 文件不包含数字列，为了进行抽样，必须事先增加一列数字列。为了使抽取的样本和总体有唯一的对应关系，“输入区域”中的数值不能重复。

“抽样方法”如果选择“周期”，则必须指定周期的“间隔”。当总体的数量确定以后，间隔就决定了样本的个数。在“例3.1研究所员工资料抽样.xlsx”文件中,总体即员工数量为115人,如果“间隔”为10,则抽取的样本数为11个;如果“间隔”为5,则抽取的样本数为23个。

“输出选项”如果选择“输出区域”,则在当前Excel表中输出抽样结果,这时需要指定输出区域左上角的单元格位置,即定位。在本例中,输出区域的定位为“$L $2”。

单击“确定”,得到抽取的样本编号如图3.2所示。

	A	B	C	D	E	F	G	H	I	J	K	L	M	N
1	序号	姓名	性别	生日	专业	部门	职务	职称	学历	月薪				
2	1	邓赛鹏	男	1964年1月7日	计算机	控制研究室	副所长	高级工程师	硕士	12800		5		
3	2	吴起杭	男	1974年11月9日	通信	通信研究室		工程师	本科	10700		10		
4	3	曹平原	男	1987年11月27日	通信	通信研究室		工程师	本科	8700		15		
5	4	马良	男	1990年1月1日	计算机	控制研究室		助理工程师	本科	8100		20		
6	5	顾琳英	女	1972年3月31日	管理	控制研究室		工程师	本科	10900		25		
7	6	马大晖	男	1978年12月16日	计算机	控制研究室		工程师	硕士	10100		30		
8	7	孙晓斌	男	1984年4月24日	管理	光电研究室		工程师	本科	9300		35		
9	8	车大明	男	1979年10月28日	通信	通信研究室		工程师	本科	10000		40		
10	9	侯显耀	男	1986年6月2日	计算机	图形研究室		工程师	本科	8900		45		
11	10	何其旺	男	1963年1月24日	通信	图形研究室	主任	高级工程师	大专	12900		50		
12	11	张海娜	女	1979年12月21日	计算机	图形研究室		工程师	本科	10000		55		
13	12	陈金波	男	1980年11月24日	计算机	控制研究室		工程师	本科	9900		60		
14	13	陈常胜	男	1987年10月23日	通信	光电研究室		助理工程师	本科	8700		65		
15	14	蒋晔	女	1991年5月23日	电子技术	传动研究室		技术员	大专	7900		70		
16	15	蒋丽爱	女	1978年8月3日	电子技术	传动研究室		工程师	本科	10100		75		
17	16	李娜	女	1986年3月27日	计算机	图形研究室		助理工程师	本科	8900		80		
18	17	廖国宝	男	1983年11月9日	通信	通信研究室		工程师	本科	9500		85		
19	18	胡聿中	男	1968年6月9日	通信	通信研究室		工程师	本科	11400		90		
20	19	王俊	男	1962年9月11日	电子技术	光电研究室	主任	高级工程师	硕士	13300		95		
21	20	童小磊	男	1969年7月16日	计算机	图形研究室		工程师	本科	11300		100		
22	21	周小燕	女	1990年6月30日	通信	通信研究室		助理工程师	大专	8100		105		
23	22	王世鲁	男	1986年9月24日	计算机	传动研究室		助理工程师	本科	8900		110		
24	23	俞国捷	男	1971年9月6日	管理	图形研究室		工程师	本科	11100		115		
25	24	刘飞	男	1969年4月3日	管理	通信研究室		工程师	本科	11300				

图3.2 “间隔”为5的周期抽样结果

如果“抽样方法”选择“随机”,就需要输入“样本数”,如图3.3所示。

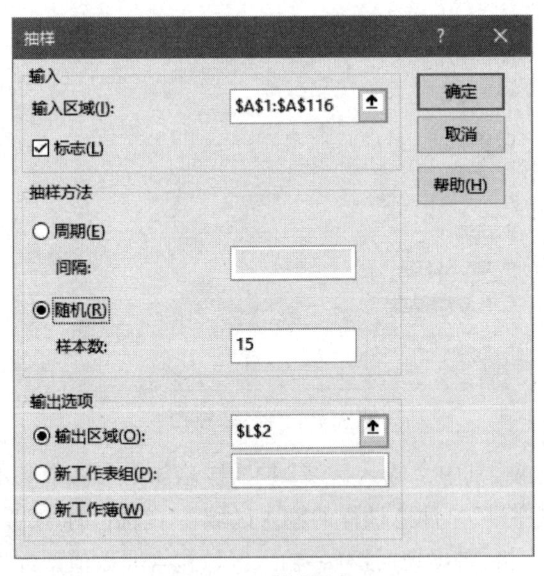

图3.3 “抽样”窗口

抽样的结果如图3.4所示。

	A	B	C	D	E	F	G	H	I	J	K	L	M
1	序号	姓名	性别	生日	专业	部门	职务	职称	学历	月薪			
2	1	邓赛鹏	男	1964年1月7日	计算机	控制研究室	副所长	高级工程师	硕士	12800		24	
3	2	吴起杭	男	1974年11月9日	通信	通信研究室		工程师	本科	10700		73	
4	3	曹平原	男	1987年11月27日	通信	通信研究室		工程师	本科	8700		5	
5	4	马良	男	1990年1月1日	计算机	控制研究室		助理工程师	本科	8100		31	
6	5	顾琳英	女	1972年3月31日	管理	控制研究室		工程师	本科	10900		33	
7	6	马大晖	男	1978年12月16日	计算机	控制研究室		工程师	硕士	10100		81	
8	7	孙晓斌	男	1984年4月24日	管理	光电研究室		工程师	本科	9300		41	
9	8	车大明	男	1979年10月28日	通信	通信研究室		工程师	本科	10000		60	
10	9	侯显耀	男	1986年6月2日	计算机	图形研究室		工程师	本科	8900		65	
11	10	何其旺	男	1963年1月24日	通信	图形研究室	主任	高级工程师	大专	12900		78	
12	11	张海娜	女	1979年12月21日	计算机	图形研究室		工程师	本科	10000		27	
13	12	陈金波	男	1980年11月24日	计算机	控制研究室		工程师	本科	9900		20	
14	13	陈常胜	男	1987年10月23日	通信	光电研究室		助理工程师	本科	8700		43	
15	14	蒋晔	女	1991年5月23日	电子技术	传动研究室		技术员	大专	7900		43	
16	15	蒋丽爱	女	1978年8月3日	电子技术	传动研究室		工程师	本科	10100		10	
17	16	李娜	女	1986年3月27日	计算机	图形研究室		助理工程师	本科	8900			
18	17	廖国宝	男	1983年11月9日	通信	通信研究室		工程师	本科	9500			
19	18	胡聿中	男	1968年6月9日	通信	通信研究室		工程师	本科	11400			

图 3.4 “样本数”为 15 的随机抽样结果

如果选择随机抽样,Excel 抽样工具提供的是“放回”的随机抽样,即同一个样本可能被抽到一次以上。从图 3.4 可以看到,43 号员工被抽到两次。如果是周期抽样,就不存在“放回”与否的问题,每个样本最多只会被抽到一次。

3.1.3 用函数 VLOOKUP 查找并显示被抽取样本的属性

用 Excel 抽样工具得到的抽样结果,只显示被抽取的样本编号,并不显示样本的其他属性。要查找并展示样本的其他属性,可以用 Excel 函数 VLOOKUP。

例 3.2 在文件“例 3.1 研究所员工资料抽样. xlsx”中,样本数为 15 的随机抽样的样本编号如图 3.5 所示。为了得到这 15 个样本的其他属性,如“姓名”“性别”“专业”“部门”“职称”“学历”,在单元格 M2、N2、O2、P2、Q2、R2 中分别输入 VLOOKUP 函数,如图 3.5 所示。然后,将第 2 行中的这 7 个函数分别复制到第 3—16 行中,就得到如图 3.5 所示的 15 个样本的其他属性。

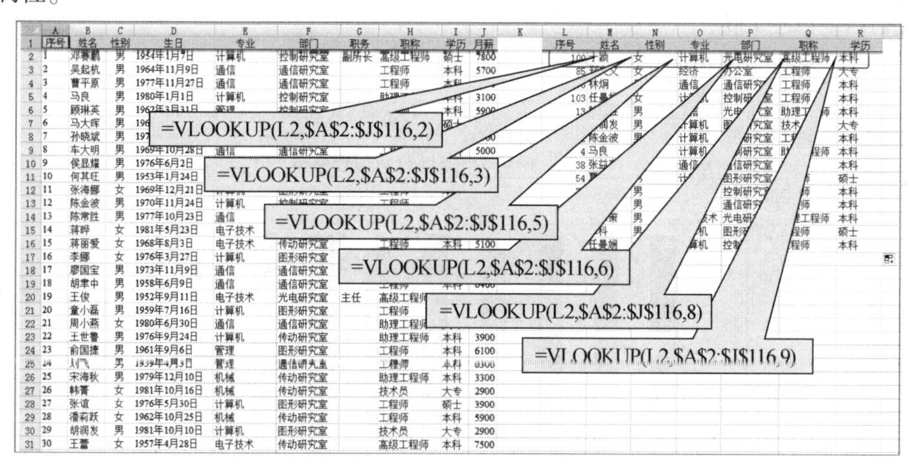

图 3.5 用 VLOOKUP 查找和显示数据

3.2 样本数据的统计分析

抽样是随机进行的,因此样本数据的属性,如样本数据的均值、方差、标准差、标准误等也是随机变量。这些随机变量具有怎样的统计特性,是我们关注的问题。

首先来研究样本均值、方差、标准差与样本数 n 的关系。

例 3.3 用函数 RAND 产生 1 000 个随机变量作为总体(C8:C1007),分别随机抽取样本 1(G8:G57)、2(K8:K107)和 3(O8:O207),样本数分别为 50、100 和 200。三个样本的均值、方差和标准差如图 3.6 所示。

	A	B	C	D	E	F	G	H	I	J	K	L	M	N	O	P
1																
2	总体				样本1				样本2				样本3			
3	均值		0.5011		均值		0.4708		均值		0.5184		均值		0.5032	
4	方差		0.08316		方差		0.084268		方差		0.091573		方差		0.09043	
5	标准差		0.28838		标准差		0.29029		标准差		0.30261		标准差		0.300715	
6																
7	标号	n=	1000		抽样标号 N= 50				抽样标号 N= 100				抽样标号 N= 200			
8		1	0.5226		117		0.7803		652		0.0574		366		0.1755	
9		2	0.4041		103		0.1842		757		0.7304		345		0.3320	
10		3	0.9621		400		0.1437		300		0.7584		132		0.1870	
11		4	0.3467		86		0.9295		756		0.0985		565		0.9754	
12		5	0.8858		894		0.2102		732		0.7949		875		0.1094	
13		6	0.4116		229		0.8140		332		0.4605		364		0.6545	
14		7	0.1385		132		0.1870		223		0.3492		587		0.9327	
15		8	0.1612		649		0.0838		138		0.6215		872		0.4667	
16		9	0.3414		965		0.0169		606		0.4019		303		0.3881	
17		10	0.7623		216		0.1126		475		0.3055		914		0.4527	
18		11	0.0719		920		0.8867		913		0.0565		19		0.3557	
19		12	0.4899		563		0.1045		716		0.8511		830		0.9504	
20		13	0.0832		817		0.6280		833		0.8181		343		0.1867	
21		14	0.8303		549		0.8330		518		0.0033		281		0.8840	
22		15	0.5595		514		0.1329		865		0.8285		554		0.2465	

图 3.6 样本的均值、方差、标准差与样本数的关系

从图 3.6 可以看出,样本数越大,样本的均值、方差、标准差越接近总体相应的数值。

如果抽样是随机的,样本的均值也是一个随机变量。下面我们来研究样本均值这个随机变量服从什么样的分布。

例 3.4 在 Excel 表中用函数 RAND 产生 100 列、100 行共 10 000 个随机变量总体。这个总体的 10 000 个随机变量的分布如图 3.7 所示。可以看出,总体服从均匀分布。

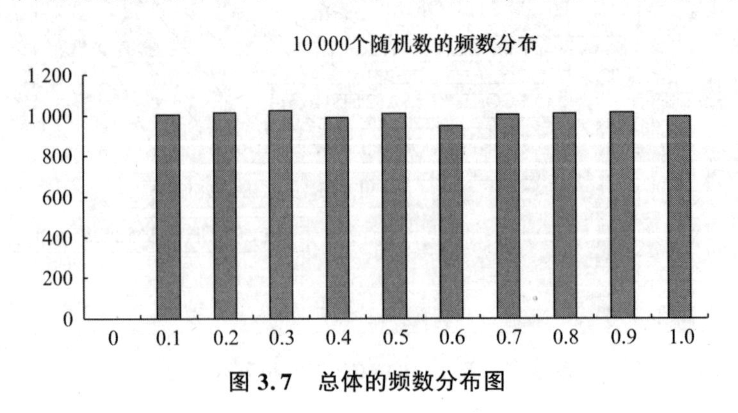

图 3.7 总体的频数分布图

每次抽取一列作为一个样本，得到 100 个样本。计算这 100 个样本的均值，并且统计这 100 个样本均值的频数，画出频数分布图。以上总体和样本的 Excel 表如图 3.8 所示。

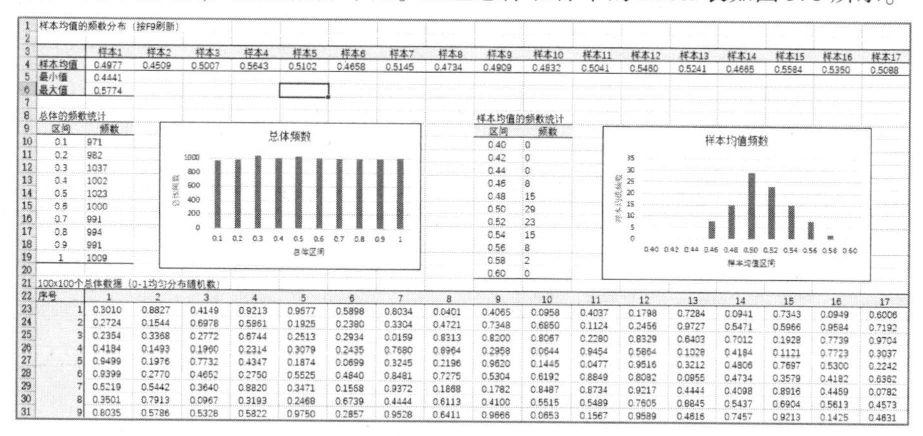

样本均值的频数分布（按F9刷新）

	样本1	样本2	样本3	样本4	样本5	样本6	样本7	样本8	样本9	样本10	样本11	样本12	样本13	样本14	样本15	样本16	样本17
样本均值	0.4977	0.4509	0.5007	0.5643	0.5102	0.4658	0.5145	0.4734	0.4909	0.4832	0.5041	0.5460	0.5241	0.4665	0.5584	0.5350	0.5088
最小值	0.4441																
最大值	0.5774																

总体的频数统计

区间	频数
0.1	971
0.2	982
0.3	1037
0.4	1002
0.5	1023
0.6	1000
0.7	991
0.8	994
0.9	991
1	1009

样本均值的频数统计

区间	频数
0.40	0
0.42	0
0.44	0
0.46	8
0.48	15
0.50	29
0.52	23
0.54	15
0.56	8
0.58	2
0.60	0

100x100个总体数据（0-1均匀分布随机数）

序号	1	2	3	4	5	6	7	8	9	10	11	12	13	14	15	16	17
1	0.3010	0.8827	0.4149	0.9213	0.9577	0.5898	0.8034	0.0401	0.4065	0.0958	0.4037	0.1798	0.7284	0.0941	0.7343	0.0949	0.6006
2	0.2724	0.1544	0.6978	0.5861	0.1925	0.2380	0.3304	0.4721	0.7348	0.6850	0.1124	0.2456	0.9727	0.5471	0.5966	0.9584	0.7192
3	0.2354	0.3368	0.2772	0.6744	0.2513	0.2934	0.0159	0.8313	0.8200	0.8067	0.2280	0.8329	0.6403	0.7012	0.1928	0.7739	0.9704
4	0.4184	0.1493	0.1960	0.2314	0.3079	0.2435	0.7680	0.8964	0.2958	0.0644	0.9454	0.5864	0.1028	0.4184	0.1121	0.7723	0.3037
5	0.9499	0.1976	0.7732	0.4347	0.1874	0.0699	0.3245	0.2196	0.9620	0.1445	0.0477	0.9516	0.3212	0.4806	0.7697	0.5300	0.2242
6	0.9399	0.2770	0.4652	0.2750	0.5525	0.4840	0.8481	0.7275	0.5304	0.6192	0.8849	0.8082	0.0955	0.4734	0.3579	0.4182	0.6362
7	0.5219	0.5442	0.3640	0.8820	0.3471	0.1568	0.9372	0.1868	0.1782	0.8487	0.8734	0.9217	0.4444	0.4098	0.8916	0.4459	0.0782
8	0.3501	0.7913	0.0967	0.3193	0.2468	0.6739	0.4444	0.6113	0.4100	0.5515	0.5489	0.7605	0.8845	0.5437	0.6904	0.5613	0.4573
9	0.8035	0.5786	0.5328	0.5822	0.9750	0.2857	0.9528	0.6411	0.9666	0.0653	0.1567	0.9589	0.4616	0.7457	0.9213	0.1425	0.4631

图 3.8 样本均值的频数分布图

由图 3.8 可以看出，100 个样本均值的分布和总体完全不同，样本均值的频数分布图是以总体均值 0.5 为中心、中间频数大而两端频数逐渐减小的图形。

那么，样本均值这个随机变量服从什么分布呢？由概率论理论可以证明，如果总体方差未知，需要由样本来估计，那么样本均值服从 t 分布；如果总体方差已知，不需要由样本来估计，那么样本均值服从正态分布。对于绝大多数实际问题，总体方差都是未知的，都需要由样本来估计。因此在大多数情况下，从同一总体抽取的样本的均值服从 t 分布。

概率论中有一个非常重要的定理——中心极限定理，该定理的内容是：无论总体服从何种分布，只要样本数越来越大，样本均值 $\bar{x}$ 的分布就会逐渐接近正态分布。这个正态分布的均值为总体均值 μ，标准差为 $\frac{\sigma}{\sqrt{n}}$，其中 σ 为总体标准差。因此，当样本数 n 很大时，样本均值的标准差 $\frac{\sigma}{\sqrt{n}}$ 将逐步接近零。也就是说，当样本数足够大时，样本均值和总体均值 μ 将会非常接近。

以上样本均值、标准差的计算公式假定每次抽取的样本是放回的，如果样本是不放回的，样本的标准差 $\frac{\sigma}{\sqrt{n}}$ 要乘以一个校正系数 $\sqrt{\frac{N-n}{N-1}}$，从而变为 $\sqrt{\frac{N-n}{N-1}} \cdot \frac{\sigma}{\sqrt{n}}$。如果样本数 n 与总体数量 N 相比很小，校正系数 $\sqrt{\frac{N-n}{N-1}}$ 接近 1，则放回与不放回的抽样差异不明显。

3.3 点估计

3.3.1 点估计、有偏估计和无偏估计

通过样本的统计参数来推测总体的统计参数，称为估计。样本统计参数的值称为估计

量。估计分为点估计和区间估计两种类型。点估计是指直接将样本的统计指标作为总体相应指标的估计值,而不考虑这种估计的误差。区间估计是在点估计的基础上,进一步考虑估计的误差范围,以及真实的总体参数落入这个范围的概率。

设总体数量为 N,样本数量为 n。最常用的点估计如表 3.1 所示。

表 3.1 常用总体参数的点估计

点估计	总体参数
样本均值 $\bar{x}=\frac{1}{n}\sum_{i=1}^{n}x_i$	总体均值 $\mu=\frac{1}{N}\sum_{i=1}^{N}x_i$
样本方差 $s^2=\frac{1}{n-1}\sum_{i=1}^{n}(x_i-\bar{x})^2$	总体方差 $\sigma^2=\frac{1}{N}\sum_{i=1}^{N}(x_i-\mu)^2$
样本标准差 $s=\sqrt{\frac{1}{n-1}\sum_{i=1}^{n}(x_i-\bar{x})^2}$	总体标准差 $\sigma=\sqrt{\frac{1}{N}\sum_{i=1}^{N}(x_i-\mu)^2}$

由于样本是随机抽取的,因此估计量也是一个随机变量。我们希望,估计量的均值等于总体参数。如果估计量的均值等于总体相应的统计参数,则这样的估计称为无偏估计,否则称为有偏估计。无偏估计和有偏估计如图 3.9 所示。

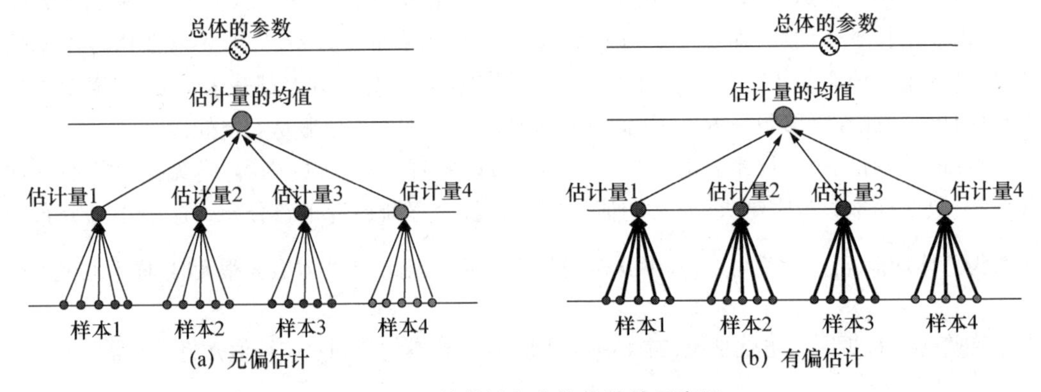

图 3.9 无偏估计和有偏估计的示意图

只有估计是无偏的,样本数量增加时,样本的估计量才会逐渐靠近总体被估计的参数,这样的估计才有意义。统计学理论可以证明,用表 3.1 中的公式计算的样本均值、样本方差和样本标准差三个估计量都是无偏的。

3.3.2 统计量的自由度

在表 3.1 中,总体方差和标准差的计算公式中的分母都用了总体数量 N,而样本方差和标准差的计算公式中的分母都用了 $n-1$。其原因如下:样本均值的计算公式是 $\bar{x}=\frac{1}{n}\sum_{i=1}^{n}x_i$,均值 $\bar{x}$ 的信息包含在 n 个样本数据 $x_1,x_2,\cdots,x_n$ 中。也就是说,样本均值 $\bar{x}$ 和样本的 n 个数据并不是完全独立的。如果已知样本均值 $\bar{x}$ 和 $n-1$ 个样本数据,第 n 个样本数据的值就完全确定了。这时,完全独立的样本数据只有 $n-1$ 个。完全独立的样本数据称为样本的自由度(degree of freedom,通常缩写为 d. f. 或 df)。统计量的自由度是统计学中经常要用到的概念。由于样本方差和标准差的计算公式中的需要用到样本均值 $\bar{x}$,这时 n 个样本数据只有 $n-1$ 个是完全独立的,因此样本方差和标准差的计算公式中分母要用 $n-1$。

推而广之,如果要用 n 个样本数据分别独立地估计 k 个样本参数,那么样本的自由度为 $n-k$。

统计学理论可以证明,由于表 3.1 中总体均值、方差和标准差的估计公式中考虑了样本的自由度,因此这三个参数的估计是无偏的。如果样本方差和标准差估计量的分母不是用 $n-1$ 而是 n,则这两个估计将是有偏的。

正因为样本方差、标准差的计算公式和总体方差、标准差的计算公式是不同的,因此在 Excel 中计算样本方差、标准差的函数分别是 VAR. S 和 STDEV. S,字母 S 表示样本(sample);而计算总体方差和标准差的函数分别是 VAR. P 和 STDEV. P,字母 P 表示总体(population)。

3.4 区间估计和置信区间

首先介绍区间估计的几个基本概念:置信区间、区间值和置信水平。

对于总体某个需要估计的参数(例如均值、方差等),给定一个概率值 $0<1-\alpha<1$,以及这个总体参数的一个点估计值 E,得到这个总体参数的一个区间($E-\delta$, $E+\delta$),使得这个区间包含这个总体参数的概率为 $1-\alpha$。这个区间($E-\delta$, $E+\delta$)称为这个总体参数的置信区间,δ 称为区间值,概率 $1-\alpha$ 称为置信水平。

例如,给定置信水平为 95%($1-\alpha=95\%$,即 $\alpha=5\%$)。通过抽样,得到某种瓶装饮料容量均值为 $E=250$ 毫升。经过计算(计算方法见 3.4.1),得到置信水平 95% 对应的区间值为 $\delta=5$ 毫升,则瓶装饮料容积的置信区间为(245,255)毫升。这个区间估计的含义是:这种瓶装饮料容量的总体均值在 245 毫升到 255 毫升之间的概率为 95%。

由图 3.10 可以看出,置信区间的下界 $E-\delta$ 和上界 $E+\delta$,就是相应的概率分布(例如 t 分布或正态分布)双尾概率为 α 的相应的随机变量值。

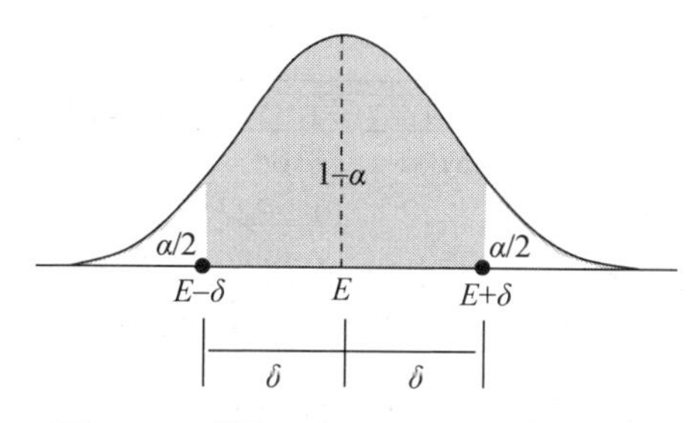

图 3.10 置信区间、置信水平和区间值

下面将介绍一些常用的总体参数的区间估计。

3.4.1 总体均值的置信区间

设总体数量为N,总体均值为μ,总体标准差为σ,总体方差未知。为了对总体均值μ进行区间估计,需要进行抽样。设样本数为n,样本均值为$\bar{x}$,样本标准差为s。样本均值服从均值为$\bar{x}$、标准差为$s_{\bar{x}}=\frac{s}{\sqrt{n}}$、自由度为$n-1$的$t$分布。

设置信水平为$1-\alpha$,则双尾概率为α,置信区间的区间值为:

$$\delta = t_{双尾\alpha,n-1}s_{\bar{x}} = t_{双尾\alpha,n-1}\frac{s}{\sqrt{n}} \tag{3.1}$$

用 Excel 的t分布双尾反函数 T. INV. 2T 表示:

$$\delta = \text{T.INV.2T}(\alpha,n-1)\frac{s}{\sqrt{n}} \tag{3.2}$$

有了区间值δ,置信区间就是以样本均值$\bar{x}$为中心、$\bar{x}-\delta$为下界、$\bar{x}+\delta$为上界的一个区间:

$$(\bar{x}-\delta,\bar{x}+\delta) \tag{3.3}$$

如果总体方差已知,或总体方差虽未知但样本数n足够大(一般认为,$n>30$就可以认为样本数足够大),样本均值服从均值为$\bar{x}$、标准差为$s_{\bar{x}}=\frac{s}{\sqrt{n}}$的正态分布。对于给定的置信水平$1-\alpha$,样本均值的理论置信区间值为:

$$\delta = z_{右尾1-\alpha/2}s_{\bar{x}} = z_{右尾1-\alpha/2}\frac{s}{\sqrt{n}} \tag{3.4}$$

用 Excel 标准正态分布反函数表示:

$$\delta = \text{NORM.S.INV}(1-\alpha/2)\frac{s}{\sqrt{n}} \tag{3.5}$$

相应的置信区间为:

$$(\bar{x}-\delta,\bar{x}+\delta)$$

例 3.5 不同年龄组人群每周上网时间的抽样调查结果见文件"例 3.5 不同年龄组上网时间均值的区间估计. xlsx"。不同年龄组人群样本数、每周上网时间均值和标准差如图 3.11 所示。

分组样本	18岁以下	18—24岁	25—30岁	31—40岁	40岁以上
样本数	136	257	164	111	64
均值x	6. 5882	20. 9222	20. 2927	16. 3243	15. 2813
标准差s	2. 3679	2. 2207	2. 8885	2. 7803	3. 6579

图 3.11 不同年龄组人群每周上网时间的统计指标

在这个例子中,五个不同年龄组人群的样本数都大于 30,因此可以认为"每周上网时间"的均值服从正态分布。但为了了解用t分布计算和用正态分布计算的差别,我们还是分别用t分布和正态分布分别计算各年龄组人群每周上网时间的置信区间。

设定置信水平为0.95，则双尾概率 $\alpha=1-0.95=0.05$。

- 用 t 分布对各组每周上网时间进行区间估计

以40岁以上年龄组人群为例，计算区间值：

$$\delta = t_{\text{双尾}\alpha,n-1} s_{\bar{x}} = t_{\text{双尾}\alpha,n-1} \frac{s}{\sqrt{n}} = \text{T.INV.2T}(\alpha,\text{df}) \frac{s}{\sqrt{n}}$$

$$= \text{T.INV.2T}(0.05, 64-1) \frac{3.6579}{\sqrt{64}} = 0.9137 \tag{3.6}$$

用样本均值 $\bar{x}\pm\delta$ 得到置信区间的上界和下界，40岁以上年龄组人群置信区间如下：

$$(\bar{x}-\delta,\bar{x}+\delta) = (15.2813-0.9137, 15.2813+0.9137) = (14.3676, 16.1950)$$

用同样方法计算出其他年龄组人群每周上网时间 t 分布均值的置信区间，如图3.12所示。

分组样本	18岁以下	18—24岁	25—30岁	31—40岁	40岁以上
区间值	0.4016	0.2728	0.4454	0.5230	0.9137
左区间值	6.1867	20.6494	19.8473	15.8013	14.3676
右区间值	6.9898	21.1950	20.7381	16.8473	16.1950

图3.12　每周上网时间 t 分布均值的置信区间

- 用正态分布对各组每周上网时间进行区间估计

计算40岁以上年龄组人群的区间值：

$$\delta = z_{\text{右尾}1-\alpha/2} s_{\bar{x}} = z_{\text{右尾}1-\alpha/2} \frac{s}{\sqrt{n}} = \text{NORM.S.INV}(1-\alpha/2) \frac{s}{\sqrt{n}}$$

$$= \text{NORM.S.INV}(1-0.025) \frac{3.6579}{\sqrt{64}} = 0.8962 \tag{3.7}$$

用样本均值 $\bar{x}\pm\delta$ 得到置信区间的上界和下界，40岁以上年龄组的置信区间如下：

$$(\bar{x}-\delta,\bar{x}+\delta) = (15.2813-0.8962, 15.2813+0.8962) = (14.3851, 16.1774)$$

用同样方法计算出其他年龄组人群每周上网时间正态分布均值的置信区间，如图3.13所示。

分组样本	18岁以下	18—24岁	25—30岁	31—40岁	40岁以上
区间值	0.3980	0.2715	0.4421	0.5172	0.8962
左区间值	6.1903	20.6507	19.8506	15.8071	14.3851
右区间值	6.9862	21.1937	20.7348	16.8416	16.1774

图3.13　每周上网时间正态分布均值的置信区间

由图3.12和图3.13，对于大样本的区间估计，可以比较用 t 分布和正态分布计算区间值的差别（见表3.2）。可以看出，两者的差别是非常小的。因此，对于样本数 $n>30$ 的大样本数据的区间估计，无论总体方差是否已知，用正态分布计算置信区间就可以了。

表3.2　用 t 分布和正态分布计算区间值的比较

分组样本	18岁以下	18—24岁	25—30岁	31—40岁	40岁以上
t 分布区间值	0.4016	0.2728	0.4454	0.5230	0.9137
正态分布区间值	0.3980	0.2715	0.4421	0.5172	0.8962

在区间估计中，区间值的大小表示区间估计的精度。区间值越小，区间估计越精确。由 t 分布区间值的计算公式$\left(\delta = t_{双尾\alpha,n-1}\frac{s}{\sqrt{n}}\right)$和正态分布区间值的计算公式$\left(\delta = z_{右尾1-\alpha/2}\frac{s}{\sqrt{n}}\right)$可以看出，区间估计的精度与以下三个因素有关：

(1) 置信水平 $1-\alpha$。置信水平取得越高，置信区间越大，区间估计的精度越低。

(2) 样本的分散程度，即样本标准差 s。样本标准差越大，置信区间越大，区间估计的精度越低。

(3) 样本数 n。样本数越大，置信区间越小，区间估计的精度越高。

在例 3.5 的五个年龄组中，区间值最小的是 18—24 岁组，这是由于这组的样本数(257)是各组中最大的，而样本标准差(2.2207)又是各组中最小的。区间值最大的是 40 岁以上组，它的样本数只有 64，是各组中最少的，而标准差(3.6579)又是各组中最大的。

通过降低置信水平来缩小置信区间是没有意义的，而样本的分散程度即样本标准差又是不可控制的。因此，要提高区间估计的精确度、缩小置信区间，只有增加样本数才是切实可行的办法。

区间估计的核心是计算区间值，用 t 分布计算区间值的公式(3.6)和用正态分布计算区间值的公式(3.7)都比较复杂，为此 Excel 提供了计算区间值的两个函数 CONFIDENCE.T 和 CONFIDENCE.NORM，其参数如下：

- CONFIDENCE.T(alpha,standard_dev,size)　返回 t 分布的区间值

alpha	alpha = 1 − 置信水平，也就是说，如果置信水平为 0.95，则 alpha = 0.05
standard_dev	数据区域的总体标准差，假设为未知，并用样本标准差代替
size	样本数

- CONFIDENCE.NORM(alpha,standard_dev,size)　返回正态分布的区间值

alpha	alpha = 1 − 置信水平，也就是说，如果置信水平为 0.95，则 alpha = 0.05
standard_dev	数据区域的总体标准差，假设为已知，并用样本标准差代替
size	样本数

用以上两个区间值函数计算样本均值的置信区间，会容易一些。

例 3.6　用“数据通”计算例 3.5 中不同年龄组人群上网时间均值的区间估计。

打开 Excel 菜单“数据通 > 区间估计 > 单样本区间估计 > 单样本均值估计”，如图 3.14 所示。

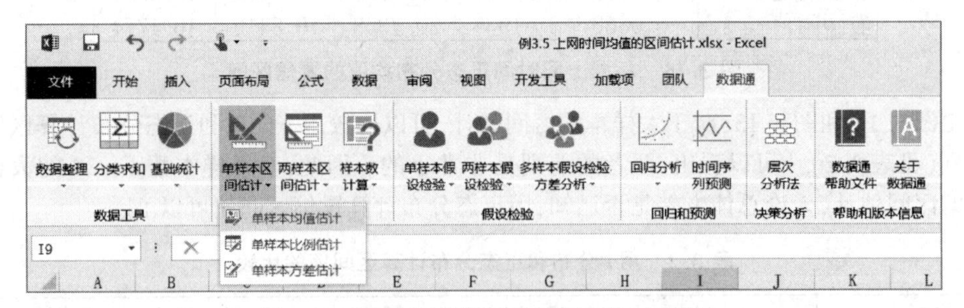

图 3.14　数据通单样本均值区间估计菜单

弹出如下的“单样本均值区间估计”对话窗口。在对话窗口中，“置信水平”默认为 95%，其他选项有：

● “总体标准差”,可选“未知”或“已知”。“未知”即样本均值服从 t 分布,“已知”即样本均值服从正态分布。

● “数据”,可选“样本数据”或“统计指标”。

以下是“总体标准差”和“数据”不同选项输出的四个结果:

(1) 总体标准差未知,数据为样本数据。

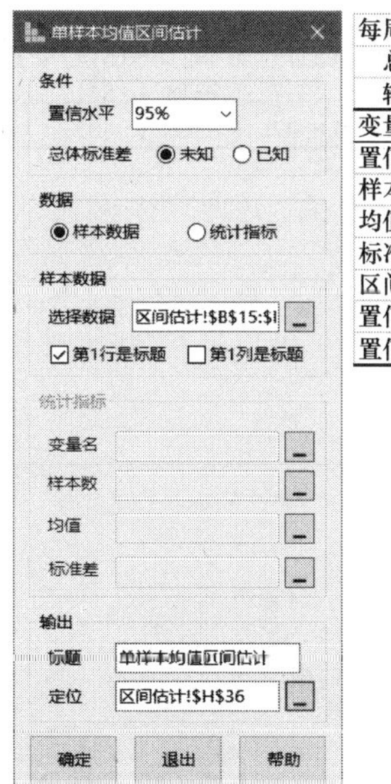

每周上网时间均值区间估计					
总体属性:总体标准差未知,均值服从t分布					
输入的数据来自:样本数据					
变量名	18岁以下	18—24岁	25—30岁	31—40岁	40岁以上
置信水平(L.C.)	95%	95%	95%	95%	95%
样本数(n)	136	257	164	111	64
均值(x)	6.5882	20.9222	20.2927	16.3243	15.2813
标准差(s)	2.3679	2.2207	2.8885	2.7803	3.6579
区间值(δ)	0.4016	0.2728	0.4454	0.5230	0.9137
置信区间上界(x+δ)	6.9898	21.1950	20.7381	16.8473	16.1950
置信区间下界(x-δ)	6.1867	20.6494	19.8473	15.8013	14.3675

(2) 总体标准差未知,数据为统计指标。输出结果与(1)相同。

单样本均值区间估计					
总体属性:总体标准差未知,均值服从t分布					
输入的数据来自:统计指标					
变量名	18岁以下	18—24岁	25—30岁	31—40岁	40岁以上
置信水平(L.C.)	95%	95%	95%	95%	95%
样本数(n)	136	257	164	111	64
均值(x)	6.5882	20.9222	20.2927	16.3243	15.2813
标准差(s)	2.3679	2.2207	2.8885	2.7803	3.6579
区间值(δ)	0.4016	0.2728	0.4454	0.5230	0.9137
置信区间上界(x+δ)	6.9898	21.1950	20.7381	16.8473	16.1950
置信区间下界(x-δ)	6.1867	20.6494	19.8473	15.8013	14.3675

(3) 总体标准差已知,数据为样本数据。

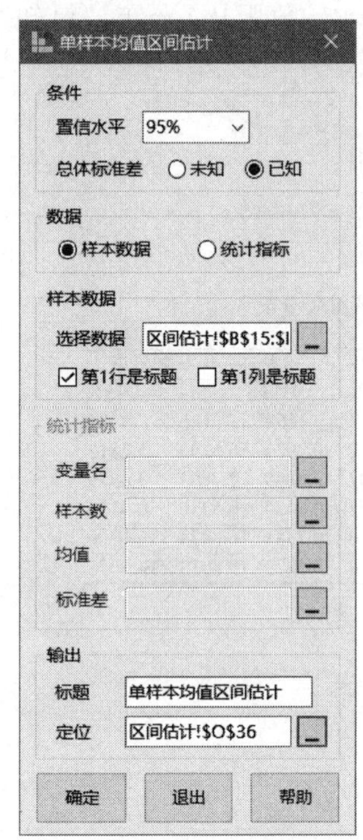

每周上网时间均值区间估计					
总体属性：总体标准差已知，均值服从正态分布					
输入的数据来自：样本数据					
变量名	18岁以下	18—24岁	25—30岁	31—40岁	40岁以上
置信水平(L.C.)	95%	95%	95%	95%	95%
样本数(n)	136	257	164	111	64
均值(x)	6.5882	20.9222	20.2927	16.3243	15.2813
标准差(s)	2.3679	2.2207	2.8885	2.7803	3.6579
区间值(δ)	0.3980	0.2715	0.4421	0.5172	0.8962
置信区间上界(x+δ)	6.9862	21.1937	20.7348	16.8416	16.1774
置信区间下界(x-δ)	6.1903	20.6507	19.8506	15.8071	14.3851

（4）总体标准差已知,数据为统计指标。输出结果与(3)相同。

每周上网时间均值区间估计					
总体属性：总体标准差已知，均值服从正态分布					
输入的数据来自：统计指标					
变量名	18岁以下	18—24岁	25—30岁	31—40岁	40岁以上
置信水平(L.C.)	95%	95%	95%	95%	95%
样本数(n)	136	257	164	111	64
均值(x)	6.5882	20.9222	20.2927	16.3243	15.2813
标准差(s)	2.3679	2.2207	2.8885	2.7803	3.6579
区间值(δ)	0.3980	0.2715	0.4421	0.5172	0.8962
置信区间上界(x+δ)	6.9862	21.1937	20.7348	16.8416	16.1774
置信区间下界(x-δ)	6.1903	20.6507	19.8506	15.8071	14.3851

3.4.2 比例的置信区间

在实际问题中,经常需要研究总体中具有某种特征的个体(简称为特征个体)占总体比例的问题。例如,某一品牌产品的销量占同类产品总销量的比例、65 岁以上老年人占全部人口的比例、支持某一候选人的选民占全部选民的比例等。

设特征个体占总体的比例为 π,简称为总体比例。抽取样本的数量为 n,其中特征个体的数量为 x,在样本中特征个体的比例为 $p=\frac{x}{n}$,简称为样本比例。统计学理论可以证明,样本比例 p 是总体比例 π 的一个无偏估计。由于抽样是随机的,因此样本中的特征个体数量 x 和样本比例 p 都是随机变量。

容易看出,样本中的特征个体数量 x 服从二项分布 $B(x, n, \pi)$。根据第2.2.3 节二项分布的均值、方差和标准差公式,样本中的特征个体数量 x 的均值为 $n\pi$,方差为 $n\pi(1-\pi)$,标准差为 $\sqrt{n\pi(1-\pi)}$。因此,样本比例 $p=\frac{x}{n}$的均值为 $\bar{p}=\frac{n\pi}{n}=\pi$,方差为 $s^2=\frac{n\pi(1-\pi)}{n^2}=\frac{\pi(1-\pi)}{n}$,标准差为 $s=\sqrt{\frac{\pi(1-\pi)}{n}}$。

根据中心极限定理,当样本数 n 增大时,样本比例 p 的抽样分布接近正态分布。将样本比例 p 作为总体比例 π 的点估计,设定置信水平 $(1-\alpha)$,就可以构造样本比例 p 的置信区间上下界:

$$p \pm z_{\text{左尾}1-\alpha/2} s_p = p \pm z_{\text{左尾}1-\alpha/2}\sqrt{\frac{p(1-p)}{n}} \tag{3.8}$$

例 3.7 为了分析 A 品牌产品在不同城市的市场占有率,我们分别从在杭州、宁波、温州和嘉兴四个城市销售的同类产品中随机抽取了四批产品,这四批产品的有关数据如表 3.3 所示。请在 95% 的置信水平下,估计市场占有率的置信区间。

表 3.3 A 品牌产品市场占有率抽样数据

	杭州	宁波	温州	嘉兴
A 品牌产品样本数	1 252	1 326	1 130	674
样本总数	20 000	25 000	18 000	12 000
样本市场占有率	6.26%	5.30%	6.28%	5.62%

解 根据题意, $1-\alpha=0.95$, $\alpha=0.05$, $\alpha/2=0.025$, $1-\alpha/2=0.975$,有:

$$z_{\text{左尾}1-\alpha/2} = \text{NORM.S.INV}(1-0.025) = 1.960$$

以杭州市场为例,计算方法如下:

$$p \pm z_{\text{左尾}1-\alpha/2}\sqrt{\frac{p(1-p)}{n}} = 0.0626 \pm 1.960 \times \sqrt{\frac{0.0626\times(1-0.0626)}{20000}}$$
$$= 0.0626 \pm 0.0034$$

即在 95% 的置信水平下,A 品牌产品在杭州的市场占有率的置信区间为(0.0592,0.0660),也即(5.92%,6.60%)。

用同样的方法，可以计算 A 品牌产品在其他城市市场占有率的置信区间。

用“数据通”计算例 3.7 中产品市场占有率的方法如下：

打开 Excel 菜单“数据通 > 区间估计 > 单样本区间估计 > 单样本比例估计”，如图 3.15 所示。

	A	B	C	D	E
1		杭州	宁波	温州	嘉兴
2	A品牌产品样本数	1252	1326	1130	674
3	样本总数	20000	25000	18000	12000
4	市场占有率	6.26%	5.30%	6.28%	5.62%
5					

图 3.15　数据通单样本比例区间估计菜单

弹出图 3.16 所示的对话窗口，设置置信水平为 95%，选择变量名、样本数、样本总数单元格，设置输出标题，选择输出定位，单击确定，输出如图 3.17 所示的区间估计结果。

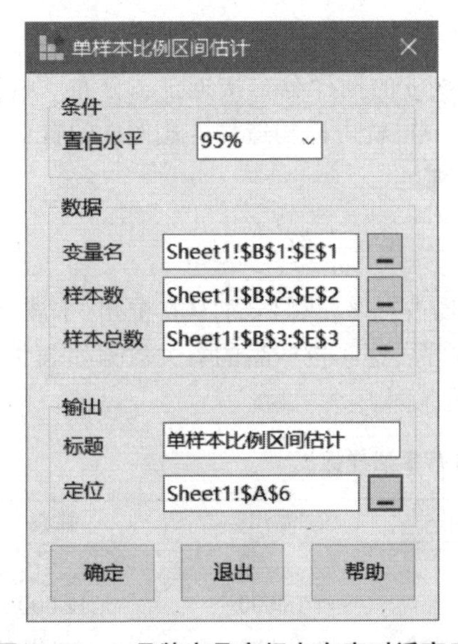

图 3.16　A 品牌产品市场占有率对话窗口

A产品市场占有率区间估计				
变量名	杭州	宁波	温州	嘉兴
置信水平(L.C)	95%	95%	95%	95%
样本数(m)	1252	1326	1130	674
样本总数(n)	20000	25000	18000	12000
样本比例(p=m/n)	6.26%	5.30%	6.28%	5.62%
区间值(δ)	0.34%	0.28%	0.35%	0.41%
置信区间上界(p+δ)	6.60%	5.58%	6.63%	6.03%
置信区间下界(p-δ)	5.92%	5.03%	5.92%	5.20%

图 3.17　A 品牌产品市场占有率输出结果

例 3.8　选举中只有 A、B 两位候选人。对 10000 名选民的民意调查结果显示，明确支持候选人 A 的选民为 4939 人，明确支持候选人 B 的选民为 4863 人，还没有决定是否参加投票和支持哪一位候选人的选民为 198 人（称为“摇摆选民”）。要求在 95% 的置信水平下，分别计算候选人 A 和 B 得票率的置信区间。Excel 数据文件见“例 3.8 候选人得票率的区间估计.xlsx”。

在例 3.7 中，调查对象具有非此即彼的特点。调查对象或者是 A 品牌产品，或者不是 A 品牌产品，没有第三种可能。比例区间估计中的对象必须满足这种特性。

而此例中，每一位候选人都出现了支持选民、不支持选民和摇摆选民三种类型，因此在置信区间分析时，必须将摇摆选民划分成支持和不支持两种类型，不允许有第三种类型出现。

对候选人 A 的得票率进行区间估计时,假定“摇摆选民”最终投票分为以下几种情况:

(1) 摇摆选民 198 人最终把选票都投给候选人 A,总票数为 10 000 票。

(2) 摇摆选民 198 人最终把选票都投给候选人 B,总票数为 10 000 票。

(3) 摇摆选民 198 人中 1/3(66 人)把选票投给候选人 A,1/3(66 人)把选票投给候选人 B, 1/3(66 人)最终放弃投票,总票数为 9 934 票(10 000 − 66)。

(4) 摇摆选民 198 人最终都放弃投票,总票数为 9 802 票(10 000 − 198)。

对以上四种情况,分别用数据通“单样本比例置信区间”进行计算,结果如图 3.18 所示。

(1) 摇摆选民198人全部支持A		
	候选人A	候选人B
基本得票数	4939	4863
摇摆得票数	198	0
合计得票数	5137	4863
总票数	10000	10000
得票率	51.37%	48.63%
数据通输出如下:		

(1) 摇摆选民198人全部支持 A		
变量名	候选人A	候选人B
置信水平(L.C)	95%	95%
样本数(m)	5137	4863
样本总数(n)	10000	10000
样本比例(p=m/n)	51.37%	48.63%
区间值(δ)	0.98%	0.98%
置信区间上界(p+δ)	52.35%	49.61%
置信区间下界(p-δ)	50.39%	47.65%

(2) 摇摆选民198人全部支持B		
	候选人A	候选人B
基本得票数	4939	4863
摇摆得票数	0	198
合计得票数	4939	5061
总票数	10000	10000
得票率	49.39%	50.61%
数据通输出如下:		

(2) 摇摆选民198人全部支持B		
变量名	候选人A	候选人B
置信水平(L.C)	95%	95%
样本数(m)	4939	5061
样本总数(n)	10000	10000
样本比例(p=m/n)	49.39%	50.61%
区间值(δ)	0.98%	0.98%
置信区间上界(p+δ)	50.37%	51.59%
置信区间下界(p-δ)	48.41%	49.63%

(3) 摇摆选民支持A、支持B、弃选各占1/3		
	候选人A	候选人B
基本得票数	4939	4863
摇摆得票数	66	66
合计得票数	5005	4929
总票数	9934	9934
得票率	50.38%	49.62%
数据通输出如下:		

(3) 摇摆选民支持A、支持B、弃选各占1/3		
变量名	候选人A	候选人B
置信水平(L.C)	95%	95%
样本数(m)	5005	4929
样本总数(n)	9934	9934
样本比例(p=m/n)	50.38%	49.62%
区间值(δ)	0.98%	0.98%
置信区间上界(p+δ)	51.37%	50.60%
置信区间下界(p-δ)	49.40%	48.63%

(4) 摇摆选民198人全部弃选		
	候选人A	候选人B
基本得票数	4939	4863
摇摆得票数	0	0
合计得票数	4939	4863
总票数	9802	9802
得票率	50.39%	49.61%
数据通输出如下:		

(4) 摇摆选民198人全部弃选		
变量名	候选人A	候选人B
置信水平(L.C)	95%	95%
样本数(m)	4939	4863
样本总数(n)	9802	9802
样本比例(p=m/n)	50.39%	49.61%
区间值(δ)	0.99%	0.99%
置信区间上界(p+δ)	51.38%	50.60%
置信区间下界(p-δ)	49.40%	48.62%

图 3.18 候选人 A、B 得票率的区间估计

由图 3.18 区间估计的结果来分析选情如下：

对于候选人 A，以上四种情况中，只有情况 1，即摇摆选民 198 人全部投票给候选人 A，候选人 A 得票率的 95% 置信区间（50.39%，52.35%）才全部落入 50% 以上的区间中。只有这种情况下，候选人 A 才有 95% 的把握赢得选举。其他三种情况，候选人 A 得票率置信区间的下界都小于 50%。也就是说，都不能排除候选人 A 竞选失败的可能。

对于候选人 B，以上四种情况得票率置信区间的下界全都小于 50%，因此无论摇摆选民怎样投票，候选人 B 都有竞选失败的可能。

3.4.3 两样本均值之差的置信区间

在很多情况下，需要研究两个总体的差异有多大。例如，某种商品的销量在做广告前和做广告后的差异有多大，两所中学参加高考学生的高考平均成绩差几分，新交通规则实施前后平均每天交通事故发生数下降了多少起。这些问题都是两样本均值之差的区间估计问题。

假设两样本来自两个不同的总体，它们的统计参数如表 3.4 所示。

表 3.4 两样本的统计参数

	总体 1	总体 2
均值	μ_1	μ_2
标准差	σ_1	σ_2
均值的点估计	$\bar{x}_1$	$\bar{x}_2$
样本数	n_1	n_2

需要估计的总体参数为两总体均值之差 $\mu_1-\mu_2$。$\mu_1-\mu_2$ 的点估计由两样本均值之差 $\bar{x}_1-\bar{x}_2$ 给出。对于两总体方差相等和不相等两种情况，两样本均值之差的区间估计是不相同的，下面分别加以讨论。

1. 方差不相等的独立样本

设两总体方差不相等，两样本是独立的，则两样本的方差 s_1^2 和 s_2^2 也不相等。两样本均值之差的置信区间上下界为：

$$(\bar{x}_1-\bar{x}_2)\pm t_{\text{双尾}\alpha,\text{df}}\sqrt{\frac{s_1^2}{n_1}+\frac{s_2^2}{n_2}} \tag{3.9}$$

式中，$t_{\text{双尾}\alpha,\text{df}}$是置信水平为$(1-\alpha)$、自由度为 df 的双尾 t 分布值。自由度 df 的计算公式为：

$$\text{df}=\frac{(s_1^2/n_1+s_2^2/n_2)^2}{\dfrac{(s_1^2/n_1)^2}{n_1-1}+\dfrac{(s_2^2/n_2)^2}{n_2-1}} \tag{3.10}$$

计算结果小数向下取整。

2. 等方差的独立样本

设两总体的方差是相等的。需要说明的是，尽管两总体的方差相等，分别来自两总体的样本的方差 s_1^2 和 s_2^2 仍然有可能不相等，我们以两样本自由度 n_1-1 和 n_2-1 分别占两样本总自由度 n_1+n_2-2 的比例为权重，加权估计一个合并（pooled）标准差 s_p，表达式如下：

$$s_p = \sqrt{\frac{(n_1 - 1)s_1^2 + (n_2 - 1)s_2^2}{n_1 + n_2 - 2}} \tag{3.11}$$

式(3.9)中的 s_1^2 和 s_2^2 用 s_p 替代，自由度 df 用两样本自由度之和 $n_1 + n_2 - 2$ 代替。因此，方差相等的两总体均值之差的置信区间上下界为：

$$(\bar{x}_1 - \bar{x}_2) \pm t_{双尾\alpha,(n_1+n_2-2)} s_p \sqrt{\frac{1}{n_1} + \frac{1}{n_2}} \tag{3.12}$$

例 3.9 某种产品做广告前 24 个月的销售额和做广告后 12 个月的销售额如表 3.5 所示，求在 95% 置信水平下做广告前后销售额之差的区间估计。

表 3.5 做广告前后销售额比较 单位：万元

做广告前				做广告后	
月份	销售额	月份	销售额	月份	销售额
1	22.0	13	22.7	1	27.2
2	22.3	14	26.3	2	28.0
3	22.0	15	22.4	3	27.6
4	24.5	16	26.8	4	27.7
5	24.7	17	27.1	5	28.0
6	22.7	18	23.5	6	28.5
7	23.6	19	25.9	7	24.8
8	25.9	20	27.2	8	27.0
9	25.4	21	27.1	9	25.0
10	22.6	22	27.7	10	28.5
11	23.4	23	27.9	11	24.7
12	22.7	24	26.8	12	27.8

解 表 3.5 中销售额的统计数据如表 3.6 所示。

表 3.6 做广告前后样本的统计指标

	做广告前销售额	做广告后销售额
均值(万元)	24.7167	27.0667
标准差	2.0660	1.4176
样本数	24	12

产品做广告前 24 个月销售额为一个总体，做广告后 12 个月销售额为另一个总体。分别假设两总体方差不相等和相等两种情况来求解。

(1) 假设两总体的方差不相等，估计两样本均值之差的置信区间。

根据式(3.10)计算统计量的自由度：

$$df=\frac{(s_1^2/n_1+s_2^2/n_2)^2}{\frac{(s_1^2/n_1)^2}{n_1-1}+\frac{(s_2^2/n_2)^2}{n_2-1}}=\frac{(2.0660^2/24+1.4176^2/12)^2}{\frac{(2.0660^2/24)^2}{24-1}+\frac{(1.4176^2/12)^2}{12-1}}=30.3861$$

向下取整可得自由度 df = 30。

设置信水平为 $1-\alpha=0.95$，双尾概率 $\alpha=0.05$。用 Excel 函数 T.INV.2T 计算 $t_{双尾\alpha,df}$：

$$t_{双尾\alpha,df}=\text{T.INV.2T}(\alpha,df)=\text{T.INV.2T}(0.05,30)=2.0423$$

再根据式(3.9)计算置信区间：

$$(\bar{x}_1-\bar{x}_2)\pm t_{双尾\alpha,df}\sqrt{\frac{s_1^2}{n_1}+\frac{s_2^2}{n_2}}=(24.7167-27.0667)\pm 2.0423\times\sqrt{\frac{2.0667^2}{24}+\frac{1.4176^2}{12}}$$

$$=-2.3500\pm 1.2001$$

即在 95% 的置信水平下，做广告前后销售额之差的区间估计为(−3.5501，−1.1499)。由此可见，在 95% 的置信水平下，做广告前的平均销售额小于做广告后的平均销售额，也就是说，在做广告前后的销售额两总体方差不相等的条件下，广告对这种商品的促销肯定是有效果的。

(2) 假设两总体方差相等，估计两样本均值之差的置信区间。

根据式(3.11)计算合并标准差：

$$s_p=\sqrt{\frac{(n_1-1)s_1^2+(n_2-1)s_2^2}{n_1+n_2-2}}=\sqrt{\frac{(24-1)\times 2.0667^2+(12-1)\times 1.4176^2}{24+12-2}}=1.8809$$

然后用 Excel 函数 T.INV.2T 计算 $t_{双尾\alpha,(n_1+n_2-2)}$：

$$\text{T.INV.2T}(\alpha,\ n_1+n_2-2)=\text{T.INV.2T}(0.05,34)=2.0322$$

置信区间上下界为：

$$(\bar{x}_1-\bar{x}_2)\pm t_{双尾\alpha,(n_1+n_2-2)}s_p\sqrt{\frac{1}{n_1}+\frac{1}{n_2}}$$

$$=(24.7167-27.0667)\pm 2.0322\times 1.8809\times\sqrt{\frac{1}{24}+\frac{1}{12}}$$

$$=-2.3500\pm 1.3514$$

也就是说，如果假定两总体方差相等，做广告前后销售额均值之差的区间估计为(−3.7014，−0.9987)。由此可知，在 95% 的置信水平下，做广告前的总体平均销售额比做广告后的总体平均销售额小，广告对这种产品的促销肯定是有效果的。

因此，做广告前和做广告后两总体无论方差相等还是不相等，做广告前和做广告后销售额均值之差的置信区间都落在小于 0 的范围内。因此，有 95% 的把握可以肯定，广告对这种产品的促销是有效果的。

用“数据通”计算做广告前后销售额之差的置信区间，具体操作如下：

打开文件“例 3.9 做广告前后销售额之差的区间估计.xlsx”，单击 Excel 菜单“数据通 > 区间估计 > 两样本区间估计 > 两样本均值之差估计”(见图 3.19)。

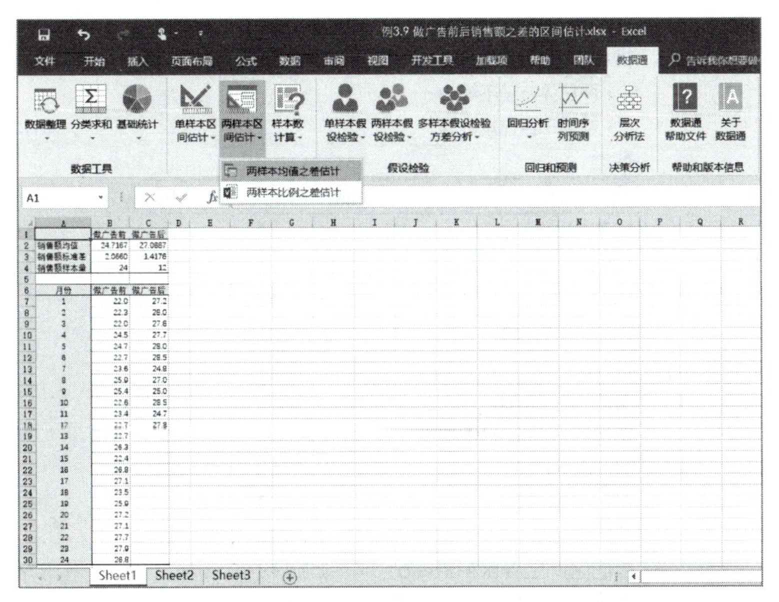

图 3.19　数据通中的两样本均值之差估计

弹出“两样本均值之差区间估计”的对话窗口，“置信水平”选默认值95%，“两总体方差”选“不等”。单击“样本 A”，选择“做广告前销售额”B6:B30，勾选“第 1 行是标题”，如图 3.20 所示。接着单击“样本 B”，选择“做广告后销售额”C6:C12，勾选“第 1 行是标题”。修改“标题”为“做广告前后销售额均值之差的区间估计”，“输出定位”选择 E1，如图 3.21 所示。

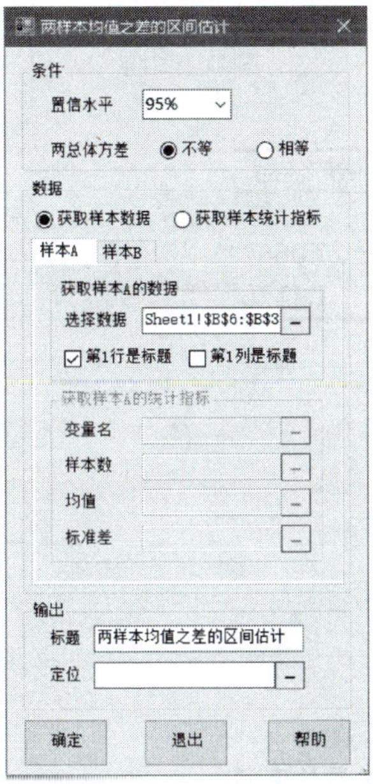

图 3.20　输入做广告前的销售额

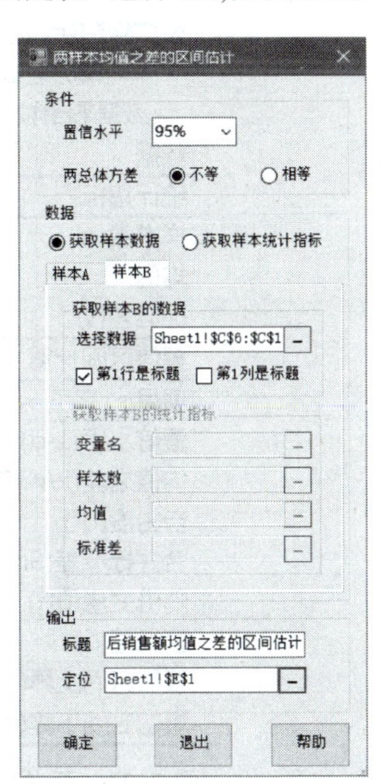

图 3.21　输入做广告后的销售额

单击“确定”。输出结果如图 3.22 所示。

做广告前后销售额均值之差的区间估计		
• 两总体方差不等		
• 数据来自样本数据		
数据		
统计指标	做广告前	做广告后
样本数(n)	24	12
均值(x)	24.7167	27.0667
标准差(s)	2.0660	1.4176
置信区间计算		
项目	计算结果	
置信水平(1-α)	95%	
均值之差(xA-xB)	-2.3500	
自由度(df)	30.3816	
随机变量值(t)	2.0423	
区间值(δ)	1.2001	
置信区间上界(xA-xB+δ)	-1.1499	
置信区间下界(xA-xB-δ)	-3.5501	

图 3.22　两总体方差不等、均值之差的置信区间

在“两样本均值之差区间估计”的对话窗口中,将“两总体方差”选为“相等”,重新输入做广告前和做广告后的销售额数据,得到新的置信区间如图 3.23 所示。

做广告前后销售额均值之差的区间估计		
• 两总体方差相等		
• 数据来自样本数据		
数据		
统计指标	做广告前	做广告后
样本数(n)	24	12
均值(x)	24.7167	27.0667
标准差(s)	2.0660	1.4176
置信区间计算		
项目	计算结果	
置信水平(1-α)	95%	
均值之差(xA-xB)	-2.3500	
自由度(df)	34.0000	
合并标准差(Sp)	1.8809	
随机变量值(t)	2.0322	
区间值(δ)	1.3514	
置信区间上界(xA-xB+δ)	-0.9986	
置信区间下界(xA-xB-δ)	-3.7014	

图 3.23　两总体方差相等、均值之差的置信区间

由此可以看出,无论做广告前后销售额的方差是否相等,图 3.22 和图 3.23 两个置信区间的上界和下界都小于 0。也就是说,做广告后的销售额均值总是大于做广告前的销售额均值。由此可见,广告对这种产品的促销是有效果的。

3.4.4 两样本比例之差的置信区间

分别从两总体中抽取数量为 n_1 和 n_2 的两个样本。在两样本中特征个体的数量分别为 x_1 和 x_2。样本比例分别为 $p_1 = x_1/n_1$，$p_2 = x_2/n_2$。当样本数和特征个体数都比较大，如 $x_1, n_1 - x_1, x_2, n_2 - x_2$ 都大于 5 时，两样本比例之差 $p_1 - p_2$ 的分布近似服从正态分布，置信水平为 $1 - \alpha$ 的置信区间上下界为：

$$(p_1 - p_2) \pm z_{\text{左尾}1-\alpha/2}\sqrt{\frac{p_1(1-p_1)}{n_1} + \frac{p_2(1-p_2)}{n_2}} \tag{3.13}$$

例 3.10 为了研究女性和男性患某种疾病的比例是否有差异，抽样人数为 11 848 人，其中女性 $n_1 = 4\,326$ 人，男性 $n_2 = 7\,522$ 人。其中，女性患病人数 $x_1 = 649$ 人，男性患病人数 $x_2 = 1\,104$ 人。

根据题意，女性和男性患病人数的比例分别为：

$$p_1 = x_1/n_1 = 649/4\,326 = 0.15002$$

$$p_2 = x_2/n_2 = 1\,104/7\,522 = 0.14677$$

当置信水平为 95% 时，两比例之差 $p_1 - p_2$ 的置信区间上下界计算如下：

$$(1-\alpha) = 0.95,\quad \alpha = 0.05,\quad \alpha/2 = 0.025$$

$$z_{\text{左尾}1-\alpha/2} = \text{NORM.S.INV}(1-0.025) - 1.9600$$

$$\begin{aligned}
&(p_1 - p_2) \pm z_{\text{左尾}1-\alpha/2}\sqrt{\frac{p_1(1-p_1)}{n_1} + \frac{p_2(1-p_2)}{n_2}} \\
&= (0.15002 - 0.14677) \pm 1.9600 \\
&\quad \times \sqrt{\frac{0.15002 \times (1-0.15002)}{4\,326} + \frac{0.14677 \times (1-0.14677)}{7\,522}} \\
&= 0.00325 \pm 0.01331
\end{aligned}$$

以上计算结果说明，在 95% 的置信水平下，女性和男性患这种疾病人数的比例之差的置信区间为 $(-0.01006, 0.01656)$，即 $(-1.006\%, 1.656\%)$。也就是说，在当前置信水平和样本数量的前提下，男性和女性患这种疾病的比例高低还不能确定，需要扩大样本规模做进一步研究。

如果抽样人数增加到 1 166 969 人，其中女性 $n_1 = 423\,765$ 人，男性 $n_2 = 743\,200$ 人。其中，女性患病人数 $x_1 = 63\,572$ 人，男性患病人数 $x_2 = 109\,076$ 人。女性和男性患病人数的比例没有变化，分别为 $p_1 = x_1/n_1 = 63\,572/423\,765 = 0.15002$，$p_2 = x_2/n_2 = 109\,076/743\,200 = 0.14677$。但两比例之差 $p_1 - p_2$ 的置信区间上下界发生了变化：

$$\begin{aligned}
&(p_1 - p_2) \pm z_{\text{左尾}1-\alpha/2}\sqrt{\frac{p_1(1-p_1)}{n_1} + \frac{p_2(1-p_2)}{n_2}} \\
&= (0.15002 - 0.14677) \pm 1.9600 \\
&\quad \times \sqrt{\frac{0.15002 \times (1-0.15002)}{423765} + \frac{0.14677 \times (1-0.14677)}{743200}}
\end{aligned}$$

$$= 0.00325 \pm 0.00134$$

即在95%的置信水平下,女性和男性患这种疾病人数的比例之差的置信区间为(0.00191,0.00459),即(0.191%,0.459%)。说明样本数显著增加后,可以证实女性患病比例确实比男性患病比例高。由此例可见,样本数在统计分析中有非常重要的作用。

用"数据通"求解例3.10的操作如下:

打开文件"例3.10 女性和男性患病比例之差的区间估计.xlsx",选择Excel菜单"数据通>区间估计>两样本区间估计>两样本比例之差估计",如图3.24所示。

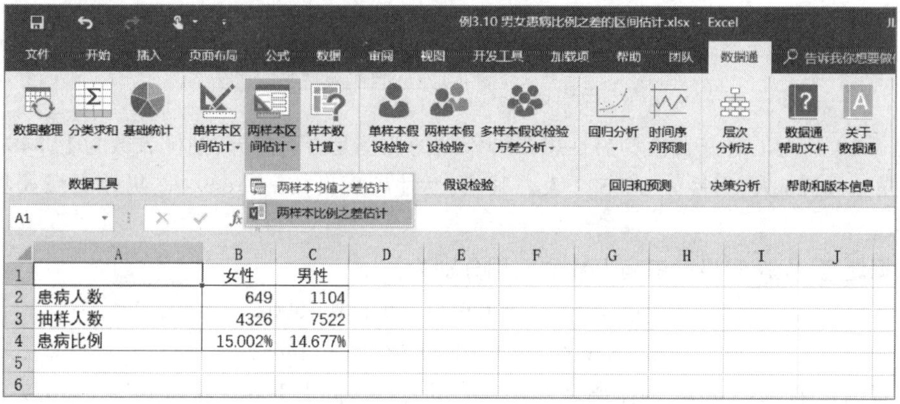

图3.24　数据通中的两样本比例之差估计

弹出"两样本比例之差的区间估计"对话窗口,单击"样本A",选择"变量名"B1(女性)、"样本数"B2(患病人数,649)、"样本总数"B3(抽样人数,4 326),如图3.25所示;接着单击"样本B",选择"变量名"C1(男性)、"样本数"C2(患病人数,1 104)、"样本总数"C3(抽样人数,7 522),填写输出标题"不同性别患病比例之差的区间估计",选择输出定位E1,如图3.26所示。

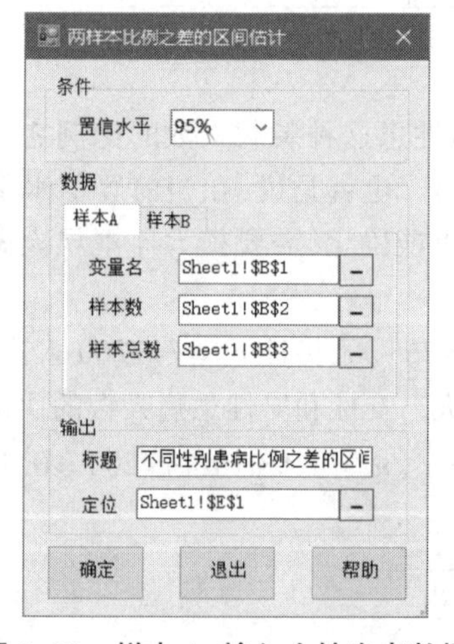

图3.25　样本A:输入女性患者数据

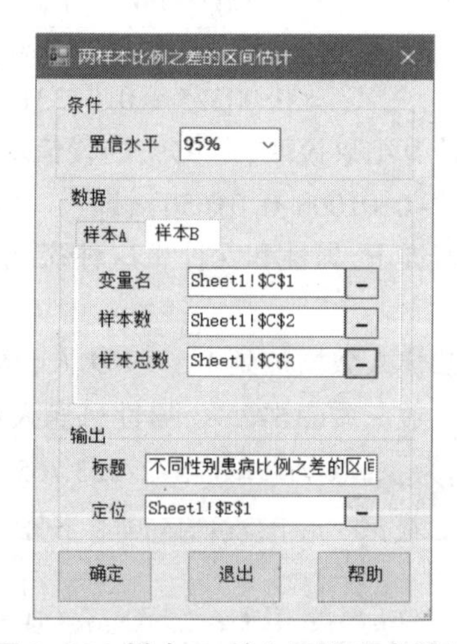

图3.26　样本B:输入男性患者数据

单击"确定",输出如图3.27所示的结果。

两样本比例之差的区间估计		
•两样本比例之差服从正态分布		
数据		
统计指标	女性	男性
样本数(x)	649	1104
样本总数(n)	4326	7522
样本比例(p=x/n)	15.002%	14.677%
比例之差区间估计		
项目	数值	
置信水平(L.C.)	95%	
样本比例之差(pA-pB)	0.33%	
正态分布随机变量(z)	1.9600	
区间值(δ)	1.331%	
置信区间上界(pA-pB+δ	1.656%	
置信区间下界(pA-pB-δ)	-1.006%	

图 3.27　不同性别患病比例之差的区间估计

由此可以看出,女性和男性患病人数比例之差的置信区间为(-1.006% ,1.656%),即女性患病人数的比例可能高于男性,也可能低于男性。

为了进一步研究女性和男性患病人数比例之差,扩大女性和男性抽样人数,新的抽样结果如图 3.28 所示。

	女性	男性
患病人数	63572	109076
抽样人数	423765	743200
患病比例	15.002%	14.677%

图 3.28　增加样本数后的数据

增加抽样样本数后,可以发现这种疾病男女性别患者的比例与上次抽样基本相同。再次用“数据通”计算,得到如图 3.29 所示的结果。

两样本比例之差的区间估计		
•两样本比例之差服从正态分布		
数据		
统计指标	女性	男性
样本数(x)	63572	109076
样本总数(n)	423765	743200
样本比例(p=x/n)	15.002%	14.677%
比例之差区间估计		
项目	数值	
置信水平(L.C.)	95%	
样本比例之差(pA-pB)	0.33%	
正态分布随机变量(z)	1.9600	
区间值(δ)	0.134%	
置信区间上界(pA-pB+δ)	0.459%	
置信区间下界(pA-pB-δ)	0.191%	

图 3.29　增加样本以后不同性别患病比例之差的区间估计

增加样本数以后，女性和男性患病人数比例之差的置信区间为（0.191%，0.459%），落入大于0的区间内。这个结果说明，有95%的把握可以肯定“这种疾病女性患病人数的比例高于男性患病人数的比例”这个统计论断是正确的。

本例告诉我们，一些统计问题在小样本情况下没有明确的结论，增加样本数后可能就会获得有统计意义的结果。

3.4.5 方差的置信区间

方差是数据的重要特性，通过抽样样本对总体的方差进行区间估计也是实际中经常需要解决的问题。

设总体数量为N，总体方差为σ^2，标准差为σ。样本数量为n，样本为$x_1, x_2, \cdots, x_n$。样本均值为：

$$\bar{x} = \frac{1}{n}\sum_{i=1}^{n} x_i$$

样本方差为：

$$s^2 = \frac{1}{n-1}\sum_{i=1}^{n}(x_i - \bar{x})^2$$

用样本方差s^2作为总体方差σ^2的点估计。与样本均值、样本比例、两样本均值之差及两样本比例之差这些统计量不同，方差的抽样分布既不是正态分布，也不是t分布，而是χ^2分布。第2章中讲过，χ^2分布和t分布一样，是一种以自由度为特征的分布，一个自由度为n的χ^2分布是n个独立的正态分布随机变量之和。与正态分布以及t分布不同，χ^2分布的概率密度函数不是对称的曲线。

Excel 中计算χ^2分布的函数有：

- CHISQ. DIST(x, degrees_freedom)　　返回自变量x的概率值

其中，x用来计算分布的数值；degrees_freedom 表示自由度。

- CHISQ. INV(probability, degrees_freedom)　　返回χ^2分布左尾概率的随机变量值

其中，probability 表示χ^2分布的单尾概率；degrees_freedom 表示自由度。

由于χ^2分布概率密度函数不是对称的，因此方差的置信区间上下界不是“点估计 ± 区间值”的形式，而是直接计算置信区间的上下界。置信水平为$(1-\alpha)$的样本方差的置信区间按下式计算：

$$\left[\frac{(n-1)s^2}{\chi^2_{1-\alpha/2,n-1}}, \frac{(n-1)s^2}{\chi^2_{\alpha/2,n-1}}\right] \tag{3.14}$$

注意，如果$\alpha = 0.05$，$\alpha/2 = 0.025$，$1-\alpha/2 = 0.975$，则式(3.14)的分母$\chi^2_{1-\alpha/2,n-1} > \chi^2_{\alpha/2,n-1}$，因此以上区间下界的值$\frac{(n-1)s^2}{\chi^2_{1-\alpha/2,n-1}}$小于上界的值$\frac{(n-1)s^2}{\chi^2_{\alpha/2,n-1}}$。

例 3.11　对于不同年龄组人群上网时间的调查，有关数据如表3.7所示。

表 3.7　不同年龄组人群每周平均上网时间(小时)

分组样本	18 岁以下	18—24 岁	25—30 岁	31—40 岁	40 岁以上
被调查人数	136	257	168	115	68
均值 x	6.5882	20.9222	20.2927	16.3243	15.2813
方差 s^2	5.6070	4.9314	8.3433	7.7302	13.3800

以 40 岁以上年龄组为例。根据式(3.14),方差置信区间的下界为:

$$\frac{(n-1)s^2}{\chi^2_{1-\alpha/2,n-1}} = \frac{(n-1)s^2}{\mathrm{CHIINV}(1-\alpha/2,n-1)} = \frac{(64-1)\times 13.3800}{\mathrm{CHIINV}(0.975,64-1)} = 9.7080$$

方差置信区间的上界为:

$$\frac{(n-1)s^2}{\chi^2_{\alpha/2,n-1}} = \frac{(n-1)s^2}{\mathrm{CHIINV}(\alpha/2,n-1)} = \frac{(64-1)\times 13.3800}{\mathrm{CHIINV}(0.025,64-1)} = 19.6259$$

即 40 岁以上年龄组人群每周上网时间方差的 95% 置信区间为(9.7080,19.6259)。

用“数据通”计算单样本方差区间估计的操作如下:

首先打开文件“例 3.11 不同年龄组上网时间方差区间估计.xlsx”,选择 Excel 菜单“数据通 > 区间估计 > 单样本区间估计 > 单样本方差估计”,如图 3.30 所示。

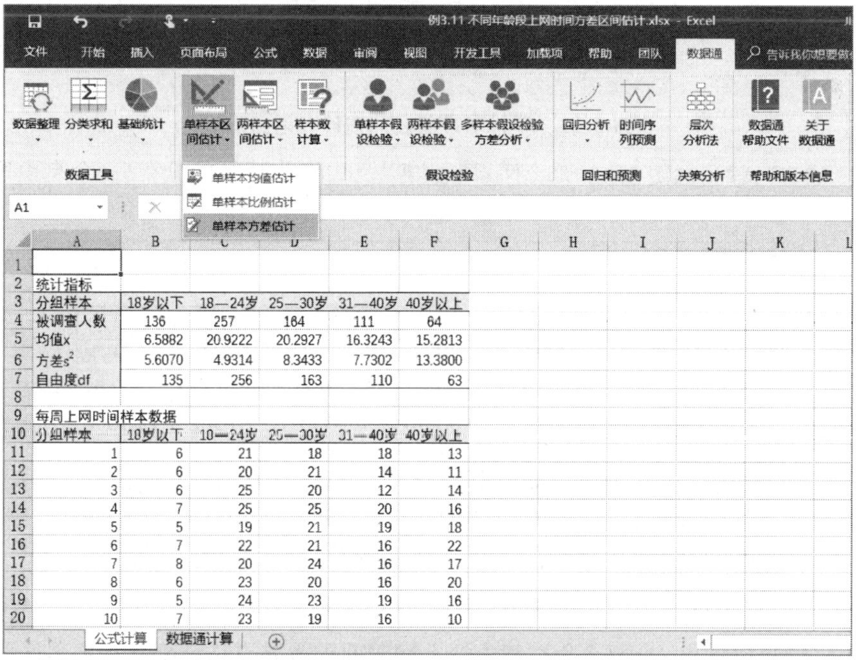

图 3.30　数据通中的单样本方差估计

弹出“单样本方差区间估计”对话窗口,选择“变量名”B2:F2,“样本数”B3:F3,“方差”B5:F5。标题为默认的“单样本方差区间估计”,输出定位为 H1,如图 3.31 所示。

图 3.31　单样本方差区间估计对话窗口

单击“确定”,输出如图 3.32 所示的运算结果。

单样本方差区间估计					
• 根据统计指标计算					
变量名	18岁以下	18—24岁	25—30岁	31—40岁	40岁以上
置信水平(L.C)	95%	95%	95%	95%	95%
样本数(n)	136	257	164	111	64
方差(s2)	5.6070	4.9314	8.3433	7.7302	13.3800
χ2(1-α/2,n-1}	104.7285	213.5747	129.5426	82.8671	42.9503
χ2(α/2,n-1}	169.0560	302.2118	200.2427	140.9166	86.8296
置信区间上界	7.2277	5.9110	10.4981	10.2613	19.6259
置信区间下界	4.4775	4.1773	6.7915	6.0342	9.7080

图 3.32　不同年龄组人群每周平均上网时间方差的置信区间

由图 3.32 可以看出:① 五个年龄组人群上网时间的方差点估计都落在置信区间偏左端的位置;② 五个年龄组置信区间宽度与样本数及样本方差有关,样本数最多、方差最小的 18—24 岁年龄组的置信区间宽度最小,而样本数最少、方差最大的 40 岁以上年龄组的置信区间宽度最大。

3.4.6 置信区间总结

现在,将本节中所讨论的区间估计和置信区间汇总如表 3.8 所示。

表 3.8 区间估计和置信区间一览表

区间估计类型		分布类型	自由度	置信区间(上下界)计算公式
均值	标准差已知	正态分布		$\bar{x} \pm z_{\text{右尾}1-\alpha/2}\frac{s}{\sqrt{n}}$
	标准差未知	t 分布	$df = n - 1$	$\bar{x} \pm t_{\text{双尾}\alpha,n-1}\frac{s}{\sqrt{n}}$
比例		正态分布		$p \pm z_{\text{左尾}1-\alpha/2}\sqrt{\frac{p(1-p)}{n}}$
两样本均值之差	等方差	t 分布	$df = n_1 + n_2 - 2$	$(\bar{x}_1 - \bar{x}_2) \pm t_{\text{双尾}\alpha,df}s_p\sqrt{\frac{1}{n_1}+\frac{1}{n_2}}$ 其中,$s_p = \sqrt{\frac{(n_1-1)s_1^2+(n_2-1)s_2^2}{n_1+n_2-2}}$
	不等方差	t 分布	$df = \frac{(s_1^2/n_1+s_2^2/n_2)^2}{\frac{(s_1^2/n_1)^2}{n_1-1}+\frac{(s_2^2/n_2)^2}{n_2-1}}$	$(\bar{x}_1 - \bar{x}_2) \pm t_{\text{双尾}\alpha,df}\sqrt{\frac{s_1^2}{n_1}+\frac{s_2^2}{n_2}}$
两样本比例之差		正态分布		$(p_1 - p_2) \pm z_{\text{左尾}1-\alpha/2}\sqrt{\frac{p_1(1-p_1)}{n_1}+\frac{p_2(1-p_2)}{n_2}}$
方差		χ^2 分布	$df = n - 1$	$\left[\frac{(n-1)s^2}{\chi^2_{1-\alpha/2,n-1}}, \frac{(n-1)s^2}{\chi^2_{\alpha/2,n-1}}\right]$

注:如果样本数大于 30,则表中的 t 分布也可用正态分布代替,从而无须计算自由度。

3.5 置信水平、置信区间宽度和样本数

在区间估计中,置信水平表示估计的可靠性,置信区间宽度表示估计的精度。对于任何一种区间估计,置信水平、置信区间宽度和样本数都是相互关联的。在样本数不变的情况下,置信水平设定得越高,置信区间宽度越大。置信水平确定以后,样本数越大,置信区间宽度越小。

在前面几节的讨论中,样本数都是事先确定的,因而置信区间宽度随着样本数的变化而变化。在某些情况下,事先需要确定区间估计的精度(即置信区间宽度),然后要求抽取足够数量的样本来满足这个精度。这时,需要根据预先确定的区间值来计算相应的样本数。

根据给定的区间值精确度,计算所需要的样本数问题有两种类型:一种是均值区间估计中,已知均值置信区间的精确度,要求计算所需要的样本数;另一种是比例区间估计中,已知比例置信区间的精确度,要求计算所需要的样本数。这两种情况分别用例 3.12 和例 3.13 来

说明。

例 3.12 在不同年龄组人群平均每周上网时间的调查数据(见表 3.9)中,在 95% 置信水平下,要求获得均值置信区间(单边)的绝对精度不低于 0.1 小时,即区间值≤0.1,最少需要多少样本?

表 3.9 不同年龄组人群每周平均上网时间(小时)

分组样本	18 岁以下	18—24 岁	25—30 岁	31—40 岁	40 岁以上
被调查人数	136	257	168	115	68
均值 x	6.588	20.922	20.293	16.324	15.281
标准差 s	2.368	2.221	2.888	2.780	3.658

解 根据总体标准差已知或未知,样本均值分别服从正态分布或 t 分布进行计算。

(1) 设总体标准差已知,样本均值服从正态分布的样本数计算

根据题意,样本均值的区间值为 $z_{右尾1-\alpha/2}\frac{s}{\sqrt{n}}$,设要求的区间估计(单边)的绝对精度为 δ,即 $z_{右尾1-\alpha/2}\frac{s}{\sqrt{n}}\leqslant\delta$ 或者 $n\geqslant\left(\frac{z_{\alpha/2}s}{\delta}\right)^2$。需要的最小样本数为:

$$n_{\min} = \text{int}\left[\left(\frac{z_{\alpha/2}s}{\delta}\right)^2\right]+1 \tag{3.15}$$

式中,int 表示向下取整。

以 40 岁以上年龄组人群为例,如果要求每周上网时间置信区间的单边精确度 $\delta=0.1$ 小时,则需要的最小样本数为:

$$\begin{aligned}n_{\min} &= \text{int}\left[\left(\frac{z_{1-\alpha/2}s}{\delta}\right)^2\right]+1 = \text{int}\left[\left(\frac{\text{NORM. S. INV}(1-\alpha/2)s}{\delta}\right)^2\right]+1\\&= \text{int}\left[\left(\frac{\text{NORM. S. INV}(0.975)\times 3.6579}{0.1}\right)^2\right]+1\\&= \text{int}\left[\left(\frac{1.9600\times 3.6579}{0.1}\right)^2\right]+1 = 5\,140\end{aligned}$$

(2) 设总体标准差未知,样本均值服从 t 分布的样本数计算

当样本均值服从 t 分布时,在样本区间估计 $t_{双尾\alpha,n-1}\frac{s}{\sqrt{n}}\leqslant\delta$ 中,$t_{双尾\alpha,n-1}$ 和 $\frac{s}{\sqrt{n}}$ 都与样本数 n 有关。这样,计算满足条件 $t_{双尾\alpha,n-1}\frac{s}{\sqrt{n}}\leqslant\delta$ 的样本数 n 就需要解一个非线性方程,或者用变化的样本数 n 进行试验才能完成,手算比较困难,用“数据通”可以解决这个问题。

用“数据通”计算单样本均值区间估计的样本数操作如下:

首先打开文件“例 3.12 单样本均值区间估计的样本数计算.xlsx”,选择 Excel 菜单“数据通 > 区间估计 > 样本数计算 > 单样本均值区间估计的样本数计算”,如图 3.33 所示。

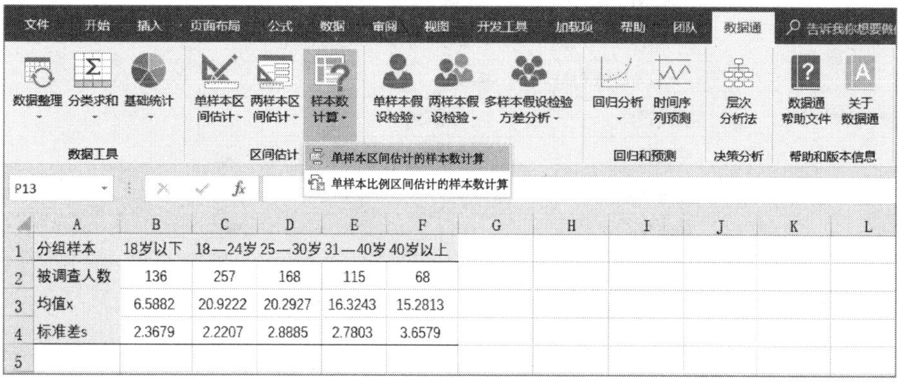

	A	B	C	D	E	F
1	分组样本	18岁以下	18—24岁	25—30岁	31—40岁	40岁以上
2	被调查人数	136	257	168	115	68
3	均值x	6.5882	20.9222	20.2927	16.3243	15.2813
4	标准差s	2.3679	2.2207	2.8885	2.7803	3.6579

图 3.33　单样本均值区间估计的样本数计算

弹出“单样本均值区间估计样本数计算”对话窗口，总体标准差选择“未知”，选择变量名 F1(40 岁以上)、均值 F3(15.2813)、标准差 F4(3.6579)、给定的区间值 0.1，标题为默认的“单样本均值区间估计的样本数计算”，输出定位 K1，如图 3.34 所示。单击“确定”，输出如图 3.35 所示的计算结果。

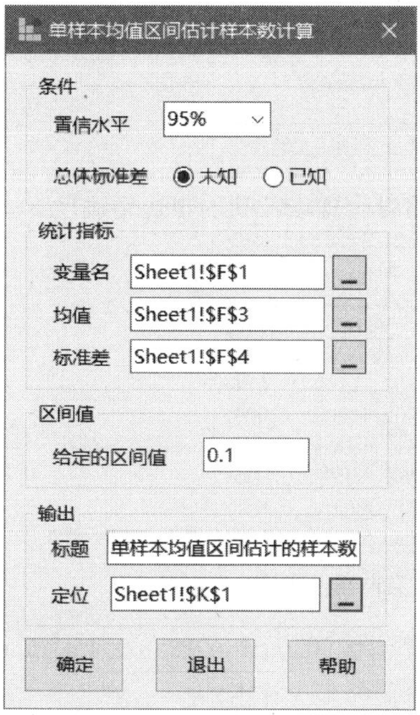

图 3.34　单样本均值区间估计的样本数计算对话窗口(总体标准差未知)

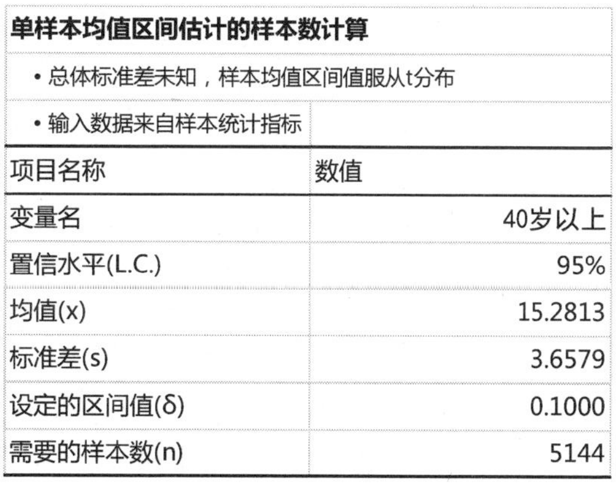

单样本均值区间估计的样本数计算

• 总体标准差未知，样本均值区间值服从t分布

• 输入数据来自样本统计指标

项目名称	数值
变量名	40岁以上
置信水平(L.C.)	95%
均值(x)	15.2813
标准差(s)	3.6579
设定的区间值(δ)	0.1000
需要的样本数(n)	5144

图 3.35　标准差未知，需要的样本数计算结果

因此，如果选择总体标准差为未知，置信区间的单边精度为 0.1 小时，需要抽取的样本数至少是 5 144 个。

如果假设总体标准差为已知，相应输出如图 3.36 所示的计算结果。

单样本均值区间估计的样本数计算	
• 总体标准差已知，样本均值区间值服从正态分布	
• 输入数据来自样本统计指标	
项目名称	数值
变量名	40岁以上
置信水平(L.C.)	95%
均值(x)	15.2813
标准差(s)	3.6579
设定的区间值(δ)	0.1000
需要的样本数(n)	5140

图 3.36　标准差未知，需要的样本数计算结果

以上演示了在单样本均值区间估计中，如何根据均值区间估计的精确度来确定需要的样本数。下面我们演示在单样本比例区间估计中，如何根据比例区间估计的精确度来确定需要的样本数。

例 3.13　例3.7计算了A品牌产品在杭州、宁波、温州、嘉兴四个城市的市场占有率的置信区间(见图3.37)。嘉兴市抽取的样本总数为12 000件，其中A品牌产品674件，样本市场占有率为5.62%。比例区间估计的精确度(区间值)为0.41%，市场占有率的置信区间为(5.62% - 0.41%, 5.62% + 0.41%) = (5.21%, 6.03%)。

	杭州	宁波	温州	嘉兴
A品牌产品样本数	1252	1326	1130	674
样本总数	20000	25000	18000	12000
市场占有率	6.26%	5.30%	6.28%	5.62%
单样本比例区间估计				
变量名	杭州	宁波	温州	嘉兴
置信水平(L.C)	95%	95%	95%	95%
样本数(m)	1252	1326	1130	674
样本总数(n)	20000	25000	18000	12000
样本比例(p=m/n)	6.26%	5.30%	6.28%	5.62%
区间值(δ)	0.34%	0.28%	0.35%	0.41%
置信区间上界(p+δ)	6.60%	5.58%	6.63%	6.03%
置信区间下界(p-δ)	5.92%	5.03%	5.92%	5.20%

图 3.37　四个城市A品牌产品市场占有率

如果要求市场占有率的精确度高于0.1%，即置信区间为(5.62% - 0.1%, 5.62% + 0.1%) = (5.52%, 5.72%)，在同样的置信水平下至少需要多少样本？

解　根据题意，比例置信区间的区间值≤δ = 0.001，即：

$$z_{\text{左尾}1-\alpha/2}\sqrt{\frac{p(1-p)}{n}} \leqslant \delta$$

从中可以解出：

$$n \geqslant \frac{(z_{\text{左尾}1-\alpha/2})^2 p(1-p)}{\delta^2}$$

最少的样本数为：

$$n_{\min} = \text{int}\left[\frac{(z_{\text{左尾}1-\alpha/2})^2 p(1-p)}{\delta^2}\right] + 1 = \text{int}\left[\frac{1.9599^2 \times 0.0562 \times (1-0.0562)}{0.001^2}\right] + 1 = 203\,644$$

即至少需要抽取 203 644 个样本。

用“数据通”求解的步骤如下：

首先打开文件“例 3.13 单样本比例区间估计的样本数计算. xlsx”，选择 Excel 菜单“数据通 > 区间估计 > 样本数计算 > 单样本比例区间估计的样本数计算”，如图 3.38 所示。

	A	B	C	D	E
1		杭州	宁波	温州	嘉兴
2	A品牌产品样本数	1252	1326	1130	674
3	样本总数	20000	25000	18000	12000
4	市场占有率	6.26%	5.30%	6.28%	5.62%
5					

图 3.38 单样本比例区间估计的样本数计算

“数据通”中单样本比例区间估计的样本数计算，只能根据单个变量的比例区间值来计算这个变量所需的样本数。以计算嘉兴这个变量为例，在弹出的对话窗口中输入变量名 E1(嘉兴)、样本数 E2(674)、样本总数 E3(1 200)，给定区间值 0.1%，标题为默认的“单样本比例区间估计的样本数”，输出定位 G1，如图 3.39 所示。单击“确定”，输出如图 3.40 所示的计算结果。

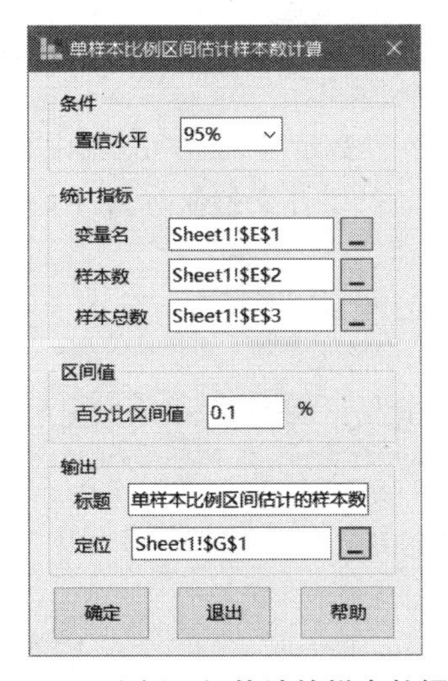

图 3.39 比例区间估计的样本数据算

单样本比例区间估计的样本数计算	
总体属性：样本比例置信区间值服从正态分布	
输入数据来自：样本统计指标	
项目名称	数值
变量名	嘉兴
置信水平(L.C.)	95%
样本数(x)	674
样本总数(n)	12000
样本比例(p=x/n)	5.62%
百分比区间值(δ)	0.10%
需要的样本数(n)	203644

图 3.40 单样本比例区间估计样本数计算

图 3.40 的输出结果说明，如果要求市场占有率的精确度(区间值)达到 0.1%，则需要抽取 203 644 个样本。

习 题

习题 3-1 文件“习题 3-1. xlsx”是北京 239 所小学的名录,用 Excel 抽样工具在名录中进行抽样:

(1) 周期性抽取样本,周期为 7。如果用 Excel 抽样工具抽样,则用函数 VLOOKUP 显示抽取样本的“名称”“地址”“邮编”“电话”四个字段。

(2) 随机抽取样本,样本数为 50 个。如果用 Excel 抽样工具抽样,则用函数 VLOOKUP 显示抽取样本的“名称”“地址”“邮编”“电话”四个字段。

习题 3-2 文件“习题 3-2. xlsx”是五个年龄组人群每周上网时间的抽样调查表,各年龄组被调查的样本人数不同。

(1) 统计各年龄组的被调查人数。

(2) 计算每周上网时间的均值、方差和标准差。

(3) 在置信水平为 95% 的情况下,求出各年龄组人群每周上网时间的置信区间的区间值以及置信区间的上界和下界。

习题 3-3 在商品的市场占有率调查中,随机抽取 5 000 件同类商品,其中 A 品牌商品有 252 件。

(1) 在 95% 的置信水平下,求 A 品牌商品市场占有率的置信区间。

(2) 如果市场占有率的(单边)精确度要求达到 0.5%,则样本数至少要达到多少?

习题 3-4 仍以习题 3-2 的数据为例。研究以下不同年龄组人群上网时间之差的置信区间。设这些年龄组人群上网时间的置信水平为 95%。

(1) 假设 25—30 岁和 31—40 岁两个年龄组人群上网时间总体方差相等,求这两个年龄组人群上网时间均值之差的置信区间,并对结果做出解释。

(2) 假设 31—40 岁和 40 岁以上两个年龄组人群上网时间总体方差不相等,求这两个年龄组人群上网时间均值之差的置信区间,并对结果做出解释。

习题 3-5 对两位候选人 X 和 Y 进行民意调查,有效问卷数量为 3 276 份,其中表示肯定会参加投票并支持候选人 X 的有 1 432 份,表示肯定会参加投票并支持候选人 Y 的有 1 337 份,还有摇摆选民 507 人。设置信水平为 95%。

(1) 假设摇摆选民 507 人中,1/3 支持 X,1/3 支持 Y,另外 1/3 不投票。分别求候选人 X 和 Y 支持率的置信区间,并分析 X 和 Y 是否有赢得选举的可能。

(2) 在同样的假设下,求候选人 X 和 Y 支持率之差的置信区间,并对结果做出解释。

第 4 章　假设检验

4.1 假设检验的基本原理

4.1.1 假设检验概述

第3章估计是利用样本的参数来估计总体参数的数值,并根据事先给定的置信水平确定所估计的总体参数所在的区间。

假设检验不是针对总体参数,而是在一定条件下对一个统计论断做出“接受”或“拒绝”的判断。所谓统计论断,通常是统计量的一个表达式,如“每周平均上网时间=6.5小时”“女性人数比例≤男性人数比例”“做广告以后的销售额>做广告以前的销售额”等。

假设检验就是运用相关的统计数据,在事先给定的显著性水平上,力图拒绝某一个统计论断。如果成功地拒绝了这个统计论断,也就接受了与之对立的论断。如果不能拒绝这个统计论断,也就不能接受与之对立的论断。

例如,统计论断A认为,“做广告后商品的销售额大于做广告前的销售额”。如果销售额统计数据拒绝了论断A,就接受了与论断A对立的论断B,即接受“做广告后商品的销售额小于或等于做广告前的销售额”。换句话说,广告对产品没有促销作用。

为什么一定要通过拒绝论断A来接受论断B的正确性呢?难道不能直接用统计数据来证实并接受论断B吗?我们必须了解,用数据证实一个事实比用数据否定一个事实困难。这是因为任何数据都只是一个特例。如果用数据证实一个事实,我们必须列举所有可能的特例,说明所有可能的数据都支持这个事实。而用数据否定一个事实,只需要一个特例就够了。

为了更好地理解以上陈述,我们举医学和法律两个例子。

严格来讲,在医学上要证明一个人“是健康的”是很困难的,需要进行验血、B超、X光透视、心电图等各种医学检查。即使这些检查结果都是好的,也不能完全断定这个人是健康的。因为有些疾病目前在技术上还没有有效的检查手段。即使技术上可行,实际上任何一个人也不可能穷尽所有的医学检查。而要诊断一个人“不是健康的”即“是有病的”,只要有一项检验指标不合格就足够了。

同样,在法律上,被告的辩护律师要证明被告是无罪的,必须列举此人无作案动机、无作案时间、无作案条件、无犯罪前科等。这样的穷举式证明也是很困难的,往往无法罗列穷尽。反之,原告要证明被告是有罪的就比较容易,只要被告有一项犯罪事实成立就足够了。

统计推断和法律推断的逻辑具有某种相似性。在法律上,被广泛接受的原则是无罪推断,除非有证据证明一个人有罪,否则,就认定这个人是无罪的。原告的目的就是千方百计地找到被告有罪的证据。在假设检验中也是一样,假设检验中一个统计论断(“健康”或“无罪")总是先被假定为正确的,而假设检验的目的是力图利用统计数据证明这个统计论断不正确,拒绝这个统计论断,从而证明与这个统计论断对立的论断("有病"或"有罪")是正确的。

简而言之,假设检验是通过采用数据否定某一个论断——这个比较容易的方法,达到肯定与这个论断对立的论断——这个比较困难的目的。

由于假设检验中的数据都是抽样统计数据,这些数据具有不确定性或随机性,根据这些数据做出的任何判断都具有得出错误结论的风险,正像医院里患者会被误诊、法庭判决中当事人会被误判一样。因此,在假设检验中,我们必须事先设定发生这种风险的水平,称为假设检验的显著性水平。

根据以上逻辑,统计学家设计了以下假设检验过程:

(1) 确定显著性水平。

(2) 构建需要检验的假设。

(3) 根据假设,构造相应的统计量,并确定统计量服从什么分布。

(4) 确定决策准则,即统计量在什么范围内拒绝或接受假设。

(5) 收集数据并计算统计量的值。根据决策准则检验统计量,得出是拒绝还是不能拒绝假设的结论。

4.1.2 原假设和备选假设

假设检验需要构建两个互相对立的假设,第一个假设称为原假设(null hypothesis),用 H_0 表示;第二个假设称为备选假设(alternative hypothesis),用 H_1 表示。所谓两个假设是对立的,就是两个假设中必定有一个,而且只能有一个是正确的,不可能同时成立,也不可能同时不成立。如前所述,如果假设检验判定原假设是错误的,即拒绝原假设,那么备选假设就是正确的,即接受备选假设。例如:

原假设 H_0: 做广告后的销售额≤做广告前的销售额

备选假设 H_1: 做广告后的销售额>做广告前的销售额

又如:

原假设 H_0: 18—24 岁人群每周平均上网时间 = 10 小时

备选假设 H_1: 18—24 岁人群每周平均上网时间≠10 小时

在构建原假设和备选假设时,我们总是把主张的假设作为备选假设,而把与备选假设对立的假设作为原假设。假设检验的目标总是力图利用统计数据来拒绝原假设,如果拒绝原假设成功,就证实了备选假设是正确的,即接受备选假设,我们主张的假设就得到了证实。

当然,经常出现统计数据无法拒绝原假设的情况。如果出现这样的情况,严格来讲,我们既不能接受原假设,也不能拒绝原假设(这一点和法律的"无罪推断"有所不同)。因此,也就既不能拒绝备选假设,也不能接受备选假设。此时,假设检验无法得出任何明确的结论。

构建假设是假设检验的第一步,也是最重要的一步。在构建假设之前,通过对统计数据的观察,必须先有一个主张或猜测,看哪一个统计论断是正确的。然后把我们主张的或者猜测为正确的论断作为备选假设,而把与它对立的论断作为原假设。在假设检验中,原假设是要力图加以拒绝的假设,而备选假设是我们主张的或希望接受的假设,这就是假设检验的基本逻辑。我们要通过学习和练习,正确理解这个逻辑,并能够根据实际问题,正确熟练地构建假设。

4.1.3 假设检验的类型和假设的构建

假设检验分为单样本假设检验和两样本假设检验。

1. 单样本假设检验

单样本假设检验通常假设某个统计量和某一个常数存在大小关系。在单样本假设检验中,原假设和备选假设有如表 4.1 所示的几种类型。

表 4.1 单样本假设检验的类型

原假设 H_0	备选假设 H_1
检验统计量≥某一常数	检验统计量<这个常数
检验统计量≤某一常数	检验统计量>这个常数
检验统计量=某一常数	检验统计量≠这个常数

注意在表 4.1 中,原假设中检验统计量和常数大小关系的表达式只能用“≥”“≤”或“=”,也就是说,原假设中统计量所在的区域一定是闭区域,包括区域的端点。而备选假设统计量和常数大小关系的表达式只能用“<”“>”或“≠”,也就是说,备选假设中统计量所在的区域一定是开区域,不包括区域的端点。

例 4.1 每周平均上网时间的假设构建

五个不同年龄组人群每周平均上网时间的统计数据如图 4.1 所示。通过观察发现,18 岁以下年龄组人群每周平均上网时间的均值为 6.588 小时,为各组最低。但是,6.588 小时只是“18 岁以下年龄组人群每周平均上网时间”这个随机变量取值的一个特例,如果再一次抽样,同一年龄组人群的上网时间不一定会出现这个数字。因此,检验“18 岁以下年龄组人群每周平均上网时间的均值为 6.588 小时”这个统计论断是没有意义的。如果希望通过假设检验,确认“18 岁以下年龄组人群每周平均上网时间为 7 小时以下”这个统计论断的正确性,应如何构建原假设和备选假设呢?

统计指标	18岁以下	18—24岁	25—30岁	31—40岁	40岁以上
被调查人数	136	257	168	115	68
均值	6.588	20.922	20.293	16.324	15.281
标准差s	2.368	2.221	2.888	2.780	3.658

每周上网时间

分组样本	18岁以下	18—24岁	25—30岁	31—40岁	40岁以上
1	6	21	18	18	13
2	6	20	21	14	11
3	6	25	20	12	14
4	7	25	25	20	16
5	5	19	21	19	18
6	7	22	21	16	22
7	8	20	24	16	17
8	6	23	20	16	20
9	5	24	23	19	16
10	7	23	19	16	10
11	7	17	23	17	15

图 4.1 不同年龄组人群每周平均上网时间统计数据(局部)

根据上述假设检验的原理和步骤，把“18 岁以下年龄组人群每周平均上网时间 <7 小时”作为备选假设，而把“18 岁以下年龄组人群每周平均上网时间≥7 小时”作为原假设，即：

H_0：18 岁以下年龄组人群每周平均上网时间≥7 小时

H_1：18 岁以下年龄组人群每周平均上网时间 <7 小时

以上假设构建是正确的，而以下假设构建是不正确的：

H_0：18 岁以下年龄组人群每周平均上网时间≠6.5 小时

H_1：18 岁以下年龄组人群每周平均上网时间 =6.5 小时

尽管备选假设“18 岁以下年龄组人群每周平均上网时间 =6.5 小时”是我们主张或认为正确的假设，但是原假设“18 岁以下年龄组人群每周平均上网时间≠6.5 小时”是一个不等式表达式，与表 4.1 介绍的三种原假设类型不符合。

这个问题的以下假设构建也是不正确的：

H_0：18 岁以下年龄组人群每周平均上网时间 <7 小时

H_1：18 岁以下年龄组人群每周平均上网时间≥7 小时

原因在于原假设“18 岁以下年龄组人群每周平均上网时间 <7 小时”是我们主张或者希望接受的，这样的假设应该作为备选假设而不是原假设。

2. 两样本假设检验

两样本假设检验是对来自两个不同总体的样本所进行的假设检验。对于两样本假设检验，样本 A 和样本 B 的相应统计量之间存在大小关系。两样本假设检验中，原假设和备选假设有如表 4.2 所示的几种类型。

表 4.2　两样本假设检验的类型

原假设 H_0	备选假设 H_1
样本 A 的检验统计量≥样本 B 的检验统计量	样本 A 的检验统计量<样本 B 的检验统计量
样本 A 的检验统计量≤样本 B 的检验统计量	样本 A 的检验统计量>样本 B 的检验统计量
样本 A 的检验统计量=样本 B 的检验统计量	样本 A 的检验统计量≠样本 B 的检验统计量

同样，在两样本假设检验中，原假设中统计量所在的区域一定是闭区域，而备选假设统计量所在的区域一定是开区域。

例 4.2　在例 3.9 中，某种产品做广告前 24 个月的销售额和做广告后 12 个月的销售额统计数据如图 4.2 所示。

可以看出，做广告后 12 个月商品销售额的均值大于做广告前 24 个月商品销售额的均值。如果我们希望通过假设检验接受这一论断。相应的原假设和备选假设应该是：

H_0：做广告后的销售额≤做广告前的销售额

H_1：做广告后的销售额 >做广告前的销售额

这个原假设和备选假设的形式符合表 4.2 中的第二种类型。如果原假设被拒绝，那么备选假设就可以被接受。

	做广告前	做广告后
销售额均值	24.7188	27.0675
销售额标准差	2.0718	1.4088
销售额样本数	24	12
月份	做广告前	做广告后
1	22.0	27.2
2	22.3	28.0
3	22.0	27.6
4	24.5	27.7
5	24.7	28.0
6	22.7	28.5
7	23.6	24.8
8	25.9	27.0
9	25.4	25.0
10	22.6	28.5
11	23.4	24.7
12	22.7	27.8
13	22.7	
14	26.3	
15	22.4	
16	26.8	
17	27.1	
18	23.5	
19	25.9	
20	27.2	
21	27.1	
22	27.7	
23	27.9	
24	26.8	

图 4.2　做广告前后商品销售额及统计数据

例 4.3　女性和男性患某种疾病人数的有关数据如表 4.3 所示。

表 4.3　女性和男性患某种疾病人数统计数据

	男性	女性
患病人数	109 076	63 572
抽样人数	743 200	423 765
患病比例	14.677%	15.002%

从表 4.3 可以看出，男性和女性患病人数占抽样人数的比例很接近。如果我们希望通过假设检验接受的论断是“男性患病的比例 = 女性患病的比例”，这个假设就应该作为备选假设，原假设应该是“男性患病人数的比例≠女性患病人数的比例”。可是，这样的假设构建不符合表 4.2 中两样本假设检验类型中的任何一种类型。这个问题有两个正确的假设，第一个假设是：

H_0：男性患病人数比例≤女性患病人数比例

H_1：男性患病人数比例>女性患病人数比例

第二个假设是：

H_0：男性患病人数比例≥女性患病人数比例

H_1：男性患病人数比例<女性患病人数比例

以上两个原假设中最多只有一个被拒绝,因此,两个备选假设最多只能有一个被接受。以上两个假设都不能拒绝或接受我们的猜想“男性患病的比例 = 女性患病的比例”。希望用假设检验来拒绝或接受统计量落在一个闭区域内或一个点上的结论是不可能的。

从这个例子可以看出,假设检验的结论只能是统计量是否落在某个区域内而不能是统计量是否落在某个点上。这与我们的经验和直觉也是相符的:根据一次样本的信息来判断统计量是否落在一定的范围内,是有可能做到的;而根据一次样本的信息得出统计量是否在某个点上的结论,似乎不太合情理。这就是原假设中统计量所在的区域一定是闭区域,备选假设中统计量所在的区域一定是开区域的原因。

4.1.4 假设检验的显著性水平

由于假设检验面对的都是随机问题,因此接受或拒绝任何假设都面临一定的风险。假设检验的显著性水平就是度量这些风险的一个标准。

我们对假设检验的结果所包含的风险进行仔细的分析。

如前所述,假设检验是针对原假设进行的。假设检验不能证明原假设,只能根据检验数据决定拒绝或不能拒绝原假设。如果拒绝原假设,就意味着接受备选假设;如果不能拒绝原假设,那么既不能拒绝也不能接受备选假设。

假设检验的结果有以下几种可能:

(1) 原假设事实上是正确的,假设检验没有拒绝原假设,没有犯错误。

(2) 原假设事实上是错误的,假设检验拒绝了原假设,没有犯错误。

(3) 原假设事实上是正确的,假设检验拒绝了原假设,犯了错误,称为第一类错误。

(4) 原假设事实上是错误的,假设检验没有拒绝原假设,犯了错误,称为第二类错误。

发生第一类错误的概率用 α 表示,α 是得出第一类错误结论的风险,即出现“原假设事实上是正确的,但假设检验(错误地)拒绝了原假设,备选假设事实上是错误的,但被假设检验(错误地)接受了”这一结果的风险。α 称为假设检验的显著性水平。

医学上,发生第一类错误的概率就是事实上健康的人被错误地诊断为有病的概率,称为误诊率。$\alpha = 0.05$ 表示每 100 个前来就诊但事实上没有病的人中,有 5 个被误诊为有病。

法律上,发生第一类错误的概率就是事实上无罪的人被错误地判决为有罪的概率,称为误判率。$\alpha = 0.05$ 表示 100 个法庭判决但事实上无罪的人中,有 5 个被误判为有罪。

$1 - \alpha$ 称为置信系数,表示“原假设事实上是正确的,假设检验没有拒绝原假设”的概率。医学上,$1 - \alpha = 0.95$ 表示 100 个前来就诊但事实上无病的人中,95 个被正确地判断为无病。法律上,$1 - \alpha = 0.95$ 表示 100 个法庭判决但事实上无罪的人中,95 个被正确地判为无罪。

发生第二类错误的概率用 β 表示,是得出第二类错误结论的风险,即出现“原假设事实上是错误的,假设检验没有拒绝原假设”这一结果的风险。

在医学上,发生第二类错误的概率就是来就诊而且事实上有病的人,没有被诊断出来的概率,称为漏诊率。$\beta = 0.05$ 表示前来就诊而且事实上有病的 100 位患者,有 5 位被错误地诊断为没有病。

在法律上,发生第二类错误的概率就是法庭判决而且事实上犯了罪的人,被判为无罪的概率,称为漏判率。$\beta = 0.05$ 表示法庭判决而且事实上犯罪的 100 人中,有 5 人被错误地判为无罪。

$1-\beta$ 称为假设检验的势,表示原假设事实上是错误的且被正确拒绝的概率。医学上,$1-\beta=0.95$ 表示前来就诊且事实上有病的100个患者中,有95个被正确地诊断为有病。法律上,$1-\beta=0.95$ 表示法庭判决且事实上有罪的100个人中,有95个被正确地判为有罪。

对于同一个假设检验,发生第一类错误的概率 α 和发生第二类错误的概率 β 是有联系的。α 和 β 的变化方向往往是相反的,即 α 减少,β 会增加。

在医学诊断中,检验指标的临界值(判定"正常"和"异常"的界限)会直接影响误诊率 α 和漏诊率 β。例如,检验指标的临界值为50,小于50为指标正常(指标阴性),大于50为指标异常(指标阳性)。这个临界值并不是绝对的,在实践中,往往会出现虽然指标大于50,为阳性,但实际上是无病的人,这样的现象称为误诊。同时,也会出现指标小于50,为阴性,但实际上是有病的人,称为漏诊。如图4.3所示,误诊和漏诊各为2人,误诊率 $\alpha=2/8=0.25$,漏诊率 $\beta=2/7=0.286$。

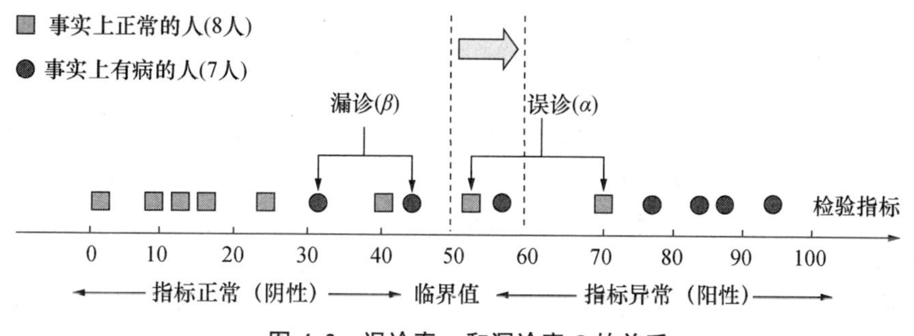

图 4.3 误诊率 α 和漏诊率 β 的关系

如果将检验指标的临界值由50向异常端移动,变成60,误诊人数将会减少,变为1人。误诊率 α(事实上无病,被诊断为有病的比率)变成 $\alpha=1/8=0.125$。同时,漏诊人数将会增加,变为3人。漏诊率 β(事实上有病,被诊断为无病的比率)变成 $\beta=3/7=0.429$。

在法律上,法官为了减少误判率 α(无罪被判为有罪的比率),往往会对证据要求更加严格。这样做的结果是,虽然可以减少误判的可能性,但是有更多实际上有罪的人会被法官因证据不足而定为无罪,即漏判率 β 往往会随之增加。

在同一项假设检验中,如果样本数确定,就不可能同时减少第一类错误和第二类错误发生的概率。能否根据实际情况,适当权衡发生第一类错误的概率 α 和第二类错误的概率 β 的大小,是假设检验设计者总体控制能力的体现。

当然,如果增加样本数,增加统计的信息量,则可以同时有效地减少 α 和 β。但是增加信息量是需要付出代价的,增加样本势必会增加假设检验的成本。

4.1.5 检验统计量和决策准则

假设检验统计量有很多,本书讨论最常用的三个检验统计量,即均值、比例和方差。我们在第3章中已经看到,根据总体属性的不同假设,这三个统计量的分布是不同的,可以是正态分布、t 分布和 χ^2 分布等。

根据样本计算的统计量落在什么范围内,假设被拒绝,落在什么范围内,假设不能被拒绝,被称为假设检验的决策准则。

什么样的假设应该被拒绝呢?我们举一个非常浅显的例子来说明。

对“每天上下班要花费多少时间”这个问题进行问卷调查,根据100位受访者的数据,计算出上下班花费时间的均值为1.0小时,标准差为0.1小时。

如果有以下两个假设:“每天上下班要花费2个小时”或“每天上下班只要0.1小时”,不用任何计算,根据直觉就可以肯定这两个假设都是不靠谱的。

“不靠谱”用统计的语言来表达,就是“0.1小时”标准化以后的统计量是$(0.1-1)/0.1=-9$,“2小时”标准化以后的统计量是$(2-1)/0.1=10$,它们都分别远远落在标准化的均值0小时的左侧和右侧。如果上下班时间均值这个统计量服从正态分布,标准正态分布统计量小于-9的累积概率为NORM.S.DIST(-9,TRUE)=1.12859E-19,标准正态分布统计量大于10的累积概率为1-NORM.S.DIST(10,TRUE),几乎等于0。也就是说,这两个假设出现的概率都是非常非常小的。在一次抽样中出现如此小的概率事件是不可能的,因此这两个假设都应该被拒绝。

简而言之,如果一个假设中相应统计量的大小太离谱,这样的假设就应该被拒绝。

仅检验统计量“是否小到离谱”的检验就是左尾检验,仅检验统计量“是否大到离谱”的检验就是右尾检验。“是否小到离谱”或“大到离谱”两者都需要检验的,就是双尾检验。

统计量的大小是不是离谱,衡量的标准就是这个统计量对应的概率值是否小于显著性水平α。对于一个假设是用左尾检验、右尾检验还是双尾检验,检验的标准是什么,这就是统计量假设检验的决策准则。

1. 左尾检验准则,拒绝域在左侧

H_0:检验统计量$\geq$常数

H_1:检验统计量$<$常数

简称左尾检验,如图4.4所示。

如果统计量落入左侧的拒绝域(概率为α),则拒绝原假设,接受备选假设。否则,不能拒绝原假设。

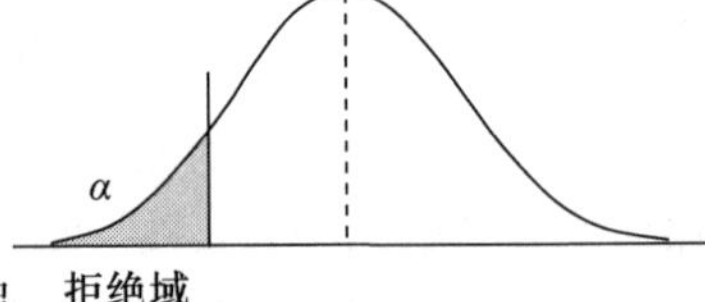

图4.4　左尾检验

2. 右尾检验准则,拒绝域在右侧

H_0:检验统计量$\leq$常数

H_1:检验统计量$>$常数

简称右尾检验,如图4.5所示。

如果统计量落入右侧的拒绝域(概率为α),则拒绝原假设,接受备选假设;否则,不能拒绝原假设。

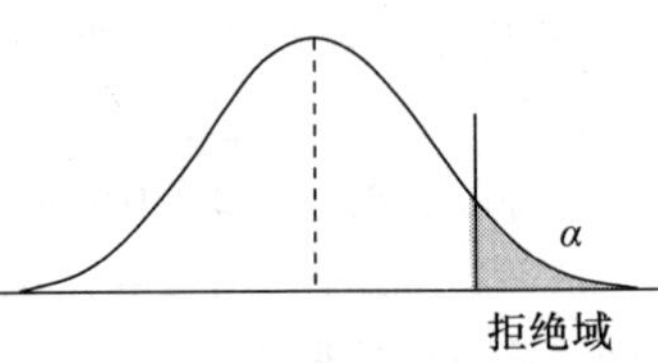

图4.5　右尾检验

3. 双尾检验准则,拒绝域在两侧

H_0:检验统计量$=$常数

H_1:检验统计量$\neq$常数

简称双尾检验,如图4.6所示。

如果统计量落入两侧拒绝域中的任何一个(每个概率为$\alpha/2$),则拒绝原假设,接受备选假设;否则,不能拒绝原假设。

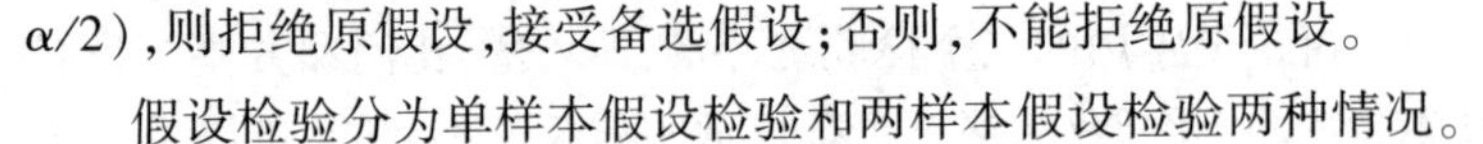

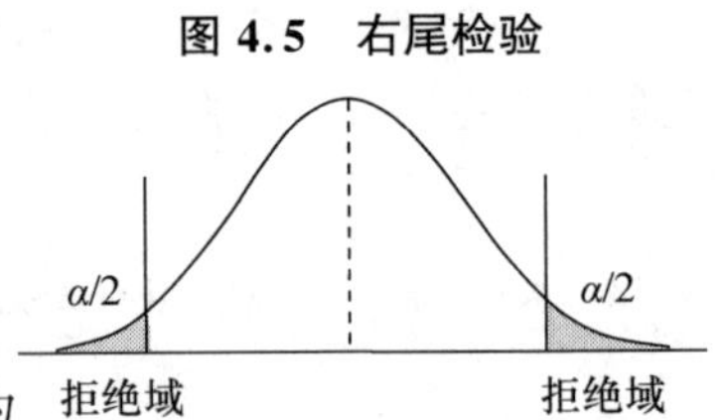

图4.6　双尾检验

假设检验分为单样本假设检验和两样本假设检验两种情况。

表4.4和表4.5总结了单样本假设检验和两样本假设检验的类型、统计量分布、自由度和决策准则。

表 4.4　单样本假设检验一览表

	检验			假设	统计量分布及表达式	自由度	决策准则
	对象	条件	类型				
1	均值	方差未知	左尾	$H_0:\mu \geqslant \mu_0$ $H_1:\mu < \mu_0$	t 分布 $t=\dfrac{\bar{x}-\mu_0}{s/\sqrt{n}}$	$n-1$	若 $t<t_{左尾\alpha,n-1}$，拒绝 H_0
2			右尾	$H_0:\mu \leqslant \mu_0$ $H_1:\mu > \mu_0$			若 $t>t_{右尾\alpha,n-1}$，拒绝 H_0
3			双尾	$H_0:\mu = \mu_0$ $H_1:\mu \neq \mu_0$			若 $t<t_{左尾\alpha/2,n-1}$ 或 $t>t_{右尾\alpha/2,n-1}$，拒绝 H_0
4		方差已知	左尾	$H_0:\mu \geqslant \mu_0$ $H_1:\mu < \mu_0$	正态分布 $z=\dfrac{\bar{x}-\mu_0}{s/\sqrt{n}}$		若 $z<z_{左尾\alpha}$，拒绝 H_0
5			右尾	$H_0:\mu \leqslant \mu_0$ $H_1:\mu > \mu_0$			若 $z>z_{右尾\alpha}$，拒绝 H_0
6			双尾	$H_0:\mu = \mu_0$ $H_1:\mu \neq \mu_0$			若 $z<z_{左尾\alpha/2}$ 或 $z>z_{右尾\alpha/2}$，拒绝 H_0
7	比例		左尾	$H_0:\pi \geqslant \pi_0$ $H_1:\pi < \pi_0$	正态分布 $z=\dfrac{\rho-\pi_0}{\sqrt{\pi_0(1-\pi_0)/n}}$		若 $z<z_{左尾\alpha}$，拒绝 H_0
8			右尾	$H_0:\pi \leqslant \pi_0$ $H_1:\pi > \pi_0$			若 $z>z_{右尾\alpha}$，拒绝 H_0
9			双尾	$H_0:\pi = \pi_0$ $H_1:\pi \neq \pi_0$			若 $z<z_{左尾\alpha/2}$ 或 $z>z_{右尾\alpha/2}$，拒绝 H_0

表 4.5　两样本假设检验一览表

	检验			假设	统计量分布及表达式	自由度	决策准则
	对象	条件	类型				
1	均值	方差已知	左尾	$H_0:\mu_1-\mu_2 \geqslant 0$ $H_1:\mu_1-\mu_2 < 0$	正态分布 $z=\dfrac{\bar{x}_1-\bar{x}_2}{\sqrt{s_1^2/n_1+s_2^2/n_2}}$		若 $z<z_{左尾\alpha}$，拒绝 H_0
2			右尾	$H_0:\mu_1-\mu_2 \leqslant 0$ $H_1:\mu_1-\mu_2 > 0$			若 $z>z_{右尾\alpha}$，拒绝 H_0
3			双尾	$H_0:\mu_1-\mu_2 = 0$ $H_1:\mu_1-\mu_2 \neq 0$			若 $z<z_{左尾\alpha/2}$ 或 $z>z_{右尾\alpha/2}$，拒绝 H_0
4		方差未知且不等	左尾	$H_0:\mu_1-\mu_2 \geqslant 0$ $H_1:\mu_1-\mu_2 < 0$	t 分布 $t=\dfrac{\bar{x}_1-\bar{x}_2}{\sqrt{s_1^2/n_1+s_2^2/n_2}}$	$\mathrm{df}=\dfrac{(s_1^2/n_1+s_2^2/n_2)^2}{\dfrac{(s_1^2/n_1)^2}{n_1-1}+\dfrac{(s_2^2/n_2)^2}{n_2-1}}$	若 $t<t_{左尾\alpha,\mathrm{df}}$，拒绝 H_0
5			右尾	$H_0:\mu_1-\mu_2 \leqslant 0$ $H_1:\mu_1-\mu_2 > 0$			若 $t>t_{右尾\alpha,\mathrm{df}}$，拒绝 H_0
6			双尾	$H_0:\mu_1-\mu_2 = 0$ $H_1:\mu_1-\mu_2 \neq 0$			若 $t<-t_{双尾\alpha,\mathrm{df}}$ 或 $t>t_{双尾\alpha,\mathrm{df}}$，拒绝 H_0
7		方差未知且相等	左尾	$H_0:\mu_1-\mu_2 \geqslant 0$ $H_1:\mu_1-\mu_2 < 0$	t 分布 $t=\dfrac{\bar{x}_1-\bar{x}_2}{s_p\sqrt{1/n_1+1/n_2}}$ $s_p=\sqrt{\dfrac{(n_1-1)s_1^2+(n_2-1)s_2^2}{n_1+n_2-2}}$	$\mathrm{df}=n_1+n_2-2$	若 $t<t_{左尾\alpha,\mathrm{df}}$，拒绝 H_0
8			右尾	$H_0:\mu_1-\mu_2 \leqslant 0$ $H_1:\mu_1-\mu_2 > 0$			若 $t>t_{右尾\alpha,\mathrm{df}}$，拒绝 H_0
9			双尾	$H_0:\mu_1-\mu_2 = 0$ $H_1:\mu_1-\mu_2 \neq 0$			若 $t<-t_{双尾\alpha,\mathrm{df}}$ 或 $t>t_{双尾\alpha,\mathrm{df}}$，拒绝 H_0
10	比例		左尾	$H_0:\pi_1-\pi_2 \geqslant 0$ $H_1:\pi_1-\pi_2 < 0$	正态分布 $z=\dfrac{p_1-p_2}{\sqrt{p(1-p)\left(\dfrac{1}{n_1}+\dfrac{1}{n_2}\right)}}$		若 $z<z_{左尾\alpha}$，拒绝 H_0
11			右尾	$H_0:\pi_1-\pi_2 \leqslant 0$ $H_1:\pi_1-\pi_2 > 0$			若 $z>z_{右尾\alpha}$，拒绝 H_0
12			双尾	$H_0:\pi_1-\pi_2 = 0$ $H_1:\pi_1-\pi_2 \neq 0$			若 $z<z_{左尾\alpha/2}$ 或 $z>z_{右尾\alpha/2}$，拒绝 H_0
13	方差之比		双尾	$H_0:\sigma_1^2=\sigma_2^2$ $H_1:\sigma_1^2 \neq \sigma_2^2$	F 分布 $F=\dfrac{s_1^2}{s_2^2}$　$s_1^2>s_2^2$	第一自由度为 n_1-1 第二自由度为 n_2-1	若 $F<F_{左尾\alpha/2,n_1-1,n_2-1}$ 或 $F>F_{右尾\alpha/2,n_1-1,n_2-1}$，拒绝 H_0

4.2 单样本假设检验

4.2.1 单样本均值检验

单样本均值检验的抽样分布与总体标准差是否已知有关。如果总体标准差已知,则抽样分布服从正态分布;如果总体标准差未知,则抽样分布服从 t 分布。对于大多数实际问题而言,总体标准差都是未知的,需要用样本估计得到。

例 4.4 通过问卷调查,得到五个年龄组人群每周平均上网时间的数据,如表 4.6 所示。

表 4.6 五个年龄组人群每周平均上网时间

分组样本	18 岁以下	18—24 岁	25—30 岁	31—40 岁	40 岁以上
被调查人数 n	136	257	164	111	64
均值 x	6.5882	20.9222	20.2927	16.3243	15.2813
标准差 s	2.3679	2.2207	2.8885	2.7803	3.6579

假设总体标准差未知,显著性水平为 0.05。

(1) 检验“18 岁以下年龄组人群每周平均上网时间小于 7 小时”这一论断的正确性。

(2) 检验“18—24 岁年龄组人群每周平均上网时间大于 20 小时”这一论断的正确性。

(3) 检验“25—30 岁年龄组人群每周平均上网时间不等于 20 小时”这一论断的正确性。

解 对于问题(1),构建以下假设:

H_0:18 岁以下年龄组人群每周平均上网时间≥7 小时

H_1:18 岁以下年龄组人群每周平均上网时间 <7 小时

这是总体标准差未知、样本数 $n=136$、显著性水平 $\alpha=0.05$、单样本、均值 $\bar{x}=6.5882$、标准差 $s=2.3679$ 的左尾检验,即表 4.4 中的第 1 种检验类型。检验统计量以及统计量的值为:

$$t=\frac{\bar{x}-\mu_0}{s/\sqrt{n}}=\frac{6.588-7}{2.3679/\sqrt{136}}=-2.0279$$

显著性水平 $\alpha=0.05$,自由度 $=n-1=136-1=135$,计算拒绝域的临界值为:

$$t_{左尾\alpha,n-1}=t_{左尾0.05,136-1}=\text{T.INV}(0.05,135)=-1.6562$$

统计量 t、拒绝域的临界值 $t_{左尾\alpha,n-1}$ 和拒绝域的图形如图 4.7 所示。由于统计量 $t<t_{左尾\alpha,n-1}$,落入左侧拒绝域,因此拒绝原假设,接受备选假设,即接受“18 岁以下年龄组人群每周平均上网时间 <7 小时”这个结论。

如果样本数 n 减少到 80,则 t 检验的临界值变为:

$$t_{左尾\alpha,n-1}=t_{左尾0.05,80-1}=\text{T.INV}(0.05,79)=-1.6644$$

统计量 t 变为:

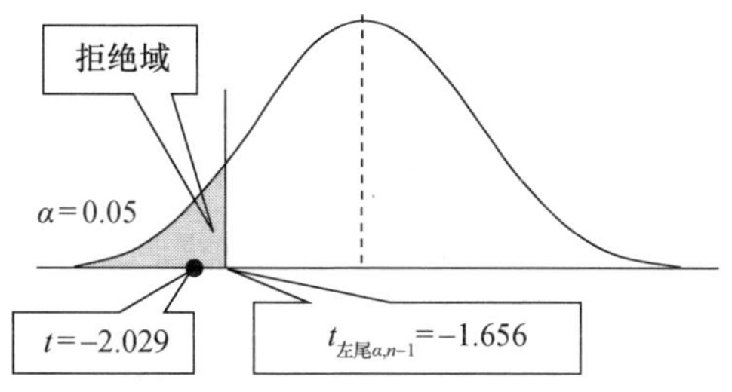

图 4.7　单样本均值左尾检验

$$t = \frac{\bar{x} - \mu_0}{s/\sqrt{n}} = \frac{6.5882 - 7}{2.3679/\sqrt{80}} = -1.5554$$

由于统计量 $t > t_{左尾\alpha,n-1}$，没有落在拒绝域内，因此不能拒绝原假设，也不能接受备选假设。

如果问题(1)设总体标准差已知，则统计量 z 服从正态分布。

$$z = \frac{\bar{x} - \mu_0}{\sigma/\sqrt{n}} = \frac{6.5882 - 7}{2.3679/\sqrt{136}} = -2.0279$$

拒绝域临界值为：

$$z_{左尾\alpha} = z_{左尾0.05} = \text{NORM.S.INV}(0.05) = -1.6449$$

由于统计量 $z < z_{左尾\alpha}$，落入左侧拒绝域，因此拒绝原假设，接受备选假设。

正态分布统计量数值与 t 分布相同，临界值的数值与 t 分布稍有差别，但假设检验结论没有变化。

下面用“数据通”求解问题(1)。

打开文件“例 4.4 上网时间的单样本均值检验.xlsx”，选择 Excel 菜单“数据通 > 假设检验 > 单样本假设检验 > 单样本均值检验”，弹出“单样本均值假设检验”对话窗口，依次填写“假设构建”“数据获取”“结果输出”三个选项卡，如图 4.8 所示。

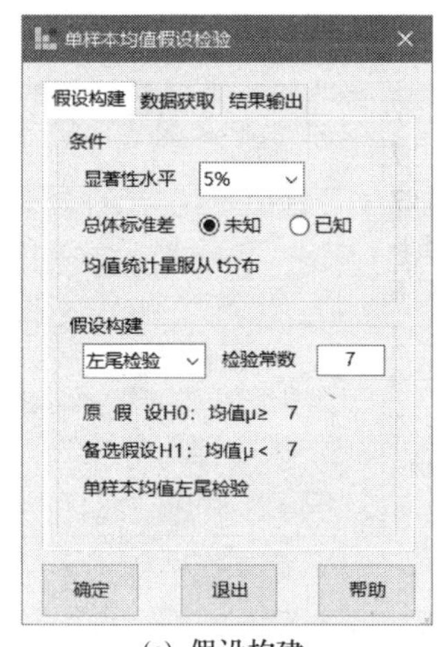

(a) 假设构建

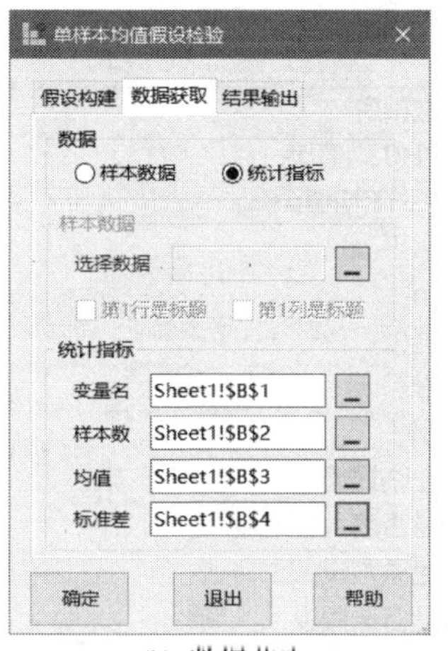

(b) 数据获取

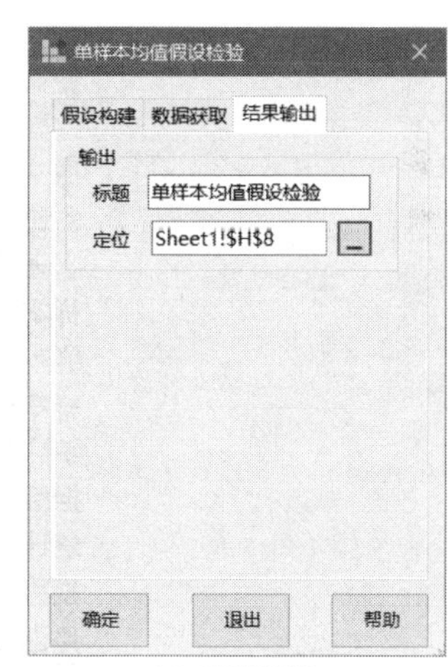

(c) 结果输出

图 4.8　问题(1)：单样本均值假设检验

单击“确定”，输出如图 4.9 所示的计算结果。由于统计量 −2.0279 < 拒绝域左临界值

-1.6562,因此拒绝原假设,接受备选假设,即统计论断“18 岁以下年龄组人群每周上网时间均值 <7 小时”在统计学意义上是正确的。

单样本均值假设检验	
• 总体属性：总体标准差未知，均值服从t分布	
• 假设检验类型：左尾检验	
• 输入的数据来自：样本统计指标	
变量名	18岁以下
检验常数(μ0)	7
原 假 设H0:均值μ≥	7
备选假设H1:均值μ<	7
显著性水平(α)	5%
样本数(n)	136
样本均值(μ)	6.5882
样本标准差(s)	2.3679
自由度(df)	135.0000
统计量(t)	-2.0279
拒绝域左临界值	-1.6562
统计量是否落入拒绝域	是
是否拒绝原假设	是
是否接受备选假设	是

图 4.9　总体标准差未知的计算结果

如果图 4.8(a)假设构建中“总体标准差”选“已知”,即样本均值服从正态分布,其他选项不变,则输出结果如图 4.10 所示。

单样本均值假设检验	
• 总体属性：总体标准差已知，均值服从正态分布	
• 假设检验类型：左尾检验	
• 输入的数据来自：样本统计指标	
变量名	18岁以下
检验常数(μ0)	7
原 假 设H0:均值μ≥	7
备选假设H1:均值μ<	7
显著性水平(α)	5%
样本数(n)	136
样本均值(μ)	6.5882
样本标准差(s)	2.3679
统计量(z)	-2.0279
拒绝域左临界值	-1.6449
统计量是否落入拒绝域	是
是否拒绝原假设	是
是否接受备选假设	是

图 4.10　总体标准差已知的计算结果

比较图 4.9 和图 4.10,可以看到,两者计算结果稍有差别,但假设检验的结论没有变化。大样本(样本数 >30)问题,t 分布和正态分布差别非常小。因此,大样本条件下,单样本假设检验总体标准差可任选“未知”或“已知”,一般不会影响假设检验结论。不过,总体标准差选“未知”,假设样本均值服从 t 分布,假设检验的数据更准确一些。

对于问题(2),构建以下假设:

H_0:18—24 岁年龄组人群每周平均上网时间≤20 小时

H_1:18—24 岁年龄组人群每周平均上网时间 > 20 小时

拒绝域临界值为:

$$t_{右尾\alpha,n-1} = t_{右尾0.05,257-1} = t_{左尾0.95,257-1} = \mathrm{T.INV}(0.95, 256) = 1.651$$

统计量的值为:

$$t = \frac{\bar{x} - \mu_0}{s/\sqrt{n}} = \frac{20.922 - 20}{2.221/\sqrt{257}} = 6.655$$

统计量 t、拒绝域临界值 $t_{右尾\alpha,n-1}$ 和拒绝域如图 4.11 所示。由于 $t > t_{右尾\alpha,n-1}$,落入右侧拒绝域,因此拒绝原假设 H_0,接受备选假设 H_1,即接受“18—24 岁年龄组人群每周平均上网时间 > 20 小时”这个结论。

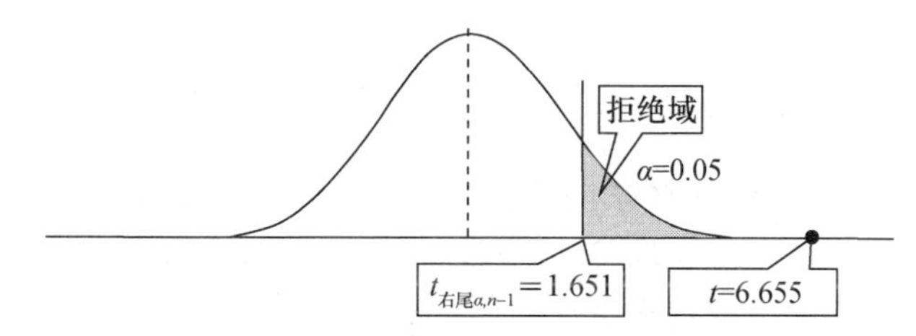

图 4.11　单样本均值右尾检验

如果样本数减少到 50 人,则:

$$t_{右尾\alpha,n-1} = t_{左尾1-0.05,50-1} = \mathrm{T.INV}(095, 49) = 1.677$$

$$t = \frac{\bar{x} - \mu_0}{s/\sqrt{n}} = \frac{20.922 - 20}{2.221/\sqrt{50}} = 2.935$$

统计量 t(2.935)还是大于拒绝域临界值(1.677)。因此仍然拒绝原假设,即接受备选假设“18—24 岁年龄组人群每周平均上网时间 > 20 小时”这个结论。

如果问题(2)设总体标准差已知,则统计量服从正态分布。

$$z = \frac{\bar{x} - \mu_0}{\sigma/\sqrt{n}} = \frac{20.922 - 20}{2.221/\sqrt{257}} = 6.655$$

拒绝域临界值为:

$$z_{右尾\alpha} = z_{左尾1-\alpha} = z_{左尾1-0.05} = z_{左尾0.95} = \mathrm{NORM.S.INV}(0.95) = 1.645$$

由于 $z > z_{右尾\alpha}$,落入右侧拒绝域,因此拒绝原假设,接受备选假设。

由此可见,正态分布统计量的数值与 t 分布相同,临界值的数值与 t 分布稍有差别,但假设检验结论没有变化。

下面用“数据通”求解问题(2)。

打开文件,选择 Excel 菜单“数据通 > 假设检验 > 单样本假设检验 > 单样本均值检验”,弹出“单样本均值假设检验”对话窗口,依次填写“假设构建”“数据获取”“结果输出”三个选项卡,如图 4.12 所示。

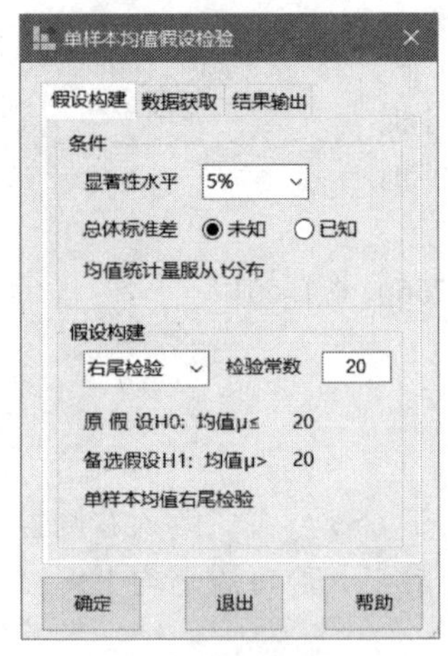

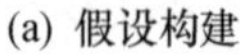
(a) 假设构建

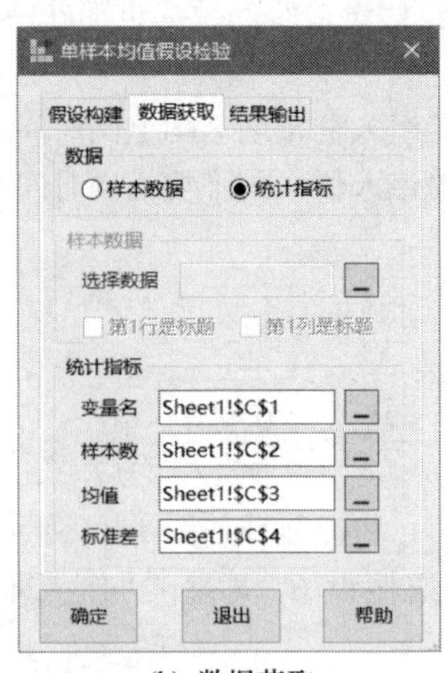

(b) 数据获取

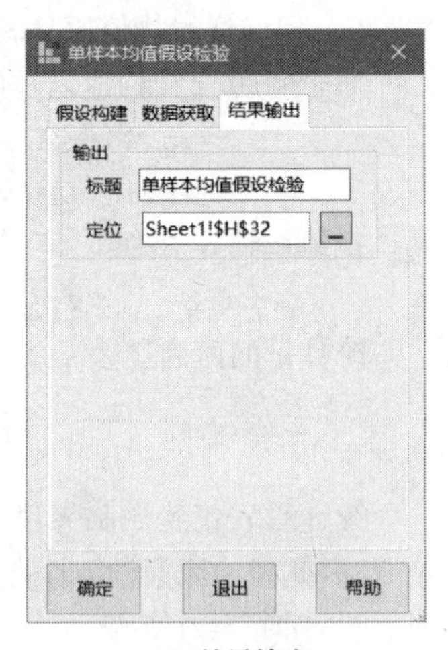

(c) 结果输出

图 4.12 问题(2):单样本均值假设检验

单击“确定”,输出如图4.13所示的计算结果。由于统计量6.6573 > 拒绝域右临界值1.6508,因此拒绝原假设,接受备选假设,即统计论断“18—24岁年龄组人群每周上网时间均值 > 20小时”在统计学意义上是正确的。

单样本均值假设检验	
• 总体属性：总体标准差未知，均值服从t分布	
• 假设检验类型：右尾检验	
• 输入的数据来自：样本统计指标	
变量名	18—24岁
检验常数(μ0)	20
原 假 设H0:均值μ≤	20
备选假设H1:均值μ>	20
显著性水平(α)	5%
样本数(n)	257
样本均值(μ)	20.9222
样本标准差(s)	2.2207
自由度(df)	256.0000
统计量(t)	6.6573
拒绝域右临界值	1.6508
统计量是否落入拒绝域	是
是否拒绝原假设	是
是否接受备选假设	是

图 4.13 总体标准差未知的计算结果

如果图4.12(a)假设构建中“总体标准差”选“已知”,即样本均值服从正态分布,其他选项不变,则输出结果如图4.14所示。

单样本均值假设检验	
• 总体属性：总体标准差已知，均值服从正态分布	
• 假设检验类型：右尾检验	
• 输入的数据来自：样本统计指标	
变量名	18—24岁
检验常数(μ0)	20
原 假 设H0:均值μ≤	20
备选假设H1:均值μ>	20
显著性水平(α)	5%
样本数(n)	257
样本均值(μ)	20.9222
样本标准差(s)	2.2207
统计量(z)	6.6573
拒绝域右临界值	1.6449
统计量是否落入拒绝域	是
是否拒绝原假设	是
是否接受备选假设	是

图 4.14　总体标准差已知的计算结果

比较图 4.13 和图 4.14，可以看出，两者计算结果稍有差别，但假设检验的结论没有变化。

对于问题(3)，这是一个样本数 $n=168$、单样本、均值 $\bar{x}=20.293$、标准差 $s=2.888$ 的双尾检验，$\alpha=0.05$，即表 4.4 中第 3 种检验类型。构建以下假设：

H_0：25—30 岁年龄组人群每周平均上网时间 = 20 小时

H_1：25—30 岁年龄组人群每周平均上网时间 ≠ 20 小时

两侧拒绝域的左、右临界值为：

$$-t_{双尾\alpha,n-1} = -t_{双尾0.05,168-1} = -\text{T.INV.2T}(0.05,167) = -1.974$$

$$t_{双尾\alpha,n-1} = t_{双尾\,0.05,168-1} = \text{T.INV.2T}(0.05,167) = 1.974$$

统计量的值为：

$$t = \frac{\bar{x}-\mu_0}{s/\sqrt{n}} = \frac{20.293-20}{2.888/\sqrt{168}} = 1.315$$

统计量 t、拒绝域临界值 $\pm t_{双尾\alpha,n-1}$ 和拒绝域图形如图 4.15 所示。

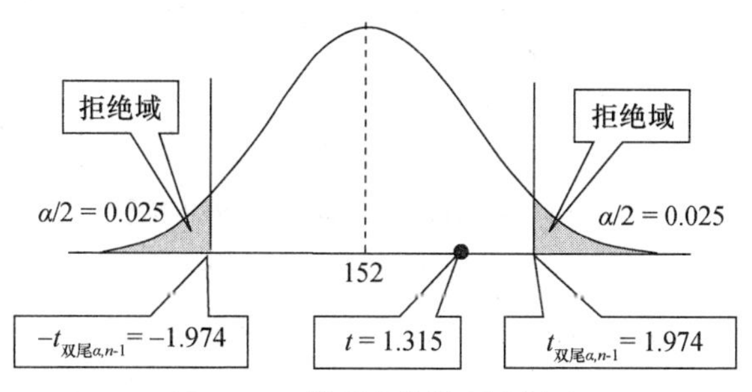

图 4.15　单样本均值双尾检验

由于 $-t_{双尾\alpha,n-1} < t < t_{双尾\alpha,n-1}$，统计量 t 未落入两侧任何一个拒绝域内，因此不能拒绝原假设 H_0，也不能接受备选假设。也就是说，在 0.05 的显著性水平下，不能接受“25—30 岁年龄组人群每周平均上网时间不等于 20 小时”这个结论。事实上，一次 168 个样本的抽样，根据均值等于 20.293 小时做出“平均上网时间不等于 20 小时”的结论，从直觉上也不太好接受。因此，“25—30 岁年龄组人群每周平均上网时间等于 20 小时”不能被拒绝，从常理上来讲是合理的。

如果问题(3)设总体标准差已知，则统计量服从正态分布。

$$z = \frac{\bar{x} - \mu_0}{\sigma / \sqrt{n}} = \frac{20.293 - 20}{2.888 / \sqrt{168}} = 1.315$$

拒绝域临界值为：

$$z_{左尾\alpha/2} = z_{左尾0.05/2} = z_{左尾0.025} = \text{NORM.S.INV}(0.025) = -1.960$$

$$z_{右尾\alpha/2} = z_{左尾1-\alpha/2} = z_{左尾1-0.05/2} = z_{左尾0.975} = \text{NORM.S.INV}(0.975) = 1.960$$

由于 $z_{左尾\alpha/2} < z < z_{右尾\alpha/2}$，未落入任何一侧拒绝域，因此不能拒绝原假设。

正态分布统计量的数值与 t 分布相同，临界值的数值与 t 分布稍有差别，但假设检验结论没有变化。

下面用“数据通”求解问题(3)。

打开文件，选择 Excel 菜单“数据通 > 假设检验 > 单样本假设检验 > 单样本均值检验”，弹出“单样本均值假设检验”对话窗口，依次填写“假设构建”“数据获取”“结果输出”三个选项卡，如图 4.16 所示。

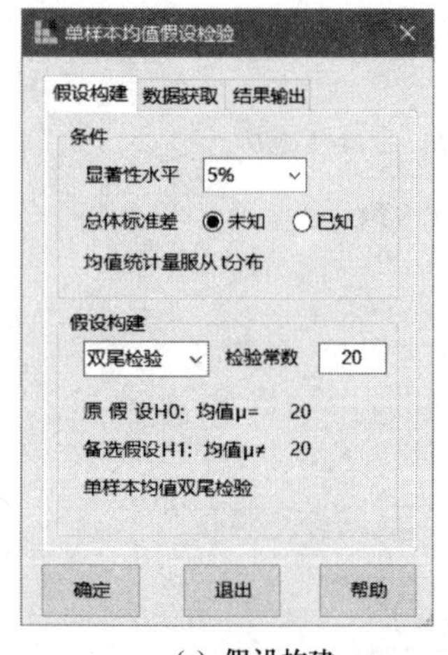

(a) 假设构建

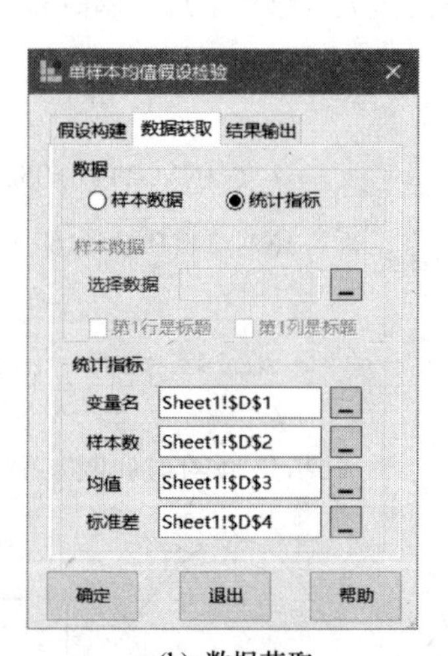

(b) 数据获取

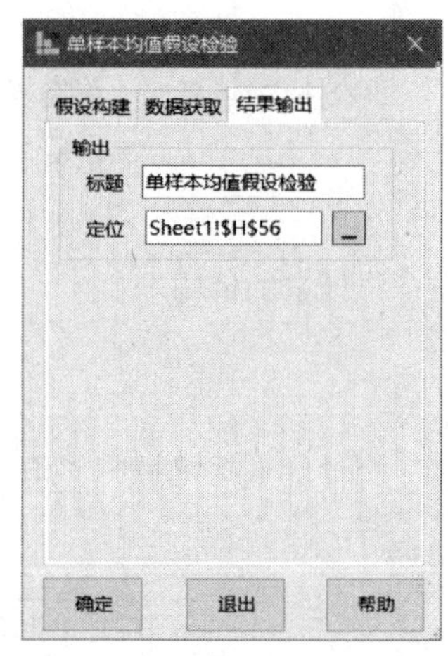

(c) 结果输出

图 4.16 问题(3)：单样本均值假设检验

单击“确定”，输出如图 4.17 所示的计算结果。由于统计量 1.2976 落在拒绝域左临界值 -1.9746 和右临界值 1.9746 之间，未落入任何一个拒绝域，因此无法拒绝原假设，无法接受备选假设，即无法判断统计论断“25—30 岁年龄组人群每周平均上网时间不等于 20 小时”是否正确。

单样本均值假设检验	
• 总体属性：总体标准差未知，均值服从t分布	
• 假设检验类型：双尾检验	
• 输入的数据来自：样本统计指标	
变量名	25—30岁
检验常数(μ0)	20
原 假 设H0:均值μ=	20
备选假设H1:均值μ≠	20
显著性水平(α)	5%
样本数(n)	164
样本均值(μ)	20.2927
样本标准差(s)	2.8885
自由度(df)	163.0000
统计量(t)	1.2976
拒绝域左临界值	-1.9746
拒绝域右临界值	1.9746
统计量是否落入拒绝域	否
是否拒绝原假设	否
是否接受备选假设	否

图 4.17　总体标准差未知的计算结果

如果图 4.16(a)假设构建中“总体标准差”选“已知”,即样本均值服从正态分布,其他选项不变,则输出结果如图 4.18 所示。

单样本均值假设检验	
• 总体属性：总体标准差已知，均值服从正态分布	
• 假设检验类型：双尾检验	
• 输入的数据来自：样本统计指标	
变量名	25—30岁
检验常数(μ0)	20
原 假 设H0:均值μ=	20
备选假设H1:均值μ≠	20
显著性水平(α)	5%
样本数(n)	164
样本均值(μ)	20.2927
样本标准差(s)	2.8885
统计量(z)	1.2976
拒绝域左临界值	-1.9600
拒绝域右临界值	1.9600
统计量是否落入拒绝域	否
是否拒绝原假设	否
是否接受备选假设	否

图 4.18　总体标准差已知的计算结果

比较图 4.17 和图 4.18,可以看到,两者计算结果稍有差别,但假设检验的结论没有变化。

如前所述,单样本均值检验时,假设总体方差已知或未知,相应的统计量分布是不同的,分别为正态分布或 t 分布。由以上结果可以看出,对于同样的样本数据,t 分布的统计量数值和正态分布的统计量数值完全相同、拒绝域临界值也比较接近,假设总体方差已知和未知两种情况的假设检验结果是相同的。这是由于这三个问题的样本数都比较大。一般认为,只要样本数大于 30,即所谓的大样本问题,t 分布和正态分布就非常接近,t 分布可以用正态分布代替。因此,在大样本的情况下,总体方差已知(统计量服从正态分布)和总体方差未知(统计量服从 t 分布)两种情况对假设检验的结果并没有什么影响。

4.2.2 单样本比例检验

单样本假设检验除了均值假设检验以外,比例假设检验也是实际问题中比较常见的。

例 4.5 选举中只有 A、B 两位候选人。对 10000 个选民的民意调查结果显示,明确支持候选人 A 的选民有 4939 人,明确支持候选人 B 的选民有 4863 人。还有摇摆选民 198 人,假定其中 1/3 支持候选人 A,1/3 支持候选人 B,1/3 不参加投票。要求:在 0.05 的显著性水平下,对候选人 A 是否会当选进行假设检验。

解 为了构建假设,首先要明确所主张的结论。在本例中,假定摇摆选民 198 人中有 1/3 (66 人)会投票支持候选人 A,1/3 会投票支持候选人 B,1/3 不会参加投票。这样,投票总人数将为 9934 人(10000 - 66),预计候选人 A 的得票数将会达到 5005 人(4939 + 66),而候选人 B 的得票数将会是 4929 人(4863 + 66)。第一次民意测验的数据如图 4.19 所示。

	A	B	C	D	E
1	第一次民意测验数据				
2	候选人A			候选人B	
3	摇摆选民人数	66		摇摆选民人数	66
4	忠诚选民人数	4939		忠诚选民人数	4863
5	支持选民总数	5005		支持选民总数	4929
6	总票数	9934		总票数	9934
7	得票率	50.38%		得票率	49.62%

图 4.19 第一次民意测验数据

候选人 A 的得票率超过了 50%,因此我们的主张是该候选人将会获胜。但是这个主张只是根据一次民意测验(一次抽样)得到的,带有随机性,因此还需要进行假设检验来予以确认。根据这个主张,构造以下假设:

H_0:候选人 A 的得票率≤50%

H_1:候选人 A 的得票率 > 50%

这是一个单样本比例右尾检验,对应于表 4.4 中的第 8 种类型,统计量服从正态分布。显著性水平 $\alpha = 0.05$,样本比例 $\rho = 5005/9934 = 0.5038$,检验常数 $\pi_0 = 0.5$,样本数 $n = 9934$。

统计量为:

$$z = \frac{\rho - \pi_0}{\sqrt{\pi_0(1 - \pi_0)/n}} = \frac{5005/9934 - 0.5}{\sqrt{0.5 \times (1 - 0.5)/9934}} = 0.763$$

拒绝域临界值为:

$$z_{\text{右尾}\alpha} = z_{\text{右尾}0.05} = z_{\text{左尾}1-0.05} = z_{\text{左尾}0.95} = \text{NORM.S.INV}(0.95) = 1.645$$

由于 $z < z_{\text{右尾}\alpha}$,未落入右侧拒绝域,因此不能拒绝原假设 H_0,不能接受备选假设 H_1,即不能肯定候选 A 的得票率会超过 50%。

也可以从另一角度,对候选人 B 的得票率进行假设检验。假设构建如下:

H_0:候选人 B 的得票率≥50%

H_1:候选人 B 的得票率 <50%

这是一个单样本比例左尾检验,对应于表4.4 中第7 种类型,统计量服从正态分布。显著性水平 $\alpha=0.05$,样本比例 $\rho=4\,929/9\,934=0.4962$,检验常数 $\pi_0=0.5$,样本数 $n=9\,934$。

统计量为:

$$z=\frac{\rho-\pi_0}{\sqrt{\pi_0(1-\pi_0)/n}}=\frac{4\,929/9\,934-0.5}{\sqrt{0.5\times(1-0.5)/9\,934}}=-0.763$$

拒绝域临界值为:

$$z_{左尾\alpha}=z_{左尾0.05}=\mathrm{NORM.S.INV}(0.05)=-1.645$$

由于 $z>z_{左尾\alpha}$,同样未落入左侧拒绝域,因此不能拒绝原假设 H_0,也不能接受备选假设 H_1,即不能肯定候选人 B 的得票率会小于 50%。总之,在现有显著性水平和样本数条件下,根据这次选民民意调查数据,对两位候选人是否能当选不能得出任何明确的结论,需要增加样本数进一步分析研究。

下面用"数据通"对第一次民意调查进行假设检验。

对于候选人 A 是否一定会赢得选举的问题,构造以下假设:

H_0:候选人 A 的得票率≤50%

H_1:候选人 A 的得票率 >50%

这是一个单样本比例右尾检验。

打开文件"例4.5 选举得票率的单样本比例检验.xlsx",选择 Excel 菜单"数据通 > 假设检验 > 单样本假设检验 > 单样本比例检验",弹出"单样本比例假设检验"对话窗口,依次填写"条件""假设构建""数据""输出"选项(见图 4.20),单击"确定",输出如图 4.21 所示的结果。

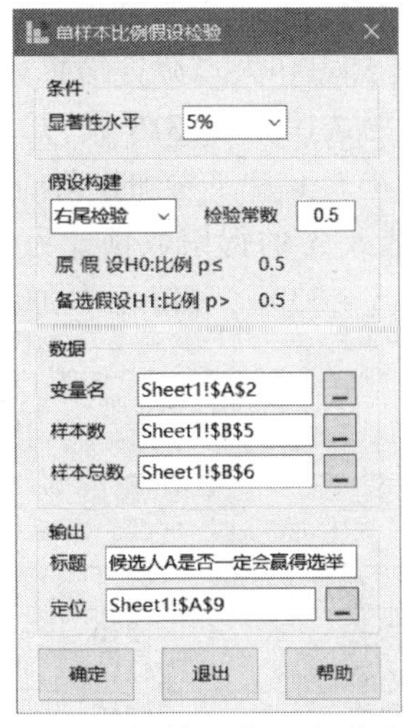

图 4.20　第一次民意测验候选人 A 的假设检验

候选人A是否一定会赢得选举	
项目	数值和结论
变量名	候选人A
检验常数(p0)	0.5
原 假 设H0:比例 p≤	0.5
备选假设H1:比例 p>	0.5
显著性水平(α)	5%
样本数(m)	5005
样本总数(n)	9934
样本比例(p=m/n)	0.5038
统计量(z)	0.7625
拒绝域右临界值z(1-α)	1.6449
统计量是否落入拒绝域	否
是否拒绝原假设	否
是否接受备选假设	否

图 4.21　第一次民意测验候选人 A 的假设检验结果

从图4.21 可以看出,不能拒绝原假设"候选人 A 的得票率≤50%",不能接受备选假设"候选人 A 的得票率 >50%"。假设检验没有明确的结果。

也可以对候选人 B 的得票率进行假设检验,看候选人 B 是否一定不会当选。构造以下假设:

H_0:候选人 B 的得票率≥50%

H_1:候选人 B 的得票率 <50%

这是一个单样本比例左尾检验。

在“单样本比例假设检验”对话窗口中按图 4.22 所示填写相应内容,单击“确定”,输出如图 4.23 所示的结果。

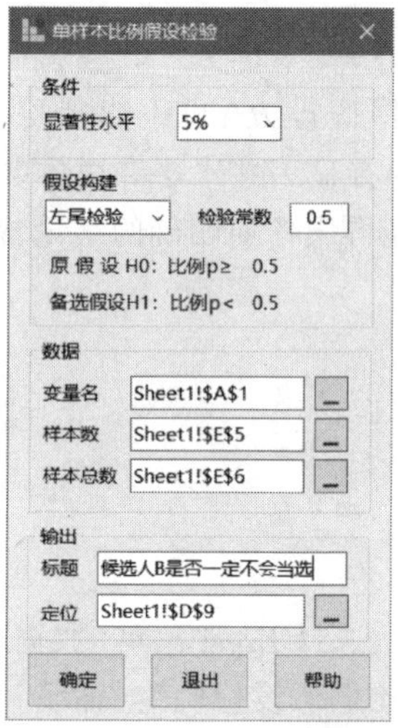

单样本比例假设检验

条件

显著性水平 5%

假设构建

左尾检验 检验常数 0.5

原 假 设 H0: 比例p≥ 0.5

备选假设H1: 比例p< 0.5

数据

变量名 Sheet1!$A$1

样本数 Sheet1!$E$5

样本总数 Sheet1!$E$6

输出

标题 候选人B是否一定不会当选

定位 Sheet1!$D$9

确定 退出 帮助

图 4.22 第一次民意测验候选人 B 的假设检验

候选人B是否一定不会赢得选举	
项目	数值和结论
变量名	候选人B
检验常数(p0)	0.5
原 假 设 H0:比例p≥	0.5
备选假设H1:比例p<	0.5
显著性水平(α)	5%
样本数(m)	4929
样本总数(n)	9934
样本比例(p=m/n)	0.4962
统计量(z)	-0.7625
拒绝域左临界值z(α)	-1.6449
统计量是否落入拒绝域	否
是否拒绝原假设	否
是否接受备选假设	否

图 4.23 第一次民意测验候选人 B 的假设检验结果

由此可见,根据第一次民意测验数据,对于候选人 B 的假设检验也没有结果。

假设又对选民进行了第二次民意调查,调查人数扩大到 50 000 人。调查结果如下:结果明确支持候选人 A 的选民为 24 695 人,明确支持候选人 B 的选民为 24 315 人,摇摆选民为 990 人。仍假定摇摆选民中,最终投票支持候选人 A、支持候选人 B 和不参加投票的人数各占 1/3。这样,预计投票总人数为 49 670 人(50 000 - 330),候选人 A 的得票数预计为 25 025 人(24 695 + 330),候选人 B 的得票数预计为 24 645 人(24 315 + 330),最终不参加投票的为 330 人。

第二次民意测验数据如图 4.24 所示。

	G	H	I	J	K
1	第二次民意测验数据				
2	候选人A			候选人B	
3	摇摆选民人数	330		摇摆选民人数	330
4	忠诚选民人数	24695		忠诚选民人数	24315
5	支持选民总数	25025		支持选民总数	24645
6	总票数	49670		总票数	49670
7	得票率	50.38%		得票率	49.62%

图 4.24 第二次民意测验数据

对于候选人 A 的假设不变,仍为单样本右尾检验。假设检验的显著性水平仍为 $\alpha=$

0.05，尽管调查人数增加了，支持候选人 A 的样本比例仍为 $\rho=25\,025/49\,670=0.5038$，与第一次民意调查相同，检验常数仍为 $\pi_0=0.5$，新的样本数 $n=49\,670$。相应的统计量和拒绝域临界值变成：

$$z=\frac{\rho-\pi_0}{\sqrt{\pi_0(1-\pi_0)/n}}=\frac{25\,025/49\,670-0.5}{\sqrt{0.5\times(1-0.5)/49670}}=1.705$$

$$z_{右尾\alpha}=z_{右尾0.05}=z_{左尾0.95}=\text{NORM.S.INV}(0.95)=1.645$$

由于 $z>z_{右尾\alpha}$，落入右侧拒绝域，因此拒绝原假设 H_0，接受备选假设 H_1，即候选 A 的总体得票率会超过 50%。

同样，对于候选人 B 的假设与上一次假设检验相同，显著性水平 $\alpha=0.05$，支持候选人 B 的样本比例仍为 $\rho=24\,645/49\,670=0.4962$，与第一次民意调查相同，检验常数仍为 $\pi_0=0.5$，样本数 $n=49\,670$。统计量和拒绝域临界值则分别变为：

$$z=\frac{\rho-\pi_0}{\sqrt{\pi_0(1-\pi_0)/n}}=\frac{24\,645/49\,670-0.5}{\sqrt{0.5\times(1-0.5)/49670}}=-1.705$$

$$Z_{左尾\alpha}=z_{左尾0.05}=\text{NORM.S.INV}(0.05)=-1.645$$

由于 $z<z_{左尾\alpha}$，落入左侧拒绝域，因此拒绝原假设 H_0，接受备选假设 H_1，即候选人 B 的总体得票率会低于 50%。

下面用“数据通”对第二次民意调查进行假设检验。

对于候选人 A 是否一定会赢得选举的问题，构造以下假设：

H_0：候选人 A 的得票率≤50%

H_1：候选人 A 的得票率 >50%

这是一个单样本比例右尾检验。

打开文件，选择 Excel 菜单“数据通 > 假设检验 > 单样本假设检验 > 单样本比例检验”，弹出“单样本比例假设检验”对话窗口，按图 4.25 所示填写相应内容，单击“确定”，输出如图 4.26 所示的结果。

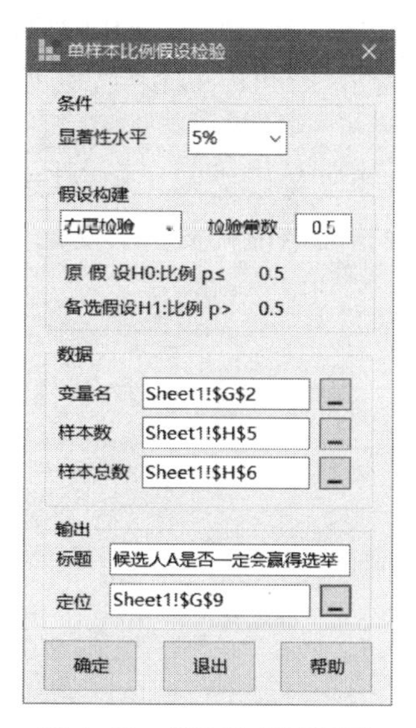

图 4.25　第二次民意测验候选人 A 的假设检验

候选人A是否一定会赢得选举	
项目	数值和结论
变量名	候选人A
检验常数(p0)	0.5
原 假 设H0:比例 p≤	0.5
备选假设H1:比例 p>	0.5
显著性水平(α)	5%
样本数(m)	25025
样本总数(n)	49670
样本比例(p=m/n)	0.5038
统计量(z)	1.7050
拒绝域右临界值z(1-α)	1.6449
统计量是否落入拒绝域	是
是否拒绝原假设	是
是否接受备选假设	是

图 4.26　第二次民意测验候选人 A 的假设检验结果

由图 4.26 可以看出,调查人数扩大到 50 000 后,拒绝原假设“候选人 A 的得票率≤50%”,接受备选假设“候选人 A 的得票率>50%”,即在5%的显著性水平下候选人 A 赢得选举是肯定的。

对于候选人 B 是否一定不会赢得选举的问题,构造以下假设:

H_0:候选人 B 的得票率≥50%

H_1:候选人 B 的得票率<50%

这是一个单样本比例左尾检验。按图 4.27 所示填写“单样本比例假设检验”对话窗口,单击“确定”,输出结果见图 4.28。

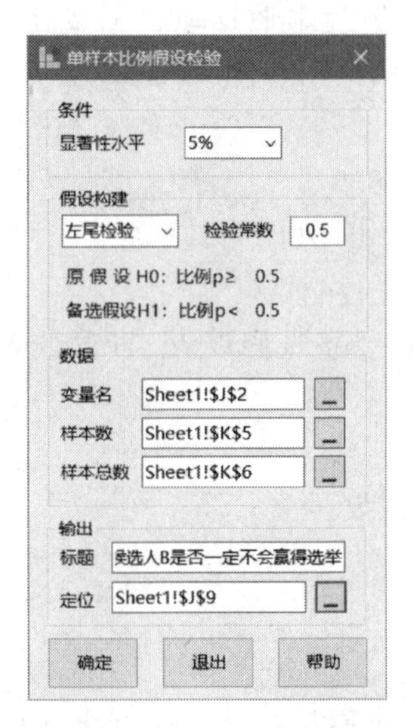

图 4.27 第二次民意测验候选人 B 的假设检验

候选人B是否一定不会赢得选举	
项目	数值和结论
变量名	候选人B
检验常数(p0)	0.5
原 假 设 H0:比例p≥	0.5
备选假设H1:比例p<	0.5
显著性水平(α)	5%
样本数(m)	24645
样本总数(n)	49670
样本比例(p=m/n)	0.4962
统计量(z)	-1.7050
拒绝域左临界值z(α)	-1.6449
统计量是否落入拒绝域	是
是否拒绝原假设	是
是否接受备选假设	是

图 4.28 第二次民意测验候选人 B 的假设检验结果

由图 4.28 可知,在第二次民意测验扩大问卷调查规模以后,关于候选人 B 的原假设“候选人 B 的得票率≥50%”被拒绝,备选假设“候选人 B 的得票率<50%”被接受,也就是说,候选人 B 败选已成事实。

我们注意到,与第一次民意调查相比,第二次民意调查中支持候选人 A 和支持候选人 B 的样本比例未发生变化,但由于样本数增加了 5 倍,假设检验的结论就发生了变化。由此可见,样本数在假设检验中起了重要的作用。

4.3 两样本假设检验

4.3.1 独立两样本均值检验

某种商品的销售额在做广告前和做广告后是否有明显的差别,新设备加工产品的精度比老设备加工产品的精度是否有明显的提高,服用新药的试验组患者和服用安慰剂的对照组患者的临床效果是否有明显差异,新交通规则实施前后道路交通事故数量是否有明显下降,这些都是独立两样本均值检验问题。

独立两样本均值检验是相对于配对两样本均值检验来说的,两者的区别将在下一节配对两样本均值检验中讲解。独立两样本均值检验经常省略“独立”二字,简称为两样本均值检验。

由表 4.5 可知,独立两样本均值检验分为以下几种情况:

(1) 两总体方差已知或未知。大多数情况下两总体方差是未知的,需要将两样本方差分别作为两总体方差的点估计。我们已经知道,方差已知,统计量服从正态分布;方差未知,统计量服从 t 分布。和单样本的情况一样,如果样本数大于 30(称为大样本),t 分布和正态分布就非常接近,因此对于大样本的假设检验,假设总体方差已知或未知对结果不会有什么影响。

(2) 两总体方差相等或不等。如果两总体方差已知,则方差相等或不等就可以确定。如果两总体方差未知,就要根据两样本的方差比较接近或相差较大两种情况,分别假设两总体方差相等或不等。两总体方差相等或不等,相应的统计量的表达式也不相同。

例 4.6 为了研究某种产品的广告对增加销售额是否起作用,我们收集了产品做广告前后的销售额数据(见文件“例 4.6 做广告前后销售额两样本均值之差的检验. *xlsx*”)。做广告前后产品销售额的相关统计数据如表 4.7 所示。

表 4.7 做广告前后产品销售额的相关统计数据

	做广告前的销售额	做广告后的销售额
均值(万元)	24.7188	27.0675
标准差(万元)	2.0718	1.4088
样本数	24	12

要求:用假设检验说明做广告对产品销售额是否有显著的影响。

解 假定我们的假设是,做广告后产品的销售额比做广告前要小。设做广告前产品销售额的均值为 μ_1,做广告后产品销售额的均值为 μ_2。假定两总体方差未知且不相等,需要用样本方差估计。设显著性水平为 0.05,则构造以下假设:

$$H_0:\mu_2-\mu_1\geqslant 0$$

$$H_1:\mu_2-\mu_1<0$$

这是一个总体方差未知且不相等的两样本均值左尾检验,对应于表 4.5 中的第 4 种类型,统计量服从 t 分布。计算统计量:

$$t=\frac{\bar{x}_2-\bar{x}_1}{\sqrt{s_1^2/n_1+s_2^2/n_2}}=\frac{27.0675-24.7188}{\sqrt{2.0718^2/24+1.4088^2/12}}=4.0032$$

计算自由度 df:

$$\mathrm{df}=\frac{(s_1^2/n_1+s_2^2/n_2)^2}{\frac{(s_1^2/n_1)^2}{n_1-1}+\frac{(s_2^2/n_2)^2}{n_2-1}}=\frac{(2.0718^2/24+1.4088^2/12)^2}{\frac{(2.0718^2/24)^2}{23}+\frac{(1.4088^2/12)^2}{11}}=30.6518$$

向下取整,可得 df = 30。

拒绝域临界值为:

$$t_{左尾\alpha,\mathrm{df}} = t_{0.05,30} = \mathrm{T.INV}(0.05,30) = -1.6973$$

t 值、t 拒绝域临界值、拒绝域的图形如图 4.29 所示。由于 $t > t_{左尾\alpha,\mathrm{df}}$，不在拒绝域内，因此不能拒绝原假设。也就是说，不能接受备选假设，即不能认为做广告后销售额的均值比做广告前的均值小。

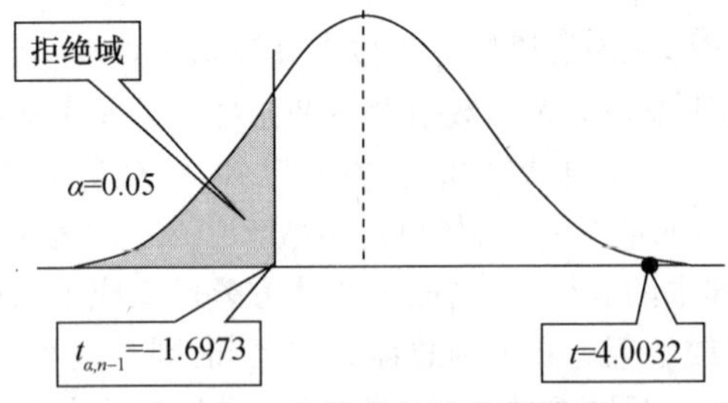

图 4.29　两样本均值左尾检验

根据图 4.29 可以猜测，t 值很可能落入右侧拒绝域内，因此，我们需要改变假设。

设显著性水平仍为 0.05，将假设改为：

$$H_0: \mu_2 - \mu_1 \leqslant 0$$
$$H_1: \mu_2 - \mu_1 > 0$$

即试图得到做广告后销售额的均值比做广告前大的结论，这时假设检验成为总体方差未知且不相等的两样本均值右尾检验，对应于表 4.5 中的第 5 种类型。统计量、自由度的值同前。

$$t = \frac{\bar{x}_2 - \bar{x}_1}{\sqrt{s_1^2/n_1 + s_2^2/n_2}} = \frac{27.0675 - 24.7188}{\sqrt{2.0718^2/24 + 1.4088^2/12}} = 4.0032$$

$$\mathrm{df} = \frac{(s_1^2/n_1 + s_2^2/n_2)^2}{\dfrac{(s_1^2/n_1)^2}{n_1 - 1} + \dfrac{(s_2^2/n_2)^2}{n_2 - 1}} = \frac{(2.0718^2/24 + 1.4088^2/12)^2}{\dfrac{(2.0718^2/24)^2}{23} + \dfrac{(1.4088^2/12)^2}{11}} = 30.5618$$

向下取整，可得 df = 30。

拒绝域临界值为：

$$t_{右尾\alpha,\mathrm{df}} = t_{左尾1-\alpha,\mathrm{df}} = t_{左尾0.95,30} = \mathrm{T.INV}(0.95,30) = 1.6973$$

统计量 t、右侧拒绝域、右侧拒绝域临界值如图 4.30 所示。由于 $t > t_{右尾\alpha,\mathrm{df}}$，落入拒绝域内，因此，拒绝原假设，接受备选假设。我们的第二次猜测是正确的，即做广告后销售额的均值比做广告前的均值大，广告对促销肯定有作用。

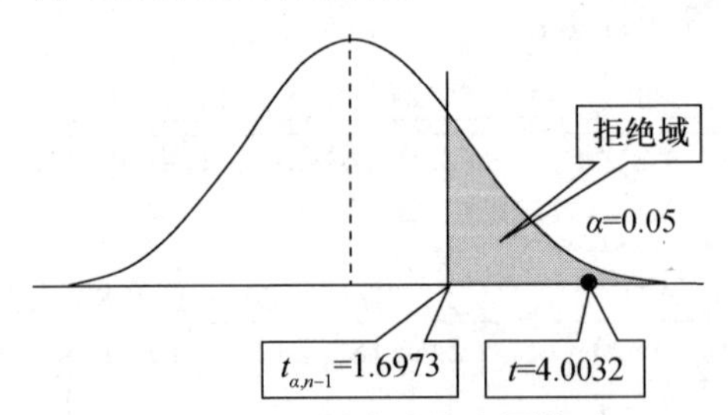

图 4.30　两样本均值右尾检验

用“数据通”求解本例的操作如下：

打开文件“例 4.6 做广告前后销售额两样本均值之差的 t 检验. xlsx”,选择 Excel 菜单“数据通 > 假设检验 > 两样本假设检验 > 两样本均值之差检验”,弹出“两样本均值之差的假设检验”对话窗口,依次设置“假设构建”“数据获取”(样本 A、样本 B)和“结果输出”三个选项卡,如图 4.31 所示。

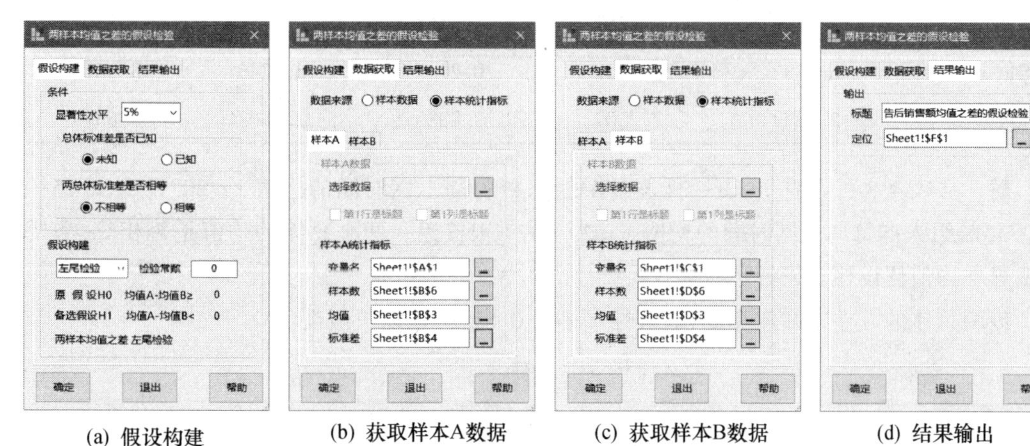

(a) 假设构建　(b) 获取样本A数据　(c) 获取样本B数据　(d) 结果输出

图 4.31　两样本均值之差的假设检验

单击“确定”,输出结果见图 4.32。由图可知,拒绝原假设“做广告后的销售额均值(μ_2) ≤做广告前的销售额均值(μ_1)”,接受备选假设“做广告后的销售额均值(μ_2) > 做广告前的销售额均值(μ_1)”,即广告对产品的促销是有效果的。

两样本均值之差 左尾检验		
• 两总体方差未知,不相等,统计量服从t分布		
• 输入的数据来自样本统计指标		
数据表		
统计指标	做广告前的销售额	做广告后的销售额
样本数n	24	12
均值x	24.7188	27.0675
标准差s	2.0718	1.4088
假设检验表		
项目	数值或结论	
检验常数	0	
原 假 设H0　均值A-均值B≥	0	
备选假设H1　均值A-均值B<	0	
显著性水平α	5%	
均值之差xA-xB	-2.3488	
自由度df	30.5618	
统计量t	-4.0032	
拒绝域左临界值t(α)	-1.6973	
统计量是否落入拒绝域	是	
是否拒绝原假设	是	
是否接受备选假设	是	

图 4.32　两样本均值之差左尾检验输出结果

例 4.7 五个年龄组人群每周平均上网时间统计数据如表 4.8 所示。

表 4.8 各年龄组人群每周平均上网时间 单位:小时

分组样本	18 岁以下	18—24 岁	25—30 岁	31—40 岁	40 岁以上
被调查人数	136	257	164	111	64
均值 x	6.5882	20.9222	20.2927	16.3243	15.2813
标准差 s	2.3679	2.2207	2.8885	2.7803	3.6579

解 从表 4.8 可以看出,18—24 岁年龄组人群每周上网时间的均值 $\bar{x}=20.9222$ 和 25—30 岁年龄组人群每周上网时间的均值 $\bar{x}=20.2927$ 很接近。两个总体的均值是否相等,需要用两样本均值假设检验来解决。

设两总体的方差未知但相等,显著性水平为 0.05,构建以下假设:

$$H_0:\mu_1-\mu_2=0$$
$$H_1:\mu_1-\mu_2\neq 0$$

这是总体方差未知但相等的两样本均值双尾检验,对应于表 4.5 中第 9 种类型。

由于假设两总体的方差相等,因此需要计算一个合并方差 s_p^2 作为两总体的共同方差:

$$s_p=\sqrt{\frac{(n_1-1)s_1^2+(n_2-1)s_2^2}{n_1+n_2-2}}=\sqrt{\frac{(257-1)\times 2.2207^2+(164-1)\times 2.8885^2}{257+164-2}}=2.5017$$

然后计算 t 统计量:

$$t=\frac{\bar{x}_1-\bar{x}_2}{s_p\sqrt{\frac{1}{n_1}+\frac{1}{n_2}}}=\frac{20.9222-20.2927}{2.5056\sqrt{\frac{1}{257}+\frac{1}{164}}}=2.5177$$

计算自由度 df:

$$\text{df}=n_1+n_2-2=257+164-2=419$$

计算拒绝域临界值:

$$\pm t_{\text{双尾}\alpha,\text{df}}=\pm t_{\text{双尾}0.05,423}=\pm \text{T.INV.2T}(0.05,419)=\pm 1.9656$$

由于 $t>t_{\text{双尾}\alpha,\text{df}}$,落入右侧拒绝域,因此拒绝原假设,接受备选假设,即两个年龄组人群每周上网时间的均值是有差异的。

用“数据通”求解操作如下:

打开文件“例 4.7 不同年龄组上网时间两样本均值 t 检验.xlsx”,选择 Excel 菜单“数据通 > 假设检验 > 两样本假设检验 > 两样本均值之差检验”,弹出“两样本均值之差的假设检验”对话窗口,依次设置“假设构建”“数据获取”(样本 A、样本 B)和“结果输出”三个选项卡,如图 4.33 所示。

单击“确定”按钮,输出结果如图 4.34 所示。由图可知,假设检验的结果是:拒绝原假设,接受备选假设,即不能认为两个年龄组人群每周平均上网时间相等。

(a) 假设构建　(b) 获取样本A数据　(c) 获取样本B数据　(d) 结果输出

图 4.33　两样本均值之差的假设检验

两样本均值之差 双尾检验		
• 两总体方差未知，相等，统计量服从t分布		
• 输入的数据来自样本统计指标		
数据表		
统计指标	18—24岁	25—30岁
样本数n	257	164
均值x	20.9222	20.2927
标准差s	2.2207	2.8885
假设检验表		
项目	数值或结论	
检验常数	0	
原 假 设H0　均值A-均值B=	0	
备选假设H1　均值A-均值B≠	0	
显著性水平α	5%	
均值之差xA-xB	0.6295	
自由度df	419.0000	
合成标准差Sp	2.5017	
统计量(t)	2.5177	
拒绝域左临界值-t(α,df)	-1.9656	
拒绝域右临界值t(α,df)	1.9656	
统计量是否落入拒绝域	是	
是否拒绝原假设	是	
是否接受备选假设	是	

图 4.34　两样本均值之差的双尾检验输出结果

例 4.8　由于18—24岁年龄组人群和25—30岁年龄组人群两个样本的数量都远远大于30，因此也可以假定方差是已知的，用样本方差作为总体方差的点估计，统计量为正态分布，即表4.5中第3种类型。正态分布的统计量为：

$$z = \frac{\bar{x}_1 - \bar{x}_2}{\sqrt{\sigma_1^2/n_1 + \sigma_2^2/n_2}} = \frac{20.922 - 20.293}{\sqrt{2.221^2/257 + 2.888^2/164}} = 2.3782$$

拒绝域临界值为:

$$z_{左尾\alpha/2} = -\text{NORM.S.INV}(0.025) = -1.9600$$

$$z_{右尾\alpha/2} = z_{左尾1-\alpha/2} = \text{NORM.S.INV}(0.975) = 1.9600$$

由于$z > z_{右尾\alpha/2}$,落入拒绝域,因此拒绝原假设,接受备选假设。结论和t分布统计量相同。

用“数据通”求解例4.8,只要将图4.33(a)中的“总体标准差是否已知”的选项从“未知”改为“已知”,其他选项不变,单击“确定”按钮就可得到输出结果(见图4.35)。

两样本均值之差 双尾检验		
• 两总体方差已知,统计量服从正态分布		
• 输入的数据来自样本统计指标		
数据表		
统计指标	18—24岁	25—30岁
样本数n	257	164
均值x	20.9222	20.2927
标准差s	2.2207	2.8885
假设检验表		
项目	数值或结论	
检验常数	0	
原 假 设H0 均值A-均值B=	0	
备选假设H1 均值A-均值B≠	0	
显著性水平α	5%	
均值之差xA-xB	0.6295	
统计量z	2.3782	
拒绝域左临界值z(α/2)	-1.9600	
拒绝域右临界值z(1-α/2)	1.9600	
统计量是否落入拒绝域	是	
是否拒绝原假设	是	
是否接受备选假设	是	

图4.35 独立两样本均值之差的双尾检验(两总体标准差已知)输出结果

例4.7和例4.8唯一的差别,就是两总体的标准差是未知或已知。比较例4.7和例4.8可以看出,在大样本条件下,两总体标准差未知或已知(即样本均值服从t分布或正态分布)对假设检验结果不会有什么影响。在大多数实际问题中,总体的标准差都是未知的,都是需要通过样本数据来计算的,因此选择总体标准差未知更符合实际情况。

4.3.2 配对两样本均值检验

上一节独立两样本均值检验中,两组样本是独立的,样本数可以相等也可以不等,两样本中的数据没有对应关系。例4.7中样本A“18岁以下年龄组人群每周上网时间”有136个数据,样本B“18—24岁年龄组人群每周上网时间”有257个数据。由于两个年龄组受访者年龄不同,因此两个样本的受访者都是不同的,两样本数据之间没有任何对应关系。

有一些问题两样本数据是有对应关系的。例如,某游泳队在老教练执教期间,运动员的训练成绩为样本 A,换了新教练以后,运动员的训练成绩为样本 B。我们要用假设检验来研究以下两个问题:

(1) 在新、老教练指导下,游泳队的总体平均训练成绩是否有显著性差别?

(2) 在新、老教练指导下,每位运动员的训练成绩是否有显著性差别?

问题(1)就是独立两样本均值之差的假设检验问题,问题(2)就是配对两样本均值之差的假设检验问题。

独立两样本均值检验是把老教练指导下的训练成绩作为一个总体,新教练指导下的训练成绩作为另一个总体,这两个总体无论是运动员名单、运动员人数都可以不同(这就是"独立"的含义),目标是分析新、老教练指导下总体训练成绩是否有显著性差别。

而配对两样本均值检验,新、老教练指导的运动员人数、成员都必须相同,每个运动员新、老训练成绩作为一个配对,目标是分析这些配对的训练成绩是否有显著性的变化。

有很多问题是配对两样本假设检验问题,例如特定患者治疗前后检验指标的对比,同一设备维修前后性能的对比,100 个儿童每个儿童从 7 岁到 8 岁身高的变化,某两年 1—12 月物价同比的变化,等等。凡是将对象的成对数据作为样本而进行的假设检验,就是配对两样本假设检验。

例 4.9 游泳队有 21 名运动员,每名运动员在老教练指导下的训练成绩(原成绩)和新教练指导下的训练成绩(新成绩)见文件"例 4.9 游泳队训练成绩的配对两样本均值检验.xlsx"。问:更换教练后,运动员的训练成绩是否有显著性提高?

解 设游泳队有运动员 n 人,在老教练指导下 n 名运动员训练成绩总体均值为 μ_1,样本均值为 $\bar{x}_1$,标准差为 σ_1。在新教练指导下,同样这 n 名运动员训练成绩总体均值为 μ_2,样本均值为 $\bar{x}_2$,标准差为 σ_2。用配对两样本均值之差的检验,研究新、老教练指导下运动员的训练成绩是否有显著性的差别。

我们期待的假设是:新教练指导下运动员的训练成绩比老教练指导下运动员的训练成绩要好,构建如下假设:

$$H_0: \mu_1 - \mu_2 \leqslant 0$$

$$H_1: \mu_1 - \mu_2 > 0$$

这是一个配对两样本均值之差的右尾检验。配对两样本均值之差的假设检验统计量为:

$$t = \frac{\bar{x}_1 - \bar{x}_2 - (\mu_1 - \mu_2)}{\sqrt{\dfrac{\sigma_1^2 + \sigma_2^2 - 2\gamma\sigma_1\sigma_2}{n}}}$$

其中,γ 为两组(数据长度相等的)样本数据的相关系数。

打开文件,选择 Excel 菜单"数据通 > 假设检验 > 两样本假设检验 > 配对两样本均值之差检验",弹出"配对两样本均值的假设检验"对话窗口,填写相应选项(见图 4.36),单击"确定",得到输出结果(见图 4.37)。

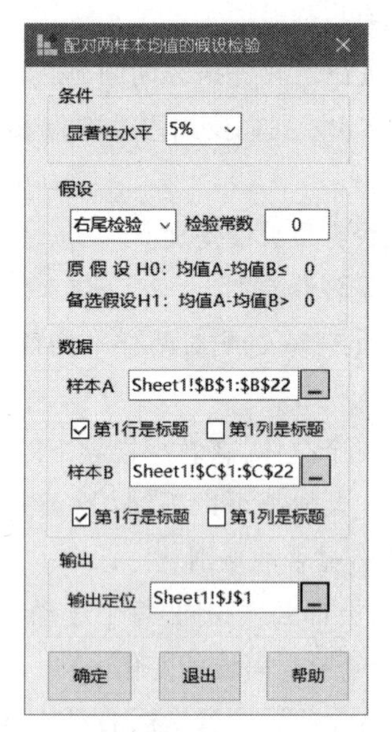

图 4.36　配对两样本均值的假设检验

配对两样本均值之差的假设检验		
• 配对样本均值之差服从t分布		
数据表		
变量名	原成绩（分）	新成绩（分）
样本数(n)	21	21
均值(x)	49.0952	46.3810
标准差(s)	4.8260	5.6078
假设检验表		
项目	数值或结论	
假设均值差	0	
原 假 设 H0：均值A-均值B≤	0	
备选假设H1：均值A-均值B>	0	
显著性水平(α)	5%	
样本数据相关系数(γ)	0.0596	
统计量(t)	1.7330	
自由度(df)	20	
统计量概率值(p-Value)	0.0492	
拒绝域右临界值	1.7247	
统计量是否落入拒绝域	是	
是否拒绝原假设	是	
是否接受备选假设	是	

图 4.37　配对两样本均值之差的假设检验结果

由图 4.37 可以看出，配对两样本均值之差的假设检验拒绝原假设，接受备选假设，即运动员新、老训练配对成绩有显著性差别。

对于同样的样本数据，用独立两样本均值之差检验，看游泳队的新训练成绩是否比老训练成绩有显著性提高。构建以下假设：

$$H_0: \mu_1 - \mu_2 \leqslant 0$$

$$H_1: \mu_1 - \mu_2 > 0$$

这是一个两样本均值右尾检验。假设两总体的标准差未知且不等。选择 Excel 菜单“数据通 > 假设检验 > 两样本假设检验 > 两样本均值之差检验”，弹出“两样本均值之差的假设检验”对话窗口，填写相应选项卡（见图 4.38）。

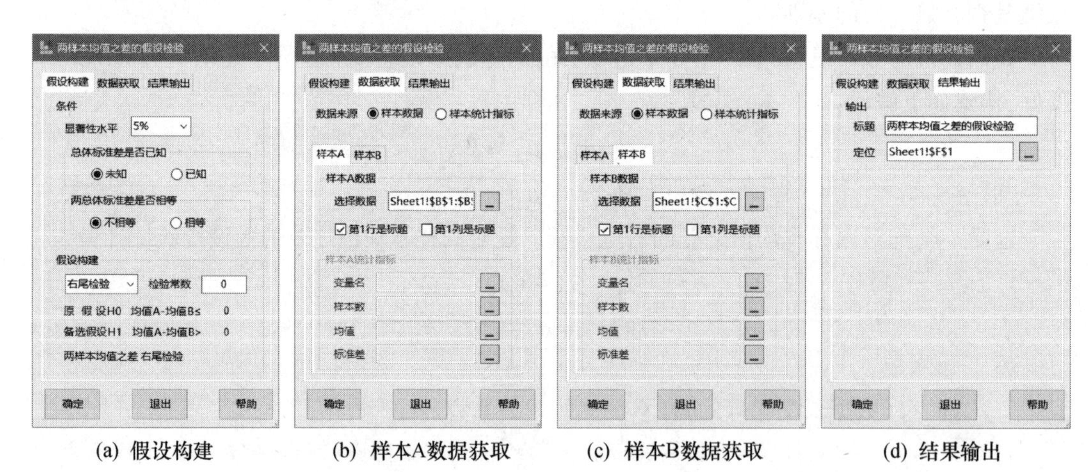

图 4.38　两样本均值之差的假设检验

单击“确定”按钮,输出结果如图 4.39 所示。

两样本均值之差 右尾检验		
• 两总体方差未知，不相等，统计量服从t分布		
• 输入的数据来自样本数据		
数据表		
统计指标	原成绩（分）	新成绩（分）
样本数n	21	21
均值x	49.0952	46.3810
标准差s	4.8260	5.6078
假设检验表		
项目	数值或结论	
检验常数	0	
原 假 设H0 均值A-均值B≤	0	
备选假设H1 均值A-均值B>	0	
显著性水平α	5%	
均值之差xA-xB	2.7143	
自由度df	39.1310	
统计量t	1.6812	
拒绝域右临界值t(2*α,df)	1.6849	
统计量是否落入拒绝域	否	
是否拒绝原假设	否	
是否接受备选假设	否	

图 4.39　独立两样本均值之差的假设检验结果

以上结果表明,独立两样本均值之差的假设检验无法拒绝原假设,无法接受备选假设,即不能肯定游泳队新、老训练成绩的均值是否有显著性差别。

比较两次假设检验的结果图 4.37 和图 4.39,可以看到,对于同样的样本数据,配对两样本均值之差的假设检验和独立两样本均值之差的假设检验得到的结果不相同。

4.3.3　两样本比例检验

交通事故研究人员发现,汽车修理厂中因交通事故受损送来修理的汽车中黑色汽车的比例明显高于其他颜色的汽车,然而这并不足以说明黑色汽车的交通事故率高于其他颜色的汽车。受损的黑色汽车比例高,完全可能是黑色汽车占汽车总量的比例比较高的缘故。因此,要确定黑色汽车的交通事故率是否高于其他颜色的汽车,需要比较因事故受损修理的汽车中黑色汽车的比例是否明显高于黑色汽车量占汽车总量的比例。这就是两样本比例检验的问题。

例 4.10　为了比较一种品牌的矿泉水产品在城市 A 和城市 B 的市场占有率,研究人员分别从城市 A 和城市 B 的市场上随机抽取了两批矿泉水作为样本,每批样本各为 200 瓶。来自城市 A 的样本中,该品牌的矿泉水有 9 瓶;来自城市 B 的样本中,该品牌的矿泉水有 8 瓶。设显著性水平为 0.05。问:抽样的结果能否说明该品牌的矿泉水在城市 A 的市场占有率高于城市 B?

解　设该品牌的矿泉水产品在城市 A 的总体市场占有率为 π_1,样本 A 的数量 $m_1=9$,样

本总数 $n_1=200$，样本比例 $p_1=m_1/n_1=9/200=0.045$；在城市 B 的总体市场占有率为 π_2，样本 B 的数量 $m_2=8$，样本总数 $n_2=200$，样本比例 $p_2=m_2/n_2=8/200=0.04$，样本总比例 $p=(m_1+m_2)/(n_1+n_2)=(9+8)/(200+200)=0.0425$。

构建如下假设：

$$H_0:\pi_1-\pi_2\leqslant 0$$

$$H_1:\pi_1-\pi_2>0$$

这是两样本比例右尾检验，对应于表 4.5 中的第 11 种类型。构造正态分布统计量如下：

$$z=\frac{p_1-p_2}{\sqrt{p(1-p)\left(\frac{1}{n_1}+\frac{1}{n_2}\right)}}=\frac{0.045-0.04}{\sqrt{0.0425\times(1-0.0425)\times\left(\frac{1}{200}+\frac{1}{200}\right)}}=0.2479$$

拒绝域的临界值为：

$$z_{右尾\alpha}=z_{左尾1-\alpha}=z_{左尾1-0.05}=z_{左尾0.95}=\text{NORM.S.INV}(0.95)=1.6449$$

由于 $z<z_{右尾\alpha}$，没有落入右侧拒绝域，因此不能拒绝原假设，不能接受备选假设。也就是说，根据这两个样本，不能说明该品牌的矿泉水在城市 A 的市场占有率比城市 B 高。

用“数据通”求解例 4.10 的步骤如下：

打开文件“例 4.10 200 个样本市场占有率的两样本比例检验.xlsx”，选择 Excel 菜单“数据通 > 假设检验 > 两样本假设检验 > 两样本比例之差检验”，弹出“两样本比例之差的假设检验”对话窗口，设置“显著性水平”为 5%，“假设构建”为右尾检验，“检验常数”为 0。依次设置“样本 A”和“样本 B”两个选项卡，如图 4.40 所示。

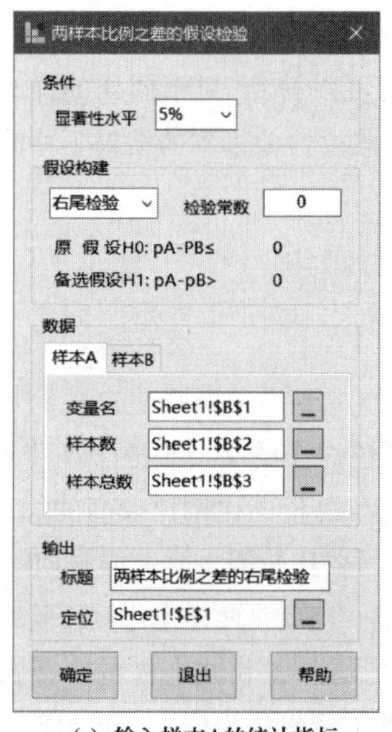

(a) 输入样本A的统计指标

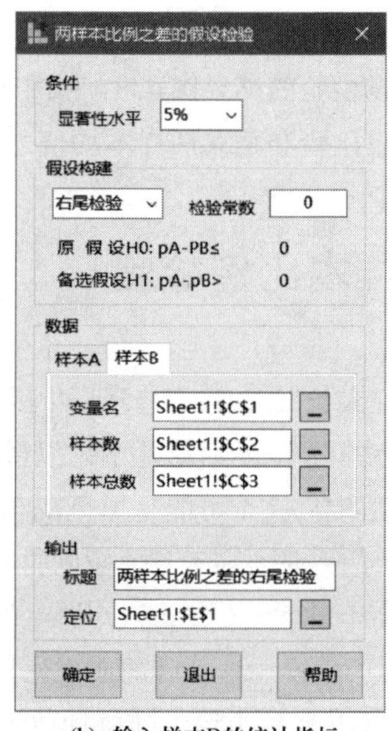

(b) 输入样本B的统计指标

图 4.40　两样本比例之差的假设检验

单击“确定”，输出如图 4.41 所示的结果。由图可知，无法拒绝原假设“矿泉水城市 A 的市场占有率 − 城市 B 的市场占有率≤0”，无法接受备选假设“矿泉水城市 A 的市场占有率 − 城市 B 的市场占有率 >0”，即无法判断该品牌矿泉水在两个城市市场占有率的高低。

两样本比例之差的右尾检验		
•两样本比例之差服从正态分布		
数据表		
统计指标	城市A	城市B
样本数(x)	9	8
样本总数(n)	200	200
样本比例(p=x/n)	4.50%	4.00%
假设检验表		
项目	数值	
显著性水平α		5%
检验常数p0		0.00%
原 假 设H0: pA-pB≤		0.00%
备选假设H1: pA-pB>		0.00%
样本比例之差pA-pB		0.50%
样本总比例p=(xA+xB)/(nA+nB)		4.25%
统计量z		0.2479
拒绝域右临界值z(1-α)		1.6449
统计量是否落入拒绝域	否	
是否拒绝原假设	否	
是否接受备选假设	否	

图 4.41　200 个矿泉水样本两样本比例之差右尾检验结果

例 4.11　为了进一步比较该品牌矿泉水在城市 A 和城市 B 的市场占有率,研究人员又进行了一次更大规模的抽样,两个样本各抽取了 20 000 瓶。结果,第一个样本中,来自城市 A 的该品牌矿泉水有 964 瓶;第二个样本中,来自城市 B 的该品牌矿泉水有 842 瓶。问:抽样的结果能否说明该品牌的矿泉水在城市 A 的市场占有率高于城市 B?

解　根据题意,城市 A 的样本数 $m_1=964$,样本总数 $n_1=20\,000$,样本比例 $p_1=m_1/n_1=964/20\,000=0.0482$,城市 B 的样本数 $m_2=842$,样本总数 $n_2=20\,000$,样本比例 $p_2=m_2/n_2=842/20\,000=0.0421$,样本总比例 $p=(m_1+m_2)/(n_1+n_2)=(964+842)/(20\,000+20\,000)=0.04515$。

构建的假设仍为:

$$H_0:\pi_1-\pi_2\leqslant 0$$
$$H_1:\pi_1-\pi_2>0$$

统计量 z 的值变成:

$$z=\frac{p_1-p_2}{\sqrt{p(1-p)\left(\frac{1}{n_1}+\frac{1}{n_2}\right)}}=\frac{0.0482-0.0421}{\sqrt{0.04515\times(1-0.04515)\times\left(\frac{1}{20\,000}+\frac{1}{20\,000}\right)}}=2.9379$$

拒绝域临界值仍为:

$$z_{右尾\alpha}=z_{左尾1-\alpha}=z_{左尾1-0.05}=z_{左尾0.95}=\text{NORM.S.INV}(0.95)=1.6449$$

由于 $z>z_{右尾\alpha}$,落入拒绝域,因此拒绝原假设,接受备选假设。也就是说,当样本增加到 20 000 后,有 95% 的把握认为该品牌矿泉水在城市 A 的市场占有率比城市 B 高。

用"数据通"求解例 4.11 的步骤如下:

打开文件"例 4.11 20 000 个样本市场占有率的两样本比例检验. xlsx",接下来的操作与例4.10完全相同,最终输出如图4.42所示的结果。可以看到,当总样本数从200增加到20 000后,假设检验有了明确的结果:拒绝原假设“矿泉水城市A的市场占有率 - 城市B的市场占有率≤0”,接受备选假设“矿泉水城市A的市场占有率 - 城市B的市场占有率 > 0”,即该品牌矿泉水在城市A的市场占有率高于在城市B的市场占有率。

两样本比例之差的右尾检验		
•两样本比例之差服从正态分布		
数据表		
统计指标	城市A	城市B
样本数(x)	964	842
样本总数(n)	20000	20000
样本比例(p=x/n)	4.82%	4.21%
假设检验表		
项目	数值	
显著性水平α		5%
检验常数p0		0.00%
原 假 设H0: pA-pB≤		0.00%
备选假设H1: pA-pB>		0.00%
样本比例之差pA-pB		0.61%
样本总比例p=(xA+xB)/(nA+nB)		4.52%
统计量z		2.9379
拒绝域右临界值z(1-α)		1.6449
统计量是否落入拒绝域	是	
是否拒绝原假设	是	
是否接受备选假设	是	

图4.42　20 000个矿泉水样本两样本比例之差右尾检验结果

比较例4.10和例4.11的结果,可以看出样本数在假设检验中起到十分重要的作用。

4.3.4　两样本方差之比检验

在表4.5中,第4、5、6、7四种假设检验都是检验两样本均值之差是否相等,这四种类型都是总体方差未知,其中4、5、6三种类型是假设两样本总体方差不相等,而类型7是假设两样本总体方差相等。从表4.5可以看出,在总体方差未知的前提下,假设两样本总体方差不相等,统计量为:

$$t = \frac{\bar{x}_1 - \bar{x}_2}{\sqrt{s_1^2/n_1 + s_2^2/n_2}}$$

如果两样本总体方差相等,合并标准差为 s_p,统计量为:

$$t = \frac{\bar{x}_1 - \bar{x}_2}{s_p \sqrt{1/n_1 + 1/n_2}}$$

尽管统计量都服从 t 分布,但统计量的表达式是完全不同的。因此,在两样本假设检验中,需要事先研究两总体的方差是否相等。这就需要对两样本方差进行检验。

假设两样本分别来自服从正态分布的总体,两样本的方差分别为 s_1^2 和 s_2^2。统计学理论已经证明，两样本的方差之比服务 F 分布。这一理论就为我们提供了检验两样本方差之比是否等于 1 的工具。

$$F = \frac{s_1^2}{s_2^2}$$

例 4.12　在例 4.7 中，我们曾武断地假定 18—24 岁年龄组人群和 25—30 岁年龄组人群每周上网时间总体方差未知且不相等。现在用 F 检验来研究两总体方差不相等这一假定是否成立。数据见表 4.8。

解　设 18—24 岁年龄组人群和 25—30 岁年龄组人群每周上网时间的总体方差分别为 σ_1^2 和 σ_2^2，样本方差分别为 $s_1^2 = 2.2207^2 = 4.9314$ 和 $s_2^2 = 2.8885^2 = 8.3433$，两样本数分别为 $n_1 = 257$ 和 $n_2 = 164$，显著性水平 $\alpha = 0.05$。构建如下假设：

$$H_0 : \sigma_1^2 = \sigma_2^2$$

$$H_1 : \sigma_1^2 \neq \sigma_2^2$$

分别用两样本方差 s_1^2 和 s_2^2 作为两总体方差 σ_1^2 和 σ_2^2 的点估计。两样本方差之比为：

$$F = \frac{s_1^2}{s_2^2} = \frac{2.2207^2}{2.8885^2} = 0.5911$$

这是双尾 F 检验。如果统计量 F 明显小于 1 或明显大于 1，则拒绝原假设。

由于 F 分布是不对称的，因此需要分别计算左拒绝域的临界值 $F_{左尾\alpha/2,n_1-1,n_2-1}$ 和右拒绝域的临界值 $F_{右尾\alpha/2,n_1-1,n_2-1}$：

$$F_{左尾\alpha/2,n_1-1,n_2-1} = \text{F.INV}(\alpha/2, n_1-1, n_2-1) = \text{F.INV}(0.025, 256, 163) = 0.7602$$

$$F_{右尾\alpha/2,n_1-1,n_2-1} = \text{F.INV.RT}(\alpha/2, n_1-1, n_2-1) = \text{F.INV.RT}(0.025, 256, 163) = 1.3270$$

此例中我们构造的统计量 F 是将较小的样本方差作为分子，较大的样本方差作为分母，因此只需要检验统计量 F 是否落入左侧拒绝域。

由于 $F < F_{左尾\alpha/2,n_1-1,n_2-1}$，落入左侧拒绝域，因此拒绝原假设，接受备选假设，即两样本的方差不等。说明例 4.7 中假设的两总体方差不等是正确的。

用“数据通”求解例 4.12 的步骤如下：

打开文件“例 4.12 上网时间的两样本方差 F 检验.xlsx”，选择 Excel 菜单“数据通 > 两样本假设检验 > 两样本方差之比检验”，弹出“两样本方差之比的假设检验”对话窗口，依次填写“假设构建”“数据获取”（样本 A、样本 B）和“结果输出”选项卡，如图 4.43 所示。

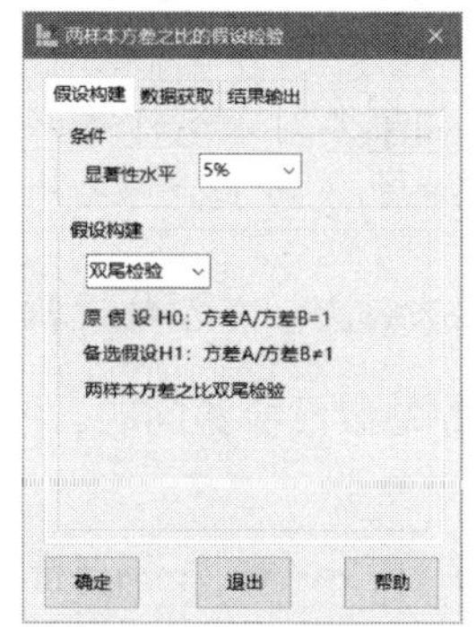

(a) 假设构建

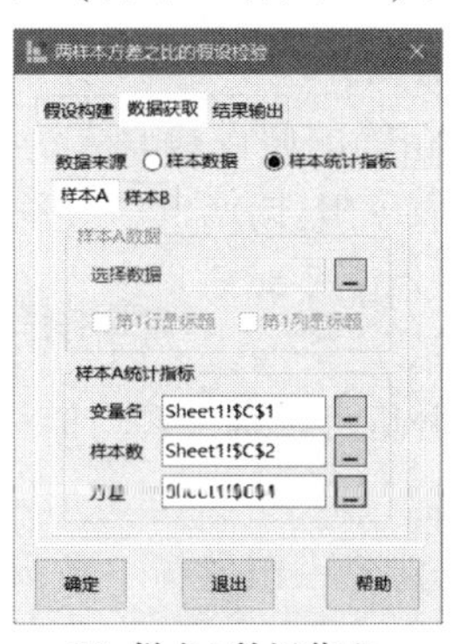

(b) 样本A数据获取

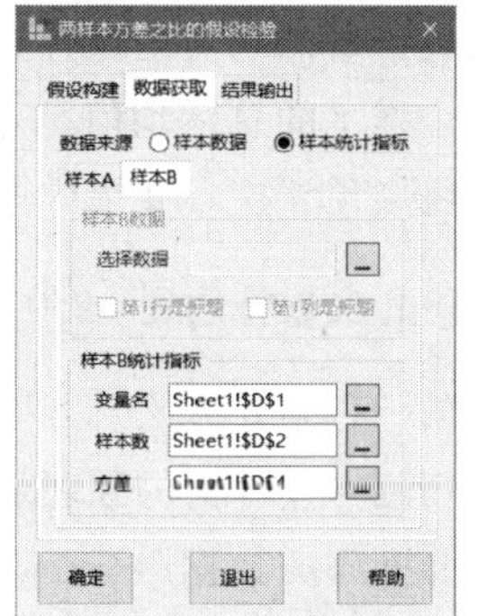

(c) 样本B数据获取

(d) 结果输出

图 4.43　两样本方差之比的假设检验

单击“确定”按钮,输出如图 4.44 所示的结果。可以看出,拒绝原假设,接受备选假设。也就是说,可以肯定,18—24 岁年龄组人群和 25—30 岁年龄组人群平均每周上网时间的方差不相等。

两样本方差之比双尾检验		
• 两总体方差之比服从F分布		
• 输入的数据来自样本统计指标		
数据表		
统计指标	18—24岁	25—30岁
样本数n	257	164
方差v	4.9314	8.3433
假设检验表		
项目	数值或结论	
原 假 设 H0:方差A/方差B=1		
备选假设H1:方差A/方差B≠1		
显著性水平α		5%
统计量F=vA/vB		0.5911
拒绝域左临界值F(1-α,df1,df2)		0.7602
拒绝域右临界值F(α,df1,df2)		1.3270
统计量是否落入拒绝域	是	
是否拒绝原假设	是	
是否接受备选假设	是	

图 4.44　两样本方差之比双尾检验结果

4.4　多样本假设检验方差分析

4.4.1　单因素方差分析

一家企业生产的无绳电话机在杭州、福州、南京、南昌、济南、长沙六个城市 12 个月的销量记录在“例 4.14 无绳电话机销量统计—单因素方差分析”中,在 0.05 的显著性水平下,判断这六个城市无绳电话机销量的均值是否有显著差异。

我们已经掌握了两个样本的总体均值是否相等的假设检验方法。如果要对六组样本两两进行假设检验,总共要进行 15 次。如果样本有 k 组,两两进行假设检验的次数为 C_k^2 次,当组数 $k=100$ 时,两两检验的次数将达到 4 950 次$\left(\frac{100\times 99}{2}\right)$,现实中将无法解决。方差分析就是解决多均值是否相等的一种重要方法。方差分析可以解决多均值相等的假设检验问题,在第 6 章回归分析中也要用到方差分析的原理。

设样本包含 k 组需要处理的数据(treatment),每一组的样本数为 $n_1,n_2,\cdots,n_j,\cdots,n_k$,样本总数 $n=\sum_{j=1}^{k}n_j$。每一组的均值为 $\bar{x}_1, \bar{x}_2, \cdots, \bar{x}_j, \cdots, \bar{x}_k$,所有样本的总均值为 $\bar{x}$。

设第 j 组的第 i 个样本为 x_{ij}，定义以下三个离差：

(1) 样本的总平方和 SST(sum of square in total)是每一个样本 x_{ij} 和所有样本总均值 $\bar{x}$ 之差的平方和。

$$\mathrm{SST} = \sum_{j=1}^{k} \sum_{i=1}^{n_j} (x_{ij} - \bar{x})^2$$

(2) 样本的组间平方和 SSB(sum of square between treatment)是每一组的均值 $\bar{x}_j$ 和总均值 $\bar{x}$ 之差的平方，乘以每组的样本数 n_j 后求和。

$$\mathrm{SSB} = \sum_{j=1}^{k} n_j (\bar{x}_j - \bar{x})^2$$

(3) 样本的组内平方和 SSW(sum of square within treatment)是每一组的样本 x_{ij} 和这组的均值 $\bar{x}_j$ 之差的平方和。

$$\mathrm{SSW} = n\sum_{j=1}^{k} \sum_{i=1}^{n_j} (x_{ij} - \bar{x}_j)^2$$

通过简单的代数运算，可以得到总平方和等于组间平方和与组内平方和之和，即：

$$\mathrm{SST} = \mathrm{SSB} + \mathrm{SSW}$$

例 4.13 为了说明这三个平方和，分析表 4.9 中数据 A 和数据 B，它们都由三组样本组成。

表 4.9 数据 A 和数据 B 相关信息

	数据 A			数据 B		
	组 1	组 2	组 3	组 1	组 2	组 3
样本 1	11	20	30	13	17	36
样本 2	10	21	30	8	25	25
样本 3	10	19	30	12	19	33
样本 4	10	21	30	10	24	22
样本 5	9	19	30	7	15	34
组均值	$\bar{x}_1=10$	$\bar{x}_2=20$	$\bar{x}_3=30$	$\bar{x}_1=10$	$\bar{x}_2=20$	$\bar{x}_3=30$
总均值	$\bar{x}=20$			$\bar{x}=20$		
组内平方和 SSW	2	4	0	26	76	150
组间平方和 SSB	1 000			1 000		
总平方和 SST	1 006			1 252		

根据题意可以看出，数据 A 和数据 B 的组均值、总均值都对应相等，因而组间平方和也相等。但组内平方和与总平方和不相等。数据 A 的总平方和比数据 B 小，是由于数据 A 的组内平方和很小，而数据 B 的组内平方和很大。同时，可以验证，数据 A 和数据 B 的总平方和等于组间平方和与组内平方和之和。

数据 A 和数据 B 的分布特征如图 4.45 所示。可以看出，尽管数据 A 和数据 B 三个组的组均值相等，但数据 A 的组内平方和较小而数据 B 的组内平方和较大。

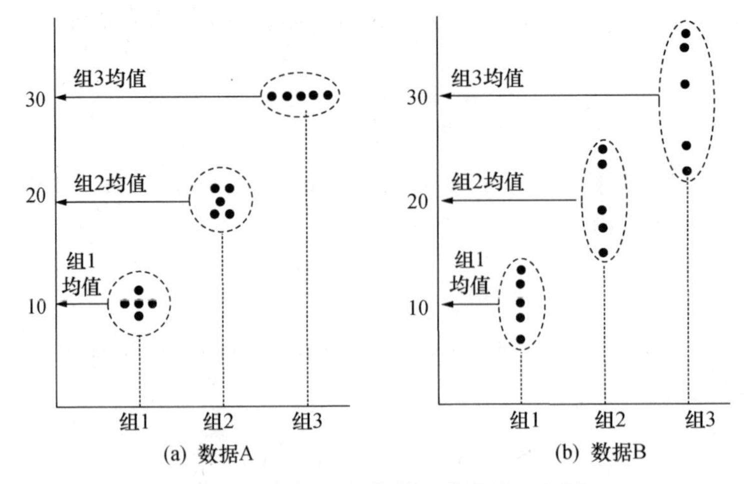

图 4.45　数据 A 和数据 B 的离差示意图

由于平方和的大小与数据量有关，为了消除数据量的影响，分别用总平方和、组间平方和与组内平方和除以它们的自由度，得到总方差（MST）、组间方差（MSB）和组内方差（MSW）。

$$\mathrm{MST} = \frac{\mathrm{SST}}{n-1}$$

$$\mathrm{MSB} = \frac{\mathrm{SSB}}{k-1}$$

$$\mathrm{MSW} = \frac{\mathrm{SSW}}{n-k}$$

如果 k 组样本的组间方差越小，组内方差越大，说明各组样本的组均值越接近。因此，为了检验各组总体的均值 $\mu_1, \mu_2, \cdots, \mu_k$ 是否相等，构建以下假设：

$$H_0: \mu_1 = \mu_2 = \cdots = \mu_k$$

H_1：至少有一个均值不同于其他均值

设显著性水平为 α，构造统计量：

$$F = \frac{\mathrm{MSB}}{\mathrm{MSW}}$$

统计学理论证明这个统计量服从两个自由度为 $k-1$ 和 $n-k$ 的 F 分布。如果统计量 F 大于显著性水平为 α 的临界值 F. INV($\alpha/2$, $k-1$, $n-k$)，则拒绝原假设，接受备选假设。

例 4.14　Excel 中"数据 > 分析 > 数据分析 > 单因素方差分析"提供了对多个样本进行方差分析的工具。我们用文件"例 4.14 无绳电话机销量统计—单因素方差分析. xlsx"说明如何进行方差分析。这个问题只有一个因素——销售城市，因此这样的数据方差分析称为单因素方差分析。

打开文件，选择 Excel 菜单"数据 > 分析 > 数据分析"，出现如图 4.46 所示的窗口，选择"方差分析：单因素方差分析"，出现单因素方差分析参数输入窗口，选择"输入区域"，确定输入区域是否包括标志，"分组方式"为"列"，输入显著性水平 0.05，确定输出区域为$I $1，如图 4.47

所示。

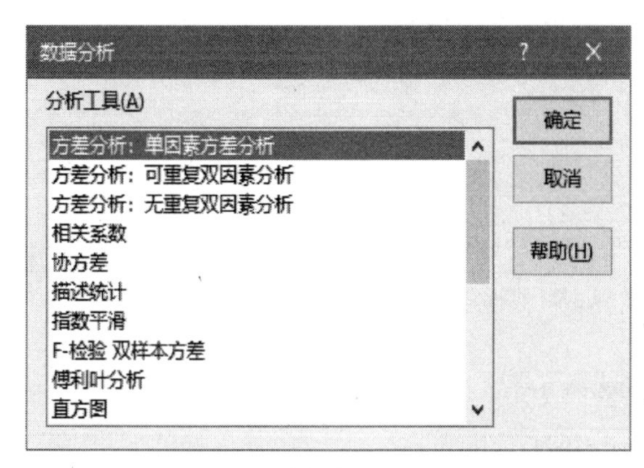

图 4.46　选择数据分析工具

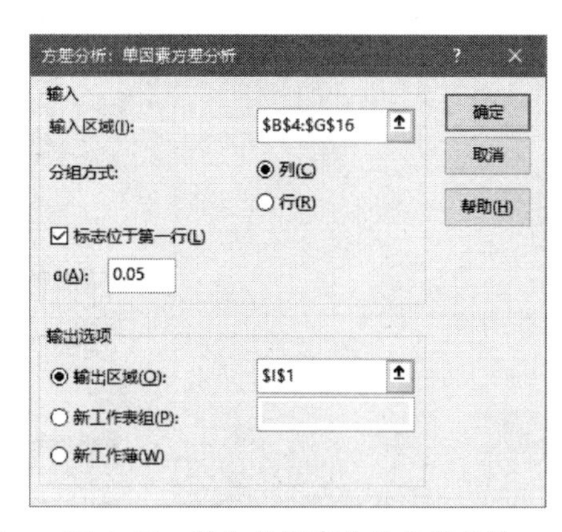

图 4.47　输入单因素方差分析参数

单击“确定”，输出结果如图 4.48 所示。

	A	B	C	D	E	F	G
1	广告媒体	电视	报纸	电视	电视	报纸	报纸
2	销售渠道	百货公司	专卖店	超市	专卖店	超市	百货公司
3							
4	城市	杭州	福州	南京	南昌	济南	长沙
5	1月	336	356	217	477	151	297
6	2月	252	363	192	414	228	359
7	3月	372	406	230	424	167	301
8	4月	354	390	240	475	250	277
9	5月	327	438	214	459	136	283
10	6月	328	439	252	468	182	270
11	7月	280	414	275	458	173	249
12	8月	306	304	250	491	181	351
13	9月	355	374	246	408	210	272
14	10月	361	373	310	436	204	302
15	11月	381	441	313	455	137	347
16	12月	352	414	261	448	117	271
17	均值	333.67	392.67	250.00	451.08	178.00	298.25
18							
19							

	I	J	K	L	M	N	O
1	方差分析：单因素方差分析						
2							
3	SUMMARY						
4	组	观测数	求和	平均	方差		
5	杭州	12	4004	333.6667	1459.879		
6	福州	12	4712	392.6667	1677.697		
7	南京	12	3000	250	1325.818		
8	南昌	12	5413	451.0833	677.3561		
9	济南	12	2136	178	1586.364		
10	长沙	12	3579	298.25	1292.023		
11							
12							
13	方差分析						
14	差异源	SS	df	MS	F	P-value	F crit
15	组间	577711.9	5	115542.4	86.45	1.31E-27	2.353809
16	组内	88210.5	66	1336.523			
17							
18	总计	665922.4	71				

图 4.48　单因素方差分析的输出结果

从图 4.48 可以看到，方差分析输出结果的左上角位于“$I $1”，结果给出了六个城市无绳电话机销量的数据量（观测数）、各样本数据之和、各样本数据的均值（平均）和方差。同时，还给出了组间平方和、组内平方和以及总平方和（SS）、组间自由度、组内自由度和总自由度（df）、F 统计量的值、P 值和 F 临界值（F crit）。

F 值为 86.45，而 F 临界值为 2.35，$F > F$ 临界值，落入拒绝域。因此，拒绝原假设，接受备选假设，即在 0.05 的显著性水平下，这六个城市的无绳电话机销量均值肯定有明显的差别。

用“数据通”求解例 4.14 的步骤如下：

打开文件“例 4.14 无绳电话机销量统计—单因素方差分析.xlsx”，选择 Excel 菜单“数据通 > 假设检验 > 多样本假设检验方差分析 > 单因素方差分析”，弹出“单因素方差分析”对话窗口，依次填写相应选项，如图 4.49 所示。

单击“确定”按钮，输出如图 4.50 所示的结果。可以看出，六个城市无绳电话机销量的均值有显著性差异。

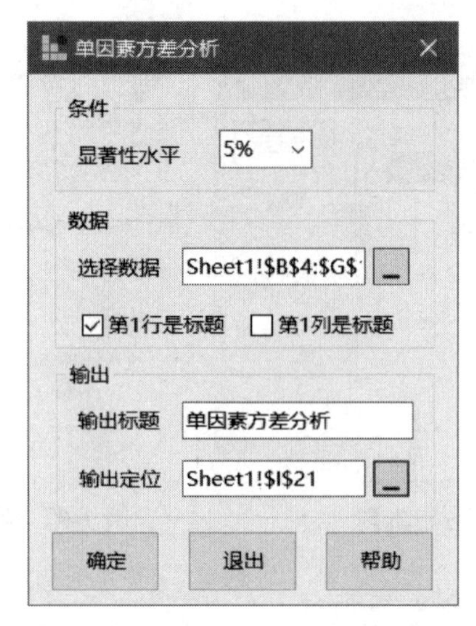

图 4.49　单因素方差分析对话窗口

单因素方差分析							
数据表							
组名称	杭州	福州	南京	南昌	济南	长沙	总计
计数	12	12	12	12	12	12	72
求和	4004.0000	4712.0000	3000.0000	5413.0000	2136.0000	3579.0000	22844.0000
均值	333.6667	392.6667	250.0000	451.0833	178.0000	298.2500	317.2778
组间平方和	3223.1481	68201.8148	54315.5926	214847.1204	232779.5926	4344.6759	577711.9444
组内平方和	16058.6667	18454.6667	14584.0000	7450.9167	17450.0000	14212.2500	88210.5000
单因素方差分析表							
	平方和SS	自由度df	方差MS	统计量F	显著性水平α	F临界值	概率值p-Value
组间(B)	577711.9444	5	115542.3889	86.44999934	0.05	2.353808958	1.3118E-27
组内(W)	88210.5	66	1336.522727				
总计(T)	665922.4444	71	9379.189358				
结论	各组均值有显著性差异						

图 4.50　单因素方差分析输出结果

4.4.2　无重复双因素方差分析

通过单因素方差分析,我们知道六个城市的无绳电话机销量的均值是有差异的。是什么因素引起这样的差异呢?这种无绳电话机在六个城市的销售渠道和广告媒体是不同的。销售渠道包括专卖店、百货公司和超市,广告媒体包括电视和报纸。这种无绳电话机在每个城市的销售渠道和广告媒体如表 4.10 所示。

表 4.10　无绳电话机在六个城市的销售渠道和广告媒体

	专卖店	百货公司	超市
电视	南昌	杭州	南京
报纸	福州	长沙	济南

销售渠道和广告媒体是否会对销量产生影响？为了回答这个问题，需要用双因素方差分析。在无绳电话机销量这个例子中，双因素就是销售渠道和广告媒体。

双因素方差分析分为无重复双因素方差分析和有重复双因素方差分析两类。

1. 介绍双因素方差分析的原理

假设有两个因素 A、B。因素 A 包括 a 组类型，因素 B 包括 b 组类型。如果因素 A 的第 i 组和因素 B 的第 j 组对应的样本 x_{ij} 只有一个值，这样的方差分析问题称为无重复双因素方差分析问题；如果对应样本有 r 个值，即 $x_{ij1},x_{ij2},\cdots,x_{ijr}(r\geqslant 2)$，则称为可重复双因素方差分析问题，$r$ 称为重复数。

先介绍无重复双因素方差分析的原理。表 4.11 是一个无重复双因素方差分析表，其中粗线框中的部分是方差分析表的主体，因素 A 的 i 组和因素 B 的 j 组对应的样本 x_{ij} 是一个数据而不是一组数据。

表 4.11　无重复双因素方差分析表

		因素 B						A 的组均值	A 的组内平方和	A 的组间平方和
		1	2	…	j	…	b			
因素 A	1	x_{11}	x_{12}	…	x_{1j}	…	x_{1b}	$\bar{x}_{A1}$	SSW(A_1)	SSB(A)
	2	x_{21}	x_{22}	…	x_{2j}	…	x_{2b}	$\bar{x}_{A2}$	SSW(A_2)	
	…	…	…	…	…	…	…	…	…	
	i	x_{i1}	x_{i2}	…	x_{ij}	…	x_{ib}	$\bar{x}_{Ai}$	SSW(A_i)	
	…	…	…	…	…	…	…	…	…	
	a	x_{a1}	x_{a2}	…	x_{aj}	…	x_{ab}	$\bar{x}_{Aa}$	SSW(A_a)	
B 的组均值		$\bar{x}_{B1}$	$\bar{x}_{B2}$	…	$\bar{x}_{Bj}$	…	$\bar{x}_{Bb}$	总均值 $\bar{x}$		
B 的组内平方和		SSW(B_1)	SSW(B_2)	…	SSW(B_j)	…	SSW(B_b)		总平方和 SST	
B 的组间平方和		SSB(B)								误差平方和 SSE

和单因素方差分析类似，双因素方差分析首先要计算两个因素 A、B 各组的组均值。因素 A 的组均值就是样本的每一行的均值，第 i 组均值的表达式为：

$$\bar{x}_{Ai}=\frac{1}{b}\sum_{j=1}^{b}x_{ij},\quad i=1,2,\cdots,a$$

因素 B 的组均值就是样本的每一列的均值，第 j 组均值的表达式为：

$$\bar{x}_{Bj}=\frac{1}{a}\sum_{i=1}^{a}x_{ij},\quad j=1,2,\cdots,b$$

所有样本的均值称为总均值，总均值的表达式为：

$$\bar{x}=\frac{1}{ab}\sum_{j=1}^{b}\sum_{i=1}^{a}x_{ij}$$

然后,分别计算因素 A 和因素 B 的组内平方和。

因素 A 的组内平方和就是每一行中的样本和这一行的组均值之差的平方和,第 i 组的组内平方和的表达式为:

$$\mathrm{SSW}(\mathrm{A}_i)=\sum_{j=1}^{b}(x_{ij}-\bar{x}_{A_i})^2,\quad i=1,2,\cdots,a$$

因素 B 的组内平方和就是每一列中的样本和这一列的组均值之差的平方和,第 j 组的组内平方和的表达式为:

$$\mathrm{SSW}(\mathrm{B}_j)=\sum_{i=1}^{a}(x_{ij}-\bar{x}_{B_j})^2,\quad j=1,2,\cdots,b$$

总平方和就是所有样本分别与总均值之差的平方和,表达式为:

$$\mathrm{SST}=\sum_{j=1}^{b}\sum_{i=1}^{a}(x_{ij}-\bar{x})^2,\quad i=1,2,\cdots,a;\ j=1,2,\cdots,b$$

再分别计算因素 A 和因素 B 的组间平方和。

因素 A 的组间平方和就是 A 的每个组内平方和分别与总均值之差的平方和,表达式为:

$$\mathrm{SSB}(\mathrm{A})=\sum_{i=1}^{a}(\bar{x}_{A_i}-\bar{x})^2$$

因素 B 的组间平方和就是 B 的每个组内平方和分别与总均值之差的平方和,表达式为:

$$\mathrm{SSB}(\mathrm{B})=\sum_{j=1}^{b}(\bar{x}_{B_j}-\bar{x})^2$$

最后计算误差平方和。误差平方和的表达式为:

$$\mathrm{SSE}=\sum_{i=1}^{a}\sum_{j=1}^{b}(x_{ij}-\bar{x}_{A_i}-\bar{x}_{B_j}+\bar{x})^2,\quad i=1,2,\cdots,a;\ j=1,2,\cdots,b$$

通过简单的代数运算,可以得到,因素 A 的组间平方和、因素 B 的组间平方和以及误差平方和之和等于总平方和。

$$\mathrm{SST}=\mathrm{SSB}(\mathrm{A})+\mathrm{SSB}(\mathrm{B})+\mathrm{SSE}$$

因此,在总平方和中,因素 A 或因素 B 的组间平方和所占的比例越大,误差平方和所占的比例就越小,说明相应的因素中各组的均值差异越明显。反之,因素 A 或因素 B 的组间平方和所占的比例越小,误差平方和所占的比例就越大,说明相应的因素中各组的均值差异越不明显。

由于平方和与样本数有关,为了消除样本大小的影响,我们分别将因素 A 的组间平方和、因素 B 的组间平方和以及误差平方和除以它们的自由度,得到因素 A 和因素 B 的组间方差以及误差方差:

$$\mathrm{MSB}(\mathrm{A})=\frac{\mathrm{SSB}(\mathrm{A})}{a-1},\quad \mathrm{MSB}(\mathrm{B})=\frac{\mathrm{SSB}(\mathrm{B})}{b-1},\quad \mathrm{MSE}=\frac{\mathrm{SSE}}{(a-1)(b-1)}$$

根据以上分析,构建如下两个假设检验。对于因素 A 的假设为:

$H\mathrm{A}_0$:因素 A 中各组样本均值无差异

$H\mathrm{A}_1$:因素 A 中各组样本均值有差异

统计量为：

$$F_{\mathrm{A}} = \frac{\mathrm{MSB(A)}}{\mathrm{MSE}}$$

这是一个 F 分布的右尾检验，对于显著性水平 α，统计量 F_{A} 的临界值为 $F_{\alpha/2, a-1, (a-1)(b-1)}$。如果 $F_{\mathrm{A}} > F_{\alpha/2, a-1, (a-1)(b-1)}$，拒绝原假设，接受备选假设，即因素 A 中各组样本均值有差异。

对于因素 B 的假设为：

HB_0：因素 B 中各组样本均值无差异

HB_1：因素 B 中各组样本均值有差异

统计量为：

$$F_{\mathrm{B}} = \frac{\mathrm{MSB(B)}}{\mathrm{MSE}}$$

同样，这也是一个 F 分布的右尾检验，对于显著性水平 α，统计量 F 的临界值为 $F_{右尾\alpha/2, b-1, (a-1)(b-1)}$。如果 $F_B > F_{右尾\alpha/2, b-1, (a-1)(b-1)}$，拒绝原假设，接受备选假设，即因素 B 中各组样本均值有差异。

例 4.15 对例 4.14 中无绳电话机销量样本数据进行广告媒体(A)和销售渠道(B)两个因素无重复方差分析。由于样本数不能重复，样本仅取 1 月份的数据。根据上面介绍的公式，计算得到双因素方差分析表，如表 4.12 所示。

表 4.12 无绳电话机销售样本的无重复双因素方差分析

		销售渠道			广告媒体的组均值	广告媒体的组内平方和(SSW)	广告媒体的组间平方和(SSB)
		专卖店	百货公司	超市			
广告媒体	电视	477	336	217	343.33	33 880.67	8 512.667
	报纸	356	297	151	268.00	22 274.00	
销售渠道的组均值		416.50	316.50	184.00	总均值 305.667		
销售渠道的组内平方和(SSW)		7 320.50	760.50	2 178.00		总平方和(SST) 64 667.333	
销售渠道的组间平方和(SSB)		54 408.333					误差平方和(SSE) 1 746.333

表 4.12 中各数据的计算，可参见文件“例 4.15 无绳电话机销量统计—无重复双因素方差分析.xlsx”。从表 4.12 中的数据容易验证：总平方和等于广告媒体的组间平方和、销售渠道的组间平方和以及误差平方和三项之和。

在这个问题中，广告媒体分两类，即 $a=2$，销售渠道分三类，即 $b=3$。

将三个平方和分别除以它们各自的自由度，得到三个方差：

$$\mathrm{MSB}(广告媒体) = \frac{\mathrm{SSB}(广告媒体)}{a-1} = \frac{8\,512.667}{2-1} = 8\,512.667$$

$$\mathrm{MSB}(销售渠道) = \frac{\mathrm{SSB}(销售渠道)}{b-1} = \frac{54\,408.333}{3-1} = 27\,024.167$$

$$\mathrm{MSE} = \frac{\mathrm{SSE}}{(a-1)(b-1)} = \frac{1\,746.33}{(2-1)(3-1)} = 873.167$$

(1) 对于“广告媒体”的假设为:

HA_0:广告媒体是电视或报纸,销量均值无差异

HA_1:广告媒体是电视或报纸,销量均值有差异

(2) 对于“销售渠道”的假设为:

HB_0:销售渠道是专卖店、百货公司或超市,销量均值无差异

HB_1:销售渠道是专卖店、百货公司或超市,销量均值有差异

分别计算“广告媒体”和“销售渠道”的统计量:

$$F_{广告媒体} = \frac{\text{MSB(广告媒体)}}{\text{MSE}} = \frac{8\,512.667}{873.167} = 9.749$$

$$F_{销售渠道} = \frac{\text{MSB(销售渠道)}}{\text{MSE}} = \frac{27\,024.667}{873.167} = 31.156$$

分别计算“广告媒体”和“销售渠道”显著性水平为0.05的临界值:

$$F^{广告媒体}_{右尾\alpha/2,a-1,(a-1)(b-1)} = F^{广告媒体}_{右尾0.025,2-1,(2-1)(3-1)} = F^{广告媒体}_{右尾0.025,1,2} = \text{FINV}(2\times 0.025,1,2) = 18.51$$

$$F^{销售渠道}_{右尾\alpha/2,b-1,(a-1)(b-1)} = F^{销售渠道}_{右尾0.025,3-1,(2-1)(3-1)} = F^{销售渠道}_{右尾0.025,2,2} = \text{FINV}(2\times 0.025,2,2) = 19.00$$

由于 $F_{广告媒体} < F^{广告媒体}_{右尾\alpha/2,a-1,(a-1)(b-1)}$,未落入拒绝域,因此无法拒绝 HA_0,无法接受 HA_1。然而 $F_{销售渠道} > F^{销售渠道}_{右尾\alpha/2,b-1,(a-1)(b-1)}$,落入拒绝域,因此拒绝 HB_0,接受 HB_1。

最后的结论是:在5%的显著性水平下,不能肯定电视和报纸两种广告媒体的选择对无绳电话机销量差异有影响,但专卖店、百货公司和超市这三种销售渠道对销量差异肯定有影响。

2. 介绍Excel中无重复双因素方差分析的工具

创建Excel数据表,行因素为广告媒体“电视”和“报纸”,列因素为销售渠道“专卖店”“百货公司”和“超市”。输入的样本数据是六个城市无绳电话机1月份的销量。打开Excel菜单“数据 > 分析 > 数据分析”,弹出“数据分析”选项窗口(见图4.51),选择“方差分析:无重复双因素分析”,单击“确定”,出现参数输入窗口,选择输入区域、显著性水平和输出区域左上角定位单元格(见图4.52)。

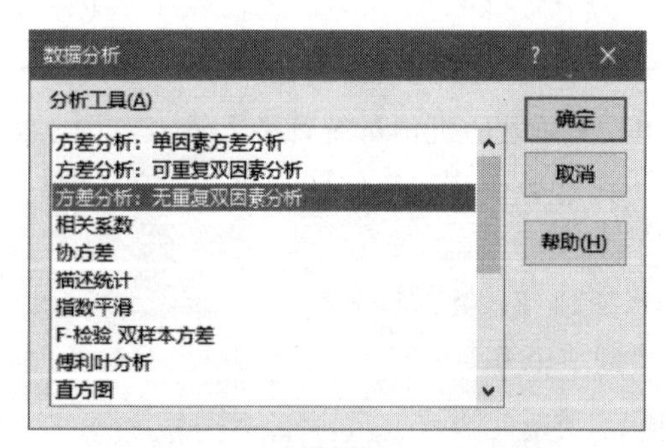

图4.51 选择数据分析工具:无重复双因素方差分析

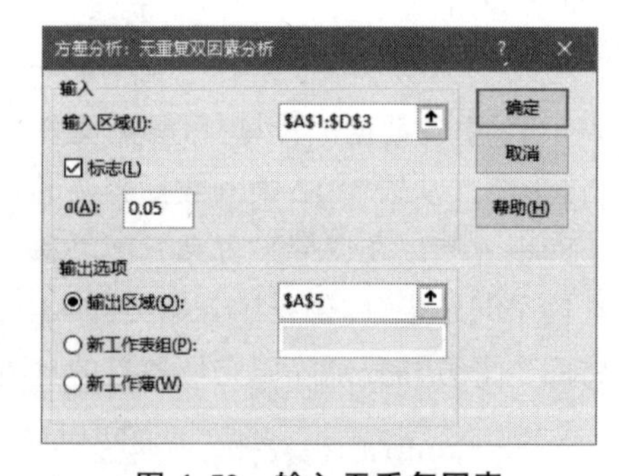

图4.52 输入无重复因素双因素分析参数

单击“确定”,输出结果如图4.53所示。

	A	B	C	D	E	F	G
20			销售渠道				
21			专卖店	百货公司	超市		
22	广告媒体	电视	南昌	杭州	南京		
23		报纸	福州	长沙	济南		
24							
25			销售渠道				
26		均值	专卖店	百货公司	超市		
27	广告媒体	电视	451.08	333.67	250.00		
28		报纸	392.67	298.25	178.00		
29							
30	方差分析：无重复双因素分析						
31							
32	SUMMARY	观测数	求和	平均	方差		
33	电视	3	1034.75	344.91667	10203.549		
34	报纸	3	868.91667	289.63889	11576.058		
35							
36	专卖店	2	843.75	421.875	1706.2535		
37	百货公司	2	631.91667	315.95833	627.17014		
38	超市	2	428	214	2592		
39							
40							
41	方差分析						
42	差异源	SS	df	MS	F	P-value	F crit
43	行	4583.449	1	4583.4491	26.805792	0.0353397	18.5128205
44	列	43217.24	2	21608.619	126.3756	0.0078508	19
45	误差	341.9745	2	170.98727			
46							
47	总计	48142.66	5				

图 4.53　无重复双因素这方差分析结果

用“数据通”求解例 4.15 的步骤如下：

打开文件“例 4.15 无绳电话机销量统计—无重复双因素方差分析.xlsx”，选择 Excel 菜单“数据通 > 假设检验 > 多样本假设检验方差分析 > 双因素方差分析”，弹出“双因素方差分析”对话窗口，填写相应选项，如图 4.54 所示。

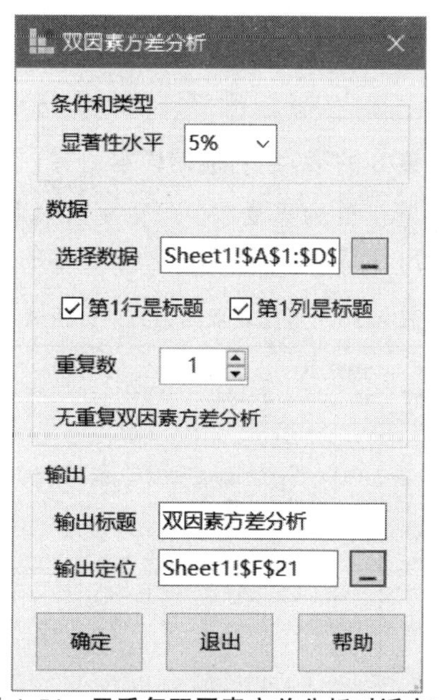

图 4.54　无重复双因素方差分析对话窗口

注意：(1) 选择数据区域时，如果行列标题包括行因素变量名和列因素变量名，应该将这些变量名作为标题与数据一起选中，以便在输出结果中包含这些变量名。如果行因素和列因素都没有标题，则在输出结果中将出现“行因素 1”“行因素 2”“列因素 1”“列因素 2”等。(2) “重复数”等于 1 表示“无重复双因素方差分析”，“重复数”大于 1 表示“可重复双因素方差分析”。

单击“确定”按钮，输出如图 4.55 所示的结果。

	A	B	C	D	E	F	G	H	I
30	无重复销售渠道和广告媒体双因素方差分析 重复数=1								
31									
32	数据表								
33			列因素数据			行因素统计			
34		数据	专卖店	百货公司	超市	组样本数	组均值	组间平方和	
35	行因素数据	电视	451.0833	333.6667	250.0000	3	344.9167	4583.4491	
36		报纸	392.6667	298.2500	178.0000	3	289.6389		
37	列因素统计	组样本数	2	2	2	1			
38		组均值	421.8750	315.9583	214.0000		317.2778		
39		组间平方和	43217.2384						
40									
41	方差分析表								
42	差异来源	平方和	自由度	方差	F统计量	显著性水平	F临界值	P概率值	方差分析结论
43	行因素组间	4583.4491	1	4583.4491	26.8058	5%	18.5128	0.035339688	有显著性差异
44	列因素组间	43217.2384	2	21608.6192	126.3756	5%	19.0000	0.007850797	有显著性差异
45	误差	341.9745	2	170.9873					
46	总计	48142.6620	5						

图 4.55 无重复双因素方差分析输出结果

可以看出，不能确定行因素（广告媒体：电视/报纸）是否对无绳电话机销量有显著性影响，可以确定列因素（销售渠道：专卖店/百货公司/超市）对无绳电话机销量有显著性影响。

4.4.3 可重复双因素方差分析

如果因素 A 的第 i 组和因素 B 的第 j 组对应的样本 x_{ij} 有 r 个值，即 $x_{ij1}, x_{ij2}, \cdots, x_{ijr}(r \geqslant 2)$，称为可重复双因素方差分析问题，$r$ 称为重复数。可重复双因素方差分析表如表 4.13 所示。Excel 求解可重复双因素方差分析问题的工具，要求所有样本的重复数 r 必须相等。

表 4.13 可重复双因素方差分析表

		因素 B										A 的组均值	A 的组内平方和	A 的组间平方和
		1		2		…	j		…	b				
因素A	1	x_{111} x_{112} … x_{11r}	$\bar{x}_{11}$	x_{121} x_{122} … x_{12r}	$\bar{x}_{12}$	…	x_{1j1} x_{1j2} … x_{1jr}	$\bar{x}_{1j}$	…	x_{1b1} x_{1b2} … x_{1br}	$\bar{x}_{1b}$	$\bar{x}_{A1}$	$SSW(A_1)$	SSB(A)
	2	x_{211} x_{212} … x_{21r}	$\bar{x}_{21}$	x_{221} x_{222} … x_{22r}	$\bar{x}_{22}$	…	x_{2i1} x_{2i2} … x_{2ir}	$\bar{x}_{2j}$	…	x_{2b1} x_{2b2} … x_{2br}	$\bar{x}_{2b}$	$\bar{x}_{A2}$	$SSW(A_2)$	
	…	…		…		…	…		…	…		…	…	
	i	x_{i11} x_{i12} … x_{i1r}	$\bar{x}_{i1}$	x_{i21} x_{i22} … x_{i2r}	$\bar{x}_{i2}$	…	x_{ij1} x_{ij2} … x_{ijr}	$\bar{x}_{ij}$	…	x_{ib1} x_{ib2} … x_{ibr}	$\bar{x}_{ib}$	$\bar{x}_{Ai}$	$SSW(A_i)$	
	…	…		…		…	…		…	…		…	…	

(续表)

<table>
<tr><td colspan="2" rowspan="2"></td><td colspan="11">因素 B</td><td rowspan="2">A 的组均值</td><td rowspan="2">A 的组内平方和</td><td rowspan="2">A 的组间平方和</td></tr>
<tr><td colspan="2">1</td><td colspan="2">2</td><td>…</td><td colspan="2">j</td><td>…</td><td colspan="2">b</td></tr>
<tr><td>因素 A</td><td>a</td><td>x_{a11}
x_{a12}
…
x_{a1r}</td><td>$\bar{x}_{a1}$</td><td>x_{a21}
x_{a22}
…
x_{a2r}</td><td>$\bar{x}_{a2}$</td><td>…</td><td>x_{aj1}
x_{aj2}
…
x_{ajr}</td><td>$\bar{x}_{aj}$</td><td>…</td><td>x_{ab1}
x_{ab2}
…
x_{abr}</td><td>$\bar{x}_{ab}$</td><td>$\bar{x}_{Aa}$</td><td>SSW(A_a)</td><td>SSB(A)</td></tr>
<tr><td colspan="2">B 的组均值</td><td colspan="2">$\bar{x}_{B1}$</td><td colspan="2">$\bar{x}_{B2}$</td><td>…</td><td colspan="2">$\bar{x}_{Bj}$</td><td>…</td><td colspan="2">$\bar{x}_{Bb}$</td><td>总均值 $\bar{x}$</td><td></td><td></td></tr>
<tr><td colspan="2">B 的组内平方和</td><td colspan="2">SSW(B_1)</td><td colspan="2">SSW(B_2)</td><td>…</td><td colspan="2">SSW(B_j)</td><td>…</td><td colspan="2">SSW(B_b)</td><td></td><td>总平方和(SST)</td><td></td></tr>
<tr><td colspan="2">B 的组间平方和</td><td colspan="11">SSB(B)</td><td></td><td></td><td>误差平方和(SSE)</td></tr>
</table>

在表 4.13 中，x_{ij} 的 r 个重复因素 $x_{ij1}, x_{ij2}, \cdots, x_{ijr}$ 的均值为 $\bar{x}_{ij}$。可重复双因素方差分析问题和无重复双因素方差分析问题的原理是相同的，表中组均值、总均值、组内平方和、组间平方和、误差平方和的概念也相同，无非是用样本数组的均值代替重复的样本数组。

例 4.16 图 4.56 为六城市 12 个月无绳电话机销量的样本数据，用 Excel 可重复双因素方差分析工具进行假设检验。

广告媒体 销售渠道	电视 百货公司	报纸 专卖店	电视 超市	电视 专卖店	报纸 超市	报纸 百货公司
城市	杭州	福州	南京	南昌	济南	长沙
1月	336	356	217	477	151	297
2月	252	363	192	414	228	359
3月	372	406	230	424	167	301
4月	354	390	240	475	250	277
5月	327	438	214	459	136	283
6月	328	439	252	468	182	270
7月	280	414	275	458	173	249
8月	306	304	250	491	181	351
9月	355	374	246	408	210	272
10月	361	373	310	436	204	302
11月	381	441	313	455	137	347
12月	352	414	261	448	117	271
均值	333.67	392.67	250.00	451.08	178.00	298.25

图 4.56 六个城市 12 个月无绳电话机销量样本数据

首先需要把以上样本数据转换成行因素为广告媒体类型、列因素为销售渠道类型的样本数据表，即行为“电视”“报纸”两类，列为“专卖店”“百货公司”“超市”三类，然后把六个城市 12 个月的数据填入，得到如图 4.57 所示的 Excel 表。

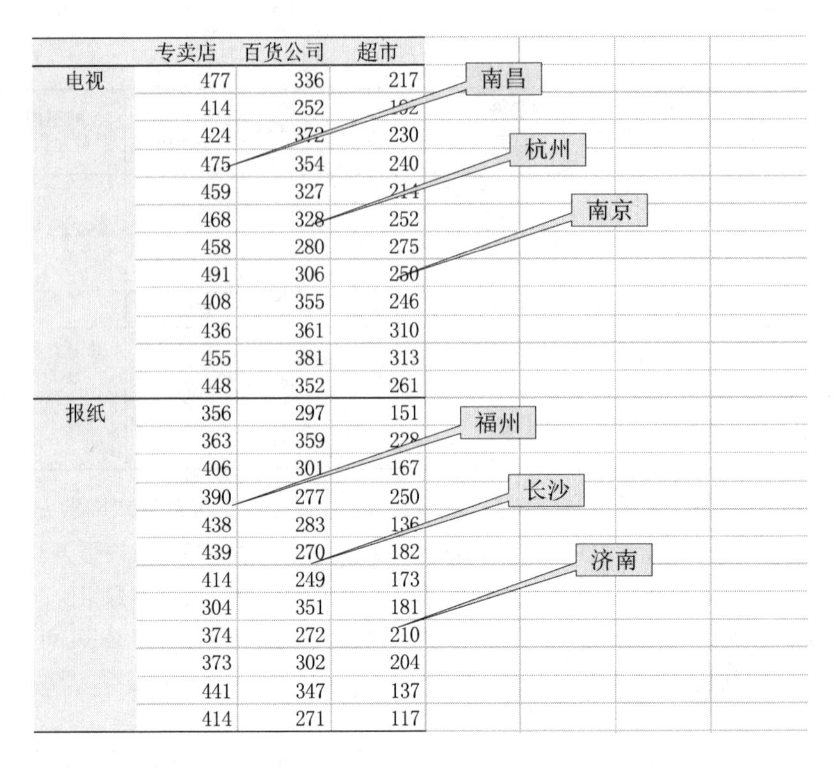

	专卖店	百货公司	超市
电视	477	336	217
	414	252	[illegible]
	424	372	230
	475	354	240
	459	327	214
	468	328	252
	458	280	275
	491	306	250
	408	355	246
	436	361	310
	455	381	313
	448	352	261
报纸	356	297	151
	363	359	228
	406	301	167
	390	277	250
	438	283	136
	439	270	182
	414	249	173
	304	351	181
	374	272	210
	373	302	204
	441	347	137
	414	271	117

图 4.57　六个城市 12 个月无绳电话机销量样本数据

打开 Excel 菜单“数据 > 分析 > 数据分析 > 方差分析:可重复因素分析”,弹出“数据分析”选项窗口,选择“方差分析:可重复双因素分析”(见图 4.58),单击“确定”,出现参数输入窗口,按图 4.59 所示填写相应内容。

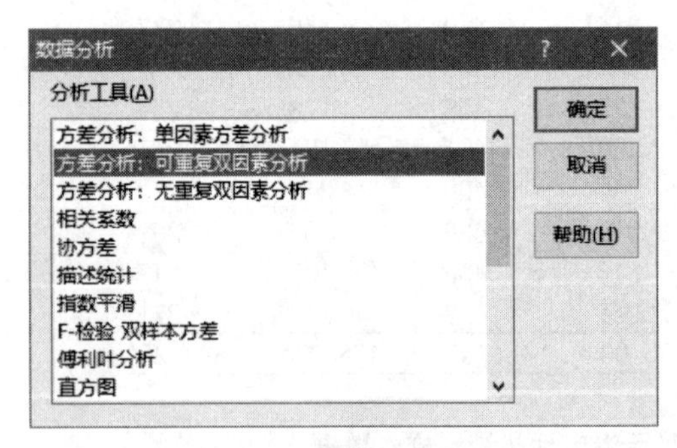

图 4.58　选择数据分析工具:可重复双因素方差分析

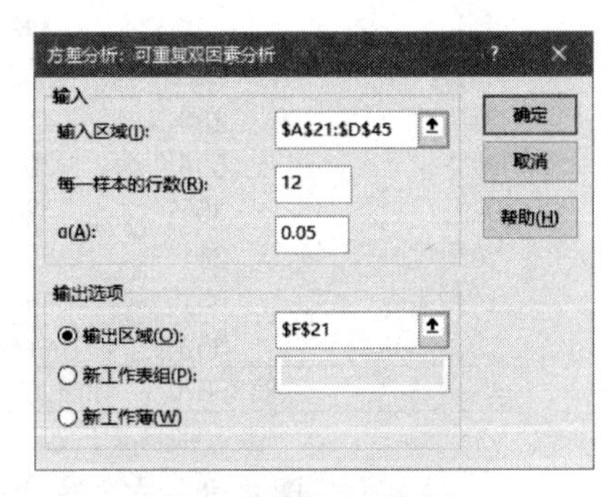

图 4.59　输入可重复双因素分析参数

单击“确定”,得到方差分析的输出结果,如图 4.60 所示。

	专卖店	百货公司	超市
电视	477	336	217
	414	252	192
	424	372	230
	475	354	240
	459	327	214
	468	328	252
	458	280	275
	491	306	250
	408	355	246
	436	361	310
	455	381	313
	448	352	261
报纸	356	297	151
	363	359	228
	406	301	167
	390	277	250
	438	283	136
	439	270	182
	414	249	173
	304	351	181
	374	272	210
	373	302	204
	441	347	137
	414	271	117

方差分析：可重复双因素分析

SUMMAR	专卖店	百货公司	超市	总计
电视				
观测数	12	12	12	36
求和	5413	4004	3000	12417
平均	451.0833	333.6667	250	344.9167
方差	677.3561	1459.879	1325.818	8085.107
报纸				
观测数	12	12	12	36
求和	4712	3579	2136	10427
平均	392.6667	298.25	178	289.6389
方差	1677.697	1292.023	1586.364	9369.78
总计				
观测数	24	24	24	
求和	10125	7583	5136	
平均	421.875	315.9583	214	
方差	2016.549	1643.346	2745.13	

方差分析

差异源	SS	df	MS	F	P-value
样本	55001.39	1	55001.39	41.1526	1.75E-08
列	518606.9	2	259303.4	194.0135	2.3E-28
交互	4103.694	2	2051.847	1.535213	0.223002
内部	88210.5	66	1336.523		
总计	665922.4	71			

图 4.60　方差分析的输出结果

在“方差分析”部分,有三个 F 检验。

第一个“样本”是指行因素,即两种广告媒体“电视”和“报纸”。F 值 41.15 > 临界值 3.99,落入拒绝域,因此拒绝原假设,说明广告媒体(单独)对销量有显著性影响。

第二个“列”是指列因素,即三种销售渠道“专卖店”“百货公司”“超市”。F 值 194.01 > 临界值 3.14,落入拒绝域,因此拒绝原假设,说明销售渠道(单独)对销量有显著性影响。

第三个“交互”是指行因素和列因素的共同作用,F 值 1.54 < 临界值 3.14,未落入拒绝域,因此不能拒绝原假设,说明不能肯定广告媒体和销售渠道对销量有共同的显著性影响。

用“数据通”求解例 4.16 的步骤如下:

打开文件“例 4.16 无绳电话机销量统计—无重复双因素方差分析.xlsx”,选择 Excel 菜单“数据通 > 假设检验 > 多样本假设检验方差分析 > 双因素方差分析”,弹出“双因素方差分析”对话窗口,按图 4.61 填写相应选项。

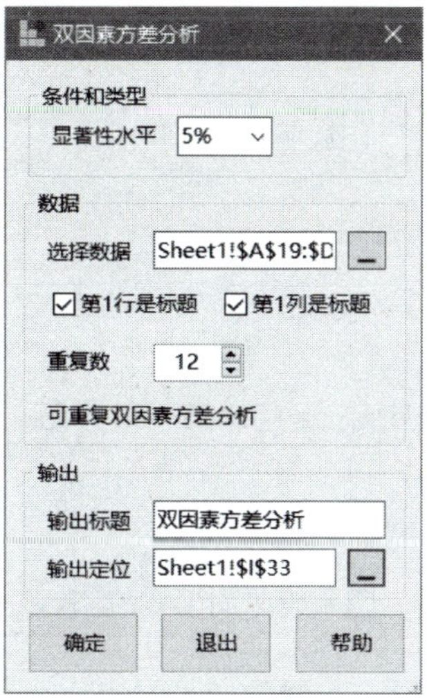

图 4.61　可重复双因素方差分析对话窗口

单击“确定”,输出如图 4.62 所示的运算结果。

有重复双因素方差分析 重复数=12								
数据表								
		列因素数据			行因素统计			
	均值	专卖店	百货公司	超市	组样本数	组均值	组间平方和	
行因素数据	电视	451.0833	333.6667	250.0000	36	344.9167	55001.3889	
	报纸	392.6667	298.2500	178.0000	36	289.6389		
列因素统计	组样本数	24	24	24	12			
	组均值	421.8750	315.9583	214.0000		317.2778		
	组间平方和	518606.8611						
方差分析表								
差异来源	平方和	自由度	方差	F统计量	显著性水平	F临界值	P概率值	方差分析结论
行因素组间	55001.3889	1	55001.3889	41.1526	5%	3.9863	1.75174E-08	有显著性差异
列因素组间	518606.8611	2	259303.4306	194.0135	5%	3.1359	2.2975E-28	有显著性差异
交互	4103.6944	2	2051.8472	1.5352	5%	3.1359	0.223002321	不能确定是否有显著性差异
误差	88210.5000	66	1336.5227					
总计	665922.4444	71						

图 4.62 可重复双因素方差分析输出结果

由图 4.62 可看出,可以确定行因素(广告媒体:电视/报纸)和列因素(销售渠道:专卖店/百货公司/超市)两者都(单独)对无绳电话机销量有显著性影响,但不能确定行因素和列因素对无绳电话机销量是否有交互影响。

4.4.4 问卷调查和方差分析

在问卷调查中,经常需要分析一些因素对问卷调查目标是否有显著性影响。例如,不同城市消费者对同一产品式样的偏好是否有显著性差别,不同性别消费者对某种产品价格的敏感度是否有显著性差别,不同收入水平人群对家用轿车的安全性评价是否有显著性差别,等等。方差分析是对问卷调查数据进行这类分析的有用工具。

例 4.17 在例 1.14 中,有一份家用轿车的调查问卷如下:

您所在的城市:
□北京 □南京 □西安 □昆明 □长沙
您的性别:
□男 □女
您的年龄:
□25 岁以下 □25—55 岁 □55 岁以上
您的年薪:
□10 万元以下 □10 万—20 万元 □20 万—30 万元 □30 万元以上
您对这辆车外观的评价:
□好(5 分) □较好(4 分) □一般(3 分) □较差(2 分) □差(1 分)
您对这辆车动力性能的评价:
□好(5 分) □较好(4 分) □一般(3 分) □较差(2 分) □差(1 分)
您对这辆车安全性能的评价:
□好(5 分) □较好(4 分) □一般(3 分) □较差(2 分) □差(1 分)

利用相应的数据(见文件“例 1.14 数据透视表汽车调查问卷.xlsx”)分析:

(1) 不同城市的购车人对这款车动力性能评价是否有显著性差异。

(2) 不同性别和不同年龄的购车人对这款车的安全性能评价是否有显著性差异。

(3) 不同性别和不同收入的购车人对这款车的外观评价是否有显著性影响。

解 (1) 首先构建五个城市购车人对动力的评价数据表,用“单因素方差分析”工具获得的结果如图 4.63 所示。

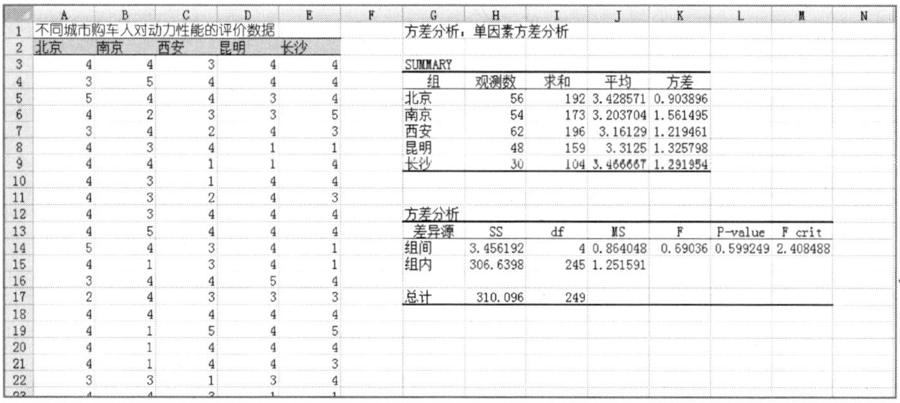

不同城市购车人对动力性能的评价数据

北京	南京	西安	昆明	长沙
4	4	3	4	4
3	5	4	4	4
5	4	4	3	4
4	2	3	3	5
3	4	2	4	3
4	3	4	1	1
4	4	1	1	4
4	3	1	4	4
4	3	2	4	3
4	3	4	4	4
4	5	4	4	4
5	4	3	4	1
4	1	3	4	1
3	4	4	5	4
2	4	3	3	3
4	4	4	4	4
4	1	5	4	5
4	1	4	4	4
4	1	4	4	3
3	3	1	3	4

方差分析:单因素方差分析

SUMMARY

组	观测数	求和	平均	方差
北京	56	192	3.428571	0.903896
南京	54	173	3.203704	1.561495
西安	62	196	3.16129	1.219461
昆明	48	159	3.3125	1.325798
长沙	30	104	3.466667	1.291954

方差分析

差异源	SS	df	MS	F	P-value	F crit
组间	3.456192	4	0.864048	0.69036	0.599249	2.408488
组内	306.6398	245	1.251591			
总计	310.096	249				

图 4.63 不同城市购车人对动力性能评价的单因素方差分析

可以看出,$F=0.690$, F crit $=2.408$, $F<F$ crit,因此不能肯定不同城市的购车人对这款车的动力性能评价有显著性差异。

打开 Excel 菜单“数据通 > 假设检验 > 多样本假设检验方差分析 > 单因素方差分析”,弹出“单因素方差分析”对话窗口,按图 4.64 填写相应选项。

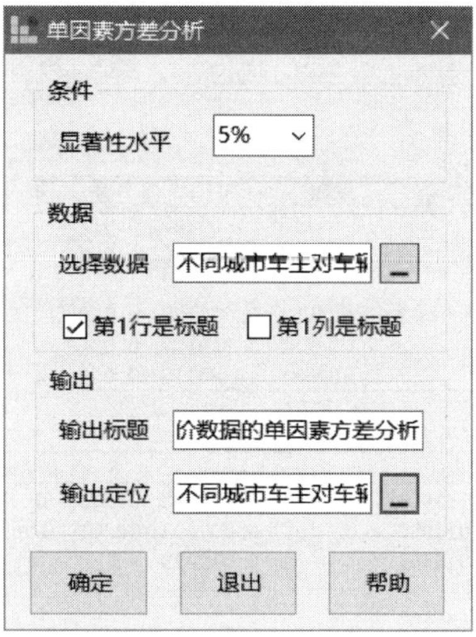

单因素方差分析

条件

显著性水平 5%

数据

选择数据 不同城市车主对车辆

☑第1行是标题 ☐第1列是标题

输出

输出标题 价数据的单因素方差分析

输出定位 不同城市车主对车辆

确定 退出 帮助

图 4.64 数据通单因素方差分析对话窗口

单击“确定”,得到图 4.65 所示的输出结果。

数据通：不同城市车主对车辆动力性能评价数据的单因素方差分析						
数据表						
组名称	北京	南京	西安	昆明	长沙	总计
计数	56	54	62	48	30	250
求和	192.0000	173.0000	196.0000	159.0000	104.0000	824.0000
均值	3.4286	3.2037	3.1613	3.3125	3.4667	3.2960
组间平方和	0.9842	0.4600	1.1251	0.0131	0.8738	3.4562
组内平方和	49.7143	82.7593	74.3871	62.3125	37.4667	306.6398
单因素方差分析表						
	平方和SS	自由度df	方差MS	统计量F	显著性水平α	F临界值	概率值P-value
组间(B)	3.4561916	4	0.8640479	0.6903596	0.05	2.4084884	0.599248848
组内(W)	306.63981	245	1.2515911				
总计(T)	310.096	249	1.2453655				
结论	不能肯定各组均值是否有显著性差异						

图 4.65　数据通单因素方差分析结果输出

由图 4.65 可见，“数据通”的输出结果及得出的结论与“Excel 数据分析工具：单因素方差分析”的是一致的。

(2) 创建以“性别”为行字段、“年龄段”为列字段、“安全性能评价”为数据项的数据透视表，并将“安全性能评价”为数据项的字段属性设置成“平均值”。用“无重复双因素分析”工具得到的结果如图 4.66 所示。

	A	B	C	D	E	F	G	H
1	数据透视表							
2								
3	平均值项：安全性能评价	年龄段						
4	性别	25—55岁	25岁以下	55岁以上	总计			
5	男	4.16	3.95	3.92	4.06			
6	女	3.72	3.69	3.79	3.72			
7	总计	3.96	3.84	3.87	3.92			
8								
9	方差分析：无重复双因素分析							
10								
11	SUMMARY	观测数	求和	平均	方差			
12	男	3	12.02115	4.00705	0.017			
13	女	3	11.19444	3.73148	0.002			
14								
15	25—55岁	2	7.874954	3.937477	0.098			
16	25岁以下	2	7.638254	3.819127	0.032			
17	55岁以上	2	7.702381	3.85119	0.009			
18								
19	方差分析							
20	差异源	SS	df	MS	F	P-value	F crit	
21	行	0.113908	1	0.113908	9.273	0.093032629	18.51282	
22	列	0.014987	2	0.007493	0.61	0.621100918	19	
23	误差	0.024567	2	0.012283				
24								
25	总计	0.153462	5					
26								

图 4.66　性别和年龄段因素对安全性能评价的显著性分析

由图 4.66 中“方差分析”部分可以看出：“行”即性别因素，$F=9.273$，F crit $=18.513$，$F<$

F crit,未落入拒绝域,因此不能肯定购车人的性别因素对这款车的安全性评价有显著性影响。“列”即年龄因素,$F=0.61$,F crit $=19$,$F<F$ crit,未落入拒绝域,因此不能肯定购车人的性别因素对这款车的安全性评价有显著性影响。

打开 Excel 菜单“数据通 > 假设检验 > 多样本假设检验方差分析 > 双因素方差分析”,弹出“双因素方差分析”对话窗口,按图 4.67 所示填写相应选项。

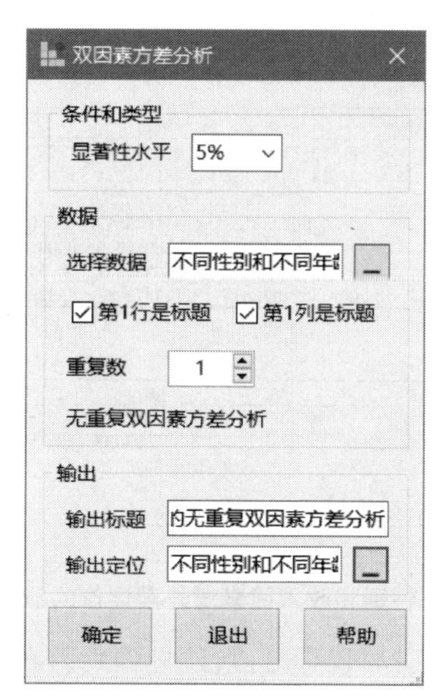

图 4.67　数据通双因素方差分析对话窗口

单击“确定”,得到如图 4.68 所示的输出结果。

无重复不同性别和不同年龄的车主对车辆安全性能评价的双因素方差分析　重复数=1								
数据表								
		列因素数据			行因素统计			
	数据	25—55岁	25岁以下	55岁以上	组样本数	组均值	组间平方和	
行因素数据	男	4.1585	3.9459	3.9167	3	4.0070	0.1139	
	女	3.7164	3.6923	3.7857	3	3.7315		
列因素统计	组样本数	2	2	2	1			
	组均值	3.9375	3.8191	3.8512		3.8693		
	组间平方和	0.0150						
方差分析表								
差异来源	平方和	自由度	方差	F统计量	显著性水平	F临界值	P概率值	方差分析结论
行因素组间	0.1139	1	0.1139	9.2733	5%	18.5128	0.093032629	不能确定是否有显著性差异
列因素组间	0.0150	2	0.0075	0.6100	5%	19.0000	0.621100918	不能确定是否有显著性差异
误差	0.0246	2	0.0123					
总计	0.1535	5						

图 4.68　数据通双因素方差分析结果输出

由图 4.68 可见,“数据通”的输出结果及得出的结论与“Excel 数据分析工具.无重复双因素方差分析”的是一致的。

(3) 创建以“性别”为行字段、“年薪”为列字段、“外观评价”为数据项的数据透视表,并将“外观评价”为数据项的字段属性设置成“平均值”。用“无重复双因素分析”工具得到的结果如图 4.69 所示。

	A	B	C	D	E	F	G	H
1	数据透视表							
2								
3	平均值项:外观评价	年薪						
4	性别	10万元以下	10万-20万元	20万-30万元	30万元以上	总计		
5	男	4.67	3.98	3.02	2.12	3.42		
6	女	4.42	3.90	2.70	2.11	3.28		
7	总计	4.58	3.94	2.88	2.12	3.36		
8								
9	方差分析：无重复双因素分析							
10								
11	SUMMARY	观测数	求和	平均	方差			
12	男	4	13.77469834	3.443674585	1.239932542			
13	女	4	13.12734133	3.281835334	1.124487467			
14								
15	10万元以下	2	9.083333333	4.541666667	0.03125			
16	10万-20万元	2	7.872435897	3.936217949	0.003008095			
17	20万-30万元	2	5.717512275	2.858756137	0.04906496			
18	30万元以上	2	4.22875817	2.114379085	2.13593E-05			
19								
20								
21	方差分析							
22	差异源	SS	df	MS	F	P-value	F crit	
23	行	0.052383887	1	0.052383887	5.075871474	0.11	10.13	
24	列	7.0622995	3	2.354099833	228.1065601	5E-04	9.277	
25	误差	0.030960528	3	0.010320176				
26								
27	总计	7.145643915	7					
28								

图 4.69　性别和收入因素对外观评价的显著性分析

由图 4.69 中“方差分析”部分可以看出：“行”即性别因素，$F=5.075$，F crit $=10.13$，$F<F$ crit，未落入拒绝域，因此不能肯定购车人的性别因素对这款车的外观评价有显著性影响。“列”即收入因素，$F=228.106$，F crit $=9.277$，$F>F$ crit，落入拒绝域，因此可以肯定购车人的收入因素对这款车的外观评价有显著性影响。

打开 Excel 菜单“数据通 > 假设检验 > 多样本假设检验方差分析 > 双因素方差分析”，弹出“双因素方差分析”对话窗口，按图 4.70 填写相应选项。

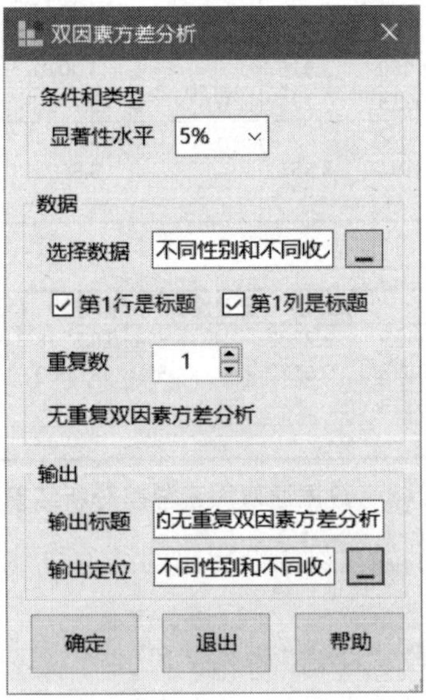

双因素方差分析
条件和类型
显著性水平　5%
数据
选择数据　不同性别和不同收
☑第1行是标题　☑第1列是标题
重复数　1
无重复双因素方差分析
输出
输出标题　的无重复双因素方差分析
输出定位　不同性别和不同收
确定　退出　帮助

图 4.70　数据通“双因素方差分析”对话窗口

单击“确定”按钮,得到如图 4.71 所示的输出结果。

无重复不同性别和不同收入车主对车辆外观评价数据的无重复双因素方差分析 重复数=1								
数据表								
		列因素数据				行因素统计		
	数据	10万元以下	10万—20万元	20万—30万元	30万元以上	组样本数	组均值	组间平方和
行因素数据	男	4.6667	3.9750	3.0154	2.1176	4	3.4437	0.0524
	女	4.4167	3.8974	2.7021	2.1111	4	3.2818	
列因素统计	组样本数	2	2	2	2	1		
	组均值	4.5417	3.9362	2.8588	2.1144		3.3628	
	组间平方和	7.0623						
方差分析表								
差异来源	平方和	自由度	方差	F统计量	显著性水平	F临界值	P概率值	方差分析结论
行因素组间	0.0524	1	0.0524	5.0759	5%	10.1280	0.10963637	不能确定是否有显著性差异
列因素组间	7.0623	3	2.3541	228.1066	5%	9.2766	0.000488903	有显著性差异
误差	0.0310	3	0.0103					
总计	7.1456	7						

图 4.71　数据通双因素方差分析结果输出

由图 4.71 可见,“数据通”的输出结果及得出的结论与“Excel 数据分析工具:无重复双因素方差分析”的是一致的。

习　题

习题 4-1　为了分析中学课程教学水平的变化情况,市教育局对全市普通中学高二年级学生的政治、语文、外语、数学、物理、化学、生物七门课程的期末考试成绩进行抽样统计,并与去年抽样分析的结果进行对比。今年和去年抽样样本均为 100 人。样本数据见文件“习题 4-1. xlsx”。

今年抽样统计指标如下:

	政治	语文	外语	数学	物理	化学	生物
均值	73.9	78.1	68.5	70.1	75.3	76.9	79.1
方差	85.4	55.2	91.1	160.1	73.1	48.3	96.4
标准差	9.2	7.4	9.5	12.7	8.6	7.0	9.8
及格率	91%	100%	82%	78%	97%	100%	97%

去年抽样统计指标如下:

	政治	语文	外语	数学	物理	化学	生物
均值	72.4	74.7	64.5	73.1	73.5	75.9	80.5
方差	68.7	68.0	90.8	86.4	77.2	44.3	111.4
标准差	8.3	8.2	9.5	9.3	8.8	6.7	10.6
及格率	94%	98%	71%	95%	96%	99%	97%

设总体标准差未知,显著性水平 $\alpha=0.05$。请构造合适的假设,检验以下论断是否正确。

(1) 今年政治成绩的均值大于 70 分。

(2) 今年数学成绩的及格率低于 79%。

(3) 今年语文成绩的均值高于去年。

(4) 今年化学成绩的均值和去年不相等。

(5) 今年政治成绩的及格率低于去年。

(6) 今年化学成绩的及格率和去年不相等。

(7) 今年外语成绩的方差和去年不相等。

习题 4-2 为了测试某种降血压药物的疗效,研究人员记录了 127 名高血压病人服用这种药物前、服用这种药物 1 个月后和 2 个月后收缩血压的变化,相关数据见"习题 4-2. xlsx"。设显著性水平 $\alpha=0.05$,用配对两样本均值之差假设检验,检验这种降压药对降低高血压病人收缩压是否有显著性疗效。

习题 4-3 某厂产品的主要质量指标是其中有效成分的含量(纯度)。生产这种产品的原料有国产原料和进口原料两种,产品分别在 A、B、C 三条生产线上生产。为了分析原料来源以及生产线对产品质量的影响,该厂从不同原料、不同生产线生产的六个批次产品中,分别抽取 100 个样本测定纯度。样本数据见文件"习题 4-3. xlsx"。每个批次产品使用的原料、生产线以及 100 个样本纯度的均值如下(单位:%):

	生产线 A	生产线 B	生产线 C
进口原料	92.04	93.01	94.07
国产原料	96.00	96.95	98.00

设显著性水平 $\alpha=0.05$,分析以下问题:

(1) 这六个批次产品的纯度是否有显著性差别?

(2) 原料因素和生产线因素对产品纯度是否有显著性影响?

习题 4-4 为了研究消费者对某款手机产品的满意度,研究人员分别从北京、上海、天津、重庆、广州五个城市这款手机的购买者中随机抽取 100 位进行问卷调查。问卷内容如下:

您的性别:
□男　　□女
您的年龄:
□25 岁以下　　□25 岁—55 岁　　□55 岁以上
您对这款产品的评价:
□很好(5 分)　□比较好(4 分)　□一般(3 分)　□不太好(2 分)　□不好(1 分)

问卷数据见文件"习题 4-4. xlsx"。五个城市购买者对手机评价的统计指标如下:

	北京	上海	天津	重庆	广州
评价均值	3.170	3.390	3.380	3.431	3.322
评价方差	1.132	0.968	1.147	1.044	1.075
评价标准差	1.064	0.984	1.071	1.022	1.037

设显著性水平 $\alpha=0.05$,分析以下问题:

(1) 这五个城市购买者对这款产品的评价是否有显著性差别?

(2) 性别因素和年龄因素对这款产品的评价是否有显著性影响?

第 5 章　问卷调查

5.1 问卷和问卷调查

在掌握前四章内容的基础上,我们可以开始学习问卷调查的有关知识和技术。

第3章的抽样和估计,就是利用有限数量的样本数据,来推断总体属性的理论和方法。问卷调查实际上也是一种抽样工具,通过问卷来获取样本数据,用统计学的理论和方法对样本数据进行统计分析,推断与总体有关的问题。

问卷调查作为一种研究管理问题的方法,运用相当普遍。然而我们看到的不少问卷调查,不仅问卷设计的比较粗糙,获取的数据相互之间没有关系,而且分析方法也过于简单。设计粗糙的问卷,获取的数据就没有太大的价值。一份好的问卷获取的数据只有经过科学的分析处理,才能得出有价值的结论。正像做菜一样,如果没有原料,当然难为“无米之炊”;即使有了好的原料,还要有精湛的厨艺,才能烹调出美味佳肴。

5.1.1 问卷调查概述

问卷(Questionnaire)是获取调查和统计数据使用的一种具有特定格式的文档。如同自然科学和工程学的研究经常需要通过实验获取数据一样,调查是社会科学和管理学中获取数据和资料的主要方法。而问卷调查是调查中最常用的工具,是管理实证研究的重要手段。本书第1章中曾讲到,管理研究要求所用的数据具有客观性和可重复性。只有正确地进行问卷调查,才能保证所获取数据的客观性和可重复性。

问卷调查首先要有一个明确的目标,即通过问卷想要获取哪些信息,研究哪些问题。问卷的设计、统计和分析,都要围绕这个目标进行。如果目标不明确,或者问卷的设计和统计分析未能反映这个目标,问卷调查结果就会不理想甚至会失败。

在明确问卷调查目标的基础上,问卷调查通常有以下步骤:① 调查方案设计;② 问卷初稿设计;③ 问卷初稿试用、分析和修正;④ 正式问卷发放;⑤ 问卷回收、数据录入和统计分析;⑥ 撰写问卷调查分析报告。

问卷调查过程中一般需要形成以下四个文档:

1. 问卷调查计划

问卷调查计划是问卷调查的纲领性文件,对问卷调查有指导性作用。对于大规模的问卷调查而言,问卷调查计划尤为重要。因问卷调查计划不周全,大量发放有设计缺陷的问卷,回收以后才发现重要数据缺损或问题之间数据不配套,无法进行统计分析处理,造成问卷调查失败,这样的例子数不胜数。因此,制定问卷调查计划,既是问卷调查的开始,又关乎问卷调查的全局,必须慎之又慎。特别是大规模问卷调查,问卷调查计划是必不可少的。

问卷调查计划的内容包括:① 问卷调查的背景和目的;② 问卷发放的数量和方式;③ 问卷设计;④ 需要分析的问题和分析方法。

2. 问卷文本

问卷文本是问卷调查的最关键文档。一次问卷调查的成果与问卷文本的结构和措辞是否适当密切相关。例如,同样是关于受访者收入水平的问题,如果问卷是调查受访者购买手机、手表等个人用品的意向或偏好,问题中的收入应该是受访者本人的收入。如果问卷是调查受访者购买汽车等大件耐用消费品或商品住宅的问题,则问卷中的收入应该明确是指受访者的家庭收入。

问卷文本一般包括三部分:① 前言:问卷的目的,填写问卷的简要指导以及致谢;② 正文:问卷题和量表;③ 附录:问卷如何递交,是否需要受访者留下联系信息等。

3. 问卷数据汇总和分析

问卷数据汇总和分析是将回收的有效问卷中的数据进行录入汇总,并进行统计处理和分析。这一部分需要用到本书前面几章介绍的数据处理和分析的工具和方法,是问卷调查工作中技术性最强的部分。选用恰当的分析方法,就能有效地利用问卷数据,获取更多有价值的结论。

问卷调查汇总和分析的内容包括:① 问卷的信度分析;② 问卷项目的频数统计和分析;③ 问卷项目的单项统计分析;④ 问卷项目的相关统计分析;⑤ 问卷项目的交叉统计分析。

4. 问卷调查分析报告

问卷调查分析报告是整个问卷调查过程和成果的总结,内容包括:① 问卷调查的背景和目的;② 问卷发放数量、发放方式、回收数量、有效问卷数量;③ 问卷统计结果及分析;④ 问卷调查总结和评价。

5.1.2 问卷的分类

从不同的角度,问卷有不同的分类。

1. 根据问卷的结构,问卷可以分为无结构型问卷和结构型问卷

无结构型问卷中的问题是独立的,相互之间没有联系。无结构型问卷主要用于对所调查问题一般情况的了解,通常用来作为编制正式问卷之前的准备或预研究。

结构型问卷中的问题是相关的,结构型问卷用来研究和分析事先设计好的问卷中问题的相互关系。一份考虑周全、设计精良的结构型问卷,是问卷调查获得成功的基础。

2. 根据回答问题的方式,问卷可以分为开放式问卷和封闭式问卷

开放式问卷中的问题没有备选答案,由调查者用文字回答。开放式问卷一般用于对问题一般情况的了解,问卷结果无法数量化,也无法进行统计分析。

例如,“您曾经去哪些网站购物?”“您认为一家好的电影院应该具备哪些条件?”这些都是开放式问题。开放式问题允许受访者不加限制地发表意见,非常适合对问题进行启发性和搜索性的调查,从中提取有用信息。但开放式问题无法提供量化的结果,也可能出现问卷结果过于分散、无法提取有价值信息的风险。

封闭式问卷中的问题有备选答案,调查者只能从备选答案中选取一项或若干项回答。

例如,您经常去网购的网站有:

① 淘宝　② 京东　③ 一号店　④ 凡客诚品　⑤ 卓越亚马逊　⑥ 当当　⑦ 其他

封闭式问题可以提供问题的量化结果,为进一步统计分析之用。但如果备选答案选择不当,会造成一些选项无人选择,而另一些选项过于集中,从而无法真实反映受访人群的意见。

许多问卷中既包括开放式问题,也包括封闭式问题。

3. 根据问卷的介质,问卷可以分为纸质问卷和电子问卷

纸质问卷是问卷内容打印在纸上分发和回收的;而电子问卷是通过电子邮件、网络等媒体发放和回收的电子文档。

5.1.3　问卷的发放和回收

问卷的发放和回收有以下途径:

1. 现场发放、现场回收

所谓现场,是指机场、车站、码头、商场、会场、课堂等场所。这种发放方式的好处是问卷回收率较高,缺点是填写问卷的时间不能太长,因此不适合比较复杂的问卷。

2. 邮寄发放、邮寄回收

这种发放方式的优点是受访者有充足的时间来填写问卷,问卷问题多一些、填写问卷时间长一些关系不大;缺点是回收率往往不能保证。

以上两种发放方式的问卷都是纸质问卷。

3. 电子邮件发放和回收

现在越来越多的问卷通过电子邮件发放和回收。由于电子邮件问卷的填写、回收都比较便捷,因此回收率比传统邮寄要高。

4. 网络问卷

在网站上发布问卷,由网民通过点击选项进行调查,这种问卷方式越来越流行。网络问卷随机性好,回收量大,比较适合调查简单的热点问题。

目前,一些提供发布问卷、回收问卷和分析问卷数据服务的专业网站应运而生,这些网站的问卷服务通常是收费的。当然,网上问卷数据的真实性和可靠性往往无法保证。

5.2　问卷设计

5.2.1　问卷的结构

一份正式的调查问卷一般包括以下四个组成部分:

(1) 问卷标题。

(2) 前言,主要说明调查的主题、目的、意义,以及向被调查者表示感谢。

（3）正文。这是调查问卷的主体部分，由一系列问题以及与问题配套的备选答案组成。问卷中的问题分为客观性问题和主观性问题。

客观性问题用来获取受访者的客观属性。以下问题属于客观性问题：

• 性别：

① 男　　② 女

• 年龄：

① 20 岁及以下　② 21—30 岁　③ 31—40 岁　④ 41—50 岁　⑤ 51 岁及以上

• 职业：

① 公务员　② 公司职员　③ 教师　④ 医务人员　⑤ 工人　⑥ 其他

主观性问题用来测试受访者对某一个问题的看法或者偏好。以下问题属于主观性问题：

• 您对这项售后服务是否满意？

① 很不满意　② 不满意　③ 一般　④ 满意　⑤ 很满意

• 您是否认同"网上购物有风险"？

① 非常不认同　② 不认同　③ 不确定　④ 认同　⑤ 非常认同

（4）附录，可以包括问卷递交的方式、受访者的联系地址和方式等。

5.2.2 问卷设计的原则

问卷设计需要注意以下问题：

（1）问题不能过多，一般以控制在 10 分钟之内回答完毕为宜。

（2）问题文字要简洁明确，可读性好。

（3）备选答案的含义必须清晰明确，不能模棱两可。

（4）备选答案必须覆盖所有可能，不能有缺省和遗漏。

（5）避免使用专业术语。

（6）问题的排列顺序要合理，简单和普遍性的问题在前，复杂和特殊性的问题在后。

（7）不要出现有倾向性和暗示性的问题。

（8）不要出现假设性的问题。

5.3 量表设计

5.3.1 量表的分类

问卷的核心部分由问题和量表组成，量表设计是问卷设计中非常重要的内容。

带有数值的一组备选答案称为量表（scale）。量表用来测量受访者的状态或者对问题的偏好，量表把受访者的状态和意见转换成数据。

量表有各种类型，其中常用的有选项量表、填充量表和图形量表。以下 10 种量表中，

(1)—(7)为选项量表,(8)为填充量表,(9)和(10)为图形量表。

(1) 性别:

① 男　　② 女

(2) 学历:

① 小学　　② 初中　　③ 高中　　④ 大专　　⑤ 本科　　⑥ 研究生

(3) 健康状况:

① 差　　② 一般　　③ 好

(4) 经常购物的网站:

① 淘宝　　② 京东　　③ 一号店　　④ 凡客诚品　　⑤ 卓越亚马逊

⑥ 当当　　⑦ 其他

(5) 网购商品类别:

① 书籍　　② 服装　　③ 电器　　④ 食品　　⑤ 家具　　⑥ 其他

(6) 网购服务质量:

① 很差　　② 较差　　③ 一般　　④ 较好　　⑤ 很好

(7) 您是否认同"网购风险很大"?

① 非常不认同　　② 不认同　　③ 不一定　　④ 认同　　⑤ 非常认同

(8) 您的年收入为__________万元。

(9) 请在以下区间中,用"x"标注完成这项工作所需要的天数:

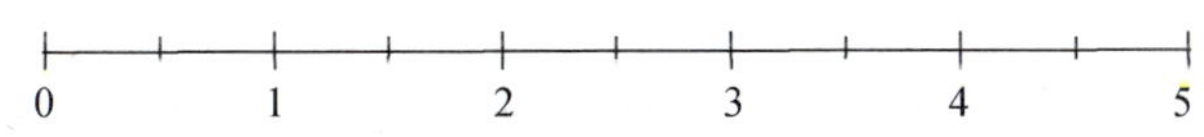

(10) 请在以下图形中,用箭头表示这个项目研发可能成功的概率:

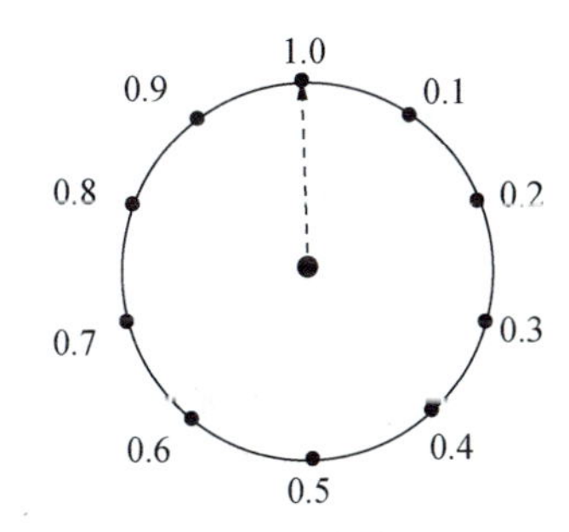

选项量表获取的数值都是离散的,即为整数 1、2、3、4、5 等;填充量表和图形量表获取的数值可以是连续的,如填充量表的"年收入"为 12.3 万元;图形量表"完成工作所需要的天数"为 3.5 天,"项目研发可能成功的概率"为 0.85,等等。

同一个问题,例如受访者的年收入,既可以用选项量表(① 9.9 万元以下;② 10 万—14.9 万元;③ 15 万—19.9 万元;④ 20 万—24.9 万元;⑤ 25 万元以上),也可以用填充量表(年收入为 12.3 万元)。用选项量表获得的是年收入的代码①、②、③、④、⑤或字符串"5 万元以下""5 万—9.9 万元""10 万—19.9 万元""20 万元以上",并不是年收入的数值,获得的信息只能进行计数、计算分类计数的百分比,不能计算均值、标准差等,无法进行假设检验。而用填充量表获得的是年收入的数据,是连续变量,可以做任何算术和统计运算。因此,在问卷设计阶段,就要考虑好对问卷数据如何进行统计分析。如果问卷设计得不科学合理,回收以后就会发现许多问卷数据不可用,不能达到问卷的目的。

从不同的角度,量表可以有不同的分类。

1. 按选项选取方式分类

量表按选项选取方式,可以分为单选量表和复选量表。

单选量表是在若干选项中必须而且只能选取 1 项的量表。例如,以上量表中的“性别”“学历”“健康状况”“服务质量”都是单选量表。在多个选项中允许选取 1 项以上的量表称为复选量表。例如,以上量表中的“经常购物的网站”和“网购商品类别”就是复选量表。

在纸质问卷中,单选量表的选项用“○”表示,复选量表的选项用“□”表示。电子问卷中,单选量表的选项采用控件“◉”和“○”(radio button),复选量表的选项采用控件“☑”和“☐”(check box)。

2. 按备选项目的个数分类

在单选量表中,根据备选项目的多少可以分为 2 点量表、3 点量表、5 点量表和多点量表。例如,“性别”是 2 点量表,“健康状况”是 3 点量表,对“网购风险很大”的看法是 5 点量表,“学历”是多点量表。

对于主观性问题,量表点数一般都设计成奇数,即 3 点、5 点或 7 点等。这样做的原因是允许受访者表达中立的态度。

量表的点数越多,答案的区分度越高,即能更加细微地区分受访者的客观情况或者主观意向。但对于大多数主观性问题,5 点量表就足以较好地反映受访者的意见。

3. 按获取数据的属性分类

量表按所获取数据的属性,可以分为定类量表、定序量表、定距量表和定比量表。

- 定类量表:获取的数据只有类别的不同,没有大小或次序关系,测量结果可以计数,计算频数等,但不能做加减乘除运算。

例如,以上量表中的“性别”“网购商品种类”都是定类量表。其中,不同性别的数值(1 和 2)以及不同商品种类的数值(1,2,…,6)仅仅表示性别和商品种类的差别,数值的大小、差距以及比例都是没有意义的。

- 定序量表:量表数值有次序关系,但数值的差距没有意义。测量结果可以计数,计算频数等,但不能做加减乘除运算。

例如,以上量表中的“学历”就是定序量表。其中,6 种不同学历对应的数值大小表示学历的高低,但学历数值的差距没有意义,即不能认为“研究生”学历(数值为 6)与“本科”学历(数值为 5)的差距与“初中”学历(数值为 2)与“小学”学历(数值为 1)的差距是一样的。

- 定距量表:量表数值有顺序关系,而且量表数值的差距有意义,但量表数值的比值没有意义。测量结果可以计数,计算频数、均值等,但不能做乘除运算。

例如,以上量表中的“服务质量”就是定距量表。其中,量表的数值除了有类别、次序的意义,数值的差距也是有意义的,即量表中的选项①、②、③、④、⑤之间的差距是相等的,后一个选项的值比前一个选项的值高出 1 个等级。但不能认为“较好”(数值为 4)是“较差”(数值为 2)的 2 倍,“很好”(数值为 5)是“很差”(数值为 1)的 5 倍。

- 定比量表:量表数值的大小、差距、比值都有意义,可以进行加减乘除、求和以及计算均值、方差、标准差等所有的运算。

例如,以上填充量表“年收入”、图形量表“完成工作所需要的天数”和“项目研发可能成功的概率”都是定比量表。

4. 按照数值是否可累加分类

量表按数值是否可累加,分为可累加量表和不可累加量表。

“商品类别”和“网站名称”量表中的数据是不可累加的。定类量表都是不可累加的。

“学历”数据是不可累加的。一个“小学”(1)和一个“本科”(5),并不等同于一个“研究生”(6)。定序量表都是不可累加的。

如果认为“服务质量”的各级差距是等距的,那么是可以累加的,一次“较差”(2)和一次“好”(4)相当于 2 次“一般”(3)。定距量表一般认为是可以累加的。

“年收入”“完成工作所需要的天数”是定比量表,大多数定比量表都是可以累加的。

只有了解量表获取的数值属性,才能用恰当的方法进行统计分析,避免因统计方法和数据属性不匹配而产生的错误。

5.3.2 量表数值的不可比性

如果问卷设计不当,量表获取的数值就可能出现不可比的情形。造成量表数值不可比的原因有以下几种:

1. 问卷选项排列顺序不一致

如果一份问卷中,有一个问题选项的排列为:① 很差;② 差;③ 中等;④ 好;⑤ 很好;而在另一个问题中选项的排列为:① 很好;② 好;③ 中等;④ 差;⑤ 很差。同样是“好”的选项,在第一个问题中的数值为 4,而在第二个问题中的数值为 2,造成同样选项的数值不可比。

因此,在问卷量表设计中,所有的量表都要按一定的顺序排列(如量表选项的顺序保持从小到大、从差到好、从否定到肯定等),以最大限度地消除量表数值的不一致性。

2. 同一类问题中量表点数不同

如果一份问卷中既有三点量表,又有五点量表,这些问题的分值就可能存在不可比的情形。例如,对于三点量表(① 差;② 中;③ 好)和五点量表(① 很差;② 差;③ 中等;④ 好;⑤ 很好),同样是“中等”,三点量表中得分是 2 分,而五点量表中得分是 3 分。类似地,同样是“好”,在三点量表中的得分是 3 分,而在五点量表中的得分是 5 分。

3. 量表选项用词含义不一致

例如,有以下两个量表:

① 非常不同意　② 不同意　③ 不能确定　④ 同意　⑤ 非常同意

① 不同意　② 比较不同意　③ 不能确定　④ 比较同意　⑤ 同意

在这两个量表中,选项"不同意"的含义是不一样的,"不同意"的选项对应的数值也不同,这就造成了两个量表数值的不可比。

4. 问题中既有肯定性表述,又有否定性表述

例如以下两个问题:

(1) 网上购物有风险

① 非常不同意　② 不同意　③ 不能确定　④ 同意　⑤ 非常同意

(2) 网上购物没有风险

① 非常不同意　② 不同意　③ 不能确定　④ 同意　⑤ 非常同意

其中,第一个问题的陈述是肯定性的,第二格问题的陈述是否定性的。由于两个问题陈述的方式不同,回答的选项意义也不相同。例如,如果两个问题都选择"非常同意"(数值为5),其实意义是完全相反的。因此,同一问卷中的问题最好统一采用肯定性陈述或否定性陈述。如果不得不同时出现肯定性陈述问题和否定性陈述问题,两类问题的量表排列次序应该相反。

问卷量表数值不可比会影响问卷的信度指标。因此,我们在设计问卷时,应该注意避免出现量表数值不可比的情形。

5.3.3 里克特量表

为了避免因量表的排列次序、等级以及用词不同而导致测量结果不可比,美国社会心理学家里克特(Likert)于1932年在一篇论文中提出一种基于标准化答案的可累加的五点单选量表。这样的五点量表被认为既简洁,又有合适区分度,而且便于统计处理,因此被广泛使用。

为了获得更细致的区分度,后来还引进了里克特七点、九点量表,但应用最多的还是里克特五点量表。

里克特问卷量表对每一陈述有非常不同意、不同意、不能确定、同意、非常同意五种标准化的回答,分别标记为1,2,3,4,5。这种标准化的五点量表被称为里克特五点量表。

例如,为了测试受访者对网络购物风险的态度,设计了一个陈述命题"网上购物是有风险的",并且附带以下量表:① 非常不同意;② 不同意;③ 不能确定;④ 同意;⑤ 非常同意。这就是一个典型的里克特五点量表。

里克特认为这五个标准化的选项之间是等距的,因而是可以累加的。因此,测量得到的数值可以进行加、减、乘、除等算术运算以及计数和计算频数、均值、方差等统计运算。

如果一个问卷所有问题的量表全部由里克特五点量表组成,则这样的问卷被称为里克特标准问卷。在不同的时间、不同的地点,对不同的对象进行两次问卷调查,如果两次调查问卷的内容完全相同,并且都采用里克特标准问卷,那么两次调查问卷的结果是有可比性的。

里克特五点量表并不是所有的问题都适用,它仅适合于主观性问题。对于受访者的年龄、性别、职业等客观性问题,还是要采用两点或其他多点单选量表或复选量表。

5.4 问卷的效度和信度

5.4.1 问卷的效度

效度(validity)即有效性,是指问卷或量表包含系统误差的大小。系统误差越小,效度越高。系统误差是由测量工具的偏差造成的。如果系统误差太大,则会造成用这个测量工具进行测量的所有结果都明显偏离正常水平。例如,如果一杆秤的零点不准,或者灵敏度太低,则称任何东西都会不准;同样,一份效度很差的问卷,获得的数据是没有多大意义的。

影响问卷效度的原因有如下八个:

(1) 问卷的选题和内容不恰当。

一份好的问卷,内容应该直面有争议的问题,不同角色、不同立场的受访者对问卷的问题应该有截然不同的回答。这样的问卷效度就很高。只有效度高的问卷,才会有高的信度。只有对这样的问卷进行统计分析,才会得到有用的信息。

如果所有或大多数受访者对问卷的问题都没有兴趣或没有太大的争议,不同角色的受访者对问题的回答或者如出一辙,或者完全随机,则问卷效度就很低。

效度低的问卷,在后期进行统计分析时就会发现,几乎所有的因素都是不显著的。这样的问卷调查不能获得有用的信息,也就没有什么意义。

(2) 内容不全面,遗漏了若干重要因素。

(3) 问题的分布不平衡,某些方面的问题太多,另一些方面的问题太少。

(4) 问题有诱导性,回答会偏向某一方面。

以上原因产生的误差称为内容效度。

(5) 量表的分值设计不合理,使得测量结果会偏大或偏小。

(6) 问题回答的难易程度差别很大,会影响测量结果的稳定性。

(7) 问题不是每一个受访者都能回答,造成不同问卷的分值差异。

以上原因产生的误差称为准则效度。

(8) 问卷的结构不合理,不能反映主要因素和次要因素的区别。

以上原因产生的误差称为结构效度。

效度对于医学、心理学领域诊断性的问卷非常重要,因为一份效度不合格的问卷相当于一把不准的尺或一杆不准的秤,导致测量的结果没有意义,甚至会产生误导。为此,医学中对于一些常见疾病(如老年痴呆症等)的诊断,都有一些诊断用的标准问卷以及对测试结果的诊断标准。医学和心理学领域问卷的效度,除了用统计方法测试外,还要通过对正常人群的测试进行校正。

由于管理问题通常比医学问题复杂,因此大多数管理问题不可能有类似医学和心理学问题的标准问卷,也没有所谓的正常人群可以作为参照。尽管有一些统计软件和统计方法可以测试问卷效度,但是对于管理问题的问卷来说,仅仅通过计算问卷数据来判断问卷效度是很困难的,还要依靠有经验的专家来判断,因此在本书中不涉及问卷效度的计算。

5.4.2 问卷的信度

问卷效度测量的对象是问卷的问题,问卷信度测量的对象是问卷数据。

信度(reliability)即可靠性,是指问卷数据的一致性。数据一致性高的问卷,信度就好;数据一致性低的问卷,信度就差。

所谓数据的一致性,是指不同角色、不同立场受访者的意见泾渭分明。例如,对问卷中的某个问题,男性受访者大多选择"非常同意",而女性受访者大多选择"非常不同意",这样数据的一致性就很高。如果无论是男性受访者还是女性受访者,多数都选择"无所谓",或者大多是随机选择,没有倾向性,则问卷的信度就很低。

问卷的信度是指在问卷效度符合要求的条件下,问卷测试的结果能否正确反映所测试对象的真实状态,即信度是测量的随机误差的大小。

影响问卷信度的因素有:① 问卷选题或设计不恰当,效度很低,信度一定不会高;② 有效问卷数量太少;③ 受访人群结构不合理,表达的意见有偏向性;④ 问卷调查的时机不合适,问卷的结果受环境、舆论等影响较大;⑤ 问卷的问题过于专业或表述不当,受访人难以理解,导致问卷回答有随意性;⑥ 问卷的问题太多,回答问题的时间太长,超出了受访者耐心的承受范围;⑦ 整个问卷调查过程前后持续时间太长,调查过程中问题环境发生了变化。

信度评价方法包括以下三种:

1. 重复检验法

同样的问卷,对同一组访问对象在尽可能相同的情况下,在不同时间进行两次测量,用两次测量结果间的相关分析或差异的显著性检验方法,评价量表信度的高低。但重复检验法在实际问卷调查中很难做到。

2. 折半法

折半法是将所有问卷中的问题通过随机抽样划分为两部分,要求这两部分问题数目相等或相差1,然后计算这两个部分的得分之间的相关系数 R。整个问卷的信度系数 R_r 可以用如下斯皮尔曼-布朗(Spearman-Brown)公式计算:

$$R_r = \frac{2R}{1+R} \tag{5.1}$$

R_r 的值越接近1,表明问卷的信度越高。

3. 克隆巴赫 α(Cronbach's α)信度系数

$$\alpha = \frac{k}{k-1}\left(1 - \frac{\sum_{i=1}^{k} s_{ii}}{\sum_{i=1}^{k}\sum_{j=1}^{k} s_{ij}}\right) \tag{5.2}$$

其中,k 为问题数,s_{ii} 为第 i 个问题数据的方差,s_{ij} 为问题 i 和问题 j 数据的协方差。克隆巴赫 α 信度系数(以下简称 α 信度系数)的值应当在0和1之间。α 值越接近1,表明问卷的信度越好。表5.1列示了不同范围的 α 信度系数值对应的信度水平。

表 5.1　不同范围的 α 信度系数对应的信度水平

α 值的范围	信度水平
0.9—1.0	十分可信
0.7—0.9	很可信
0.5—0.7	可信
0.4—0.5	稍微可信
0.3—0.4	勉强可信
0—0.3	不可信

很多文献认为,当 α 信度系数值在 0.65 以上时,问卷信度就是可以接受的。

在大多数情况下,α 信度系数值都在 0—1 之间;在一些非正常情况下,α 信度系数值也可能为负值或者大于 1。如果出现这种情况,说明问卷数据存在严重问题。如果 α 信度系数值为负数、大于 1 或者太小,则问卷信度都是不能接受的。造成 α 信度系数出现上述问题的原因,除了影响问卷信度的一般性因素以外,还可能是:

(1) 数据不是来自真实的问卷,而是人为杜撰的;或者为了某种目的,人为修改了真实的问卷数据。

(2) 受访者填写问卷非常不认真,或者受访者无法理解问卷中的问题。

(3) 问卷数量太少。例如,问卷数量在 20 份以下,就很容易出现 α 信度系数值过低的情形。

(4) 问卷的问题太少。例如,问卷中只有 2 个主观性问题,这样也很容易造成 α 信度系数值过低。

(5) 问卷中很多问题的量表数值不可比。

α 信度系数只适用于问卷中的主观性问题。

问卷的效度和信度是不同的概念,它们有区别也有联系。效度测试的对象是问卷本身,效度的好坏是指问卷本身质量的优劣。而信度测试的对象是问卷的数据,信度的高低是指问卷数据质量的高低。效度差的问卷,信度不会好。效度好的问卷,信度可能好,也可能差。信度差,可能是效度引起的,也可能不是效度引起的。

5.5　问卷调查案例——网上购物的问卷调查

5.5.1　调查问卷

下面用一个网上购物调查问卷作为案例,说明问卷调查的操作过程。

为了研究不同性别、年龄、职业和收入的网购人群的购物频度、选购商品种类、网购支出以及他们对网购风险的看法,研究人员进行了此次问卷调查。

问卷采用现场随机抽样方式发放,现场回收,问卷发放对象为有网购经历的受访者。问卷发放 400 份,回收 400 份,回收率 100%。回收问卷中有效问卷 328 份,有效回收率 82%。

网上购物调查问卷的文本如下:

网上购物调查问卷

您好！感谢您参与此次问卷调查。

本次问卷调查是《网上购物行为和风险研究》课题的一部分,目的是研究网购发展的现状,不同人群网购行为的差异及其对网购风险的看法。本课题纯属学术性研究,没有任何商业目的。

本次调查范围仅限于有网购经历的人群,如没有网购经历请不要填写此调查表。

您的回答对我们的研究会有重要的贡献,敬请如实填写以下各项问题。

1. 性别

○男　○女

2. 年龄

○25 岁及以下　○26—35 岁　○36—45 岁　○46—55 岁　○56 岁及以上

3. 职业①

○国家机关、党群组织、企业、事业单位负责人　○专业技术人员

○办事人员和有关人员　○商业、服务业人员　○农、林、牧、渔、水利业生产人员

○生产、运输设备操作人员及有关人员　○军人　○其他从业人员

4. 年收入__________万元

5. 网购年限__________年(请填写整数 1,2,3,…)

6. 平均每个月网购__________次(请填写整数 1,2,3,…)

7. 平均每次网购支出__________元(请填写整数 100,200,…,1000,1100,…)

8. 经常购物的网站

□淘宝　□京东　□1 号店　□凡客　□亚马逊　□当当　□国美在线

□苏宁易购　□其他(请写出网站名称)____________________

9. 网购商品种类

□电脑配件　□服装衣帽　□家用电器　□办公文具　□手袋箱包

□布衣家纺　□鲜花礼品　□汽车用品　□充值卡类　□旅行购票

□其他(请写出商品种类)____________________

10. 网购风险

○非常小　○比较小　○不能确定　○比较大　○非常大

11. 网站信誉是网购的主要风险

○非常不同意　○不同意　○不能确定　○同意　○非常同意

12. 网站商品信息与实物不符是网购的主要风险

○非常不同意　○不同意　○不能确定　○同意　○非常同意

① 职业分类参照《中华人民共和国职业分类大典》。

13. 卖家信誉是网购的主要风险

○非常不同意　　○不同意　　○不能确定　　○同意　　○非常同意

14. 网络支付是网购的主要风险

○非常不同意　　○不同意　　○不能确定　　○同意　　○非常同意

15. 配送环节是网购的主要风险

○非常不同意　　○不同意　　○不能确定　　○同意　　○非常同意

再次感谢您的参与。为了便于问卷信息的进一步研究和核实,请您留下联系方式:

电话:

电子邮箱:

《网上购物行为和风险研究》课题组

20××年×月×日

5.5.2 问卷数据的检查和处理

问卷回收以后,需要对问卷进行检查和处理,具体包括以下工作:

1. 有效性检查,剔除无效问卷

无论是纸质问卷还是电子问卷,都需要检查每一份问卷的有效性。对于纸质问卷,需要检查这份问卷是否所有问题都已回答、单选问题是否只选择了一个选项。对于电子问卷,只需要检查是否所有问题都已回答。

2. 问卷数据录入

首先准备好 Excel 数据录入表。每一份问卷的数据录入在数据表的一行中。

对于单选问题,每个问题的数据录入在一列中;对于复选问题,每一个复选选项录入在一列中。为了快速录入,单选问题输入选项的代码(1,2,3,…),复选问题的某一选项根据是否被选中,相应输入"TRUE"。录入表格的表头和数据见文件"例 5.1 网上购物问卷调查与统计. xlsx"。输入完毕的代码数据表如图 5.1 所示。

	A	B	C	D	E	F	G	H	I	J	K	L	M	N	O	P	Q	R	S	T	U	V	W	X
1		问题1（单选）	问题2（单选）	问题3（单选）	问题4（填充）	问题5（填充）	问题6（填充）	问题7（填充）	问题8（复选）								问题9（复选）							
2	问卷编号	1.性别（代码）	2.年龄（代码）	3.职业（代码）	4.年收入（万元）	5.网购年限（年）	6.平均每月网购次数（次）	7.平均每次网购支出（元）	淘宝	京东	1号店	凡客	亚马逊	当当	国美在线	苏宁易购	电脑配件	服装衣帽	家用电器	办公文具	手袋箱包	布衣家纺	鲜花礼品	汽 用
3	1	1	2	2	8	5	1	200	TRUE	TRUE							TRUE		TRUE					
4	2	1	4	2	31	1	1	700			TRUE			TRUE	TRUE	TRUE		TRUE						
5	3	2	4	5	15	4	1	300		TRUE				TRUE				TRUE	TRUE		TRUE		TRUE	
6	4	2	4	5	6	1	1	200			TRUE							TRUE	TRUE		TRUE			
7	5	2	4	2	5	3	1	200			TRUE				TRUE		TRUE		TRUE					
8	6	2	5	8	26	5	2	400	TRUE		TRUE			TRUE	TRUE		TRUE							TR
9	7	2	4	2	22	2	1	400	TRUE					TRUE				TRUE		TRUE	TRUE			
10	8	1	4	4	49	3	1	500	TRUE								TRUE	TRUE						
11	9	1	4	4	47	4	1	400			TRUE						TRUE				TRUE	TRUE		TR
12	10	2	2	2	7	5	4	200						TRUE			TRUE	TRUE	TRUE	TRUE	TRUE		TRUE	TR
13	11	1	4	6	10	5	2	200	TRUE			TRUE				TRUE								
14	12	2	4	3	4	1	1	200	TRUE	TRUE		TRUE								TRUE	TRUE	TRUE	TRUE	TR
15	13	2	3	2	15	3	2	300	TRUE					TRUE			TRUE	TRUE			TRUE			TR
16	14	1	1	2	16	4	2	500	TRUE		TRUE			TRUE			TRUE	TRUE				TRUE		
17	15	1	3	1	20	3	1	300	TRUE							TRUE	TRUE	TRUE	TRUE					
18	16	1	1	2	19	1	2	200	TRUE					TRUE			TRUE	TRUE					TRUE	
19	17	1	2	5	14	2	2	200	TRUE					TRUE				TRUE	TRUE	TRUE	TRUE			
20	18	1	1	1	14	3	1	200	TRUE	TRUE					TRUE		TRUE							

调查问卷　量表代码和数值　代码和名称对照表　量表名称和数值

图 5.1　问卷的量表代码和数值(局部)

如果是电子问卷,则以上数据表可以自动生成。

3. 将问卷选项的代码转换成选项名称

为了将选项的代码(1,2,3…)转换成选项名称,需要先输入每个问题的选项代码和名称对照表。

例 5.1 选项代码的转换

例如,“性别”问题的选项代码 1,2 对应的名称分别为“男”和“女”;“年龄”问题的选项代码 1,2,3,4,5 分别对应的名称为“25 岁及以下”“26—35 岁”“36—45 岁”“46—55 岁”和“56 岁及以上”,等等。

填充量表的问题,例如问题 4—7 的“年收入”“网购年限”“网购次数”“网购支出”,就没有代码和名称转换的问题,可以直接获取问题的数值。

代码和名称对照表也用来记录问卷量表的计数,因此,表中事先输入了“计数”和“合计”等表头项目,量表计数是用函数 COUNTIF 完成的。问卷选项的代码和名称对照表及计数如图 5.2 所示。

问题1 性别:单选量表	
代码	名称
1	男
2	女

问题2 年龄:单选项量表	
代码	名称
1	25岁以下
2	26-35岁
3	36-45岁
4	46-55岁
5	56岁以上

问题3 职业:单选量表	
代码	名称
1	国家机关、党群组织、企业、事业单位负责人
2	专业技术人员
3	办事人员和有关人员
4	商业、服务业人员
5	农、林、牧、渔、水利业生产人员
6	生产、运输设备操作人员及有关人员
7	军人
8	其他从业人员

问题8 经常访问的网站:复选量表	
代码	名称
1	淘宝
2	京东
3	1号店
4	凡客
5	亚马逊
6	当当
7	国美在线
8	苏宁易购

问题9 网购商品种	
代码	
1	电脑配
2	服装衣
3	家用电
4	办公文
5	手袋箱
6	布衣家
7	鲜花礼
8	汽车用
9	充值卡
10	旅行购

图 5.2 代码和名称对照及计数(局部)

有了图 5.1 的代码数据表和图 5.2 的代码名称对照表,就可以将问卷数据从代码转换到名称。转换是用函数 VLOOKUP 完成的。详细的代码转换方法,请见文件“例 5.1 网上购物问卷调查与统计.xlsx”中的“量表名称和数值”工作表。

转换完成的问卷名称数据表如图 5.3 所示。

	问题1	问题2	问题3	问题4	问题5	问题6	问题7	问题8 购物网站								
问卷编号	1.性别	2.年龄	3.职业	4.年收入	5.网购年限	6.网购次数	7.网购支出	淘宝	京东	1号店	凡客诚品	卓越亚马逊	当当	国美	苏宁易购	电脑配件
1	男	26-35岁	专业技术人员	8	5	1	200	TRUE	TRUE							TRUE
2	男	46-55岁	专业技术人员	31	1	1	700			TRUE			TRUE	TRUE	TRUE	
3	女	46-55岁	农、林、牧、	15	4	1	300		TRUE				TRUE			
4	女	46-55岁	农、林、牧、	6	1	1	200			TRUE						
5	女	46-55岁	专业技术人员	5	3	1	200			TRUE				TRUE		TRUE
6	女	56岁以上	其他从业人员	26	5	2	400	TRUE		TRUE			TRUE	TRUE		TRUE
7	女	46-55岁	专业技术人员	22	2	1	400	TRUE					TRUE			
8	男	46-55岁	商业、服务业	49	3	1	500	TRUE								TRUE
9	男	46-55岁	商业、服务业	47	4	1	400			TRUE						TRUE
10	女	26-35岁	专业技术人员	7	5	4	200						TRUE			TRUE
11	男	46-55岁	生产、运输设	10	5	2	200	TRUE			TRUE				TRUE	
12	女	46-55岁	办事人员和有	4	1	1	200	TRUE	TRUE		TRUE					
13	女	36-45岁	专业技术人员	15	3	2	300	TRUE					TRUE			TRUE
14	男	25岁以下	专业技术人员	16	4	2	500	TRUE		TRUE			TRUE			TRUE
15	男	36-45岁	国家机关、党	20	3	1	300	TRUE							TRUE	TRUE
16	男	25岁以下	专业技术人员	19	1	2	200	TRUE					TRUE			TRUE
17	男	26-35岁	农、林、牧、	14	2	2	200	TRUE					TRUE			
18	男	25岁以下	国家机关、党	14	3	1	200	TRUE	TRUE					TRUE		TRUE
19	男	36-45岁	专业技术人员	15	5	2	300		TRUE						TRUE	
20	男	25岁以下	专业技术人员	14	3	1	300	TRUE								TRUE
21	男	46-55岁	国家机关、党	36	5	1	1400		TRUE					TRUE		

图 5.3 转换以后的量表名称和数据(局部)

5.5.3 问卷信度计算

完成问卷数据录入以后,就可以进行问卷数据的信度检验。只有通过信度检验的问卷数据,随后的统计分析才有意义。

例 5.2 问卷数据的信度系数计算

网上购物问卷中的问题 1—9 为客观性问题,问题 10—15 为主观性问题。问卷数据的信度一般只对主观性问题的数据进行计算。主观性问题 10—15 数据的 α 信度系数,可以手工计算,也可以用本书提供的自定义函数计算。

1. 用手工方式计算 α 信度系数

用 Excel"数据分析"中的"协方差"工具或者用 Excel 协方差函数 COVARIANCE. S(array1,array2)计算"例 5.1 网上购物问卷调查与统计. xlsx"中的"量表代码和数值"工作表中问题 10—15 数据的协方差,计算结果如表 5.2 所示。

表 5.2 问题 10—15 数据的协方差

	问题 10	问题 11	问题 12	问题 13	问题 14	问题 15
问题 10	1.7431	-0.3429	-0.3402	-0.2069	-0.3130	-0.4258
问题 11	-0.3429	1.0433	0.8504	0.8970	0.9653	0.9535
问题 12	-0.3402	0.8504	0.8853	0.8536	0.8580	0.8876
问题 13	-0.2069	0.8970	0.8536	0.9775	0.9039	0.8478
问题 14	-0.3130	0.9653	0.8580	0.9039	1.0718	0.9539
问题 15	-0.4258	0.9535	0.8876	0.8478	0.9539	1.1837

从第 1.5.5 节可知,同一个变量的协方差就是这个变量的方差,因此表 5.2 中对角线上的数值是每个问题数据的方差。

根据如下 α 信度系数的计算公式计算本例中问卷信度系数:

$$\alpha = \frac{k}{k-1}\left(1 - \frac{\sum_{i=1}^{k} s_{ii}}{\sum_{i=1}^{k}\sum_{j=1}^{k} s_{ij}}\right)$$

其中, k 为问题数,即 $k=6$, $\sum_{i=1}^{k} s_{ii}$ 为上表中对角线元素之和, $\sum_{i=1}^{k}\sum_{i=1}^{k} s_{ij}$ 为所有元素之和(包括对角线元素之和)。将表 5.2 中的数据代入公式,得到:

$$\alpha = \frac{6}{6-1} \times \left(1 - \frac{6.9047}{21.5893}\right) = 0.8162$$

2. 用自定义函数 ALPHA 计算 α 信度系数

本书提供了一个计算 α 信度系数的自定义函数 ALPHA(Data)。这个自定义函数的加载宏文件"Alpha 信度系数计算加载宏. xlam"在"自定义函数"中,安装这个加载宏的方法见本书附录 1。在安装了加载宏以后,就可以用自定义函数" = ALPHA(AA3:AF330)"得到 α 信度系数的值,计算结果在"例 5.1 网上购物问卷调查与统计. xlsx"中的"量表代码和数值"工作表单元格 AG2 中。计算结果和手工计算结果相同。

计算得到α信度系数为0.8162,根据表5.1,问卷的主观性问题"问题10—15"数据的信度属于"很可信",说明在此基础上对问卷数据进行统计分析是有意义的。

以上几种α信度系数计算的具体操作,请见文件"例5.2 问卷数据的信度系数计算.xlsx"。

5.5.4 问卷数据的单项分析

问卷数据通过α信度系数检验后,就可以对问卷的各个问题进行单项统计分析。问卷数据单项统计分析的操作,详见文件"例5.3 问卷数据的单项统计分析.xlsx"。

例5.3 对网络购物问卷调查的数据进行单项统计分析

1. 性别分析

受访人群的性别构成如表5.3所示。

表5.3 受访人群性别统计表

性别	计数	百分比	累积百分比
男	193	59%	59%
女	135	41%	100%
合计	328	100%	

性别构成饼图如图5.4所示。

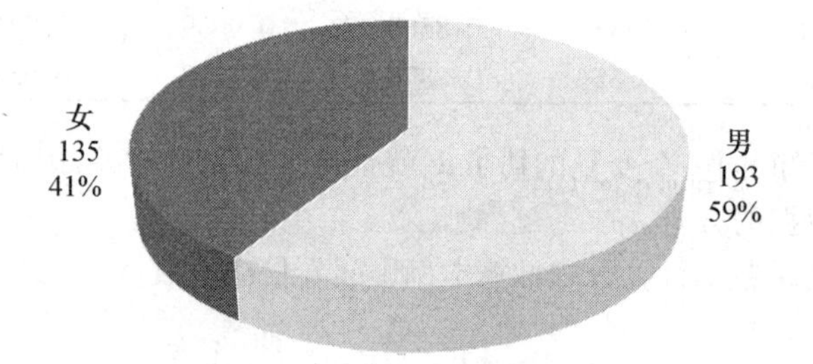

图5.4 性别构成

由表5.3和图5.4可以看出,受访人群男性稍多于女性。

2. 年龄分析

受访人群的年龄构成如表5.4所示。

表5.4 年龄构成频数和百分比

编号	年龄	计数	百分比	累积百分比
1	25岁及以下	51	16%	16%
2	26—35岁	113	34%	50%
3	36—45岁	69	21%	71%
4	46—55岁	68	21%	92%
5	56岁及以上	27	8%	100%
	合计	328	100%	

相应的饼图如图 5.5 所示。

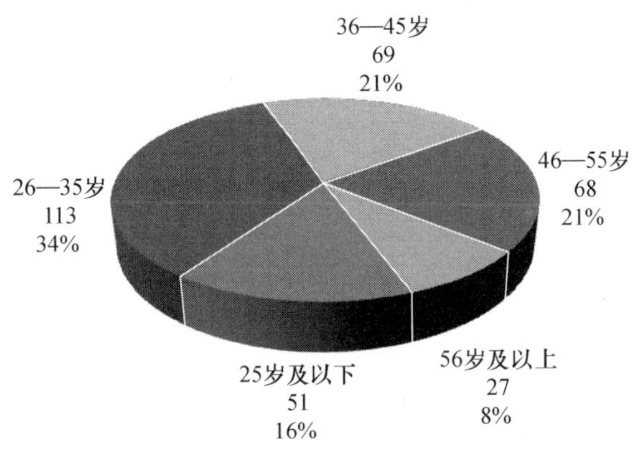

图 5.5　年龄构成

受访者的年龄在 25 岁及以下的占 16%,35 岁及以下的占 50%,45 岁及以下的占 71%,56 岁及以上的仅占 8%。由此可见,网络购物主要以中青年为主。

3. 职业分析

受访人群的职业构成如表 5.5 所示。

表 5.5　职业构成

编号	职业	计数	百分比	累积百分比
1	国家机关、党群组织、企业、事业单位负责人	52	16%	16%
2	专业技术人员	114	35%	51%
3	办事人员和有关人员	54	16%	67%
4	商业、服务业人员	48	15%	82%
5	农、林、牧、渔、水利业生产人员	15	5%	87%
6	生产、运输设备操作人员及有关人员	28	8%	95%
7	军人	8	2%	97%
8	其他从业人员	9	3%	100%
	合计	328	100%	

相应的饼图如图 5.6 所示。

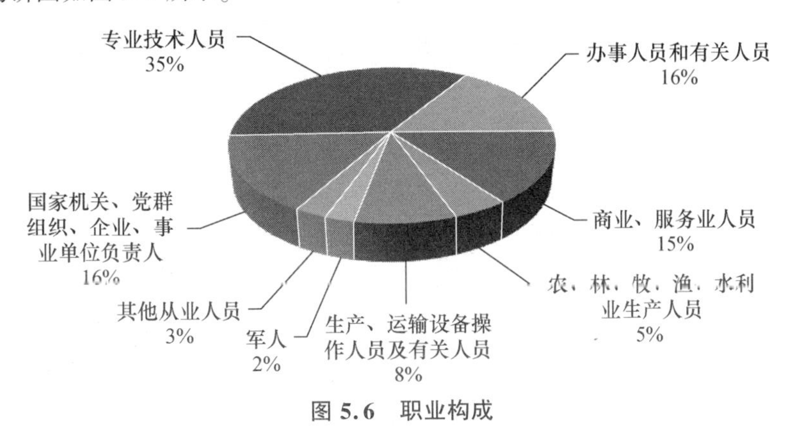

图 5.6　职业构成

职业构成中“专业技术人员”最多,占35%,其次是“国家机关、党群组织、企业、事业单位负责人”与“办事人员和有关人员”,各占16%。

4. 年收入分析

受访人群的年收入构成如表5.6所示。

表5.6 年收入构成

年收入	计数	百分比	累积百分比
5万元以下(含5万元)	36	11.0%	11.0%
5万—10万元(含10万元)	77	23.5%	34.5%
10万—15万元(含15万元)	80	24.4%	58.8%
15万—20万元(含20万元)	77	23.5%	82.3%
20万元以上	58	17.7%	100.0%
合计	328	100.0%	

相应的饼图如图5.7所示。

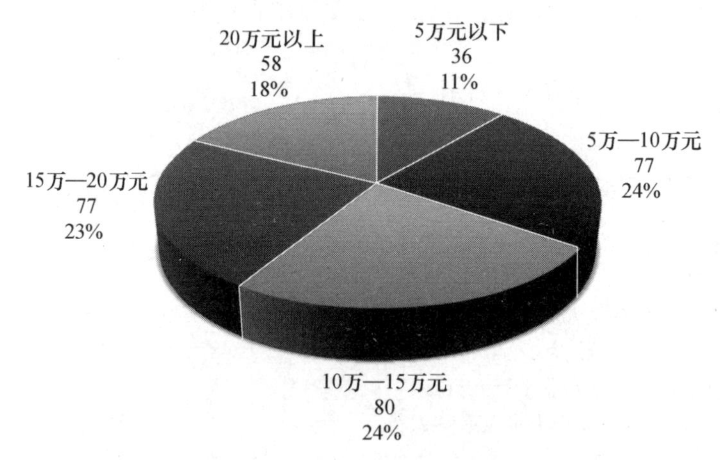

图5.7 年收入构成

按年收入统计,受访人群人数最多的是“10万—15万元”组,其次为“5万—10万元”组和“15万—20万元”组。这三组人数合计占总人数的71.4%。这说明网购以高收入人群为主。

5. 网购年限分析

受访人群的网购年限构成如表5.7所示。

表5.7 网购年限构成

网购年限	计数	百分比	累积百分比
1年以下	73	22%	22%
1—2年	57	17%	39%
2—3年	54	17%	56%
3—4年	55	17%	73%
4年以上	89	27%	100%
合计	328	100%	

相应的饼图如图 5.8 所示。

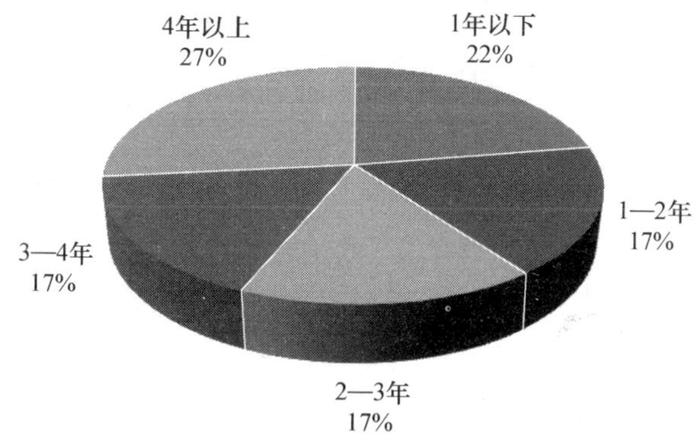

图 5.8　网购年限构成

按网购年限统计,人数最多的是“4 年以上”,占 27%;其次为“1 年以下”,占 22%。两者人数总和占总调查人数的 49%。

6. 网购次数分析

受访人群的网购次数构成如表 5.8 所示。

表 5.8　网购次数构成

每月网购次数	计数	百分比	累积百分比
1 次	95	29%	29%
2 次	142	43%	72%
3 次	62	19%	91%
4 次	22	7%	98%
5 次及以上	7	2%	100%
合计	328	100%	

相应的饼图如图 5.9 所示。

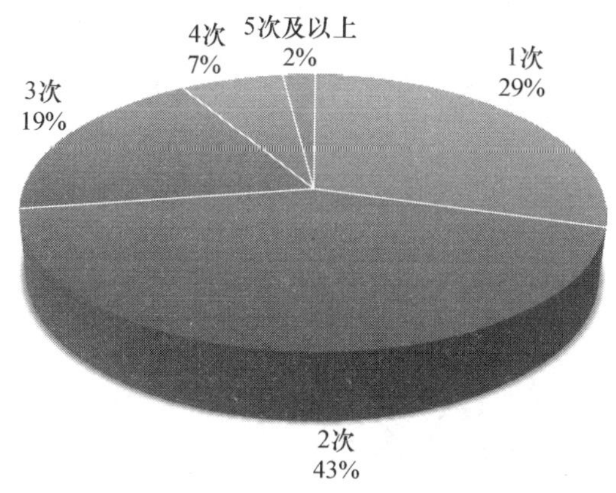

图 5.9　网购次数构成

每月网购次数最多的是“1 次”和“2 次”,两者合计占 72%。这说明网购频率还比较低。

7. 网购支出分析

受访人群的网购支出区间构成如表 5.9 所示。

表 5.9 网购支出区间构成

每次网购支出	计数	百分比	累积百分比
100 元及以下	28	8.5%	8.5%
101—200 元	116	35.4%	43.9%
201—300 元	88	26.8%	70.7%
301—400 元	58	17.7%	88.4%
401—500 元	29	8.8%	97.3%
501 元及以上	9	2.7%	100.0%
合计	328	100%	

相应的饼图如图 5.10 所示。

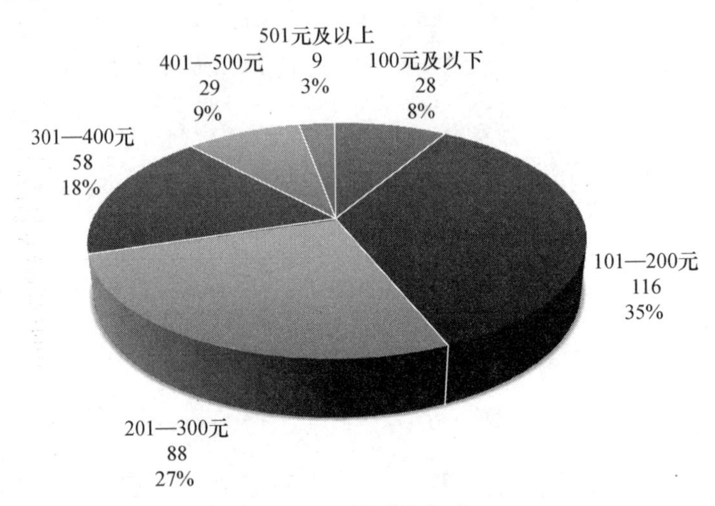

图 5.10 网购支出构成

平均每次网购消费支出最多的是“101—200 元”，占 35%；其次是“201—300 元”，占 27%。两者合计占总数的62%。每次消费 401 元以上的仅占 12%。这说明网购消费水平还比较低。

8. 网购网站选择分析

受访人群的网购网站选择频数如表 5.10 所示。

表 5.10 网购网站选择频数

网站	计数	百分比	累积百分比
淘宝	182	28%	28%
京东	126	19%	47%
1 号店	95	14%	61%
凡客诚品	28	4%	65%
卓越亚马逊	30	5%	70%
当当	131	20%	90%
国美	31	5%	95%
苏宁易购	33	5%	100%
合计	656	100%	

相应的饼图如图 5.11 所示。

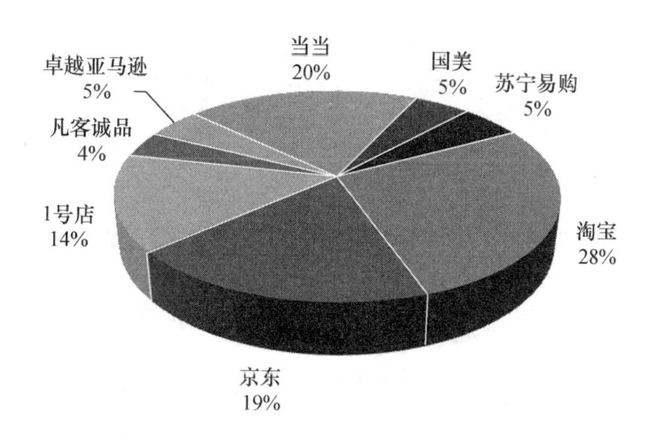

图 5.11　网购网站选择频数构成

在受访者经常访问的网站中，淘宝网的访问率占 28%，位列第一。居前四位的淘宝(28%)、当当(20%)、京东(19%)、1 号店(14%)的访问率之和占 81%，这说明网购网站的发展还很不均衡。

9. 网购商品种类分析

受访人群的网购商品种类及选购频数如表 5.11 所示。

表 5.11　网购商品种类及选购频数

商品类别	频数	百分比	累积百分比
电脑配件	161	14%	14%
服装衣帽	155	13%	27%
家用电器	121	11%	38%
办公文具	88	8%	46%
手袋箱包	164	14%	60%
布衣家纺	61	5%	65%
鲜花礼品	96	8%	73%
汽车用品	95	8%	81%
充值卡	183	16%	97%
旅行购票	29	3%	100%
合计	1 153	100%	

相应的饼图如图 5.12 所示。

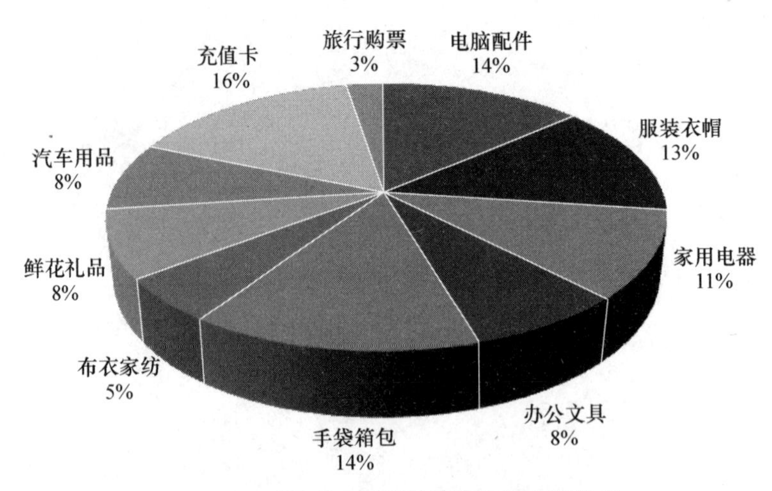

图 5.12 网购商品种类及选购频数比例构成

网购商品种类位居前三位的是充值卡、电脑配件和手袋箱包，三类商品占总数的 44%，说明这三类商品价值不高，品种繁多，需求量大，比较适合网上销售。

10. 网购风险认知分析

受访人群的网购风险认知情况如表 5.12 所示。

表 5.12 网购风险认知频数

	非常小	比较小	不能确定	比较大	非常大	合计
频数	77	76	73	65	37	328
百分比	23.4%	23.1%	22.2%	19.8%	11.2%	100%

相应的柱形图如图 5.13 所示。

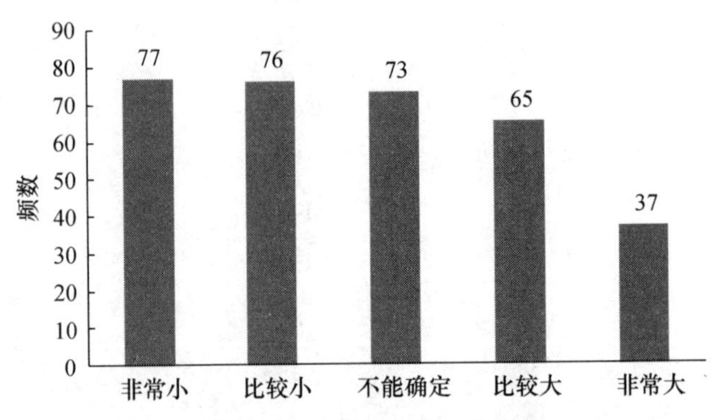

图 5.13 网购风险认知频数

328 份问卷中，认为网购风险“比较小”和“非常小”的有 153 份，占 46.5%。认为风险“比较大”和“非常大”的有 102 份，占 31.0%。这说明大部分网购人群认为网购风险是可以察觉和控制的。

11. 网购风险来源分析

受访人群的网购风险来源均值如表 5.13 所示。

表 5.13　网购风险来源均值统计

	网站信誉	商品信息	卖家信誉	网络支付	物流配送
均值	3.28	3.63	3.63	3.04	2.93

相应的条形图如图 5.14 所示。

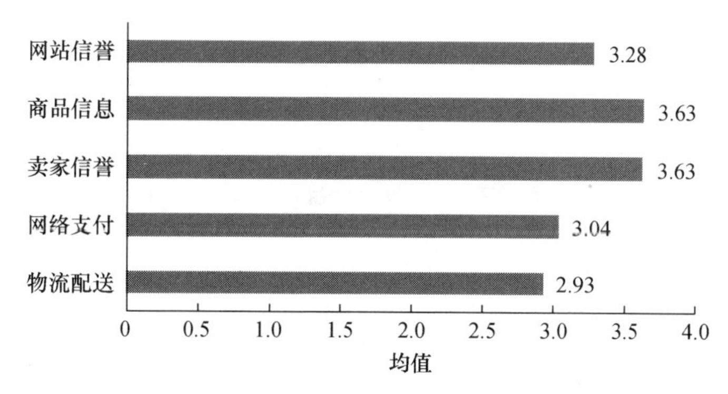

图 5.14　网购风险来源的均值

对于风险来源,多数受访者认为最大风险来自商品信息(均值为 3.63)和卖家信誉(均值为 3.63)。网络支付(均值为 3.04)和物流配送(均值为 2.93)居第四、第五位。这一调查结果说明,网络购物的安全感主要取决于商品信息和卖家信誉。随着电子商务的发展,网络购物的环境因素——网络支付和物流配送系统发展已经比较完备,并不是网民最担心的问题。

5.5.5　问卷数据的交叉分析

一次设计良好的问卷调查,除了能对数据进行单项分析,还应能对多项数据之间的关系进行交叉分析。对问卷数据进行交叉统计分析,可以获得更多有价值的信息。

例 5.4　问卷数据的交叉统计分析

本例将对以下七组数据进行交叉统计分析:

(1)“性别”和“网购次数”

(2)“性别”和“网购支出”

(3)“年收入”和“网购支出”

(4)“网购年限”和“网购支出”

(5)“性别”和“网购风险”

(6)“年收入”和“网购风险”

(7)“网购年限”和“风险大小”

交叉统计分析的操作详见文件“例 5.4 问卷数据的交叉统计分析.xlsx”。

(1)“性别”和“网购次数”的交叉统计分析

在文件“例 5.1 网上购物问卷调查与统计.xlsx”中,“网购次数”是由填充量表获取的变量,没有代码,因此不同性别、不同网购次数的人数不能由数据透视表获取,只能用函数

COUNTIFS 计算得到，如图 5.15 所示。具体计算方法见文件“例 5.4 问卷数据的交叉统计分析. xlsx”中的“交叉统计”工作表。

	性别		
网购次数	男	女	小计
1次	60	35	95
2次	85	57	142
3次	44	18	62
4次	4	18	22
5次及以上	0	7	7
合计	193	135	328

图 5.15　男性和女性平均每月网购次数比较

以上数据的百分比堆积柱形图如图 5.16 所示。

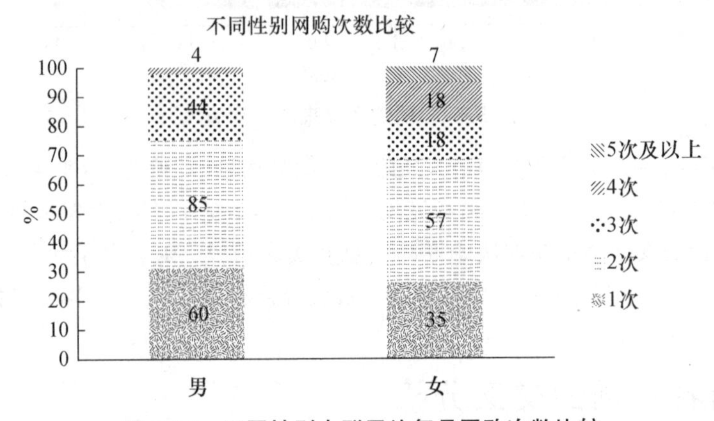

图 5.16　不同性别人群平均每月网购次数比较

可见，女性平均每月网购次数要高于男性。这一结论是否正确，还需要用假设检验予以证实。

(2) “性别”和“网购支出”的交叉统计分析

用函数 COUNTIFS 计算不同性别人群平均每次网购支出的人数如图 5.17 所示。具体计算方法见“例 5.4 问卷数据的交叉统计分析. xlsx”中的“交叉统计”工作表。

	性别		
网购支出	男	女	小计
100元及以下	21	7	28
101—200元	72	44	116
201—300元	40	48	88
301—400元	34	24	58
401—500元	18	11	29
501元及以上	8	1	9
合计	193	135	328

图 5.17　不同性别不同网购支出人数统计

以上数据的百分比堆积柱形图如图 5.18 所示。

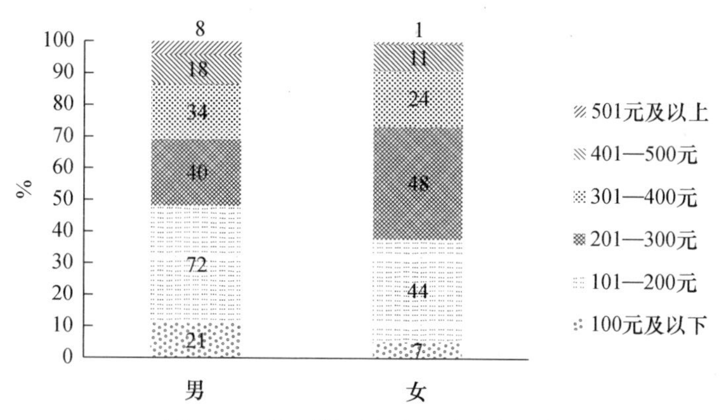

图 5.18　不同性别人群网购支出比较

不同性别人群平均每次网购支出的人数差别不是很明显。男女性别网购支出总体上是否有显著性差别,将在假设检验中研究。

(3)“年收入”和“网购支出”的交叉统计分析

用函数 COUNTIFS 计算不同年收入人群平均每次网购支出的人数如图 5.19 所示。具体计算方法见文件“例 5.4 问卷数据的交叉统计分析. xlsx”的“交叉统计”工作表中的相应表格。

	年收入					
网购支出	10万元以下	10万—20万元	20万—30万元	30万—40万元	40万—50万元	小计
100元及以下	28	0	0	0	0	28
101—200元	72	44	0	0	0	116
201—300元	10	77	1	0	0	88
301—400元	3	31	10	7	7	58
401—500元	0	5	9	9	6	29
501元及以上	0	0	0	4	5	9
合计	113	157	20	20	18	328

图 5.19　不同年收入人群平均每次网购支出的人数统计

以上数据的百分比堆积柱形图如图 5.20 所示。

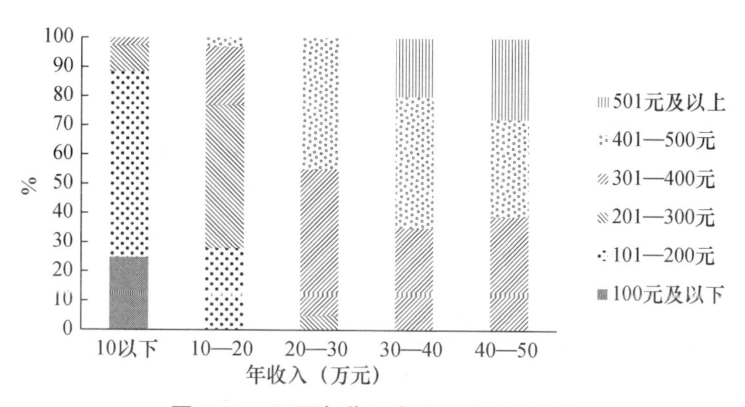

图 5.20　不同年收入人群网购支出比较

由图 5.19 和图 5.20 可以看出,年收入高低对网购支出有明显的影响。下面我们还将用假设检验来验证这一直观论断是否正确。

(4)"网购年限"和"网购支出"的交叉统计分析

用函数 COUNTIFS 计算不同网购年限人群平均每次网购支出的人数如表 5.21 所示。具体计算方法见工作表"交叉统计"中的相应表格。

	网购年限					
网购支出	1 年	2年	3年	4年	5年	小计
100元及以下	10	4	5	4	5	28
101—200元	26	25	20	15	30	116
201—300元	15	15	13	15	30	88
301—400元	13	11	11	11	12	58
401—500元	7	2	3	7	10	29
501元及以上	2	0	2	3	2	9
合计	73	57	54	55	89	328

图 5.21 不同网购年限人群平均每次网购支出人数比较

相应的百分比堆积柱形图如图 5.22 所示。

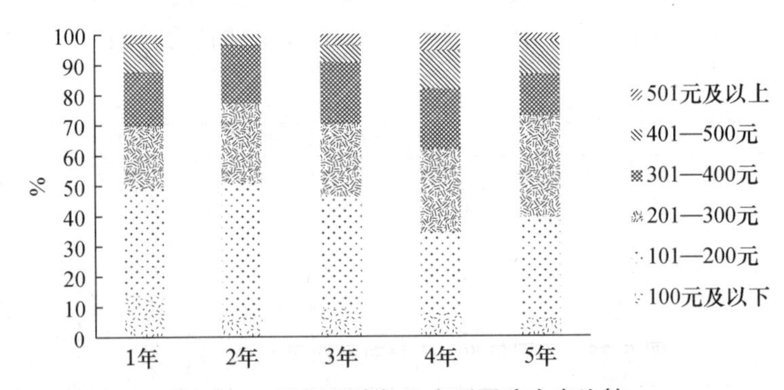

图 5.22 不同网购年限人群网购支出比较

由图 5.21 和图 5.22 可见,网购年限对网购支出的影响不很明显。随后我们还将用假设检验来研究这一结论的正确性。

(5)"性别"和"网购风险"的交叉统计分析

用函数 COUNTIFS 计算不同性别人群对网购风险识别的人数如图 5.23 所示。具体计算方法见工作表"交叉统计"中的相应表格。

	性别		
网购风险	男	女	小计
非常小	43	34	77
比较小	38	38	76
不能确定	49	24	73
比较大	38	27	65
非常大	25	12	37
合计	193	135	328

图 5.23 不同性别人群对网购风险识别的比较

相应的百分比堆积柱形图如图 5.24 所示。

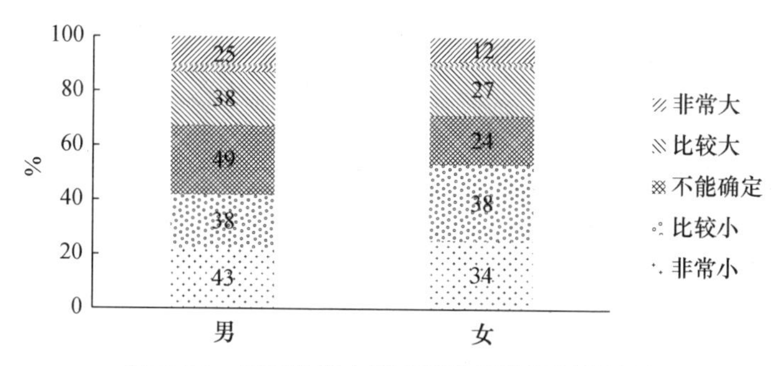

图 5.24　不同性别人群对网购风险识别的比较

从图 5.24 百分比堆积柱形图可以看出,男性对网购风险的敏感性高于女性。两者是否有显著差别,还需要通过假设检验来证实。

(6)"年收入"和"风险大小"的交叉统计分析

用函数 COUNTIFS 计算不同年收入人群对网购风险识别的人数如图 5.25 所示。具体计算方法见工作表"交叉统计"中相应的表格。

不同年收入人群对网购风险识别的比较						
	年收入					
网购风险	10万元以下	10万—20万元	20万—30万元	30万—40万元	40万—50万元	小计
非常小	25	35	8	4	5	77
比较小	25	35	5	7	4	76
不能确定	22	38	5	4	4	73
比较大	25	31	2	4	3	65
非常大	16	18	0	1	2	37
合计	113	157	20	20	18	328

图 5.25　不同年收入人群对网购风险识别的比较

相应的百分比堆积柱形图如图 5.26 所示。

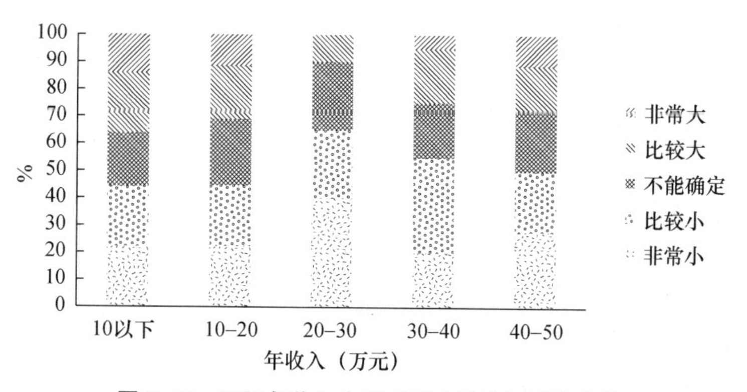

图 5.26　不同年收入人群对网购风险识别的比较

从图 5.26 可以看出,不同年收入人群对网购风险的认知有一定的差别,但其中差别没有明显的规律可循。

(7)“网购年限”和“风险大小”的交叉统计分析

用函数 COUNTIFS 计算不同网购年限人群对网购风险识别的人数如图 5.27 所示。具体计算方法见工作表“交叉统计”中相应的表格。

不同网购年限人群对网购风险识别的比较						
	网购年限					
网购风险	1年	2年	3年	4年	5年	小计
非常小	4	8	12	19	34	77
比较小	7	8	15	16	30	76
不能确定	17	15	10	13	18	73
比较大	26	16	9	7	7	65
非常大	19	10	8	0	0	37
合计	73	57	54	55	89	328

图 5.27　不同网购年限人群对网购风险识别的比较

相应的百分比堆积柱形图如图 5.28 所示。

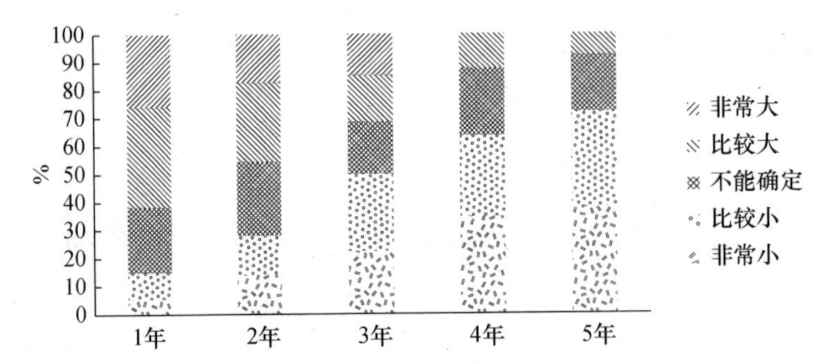

图 5.28　不同网购年限人群对网购风险识别的比较

随着网络购物年限的增加,认为网购风险“非常大”和“比较大”的人数比例在不断减少,而认为网购风险“非常小”和“比较小”的人数比例在不断增加。由此可见,随着网购年限的增加,网购人群对网购风险的敏感性越来越小。也就是说,随着网上购物经验的积累,网民对掌控网购风险的自信心越来越强。

5.5.6　问卷数据的假设检验

男女性别网上购物行为是否有显著性差异,不同年收入人群的网购支出是否有显著性差异,这些都是值得研究的问题。

例 5.5　根据本次问卷调查的数据,采用假设检验的方法,分别对男女性网上购物下列行为的差别进行假设检验:

(1) 男女性网购次数是否有显著性差异;

(2) 男女性网购支出是否有显著性差异。

问卷数据假设检验的操作,详见文件“例 5.5 问卷数据的假设检验. xlsx”。

(1) 男女性网购次数的两样本假设检验

利用数据透视表工具,可以得到不同性别网购次数的统计数据,如表 5.14 所示。

表 5.14　不同性别网购次数的均值和标准差

	男	女
样本数	193	135
均值	1.9585	2.2963
标准差	0.7895	1.1465

原假设 H_0：男性网购次数≥女性网购次数

备选假设 H_1：男性网购次数 < 女性网购次数

这是一个两样本均值左尾 t 检验。

$$df=\frac{(s_1^2/n_1+s_2^2/n_2)^2}{\frac{(s_1^2/n_1)^2}{n_1-1}+\frac{(s_2^2/n_2)^2}{n_2-1}}=220$$

$$t=\frac{\bar{x}_1-\bar{x}_2}{\sqrt{s_1^2/n_1+s_2^2/n_2}}=-2.9660$$

$$t_{左尾\alpha,df}=-\text{T.INV}(2*\alpha,df)=-\text{T.INV}(2*0.05,220)=-1.6518$$

由于 $t<t_{左尾\alpha,df}$，落入拒绝域，因此拒绝原假设，接受备选假设，即男女性别网购次数是有显著性差别的。

用“数据通”求解本例：打开 Excel 菜单“数据通 > 假设检验 > 两样本假设检验 > 两样本均值之差的检验”，得到如图 5.29 所示的结果。可以看出，“数据通”计算结果与手工计算结果完全相同，结论也完全相同。

两样本均值之差 左尾检验		
• 两总体方差未知，不相等，统计量服从t分布		
• 输入的数据来自样本统计指标		
数据表		
统计指标	男	女
样本数n	193	135
均值x	1.9585	2.2963
标准差s	0.7895	1.1465
假设检验表		
项目	数值或结论	
检验常数	0	
原 假 设H0　均值A-均值B≥	0	
备选假设H1　均值A-均值B<	0	
显著性水平α	5%	
均值之差xA-xB	-0.3377	
自由度df	220.6808	
统计量t	-2.9660	
拒绝域左临界值t(α)	-1.6518	
统计量是否落入拒绝域	是	
是否拒绝原假设	是	
是否接受备选假设	是	

图 5.29　数据通两样本均值之差的左尾检验输出结果

(2) 网购支出的两样本(男、女)假设检验

利用数据透视表工具,可以得到不同性别网购支出的统计数据(见表 5.15)。

表 5.15　不同性别网购支出的均值和标准差

	男	女
样本数	193	135
均值(元)	313.9896	295.5556
标准差(元)	239.7072	114.5182

原假设 H_0:男性网购支出 ≤ 女性网购支出

备选假设 H_1:男性网购支出 > 女性网购支出

这是一个两样本均值右尾 t 检验。

$$\mathrm{df} = \frac{\left(s_1^2/n_1 + s_2^2/n_2\right)^2}{\dfrac{\left(s_1^2/n_1\right)^2}{n_1 - 1} + \dfrac{\left(s_2^2/n_2\right)^2}{n_2 - 1}} = 293$$

$$t = \frac{\bar{x}_1 - \bar{x}_2}{\sqrt{s_1^2/n_1 + s_2^2/n_2}} = 0.9277$$

$$t_{右尾\alpha,\mathrm{df}} = \mathrm{T.INV}(\alpha,\mathrm{df}) = \mathrm{T.INV}(2*0.05,292) = 1.6501$$

由于 $t < t_{右尾\alpha,\mathrm{df}}$,未落入右侧拒绝域,因此不能拒绝原假设,不能接受备选假设,即无法判定男性平均网购支出是否大于女性平均网购支出。

打用 Excel 菜单“数据通 > 假设检验 > 两样本假设检验 > 两样本均值之差的检验”,得到如图 5.30 所示的结果。可以看出,“数据通”计算结果与手工计算结果完全相同,结论也完全相同。

两样本均值之差 右尾检验		
• 两总体方差未知,不相等,统计量服从t分布		
• 输入的数据来自样本统计指标		
数据表		
统计指标	男	女
样本数n	193	135
均值x	313.9896	295.5556
标准差s	239.7072	114.5182
假设检验表		
项目	数值或结论	
检验常数	0	
原 假 设H0　均值A-均值B≤	0	
备选假设H1　均值A-均值B>	0	
显著性水平α	5%	
均值之差xA-xB	18.4341	
自由度df	293.0361	
统计量t	0.9277	
拒绝域右临界值t(2*α,df)	1.6501	
统计量是否落入拒绝域	否	
是否拒绝原假设	否	
是否接受备选假设	否	

图 5.30　数据通两样本均值之差的右尾检验输出结果

5.5.7 问卷数据的方差分析

以上是对男女性别两个样本网上购物行为的差异进行假设检验,对于多个样本网上购物行为的差异,可以用方差分析工具进行研究。

例 5.6 对于不同年收入水平和不同网购年限的受访者,进行以下方差分析:

(1) 网购支出对年收入水平的单因素方差分析;

(2) 网购风险认知对年收入水平的单因素方差分析;

(3) 网购支出对网购年限的单因素方差分析;

(4) 网购风险认知对网购年限的单因素方差分析。

问卷数据方差分析的操作,详见文件“例 5.6 问卷数据的方差分析. xlsx”。

(1) 网购支出对年收入水平的单因素方差分析

以上不同性别网购次数的比较和不同性别网购支出的比较,涉及的是男性和女性两个样本,因此可以用两样本假设检验来分析。假设检验既可以用样本数据来计算,也可以用样本统计指标如样本数、均值和标准差来计算,结果完全一样。

分析不同年收入人群网购次数或网购支出,由于年收入分为“10 万元及以下”“11 万—20 万元”“21 万—30 万元”“31 万—40 万元”“41 万—50 万元”等五个组,因此需要用方差分析来解决。而方差分析需要计算样本的组内平方和、组间平方和以及总平方和,并不是简单地用样本统计指标(样本数、均值和标准差)就可以解决的,因此方差分析需要各组的所有样本数值。

利用 Excel 表的筛选工具,“例 5.1 网上购物问卷调查与统计. xlsx”中的“量表名称和数值”工作表,将中年收入数据按升序排列,如图 5.31 所示。

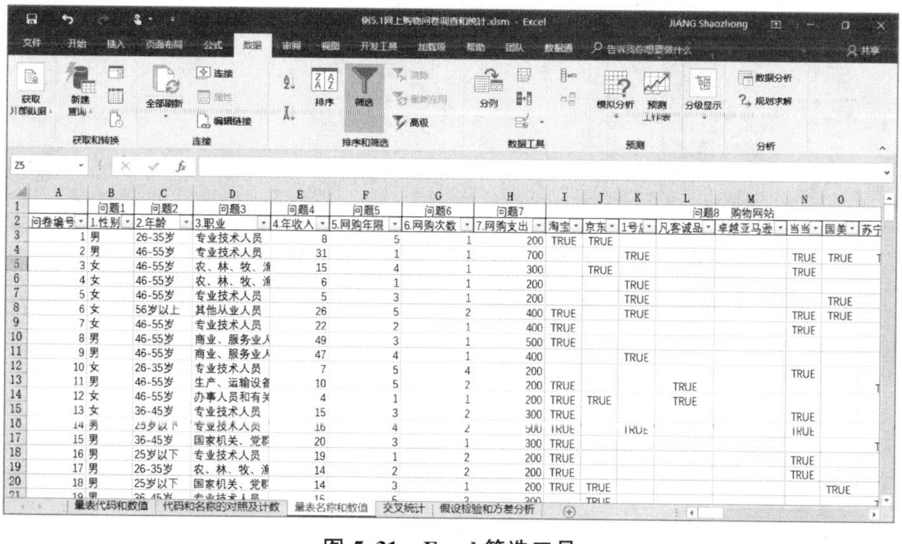

图 5.31 Excel 筛选工具

单击“年收入”单元格右侧下拉箭头,弹出如图 5.32 所示的菜单,单击第一项“升序”,将“年收入”按升序排列,其他各列也相应重新排列,结果如图 5.33 所示。

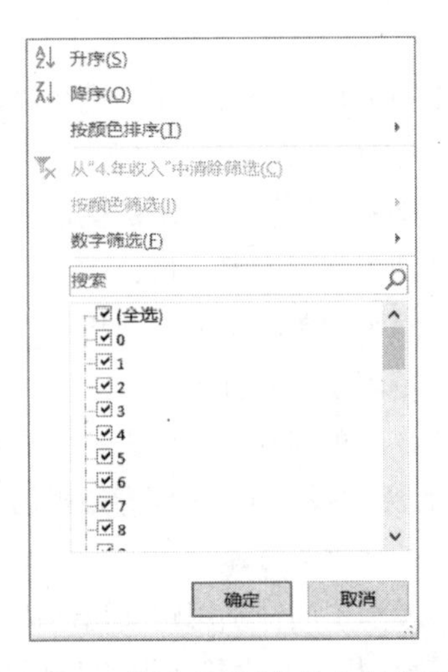

图 5.32 Excel 筛选工具“年收入”列下拉菜单

	A	B	C	D	E	F	G	H	I	J	K	L	M	N	O	P	Q
1		问题1	问题2	问题3	问题4	问题5	问题6	问题7	问题8 购物网站								
2	问卷编号	1.性别	2.年龄	3.职业	4.年收入	5.网购年限	6.网购次数	7.网购支出	淘宝	京东	1号店	凡客诚品	卓越亚马逊	当当	国美	苏宁易购	电脑配件
3		男	26-35岁	专业技术人				2	TRU	TRU							TRUE
4	33	男	36-45岁	办事人员和有	1	5	2	200								TRUE	
5	39	男	36-45岁	农、林、牧、	1	2	1	200		TRUE				TRUE			
6	54	女	25岁以下	办事人员和有	1	4	2	100	TRUE		TRUE					TRUE	TRUE
7	56	女	46-55岁	生产、运输设	1	2	2	200					TRUE				
8	238	女	26-35岁	商业、服务业	1	5	3	100					TRUE		TRUE		TRUE
9	243	女	26-35岁	生产、运输设	1	5	2	200			TRUE		TRUE	TRUE			
10	246	男	36-45岁	生产、运输设	1	1	2	100	TRUE	TRUE							
11	50	男	26-35岁	商业、服务业	2	5	1	100	TRUE	TRUE							TRUE
12	134	男	25岁以下	生产、运输设	2	1	2	100			TRUE			TRUE			
13	170	男	46-55岁	商业、服务业	2	5	2	100		TRUE	TRUE				TRUE		TRUE
14	223	女	26-35岁	商业、服务业	2	1	2	100	TRUE					TRUE			
15	249	男	46-55岁	办事人员和有	2	5	3	100	TRUE		TRUE	TRUE		TRUE			
16	259	男	56岁以上	办事人员和有	2	5	1	200		TRUE	TRUE					TRUE	TRUE
17	276	男	26-35岁	商业、服务业	2	2	2	100	TRUE			TRUE					
18	31	男	25岁以下	农、林、牧、	3	1	1	100			TRUE						TRUE
19	106	女	26-35岁	办事人员和有	3	3	4	200	TRUE	TRUE	TRUE						TRUE
20	135	女	36-45岁	办事人员和有	3	3	2	200		TRUE							
21	136	女	36-45岁	生产、运输设	3	4	2	200	TRUE					TRUE			TRUE
22	205	男	26-35岁	商业、服务业	3	1	1	200		TRUE					TRUE		TRUE
23	221	男	25岁以下	办事人员和有	3	2	1	200		TRUE	TRUE		TRUE	TRUE		TRUE	TRUE

图 5.33 年收入数据进行升序排列后的问卷数据

然后将“问题 7 网购支出”列中的数据,按“年收入”列“10 万元及以下”“11 万—20 万元”“21 万—30 万元”“31 万—40 万元”“41 万—50 万元”分段复制到表格中,局部如图 5.34 所示。

样本数	年收入（万元）				
	10万元及以下	11万—20万元	21万—30万元	31万—40万元	41万—50万元
1	200	200	400	700	900
2	200	300	500	500	400
3	200	300	400	500	500
4	200	200	300	500	900
5	200	300	400	400	400
6	100	300	500	400	400
7	100	300	400	500	400
8	200	300	500	500	500
9	100	200	500	400	500
10	100	300	400	900	500
11	100	200	400	1400	500
12	100	300	500	500	2000
13	100	200	400	400	1000
14	100	200	400	500	400
15	200	300	500	500	500
16	100	300	400	600	400
17	100	200	400	500	2000
18	200	300	500	400	400
19	200	300	500	400	
20	200	200	500	400	
21	200	300			
22	200	200			
23	200	300			

图 5.34 不同年收入人群购物支出筛选数据（局部）

得到不同年收入人群平均网购支出的数据，就可以对其进行方差分析。这是单因素方差分析，因素就是年收入。

打开 Excel 数据分析工具，出现如图 5.35 所示的数据分析对话窗口。

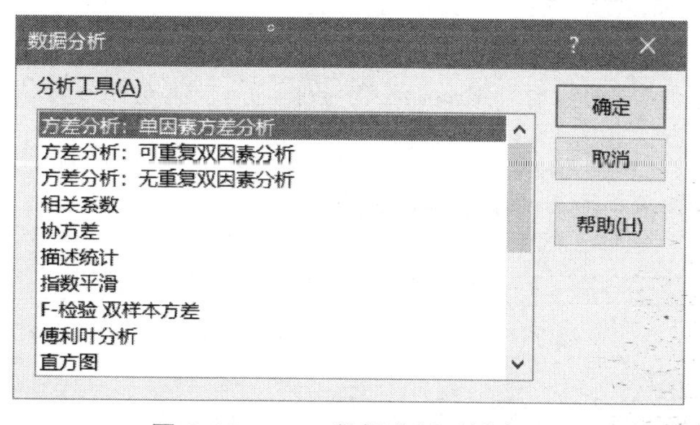

图 5.35 Excel 数据分析对话窗口

选择“方差分析：单因素方差分析”，单击“确定”，出现单因素方差分析对话窗口。选取图 5.34 中的数据，包括第二行年收入标题。分组方式为“列”，勾选“标志位于第一行”，显著性水平输入 0.05，输出区域为 H1。具体如图 5.36 所示。

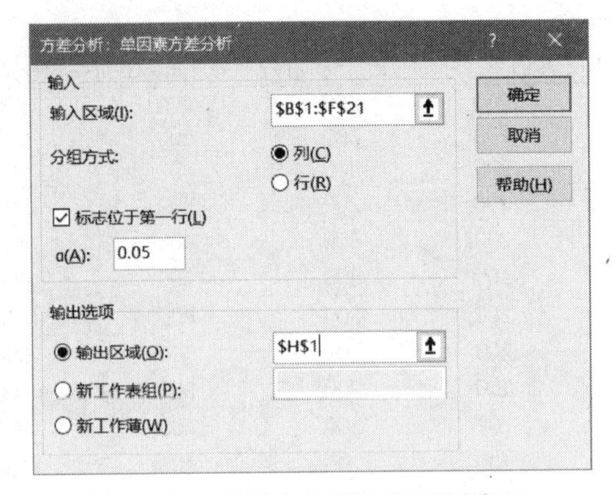

图 5.36　单因素方差分析对话窗口

单击“确定”按钮，输出结果如图 5.37 所示。由于 F > F crit，因此可以肯定，五个不同年收入人群的网购支出有显著性差异。

方差分析：单因素方差分析

SUMMARY

组	观测数	求和	平均	方差
5万元以下	5	5	1	0
5万—10万元	5	10	2	0
10万—15万元	20	51	2.55	0.576316
15万—20万元	17	51	3	0.375
20万元以上	7	30	4.285714	0.238095

方差分析

差异源	SS	df	MS	F	P-value	F crit
组间	36.45476	4	9.11369	24.29845	4.04E-11	2.561124
组内	18.37857	49	0.375073			
总计	54.83333	53				

图 5.37　Excel 数据分析工具单因素方差分析结果

也可以用“数据通”求解。打开 Excel 菜单“数据通 > 方差分析 > 单因素方差分析”，得到如图 5.38 所示的结果。

不同年收入人群平均网购支出的单因素方差分析

数据表

组名称	10万元及以下	11万—20万元	21万—30万元	31万—40万元	41万—50万元	总计
计数	113	157	20	20	18	328
求和	21400.00	46800.00	8800.00	10900.00	12600.00	100500.00
均值	189.38	298.09	440.00	545.00	700.00	306.40
组间平方和	1547436.35	10850.33	356966.17	1138575.92	2788542.72	5842371.49
组内平方和	487256.64	949426.75	68000.00	1049500.00	4420000.00	6974183.39

单因素方差分析表

	平方和SS	自由度df	方差MS	统计量F	显著性水平α	F临界值	概率值p-Value
组间(B)	5842371.49	4	1460592.87	67.65	0.05	2.40	1.55583E-41
组内(W)	6974183.39	323	21591.90				
总计(T)	12816554.88	327	39194.36				
结论	各组均值有显著性差异						

图 5.38　数据通单因素方差分析输出结果

两种方差分析方法得出的结论相同:不同年收入人群的平均网购支出有显著性差异。

(2) 网购风险认知对年收入水平的单因素方差分析

同样,利用 Excel 表的筛选工具,对年收入数据进行升序排列以后,得到如图 5.39 所示的不同年收入人群对网购风险识别的数据表。

不同年收入人群对网购风险识别的比较					
	年收入(万元)				
样本数	10万元及以下	11万—20万元	21万—30万元	31万—40万元	41万—50万元
1	2	1	1	1	3
2	3	1	1	1	4
3	5	1	3	2	4
4	1	1	1	4	2
5	1	2	3	3	2
6	1	3	4	2	5
7	2	3	3	4	1
8	2	4	2	3	2
9	5	4	4	3	1
10	1	4	1	5	4
11	4	4	2	1	1
12	2	4	3	2	1
13	4	2	3	4	3
14	3	4	2	2	5
15	3	3	2	1	1
16	5	5	2	2	2
17	2	3	1	2	3
18	2	3	1	4	3
19	2	1	1	2	
20	2	2	1	3	
21	4	1			
22	4	3			
23	4	2			

图 5.39 不同年收入人群对网购风险识别筛选数据(局部)

用 Excel“数据分析”中的“单因素方差分析”工具,得到如图 5.40 所示的分析结果。由于 F < F crit,因此不能肯定五个不同年收入人群对网购风险识别有显著性差异。

方差分析:单因素方差分析						
SUMMARY						
组	观测数	求和	平均	方差		
10万元及以丁	113	321	2.840708	1.885114		
11万—20万元	157	433	2.757962	1.723093		
21万—30万元	20	41	2.05	1.102632		
31万—40万元	20	51	2.55	1.418421		
41万—50万元	18	47	2.611111	1.898693		
方差分析						
差异源	SS	df	MS	F	P-value	F crit
组间	11.63997987	4	2.909995	1.678105	0.154739	2.399603
组内	560.1130689	323	1.734096			
总计	571.7530488	327				

图 5.40 Excel 数据分析工具单因素方差分析结果

也可以用“数据通”求解。打开 Excel 菜单“数据通 > 方差分析 > 单因素方差分析”,得到如图 5.41 所示的结果。结论同样是“不能肯定五个不同年收入人群对网购风险识别有显著性差异”。

不同年收入人群对网购风险识别的单因素方差分析							
数据表							
组名称	10万元及以下	11万—20万元	21万—30万元	31万—40万元	41万—50万元	总计	
计数	113	157	20	20	18	328	
求和	321.0000	433.0000	41.0000	51.0000	47.0000	893.0000	
均值	2.8407	2.7580	2.0500	2.5500	2.6111	2.7226	
组间平方和	1.5773	0.1968	9.0468	0.5955	0.2236	11.6400	
组内平方和	211.1327	268.8025	20.9500	26.9500	32.2778	560.1131	
单因素方差分析表							
	平方和SS	自由度df	方差MS	统计量F	显著性水平	F临界值	概率值P-value
组间(B)	11.63997987	4	2.909995	1.678105	0.05	2.399603	0.154738504
组内(W)	560.1130689	323	1.734096				
总计(T)	571.7530488	327	1.74848				
结论	不能肯定各组均值是否有显著性差异						

图 5.41 数据通单因素方差分析输出结果

(3) 网购支出对网购年限的单因素方差分析

利用 Excel 表的筛选工具,得到不同网购年限人群网购支出的数据如图 5.42 所示。

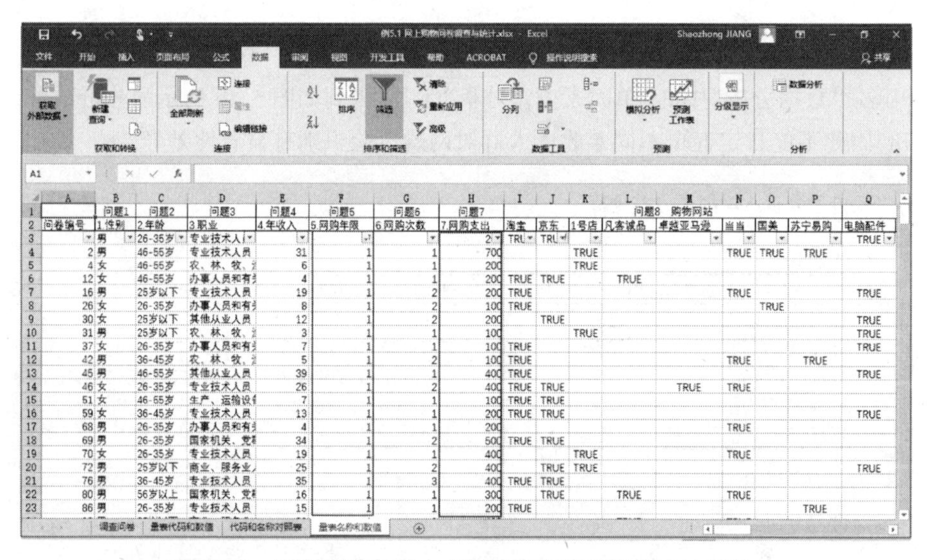

图 5.42 不同网购年限人群网购支出的数据筛选(局部)

将对应于网购年限 1 年、2 年、3 年、4 年、5 年的网购支出进行复制粘贴,如图 5.43 所示。

不同网购年限对网购平均支出的比较					
	网购年限（年）				
样本数	1年	2年	3年	4年	5年
1	700	400	200	300	200
2	200	200	500	400	400
3	200	100	300	500	200
4	200	400	300	200	200
5	100	500	200	200	300
6	200	300	300	100	1400
7	100	200	300	400	200
8	100	200	300	300	200
9	100	200	200	100	200
10	400	200	200	100	500
11	400	500	200	400	200
12	100	200	200	300	500
13	200	300	200	200	300
14	200	300	400	300	100
15	500	200	500	200	500

图 5.43 不同网购年限人群网购支出的筛选数据

用 Excel“数据分析 > 单因素方差分析”工具对以上数据进行单因素方差分析，得到如图 5.44 所示的结果。由于 F < F crit，因此不同网购年限人群的网购支出没有显著性差异。

方差分析：单因素方差分析						
SUMMARY						
组	观测数	求和	平均	方差		
1年	73	21000	287.6712329	21929.22374		
2年	57	15300	268.4210526	9699.24812		
3年	54	15900	294.4444444	22798.74214		
4年	55	19600	356.3636364	76579.12458		
5年	89	28700	322.4719101	57671.09295		
方差分析						
差异源	SS	df	MS	F	P-value	F crit
组间	275830.6333	4	68957.65834	1.776079532	0.13332137	2.399603442
组内	12540724.24	323	38825.77166			
总计	12816554.88	327				

图 5.44 Excel 数据分析工具单因素方差分析结果

另外，也可以用“数据通”求解。打开 Excel 菜单“数据通 > 方差分析 > 单因素方差分析”，得到如图 5.45 所示的结果。

不同网购年限人群对网购支出的单因素方差分析						
数据表						
组名称	1年	2年	3年	4年	5年	总计
计数	73	57	54	55	89	328
求和	21000.0000	15300.0000	15900.0000	19600.0000	28700.0000	100500.0000
均值	287.6712	268.4211	294.4444	356.3636	322.4719	306.4024
组间平方和	25612.6401	82227.3856	7721.6563	137286.6682	22982.2832	275830.6333
组内平方和	1578904.1096	543157.8947	1208333.3333	4135272.7273	5075056.1798	12540724.2447
单因素方差分析表						
	平方和SS	自由度df	方差MS	统计量F	显著性水平α	F临界值	概率值P-value
组间(B)	275830.6333	4	68957.65834	1.776079532	0.05	2.399603442	0.13332137
组内(W)	12540724.24	323	38825.77166				
总计(T)	12816554.88	327	39194.35743				
结论	不能肯定各组均值是否有显著性差异						

图 5.45　数据通单因素方差分析输出结果

用数据通单因素方差分析得出的结果与用 Excel 数据分析工具得到的结果是一样的,结论也相同。

(4) 网购风险认知对网购年限的单因素方差分析

由于问卷对网购风险识别的五级量表名称为“非常小”“比较小”“不能确定”“比较大”“非常大”,量表名称非数值数据,不能用于方差分析,因此还是要用“例 5.1 网上购物问卷调查与统计. xlsx”中的“量表代码和数值”工作表,其中网购风险识别为代码 1、2、3、4、5。选定“量表代码和数值”工作表,打开 Excel 菜单“数据 > 排序和筛选 > 筛选”。单击“问题 5 网购年限”右侧下拉箭头,选择“升序”,将“网购年限”数据按升序排列,其他各列数据相应重新排列。具体如图 5.46 所示。

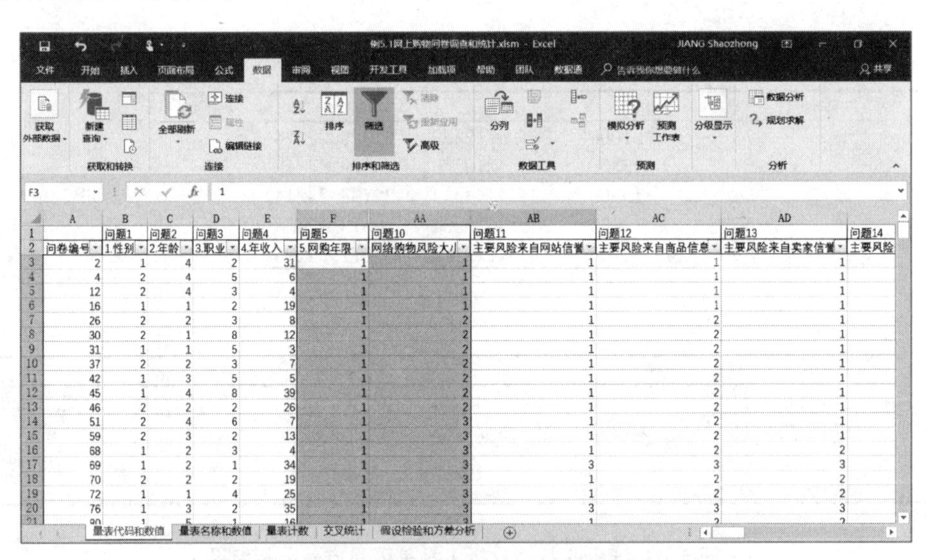

	A	B	C	D	E	F	AA	AB	AC	AD
1		问题1	问题2	问题3	问题4	问题5	问题10	问题11	问题12	问题13
2	问卷编号	1.性别	2.年龄	3.职业	4.年收入	5.网购年限	网络购物风险大小	主要风险来自网站信誉	主要风险来自商品信息	主要风险来自卖家信誉
3	2	1	4	2	31	1	1	1	1	1
4	4	2	4	5	6	1	1	1	1	1
5	12	2	4	3	4	1	1	1	1	1
6	16	1	1	2	19	1	1	1	1	1
7	26	2	2	3	8	1	2	1	2	1
8	30	2	1	8	12	1	2	1	2	1
9	31	1	1	5	3	1	2	1	2	1
10	37	2	2	3	7	1	2	1	2	1
11	42	1	3	5	5	1	2	1	2	1
12	45	1	4	8	39	1	2	1	2	1
13	46	2	2	2	26	1	2	1	2	1
14	51	2	4	6	7	1	3	1	2	1
15	59	2	3	2	13	1	3	1	2	1
16	68	1	2	3	4	1	3	1	2	2
17	69	1	2	1	34	1	3	3	3	3
18	70	2	2	2	19	1	3	1	2	2
19	72	1	1	4	25	1	3	1	2	2
20	76	1	3	2	35	1	3	3	3	3

图 5.46　不同网购年限人群对网购风险识别的数据筛选

利用 Excel 表的“筛选”工具,得到不同网购年限人群对网购风险识别的数据,如图 5.47 所示。

不同网购年限人群对网购风险识别的比较					
	网购年限（年）				
样本数	1年	2年	3年	4年	5年
1	1	1	1	1	1
2	1	1	1	1	1
3	1	1	1	1	1
4	1	1	1	1	1
5	2	1	1	1	1
6	2	1	1	1	1
7	2	1	1	1	1
8	2	1	1	1	1
9	2	2	1	1	1
10	2	2	1	1	1
11	2	2	1	1	1
12	3	2	1	1	1
13	3	2	2	1	1
14	3	2	2	1	1
15	3	2	2	1	1
16	3	2	2	1	1
17	3	3	2	1	1
18	3	3	2	1	1
19	3	3	2	1	1
20	3	3	2	2	1
21	3	3	2	2	1
22	3	3	2	2	1

5.47　不同网购年限人群对网购风险识别的筛选数据(局部)

用 Excel“数据分析”中“单因素方差分析”工具，对以上数据进行单因素方差分析，得到如图 5.48 所示的结果。由于 F > F crit，因此五个不同网购年限的人群对网购风险识别有显著性差异。

方差分析：单因素方差分析						
SUMMARY						
组	观测数	求和	平均	方差		
1年	73	268	3.671233	1.2793		
2年	57	183	3.210526	1.669173		
3年	54	148	2.740741	1.893781		
4年	55	118	2.145455	1.089562		
5年	89	176	1.977528	0.90858		
方差分析						
差异源	SS	df	MS	F	P-value	F crit
组间	147.008	4	36.752	27.94828	6.06E-20	2.399603
组内	424.7451	323	1.315			
总计	571.753	327				

图 5.48　Excel 数据分析工具单因素方差分析结果

用“数据通 > 方差分析 > 单因素方差分析”，得到如图 5.49 所示的结果。

不同网购年限对网购风险识别的单因素方差分析						
数据表						
组名称	1年	2年	3年	4年	5年	总计
计数	73	57	54	55	89	328
求和	268.0000	183.0000	148.0000	118.0000	176.0000	893.0000
均值	3.6712	3.2105	2.7407	2.1455	1.9775	2.7226
组间平方和	65.6984	13.5723	0.0178	18.3179	49.4016	147.0080
组内平方和	92.1096	93.4737	100.3704	58.8364	79.9551	424.7451
单因素方差分析表						
	平方和SS	自由度df	方差MS	统计量F	显著性水平c	F临界值	概率值P-value
组间(B)	147.008	4	36.752	27.94828	0.05	2.399603	6.05614E-20
组内(W)	424.7451	323	1.315				
总计(T)	571.753	327	1.74848				
结论	各组均值有显著性差异						

图 5.49　数据通单因素方差分析输出结果

用数据通单因素方差分析得出的结果及结论也是一样的。

习　题

习题 5-1　自行选择一个题目进行问卷调查，并递交设计的问卷、问卷数据文件和问卷调查分析报告三个文档。

第6章　回归分析

6.1 简单线性回归

6.1.1 回归分析概述

在第 1.5.5 节中我们介绍过两个变量之间的相关系数,回归分析是相关系数的进一步拓展。利用回归分析方法,我们可以对若干个有统计相关关系的变量,选定其中一个为因变量,其他变量作为自变量。建立因变量和自变量之间的回归方程,并利用这些变量的观察数据,估计回归方程中变量的系数。回归分析还可以对估计的回归系数进行统计检验,在一定的置信水平下,判断这些系数估计值的有效性。建立回归方程以后,还可以根据自变量的取值,预测相应的因变量的取值。因此,回归分析是一种分析随机变量之间相关关系的统计理论和方法,在经济学、社会学、医学以及工业、农业、商业等领域有着非常广泛的应用,是统计学的一个非常重要的分支。

"回归"的英文是 regression,这个术语是 19 世纪末英国人弗朗西斯 · 高尔顿(Francis Galton)最早提出的。高尔顿是生物统计学派的奠基人,是生物进化论创始人达尔文的表弟。达尔文的巨著《物种起源》问世以后,高尔顿受到其表兄的影响,开始研究生物遗传进化中的统计问题。统计学上的"相关"和"回归"概念都是高尔顿最先使用的。

1870 年,高尔顿在研究人类身高的遗传时发现,高个子父母的子女的身高有低于其父母身高的趋势,而矮个子父母的子女的身高有高于其父母的趋势,即有回归到平均数的趋势,这就是统计学上最初出现的"回归"的含义。

回归分析的内容很丰富,本书只介绍其中应用最为广泛的内容,即一元和多元线性回归、线性逐步回归、遍历子集回归和 Logistic 回归。

6.1.2 简单一元线性和非线性回归

一元线性回归是在两个变量的若干对观察数据的基础上进行的。在第 1.4.6 节中,我们介绍了如何绘制两个变量的散点图。在散点图的基础上,Excel 提供了建立一元回归方程的工具。

例 6.1 以文件"例 6.1 散点图添加趋势线进行简单一元回归. xlsx"中 GDP 和年用电量两个变量的样本数据(如表 6.1 所示),创建趋势图、一元回归方程并计算判定系数。

表 6.1　1990—2006 年江苏省靖江市用电量指标统计

年份	总人口（万人）	GDP（万元）	全社会投资（万元）	消费品零售总额（万元）	年用电量（万千瓦小时）
1990	64.56	121 247	11 687	57 331	36 962
1991	65.02	146 845	21 160	66 383	41 596
1992	65.26	196 284	43 963	91 853	45 591
1993	65.48	326 422	126 529	127 713	55 221
1994	65.72	487 378	136 416	179 771	60 893
1995	66.02	485 429	146 834	215 624	67 639
1996	66.18	531 523	118 746	223 601	71 132
1997	66.27	542 833	85 500	222 658	68 909
1998	66.35	581 876	106 978	227 091	66 411
1999	66.38	629 005	127 144	235 272	68 550
2000	66.43	679 457	145 241	247 598	76 314
2001	66.46	788 730	166 750	264 359	81 929
2002	66.47	844 030	195 321	283 756	89 491
2003	66.49	864 321	215 843	302 589	96 512
2004	66.51	891 684	248 619	315 687	100 687
2005	66.54	913 746	268 432	321 482	105 634
2006	66.57	948 562	293 015	330 549	110 473

资料来源：高剑平，基于逐步回归分析的用电量预测，《能源研究与利用》，2005 年第 6 期。

首先建立 GDP 和年用电量的散点图。

选择“GDP”和“年用电量”两列数据，打开 Excel 菜单“插入 > 图表 > 散点图”，选择第一种类型的散点图（见图 6.1）。

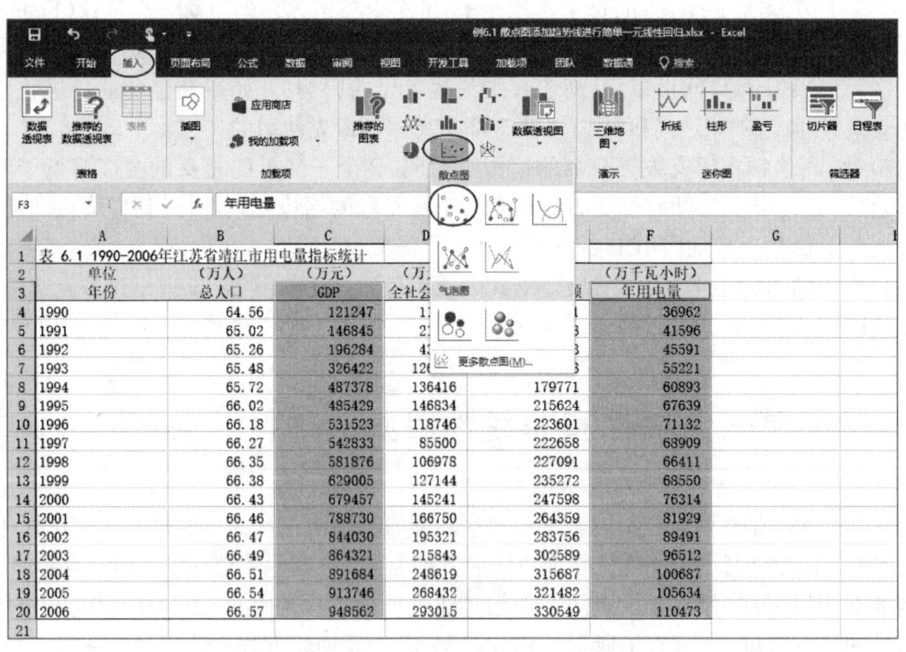

图 6.1　建立“GDP”和“年用电量”散点图

建立散点图后，修改图表标题和坐标轴标题，如图 6.2 所示。

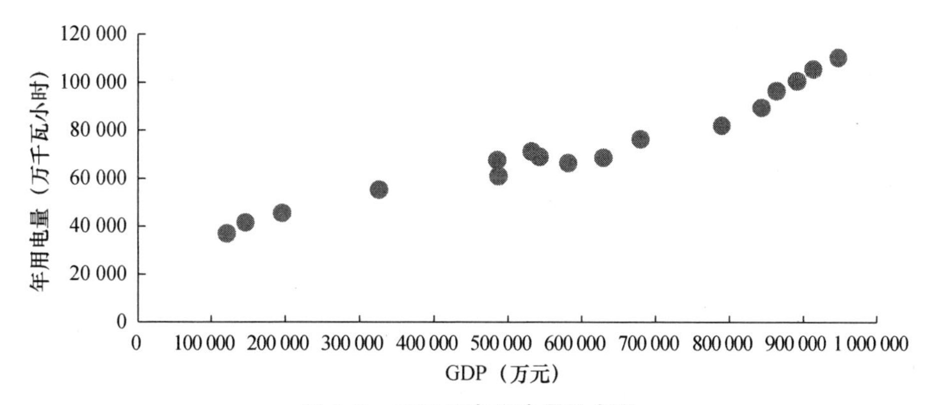

图 6.2　GDP 和年用电量散点图

选择散点图中的数据标记，右键单击数据标记，弹出右键菜单，选择“添加趋势线”，在右侧出现“设置趋势线格式”对话窗口（见图 6.3）。在“趋势线选项”中选择“线性”。不选“设置截距”，表示截距自动设定；如选截距为 0，则回归直线通过原点；也可以设置截距为其他值。选定“显示公式”和“显示 R 平方值”。

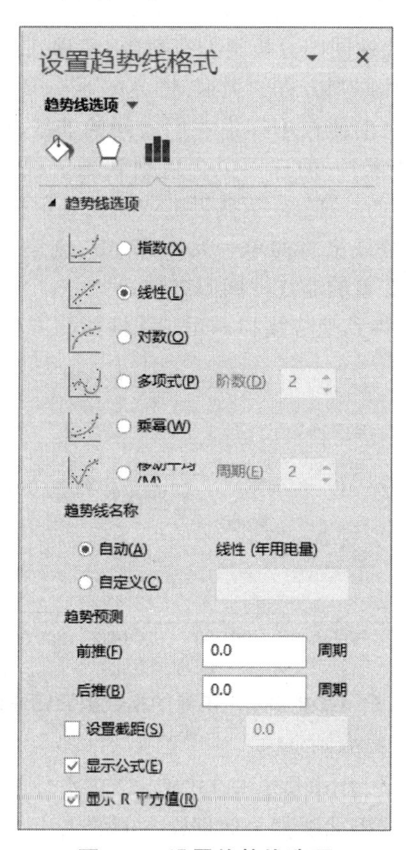

图 6.3　设置趋势线选项

得到“GDP”和“年用电量”两个变量之间的线性回归直线，如图 6.4 所示。

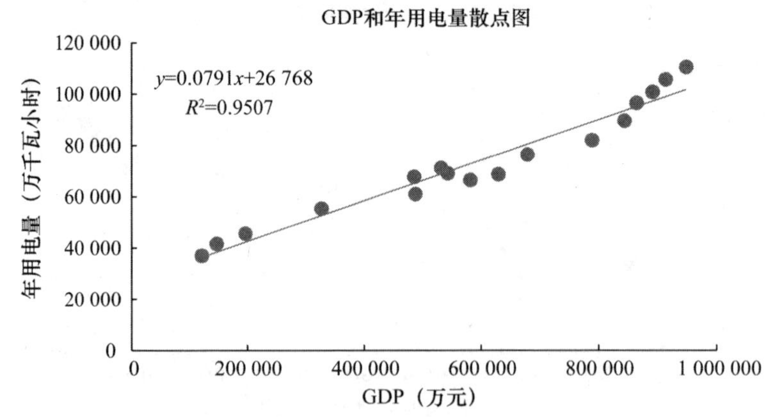

图 6.4　GDP 和年用电量的线性回归直线

得到两个变量的线性回归方程：

$$y = 0.0791x + 26\,768$$

即　　　　　　　　　　　　　　年用电量 = 0.0791GDP + 26 768

同时还得到线性回归的 R 平方值 $R^2 = 0.9507$，说明回归直线对数据的拟合程度比较好。

如果散点图显示的图形不是线性的，就要在“添加趋势线”的“类型”中选择一种合适的非线性类型。Excel 提供的非线性回归分析类型有对数、多项式、乘幂和指数。移动平均是用于时间序列预测的，不是非线性回归方程的类型，将会在下一章中介绍。

对于一组样本数据，我们事前往往不知道它们之间的非线性关系是哪一类，如果对非线性回归方程的类型没有特殊要求，一般选用拟合数据观测值程度高的一种。R^2 的大小表示趋势线对数据观测值拟合程度的好坏，R^2 越接近 1 或 -1，表示拟合程度越好。

在“例 6.1 散点图添加趋势线进行简单一元回归”中，创建“GDP”和“年用电量”两个变量样本的散点图，并构建两个变量的非线性回归方程。

如果“类型”选用“指数”，得到趋势线和一元非线性回归方程，如图 6.5 所示。

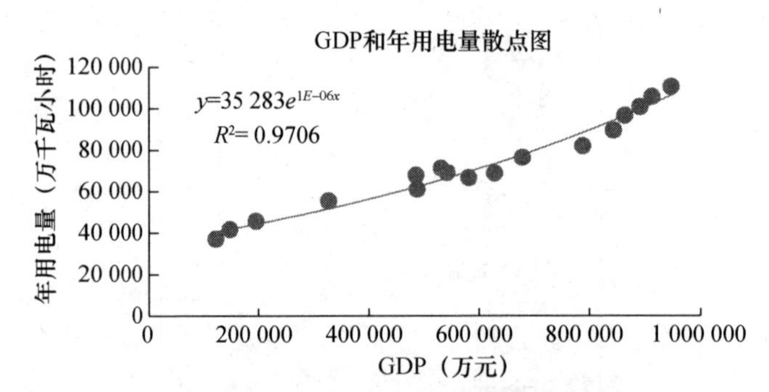

图 6.5　GDP 和年用电量的指数型回归曲线

得到指数型非线性回归方程为：

$$\text{用电量}\ y = 35\,283\mathrm{e}^{1E\text{-}06 * GDP}$$

$R^2 = 0.9706$，说明用“指数”型曲线拟合数据样本的效果比直线拟合效果更好。如果换成“多项式”类型，并且选择“阶数”为 6 阶，则得到如图 6.6 所示的趋势线和一元非线性回归方程。

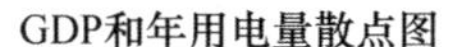

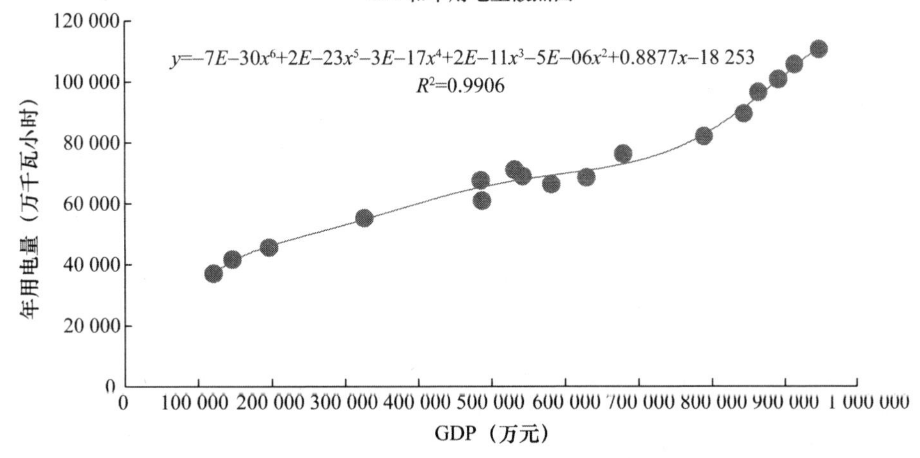

图 6.6　GDP 和年用电量的多项式型回归曲线

由图 6.6 可以看出,趋势线和数据样本的拟合程度大大改善,R^2 达到 0.9906。相应地,回归方程也变得非常复杂。从这个例子可以看出,根据样本数据的特征,恰当地选择非线性类型,可以得到较好的拟合效果。

在非线性回归分析的四种曲线类型中,只有多项式可以选择"阶数",最多为 6 阶。在四种曲线类型中,多项式是最"柔软"的,阶数越高,曲线越"柔软",可以更好地拟合各种数据样本。

数据样本的拟合程度并不是唯一的目标。在实际问题中,回归方程简洁明了、回归系数具有实际意义是另一个目标。拟合程度高了,回归方程就比较复杂,回归系数的含义就不太明确了。因此,我们需要在两者之间做出权衡。由此可见,回归既是严谨的科学方法,又是体现个人风格和偏好的艺术。

6.2　一元线性回归

6.2.1　一元线性回归方程

一元线性回归是最简单的回归形式,包括一个自变量和一个因变量。一元线性回归方程的表达式为:

$$y = \beta_0 + \beta_1 x + \varepsilon \tag{6.1}$$

式中,x 为自变量,y 为因变量,β_0 和 β_1 为回归方程系数,ε 为误差项。其中,β_0 称为截距,β_1 称为斜率。β_0 和 β_1 是两个未知的常数,ε 是一个未知的随机变量。

为了估计常数 β_0 和 β_1 的值,需要有变量 x 和 y 的若干对数据的观测值(即数据样本)$(x_1, y_1), (x_2, y_2), \cdots, (x_n, y_n)$。所谓一元线性回归,就是根据已知的这些观测值来得到回归方程中的未知常数 β_0 和 β_1 的估计值,从而建立一元线性回归方程。

在自变量 x 为横轴、因变量 y 为纵轴的直角坐标系中,一元线性回归方程的图形是一条直线。变量 x 和 y 的每一对观测值是坐标系中的一个点,如图 6.7 所示。

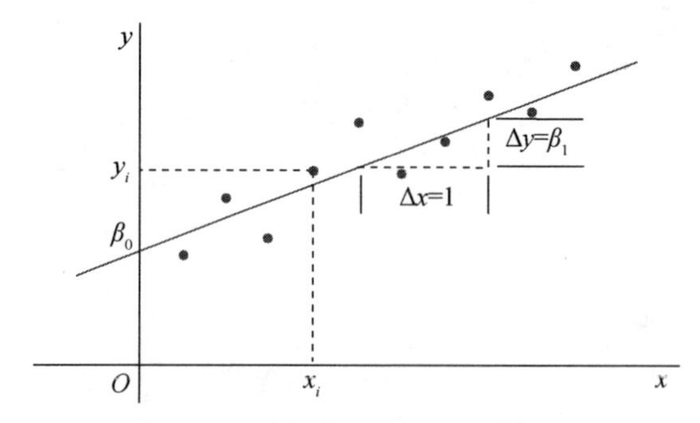

图 6.7　一元线性回归方程的图形

可以看出,变量 x 和 y 的每一对观测值 (x_i,y_i) 对应于一个点,观测值 x_i 和 y_i 分别是这个点的横坐标和纵坐标。一元线性回归方程是一条直线,这条直线和纵轴 y 的交点的坐标就是截距 β_0。当自变量 x 的值每增加一个单位时,因变量 y 相应增加的值就是回归方程的斜率 β_1。

例如,在例 6.1 中,GDP 和年用电量的一元线性回归方程为:用电量 = 0.0791GDP + 26 768,表示每新增 1 万元 GDP,用电量会新增 0.0791 万千瓦小时。截距 26 768 万千瓦小时,表示 GDP 等于 0 时的年用电量。实际上,年用电量除了与 GDP 有关,还与其他很多因素有关,由于当前的回归方程只考虑了 GDP 一个自变量,因此回归方程无法表达其他因素对年用电量的影响,只能将非 GDP 因素产生的用电量都计算在截距 26 768 中。

如果希望回归方程的截距为 0,即 GDP 等于 0 时用电量也等于 0,可以在散点图加趋势线的一元线性回归工具中选择截距等于 0,这样回归方程中就不会出现常数 β_0,当然这时斜率 β_1 也会相应改变;也可以选择截距等于任何事先给定的其他值。

6.2.2　回归方程系数的最小二乘法估计

利用 n 对数据观测值 $(x_1,y_1),(x_2,y_2),\cdots,(x_n,y_n)$,得到回归方程系数 β_0 和 β_1 的估计值分别为 b_0 和 b_1,回归方程估计的形式就成为:

$$y = b_0 + b_1 x \tag{6.2}$$

将自变量的观测值 $x_1,x_2,\cdots,x_n$ 分别代入式(6.2),得到相应的因变量的值 $\hat{y}_1,\hat{y}_2,\cdots,\hat{y}_n$,称为因变量的预测值。

$$\begin{aligned}
\hat{y}_1 &= b_0 + b_1 x_1 \\
\hat{y}_2 &= b_0 + b_1 x_2 \\
&\cdots \\
\hat{y}_n &= b_0 + b_1 x_n
\end{aligned}$$

以自变量的观测值和因变量的预测值为坐标的点 $(x_1,\hat{y}_1),(x_2,\hat{y}_2),\cdots,(x_n,\hat{y}_n)$ 落在回归直线上。

因变量的观测值 $y_1, y_2, \cdots, y_n$ 和因变量的预测值 $\hat{y}_1, \hat{y}_2, \cdots, \hat{y}_n$ 并不相等，两者之差称为误差 $e_1, e_2, \cdots, e_n$，即：

$$e_1 = y_1 - \hat{y}_1 = y_1 - (b_0 + b_1 x_1)$$

$$e_2 = y_2 - \hat{y}_2 = y_2 - (b_0 + b_1 x_2)$$

$$\cdots$$

$$e_n = y_n - \hat{y}_n = y_n - (b_0 + b_1 x_n)$$

观测值、预测值和误差如图 6.8 所示。

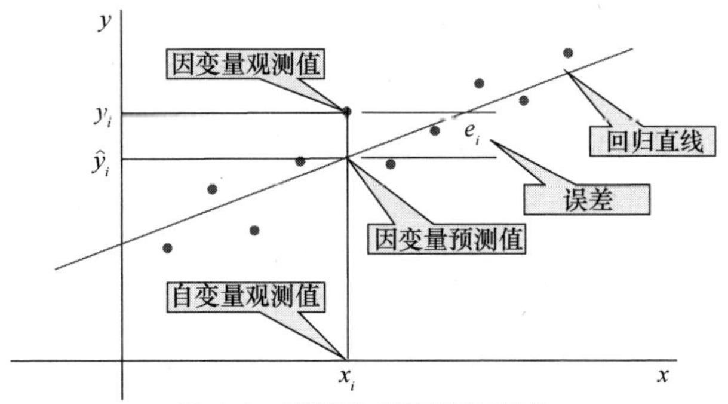

图 6.8　观测值、预测值和误差

回归系数的估计值 b_0 和 b_1 发生变化，回归直线的位置就会发生变化。由于观测值（点）是不变的，因此误差 $e_1, e_2, \cdots, e_n$ 也会随 b_0 和 b_1 的变化而变化。我们希望回归直线对观测值的拟合为最好，就是希望所有的误差总体为最小。误差 $e_1, e_2, \cdots, e_n$ 是有正有负的，为了避免误差正负互相抵消，我们采用误差的平方和最小作为选择回归系数估计值 b_0 和 b_1 的标准，即选择 b_0 和 b_1，使得下式最小：

$$z = \sum_{i=1}^{n} e_i^2 = \sum_{i=1}^{n} [y_i - (b_0 + b_1 x_i)]^2 \tag{6.3}$$

在式（6.3）中，b_0、b_1 和 z 是可以变化的，其他都是观测值，是常数。根据微积分求多元函数极值的原理，要使 z 最小化，将 z 分别对 b_0、b_1 求偏导数，并分别令两个偏导数等于 0，即：

$$\frac{\partial z}{\partial b_0} = -\sum_{i=1}^{n} 2[y_i - (b_0 + b_1 x_i)] = 0 \tag{6.4}$$

$$\frac{\partial z}{\partial b_1} = -\sum_{i=1}^{n} 2x_i[y_i - (b_0 + b_1 x_i)] = 0 \tag{6.5}$$

求解以 b_0、b_1 为变量的线性方程组（6.4）和（6.5），得到：

$$b_0 = \bar{y} - b_1 \bar{x} \tag{6.6}$$

$$b_1 = \frac{\sum_{i=1}^{n} x_i y_i - n\bar{x}\bar{y}}{\sum_{i=1}^{n} x_i^{\ 2} - n\bar{x}^2} \tag{6.7}$$

式中，$\bar{x}$、$\bar{y}$ 分别为自变量和因变量观测值的均值。

以上求回归方程系数 b_0、b_1 的方法被称为最小二乘法。

有了式（6.6）和式（6.7），我们就可以利用例 6.1 中 GDP（变量 x）和年用电量（变量 y）的样本数据，通过 Excel 表计算一元线性回归方程的系数 b_0 和 b_1。然后，再计算变量 y 的预测值。

因变量 y 的预测值除了用回归方程 $\hat{y}_i = b_0 + b_1 x_i$ 计算以外，Excel 还有一个函数 TREND，可以计算因变量的预测值。TREND 函数及其四个参数的含义如下：

■ TREND(known_y's,known_x's,new_x's,const)　　返回一个因变量的预测值

其中，参数 known_y's 表示因变量样本数据的范围；known_x's 表示自变量样本数据的范围；new_x's 表示自变量的值；const 为 TRUE 或省略表示截距按正常计算，为 FALSE 表示截距等于 0。

6.2.3 总平方和、回归平方和、误差平方和

设自变量的 n 个观测值为 $x_1, x_2, \cdots, x_n$，因变量相应的 n 个观测值为 $y_1, y_2, \cdots, y_n$，对应的点以及用最小二乘法得到的回归直线如图 6.9 所示，设因变量观测值 $y_1, y_2, \cdots, y_n$ 的均值为 $\bar{y}$，在图中用一条水平线表示。

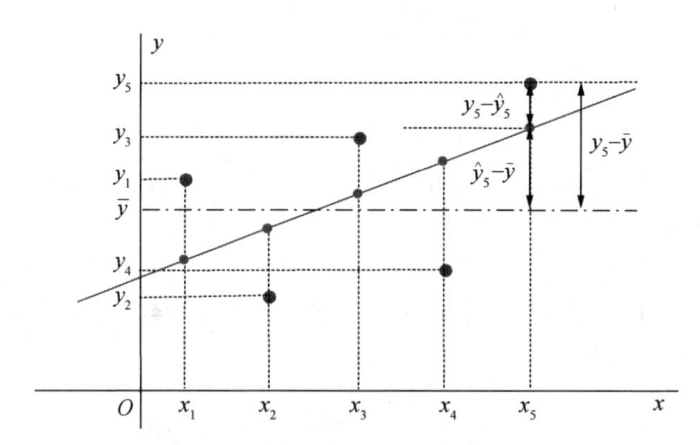

图 6.9　因变量观测值的离差、预测值的离差和回归误差

因变量的观测值 $y_1, y_2, \cdots, y_n$ 与观测值均值 $\bar{y}$ 之差 $y_i - \bar{y}$ 称为因变量观测值的离差。因变量的预测值 $\hat{y}_1, \hat{y}_2, \cdots, \hat{y}_n$ 与观测值均值 $\bar{y}$ 之差 $\hat{y}_i - \bar{y}$ 称为预测值的离差，因变量的观测值 $y_1, y_2, \cdots, y_n$ 与因变量的预测值 $\hat{y}_1, \hat{y}_2, \cdots, \hat{y}_n$ 之差 $y_i - \hat{y}_i$ 称为回归误差。

图 6.9 中观测值 (x_5, y_5) 的离差、预测值的离差和回归误差分别用 $y_5 - \bar{y}$，$\hat{y}_5 - \bar{y}$ 和 $y_5 - \hat{y}_5$ 表示。可以看出，对于每一个观测值 (x_i, y_i) 的离差、预测值的离差和回归误差有以下关系：

$$\text{观测值的离差}(y_i - \bar{y}) = \text{预测值的离差}(\hat{y}_i - \bar{y}) + \text{回归误差}(y_i - \hat{y}_i)$$

为了计算所有观测值的总离差，需要将每一个预测值的离差和回归误差相加。对于不同的观测值，以上三个量都是有正有负，为了不使正负互相抵消，分别计算所有观测值这三个量的平方和。

所有观测值离差的平方和称为总平方和(sum of square in total，SST)，公式如下：

$$\text{SST} = \sum_{i=1}^{n} (y_i - \bar{y})^2 \tag{6.8}$$

所有预测值离差的平方和称为回归平方和(sum of square in regression，SSR)，公式如下：

$$SSR = \sum_{i=1}^{n} (\hat{y}_i - \bar{y})^2 \tag{6.9}$$

所有观测值回归误差的平方和称为误差平方和(sum of square in error,SSE),公式如下:

$$SSE = \sum_{i=1}^{n} (y_i - \hat{y}_i)^2 \tag{6.10}$$

通过简单的代数变换,可以得到:

$$\begin{aligned} SST &= \sum_{i=1}^{n} (y_i - \bar{y})^2 = \sum_{i=1}^{n} [(y_i - \hat{y}_i) + (\hat{y}_i - \bar{y})]^2 \\ &= \sum_{i=1}^{n} [(y_i - \hat{y}_i)^2 + (\hat{y}_i - \bar{y})^2 + 2(y_i - \hat{y}_i)(\hat{y}_i - \bar{y})] \\ &= \sum_{i=1}^{n} (y_i - \hat{y}_i)^2 + \sum_{i=1}^{n} (\hat{y}_i - \bar{y})^2 + 2\sum_{i=1}^{n} (y_i - \hat{y}_i)(\hat{y}_i - \bar{y}) \\ &= \sum_{i=1}^{n} (y_i - \hat{y}_i)^2 + \sum_{i=1}^{n} (\hat{y}_i - \bar{y})^2 \\ &= SSR + SSE \end{aligned} \tag{6.11}$$

例 6.2 在文件"例 6.1 散点图添加趋势线进行简单一元回归.xlsx"中,以 GDP 为自变量、用电量为因变量的一元线性回归中,计算 SST、SSR 和 SSE 的 Excel 表如图 6.10 所示。相应的 Excel 表见文件"例 6.2 一元线性回归的 SST、SSR 和 SSE 计算.xlsx"。

	A	B	C	D	E	F	G	H
1	年份	GDP观测值	年用电量观测值	年用电量的预测值	观测值对均值的离差	预测值对均值的离差	观测值对预测值的误差	
2		x	y	$\hat{y}$	$(y-\bar{y})^2$	$(\hat{y}-\bar{y})^2$	$(y-\hat{y})^2$	
3	均值		$\bar{y}$ = 73173					
4	1990	121247	36962	36353.01	1,311,249,301.38	1,355,724,559.60	370,867.18	
5	1991	146845	41596	38376.57	997,118,073.85	1,210,803,852.64	10,364,732.37	
6	1992	196284	45591	42284.79	760,776,458.85	954,092,256.04	10,931,007.15	
7	1993	326422	55221	52572.39	322,280,640.03	424,392,562.81	7,015,155.45	
8	1994	487378	60893	65296.19	150,802,734.15	62,046,975.22	19,388,048.99	
9	1995	485429	67639	65142.12	30,627,109.21	64,497,948.06	6,234,434.62	
10	1996	531523	71132	68785.91	4,166,401.38	19,248,097.44	5,504,133.13	
11	1997	542833	68909	69679.98	18,183,200.97	12,202,403.13	594,414.23	
12	1998	581876	66411	72766.39	45,727,030.62	165,477.53	40,390,946.10	
13	1999	629005	68550	76492.00	21,373,760.68	11,014,599.38	63,075,387.36	
14	2000	679457	76314	80480.30	9,864,772.44	53,394,107.38	17,358,085.97	
15	2001	788730	81929	89118.49	76,664,445.68	254,253,000.61	51,688,756.12	
16	2002	844030	89491	93490.03	266,271,364.74	412,774,647.86	15,992,262.70	
17	2003	864321	96512	95094.07	544,700,683.74	480,525,356.18	2,010,539.52	
18	2004	891684	100687	97257.15	757,010,485.21	580,037,733.49	11,763,877.78	
19	2005	913746	105634	99001.18	1,053,705,064.21	667,085,839.04	43,994,282.48	
20	2006	948562	110473	101753.44	1,391,276,835.33	816,831,211.45	76,030,803.46	
21					SST	SSR	SSE	
22				平方和	7,761,798,362.47	7,379,090,627.86	382,707,734.61	
23				SSR+SSE=	7,761,798,362.47			
24								
25								

图 6.10 一元线性回归 SST、SSR 和 SSE 的计算

当回归平方和 SSR = 0、误差平方和 SSE≠0 时,回归预测值的离差等于 0,即回归直线是一条水平线,即斜率 $\beta_1 = 0$。因变量的观察值偏离均值的总平方和 SST 完全由误差平方和 SSE 产生。这种情况如图 6.11 所示。

当误差平方和 SSE = 0、回归平方和 SSR≠0 时,所有观察值都落在回归直线上,回归直线的斜率 $\beta_1 \neq 0$,因变量观察值偏离均值的总平方和 SST 全部由回归平方和 SSR 引起。这种情况如图 6.12 所示。

当回归平方和 SSR≠0、误差平方和 SSE≠0 时,因变量观测值偏离均值的总平方和 SST

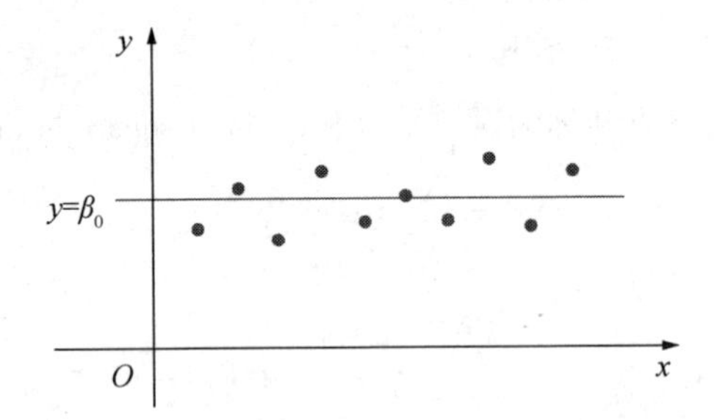

图 6.11　回归平方和 SSR = 0,误差平方和 SSE≠0

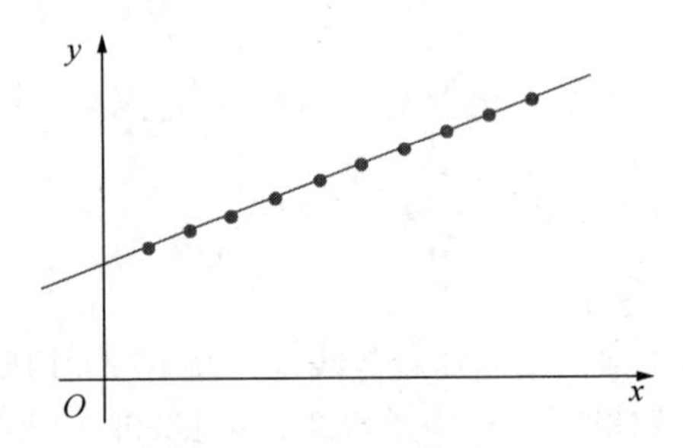

图 6.12　误差平方和 SSE = 0,回归平方和 SSR≠0

既包含回归平方和 SSR,又包含误差平方和 SSE。这种情况如图 6.13 所示。

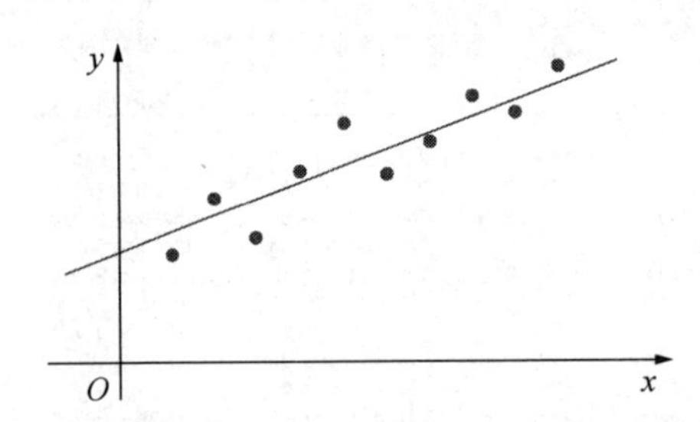

图 6.13　回归平方和 SSR≠0,误差平方和 SSE≠0

图 6.11 表示总平方和完全由误差引起,回归直线是一条水平线,方程的斜率 $\beta_1 = 0$,这种情况说明两个变量之间没有任何线性相关关系,是回归效果最弱的情况。现实中很少出现这种情况。图 6.12 表示总平方和完全由回归平方和产生,不存在任何误差,这种情况说明两个变量之间存在精确的线性关系,是回归效果最强的情况。但现实中几乎不会出现这样理想的情况。图 6.13 表示总平方和由回归平方和与误差平方和组成,这是大多数回归方程出现的情况。

由上面的分析可知,回归平方和占总平方和的比例越大,也就是误差平方和 SSE 占总平方和 SST 的比例越小,回归的效果越好。我们将回归平方和与总平方和之比称为回归的判定系数,公式如下:

$$R^2 = \frac{\text{SSR}}{\text{SST}} \tag{6.12}$$

由于回归平方和是总平方和的一部分,因此 $0 \leqslant R^2 \leqslant 1$。判定系数 R^2 的平方根 R 称为回归的相关系数,$-1 \leqslant R \leqslant +1$。相关系数 R 的符号由回归直线的斜率确定,$R = 1$ 表示样本数据完全落在一条斜率为正的直线上，$R=-1$ 表示样本数据完全落在一条斜率为负的直线上。

在文件"例 6.1 散点图添加趋势线进行简单一元回归. xlsx"中，以 GDP 为自变量、年用电量为因变量的一元线性回归方程的判定系数 $R^2=0.9507$，说明回归平方和占总平方和的比例为 95.07%，也就是说，在因变量偏离均值的平方和中，95.07% 是由回归直线的斜率引起的，误差平方和仅占 4.93%。

为了消除样本数对判定系数 R^2 的影响，采用"调整的判定系数"R^2_{adj}，表达式如下：

$$R^2_{\text{adj}} = 1-(1-R^2)\frac{n-1}{n-2} \tag{6.13}$$

在例 6.1 的一元线性回归中，调整的判定系数为：

$$R^2_{\text{adj}} = 1-(1-R^2)\frac{n-1}{n-2} = 1-(1-0.9507)\times\frac{16}{15} = 0.9474$$

6.2.4 一元线性回归的假设检验

回归分析的假设检验分为回归方程的假设检验和回归系数的假设检验。

1. 回归方程的假设检验

由于求总平方和 SST 需要用 n 个样本估计一个参数 $\bar{y}$，因此 SST 的自由度为 $n-1$。同样，由于求误差 $e_i=y_i-\hat{y}_i=y_i-(b_0+b_1x_i)$ 需要估计 b_0 和 b_1 两个参数，因此误差平方和 SSE 的自由度为 $n-2$。由于 SST = SSR + SSE，因此总平方和 SST 的自由度等于回归平方和 SSR 与误差平方和 SSE 的自由度之和，由此可知，SSR 的自由度为 $(n-1)-(n-2)=1$。

总平方和 SST、回归平方和 SSR、误差平方和 SSE 都是随着样本数 n 的增加而增加，因此，为了消除样本数对回归效果评价的影响，分别用各自的自由度去除总平方和 SST、回归平方和 SSR、误差平方和 SSE，得到相应的三个方差。

$\text{MST}=\dfrac{\text{SST}}{n-1}$称为总方差，$\text{MSR}=\dfrac{\text{SSR}}{1}$称为回归方差，$\text{MSE}=\dfrac{\text{SSE}}{n-2}$称为误差方差或剩余方差。

在这些概念的基础上，构建以下假设：

H_0：回归方程的斜率 $\beta_1=0$

H_1：回归方程的斜率 $\beta_1\neq 0$

构建统计量：

$$F=\frac{\text{MSR}}{\text{MSE}} \tag{6.14}$$

设显著性水平为 α。统计学理论可以证明，统计量 F 服从自由度为 $(\text{df}_1,\text{df}_2)$ 的 F 分布，df_1 是分子 MSR 的自由度 1，df_2 是分母 MSE 的自由度 $n-2$。这是一个双尾检验，右侧临界值为：

$$F_{\text{右尾}\alpha/2,\text{df}_1,\text{df}_2} = F_{\text{右尾}\alpha/2,1,n-2}$$

当 $F>F_{\text{右尾}\alpha/2,1,n-2}$时，拒绝原假设，接受备选假设，回归方程的斜率 $\beta_1\neq 0$，回归总体效果是显著的。也就是说，当样本数 n 和显著性水平 α 确定以后，统计量 F 值越大，$\beta_1\neq 0$ 即回归直线不是一条水平线的可能性越大。

例 6.3 用例 6.2 计算的总平方和 SST、回归平方和 SSR、误差平方和 SSE 计算判定系数 R^2,并对回归的总体效果进行 F 检验。

从例 6.2 得到:

$$\text{SST} = 7\,761\,798\,362.47$$
$$\text{SSR} = 7\,379\,090\,627.86$$
$$\text{SSE} = 382\,707\,734.61$$

由此得到:

$$R^2 = \frac{\text{SSR}}{\text{SST}} = \frac{7\,379\,090\,627.86}{7\,761\,798\,362.47} = 0.9507$$

这与例 6.1 中散点图添加趋势线进行一元线性回归的结果完全一致。

$$\text{MST} = \frac{\text{SST}}{n-1} = \frac{7\,761\,798\,362.47}{17-1} = 485\,112\,397.65$$

$$\text{MSR} = \frac{\text{SSR}}{1} = \frac{7\,379\,090\,627.86}{1} = 7\,379\,090\,627.86$$

$$\text{MSE} = \frac{\text{SSE}}{n-2} = \frac{382\,707\,734.61}{17-2} = 25\,513\,848.97$$

构建假设:

$$H_0: \text{回归方程的斜率}\ \beta_1 = 0$$
$$H_1: \text{回归方程的斜率}\ \beta_1 \neq 0$$

计算统计量和临界值:

$$F = \frac{\text{MSR}}{\text{MSE}} = \frac{7\,379\,090\,627.86}{25\,513\,848.97} = 289.22$$

$$F_{\text{右尾}\alpha/2,1,n-2} = \text{F.INV.RT}(0.05,1,15) = 4.5431$$

因为 $F > F_{\text{右尾}\alpha/2,1,n-2}$,所以,拒绝原假设,接受备选假设,说明回归方程的斜率 $\beta_1 \neq 0$,回归总体效果是显著的。

统计量 F 对应的右尾概率称为 F 显著性(significance F),只要 F 显著性小于回归分析的显著性水平,回归的总体效果就是显著的,F 显著性用 F.DIST.RT(F,df_1,df_2)计算。在本例中,F.DIST.RT(289.22,1,15) = 3.259E-11 < 0.05,因此回归的总体效果是显著的。

2. 回归系数的假设检验

尽管回归的总体效果是显著的,但并不能保证每一个回归系数都是显著的。为了判断每一个回归系数是否显著,还需要对每一个回归系数进行是否等于 0 的假设检验。对于一元线性回归方程 $y = \beta_0 + \beta_1 x + \varepsilon$,回归系数的假设检验是:

$$H_0: \text{回归方程的斜率}\ \beta_1 = 0$$
$$H_1: \text{回归方程的斜率}\ \beta_1 \neq 0$$

统计学理论可以证明,如果原假设 H_0 成立($\beta_1 = 0$),回归系数等于一个特定值 β_1(包括 0),统计量为:

$$t = \frac{b_1 - \beta_1}{\sqrt{\frac{1}{n-2}\sum_{i=1}^{n}(y_i - \hat{y})^2 / \sum_{i=1}^{n}(x_i - \bar{x}_i)^2}} \tag{6.15}$$

以上 t 统计量服从自由度为 $n-2$ 的 t 分布。当显著性水平 $\alpha = 0.05$ 时,如果计算得到的

t 值大于拒绝域的临界值 $t_{\alpha/2,(n-2)}$，或小于拒绝域的临界值 $-t_{\alpha/2,(n-2)}$，则拒绝原假设，接受备选假设，即该回归系数是显著的。

由于假设 $\beta_1=0$，根据例 6.1 中的数据，$b_1=0.07906$，有：

$$\frac{1}{n-2}\sum_{i=1}^{n}(y_i-\hat{y}_i)^2 = 25\,513\,848.97$$

由式(6.15)计算得到统计量 $t=17.006$。对于 $\alpha=0.05$，有：

$$t_{\alpha/2,(n-2)} = \text{T.INV.2T}(0.05,17-2) = 2.1314$$

由于 $t>t_{\text{双尾}\alpha,(n-2)}$，因此拒绝原假设，接受备选假设，即自变量的回归系数是显著的。

回归系数的假设检验还可以用 P-value 进行。P-value 就是回归系数的 t 统计量(t Stat)对应的 t 分布双尾概率。如果某一个回归系数的 P-value 大于显著性水平 α，则这个回归系数就是不显著的，如图 6.14 所示。如果 P-value 小于显著性水平 α，则这个回归系数就是显著的，如图 6.15 所示。

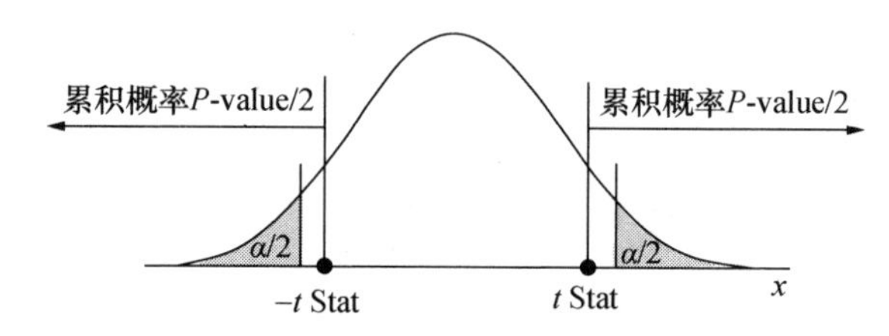

图 6.14 P-value $>\alpha$ 回归系数显著性示意图

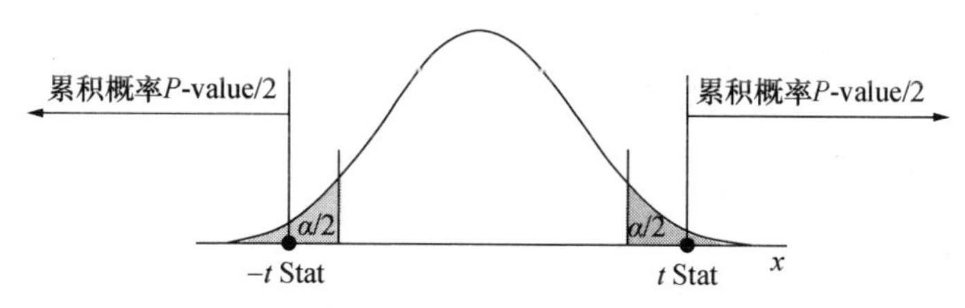

图 6.15 P-value $<\alpha$ 回归系数显著性示意图

在这个例子中，P-value = T.DIST.2T(t Stat,df) = T.DIST.2T(17.006,17 − 2) = 3.25921E −11，即图 6.15 中 t 统计量对应的双尾概率。由于 P-value = 3.25921E-11 远远小于显著性水平 $\alpha=0.05$，在图 6.15 中可以看出，统计量 t 一定落在拒绝域中。

回归系数的 t 统计量检验和 P-value 检验的结果是一致的。用 P-value 对回归系数的显著性进行判断比 t 统计量检验更方便，只需将 P-value 和显著性水平 α 相比较就可以，不需要计算拒绝域的临界值。

6.2.5 一元线性回归工具

Excel 中有完整的线性回归工具。这个工具既可以进行一元线性回归，也可以进行多元线性回归，现在我们来介绍如何用该工具进行一元线性回归。

例 6.4 在文件“例 6.1 散点图添加趋势线进行简单一元回归.xlsx”中，选取年用电量为因变量，GDP 为自变量，用 1990—2006 年样本数据进行一元线性回归。

打开文件“例 6.1 散点图添加趋势线进行简单一元回归. xlsx”,单击 Excel 菜单“数据 > 分析 > 数据分析”,弹出“数据分析”工具对话窗口(见图 6.15)。选定“回归”,出现参数选择窗口,选择“Y 值输入区域”F3:F20、“X 值输入区域”C3:C20,选定“标志”(标题)以及“置信度”(置信水平),置信度采用默认值 95%;选择“输出区域”定位单元格 $A $22,如图 6.17 所示。

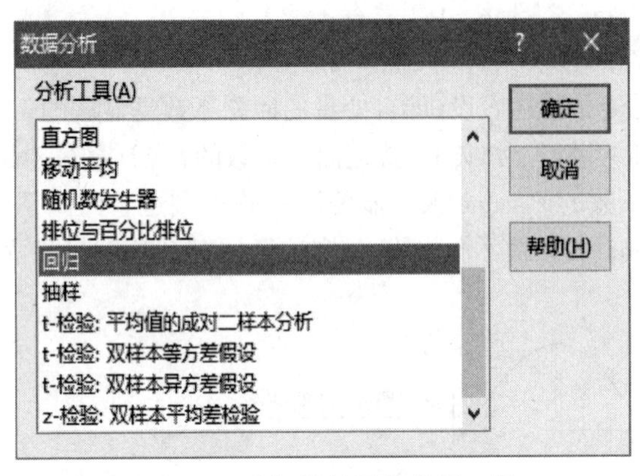

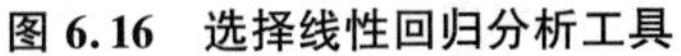
图 6.16 选择线性回归分析工具

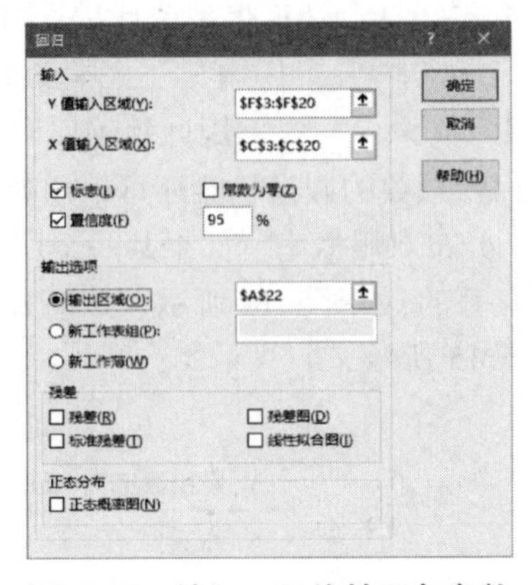

图 6.17 输入一元线性回归参数

单击“确定”,出现如图 6.18 所示的回归分析结果。

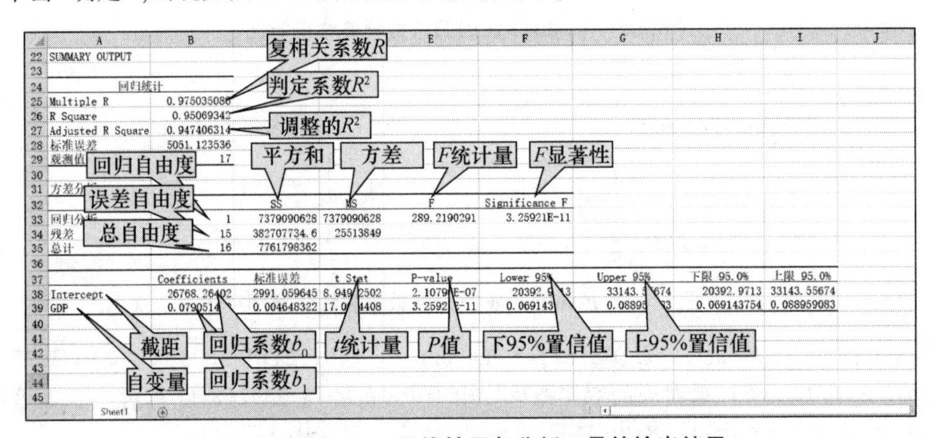

	A	B	C	D	E	F	G	H	I
22	SUMMARY OUTPUT								
24	回归统计								
25	Multiple R	0.975035086							
26	R Square	0.95069342							
27	Adjusted R Square	0.947406314							
28	标准误差	5051.123536							
29	观测值	17							
31	方差分析								
32			SS	MS	F	Significance F			
33	回归分析	1	7379090628	7379090628	289.2190291	3.25921E-11			
34	残差	15	382707734.6	25513849					
35	总计	16	7761798362						
37		Coefficients	标准误差	t Stat	P-value	Lower 95%	Upper 95%	下限 95.0%	上限 95.0%
38	Intercept	26768.26402	2991.059645	[illegible]	[illegible]	[illegible]	[illegible]	20392.9713	33143.55674
39	GDP	[illegible]	0.004648322	[illegible]	[illegible]	[illegible]	[illegible]	0.069143754	0.088959083

图 6.18 Excel 一元线性回归分析工具的输出结果

有关单元格的含义见图中标注。以上输出结果见文件“例 6.4 用 Excel 回归工具进行一元线性回归. xlsx”。图 6.18 给出的一元线性回归分析结果包括以下结论:

(1) 相关系数 $R=0.9750$,判定系数 $R^2=0.9507$,调整的 $R^2=0.9474$,说明数据的相关性很好。

(2) 回归方程为:用电量 = 26 768.26 + 0.07905 GDP。

(3) 观测值 $n=17$,回归自由度为 1,误差自由度为 15,总自由度为 16。

同时,从图 6.18 给出的一元线性回归分析结果中,还可以看出以下假设检验结果:

(1) F 统计量为 289.22,F 显著性为 3.259 E-11 < 0.05。据此,拒绝原假设 $\beta_1=0$,接受备选假设 $\beta_1\neq0$,说明一元回归的总体效果是显著的。

(2) 截距的 t 统计量为 8.949,GDP 的 t 统计量为 17.006,都大于显著性水平 0.05 下的临

界值 $t_{双尾\alpha,(n-2)}$ = T.INV.2T(0.05,17−2) = T.INV.2T(0.05,15) = 2.1314。

（3）截距的 P-value 为 2.1E-07，GDP 的 P-value 为 3.3E-11，都远小于显著性水平 $\alpha=0.05$。因此，拒绝原假设 $\beta_0=0$ 和 $\beta_1=0$，接受备选假设 $\beta_0\neq0$ 和 $\beta_1\neq0$。说明用回归工具计算的截距和斜率这两个回归系数的值都是显著的。

6.3 多元线性回归

6.3.1 多元线性回归概述

自变量个数多于一个的线性回归称为多元线性回归。多元线性回归在理论和方法上与一元线性回归基本相同。

设多元线性回归方程为：

$$y=\beta_0+\beta_1x_1+\beta_2x_2\cdots\beta_kx_k+\varepsilon \tag{6.16}$$

式中，$x_1,x_2,\cdots,x_k$ 为自变量，y 为因变量。β_0 称为回归常数，$\beta_1,\beta_2,\cdots,\beta_k$ 称为自变量 $x_1,x_2,\cdots,x_k$ 的回归系数。回归系数 β_i 表示自变量 x_i 增加 1 个单位时因变量 y 相应增加的值。ε 表示误差。

为了估计 $k+1$ 个未知的回归系数 $\beta_0,\beta_1,\beta_2,\cdots,\beta_k$，需要获得自变量 $x_1,x_2,\cdots,x_k$ 和因变量 y 的 n 组观测值：

$$\begin{array}{l}(y_1\quad x_{11}\quad x_{21}\quad \cdots\quad x_{k1})\\(y_2\quad x_{12}\quad x_{22}\quad \cdots\quad x_{k2})\\\cdots\\(y_n\quad x_{1n}\quad x_{2n}\quad \cdots\quad x_{kn})\end{array}$$

设回归系数 $\beta_0,\beta_1,\beta_2,\cdots,\beta_k$ 的估计值为 $b_0,b_1,b_2,\cdots,b_k$，利用自变量的观测值计算得到因变量的预测值，表达式如下：

$$\begin{array}{l}\hat{y}_1=b_0+b_1x_{11}+b_2x_{21}+\cdots+b_kx_{k1}\\\hat{y}_2=b_0+b_1x_{12}+b_2x_{22}+\cdots+b_kx_{k2}\\\cdots\\\hat{y}_n=b_0+b_1x_{1n}+b_2x_{2n}+\cdots+b_kx_{kn}\end{array}$$

因变量的观测值和预测值之差称为预测误差，表达式如下：

$$\begin{array}{l}e_1=y_1-\hat{y}_1=y_1-(b_0+b_1x_{11}+b_2x_{21}+\cdots+b_kx_{k1})\\e_2=y_2-\hat{y}_2=y_2-(b_0+b_1x_{12}+b_2x_{22}+\cdots+b_kx_{k2})\\\cdots\\e_n=y_n-\hat{y}_n=y_n-(b_0+b_1x_{1n}+b_2x_{2n}+\cdots+b_kx_{kn})\end{array}$$

和一元线性回归一样，用最小二乘法可以求出回归系数 $b_0,b_1,b_2,\cdots,b_k$ 的值，即采用误差的平方和最小作为选择回归系数的标准,也就是说,选择 $b_0,b_1,b_2,\cdots,b_k$,使得以下误差平方和 z 最小:

$$z = \sum_{i=1}^{n} e_i^2 = \sum_{i=1}^{n}(y_i - \hat{y}_i)^2 = \sum_{i=1}^{n}[y_i - (b_0 + b_1x_{1i} + b_2x_{2i} + \cdots + b_kx_{ki})]^2$$

误差平方和 z 分别对 $b_0,b_1,b_2,\cdots,b_k$ 求偏导数,并令 $k+1$ 个偏导数等于0:

$$\frac{\partial z}{\partial b_0} = -\sum_{i=1}^{n} 2[y_i - (b_0 + b_1x_{1i} + b_2x_{2i} + \cdots + b_kx_{ki})] = 0$$

$$\frac{\partial z}{\partial b_1} = -\sum_{i=1}^{n} 2x_{1i}[y_i - (b_0 + b_1x_{1i} + b_2x_{2i} + \cdots + b_kx_{ki})] = 0$$

$$\frac{\partial z}{\partial b_2} = -\sum_{i=1}^{n} 2x_{2i}[y_i - (b_0 + b_1x_{1i} + b_2x_{2i} + \cdots + b_kx_{ki})] = 0$$

$$\cdots$$

$$\frac{\partial z}{\partial b_k} = -\sum_{i=1}^{n} 2x_{ki}[y_i - (b_0 + b_1x_{1i} + b_2x_{2i} + \cdots + b_kx_{ki})] = 0$$

求解以下关于 $b_0,b_1,b_2,\cdots,b_k$ 的线性方程组,就可以得到回归系数 $\beta_0,\beta_1,\beta_2,\cdots,\beta_k$ 的估计值 $b_0,b_1,b_2,\cdots,b_k$:

$$\begin{cases} nb_0 + \left(\sum_{i=1}^{n} x_{1i}\right)b_1 + \left(\sum_{i=1}^{n} x_{2i}\right)b_2 + \cdots + \left(\sum_{i=1}^{n} x_{ki}\right)b_k = \sum_{i=1}^{n} y_i \\ \left(\sum_{i=1}^{n} x_{1i}\right)b_0 + \left(\sum_{i=1}^{n} x_{1i}^2\right)b_1 + \left(\sum_{i=1}^{n} x_{1i}x_{2i}\right)b_2 + \cdots + \left(\sum_{i=1}^{n} x_{1i}x_{ki}\right)b_k = \sum_{i=1}^{n} x_{1i}y_i \\ \left(\sum_{i=1}^{n} x_{2i}\right)b_0 + \left(\sum_{i=1}^{n} x_{2i}x_{1i}\right)b_1 + \left(\sum_{i=1}^{n} x_{2i}^2\right)b_2 + \cdots + \left(\sum_{i=1}^{n} x_{2i}x_{ki}\right)b_k = \sum_{i=1}^{n} x_{2i}y_i \\ \cdots \\ \left(\sum_{i=1}^{n} x_{ki}\right)b_0 + \left(\sum_{i=1}^{n} x_{ki}x_{1i}\right)b_1 + \left(\sum_{i=1}^{n} x_{ki}x_{2i}\right)b_2 + \cdots + \left(\sum_{i=1}^{n} x_{ki}^2\right)b_k = \sum_{i=1}^{n} x_{ki}y_i \end{cases} \quad (6.17)$$

由于每个估计值的表达式比较复杂,在此就不介绍具体的表达式了。

6.3.2 多元线性回归工具

在 Excel 中,多元线性回归和一元线性回归是同一个工具。

例 6.5 在文件“例 6.1 散点图添加趋势线进行简单一元回归. xlsx”中,选取年用电量为因变量,总人口、GDP、全社会投资、消费品零售总额四个变量为自变量,用 1990—2006 年 17 个样本数据进行多元线性回归。

首先打开文件“例 6.1 散点图添加趋势线进行简单一元回归. xlsx”,单击 Excel 菜单“数据 > 分析 > 数据分析”,弹出“数据分析”分析工具对话窗口(见图 6.19),选定“回归”,出现参数选择窗口,选择“Y 值输入区域”F3:F20、“X 值输入区域”B3:E20,勾选标志(标题)、置信度(默认为 95%);选择“输出区域”的定位单元格,如图 6.20 所示。单击“确定”,出现如图 6.21 所示的回归分析结果。

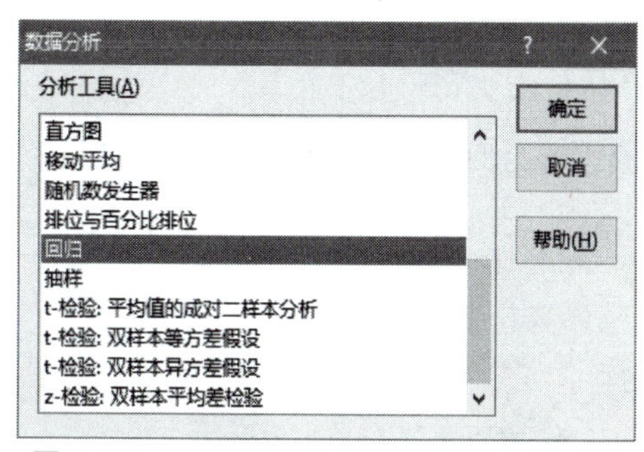

图 6.19　选择多元线性回归数据分析工具

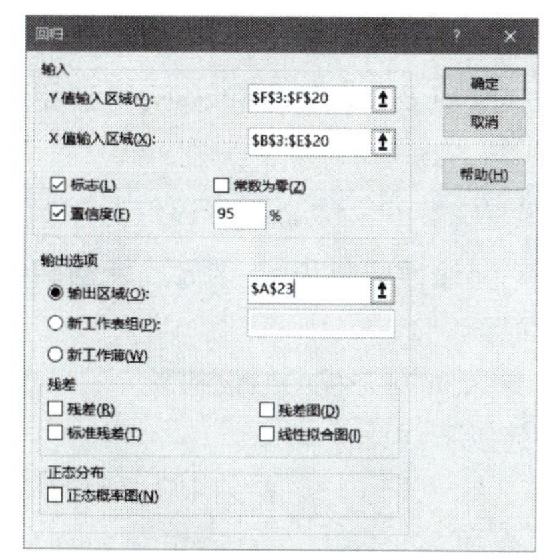

图 6.20　输入多元线性回归参数

SUMMARY OUTPUT								
回归统计								
Multiple R	0.9918							
R Square	0.9836							
Adjusted R Square	0.9781							
标准误差	3258.5785							
观测值	17							
方差分析								
	df	SS	MS	F	Significance F			
回归分析	4	7634378356	1908594589	179.7452	1.35081E-10			
残差	12	127420006.8	10618333.9					
总计	16	7761798362						
	Coefficients	标准误差	t Stat	P-value	Lower 95%	Upper 95%	下限 95.0%	上限 95.0%
Intercept	750315.3372	392116.6755	1.9135	0.0798	-104033.5062	1604664.1805	-104033.5062	1604664.1805
总人口	-11232.1498	6088.5682	-1.8448	0.0899	-24498.0004	2033.7007	-24498.0004	2033.7007
GDP	0.0205	0.0214	0.9540	0.3589	-0.0263	0.0672	-0.0263	0.0672
全社会投资	0.0823	0.0337	2.4408	0.0311	0.0088	0.1558	0.0088	0.1558
消费品零售总额	0.1865	0.0905	2.0618	0.0616	-0.0106	0.3836	-0.0106	0.3836

图 6.21　多元线性回归分析工具的输出结果

以上结果见文件“例 6.5 用 Excel 回归工具进行多元线性回归. xlsx”。图 6.21 给出的多元线性回归分析结果包括以下结论:

(1) 相关系数 $R=0.9918$,判定系数 $R^2=0.9836$,调整的 $R^2=0.9781$,样本观测值为 17。

(2) 回归方程为:年用电量 = 750 315.3372 − 11 232.1498 总人口 + 0.0205 GDP + 0.0823 全社会投资 + 0.1865 消费品零售总额。

6.3.3　多元线性回归的假设检验

与一元线性回归类似,求总平方和 SST 需要用 n 个样本估计一个参数 $\bar{y}$,因此 SST 的自由度为 $n-1$。同样,求误差 $e_i=y_i-\hat{y}_i=y_i-(b_0+b_1x_{1i}+b_2x_{2i}+\cdots+b_kx_{ki})$ 需要估计 $b_0,b_1,b_2,\cdots,b_k$ 等 $k+1$ 个参数,因此误差平方和 SSE 的自由度为 $n-k-1$。由于 SST = SSR + SSE,因此总平方和 SST 的自由度等于回归平方和 SSR 与误差平方和 SSE 的自由度之和。由此可知,SSR 的自由度为 $(n-1)-(n-k-1)=k$。

总平方和 SST、回归平方和 SSR 和误差平方和 SSE 都是随着样本数 n 的增加而增加的,因此,为了消除样本数对回归效果评价的影响,分别用各自的自由度去除总平方和 SST、回归平方和 SSR 以及误差平方和 SSE,得到相应的三个方差。$MST = \frac{SST}{n-1}$称为总方差, $MSR = \frac{SSR}{k}$称为回归方差, $MSE = \frac{SSE}{n-k-1}$称为误差方差或剩余方差。

与一元线性回归相同,多元线性回归的假设检验也分为回归方程的假设检验和回归系数的假设检验。

1. 多元回归方程的假设检验

构建以下假设:

$$H_0: 回归方程的斜率 \beta_1 = \beta_2 = \cdots = \beta_k = 0$$

$$H_1: 回归方程的斜率 \beta_1, \beta_2, \cdots, \beta_k 不全为 0$$

构建统计量:

$$F = \frac{MSR}{MSE}$$

设显著性水平为 α。

统计学理论可以证明,统计量 F 服从自由度为(df_1, df_2)的 F 分布, df_1 是分子 MSR 的自由度 k, df_2 是分母 MSE 的自由度 $n-k-1$。这是一个双尾检验,右侧临界值为:

$$F_{右尾\alpha/2, df_1, df_2} = F_{右尾\alpha/2, k, n-k-1}$$

当 $F > F_{右尾\alpha/2, k, n-k-1}$ 时,拒绝原假设,接受备选假设,说明回归方程的斜率 $\beta_1, \beta_2, \cdots, \beta_k$ 不全为 0,回归总体效果是显著的。也就是说,当样本数 n 和显著性水平 α 确定以后,统计量 F 值越大, $\beta_1, \beta_2, \cdots, \beta_k$ 不全为 0 的可能性越大。

2. 多元回归系数的假设检验

构建以下假设:

$$H_0: 回归方程的斜率 \beta_i = 0 \qquad i = 1, 2, \cdots, k$$

$$H_1: 回归方程的斜率 \beta_i \neq 0$$

统计学理论可以证明,如果原假设 H_0 成立($\beta_i = 0$),则回归系数等于一个特定值 β_i(包括 0),统计量为:

$$t = \frac{b_i - \beta_i}{\sqrt{\frac{1}{n-2}\sum_{i=1}^{n}(y_i - \hat{y})^2 \Big/ \sum_{i=1}^{n}(x_i - \bar{x}_i)^2}}$$

以上统计量服从自由度为 $n-k-1$ 的 t 分布。在显著性水平 $\alpha = 0.05$ 时,如果计算得到 t 统计量值大于拒绝域临界值 $t_{双尾\alpha, n-k-1}$,或小于拒绝域临界值 $-t_{双尾\alpha, n-k-1}$,则拒绝原假设,接受备选假设,即说明该回归系数是显著的。

因此,图 6.21 给出的多元线性回归分析结果包括以下假设检验结论:

(1) 观测值 $n = 17$,变量个数 $k = 4$,回归自由度 $k = 4$,误差自由度 $n-k-1 = 12$,总自由度 $n-1 = 16$。

(2) F 统计量为 197.75, F 显著性(significance F) = 1.35081E-10 < 0.05,拒绝原假设,接受备选假设,说明至少有一个回归系数不是 0,总体回归效果是显著的。

(3) 常数及各自变量的 t 检验值为:

常数	1.9135
总人口	-1.8448
GDP	0.9540
全社会投资	2.4408
消费品零售总额	2.0618

t 检验临界值为：

$$t_{双尾\alpha,n-2} = \text{T. INV. 2T}(0.05, 17-4-1) = \text{T. INV. 2T}(0.05, 12) = 2.1788$$

由此可见，只有自变量“全社会投资”的 t 检验值 2.4408 大于 t 检验临界值，落入拒绝域。自变量“GDP”的 t 检验值(0.9540)和自变量“消费品零售总额”的 t 检验值（2.0618）都小于 t 检验临界值(2.1788)，而自变量“总人口”的 t 检验值(-1.8448)大于 $-t_{双尾\alpha,n-2}$(-2.1788)，都不在拒绝域中。因此，只有自变量“全社会投资”的回归系数是显著的。

（4）常数及各自变量的 P-value 为：

常数	0.0798
总人口	0.0899
GDP	0.3589
全社会投资	0.0311
消费品零售总额	0.0616

以上 P-value 小于显著性水平 $\alpha = 0.05$ 的自变量只有“全社会投资”，其他 P-value 都大于 0.05。其中 P-value 最大的变量是 GDP，其次是总人口，说明无法拒绝“总人口”“GDP”和“消费品零售总额”三个自变量的回归系数 β_1、β_2、$\beta_4 = 0$ 的原假设，而拒绝自变量“全社会投资”的回归系数 $\beta_3 = 0$ 的假设，接受 $\beta_3 \neq 0$。这说明在四个自变量的回归系数中，只有“全社会投资”的回归系数是显著的。可以看出，用 P-value 和 t 检验值对回归系数进行假设检验的结论是一致的。

6.3.4 逐步回归

一个回归方程是否可以被接受，可以从以下三方面来衡量：

首先，看回归方程是否通过 F 检验以及回归方程自变量的系数是否通过 t 检验，这是首要和必要的条件。回归方程没有通过 F 检验或回归系数没有通过 t 检验的回归方程，从统计学的角度看是没有意义的。

其次，看回归方程的判定系数 R^2 的大小。在同等条件下，判定系数越大的回归方程对数据的拟合程度越好。

最后，看回归方程自变量的系数是否具有明确的实际意义，是否符合常理。如果一个回归方程通过了所有的统计检验，而且判定系数也相当接近 1，但回归系数并不符合常理，那么这样的回归方程从统计学的角度讲是完全没有问题的，不过从实际意义上是有问题的。

例 6.5 的多元线性回归方程为：

$$年用电量 = 760\,315.3372 - 11\,232.1498\ 总人口 + 0.0205\ \text{GDP} + 0.0823\ 全社会投资 + 0.1865\ 消费品零售总额$$

尽管判定系数 $R^2 = 0.9836$，非常接近 1，与样本数据拟合很好，但这个回归方程还存在以下问题：

（1）假设检验表明四个自变量中只有一个变量“全社会投资”通过 t 检验，而与“年用电量”应该有密切关系的变量“GDP”在回归方程中却是不显著的。

（2）自变量“总人口”的回归系数是负值，表示人口每增加 1 万人，用电量会减少 11 232.1498 万度，有悖于常理。

造成这些现象的原因是四个自变量中，某些变量两两之间有较强的相关性。用第 1.5.5 节中变量的相关系数分析工具，做出例 6.5 多元线性回归中四个自变量总人口、GDP、全社会投资和消费品零售总额的相关系数矩阵，如图 6.22 所示。可以看出，消费品零售总额和 GDP 之间相关系数达到 0.9881，存在很强的相关性。此外，消费品零售总额和总人口之间的相关系数为 0.9558，也存在较强的相关性。

	总人口	GDP	全社会投资	消费品零售总额
总人口	1			
GDP	0.9281	1		
全社会投资	0.7932	0.9273	1	
消费品零售总额	0.9558	0.9881	0.9130	1

图 6.22　回归方程自变量之间的相关系数矩阵

回归方程中，一些自变量之间存在强相关性的现象称为自变量的多重共线性。如果自变量之间存在多重共线性，则会对建立的回归方程产生不利影响。简单地说，如果两个自变量有很强的相关性，则回归方程中只要有其中一个就行了。当回归方程中有若干个强相关的自变量时，这些自变量的回归系数就不是每个自变量对因变量的单独贡献，而是几个强相关自变量对因变量的共同贡献。回归方程中自变量存在多重共线性，通常会出现以下现象：① 一些对因变量应该有重要影响的自变量却不能通过 t 检验；② 一些自变量回归系数的符号或数值与实际情况严重不符。

解决自变量多重共线性的方法是减少自变量个数、增加样本数或者更换新的自变量。当获取新的自变量和增加样本数有困难时，就只能用减少自变量的方法来解决。

逐步回归是在备选自变量中，根据自变量显著性水平高低，在回归方程中排除或增添自变量的一种算法。逐步回归有前向逐步回归和后向逐步回归两种策略。

入选回归方程的自变量个数逐步增加的算法称为前向逐步回归。前向逐步回归算法的步骤描述如下：

步骤 0　将所有备选的自变量排成一个队列。转步骤 1。

步骤 1　如果备选自变量队列中没有任何自变量，算法终止。否则，将备选自变量队列中排在最前面的自变量选入回归方程，同时在备选自变量队列中删除这个自变量。转步骤 2。

步骤 2　将当前回归方程中的自变量和因变量进行一元线性回归，得到一元线性回归方程。对当前回归方程中自变量的回归系数进行 t 检验，如果当前回归方程中所有自变量的回归系数 t 检验都是显著的，则转步骤 1，否则转步骤 3。

步骤 3　在自变量回归系数 t 检验不显著的自变量中，把显著性最差的那个自变量（P-value 最大或 t Stat 绝对值最小）从回归方程中剔除。如果剔除自变量以后，回归方程中没有任何自变量，前向逐步回归失败，算法终止。否则，转步骤 2。

前向逐步回归的算法流程如图 6.23 所示。

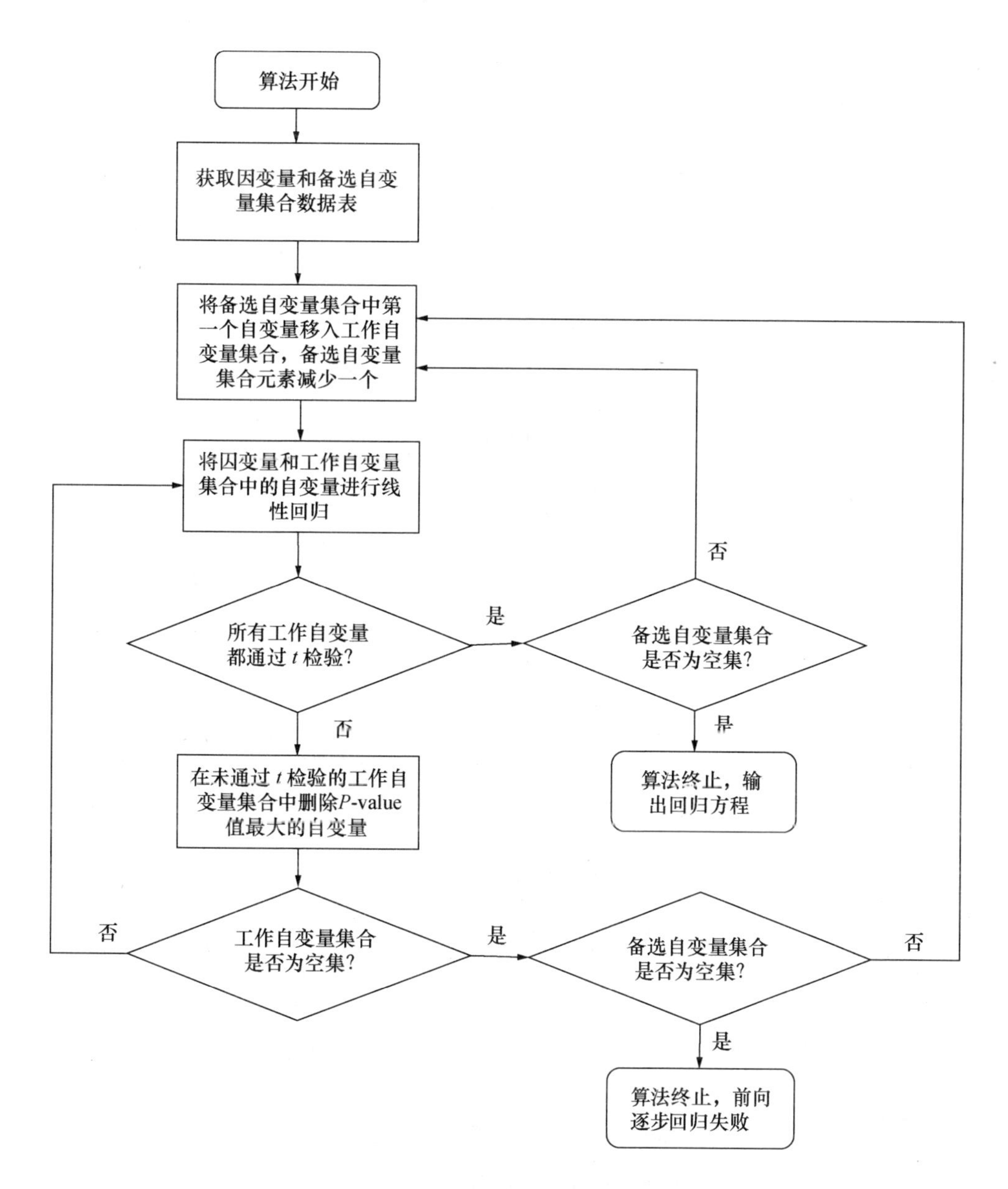

图 6.23　前向逐步回归算法流程图

回归方程中的自变量个数逐步减少的算法称为后向逐步回归。后向逐步回归算法的步骤描述如下：

步骤 1　对因变量和所有备选自变量进行多元线性回归,得到包括所有备选自变量的多元线性回归方程,转步骤 2。

步骤 2　检查是否所有自变量的回归系数 t 检验都是显著的。如果是,算法终止;如果否,转步骤 3。

步骤 3　在回归系数 t 检验不显著的自变量中,把显著性最差的那个自变量(P-value 最大或 t Stat 绝对值最小)从回归方程中删除。如果剔除自变量以后,回归方程中没有任何自变量,后向逐步回归失败,算法终止。否则,转步骤4。

步骤4　用剩下的自变量重新进行多元线性回归,转步骤2。

后向逐步回归的算法流程如图6.24所示。

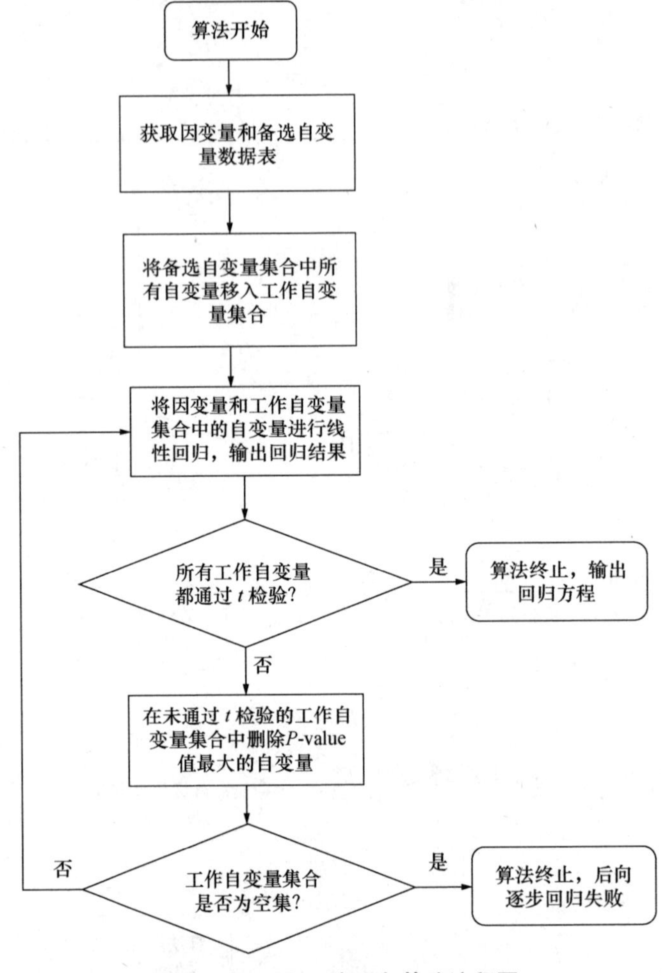

图6.24　后向逐步回归算法流程图

Excel中没有逐步回归的功能。数据分析软件"数据通"中有线性逐步回归的模块。

例6.6　用"数据通"对表6.1中的数据进行下列操作:对因变量年用电量用总人口、GDP、全社会投资、消费品零售总额四个备选自变量分别进行前向和后向逐步回归。

打开Excel菜单"数据通 > 回归和预测 > 回归分析 > 线性逐步回归"(见图6.25)。

首先采用前向逐步回归算法。

在"线性逐步回归"对话窗口中,"显著性水平"选默认的5%,"方法"选"前向逐步回归","因变量"选择F3:F20,勾选"第1行是标题","自变量"选B3:E20,勾选"第1行是标题","标题"为默认的"前向逐步回归",勾选"输出每一步的数据","输出定位"选A22,如图6.26所示。

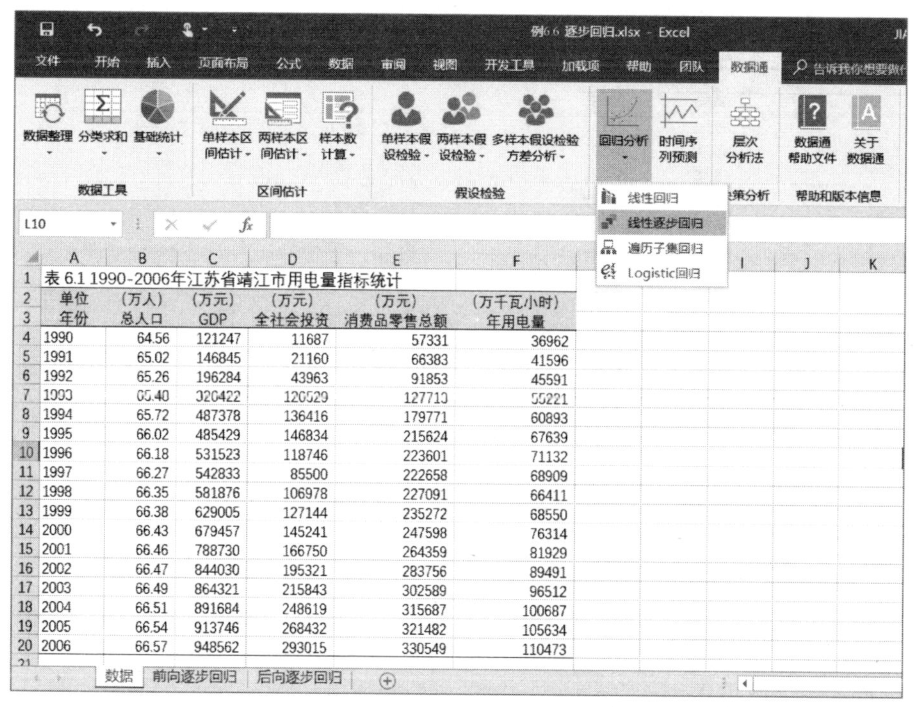

	A	B	C	D	E	F
1	表 6.1 1990-2006年江苏省靖江市用电量指标统计					
2	单位	(万人)	(万元)	(万元)	(万元)	(万千瓦小时)
3	年份	总人口	GDP	全社会投资	消费品零售总额	年用电量
4	1990	64.56	121247	11687	57331	36962
5	1991	65.02	146845	21160	66383	41596
6	1992	65.26	196284	43963	91853	45591
7	1993	65.40	320422	120529	127710	55221
8	1994	65.72	487378	136416	179771	60893
9	1995	66.02	485429	146834	215624	67639
10	1996	66.18	531523	118746	223601	71132
11	1997	66.27	542833	85500	222658	68909
12	1998	66.35	581876	106978	227091	66411
13	1999	66.38	629005	127144	235272	68550
14	2000	66.43	679457	145241	247598	76314
15	2001	66.46	788730	166750	264359	81929
16	2002	66.47	844030	195321	283756	89491
17	2003	66.49	864321	215843	302589	96512
18	2004	66.51	891684	248619	315687	100687
19	2005	66.54	913746	268432	321482	105634
20	2006	66.57	948562	293015	330549	110473

图 6.25 “数据通”中逐步线性回归的数据和菜单

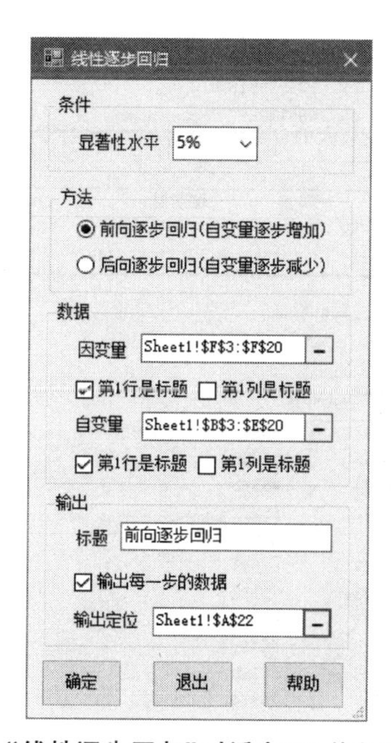

图 6.26 “线性逐步回归”对话窗口(前向逐步回归)

单击“确定”,输出前向逐步回归的如下结果:

前向逐步回归

第1步：增加自变量<总人口>

数据序号	总人口	年用电量
1	64.56	36962
2	65.02	41596
3	65.26	45591
4	65.48	55221
5	65.72	60893
6	66.02	67639
7	66.18	71132
8	66.27	68909
9	66.35	66411
10	66.38	68550
11	66.43	76314
12	66.46	81929
13	66.47	89491
14	66.49	96512
15	66.51	100687
16	66.54	105634
17	66.57	110473

回归统计表

项目	数值
显著性水平	0.05
判定系数	0.75659188
修正判定系数	0.740364672
标准误差s	11222.84796
观测值计数n	17
自变量计数k	1

方差分析表

	平方和SS	自由度df	方差MS	F统计量	F临界值	P-value	F检验
回归R	5872513616	1	5872513616	46.62489571	4.543077165	5.7127E-06	通过
误差E	1889284746	15	125952316.4				
总计T	7761798362	16	485112397.7				

回归系数表

自变量名称	回归系数	标准误差	t统计量	t临界值	P-value	区间估计下界	区间估计上界	t检验
截距	-1991663.519	302408.759	-6.585998121	-2.131449546	8.64264E-06	-2636232.531	-2636232.531	--
总人口	31265.61963	4578.867785	6.828242505	2.131449546	5.7127E-06	21505.99397	21505.99397	通过

当前1个自变量通过t检验，不需要删除任何自变量。

第2步：增加自变量<GDP>

数据序号	总人口	GDP	年用电量
1	64.56	121247	36962
2	65.02	146845	41596
3	65.26	196284	45591
4	65.48	326422	55221
5	65.72	487378	60893
6	66.02	485429	67639
7	66.18	531523	71132
8	66.27	542833	68909
9	66.35	581876	66411
10	66.38	629005	68550
11	66.43	679457	76314
12	66.46	788730	81929
13	66.47	844030	89491
14	66.49	864321	96512
15	66.51	891684	100687
16	66.54	913746	105634
17	66.57	948562	110473

回归统计表

项目	数值
显著性水平	0.05
判定系数	0.959591803
修正判定系数	0.953819203
标准误差s	4733.167748
观测值计数n	17
自变量计数k	2

方差分析表

	平方和SS	自由度df	方差MS	F统计量	F临界值	P-value	F检验
回归R	7448158086	2	3724079043	166.2321788	3.738891832	1.75908E-10	通过
误差E	313640277	14	22402876.93				
总计T	7761798362	16	485112397.7				

回归系数表

自变量名称	回归系数	标准误差	t统计量	t临界值	P-value	区间估计下界	区间估计上界	t检验
截距	617051.7601	336194.725	1.835399886	2.144786688	0.08777671	-104014.2107	-104014.2107	--
总人口	-9107.501783	5186.978244	-1.755839596	-2.144786688	0.100959676	-20232.46367	-20232.46367	未通过
GDP	0.098117137	0.011699509	8.386431773	2.144786688	7.87452E-07	0.073024185	0.073024185	通过

当前有1个自变量未能通过t检验，删除其中P-value最大的自变量：〈总人口〉

数据序号	GDP	年用电量
1	121247	36962
2	146845	41596
3	196284	45591
4	326422	55221
5	487378	60893
6	485429	67639
7	531523	71132
8	542833	68909
9	581876	66411
10	629005	68550
11	679457	76314
12	788730	81929
13	844030	89491
14	864321	96512
15	891684	100687
16	913746	105634
17	948562	110473

回归统计表

项目	数值
显著性水平	0.05
判定系数	0.95069342
修正判定系数	0.947406314
标准误差s	5051.123536
观测值计数n	17
自变量计数k	1

方差分析表

	平方和SS	自由度df	方差MS	F统计量	F临界值	P-value	F检验
回归R	7379090628	1	7379090628	289.2190291	4.543077165	3.25921E-11	通过
误差E	382707734.6	15	25513848.97				
总计T	7761798362	16	485112397.7				

回归系数表

自变量名称	回归系数	标准误差	t统计量	t临界值	P-value	区间估计下界	区间估计上界	t检验
截距	26768.26402	2991.059645	8.949425018	2.131449546	2.10796E-07	20392.9713	20392.9713	--
GDP	0.079051418	0.004648322	17.00644081	2.131449546	3.25921E-11	0.069143754	0.069143754	通过

当前1个自变量通过t检验，不需要删除任何自变量。

第3步：增加自变量〈全社会投资〉

数据序号	GDP	全社会投资	年用电量
1	121247	11687	36962
2	146845	21160	41596
3	196284	43963	45591
4	326422	126529	55221
5	487378	136416	60893
6	485429	146834	67639
7	531523	118746	71132
8	542833	85500	68909
9	581876	106978	66411
10	629005	127144	68550
11	679457	145241	76314
12	788730	166750	81929
13	844030	195321	89491
14	864321	215843	96512
15	891684	248619	100687
16	913746	268432	105634
17	948562	293015	110473

回归统计表

项目	数值
显著性水平	0.05
判定系数	0.977467119
修正判定系数	0.974248136
标准误差s	3534.479921
观测值计数n	17
自变量计数k	2

方差分析表

	平方和SS	自由度df	方差MS	F统计量	F临界值	P-value	F检验
回归R	7586902686	2	3793451343	303.6571281	3.738891832	2.94929E-12	通过
误差E	174895676.4	14	12492548.31				
总计T	7761798362	16	485112397.7				

回归系数表

自变量名称	回归系数	标准误差	t统计量	t临界值	P-value	区间估计下界	区间估计上界	t检验
截距	28925.97709	2158.794253	13.39913567	2.144786688	2.24331E-09	24295.82392	24295.82392	--
GDP	0.0461884	0.008689192	5.315615214	2.144786688	0.000109036	0.027551937	0.027551937	通过
全社会投资	0.118490673	0.029051885	4.07858815	2.144786688	0.001128364	0.056180577	0.056180577	通过

当前2个自变量都通过t检验，不需要删除任何自变量。

第4步：增加自变量〈消费品零售总额〉

数据序号	GDP	全社会投资	消费品零售总额	年用电量
1	121247	11687	57331	36962
2	146845	21160	66383	41596
3	196284	43963	91853	45591
4	326422	126529	127713	55221
5	487378	136416	179771	60893
6	485429	146834	215624	67639
7	531523	118746	223601	71132
8	542833	85500	222658	68909
9	581876	106978	227091	66411
10	629005	127144	235272	68550
11	679457	145241	247598	76314
12	788730	166750	264359	81929
13	844030	195321	283756	89491
14	864321	215843	302589	96512
15	891684	248619	315687	100687
16	913746	268432	321482	105634
17	948562	293015	330549	110473

回归统计表

项目	数值
显著性水平	0.05
判定系数	0.978927953
修正判定系数	0.974065173
标准误差s	3547.013721
观测值计数n	17
自变量计数k	3

方差分析表

	平方和SS	自由度df	方差MS	F统计量	F临界值	P-value	F检验
回归R	7598241380	3	2532747127	201.3103456	3.410533645	3.82687E-11	通过
误差E	163556982.3	13	12581306.33				
总计T	7761798362	16	485112397.7				

回归系数表

自变量名称	回归系数	标准误差	t统计量	t临界值	P-value	区间估计下界	区间估计上界	t检验
截距	26958.96422	2997.776583	8.992986459	2.160368656	6.07484E-07	20482.66165	20482.66165	--
GDP	0.025854641	0.023125996	1.117990401	2.160368656	0.283806022	-0.024106035	-0.024106035	未通过
全社会投资	0.120027343	0.029199807	4.110552555	2.160368656	0.001228618	0.056944994	0.056944994	通过
消费品零售总额	0.062634015	0.065976854	0.949333157	2.160368656	0.35976677	-0.079900312	-0.079900312	未通过

当前有2个自变量未能通过t检验，删除其中P-value最大的自变量：〈消费品零售总额〉

数据序号	GDP	全社会投资	年用电量
1	121247	11687	36962
2	146845	21160	41596
3	196284	43963	45591
4	326422	126529	55221
5	487378	136416	60893
6	485429	146834	67639
7	531523	118746	71132
8	542833	85500	68909
9	581876	106978	66411
10	629005	127144	68550
11	679457	145241	76314
12	788730	166750	81929
13	844030	195321	89491
14	864321	215843	96512
15	891684	248619	100687
16	913746	268432	105634
17	948562	293015	110473

回归统计表

项目	数值
显著性水平	0.05
判定系数	0.977467119
修正判定系数	0.974248136
标准误差s	3534.479921
观测值计数n	17
自变量计数k	2

方差分析表

	平方和SS	自由度df	方差MS	F统计量	F临界值	P-value	F检验
回归R	7586902686	2	3793451343	303.6571281	3.738891832	2.94929E-12	通过
误差E	174895676.4	14	12492548.31				
总计T	7761798362	16	485112397.7				

回归系数表

自变量名称	回归系数	标准误差	t统计量	t临界值	P-value	区间估计下界	区间估计上界	t检验
截距	28925.97709	2158.794253	13.39913567	2.144786688	2.24331E-09	24295.82392	24295.82392	--
GDP	0.0461884	0.008689192	5.315615214	2.144786688	0.000109036	0.027551937	0.027551937	通过
全社会投资	0.118490673	0.029051885	4.07858815	2.144786688	0.001128364	0.056180577	0.056180577	通过

当前2个自变量都通过t检验，不需要删除任何自变量。

所有备选的自变量都已添加完毕。当前所有自变量都通过t检验。前向逐步回归结束。

经过四次迭代,前向逐步回归得到以下回归方程:

$$年用电量 = 28\,925.977 + 0.0461\ \text{GDP} + 0.118\ 全社会投资$$

回归方程的 F 显著性 2.95E-12 远小于显著性水平 $\alpha = 0.05$,因此总体效果是显著的。自变量"GDP"回归系数的 P-value = 0.000109,自变量"全社会投资"回归系数的 P-value = 0.00112,均小于显著性水平 0.05,因而都是显著的。判定系数 R^2 为 0.9775,说明回归方程与数据的拟合程度很高。因此以上回归方程从统计学角度看是有效的。

然后,采用后向逐步回归。"线性逐步回归"对话窗口中,"显著性水平"选默认的 5%,"方法"选"后向逐步回归","因变量"选择 F3:F20,勾选"第 1 行是标题"。"自变量"选 B3:E20,勾选"第 1 行是标题"。"标题"为"后向逐步回归",勾选"输出每一步的数据","输出定位"选 A22,如图 6.27 所示。

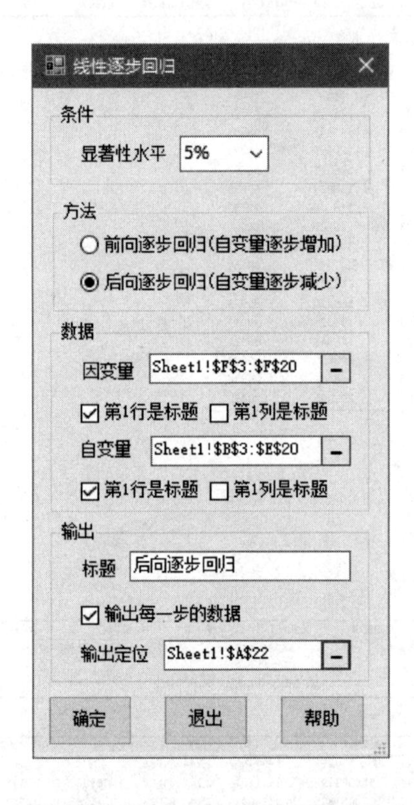

图 6.27 "数据通 > 逐步回归 > 后向逐步回归"对话窗口

单击"确定",输出后向逐步回归的如下结果:

后向逐步回归

第0步：添加所有备选的4个自变量

数据序号	总人口	GDP	全社会投资	消费品零售总额	年用电量
1	64.56	121247	11687	57331	36962
2	65.02	146845	21160	66383	41596
3	65.26	196284	43963	91853	45591
4	65.48	326422	126529	127713	55221
5	65.72	487378	136416	179771	60893
6	66.02	485429	146834	215624	67639
7	66.18	531523	118746	223601	71132
8	66.27	542833	85500	222658	68909
9	66.35	581876	106978	227091	66411
10	66.38	629005	127144	235272	68550
11	66.43	679457	145241	247598	76314
12	66.46	788730	166750	264359	81929
13	66.47	844030	195321	283756	89491
14	66.49	864321	215843	302589	96512
15	66.51	891684	248619	315687	100687
16	66.54	913746	268432	321482	105634
17	66.57	948562	293015	330549	110473

回归统计表

项目	数值
显著性水平	0.05
判定系数	0.9835837
修正判定系数	0.978111601
标准误差s	3258.578509
观测值计数n	17
自变量计数k	4

方差分析表

	平方和SS	自由度df	方差MS	F统计量	F临界值	P-value	F检验
回归R	7634378356	4	1908594589	179.7452036	3.259166727	1.35081E-10	通过
误差E	127420006.8	12	10618333.9				
总计T	7761798362	16	485112397.7				

回归系数表

自变量名称	回归系数	标准误差	t统计量	t临界值	P-value	区间估计下界	区间估计上界	t检验
截距	750315.3372	392116.6755	1.9135002	2.17881283	0.07983557	-104033.5062	-104033.5062	--
总人口	-11232.14984	6088.568222	-1.844793297	-2.17881283	0.089879928	-24498.0004	-24498.0004	未通过
GDP	0.020460285	0.021445725	0.95404959	2.17881283	0.358882542	-0.026265936	-0.026265936	未通过
全社会投资	0.082318165	0.03372578	2.440808382	2.17881283	0.031111814	0.008836004	0.008836004	通过
消费品零售总额	0.186490062	0.090450649	2.061787996	2.17881283	0.061575934	-0.010584972	-0.010584972	未通过

当前有3个自变量未能通过t检验，删除其中P-value最大的自变量： <GDP>

第1步:自变量<GDP> 的P-value=0.3589>0.05，被删除

数据序号	总人口	全社会投资	消费品零售总额	年用电量
1	64.56	11687	57331	36962
2	65.02	21160	66383	41596
3	65.26	43963	91853	45591
4	65.48	126529	127713	55221
5	65.72	136416	179771	60893
6	66.02	146834	215624	67639
7	66.18	118746	223601	71132
8	66.27	85500	222658	68909
9	66.35	106978	227091	66411
10	66.38	127144	235272	68550
11	66.43	145241	247598	76314
12	66.46	166750	264359	81929
13	66.47	195321	283756	89491
14	66.49	215843	302589	96512
15	66.51	248619	315687	100687
16	66.54	268432	321482	105634
17	66.57	293015	330549	110473

回归统计表

项目	数值
显著性水平	0.05
判定系数	0.98233851
修正判定系数	0.978262781
标准误差s	3247.305713
观测值计数n	17
自变量计数k	3

方差分析表

	平方和SS	自由度df	方差MS	F统计量	F临界值	P-value	F检验
回归R	7624713435	3	2541571145	241.0215739	3.410533645	1.21641E-11	通过
误差E	137084927.1	13	10544994.39				
总计T	7761798362	16	485112397.7				

回归系数表

自变量名称	回归系数	标准误差	t统计量	t临界值	P-value	区间估计下界	区间估计上界	t检验
截距	800051.7063	387291.3097	2.065762092	2.160368656	0.059382837	-36640.30007	-36640.30007	--
总人口	-12024.17188	6010.840264	-2.000414476	-2.160368656	0.066790766	-25009.80278	-25009.80278	未通过
全社会投资	0.089812187	0.032684827	2.747825106	2.160368656	0.016606711	0.019200912	0.019200912	通过
消费品零售总额	0.248281701	0.062919992	3.945990651	2.160368656	0.001674162	0.112351322	0.112351322	通过

当前有1个自变量未能通过t检验，删除其中P-value最大的自变量：<总人口>

第2步:自变量<总人口> 的 P-value =0.0668>0.05，被删除

数据序号	全社会投资	消费品零售总额	年用电量
1	11687	57331	36962
2	21160	66383	41596
3	43963	91853	45591
4	126529	127713	55221
5	136416	179771	60893
6	146834	215624	67639
7	118746	223601	71132
8	85500	222658	68909
9	106978	227091	66411
10	127144	235272	68550
11	145241	247598	76314
12	166750	264359	81929
13	195321	283756	89491
14	215843	302589	96512
15	248619	315687	100687
16	268432	321482	105634
17	293015	330549	110473

回归统计表

项目	数值
显著性水平	0.05
判定系数	0.976901952
修正判定系数	0.973602231
标准误差s	3578.531114
观测值计数n	17
自变量计数k	2

方差分析表

	平方和SS	自由度df	方差MS	F统计量	F临界值	P-value	F检验
回归R	7582515973	2	3791257987	296.0559154	3.738891832	3.50774E-12	通过
误差E	179282389.1	14	12805884.93				
总计T	7761798362	16	485112397.7				

回归系数表

自变量名称	回归系数	标准误差	t统计量	t临界值	P-value	区间估计下界	区间估计上界	t检验
截距	25323.3836	2639.812085	9.592873578	2.144786688	1.55927E-07	19661.54978	19661.54978	--
全社会投资	0.133100272	0.026993996	4.930736216	2.144786688	0.000221243	0.075203909	0.075203909	通过
消费品零售总额	0.130950931	0.025098619	5.217455672	2.144786688	0.00013036	0.077119748	0.077119748	通过

当前2个自变量都通过t检验，不需要删除任何自变量。

后向逐步回归结束。

经过三次迭代,后向逐步回归得到以下回归方程:

年用电量 = 25 323.384 + 0.1331 全社会投资 + 0.1310 消费品零售总额

回归方程的 F 显著性 3.51E-12 远小于显著性水平 $\alpha = 0.05$,因此回归的总体效果是显著的。自变量“全社会投资”回归系数的 P-value = 0.00022,自变量“消费品零售总额”回归系数的 P-value = 0.00013,均小于显著性水平 0.05,因而都是显著的。判定系数 R^2 为 0.9769,说明回归方程与数据的拟合程度很高。因此,以上回归方程从统计学角度看是有效的。

应该指出,逐步回归的结果可能不是唯一的。自变量的排列次序不同,哪一个自变量先被选入回归方程,对最后的结果都有影响。例如,对于例 6.6,四个备选自变量中每次取两个自变量,总共可以建立以下六个二元线性回归方程。回归方程下面括号中的数字,是相应自变量回归系数的 P-value 值。

(1) 年用电量 = 617 051.760 − 9107.501 总人口 + 0.098 GDP

(0.100)　　(0.000000787)

$R^2 = 0.9595$, Sig. F = 1.76E-10

(2) 年用电量 = −622 047.991 + 10 086.121 总人口 + 0.201 全社会投资

(0.00587)　　(0.000000592)

$R^2 = 0.9611$, Sig. F = 1.33E-10

(3) 年用电量 = 1 502 556.405 − 22 959.365 总人口 + 0.397 消费品零售总额

(0.000879)　　(0.0000000577)

$R^2 = 0.9720$, Sig. F = 1.32E-11

(4) 年用电量 = 28 925.977 + 0.0461 GDP + 0.118 全社会投资

(0.000109)　　(0.00112)

$R^2 = 0.9774$, Sig. F = 2.95E-12

(5) 年用电量 = 25 252.124 + 0.0639 GDP + 0.0476 消费品零售总额

(0.0580)　　(0.628)

$R^2 = 0.9515$, Sig. F = 6.28E-10

(6) 年用电量 = 25 323.383 + 0.133 全社会投资 + 0.130 消费品零售总额

(0.000221)　　(0.00013)

$R^2 = 0.9769$, Sig. F = 3.51E-12

可以看出,对于显著性水平 0.05,以上回归方程中,第(2)、(3)、(4)、(6)个回归方程的 F 检验都是显著的,自变量的 t 检验也都是显著的,因而统计学意义上都是有效的,前述前向逐步回归和后向逐步回归获得的回归方程正是以上回归方程中的第(4)个和第(6)个方程。

例如,在 0.05 的显著性水平下,以上六个二元回归方程中,回归方程通过 F 检验、所有自变量都通过 t 检验的是第(1)、(2)、(3)、(4)、(6)个回归方程,这四个回归方程的判定系数 R^2 也都相当接近 1,但是其中第(1)个和第(3)个回归方程中总人口的回归系数是负值,与常识不符。尽管从统计学角度来说,第(1)个和第(3)个回归方程是有效的,但是用这两个方程来分析实际问题有一定的局限性,不是好的回归方程。

6.3.5 遍历子集回归

线性逐步回归可以得到一个统计学意义下有效的回归方程。但得到的回归方程中包含哪些自变量，这些自变量回归系数的符号是正还是负，都不是事先可以控制的。这个回归方程可能存在非统计学意义上的缺点，例如某些重要的自变量并没有出现在回归方程中，某些自变量回归系数的符号可能与实际情况不一致，等等。在某些情况下，逐步回归的结果还是不能满足实际需要。在这种情况下，列举备选自变量集合的所有子集，并将每一个子集作为自变量，与设定的因变量建立回归方程，进行回归运算，然后在所有回归方程中选取最适用的一个，这种回归的方法称为遍历子集回归。

设备选的自变量集合为 x_1, x_2, x_3, x_4，则自变量集合的所有子集如下：

包含 1 个自变量的子集有 4 个：x_1, x_2, x_3, x_4

由 2 个自变量组成的子集有 6 个：$x_1x_2, x_1x_3, x_1x_4, x_2x_3, x_2x_4, x_3x_4$

由 3 个自变量组成的子集有 4 个：$x_1x_2x_3, x_1x_2x_4, x_1x_3x_4, x_2x_3x_4$

由 4 个自变量组成的子集有 1 个：$x_1\ x_2\ x_3\ x_4$

总共有子集 15 个。

对于一般情况，如果备选自变量个数为 k 个，则自变量子集个数为 2^k-1 个。随着自变量个数 k 的增加，自变量子集的个数 2^k-1 将会快速增加，如表 6.2 所示。

表 6.2 自变量个数和自变量子集个数

自变量个数(k)	自变量子集个数(2^k-1)
4	15
5	31
10	1 023
15	32 767
20	1 480 575
…	…

所谓遍历子集回归，就是因变量对备选自变量的每一个子集，都分别建立回归方程进行回归的算法。当自变量个数增加时，自变量子集的个数增加很快。因此，遍历子集回归算法只适用于备选自变量个数不是非常大的问题。

Excel 没有遍历子集回归工具，“数据通”中有遍历子集回归工具，在“数据通 > 回归和预测 > 回归分析 > 遍历子集回归”中。

例 6.7 对表 6.1 中的数据，设因变量为年用电量，四个备选自变量为总人口、GDP、全社会投资和消费品零售总额。用遍历子集回归计算所有自变量子集的回归方程。

打开 Excel 菜单“数据通 > 回归和预测 > 回归分析 > 遍历子集回归”，弹出“遍历子集回归”对话窗口，“显著性水平”选默认的 5%，“因变量”选择 F3:F20，勾选“第 1 行是标题”；“自变量”选择 B3:E20，勾选“第 1 行是标题”；“标题”为默认的“遍历子集回归”，“输出定位”选 A22，如图 6.28 所示。

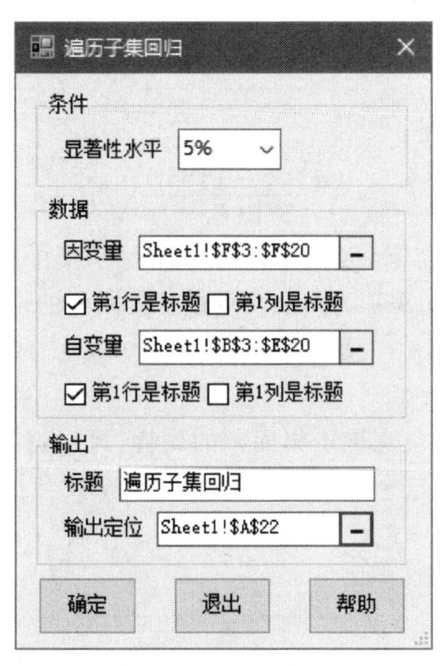

图 6.28 “遍历子集回归”对话窗口

单击“确定”,输出遍历子集回归的结果如图 6.29 所示。

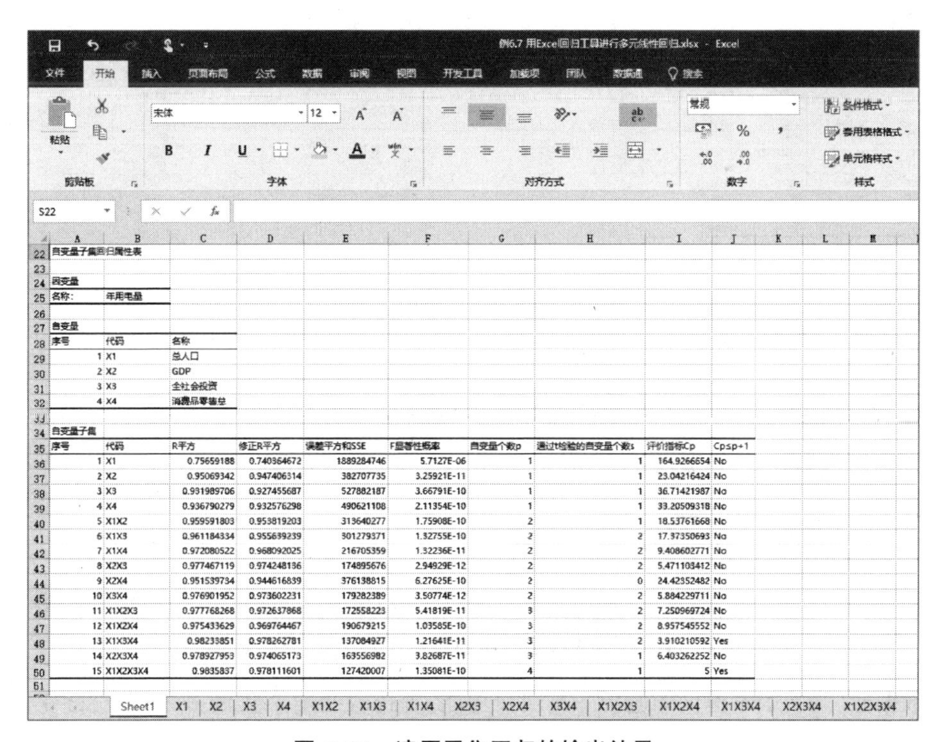

自变量子集回归属性表

因变量

名称:	年用电量

自变量

序号	代码	名称
1	X1	总人口
2	X2	GDP
3	X3	全社会投资
4	X4	消费品零售总

自变量子集

序号	代码	R平方	修正R平方	误差平方和SSE	F显著性概率	自变量个数p	通过t检验的自变量个数s	评价指标Cp	Cp≤p+1
1	X1	0.75659188	0.740364672	1889284746	5.7127E-06	1	1	164.9266654	No
2	X2	0.95069342	0.947406314	382707735	3.25921E-11	1	1	23.04216424	No
3	X3	0.931989706	0.927455687	527882187	3.66791E-10	1	1	36.71421987	No
4	X4	0.936790279	0.932576298	490621108	2.11354E-10	1	1	33.20509318	No
5	X1X2	0.959591803	0.953819203	313640277	1.75908E-10	2	1	18.53761668	No
6	X1X3	0.961184334	0.955639239	301279371	1.32755E-10	2	2	17.37350693	No
7	X1X4	0.972080522	0.968092025	216705359	1.32236E-11	2	2	9.408602771	No
8	X2X3	0.977467119	0.974248136	174895676	2.94929E-12	2	2	5.471103412	No
9	X2X4	0.951539734	0.944616839	376138815	6.27625E-10	2	0	24.42352482	No
10	X3X4	0.976901952	0.973602231	179282389	3.50774E-12	2	2	5.884229711	No
11	X1X2X3	0.977768268	0.972637868	172558223	5.41819E-11	3	2	7.250969724	No
12	X1X2X4	0.975433629	0.969764467	190679215	1.03585E-10	3	2	8.957545552	No
13	X1X3X4	0.98233851	0.978262781	137084927	1.21641E-11	3	2	3.910210592	Yes
14	X2X3X4	0.978927953	0.974065173	163556982	3.82687E-11	3	1	6.403262252	No
15	X1X2X3X4	0.9835837	0.978111601	127420007	1.35081E-10	4	1	5	Yes

图 6.29 遍历子集回归的输出结果

在以上输出结果中有 16 个工作表,其中 Sheet1 为遍历子集回归 15 个子集回归的属性摘要。其他 15 个工作表,每个工作表的名称就是一个自变量子集的名称。工作表 Sheet1 子集回归的属性摘要,包括因变量名称、自变量名称和代码,以及 15 个自变量子集的主要属性,如 R 平方、修正 R 平方、误差平方和 SSE、F 显著性概率、自变量个数 p、通过 t 检验的自变量个数 s、评价指标 C_p 等。

评价指标 C_p 的计算公式是:

$$C_p = \frac{(n-k-1)\mathrm{SSE}}{\mathrm{SSE}(k)} + 2p - n \tag{6.18}$$

式中,n 为数据量,k 为备选自变量个数,p 为当前自变量子集中的自变量个数,SSE(k)为所有备选自变量回归的误差平方和,SSE 为当前自变量子集回归的误差平方和。

最后一列是评价指标 $C_p \leqslant p+1$ 是否成立,如果 $C_p \leqslant p+1$ 成立,则认为相应的自变量子集的筛选是合适的。

根据图 6.29 提供的 15 个自变量子集回归的属性,可以选择其中需要的子集回归结果。例如,选择自变量子集 x_3x_4,即这个子集的自变量包括"全社会投资(x_3)"和"消费品零售总额(x_4)"。通过 t 检验的自变量 $s=2$,$C_p=5.884$。点击工作表"x_3x_4",可以显示这个自变量子集回归的结果(见图 6.30)。

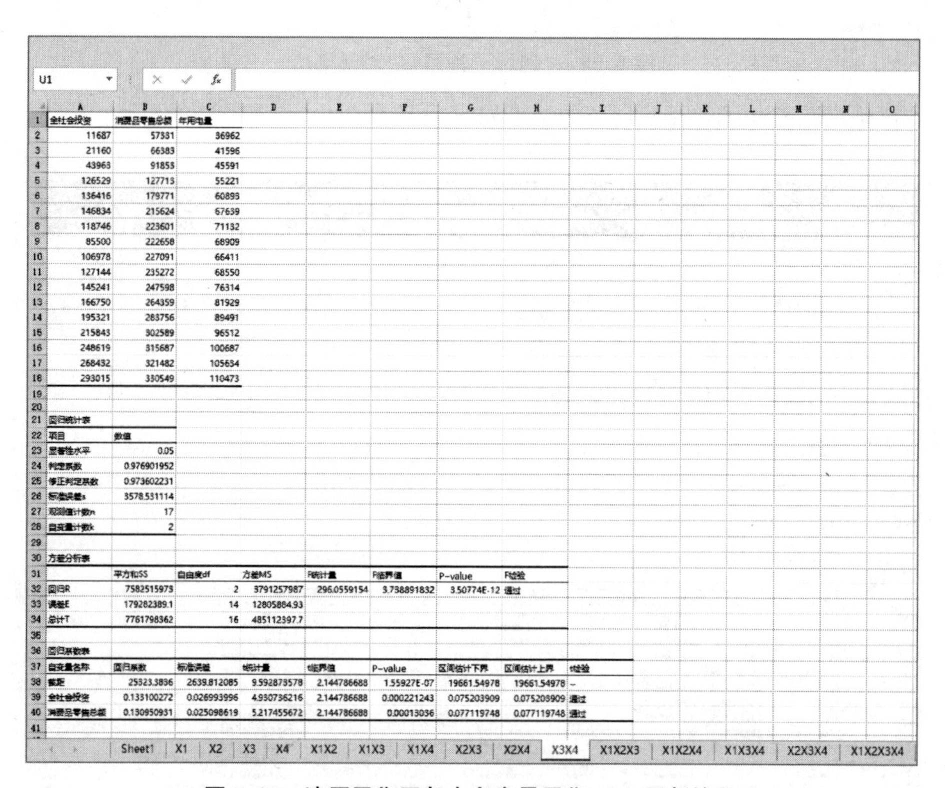

全社会投资	消费品零售总额	年用电量
11687	57331	36962
21160	66383	41596
43963	91853	45591
126529	127713	55221
136416	179771	60893
146834	215624	67639
118746	223601	71132
85500	222658	68909
106978	227091	66411
127144	235272	68550
145241	247598	76314
166750	264359	81929
195321	283756	89491
215843	302589	96512
248619	315687	100687
268432	321482	105634
293015	330549	110473

回归统计表

项目	数值
显著性水平	0.05
判定系数	0.976901952
修正判定系数	0.973602231
标准误差s	3578.531114
观测值计数n	17
自变量计数k	2

方差分析表

	平方和SS	自由度df	方差MS	F统计量	F临界值	P-value	F检验
回归R	7582515973	2	3791257987	296.0559154	3.738891832	3.50774E-12	通过
误差E	179282389.1	14	12805884.93				
总计T	7761798362	16	485112397.7				

回归系数表

自变量名称	回归系数	标准误差	t统计量	t临界值	P-value	区间估计下界	区间估计上界	t检验
截距	25323.3836	2639.812085	9.592873578	2.144786688	1.55927E-07	19661.54978	19661.54978	–
全社会投资	0.133100272	0.026993996	4.930736216	2.144786688	0.000221243	0.075203909	0.075203909	通过
消费品零售总额	0.130950931	0.025098619	5.217455672	2.144786688	0.00013036	0.077119748	0.077119748	通过

图 6.30　遍历子集回归中自变量子集 x_3x_4 回归结果

"数据通"当前版本提供的遍历子集回归功能,备选自变量个数最多为 7 个,自变量子集个数为 127 个。

6.4 Logistic 回归

6.4.1 Logistic 回归模型的分类

线性回归方程的自变量和因变量都是连续变量,这些变量都没有上下界的限制,要求服从正态分布。

有一大类问题,因变量不是连续的正态分布随机变量,而是某个事件是否发生(发生取值为1,不发生取值为0)、事件发生的概率(取值为0—1),或者是某个事件可能出现的若干个分类状态,例如治疗效果“无效/有效/显著”、服务质量评价“差/中/良/优”,等等。与线性回归不同,这些因变量不是连续变量,取值有明确的上下界,且不服从正态分布。线性回归不适用于这一类问题,为此需要建立一种新的回归模型,这种回归模型称为 Logistic 回归模型。Logistic 回归是由英国统计学家戴维·考克斯(David Cox)于 1958 年提出的。英语中 Logistic 有逻辑、后勤、物流等含义,但 Logistic 回归是统计学中的一个专有名词,至今没有对应的中文翻译。不过,有一点可以肯定,它和逻辑、后勤、物流没有关系。

Logistic 回归模型可以从数据样本分组、自变量类型、因变量类型等不同角度进行分类:

(1) 根据数据样本是否分组,Logistic 回归模型有不分组的独立样本数据和分组数据两种类型。

(2) 根据自变量的类型,可以分为数值型自变量、二分类名义变量、有序多分类名义变量和无序多分类名义变量四种类型。

数值型自变量是指自变量可以直接用数值表示,例如年收入 $x_1 = 31.2$ 万元。

二分类名义(categorical)变量是指自变量的值只能用逻辑值 0 或 1 表示。例如,“女性”=0,“男性”=1;“周末”=0,“工作日”=1,等等。逻辑值等于 0 称为这个二分类自变量的对照组。例如,性别二分类变量取值设“女性”=0,则“女性”将作为这个性别二分类变量的对照组,很多分析的结论都是相对于此对照组而言的。

有序多分类名义变量是指属性变量的允许取值为两个以上的水平,并且根据取值的水平高低可以排列成一定的次序。例如,变量“物价涨幅 x”分为“高/中/低”三个水平,则 $x=3$ 表示“高”,$x=2$ 表示“中”,$x=1$ 表示“低”。

无序多分类名义变量是指自变量的允许取值为两个以上,并且不同的取值只有分类的意义,没有优劣、上下、高低之分。例如,“治疗方法”用“A/B/C”表示,就是无序多分类名义变量。无序多分类名义变量的数量化,不能简单地用整数 1、2、3 表示。如果自变量 $x=1$、2、3 分别表示治疗方法 A、B、C,这就默认这三种治疗方法有优劣、高低之分了,这个自变量 x 就不是“无序”的,而是“有序”的。

无序多分类名义变量数量化,需要引入若干个哑变量(dummy variable)表示。例如,“治疗方法”自变量允许取“A/B/C”三个值,就需要引进两个二分类哑变量 $x_1 = 0/1$ 和 $x_2 = 0/1$。治疗方法 A、B、C 用这两个哑变量来表示,如表 6.3 所示。

表 6.3　无序多分类名义变量用哑变量表示

治疗方法	x_1	x_2
A	1	0
B	0	1
C	0	0

其中,两个哑变量的取值都等于 0 的变量,例如“治疗方法 C”,称为无序多分类变量“治疗方法”的对照组。在此对照组下,哑变量 x_1 就对应“治疗方法 A”, 哑变量 x_2 就对应“治疗方法 B”。当然,也可以把 “治疗方法 A”或“治疗方法 B”设置为“治疗方法”的对照组。选择不同的对照组,Logistic 回归的结果会不同。

(3) 根据因变量的取值,可以分为二分类因变量、无序多分类因变量、有序多分类因变量三种类型。

二分类因变量是指因变量取值为“0/1”“True/False”“成功/失败”等非此即彼的两个值。用“0/1”表示二分类因变量,其中“0”或“1”仅仅是逻辑变量的两个值的符号,只表示“男/女”“有/无”“是/否”“对/错”等两种状态,并没有大小、高低、优劣之分。

无序多分类因变量是指因变量可选取两个以上值中的某一个,这些值只是分类的不同,没有大小、高低、优劣、主次之分。例如,颜色“红色/橙色/黄色/绿色”,方向“东/南/西/北”,地域“北京/上海/广州”,等等。

有序多分类因变量是指因变量可选取两个以上值中的某一个,这些值有一定的排列次序。例如,疗效“无效/有效/显效”,评价“不及格/及格/良好/优秀”,意见“非常不同意/不同意/中立/同意/非常同意”,等等。

有序多分类因变量分类的排列次序,应当遵循由小到大、由差到好、由否定到肯定、由消极到积极的次序排列。例如对于疗效,正确的排列应该是“无效/有效/显效”而不是“显效/有效/无效”。将有序多分类因变量分类水平数量化时,应该按这个次序把分类水平转化为升序的数字。例如,把“疗效”的三个水平转换成数字,应该是“无效” =1,“有效” =2,“显效” =3,而不是“无效” =3,“有效” =2,“显效” =1。

以上 Logistic 回归模型,根据因变量的分类,可以用图 6.31 表示。

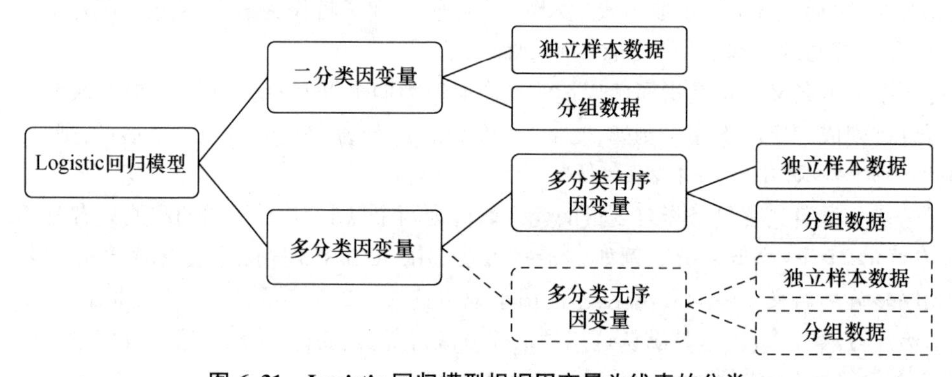

图 6.31　Logistic 回归模型根据因变量为线索的分类

由于在管理问题中,多分类无序因变量的问题比较少见,因此本书对此不做介绍。本书下面讨论以下四种 Logistic 回归模型:① 二分类因变量——独立样本数据;② 二分类因变量——

分组数据;③ 多分类有序因变量——独立样本数据;④ 多分类有序因变量——分组数据。

下面通过不同的 Logistic 回归模型例子,对以上分类加以说明。

例 6.8 哈根达斯推出一种新的冰淇淋产品,这种新产品 30 天的销售记录如表 6.4 所示。为了研究影响这种新产品销售的因素,研究人员选择了"是否周末"和"气温"两个变量为自变量。自变量"是否周末"为 0 表示当天非周末(对照组),为 1 表示当天是周末。因变量"销售状态"为 0 表示当天这种产品未售出,为 1 表示有售出。

表 6.4 冰淇淋销售记录

序号	日期	是否周末	气温(Co)	销售状态	序号	日期	是否周末	气温(Co)	销售状态
1	周四	0	27	0	16	周五	0	28	0
2	周五	0	31	0	17	周六	1	27	0
3	周六	1	36	1	18	周日	1	32	1
4	周日	1	30	1	19	周一	0	26	0
5	周一	0	26	0	20	周二	0	28	0
6	周二	0	37	1	21	周三	0	33	1
7	周三	0	24	0	22	周四	0	37	1
8	周四	0	35	1	23	周五	0	25	0
9	周五	0	26	0	24	周六	1	24	0
10	周六	1	35	1	25	周日	1	23	0
11	周日	1	28	1	26	周一	0	34	1
12	周一	0	25	0	27	周二	0	35	0
13	周二	0	33	0	28	周三	0	38	1
14	周三	0	24	0	29	周四	0	28	0
15	周四	0	31	1	30	周五	1	31	1

表 6.4 中,如果将"销售状态"作为因变量,这个因变量就是二分类变量,0 表示当天无售出,1 表示当天有售出。这个例子中,自变量"是否周末"取值 0/1,也是二分类变量,而"气温"是连续变量。

表 6.4 中每一行的变量值,即每天是否周末、气温和销售状态组成一个独立样本,这样的数据称为独立样本数据。该表中有 30 个独立样本数据。

例 6.9 为了研究家庭年收入和购房概率的关系,研究人员收集了 324 个签订购房意向书的客户的有关数据。这 324 位客户的年收入和最终是否购房的数据如表 6.5 所示。

表 6.5 购房客户家庭年收入和购房行为的关系(局部)

客户编号	家庭年收入(万元)	最终是否购房
1	18	1
2	22	0
3	24	1
4	12	0
5	10	0
…	…	…
322	10	0
323	20	0
324	18	0

设“家庭年收入”为自变量,为连续变量;“最终是否购房”为因变量,取值为1表示最终购房,取值为0表示最终放弃购房,这个因变量是一个二分类变量。表6.5中的数据也是独立样本数据,样本数为324。

根据家庭年收入,将表6.5中的324个客户分为13组,第1组客户的家庭年收入为6万元以下(含6万元),第2组家庭年收入为6万—8万元(不含6万元,含8万元),依次类推。各组意向购房人数、实际购房人数和购房比例如表6.6所示。

表6.6　家庭年收入和购房概率数据

组号	家庭年收入 x(万元)	意向购房人数 n	实际购房人数 m	购房比例 y
1	6	8	2	0.2500
2	8	11	4	0.3636
3	10	19	8	0.4211
4	12	23	10	0.4348
5	14	37	17	0.4595
6	16	45	22	0.4889
7	18	52	27	0.5192
8	20	43	28	0.6512
9	22	36	25	0.6944
10	24	22	17	0.7727
11	26	14	10	0.7143
12	28	9	7	0.7778
13	30	5	4	0.8000
合计		324	181	0.5586

与表6.5不同,表6.6中每一行数据不是一个独立样本而是一些独立样本的组合。这样的数据称为分组数据。分组数据和独立样本数据的不同之处是,每一组分组数据是由多个独立样本数据组合而成的。尽管在表6.6中没有出现因变量为0/1的值,但以上数据的统计基础还是根据“放弃购房/最终购房=0/1”进行统计的,因此因变量仍然是二分类变量。

表6.6第1行组号为1的数据,是一个分组数据。在这一组数据中,意向购房客户为8人。为了叙述方便,不妨将这8个意向购房的客户标记为客户A、客户B、客户C、…、客户G、客户H。实际购房的客户为2人,这2个客户可以在8个意向客户A、B、C、D、E、F、G、H中取2人组合而成,例如,可以是客户A、B,也可以是客户A、C,或者是客户G、H。8个意向购房的客户中最终有2人购房,所有可能的组合数为 C_8^2 种。

如果每个意向购房的独立客户购房的概率为 p,则放弃购房的概率为 $1-p$。8个意向客户中最终有2人购房、6人放弃购房的概率为 $C_8^2p^2(1-p)^6$。一般而论,如果意向购房的 n 个客户中有 m 人最终购房,$n-m$ 人放弃购房的概率为 $C_n^m p^m(1-p)^{n-m}$。

例6.10　为了分析三种不同治疗方法A、B、C的治疗效果,表6.7收集了分别用这三种方法治疗的132名患者的资料。

表 6.7　治疗效果独立样本数据(局部)

患者编号	性别	治疗方法	疗效
1	男	B	显效
2	女	B	无效
3	男	B	有效
4	男	A	显效
5	女	B	无效
6	女	C	无效
7	男	C	无效
8	女	B	显效
…	……	…	……
130	女	C	有效
131	男	C	显效
132	男	C	有效

其中,患者的性别取值为“男/女”,为二分类自变量;三种治疗方法“A/B/C”为多分类无序自变量;疗效分为“无效/有效/显效”三个水平。

本例中因变量“疗效”的三个水平“无效/有效/显效”是有一定排列次序的。如果多分类变量中,两个以上的分类值有一定的排列次序,这样的因变量称为多分类有序因变量。

多分类有序因变量的例子很多,例如成绩“优/良/及格/不及格”、服务水平“满意/一般/不满意”、学历“学士/硕士/博士”,等等。本例中的“疗效”(无效/有效/显效)也是有序多分类因变量。

将“患者性别”设为自变量 x_1,$x_1=0$ 表示男性,$x_1=1$ 表示女性。“治疗方法”为多分类无序自变量,引进两个虚拟自变量 x_2,x_3,如表 6.8 所示。其中,哑变量的设置是将 B 作为自变量“治疗方法”的对照组。哑变量 x_2 和 x_3 就分别对应“治疗方法 A”和“治疗方法 C”。

表 6.8　自变量“治疗方法”用哑变量表示

治疗方法	x_2	x_3
A	1	0
B	0	0
C	0	1

将治疗效果设为因变量 y,$y=1$ 表示“无效”,$y=2$ 表示“有效”,$y=3$ 表示“显效”。将表 6.7 中的数据数量化,得到表 6.9。

表 6.9　数量化的治疗效果独立样本数据(局部)

患者编号	性别	治疗方法		疗效
	x_1	x_2	x_3	y
1	0	0	0	3
2	1	0	0	1
3	0	0	0	2
4	0	1	0	3
5	1	0	0	1

（续表）

患者编号	性别	治疗方法		疗效
	x_1	x_2	x_3	y
6	1	0	1	1
7	0	0	1	1
8	1	0	0	3
…	…	…		…
130	1	0	1	2
131	0	0	1	3
132	0	0	1	2

如果将表6.7的数据按患者性别、治疗方法和疗效汇总统计，得到分组统计数据，如表6.10所示。

表6.10 治疗效果分组数据

组号	性别	治疗方法	疗效	组样本数
1	男	A	无效	5
2	男	A	有效	11
3	男	A	显效	8
4	男	B	无效	4
5	男	B	有效	11
6	男	B	显效	13
7	男	C	无效	7
8	男	C	有效	9
9	男	C	显效	5
10	女	A	无效	6
11	女	A	有效	10
12	女	A	显效	7
13	女	B	无效	5
14	女	B	有效	7
15	女	B	显效	8
16	女	C	无效	6
17	女	C	有效	6
18	女	C	显效	4
合计				132

将表6.10中的自变量“性别”和“治疗方法”以及因变量“疗效”数量化，得到表6.11。

表 6.11　数量化的治疗效果分组数据

组号	性别	治疗方法		疗效	组样本数
i	x_1	x_2	x_3	y	n_i
1	0	1	0	0	5
2	0	1	0	1	11
3	0	1	0	2	8
4	0	0	0	0	4
5	0	0	0	1	11
6	0	0	0	2	13
7	0	0	1	0	7
8	0	0	1	1	9
9	0	0	1	2	5
10	1	1	0	0	6
11	1	1	0	1	10
12	1	1	0	2	7
13	1	0	0	0	5
14	1	0	0	1	7
15	1	0	0	2	8
16	1	0	1	0	6
17	1	0	1	1	6
18	1	0	1	2	4
合计					132

将表 6.9 中“性别”x_1,“治疗方法”哑变量 x_2、x_3 设为自变量,将“治疗效果”y 设为因变量,这是一个多分类有序因变量分组数据的 Logistic 回归模型。

6.4.2 Logistic 函数

Logistic 回归模型是由线性回归模型发展而来的。设有 m 个自变量 $x_1,x_2,\cdots,x_m$,因变量 p 为二分类变量。由于 p 不能直接表达为自变量的线性函数,因此需要一个中间变量作为过渡。先引进一个连续的无上下界的变量 y,表示为自变量 $x_1,x_2,\cdots,x_m$ 的线性函数:

$$y = \beta_0 + \beta_1 x_1 + \cdots + \beta_m x_m$$

Logistic 回归模型的关键是找到一个非线性函数:这个函数把连续变量 y 的值映射到 $(0,1)$ 区间中的二分类值 p:

$$p = f(y), \quad 0 \leqslant p \leqslant 1, \quad -\infty < y < +\infty$$

这个函数 $f(y)$ 应该具有以下特性:当 $y \to -\infty$ 时, $p \to 0$;当 $y \to +\infty$ 时, $p \to 1$。

$p(y)$ 随 y 变化如图 6.32 所示。

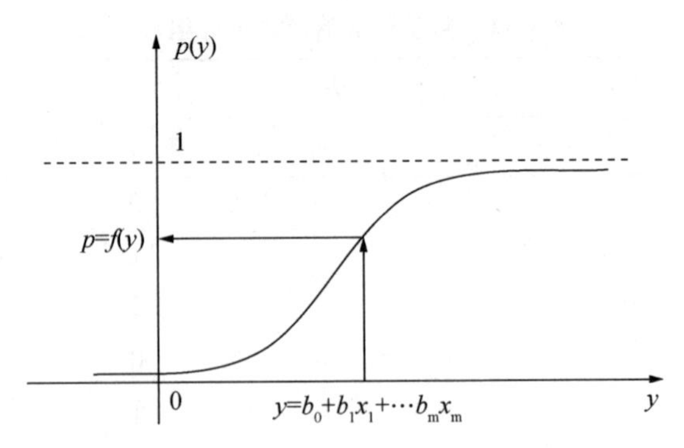

图 6.32　$p(y)$ 随 y 变化的示意图

以下函数正好具备这样的性质：

$$p(y) = \frac{e^y}{1+e^y} \tag{6.19}$$

函数 $p(y)$ 称为 Logistic 函数。容易验证：

当 $y \to -\infty$ 时，

$$e^y \to 0,\quad p(y) = \frac{e^y}{1+e^y} \to \frac{0}{1+0} = 0$$

当 $y \to +\infty$ 时，

$$e^y \to +\infty,\quad \frac{1}{e^y} \to 0,\quad p(y) = \frac{e^y}{1+e^y} = \frac{1}{\frac{1}{e^y}+1} \to \frac{1}{0+1} = 1$$

将线性回归的因变量 $y = b_0 + b_1x_1 + \cdots + b_mx_m$ 代入式(6.19)，得到二分类因变量 p 关于自变量 $x_1, x_2, \cdots, x_m$ 的 Logistic 回归的方程：

$$p = \frac{e^y}{1+e^y} = \frac{e^{b_0+b_1x_1+\cdots+b_mx_m}}{1+e^{b_0+b_1x_1+\cdots+b_mx_m}} \tag{6.20}$$

这是一个关于自变量 $x_1, x_2, \cdots, x_m$ 的非线性方程，其中因变量 p 是事件发生的概率。事件不发生的概率 $1-p$ 为：

$$1-p = 1 - \frac{e^y}{1+e^y} = \frac{1}{1+e^y} = \frac{1}{1+e^{b_0+b_1x_1+\cdots+b_mx_m}} \tag{6.21}$$

事件发生的概率 p 与事件不发生的概率 $1-p$ 之比 $\frac{p}{1-p}$ 称为优势比(odds ratio，简称 OR)。由于事件发生的概率是事件发生的频数和事件总数之比，事件不发生的概率是事件不发生的频数和事件总数之比，即 $\frac{p}{1-p}$ 中的分子 p 和分母 $1-p$ 本身都是比数，因此有的文献也把优势比称为比数比。

将 $p = \frac{e^y}{1+e^y}$ 和 $1-p = 1-\frac{e^y}{1+e^y} = \frac{1}{1+e^y}$ 代入，得到

$$\text{OR} = \frac{p}{1-p} = \frac{\frac{e^y}{1+e^y}}{\frac{1}{1+e^y}} = e^y = e^{b_0+b_1x_1+\cdots+b_mx_m} \tag{6.22}$$

优势比 OR 在 Logistic 回归模型的分析和应用中有非常重要的作用，本书将在后面结合算例加以说明。

式(6.22)两边取以 e 为底的自然对数，得到：

$$\ln\left(\frac{p}{1-p}\right)=\ln e^{b_0+b_1x_1+\cdots b_mx_m}=b_0+b_1x_1+\cdots+b_mx_m$$

即

$$\ln\left(\frac{p}{1-p}\right)=b_0+b_1x_1+\cdots+b_mx_m \tag{6.23}$$

令 $y=\ln\left(\frac{p}{1-p}\right)$，得到

$$y=b_0+b_1x_1+\cdots+b_mx_m \tag{6.24}$$

由式(6.23)和式(6.24)可知，只要把因变量 p（概率）进行 $y=\ln\left(\frac{p}{1-p}\right)$ 的变换，新的因变量 y 和自变量 $x_1,x_2,\cdots,x_m$ 就变成一个线性回归方程。我们把下式称为 Logit 变换：

$$y=\ln\left(\frac{p}{1-p}\right) \tag{6.25}$$

Logit 变换 $y=b_0+b_1x_1+\cdots+b_mx_m=\ln\left(\frac{p}{1-p}\right)$ 实际上就是 Logistic 函数 $p=\frac{e^y}{1+e^y}=\frac{e^{b_0+b_1x_1+\cdots+b_mx_m}}{1+e^{b_0+b_1x_1+\cdots+b_mx_m}}$ 的反函数，Logit 变换则将概率 p 转换成线性回归方程，而 Logistic 函数把线性回归方程 y 转换成概率 p。

6.4.3 极大似然估计

由于线性回归中因变量是无上下界的连续变量，服从正态分布，参数估计用的是最小二乘估计，在第 6.2.2 节中介绍了最小二乘法估计的原理和方法。但 Logistic 回归中的因变量是概率，期望值位于 0—1 之间，并不服从正态分布，因此 Logistic 回归的参数估计不能用最小二乘法估计而要用“极大似然估计”。

为了了解极大似然估计的基本思想，先看下面一个例子。

例 6.11 仍以哈根达斯销售新的冰淇淋产品为例，设两周（14 天）中每天售出的概率为 p，则未售出的概率为 $1-p$。根据表 6.12 的数据，求这种新产品售出的概率 p。

表 6.12 冰淇淋产品两周销售记录

序号	日期	是否假日	气温	是否销售 y_t	概率
1	周四	0	27	0	$1-p$
2	周五	0	31	0	$1-p$
3	周六	1	36	1	p
4	周日	1	30	1	p
5	周一	0	26	0	$1-p$
6	周二	0	37	1	p
7	周三	0	24	0	$1-p$

（续表）

序号	日期	是否假日	气温	是否销售 y_t	概率
8	周四	0	35	1	p
9	周五	0	26	0	$1-p$
10	周六	1	35	1	p
11	周日	1	28	0	$1-p$
12	周一	0	25	0	$1-p$
13	周二	0	33	1	p
14	周三	0	24	0	$1-p$

把这种产品第 t 天（$t=1,2,\cdots,14$）是否售出设为一个随机变量 y_t，$y_t=0$ 或 1，服从贝努里分布。设随机变量 y_t 的期望值为 p_t，y_t 的概率分布函数为：

$$f(y_t) = \begin{cases} p_t & y_t = 1 \\ 1-p_t & y_t = 0 \end{cases} \tag{6.26}$$

为了便于数学处理，将以上概率分布写成一个统一的表达式：

$$f(y_t) = p_t^{y_t}(1-p_t)^{1-y_t}, \quad y_t = 0,1 \quad t = 1,2,\cdots,14 \tag{6.27}$$

容易验证，虽然式（6.26）和式（6.27）的表达方法不同，但是结果完全一致。在式（6.27）中，当 $y_t=1$ 时，$f(y_t)=p_t^1(1-p_t)^0=p_t$；当 $y_t=0$ 时，$f(y_t)=p_t^0(1-p_t)^1=1-p_t$。

由于随机变量 y_t（$t=1,2,\cdots,14$）是互相独立的，因此这 14 天售出的联合分布为每天售出概率分布的乘积：

$$L = \prod_{t=1}^{14} f(y_t) = \prod_{t=1}^{14} p_t^{y_t}(1-p_t)^{1-y_t} \tag{6.28}$$

以上联合分布概率 L 称为似然函数，L 是似然的英文"Likelihood"的第一个字母。

所谓联合分布概率，就是把表 6.12 中两周（14 天）的销售状况整体作为一个事件，这个事件出现的概率。销售概率 p_t 变化，会引起以上联合分布概率发生变化。由式（6.28）可知，当 p_t（$t=1,2,\cdots,14$）非常接近 0 或非常接近 1 时，联合分布概率都会很小。

我们知道，小概率事件在一次抽样中是很难出现的。由此推断，以上 14 天的销售状况，既然能在一次抽样中出现，一定是联合分布概率很大的一种情况。将式（6.28）联合分布概率称为似然函数。求使似然函数 L 极大化的售出概率 p_t（$t=1,2,\cdots,14$）相应的值，应该比较符合实际情况。

假设每天销售成功的概率的均值相同，设为 p，根据表 6.12 中"是否销售 y_t"列中的值，式（6.28）似然函数为：

$$\begin{aligned} L &= \prod_{t=1}^{14} p^{y_t}(1-p)^{1-y_t} \\ &= (1-p)(1-p)pp(1-p)p(1-p)p(1-p)p(1-p)(1-p)p(1-p) \\ &= p^6(1-p)^8 \end{aligned} \tag{6.29}$$

似然函数 L 对 p 值求一阶导数，并使得一阶导数等于 0：

$$\begin{aligned} \frac{dL}{dp} &= \frac{dp^6}{dp}(1-p)^8 + p^6\frac{d(1-p)^8}{dp} \\ &= 6p^5(1-p)^8 - p^6 \cdot 8(1-p)^7 \end{aligned}$$

$$= 2p^5(1-p)^7[3(1-p)-4p]$$
$$= 2p^5(1-p)^7(3-7p) = 0 \tag{6.30}$$

方程(6.30)有三个解:$p=0$,$p=1$ 和 $p=3/7$。舍去不合理的解 $p=0$ 和 $p=1$,得到联合分布函数(6.29)的极值点 $p=3/7$。为了验证 $p=3/7$ 是否是联合分布函数 $L(y_1,y_2,\cdots,y_{14})$ 的极大值,计算 $L(y_1,y_2,\cdots,y_{14})$ 对 p 值的二阶导数:

$$\frac{d^2L}{dp^2} = \frac{d[2p^5(1-p)^7(3-7p)]}{dp}$$
$$= 10p^4(1-p)^7(3-7p) - 14p^5(1-p)^6(3-7p) - 14p^5(1-p)^7$$

容易验证,当 $p=3/7$ 时,以上二阶导数的值为:

$$\left.\frac{d^2L}{dp^2}\right|_{p=3/7} = 0 - 0 - 14 \times \left(\frac{3}{7}\right)^5\left(1-\frac{3}{7}\right)^7 = -14 \times \left(\frac{3}{7}\right)^5\left(\frac{4}{7}\right)^7 < 0$$

根据微积分原理,使得一个函数一阶导数等于0、二阶导数小于0的值,是这个函数的(局部)极大值。因此,$p=3/7$ 确实是联合分布函数的极大值点。也就是说,哈根达斯冰淇淋的这种新产品每天售出的概率为 $p=3/7$,无售出的概率为 $1-p=1-3/7=4/7$。

构造事件的联合分布函数,用联合分布函数极大化来估计概率分布参数的方法,称为极大似然估计。极大似然估计不需要变量为连续变量,也不需要变量服从正态分布的假设,因此可用于 Logistic 回归模型的参数估计。

6.4.4 牛顿-拉斐森迭代算法

如前所述,当因变量为二分类变量时,对一次抽样获得的数据,计算所有样本的联合分布概率,并使得联合分布概率极大化,以此来确定 Logistic 回归模型的待定参数,这样的参数估计方法称为极大似然估计(maximum likelihood estimate, MLE),所有样本的联合分布概率称为似然函数。

对一般的 Logistic 回归模型,用极大似然估计计算模型参数的牛顿-拉斐森(Newton-Raphson)迭代算法描述如下:

步骤0,设 Logistic 回归模型的自变量为 $x_1,x_2,\cdots,x_m$,因变量 p 为发生的概率。Logistic 回归方程为:

$$p = \frac{e^{b_0+b_1x_1+\cdots+b_mx_m}}{1+e^{b_0+b_1x_1+\cdots+b_mx_m}}$$

其中,b_0 为回归常数, $b_1,b_2,\cdots,b_m$ 分别为待定的自变量 $x_1,x_2,\cdots,x_m$ 的回归系数。

步骤1,获取自变量 $x_1,x_2,\cdots,x_m$ 和因变量 p 的 n 组样本数据。

样本序号	自变量样本				因变量样本
1	x_{11}	x_{12}	…	x_{1k}	p_1
2	x_{21}	x_{22}	…	x_{2k}	p_2
…	…	…	…	…	…
n	x_{n1}	x_{2n}	…	x_{nk}	p_n

步骤2,计算所有样本的联合分布概率即似然函数。由于所有的样本都是独立的,因此样本的联合分布概率就是所有样本发生概率的乘积。

$$L(b_0,b_1,\cdots,b_k) = \prod_{i=1}^{n} p_i$$

似然函数中包含自变量和因变量的样本数据以及 $m+1$ 个待定回归系数 $b_0, b_1, b_2, \cdots, b_m$。

上式两边取自然对数,记:

$$LL(b_0,b_1,\cdots,b_k) = \ln L(b_0,b_1,\cdots,b_k)$$

LL 表示对数似然值,其中第一个 L 是对数(Logarithm)的缩写,第二个 L 是似然值(Likelihood)的缩写,则

$$LL(b_0,b_1,\cdots,b_k) = \ln L(b_0,b_1,\cdots,b_k) = \ln\prod_{i=1}^{n} p_i = \sum_{i=1}^{n} \ln p_i$$

步骤3,对数似然函数 $LL(b_0,b_1,\cdots,b_k)$ 分别对待定的回归系数求一阶偏导数,并使所有一阶偏导数等于0。

$$\begin{cases} \dfrac{\partial LL(b_0,b_1,\cdots,b_m)}{\partial b_0} = 0 \\ \dfrac{\partial LL(b_0,b_1,\cdots,b_m)}{\partial b_1} = 0 \\ \cdots \\ \dfrac{\partial LL(b_0,b_1,\cdots,b_m)}{\partial b_m} = 0 \end{cases}$$

由于以上方程组是非线性方程组,待定参数 $b_0, b_1, b_2, \cdots, b_m$ 无法从上述方程组中直接解出,因此只能用迭代的方法得到待定回归系数 $b_0, b_1, b_2, \cdots, b_m$。

步骤4,取待定回归系数 $b_0, b_1, b_2, \cdots, b_m$ 的一组初始值 $b_0^{(0)}, b_1^{(0)}, b_2^{(0)}, \cdots, b_m^{(0)}$,例如 $b_0^{(0)} = b_1^{(0)} =, \cdots, = b_m^{(0)} = 0$。将此初始值和样本数据代入对数似然函数对待定回归系数的一阶导数的表达式,得到对数似然函数一阶导数的初始值:

$$\begin{cases} \left.\dfrac{\partial LL(b_0,b_1,\cdots,b_m)}{\partial b_0}\right|_{b_0^{(0)},b_1^{(0)},\cdots,b_m^{(0)}} = d_0^{(0)} \\ \left.\dfrac{\partial LL(b_0,b_1,\cdots,b_m)}{\partial b_1}\right|_{b_0^{(0)},b_1^{(0)},\cdots,b_m^{(0)}} = d_1^{(0)} \\ \cdots \\ \left.\dfrac{\partial LL(b_0,b_1,\cdots,b_m)}{\partial b_k}\right|_{b_0^{(0)},b_1^{(0)},\cdots,b_m^{(0)}} = d_m^{(0)} \end{cases}$$

对数似然函数 $LL(b_0,b_1,\cdots,b_k)$ 分别对待定的回归系数求二阶偏导数,将二阶偏导数的值构造 $(k+1)\times(k+1)$ 阶 Hessian 矩阵,并将回归系数 $b_0, b_1, b_2, \cdots, b_m$ 的一组初始值 $b_0^{(0)}, b_1^{(0)}, b_2^{(0)}, \cdots, b_m^{(0)}$ 以及样本数据代入 Hessian 矩阵表达式,得到初始的 Hessian 矩阵值,其中上标(0)表示迭代次数:

$$H(b_0,b_1,b_2,\cdots,b_k) = \begin{bmatrix} h_{00}^{(0)} & h_{01}^{(0)} & \cdots & h_{0m}^{(0)} \\ h_{10}^{(0)} & h_{11}^{(0)} & \cdots & h_{1m}^{(0)} \\ \cdots & \cdots & \cdots & \cdots \\ h_{m0}^{(0)} & h_{m1}^{(0)} & \cdots & h_{mm}^{(0)} \end{bmatrix} = -\begin{bmatrix} \frac{\partial^2 LL}{\partial b_0 \partial b_0} & \frac{\partial^2 LL}{\partial b_0 \partial b_0} & \cdots & \frac{\partial^2 LL}{\partial b_0 \partial b_0} \\ \frac{\partial^2 LL}{\partial b_0 \partial b_0} & \frac{\partial^2 LL}{\partial b_0 \partial b_0} & \cdots & \frac{\partial^2 LL}{\partial b_0 \partial b_0} \\ \cdots & \cdots & \cdots & \cdots \\ \frac{\partial^2 LL}{\partial b_0 \partial b_0} & \frac{\partial^2 LL}{\partial b_0 \partial b_0} & \cdots & \frac{\partial^2 LL}{\partial b_0 \partial b_0} \end{bmatrix}_{b_0^{(0)},b_1^{(0)},\cdots,b_m^{(0)}}$$

将 Hessian 矩阵初始值的逆矩阵和一阶导数初始值相乘,得到回归系数的增量:

$$\begin{bmatrix} \Delta b_0^{(0)} \\ \Delta b_1^{(0)} \\ \cdots \\ \Delta b_m^{(0)} \end{bmatrix} = \begin{bmatrix} h_{00}^{(0)} & h_{01}^{(0)} & \cdots & h_{0m}^{(0)} \\ h_{10}^{(0)} & h_{11}^{(0)} & \cdots & h_{1m}^{(0)} \\ \cdots & \cdots & \cdots & \cdots \\ h_{m0}^{(0)} & h_{m1}^{(0)} & \cdots & h_{mm}^{(0)} \end{bmatrix}^{-1} \begin{bmatrix} d_0^{(0)} \\ d_1^{(0)} \\ \cdots \\ d_m^{(0)} \end{bmatrix}$$

回归系数 $b_0,b_1,b_2,\cdots,b_m$ 的初始值 $\begin{bmatrix} b_0^{(0)} \\ b_1^{(0)} \\ \cdots \\ b_m^{(0)} \end{bmatrix}$ 加上回归系数的增量 $\begin{bmatrix} \Delta b_0^{(0)} \\ \Delta b_1^{(0)} \\ \cdots \\ \Delta b_m^{(0)} \end{bmatrix}$,得到第 1 次迭代后的回归系数 $b_0,b_1,b_2,\cdots,b_m$ 的值,其中上标(1)表示第 1 次迭代后的值:

$$\begin{bmatrix} b_0^{(1)} \\ b_1^{(1)} \\ \cdots \\ b_m^{(1)} \end{bmatrix} = \begin{bmatrix} b_0^{(0)} \\ b_1^{(0)} \\ \cdots \\ b_m^{(0)} \end{bmatrix} + \begin{bmatrix} \Delta b_0^{(0)} \\ \Delta b_1^{(0)} \\ \cdots \\ \Delta b_m^{(0)} \end{bmatrix}$$

重复步骤 4,用回归系数第 1 次迭代后的值 $\begin{bmatrix} b_0^{(1)} \\ b_1^{(1)} \\ \cdots \\ b_m^{(1)} \end{bmatrix}$ 分别更新对数似然函数一阶导数的值:

$$\begin{cases} \left.\dfrac{\partial LL(b_0,b_1,\cdots,b_m)}{\partial b_0}\right|_{b_0^{(1)},b_1^{(1)},\cdots,b_m^{(1)}} = d_0^{(1)} \\ \left.\dfrac{\partial LL(b_0,b_1,\cdots,b_m)}{\partial b_1}\right|_{b_0^{(1)},b_1^{(1)},\cdots,b_m^{(1)}} = d_1^{(1)} \\ \cdots \\ \left.\dfrac{\partial LL(b_0,b_1,\cdots,b_m)}{\partial b_k}\right|_{h_0^{(1)},h_1^{(1)},\cdots,h_m^{(1)}} = d_m^{(1)} \end{cases}$$

和 Hessian 矩阵的值:

$$H(b_0,b_1,b_2,\cdots,b_k)=\begin{bmatrix}h_{00}^{(1)} & h_{01}^{(1)} & \cdots & h_{0m}^{(1)}\\ h_{10}^{(1)} & h_{11}^{(1)} & \cdots & h_{1m}^{(1)}\\ \cdots & \cdots & \cdots & \cdots\\ h_{m0}^{(1)} & h_{m1}^{(1)} & \cdots & h_{mm}^{(1)}\end{bmatrix}=-\begin{bmatrix}\frac{\partial^2 LL}{\partial b_0\partial b_0} & \frac{\partial^2 LL}{\partial b_0\partial b_0} & \cdots & \frac{\partial^2 LL}{\partial b_0\partial b_0}\\ \frac{\partial^2 LL}{\partial b_0\partial b_0} & \frac{\partial^2 LL}{\partial b_0\partial b_0} & \cdots & \frac{\partial^2 LL}{\partial b_0\partial b_0}\\ \cdots & \cdots & \cdots & \cdots\\ \frac{\partial^2 LL}{\partial b_0\partial b_0} & \frac{\partial^2 LL}{\partial b_0\partial b_0} & \cdots & \frac{\partial^2 LL}{\partial b_0\partial b_0}\end{bmatrix}_{b_0^{(1)},b_1^{(1)},\cdots,b_m^{(1)}}$$

并将更新后的 Hessian 矩阵的逆矩阵和对数似然函数一阶导数相乘，得到回归系数的新的增量：

$$\begin{bmatrix}\Delta b_0^{(1)}\\ \Delta b_1^{(1)}\\ \cdots\\ \Delta b_m^{(1)}\end{bmatrix}=\begin{bmatrix}h_{00}^{(1)} & h_{01}^{(1)} & \cdots & h_{0m}^{(1)}\\ h_{10}^{(1)} & h_{11}^{(1)} & \cdots & h_{1m}^{(1)}\\ \cdots & \cdots & \cdots & \cdots\\ h_{m0}^{(1)} & h_{m1}^{(1)} & \cdots & h_{mm}^{(1)}\end{bmatrix}^{-1}\begin{bmatrix}d_0^{(1)}\\ d_1^{(1)}\\ \cdots\\ d_m^{(1)}\end{bmatrix}$$

用回归系数和回归系数增量更新后的值，计算回归系数第 2 次迭代后的估计值：

$$\begin{bmatrix}b_0^{(2)}\\ b_1^{(2)}\\ \cdots\\ b_m^{(2)}\end{bmatrix}=\begin{bmatrix}b_0^{(1)}\\ b_1^{(1)}\\ \cdots\\ b_m^{(1)}\end{bmatrix}+\begin{bmatrix}\Delta b_0^{(1)}\\ \Delta b_1^{(1)}\\ \cdots\\ \Delta b_m^{(1)}\end{bmatrix}$$

…

反复执行步骤 4，直到第 $t-1$ 次迭代。当回归系数增量的绝对值中最大的一个小于事先给定的误差 δ，即 $\max\limits_{1\leqslant i\leqslant n}\{|\Delta b_i^{(t-1)}|\}<\delta$ 时，最后一次更新回归系数。其中上标 $(t-1)$ 和 (t) 分别表示第 $t-1$ 次和 t 次迭代后的值：

$$\begin{bmatrix}b_0^{(t)}\\ b_1^{(t)}\\ \cdots\\ b_m^{(t)}\end{bmatrix}=\begin{bmatrix}b_0^{(t-1)}\\ b_1^{(t-1)}\\ \cdots\\ b_m^{(t-1)}\end{bmatrix}+\begin{bmatrix}\Delta b_0^{(t-1)}\\ \Delta b_1^{(t-1)}\\ \cdots\\ \Delta b_m^{(t-1)}\end{bmatrix}$$

最后得到的回归系数 $b_0^{(t)}$，$b_1^{(t)}$，$b_2^{(t)}$，…，$b_m^{(t)}$ 就是 Logistic 回归模型回归系数的估计值。

6.4.5 极大似然估计和似然函数

下面以二分类因变量独立样本 Logistic 回归模型为例，说明极大似然估计算法的流程。

设有 m 个自变量 $x_1,x_2,\cdots,x_m$，因变量 y 为二分类变量，即取值仅为 0 或 1。自变量和因变量都有 n 个观测值，如表 6.13 所示。

表 6.13　二分类因变量独立样本 Logistic 回归模型的自变量和因变量的观测值

序号	自变量 x_1	自变量 x_2	…	自变量 x_j	…	自变量 x_m	因变量 y
1	x_{11}	x_{12}	…	x_{1j}	…	x_{1m}	y_1
2	x_{11}	x_{22}	…	x_{2j}	…	x_{2m}	y_2
…							
i	x_{i1}	x_{i2}		x_{ij}		x_{im}	y_i
…		…	…	…	…	…	…
n	x_{n1}	x_{n2}	…	x_{nj}	…	x_{nm}	y_n

表6.13中因变量 $y_i(i=1,2,\cdots,n)$ 服从贝努里分布，即 $y_i=0$ 或1。设随机变量 y_i 的期望值为 p_i，y_i 的概率分布函数为：

$$f(y_i)=\begin{cases}p_i & y_i=1\\1-p_i & y_i=0\end{cases}\tag{6.31}$$

为了便于数学处理，将以上概率分布写成一个统一的表达式：

$$f(y_i)=p_i^{y_i}(1-p_i)^{1-y_i}\quad y_i=0,1,\quad i=1,2,\cdots,n\tag{6.32}$$

由于 $y_i(i=1,2,\cdots,n)$ 是互相独立的，因此 n 个因变量观测值的联合分布为每个概率分布的乘积：

$$L=\prod_{i=1}^{n}f(y_i)=\prod_{i=1}^{n}p_i^{y_i}(1-p_i)^{1-y_i}\tag{6.33}$$

每一个随机变量 y_i 的概率 p_i 变化，都会引起以上似然函数值 L 的变化。容易看出，当 $p_i(i=1,2,\cdots,n)$ 非常接近0或非常接近1时，以上似然函数值 L 都会很小，小概率事件在实际中很难出现。由此推断，以上观测值能在一次抽样中出现，似然函数值 L 一定很大。选取似然函数中的待定参数，使得似然函数值极大化，这样选定的参数值应该很接近这些参数的总体均值。这就是极大似然估计的原理。

设回归方程的常数项为 b_0，自变量 $x_1,x_2,\cdots,x_m$ 的系数分别为 $b_1,b_2,\cdots,b_m$，因变量第 i 个观测值概率为 p_i，p_i 的 Logistic 表达式为：

$$p_i=\frac{e^{b_0+b_1x_{i1}+b_2x_{i2}+\cdots+b_mx_{im}}}{1+e^{b_0+b_1x_{i1}+b_2x_{i2}+\cdots+b_mx_{im}}}=\frac{e^{b_0+b^Tx_i}}{1+e^{b_0+b^Tx_i}}\tag{6.34}$$

式(6.34)中 $b_0,b_1,\cdots,b_m$ 为待定常数，$x_{ij}(i=0,1,2,\cdots,n,\ j=1,2,\cdots,m)$ 为观测数据。似然函数为：

$$L(b_0,b_1,\cdots,b_m)=\prod_{i=1}^{n}f(y_i)=\prod_{i=1}^{n}p_i^{y_i}(1-p_i)^{1-y_i}\tag{6.35}$$

式(6.35)两边取自然对数，记 $LL(b_0,b_1,\cdots,b_m)=\ln L(b_0,b_1,\cdots,b_m)$，则有：

$$LL(b_0,b_1,\cdots,b_m)=\ln L(b_0,b_1,\cdots,b_m)=\sum_{i=1}^{n}[y_i\ln p_i+(1-y_i)\ln(1-p_i)]$$

$$= \sum_{i=1}^{n}\left[y_i \ln\frac{p_i}{1-p_i} + \ln(1-p_i)\right] \tag{6.36}$$

将 $\ln\left(\frac{p_i}{1-p_i}\right) = b_0x_{i0} + b_1x_{i1} + \cdots + b_mx_{im}$ 和 $p_i = \frac{e^{b_0x_{i0}+b_1x_{i1}+\cdots+b_mx_{im}}}{1+e^{b_0x_{i0}+b_1x_{i1}+\cdots+b_mx_{im}}}$ 代入式(6.36),得到:

$$LL(b_0,b_1,\cdots,b_m) = \ln L(b_0,b_1,\cdots,b_m) = \sum_{i=1}^{n}\left[y_i\ln\frac{p_i}{1-p_i} + \ln(1-p_i)\right]$$

$$= \sum_{i=1}^{n}\left[y_i(b_0x_{i0}+b_1x_{i1}+\cdots+b_mx_{im}) + \ln\left(1 - \frac{e^{b_0x_{i0}+b_1x_{i1}+\cdots+b_mx_{im}}}{1+e^{b_0x_{i0}+b_1x_{i1}+\cdots+b_mx_{im}}}\right)\right]$$

$$= \sum_{i=1}^{n}\left[y_i(b_0x_{i0}+b_1x_{i1}+\cdots+b_mx_{im}) + \ln\frac{1}{1+e^{b_0x_{i0}+b_1x_{i1}+\cdots+b_mx_{im}}}\right]$$

$$= \sum_{i=1}^{n}\left[y_i(b_0x_{i0}+b_1x_{i1}+\cdots+b_mx_{im}) - \ln(1+e^{b_0x_{i0}+b_1x_{i1}+\cdots+b_mx_{im}})\right] \tag{6.37}$$

式(6.37)就是对数似然函数。

对数似然函数(6.37)分别对待定常数 $b_0,b_1,\cdots,b_m$ 求一阶偏导数,并令这些一阶偏导数等于0:

$$\frac{\partial LL(b_0,b_1,\cdots,b_m)}{\partial b_0} = \sum_{i=1}^{n}\left(x_{i0}\left(y_i - \frac{e^{b_0x_{i0}+b_1x_{i1}+\cdots+b_mx_{im}}}{1+e^{b_0x_{i0}+b_1x_{i1}+\cdots+b_mx_{im}}}\right)\right) = 0$$

$$\frac{\partial LL(b_0,b_1,\cdots,b_m)}{\partial b_1} = \sum_{i=1}^{n}\left(x_{i1}\left(y_i - \frac{e^{b_0x_{i0}+b_1x_{i1}+\cdots+b_mx_{im}}}{1+e^{b_0x_{i0}+b_1x_{i1}+\cdots+b_mx_{im}}}\right)\right) = 0$$

$\cdots$

$$\frac{\partial LL(b_0,b_1,\cdots,b_m)}{\partial b_m} = \sum_{i=1}^{n}\left(x_{im}\left(y_i - \frac{e^{b_0x_{i0}+b_1x_{i1}+\cdots+b_mx_{im}}}{1+e^{b_0x_{i0}+b_1x_{i1}+\cdots+b_mx_{im}}}\right)\right) = 0 \tag{6.38}$$

从理论上讲,由以上 $m+1$ 个方程,就可以解出回归系数 $b_0,b_1,\cdots,b_m$ 的值。可是,由于方程(6.38)是关于回归系数 $b_0,b_1,\cdots,b_m$ 的非线性方程组,无法直接求解 $b_0,b_1,\cdots,b_m$ 的值,因此只能采用如下的迭代算法:

首先,任意给定回归系数 $b_0,b_1,\cdots,b_m$ 的一组初始值 $b_0^{(0)},b_1^{(0)},\cdots,b_m^{(0)}$,例如 $b_0^{(0)} = b_1^{(0)} =, \cdots, = b_m^{(0)} = 0$,代入方程组(6.38)计算 $m+1$ 个方程左边的值,记为 $d_0^{(0)},d_1^{(0)},\cdots,d_m^{(0)}$:

$$\frac{\partial LL(b_0,b_1,\cdots,b_m)}{\partial b_0} = \sum_{i=1}^{n}\left(x_{i0}\left(y_i - \frac{e^{b_0^{(0)}x_{i0}+b_1^{(0)}x_{i1}+\cdots+b_m^{(0)}x_{im}}}{1+e^{b_0^{(0)}x_{i0}+b_1^{(0)}x_{i1}+\cdots+b_m^{(0)}x_{im}}}\right)\right) = d_0^{(0)}$$

$$\frac{\partial LL(b_0,b_1,\cdots,b_m)}{\partial b_1} = \sum_{i=1}^{n}\left(x_{i1}\left(y_i - \frac{e^{b_0^{(0)}x_{i0}+b_1^{(0)}x_{i1}+\cdots+b_m^{(0)}x_{im}}}{1+e^{b_0^{(0)}x_{i0}+b_1^{(0)}x_{i1}+\cdots+b_m^{(0)}x_{im}}}\right)\right) = d_1^{(0)}$$

$\cdots$

$$\frac{\partial LL(b_0,b_1,\cdots,b_m)}{\partial b_m} = \sum_{i=1}^{n}\left(x_{im}\left(y_i - \frac{e^{b_0^{(0)}x_{i0}+b_1^{(0)}x_{i1}+\cdots+b_m^{(0)}x_{im}}}{1+e^{b_0^{(0)}x_{i0}+b_1^{(0)}x_{i1}+\cdots+b_m^{(0)}x_{im}}}\right)\right) = d_m^{(0)} \tag{6.39}$$

用方程(6.39)中的一阶偏导数的值构造一个 $m+1$ 维初始列向量:

$$
\boldsymbol{D}(b_0^{(0)}, b_1^{(0)}, \cdots, b_m^{(0)}) = \begin{bmatrix} d_0^{(0)} \\ d_1^{(0)} \\ \cdots \\ d_m^{(0)} \end{bmatrix} \tag{6.40}
$$

其中,上标(0)表示初始值,即第0次迭代值。

对数似然函数(6.37)分别对待定常数 $b_0, b_1, \cdots, b_m$ 求二阶偏导数:

$$
\begin{aligned}
&\frac{\partial LL(b_0, b_1, \cdots, b_m)}{\partial b_0^2} = -\sum_{i=1}^{n} \frac{x_{i0}^2 \mathrm{e}^{b_0 x_{i0} + b_1 x_{i1} + \cdots + b_m x_{im}}}{(1 + \mathrm{e}^{b_0 x_{i0} + b_1 x_{i1} + \cdots + b_m x_{im}})^2} \\
&\frac{\partial LL(b_0, b_1, \cdots, b_m)}{\partial b_0 \partial b_1} = -\sum_{i-1}^{n} \frac{x_{i0} x_{i1} \mathrm{e}^{b_0 x_{i0} + b_1 x_{i1} + \cdots + b_m x_{im}}}{(1 + \mathrm{e}^{b_0 x_{i0} + b_1 x_{i1} + \cdots + b_m x_{im}})^2} \\
&\cdots \\
&\frac{\partial LL(b_0, b_1, \cdots, b_m)}{\partial b_r \partial b_s} = -\sum_{i=1}^{n} \frac{x_{ir} x_{is} \mathrm{e}^{b_0 x_{i0} + b_1 x_{i1} + \cdots + b_m x_{im}}}{(1 + \mathrm{e}^{b_0 x_{i0} + b_1 x_{i1} + \cdots + b_m x_{im}})^2} \\
&\frac{\partial LL(b_0, b_1, \cdots, b_m)}{\partial b_m^2} = -\sum_{i=1}^{n} \frac{x_{im}^2 \mathrm{e}^{b_0 x_{i0} + b_1 x_{i1} + \cdots + b_m x_{im}}}{(1 + \mathrm{e}^{b_0 x_{i0} + b_1 x_{i1} + \cdots + b_m x_{im}})^2}
\end{aligned} \tag{6.41}
$$

将回归系数 $b_0, b_1, \cdots, b_m$ 的初始值 $b_0^{(0)}, b_1^{(0)}, \cdots, b_m^{(0)}$ 代入方程组(6.41),计算二阶偏导数的值:

$$
\begin{aligned}
&\frac{\partial LL(b_0, b_1, \cdots, b_m)}{\partial b_0^2} = -\sum_{i=1}^{n} \frac{x_{i0}^2 \mathrm{e}^{b_0^{(0)} x_{i0} + b_1^{(0)} x_{i1} + \cdots + b_m^{(0)} x_{im}}}{(1 + \mathrm{e}^{b_0^{(0)} x_{i0} + b_1^{(0)} x_{i1} + \cdots + b_m^{(0)} x_{im}})^2} = h_{00}^{(0)} \\
&\frac{\partial LL(b_0, b_1, \cdots, b_m)}{\partial b_0 \partial b_1} = -\sum_{i=1}^{n} \frac{x_{i0} x_{i1} \mathrm{e}^{b_0^{(0)} x_{i0} + b_1^{(0)} x_{i1} + \cdots + b_m^{(0)} x_{im}}}{(1 + \mathrm{e}^{b_0^{(0)} x_{i0} + b_1^{(0)} x_{i1} + \cdots + b_m^{(0)} x_{im}})^2} = h_{01}^{(0)} \\
&\cdots \\
&\frac{\partial LL(b_0, b_1, \cdots, b_m)}{\partial b_r \partial b_s} = -\sum_{i=1}^{n} \frac{x_{ir} x_{is} \mathrm{e}^{b_0^{(0)} x_{i0} + b_1^{(0)} x_{i1} + \cdots + b_m^{(0)} x_{im}}}{(1 + \mathrm{e}^{b_0^{(0)} x_{i0} + b_1^{(0)} x_{i1} + \cdots + b_m^{(0)} x_{im}})^2} = h_{rs}^{(0)} \\
&\frac{\partial LL(b_0, b_1, \cdots, b_m)}{\partial b_m^2} = -\sum_{i=1}^{n} \frac{x_{im}^2 \mathrm{e}^{b_0^{(0)} x_{i0} + b_1^{(0)} x_{i1} + \cdots + b_m^{(0)} x_{im}}}{(1 + \mathrm{e}^{b_0^{(0)} x_{i0} + b_1^{(0)} x_{i1} + \cdots + b_m^{(0)} x_{im}})^2} = h_{mm}^{(0)}
\end{aligned} \tag{6.42}
$$

用方程组(6.42)中的二阶导数值构造$(m+1) \times (m+1)$阶初始 Hessian 矩阵:

$$
\boldsymbol{H}(b_0^{(0)}, b_1^{(0)}, \cdots, b_m^{(0)}) = \begin{bmatrix} h_{00}^{(0)} & \cdots & h_{0s}^{(0)} & \cdots & h_{0m}^{(0)} \\ \cdots & \cdots & \cdots & \cdots & \cdots \\ h_{r0}^{(0)} & \cdots & h_{rs}^{(0)} & \cdots & h_{rm}^{(0)} \\ \cdots & \cdots & \cdots & \cdots & \cdots \\ h_{m0}^{(0)} & \cdots & h_{ms}^{(0)} & \cdots & h_{mm}^{(0)} \end{bmatrix} \tag{6.43}
$$

其中,上标(0)表示初始值即第0次迭代值。

Hessian 矩阵的逆矩阵 $\boldsymbol{H}^{-1}(b_0^{(0)},b_1^{(0)},\cdots,b_m^{(0)})$ 和向量 $\begin{bmatrix} d_0^{(0)} \\ d_1^{(0)} \\ \cdots \\ d_m^{(0)} \end{bmatrix}$ 的乘积就是回归系数 $b_0,b_1,\cdots,b_m$ 的增量 $\Delta\boldsymbol{b}^{(0)}$:

$$\Delta b^{(0)} = \begin{bmatrix} \Delta b_0^{(0)} \\ \cdots \\ \Delta b_r^{(0)} \\ \cdots \\ \Delta b_m^{(0)} \end{bmatrix} = \begin{bmatrix} h_{00}^{(0)} & \cdots & h_{0s}^{(0)} & \cdots & h_{0m}^{(0)} \\ \cdots & \cdots & \cdots & \cdots & \cdots \\ h_{r0}^{(0)} & \cdots & h_{rs}^{(0)} & \cdots & h_{rm}^{(0)} \\ \cdots & \cdots & \cdots & \cdots & \cdots \\ h_{m0}^{(0)} & \cdots & h_{ms}^{(0)} & \cdots & h_{mm}^{(0)} \end{bmatrix}^{-1} \begin{bmatrix} d_0^{(0)} \\ d_1^{(0)} \\ \cdots \\ d_m^{(0)} \end{bmatrix} \tag{6.44}$$

用回归系数的初始值和回归系数的增量,计算新的回归系数的向量:

$$\begin{bmatrix} b_0^{(1)} \\ b_1^{(1)} \\ \cdots \\ b_m^{(1)} \end{bmatrix} = \begin{bmatrix} b_0^{(0)} \\ b_1^{(0)} \\ \cdots \\ b_m^{(0)} \end{bmatrix} + \begin{bmatrix} \Delta b_0^{(0)} \\ \Delta b_1^{(0)} \\ \cdots \\ \Delta b_m^{(0)} \end{bmatrix}, \tag{6.45}$$

其中,上标(1)表示第 1 次迭代后的值。

将新的回归系数向量$(b_0^{(1)},b_1^{(1)},\cdots,b_m^{(1)})$代入式(6.37),得到更新的 Hessian 矩阵 $\boldsymbol{H}(b_0^{(1)},b_1^{(1)},\cdots,b_m^{(1)})$、逆矩阵 $\boldsymbol{H}^{-1}(b_0^{(1)},b_1^{(1)},\cdots,b_m^{(1)})$ 和向量 $\boldsymbol{D}(b_0^{(1)},b_1^{(1)},\cdots,b_m^{(1)}),\cdots$,如此一直进行。

当第 $t-1$ 次迭代得到的回归系数的增量 $\begin{bmatrix} \Delta b_0^{(t-1)} \\ \Delta b_1^{(t-1)} \\ \cdots \\ \Delta b_m^{(t-1)} \end{bmatrix}$ 足够小,即其中分量绝对值的最大值 $\max\limits_{0\leqslant j\leqslant m}|\Delta b_j^{(t-1)}|$ 小于事先给定的允许误差 Δ 时,最后一次更新的向量

$$\begin{bmatrix} b_0^{(t)} \\ b_1^{(t)} \\ \cdots \\ b_m^{(t)} \end{bmatrix} = \begin{bmatrix} b_0^{(t-1)} \\ b_1^{(t-1)} \\ \cdots \\ b_m^{(t-1)} \end{bmatrix} + \begin{bmatrix} \Delta b_0^{(t-1)} \\ \Delta b_1^{(t-1)} \\ \cdots \\ \Delta b_m^{(t-1)} \end{bmatrix}$$

就是所求的回归系数。

以上就是二分类因变量独立样本 Logistic 回归模型的极大似然估计的牛顿—拉斐松(Newton-Raphson)迭代算法。算法流程可以用图 6.33 表示。

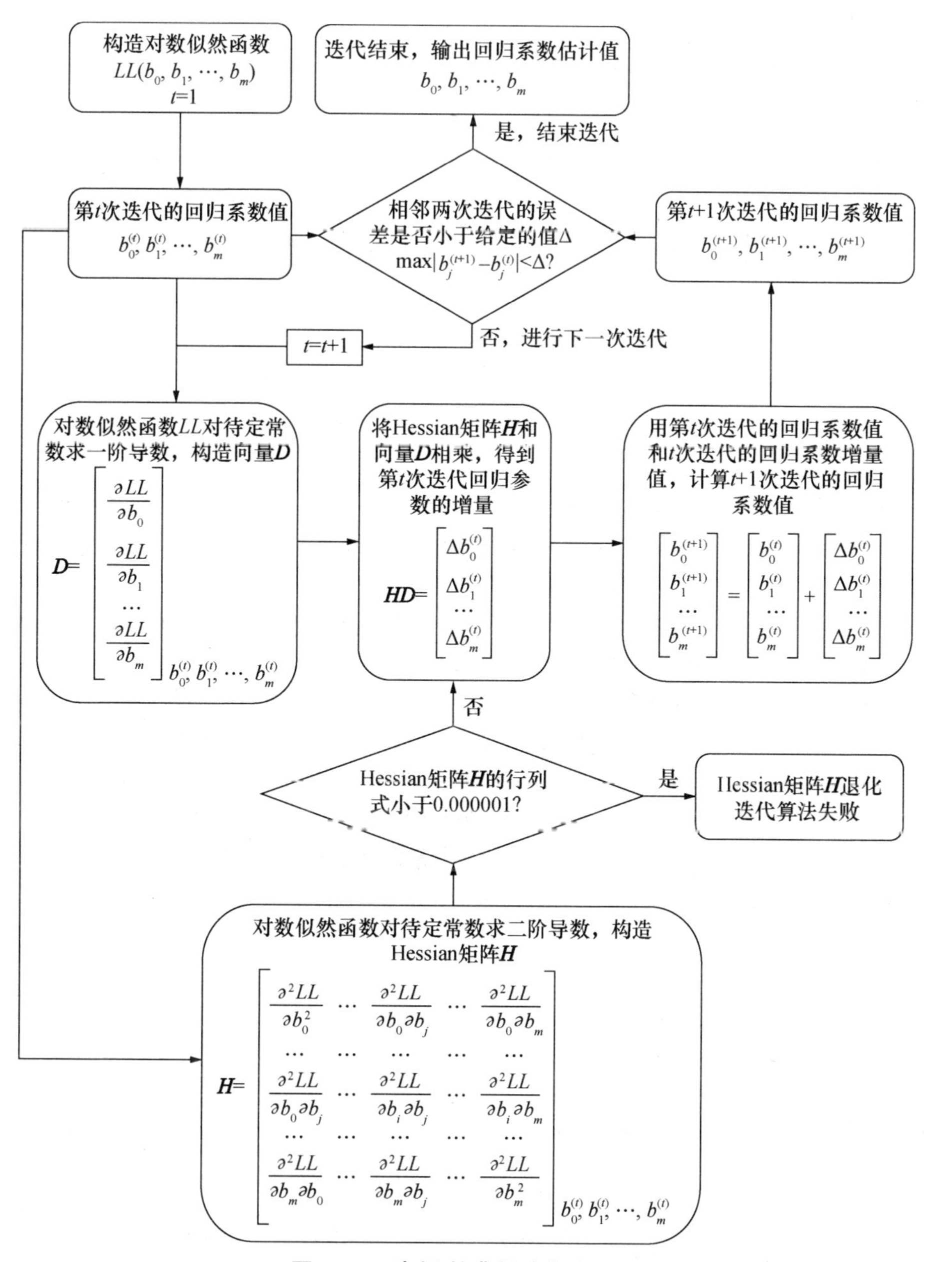

图 6.33　牛顿-拉斐松迭代流程图

不同的 Logistic 回归模型，似然函数各不相同，但迭代计算过程是一样的。下面介绍的其他 Logistic 回归模型，将只给出似然函数，迭代计算和结果输出由“数据通”完成。

6.4.6　回归模型的似然比检验

线性回归模型用最小二乘估计完成回归系数的参数估计以后，需要对模型进行显著性检验。设自变量 $x_1, x_2, \cdots, x_m$ 的回归系数为 $b_1, \cdots, b_m$，相应的假设检验是：

$$H_0: b_1 = b_2 \cdots = b_m = 0$$

$$H_1: b_1, b_2, \cdots, b_m \text{ 不全为 } 0$$

设回归方差为 MSR，误差方差为 MSE，则在原假设 H_0 成立的条件下，统计量 $F = \frac{\text{MSR}}{\text{MSE}}$ 服从分子自由度为 m、分母自由度为 $n - m - 1$ 的 F 分布。如果回归方差明显大于误差方差，统计量 F 值将会变得很大，落入概率为置信水平 $\alpha/2$ 的右侧拒绝域，则拒绝原假设，接受备选假设，即回归系数 $b_1, \cdots, b_m$ 不全为 0，线性回归方程在统计学意义上是显著的。

Logistic 回归是用极大似然方法完成回归系数估计的。为了检验 Logistic 回归模型的显著性，同样需要进行假设检验：

$$H_0: b_1 = b_2 \cdots = b_m = 0$$

$$H_1: b_1, b_2, \cdots, b_m \text{ 不全为 } 0$$

如果原假设成立，$b_1 = b_2 = , \cdots, = b_m = 0$，Logistic 回归模型中所有自变量都被忽略，这样的 Logistic 模型称为零模型（null model）。如果备选假设成立，Logistic 回归模型不能忽略任何一个自变量，这样的 Logistic 模型称为全模型（full model）。

设零模型的似然值用 L_n 表示，全模型的似然值用 L_f 表示，由于 Logistic 回归的参数估计方法是极大似然估计，因此全模型的似然值一定会大于零模型的似然值，即 $L_f > L_n$。全模型似然值与零模型似然值的比值 L_f/L_n 越大，说明 Logistic 回归模型的显著性越好。

统计学理论可以证明，统计量 $-2\ln(L_n/L_f) = -2(\ln L_n - \ln L_f)$ 近似服从自由度为 1 的 χ^2 分布，因此，这个统计量可用于检验 Logistic 回归方程的总体显著性。如果 $-2(\ln L_n - \ln L_f)$ 越大，则模型的显著性越好。如果模型的显著性概率 CHISQ. INV$(-2(\ln L_n - \ln L_f)) < \alpha/2$，则统计量 $-2\ln(L_n/L_f)$ 落入右侧拒绝域，拒绝原假设，接受备选假设，即 Logistic 回归模型自变量系数不全为 0，模型的总体显著性得到确认。

6.4.7 回归系数的 Wald 检验

在多元线性回归中，自变量的回归系数的显著性需要用 t 检验来确认。同样，在 Logistic 回归中，自变量的回归系数的显著性也需要进行检验。

在 Logistic 回归中自变量的回归系数的显著性用 Wald 检验来确认，方法如下：

构造 Wald 统计量 $= \frac{\text{回归系数}^2}{\text{标准误}^2}$，这个统计量近似服从自由度为 1 的 χ^2 分布。根据 Wald 统计量的值，可以计算出卡方显著性概率。如果卡方显著性概率小于 $\alpha/2 = 0.025$，则 Wald 统计量落入左侧拒绝域，拒绝“回归系数全都等于 0”的原假设，接受“回归系数不全等于 0”的备选假设，即用极大似然估计得到的回归系数在统计学意义上是显著的。

6.4.8 二分类因变量独立样本模型的算例及分析

例 6.12 哈根达斯冰淇淋新产品 30 天销售记录的 Excel 文件见“例 6.12 冰淇淋新产品

销售的 Logistic 回归. xlsx”。将“销售状态”作为因变量,一共有 30 个销售记录样本,每行一个样本,因此这是一个二分类因变量独立样本数据。将“是否周末”和“气温”作为自变量。其中,“是否周末”是二分类自变量,周一到周五,这个变量取值为 0,为对照组;周六和周日,这个变量取值为 1。“气温”是连续变量。要求:建立冰淇淋新产品销售概率的 Logistic 回归模型,并对这种新产品的销售概率进行预测和分析。

打开 Excel 菜单“数据通 > 回归分析 > Logistic 回归”,弹出如图 6.34 所示的对话窗口。

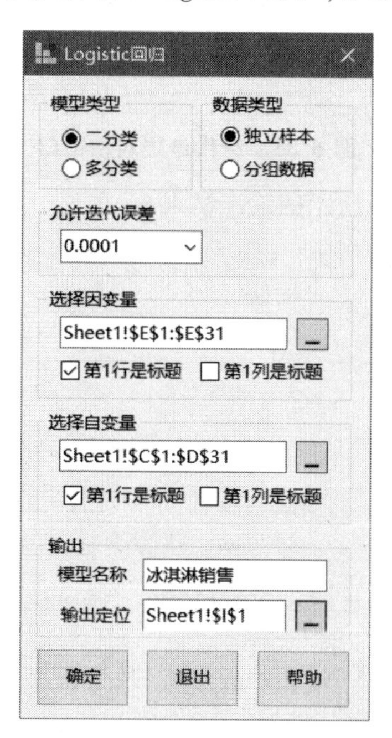

图 6.34　冰淇淋销售 Logistic 回归模型对话窗口

模型类型选择“二分类”,数据类型选择“独立样本”。

允许迭代误差默认为 0.0001,可在 0.1—0.00000001 中选择。允许迭代误差越小,计算结果越精确,但迭代运行次数会增加。如无特殊要求,一般选择默认值即可。

二分类因变量独立样本模型的因变量数据,除去行标题和列标题后,只能有 1 列数据,其中单元格的数值只能是 0 或 1,不能有其他数值或文本。本例中因变量数据区域为 E2:E31。

单击“选择因变量”文本框右侧的按钮,弹出“选择因变量”对话窗口,在 Excel 数据工作表中拖动鼠标,选择因变量区域 E1:E31,单击“确定”按钮返回主对话窗口。

单击“选择自变量”文本框右侧的按钮,弹出“选择自变量”对话窗口,选择自变量数据区域。本例有 “是否周末”和“气温”两个自变量,“是否周末”是二分类自变量,“气温”是连续变量,两个自变量的数据区域为 C1:D31,单击“确定”按钮返回主对话窗口。

无论是因变量还是自变量,都必须根据所选的数据区域是否包括行标题或列标题,相应勾选“第 1 行是标题”或“第 1 列是标题”复选框。在本例中,所选的因变量区域 E1:E31、自变量数据区域 C1:D31,第 1 行都是标题,而第 1 列都不是标题,因此两者都需要勾选“第 1 行是标题”,都不需要勾选“第 1 列是标题”。所选择的自变量数据长度必须和因变量数据长度相等,否则就会出错。

输入模型名称“冰淇淋销售”;输出定位选择单元格 I1。

对话窗口设置完毕后,单击“确定”。等进程条到100%,出现图6.35所示的通知窗口。

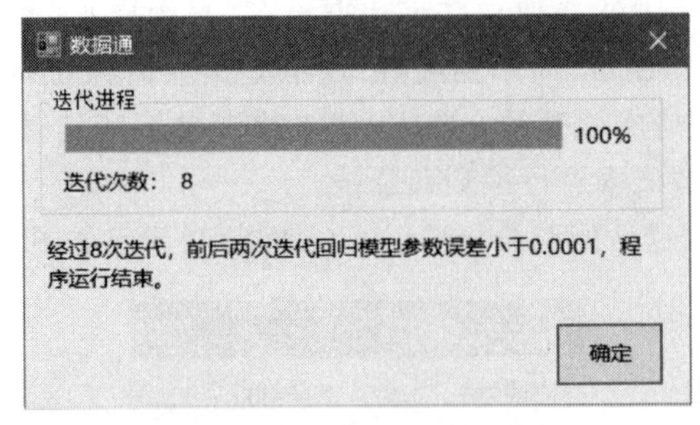

图 6.35　迭代进程对话窗口

单击“确定”,出现如图6.36所示的输出结果。

表1. Logistic回归模型基本信息
模型名称：冰淇淋销售
模型类型：2分类因变量
参数估计方法：极大似然
数据类型：独立样本
数据长度：30
自变量个数：2
迭代算法：Newton-Raphson
允许迭代误差：0.0001
迭代次数：8

表2. Logistic回归方程统计检验	
全模型对数似然值 LLf	-8.4089
零模型对数似然值 LLn	-20.5270
似然比 -2*(LLn-LLf)	24.2361
自由度 df	1
卡方显著性概率 P-value	8.522E-07

表3. Logistic回归系数统计检验						
常数项和自变量名	回归系数	标准误	Wald统计量	自由度 df	卡方显著性概率 P-value	优势比 OR
常数项	-22.1193	8.0574	7.5361	1	0.006047449	2.476E-10
是否周末	3.2634	1.7546	3.4591	1	0.062903125	26.138049
气温	0.6893	0.2509	7.5506	1	0.005999052	1.99232

图 6.36　冰淇淋销售 Logistic 回归模型输出结果

输出结果分为三个表,其中:表1为Logistic回归模型的基本信息。表2为Logistic回归方程的统计检验,给出Logistic回归方程总体显著性。由表2可以看出,似然比 $-2(\mathrm{LLn}-\mathrm{LLf})=24.2361$,卡方显著性概率 $P\text{-value}=8.522\mathrm{E}\text{-}07$,远小于 $\alpha/2=0.025$,因此这个冰淇淋销售模型总体是显著的。表3为Logistic回归系数统计检验,提供了以下重要信息:

(1)常数项 $b_0=-22.1193$,自变量“是否周末”的回归系数 $b_1=3.2634$,自变量“气温”的回归系数 $b_2=0.6893$。根据以上三个数据,可以写出第 i 天冰淇淋产品售出概率 p_i 和未售出概率 $1-p_i$ 的Logistic回归方程:

$$p_i=\frac{\mathrm{e}^{b_0+b_1x_{i1}+\cdots+b_mx_{im}}}{1+\mathrm{e}^{b_0+b_1x_{i1}+\cdots+b_mx_{im}}}=\frac{\mathrm{e}^{-22.1193+3.2634x_{i1}+0.6893x_{i2}}}{1+\mathrm{e}^{-22.1193+3.2634x_{i1}+0.6893x_{i2}}}$$

$$1-p_i=\frac{1}{1+\mathrm{e}^{b_0+b_1x_{i1}+\cdots+b_mx_{im}}}=\frac{1}{1+\mathrm{e}^{-22.1193+3.2634x_{i1}+0.6893x_{i2}}}\quad i=1,2,\cdots,30$$

式中，x_{i1}表示自变量第 i 天是否周末，x_{i2}表示自变量第 i 天的气温。

有了以上两个 Logistic 回归方程，就可以用自变量“是否周末”和“气温”两个自变量的数据，分别计算每一天产品售出的预测概率和产品未售出的预测概率。注意，计算指数函数 e^x 的 Excel 函数是 EXP(x)。例如，计算第 1 天售出概率的 Excel 公式为：

“ =EXP($I $21 + $I $22 * C2 + $I $23 * D2)/(1 + EXP($I $21 + $I $22 * C2 + $I $23 * D2))”

30 天“产品售出”和“产品未售出”预测概率的计算结果如图 6.37 所示。

	A	B	C	D	E	F	G
1	序号	日期	是否周末	气温	销售状态	“产品售出”的预测概率	“产品未售出”的预测概率
2	1	周四	0	27	0	0.0291	0.9709
3	2	周五	0	31	0	0.3206	0.6794
4	3	周六	1	36	1	0.9974	0.0026
5	4	周日	1	30	1	0.8609	0.1391
6	5	周一	0	26	0	0.0148	0.9852
7	6	周二	0	37	1	0.9672	0.0328
8	7	周三	0	24	0	0.0038	0.9962
9	8	周四	0	35	1	0.8814	0.1186
10	9	周五	0	26	0	0.0148	0.9852
11	10	周六	1	35	1	0.9949	0.0051
12	11	周日	1	28	1	0.6093	0.3907
13	12	周一	0	25	0	0.0075	0.9925
14	13	周二	0	33	0	0.6520	0.3480
15	14	周三	0	24	0	0.0038	0.9962
16	15	周四	0	31	1	0.3206	0.6794
17	16	周五	0	28	0	0.0563	0.9437
18	17	周六	1	27	0	0.4391	0.5609
19	18	周日	1	32	1	0.9609	0.0391
20	19	周一	0	26	0	0.0148	0.9852
21	20	周二	0	28	0	0.0563	0.9437
22	21	周三	0	33	1	0.6520	0.3480
23	22	周四	0	37	1	0.9672	0.0328
24	23	周五	0	25	0	0.0075	0.9925
25	24	周六	1	24	0	0.0901	0.9099
26	25	周日	1	23	0	0.0473	0.9527
27	26	周一	0	34	1	0.7887	0.2113
28	27	周二	0	35	0	0.8814	0.1186
29	28	周三	0	38	1	0.9833	0.0167
30	29	周四	0	28	0	0.0563	0.9437
31	30	周五	0	31	1	0.3206	0.6794

图 6.37　销售概率预测

（2）回归系数的假设检验。构造 Wald 统计量 $=\frac{\text{回归系数}^2}{\text{标准误}^2}$，这个统计量近似服从自由度为 1 的 χ^2 分布。根据 Wald 统计量的值，可以计算出“卡方显著性概率”。如果“卡方显著性概率”小于 $\alpha/2=0.025$，则 Wald 统计量落入左侧拒绝域，拒绝“回归系数全都等于 0”的原假设，接受“回归系数不全等于 0”的备选假设，即用极大似然估计得到的回归系数在统计学意义上是显著的。在此例中，自变量“是否周末”的卡方显著性概率 = 0.0629 >0.025，自变量“气温”的卡方显著性概率 = 0.0059 <0.025，因此，自变量“是否周末”的回归系数在统计学意义上不显著，而自变量“气温”的回归系数在统计学意义上是显著的。

（3）自变量回归系数的优势比 OR 值。“是否周末”是一个二分类 0—1 变量，OR = 26.1380，表示在“气温”相同的条件下，这种冰淇淋新产品周末售出的概率比不是周末（即对照组）售出的概率高 26.1380 倍。“气温”是一个连续变量，OR = 1.9923，表示在自变量“是否周末"取值相同的条件下，气温每升高 1 度，这种新产品售出的概率是原来的 1.9923 倍。由此可见，对于售出概率来说，"是否周末"这个因素要比"气温"这个因素重要很多。

6.4.9 二分类因变量分组数据模型的算例及分析

第 6.4.1 节中表 6.6 是家庭年收入和购房概率的一组数据。这组数据将意向购房的 324 个样本，根据家庭年收入分为 13 组，每组家庭年收入、意向购房人数、实际购房人数、放弃购房人数见表 6.14。设每个样本最终购房的概率为 p，则放弃购房的概率为 $1-p$。由此可以计算出每组购房的概率。

表 6.14 年收入和购房概率的分组数据

组号	家庭年收入 x（万元）	意向购房人数 n（人）	实际购房人数 m（人）	放弃购房人数 $n-m$（人）	每组购房概率
1	6	8	2	6	$C_8^2p^2(1-p)^6$
2	8	11	4	7	$C_{11}^4p^4(1-p)^7$
3	10	19	8	11	$C_{19}^8p^8(1-p)^{11}$
4	12	23	10	13	$C_{23}^{10}p^{10}(1-p)^{13}$
5	14	37	17	20	$C_{37}^{17}p^{17}(1-p)^{20}$
6	16	45	22	23	$C_{45}^{22}p^{22}(1-p)^{23}$
7	18	52	27	25	$C_{52}^{27}p^{27}(1-p)^{25}$
8	20	43	28	15	$C_{43}^{25}p^{28}(1-p)^{15}$
9	22	36	25	11	$C_{36}^{25}p^{25}(1-p)^{11}$
10	24	22	17	5	$C_{22}^{17}p^{17}(1-p)^5$
11	26	14	10	4	$C_{14}^{10}p^{10}(1-p)^4$
12	28	9	7	2	$C_9^7p^7(1-p)^2$
13	30	5	4	1	$C_5^4p^4(1-p)$
合计		324	181	143	

推而广之，对于二分类因变量分组数据，设第 i 组样本总数为 n_i，其中发生的频数为 m_i，不发生的频数为 n_i-m_i，所有可能组合数为 C_n^m，因此第 i 组样本总数 n_i 中发生 m_i 个、不发生 n_i-m_i 个的概率为：

$$f(y_i)=C_{n_i}^{m_i}p_i^{m_i}(1-p_i)^{n_i-m_i} \tag{6.46}$$

似然函数为每一组概率函数的联合分布，即每一组概率函数的乘积：

$$L=\prod_{i=1}^{n}f(y_i)=\prod_{i=1}^{n}C_{n_i}^{m_i}p_i^{m_i}(1-p_i)^{n_i-m_i} \tag{6.47}$$

似然函数（6.47）的对数为：

$$\ln L=\sum_{i=1}^{n}(\ln C_{n_i}^{m_i}+m_i\ln p_i+(n_i-m_i)\ln(1-p_i))$$

$$= \sum_{i=1}^{n} (\ln C_{n_i}^{m_i} + m_i \ln p_i + n_i \ln(1 - p_i) - m_i \ln(1 - p_i))$$

$$= \sum_{i=1}^{n} (\ln C_{n_i}^{m_i} + m_i (\ln p_i - \ln(1 - p_i)) + n_i \ln(1 - p_i))$$

$$= \sum_{i=1}^{n} \left(\ln C_{n_i}^{m_i} + m_i \ln \frac{p_i}{1 - p_i} + n_i \ln(1 - p_i)\right) \tag{6.48}$$

注意到：

$$p_i = \frac{e^{b_0+b_1x_{i1}+b_2x_{i2}+\cdots+b_mx_{im}}}{1 + e^{b_0+b_1x_{i1}+b_2x_{i2}+\cdots+b_mx_{im}}} = \frac{e^{b_0x_{i0}+b_1x_{i1}+b_2x_{i2}+\cdots+b_mx_{im}}}{1 + e^{b_0x_{i0}+b_1x_{i1}+b_2x_{i2}+\cdots+b_mx_{im}}}$$

$$1 - p_i = 1 - \frac{e^{b_0+b_1x_{i1}+b_2x_{i2}+\cdots+b_mx_{im}}}{1 + e^{b_0+b_1x_{i1}+b_2x_{i2}+\cdots+b_mx_{im}}} = \frac{1}{1 + e^{b_0x_{i0}+b_1x_{i1}+b_2x_{i2}+\cdots+b_mx_{im}}}$$

$$\frac{p_i}{1 - p_i} = e^{b_0x_{i0}+b_1x_{i1}+b_2x_{i2}+\cdots+b_mx_{im}}$$

取对数，得到：

$$\ln(1 - p_i) = \ln \frac{1}{1 + e^{b_0x_{i0}+b_1x_{i1}+b_2x_{i2}+\cdots+b_mx_{im}}} = -\ln(1 + e^{b_0x_{i0}+b_1x_{i1}+b_2x_{i2}+\cdots+b_mx_{im}}) \tag{6.49}$$

$$\ln \frac{p_i}{1 - p_i} = \ln e^{b_0x_{i0}+b_1x_{i1}+b_2x_{i2}+\cdots+b_mx_{im}} = b_0x_{i0} + b_1x_{i1} + b_2x_{i2} + \cdots + b_mx_{im} \tag{6.50}$$

记似然函数 $L(b_0, b_1, \cdots, b_m)$ 的对数为：

$$LL(b_0, b_1, \cdots, b_m) = \ln L(b_0, b_1, \cdots, b_m)$$

$$= \sum_{i=1}^{n} \left(\ln C_{n_i}^{m_i} + m_i \ln \frac{p_i}{1 - p_i} + n_i \ln(1 - p_i)\right)$$

$$= \sum_{i=1}^{n} (\ln C_{n_i}^{m_i} + m_i (b_0x_{i0} + b_1x_{i1} + b_2x_{i2} + \cdots + b_mx_{im})$$

$$- n_i \ln(1 + e^{b_0x_{i0}+b_1x_{i1}+b_2x_{i2}+\cdots+b_mx_{im}})) \tag{6.51}$$

式(6.51)就是二分类因变量分组数据 Logistic 回归的对数似然函数。

例 6.13 不同年收入的意向购房客户购房的数据文件，见“例 6.13 家庭年收入和购房概率的 Logistic 回归.xlsx”。要求：比较二分类因变量独立样本 Logistic 回归模型和二分类分组数据 Logistic 回归模型。

解 对于同一个购房概率问题，先按独立样本模型计算，再按分组数据模型计算。

独立样本模型的数据见文件“独立样本”工作表。

打开 Excel 菜单“数据通 > 回归分析 > Logistic 回归”，弹出如图 6.38 所示的对话窗口，选择模型类型“二分类”，选择数据类型“独立样本”，允许迭代误差选择默认值 0.0001，选择因变量 C1:C325（注意：二分类因变量独立样本模型，因变量数据只能在一列中），勾选“第 1 行是标题”（即不包含标题的因变量数据为 C2:C325），选择自变量 B1:B325，勾选“第 1 行是标题”（即不包含标题的自变量数据为 B2:B325），输入模型名称“购房概率”，输出定位 F1。输入完毕后，单击“确定”。出现如图6.39 所示的迭代进程对话窗口。

Logistic回归

模型类型 ◉二分类 ○多分类

数据类型 ◉独立样本 ○分组数据

允许迭代误差 0.0001

选择因变量 独立样本!$C$1:$C$325 ☑第1行是标题 ☐第1列是标题

选择自变量 独立样本!$B$1:$B$325 ☑第1行是标题 ☐第1列是标题

输出 模型名称 购房概率 输出定位 独立样本!$F$1

确定 退出 帮助

图 6.38　购房概率独立样本模型对话窗口

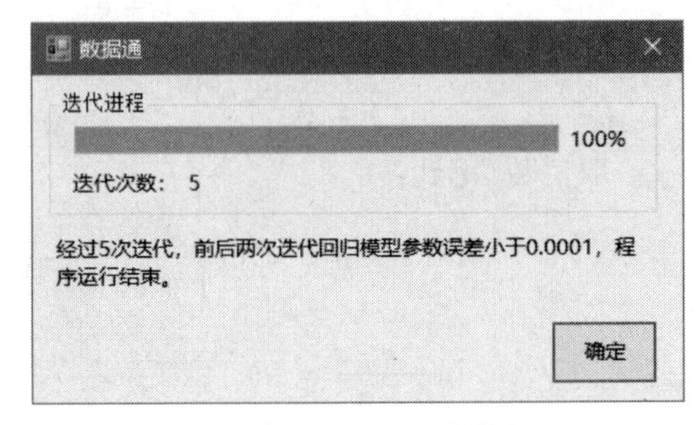

图 6.39　迭代进程对话窗口

单击“确定”，出现如图 6.40 所示的输出结果。

J	K	L	M	N	O	P
表1. Logistic回归模型基本信息						
模型名称：购房概率						
模型类型：2分类因变量						
参数估计方法：极大似然						
数据类型：独立样本						
数据长度：324						
自变量个数：1						
迭代算法：Newton-Raphson						
允许迭代误差：0.0001						
迭代次数：5						
表2. Logistic回归方程统计检验						
全模型对数似然值 LLf	-211.4759					
零模型对数似然值 LLn	-222.3462					
似然比 -2*(LLn-LLf)	21.7406					
自由度 df	1					
卡方显著性概率 P-value	3.121E-06					
表3. Logistic回归系数统计检验						
常数项和自变量名	回归系数	标准误	Wald统计量	自由度 df	卡方显著性概率 P-value	优势比 OR
常数项	-1.5684	0.4177	14.1008	1	0.000173267	0.2083746
年收入	0.1031	0.0231	19.8846	1	8.22595E-06	1.1085789

图 6.40　购房概率 Logistic 回归独立样本模型输出结果

由图 6.40 表 2 中“卡方显著性概率 *P*-value” = 3.121E-06 < 0.025 可知，购房概率 Logistic 回归独立样本模型总体是显著的。

设第 i 个独立样本的因变量购房概率为 p_i,第 i 个独立样本的自变量年收入为 x_i($i=1,2,\cdots,324$)。在图 6.40 表 3 回归系数中,常数项的回归系数为 -1.5684,年收入的回归系数为 0.1031,由此可以写出购房概率的 Logistic 回归模型为:

$$p_i = \frac{e^{b_0+b_1x_i}}{1+e^{b_0+b_1x_i}} = \frac{e^{-1.5684+0.1031x_i}}{1+e^{-1.5684+0.1031x_i}} \quad i=1,2,\cdots,324 \tag{6.52}$$

用以上 Logistic 回归模型计算的 324 个样本的购房概率,结果见文件"例 6.13 家庭年收入和购房概率的 Logistic 回归.xlsx"。

图 6.40 表 3 中自变量"年收入"的卡方显著性概率 =8.22585E-06,可见自变量"年收入"对购房概率的影响是显著的。自变量"年收入"是连续变量,优势比 OR=1.1085,表示年收入每增加 1 万元,购房概率会比原来增加 0.1085 倍(是原来的 1.1085 倍)。

把 324 个独立样本数据按照"年收入"由小到大分为 13 组,得到分组数据。分组数据中,各年收入水平的"签订意向人数"和"实际购房人数"是用 Excel 函数 COUNTIF 和 COUNTIFS 计算的。相应的数据文件和计算方法见"例 6.13 家庭年收入和购房概率 Logistic 回归.xlsx"。

打开 Excel 菜单"数据通 > 回归分析 > Logistic 回归",弹出如图 6.41 所示的对话窗口,选择模型类型"二分类",选择数据类型"分组数据",允许迭代误差选择默认值 0.0001,选择因变量 G1:H14[注意,二分类因变量分组数据模型,不包含列标题的因变量数据必须包括相邻的 2 列,此例中为 G2:G14 和 H2:H14。左边一列 G2:G14 是组样本总数(此例中为该组意向购房客户数),右边一列 H2:H14 是关注样本数(此例中为该组最终购房客户数)。每组的样本总数必须大于或等于关注样本数],勾选"第 1 行是标题"(即不包含标题的因变量数据为 G2:H14),选择自变量 F1:F14,勾选"第 1 行是标题"(即不包含标题的自变量数据为 F2:F14),输入模型名称购房概率,输出定位 R1,输入完毕后,单击"确定",出现如图 6.42 所示的迭代进程窗口。

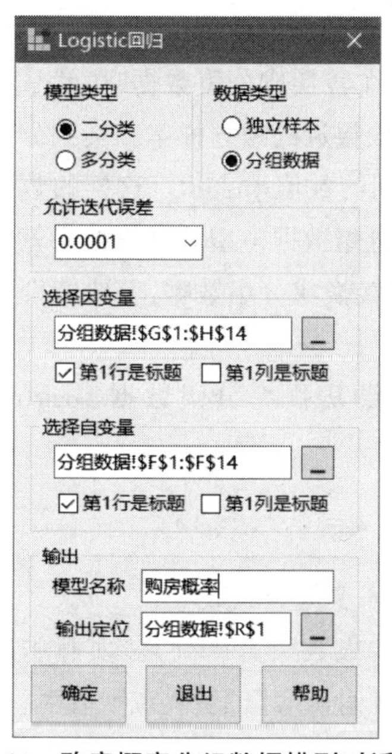

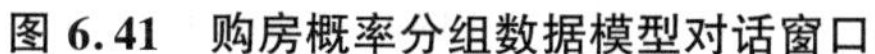

图 6.41　购房概率分组数据模型对话窗口

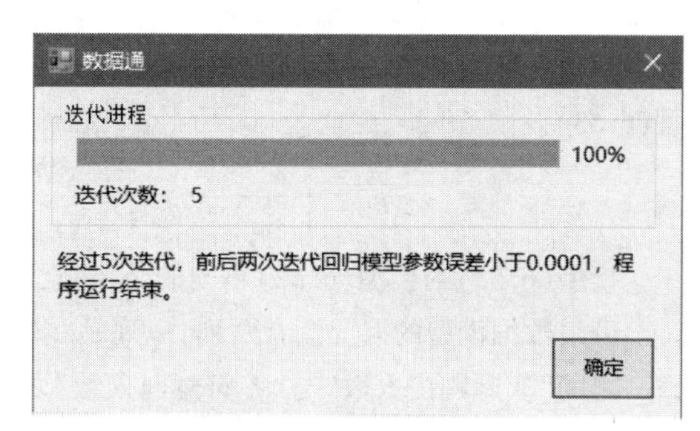

图 6.42　迭代进程对话窗口

单击"确定",出现如图 6.43 所示的输出结果。

R	S	T	U	V	W	X
表1. Logistic回归模型基本信息						
模型名称：购房概率						
模型类型：2分类因变量						
参数估计方法：极大似然						
数据类型：分组数据						
数据长度：13						
自变量个数：1						
迭代算法：Newton-Raphson						
允许迭代误差：0.0001						
迭代次数：5						
表2. Logistic回归方程统计检验						
全模型对数似然值 LLf	-22.5876					
零模型对数似然值 LLn	-33.3462					
似然比 -2*(LLn-LLf)	21.5171					
自由度 df	1					
卡方显著性概率 P-value	3.507E-06					
表3. Logistic回归系数统计检验						
常数项和自变量名	回归系数	标准误	Wald统计量	自由度 df	卡方显著性概率 P-value	优势比 OR
常数项	-1.5684	0.4177	14.1008	1	0.000173267	0.2083746
年收入	0.1031	0.0231	19.8846	1	8.22595E-06	1.1085789

图 6.43 购房概率 Logistic 回归分组数据模型输出结果

把独立样本模型和分组数据模型的运行结果图 6.40 和图 6.43 加以比较可以发现，两个模型输出结果中表 3 的数据完全相同。也就是说，两个模型的 Logistic 回归方程完全相同。这是由于独立样本模型中客户的年收入都是整数，分组数据模型又是按客户（整数）年收入分组的，因此，所有 324 个独立样本都原封不动地归类到分组数据模型中，没有损失任何信息。

如果独立样本的年收入不全是整数，独立样本数据在转换成分组数据时，就只能将年收入划分成若干不相交的区间，将年收入不完全相同但比较接近的独立样本归类到分组数据的某个区间中去。每一组中客户的年收入都要用一个相同的数值来表示。这样的数据转换就可能产生信息丢失。如果有信息丢失，独立样本模型和分组数据模型的计算结果就会有所不同。在构建模型的过程中，如果有必要将独立样本数据转换成分组数据，就要特别注意这些问题，尽量减少不必要的信息丢失。

与独立样本模型一样，根据模型运算结果，得到购房概率分组数据 Logistic 回归模型(6.53)。

$$p_i = \frac{e^{b_0+b_1x_i}}{1+e^{b_0+b_1x_i}} = \frac{e^{-1.5684+0.1031x_i}}{1+e^{-1.5684+0.1031x_i}} \quad i = 1,2,\cdots,13 \tag{6.53}$$

模型(6.53)与模型(6.52)不同的是，独立样本数 324 变为分组数 13。

分组数据模型的因变量有两列，一列是“签订意向的人数”，另一列是“实际购房人数”。每一组的“实际购房人数”与“签订意向人数”之比就是各组购房概率的“观测概率”，用 Logistic 回归模型(6.53)计算的购房概率是“预测概率”。图 6.44 中包括观测概率、预测概率，具体的计算见文件“例 6.13 家庭年收入和购房概率. xlsx”。

A	B	C	D	E	F
组号	年收入（万元）	签订意向人数	实际购房人数	观测概率	预测概率
1	6	8	2	0.2500	0.2789
2	8	11	4	0.3636	0.3222
3	10	19	8	0.4211	0.3687
4	12	23	10	0.4348	0.4179
5	14	37	17	0.4595	0.4687
6	16	45	22	0.4889	0.5202
7	18	52	27	0.5192	0.5713
8	20	43	28	0.6512	0.6209
9	22	36	25	0.6944	0.6680
10	24	22	17	0.7727	0.7121
11	26	14	10	0.7143	0.7524
12	28	9	7	0.7778	0.7888
13	30	5	4	0.8000	0.8211

图 6.44　购房概率 Logistic 回归分组数据模型预测购房概率

图6.43 表2 中模型的"卡方显著性概率"、表3 中回归系数的"卡方显著性概率"以及"优势比 OR"的意义，与图 6.40 购房概率 Logistic 回归模型独立样本数据运行结果的分析相同，此处就不再重复了。

6.4.10　多分类有序因变量独立样本模型的算例及分析

如前所述，多分类因变量 Logistic 回归模型分为因变量是有序的和无序的两种情况，本书仅讨论多分类有序因变量模型。多分类有序因变量模型又分为独立样本模型和分组数据模型。这一节讨论多分类有序因变量独立样本模型，下一节介绍多分类有序因变量分组数据模型。

第 6.4.1 节中，例 6.10 治疗效果独立样本数据如表 6.15 所示。

表 6.15　治疗效果—132 个独立样本数据(局部)

患者编号	性别	治疗方法	疗效
1	男	B	显效
2	女	B	无效
3	男	B	有效
4	男	A	显效
5	女	B	无效
6	女	C	无效
7	男	C	无效
8	女	B	显效
…			……
130	女	C	有效
131	男	C	显效
132	男	C	有效

将患者“性别”和“治疗方法”作为自变量,“治疗效果”作为因变量。因变量“治疗效果”有“无效/有效/显效”三个分类,这三个分类是有序的。表6.15中每一行是一个独立样本,因此,如果用Logistic回归方程建立相应的模型,这个模型是多分类有序因变量独立样本Logistic模型。

将表6.15中数据数量化,自变量“性别”$x_1=0$表示男性,$x_1=1$表示女性。自变量“治疗方法”用两个二分类哑变量x_2、x_3表示,自变量“治疗方法”和哑变量x_2、x_3的对应关系如表6.16所示。其中,两个哑变量$x_2=0$,$x_3=0$对应的治疗方法称为对照组,此例中治疗方法B为对照组。在Logistic回归计算结果中,哑变量x_2对应于治疗方法A,哑变量x_3对应于治疗方法C。对照组(治疗方法B)在Logistic回归计算结果中不会出现,所有计算结果都是以对照组(治疗方法B)为基准的。

表6.16 自变量“治疗方法”用哑变量表示

治疗方法	哑变量	
	x_2	x_3
A	1	0
B	0	0
C	0	1

因变量“疗效”$y=1$表示“无效”,$y=2$表示“有效”,$y=3$表示“显效”。数量化后的数据如表6.17所示。

表6.17 数量化后的132个独立样本数据(局部)

患者编号	性别	治疗方法		疗效
	x_1	x_2	x_3	y
1	0	0	0	3
2	1	0	0	1
3	0	0	0	2
4	0	1	0	3
5	1	0	0	1
6	1	0	1	1
7	0	0	1	1
8	1	0	0	3
…	…	…		…
130	1	0	1	2
131	0	0	1	3
132	0	0	1	2

为了将Logistic回归模型应用于多分类有序因变量问题,需要将多分类有序因变量问题转换成若干个二分类因变量问题。

例如,因变量为“治疗效果”,分为无效、有效、显效三个水平的分类,要转化为以下两个二分类问题:

（1）{无效}／{有效或显效}，其中{无效}、{有效或显效}为二分类变量，两者中有一个且只能有一个成立；

（2）{无效或有效}／{显效}，其中{无效或有效}、{显效}为二分类变量，两者中有一个且只能有一个成立。

又如因变量为“服务水平”，分为不合格、合格、良好、优秀四个水平的分类，则需要转化为以下三个二分类问题：

（1）{不合格}／{合格或良好或优秀}，其中{不合格}、{合格或良好或优秀}为二分类变量，两者中有一个且只能有一个成立；

（2）{不合格或合格}／{良好或优秀}，其中{不合格或合格}、{良好或优秀}为二分类变量，两者中有一个且只能有一个成立；

（3）{不合格或合格或良好}／{优秀}，其中{不合格或合格或良好}、{优秀}为二分类变量，两者中有一个且只能有一个成立。

一般地，如果因变量 y_i 是具有 k 个水平的有序变量（$y_i = 1, 2, \cdots, j, \cdots k$），则要转化为 $k-1$ 个二分类因变量的问题：

$$\{y_i = 1\}/\{y_i > 1\}$$
$$\{y_i \leqslant 2\}/\{y_i > 2\}$$
$$\cdots$$
$$\{y_i \leqslant j\}/\{y_i > j\}$$
$$\cdots$$
$$\{y_i \leqslant k-1\}/\{y_i = k\}$$

当多分类因变量 $y_i = 1, 2, \cdots, j, \cdots, k$ 时，因变量 y_i 的概率 p_i 是不同的，将二分类问题 Logistic 模型的概率表达式（6.20）运用于上式，可以写出以上 $k-1$ 个二分类变量中的第 j 个二分类变量的概率。

必须注意到，将一个多分类因变量分解成若干个二分类变量，这些二分类变量之间是有重叠的。除了二分类值 $\{y_i = 1\}$ 以外，对任何 $j > 1$ 的分类值，二分类变量 $\{y_i \leqslant j\}/\{y_i > j\}$ 中，二分类值 $\{y_i \leqslant j\}$ 实际上包含了二分类值 $\{y_i \leqslant j-1\}, \{y_i \leqslant j-2\}, \cdots, \{y_i \leqslant 2\}, \{y_i = 1\}$。因此概率 $P(y_i \leqslant j)$ 实际上是 $P(y_i = 1), P(y_i = 2), \cdots, P(y_i = j-1)$ 的累积概率。因此，多分类因变量 y_i 等于某一个分类值 j 的概率 $P(y_i = j)\ (j > 1)$，应该用两个相邻的累积概率 $P(y_i \leqslant j)$ 和 $P(y_i \leqslant j-1)$ 之差来表示：

$$P(y_i = j) = P(y_i \leqslant j) - P(y_i \leqslant j-1) \quad 1 < j < k-1$$

对于最后一个分类 k 的概率，则应该用下式表示：

$$P(y_i = k) = 1 - P(y_i \leqslant k-1)$$

对于不同的多分类水平 j，假设回归系数 $b_1, b_2, \cdots, b_m$ 都相同，只有常数项不同。例如，第 j 个二分类变量的概率表达式中，多项式的常数项为 $a_j (j = 1, 2, \cdots, k)$：

$$P(y_i \leqslant j) = \frac{e^{a_j + b_1 x_{i1} + b_2 x_{i2} + \cdots + b_m x_{im}}}{1 + e^{a_j + b_1 x_{i1} + b_2 x_{i2} + \cdots + b_m x_{im}}} \tag{6.54}$$

根据式（6.54），可以得到因变量 y_i 等于某个水平 j 时的概率：

$$P(y_i = j) = \begin{cases} \dfrac{e^{a_1+b_1x_{i1}+b_2x_{i2}+\cdots+b_mx_{im}}}{1+e^{a_1+b_1x_{i1}+b_2x_{i2}+\cdots+b_mx_{im}}} & j=1 \\ \cdots & \cdots \\ \dfrac{e^{a_j+b_1x_{i1}+b_2x_{i2}+\cdots+b_mx_{im}}}{1+e^{a_j+b_1x_{i1}+b_2x_{i2}+\cdots+b_mx_{im}}} - \dfrac{e^{a_{j-1}+b_1x_{i1}+b_2x_{i2}+\cdots+b_mx_{im}}}{1+e^{a_{j-1}+b_1x_{i1}+b_2x_{i2}+\cdots+b_mx_{im}}} & 2 \leqslant j \leqslant k-1 \\ \cdots & \cdots \\ 1 - \dfrac{e^{a_{k-1}+b_1x_{i1}+b_2x_{i2}+\cdots+b_mx_{im}}}{1+e^{a_{k-1}+b_1x_{i1}+b_2x_{i2}+\cdots+b_mx_{im}}} & j=k \end{cases} \tag{6.55}$$

对于某个特定的因变量观察值 y_i,对应的水平值 j 是唯一的,以上表达式只能取其中一个值。因此,以上因变量 y_i 等于水平 j 的概率 $P(y_i=j)$,可以写成单一的解析表达式:

$$\prod_{j=1}^{k}[P(y_i = j)]^{d_{ij}}$$

其中,d_{ij} 为 0—1 变量,如果 $y_i=j$,则 $d_{ij}=1$,否则 $d_{ij}=0$。

似然函数即因变量观测值的联合分布概率,就是所有因变量 y_i 概率 $\prod_{j=1}^{k}[P(y_i = j)]^{d_{ij}}$ 的乘积:

$$L = \prod_{i=1}^{n}\prod_{j=1}^{k}[P(y_i = j)]^{d_{ij}} \tag{6.56}$$

似然函数 L 的对数 $\ln L$ 为:

$$\begin{aligned} \ln L &= \ln\prod_{i=1}^{n}\prod_{j=1}^{k}P(y_i = j)^{d_{ij}} = \sum_{i=1}^{n}\sum_{j=1}^{k}d_{ij}\ln P(y_i = j) \\ &= \sum_{i=1}^{n}\left\{d_{i1}\ln\frac{e^{a_1+b^TX_i}}{1+e^{a_1+b^TX_i}} + \sum_{j=2}^{k-1}d_{ij}\ln\left(\frac{e^{a_j+b^TX_i}}{1+e^{a_j+b^TX_i}} - \frac{e^{a_{j-1}+b^TX_i}}{1+e^{a_{j-1}+b^TX_i}}\right) + d_{ik}\ln\left(1-\frac{e^{a_{k-1}+b^TX_i}}{1+e^{a_{k-1}+b^TX_i}}\right)\right\} \end{aligned} \tag{6.57}$$

其中,n 为样本数,m 为自变量个数,k 为因变量分类数。

式(6.57)就是多分类有序因变量独立样本 Logistic 回归的对数似然函数。以上对数似然值 $\ln L$ 中有 $k-1$ 个回归方程的常数项 $a_1,a_2,\cdots,a_{k-1}$ 和 m 个回归方程自变量的系数 $b_1,b_2,\cdots,b_m$(每一个回归方程的系数 $b_1,b_2,\cdots,b_m$ 都相同),一共有 $k+m-1$ 个待定参数。

下面通过一个算例来说明多分类有序因变量独立样本 Logistic 回归的数据准备、模型计算和结果分析。

例 6.14 男女患者 132 人分别用 A、B、C 三种不同治疗方法的疗效数据见文件"例 6.14 治疗效果多分类独立样本 Logistic 回归. xlsx"。

将治疗方法 A、B、C 用"哑变量 1"和"哑变量 2"表示,如表 6.18 所示。其中,两个哑变量都等于 0 的"治疗方法 B"为对照组,"哑变量 1"对应于"治疗方法 A","哑变量 2"对应于"治疗方法 C"。

表 6.18 自变量治疗方法用哑变量表示

治疗方法	哑变量 1	哑变量 2
A	1	0
B	0	0
C	0	1

同时,用 IF 函数将性别“男”用“0”替代,“女”用“1”替代。因变量三个分类“无效”“有效”“显效”分别用 1、2、3 替代。具体操作见 Excel 工作表。

多分类有序因变量在数量化时,需要特别注意以下几点:

(1) 多分类有序因变量的最小分类值必须是 1。也就是说,无效、有效、显效不能用 0、1、2 表示,如果这样表示,模型运行时将会出错。

(2) 多分类有序因变量的最小分类值到最大分类值必须是连续的整数。也就是说,无效、有效、显效不能用 1、3、4 或 1、2、4 表示,否则运行时将会出错。

(3) 多分类有序因变量的分类,首先应当按第 6.4.1 节的要求,将有序因变量的分类排列成由小到大、由差到好、由否定到肯定、由消极到积极的次序。

按照这个次序,多分类有序因变量的分类数量化时,数值可以按升序排列,也可以按降序排列。例如,疗效的三个分类“无效” = 1、“有效” = 2、“显效” = 3 就是升序排列。如果“无效” = 3、“有效” = 2、“显效” = 1 就是降序排列。虽然无论分类值是升序排列还是降序排列,模型都可以运行,但两者的运行结果会不相同,具体表现在常数项和自变量的回归系数正负号会发生反转,优势比 OR 值大于 1 或小于 1 也会发生反转。因为分类值用降序排列时,对模型运行结果的理解和解释会复杂化,所以强烈建议分类值采用升序排列。

Logistic 回归模型“例 6.14 治疗效果独立样本 Logistic 回归.xlsx”的数据数量化以后的 Excel 表如图 6.45 所示。

自变量　　因变量

F	G	H	I	J
患者编号	性别	哑变量1	哑变量2	疗效
1	1	0	0	3
2	1	0	0	1
3	0	0	0	2
4	0	1	0	3
5	1	0	0	1
6	1	0	1	1
7	0	0	1	1
8	1	0	0	3
9	1	1	0	2
10	1	0	0	1
…	…	…	…	…
130	1	0	1	2
131	0	0	1	3
132	0	0	1	2

图 6.45 “治疗效果”引进哑变量的 Excel 数据

将“疗效”作为因变量,“性别”“哑变量 1”和“哑变量 2”作为自变量。打开 Excel 菜单“数据通 > 回归分析 > Logistic 回归”,弹出如图 6.46 所示的对话窗口。模型类型选择“多分类”;数据类型选择“独立样本”;允许迭代误差默认为 0.0001;因变量区域选择 J1:J133;勾选“第 1 行是标题”,即不包含标题的因变量数据为 J2:J133(注意:多分类有序因变量独立样本模型,不包含列标题的因变量数据只能在 1 列中);自变量区域选择 G1:I133;勾选“第 1 行是标题”,即不包含标题的自变量数据为 G2:I133;输入模型名称“治疗效果”;输出定位选择单元格 L1。输入完毕后,单击“确定”,出现如图 6.47 所示的迭代进程窗口。

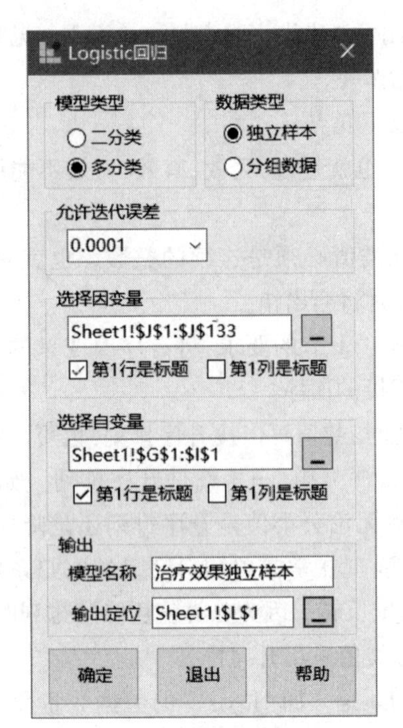

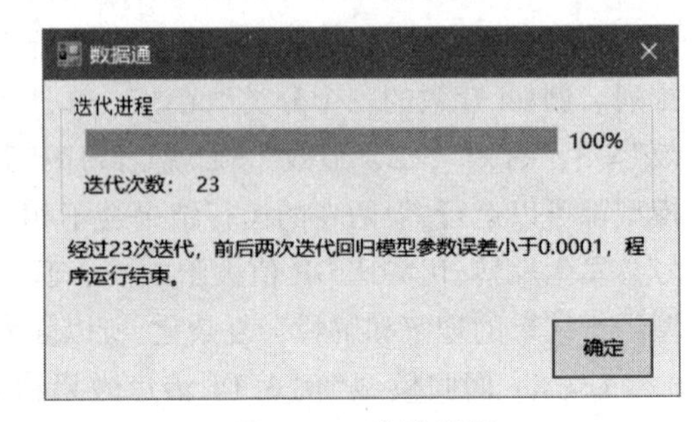

图 6.46 Logistic 回归模型“治疗效果”对话窗口　　　　**图 6.47 迭代进程**

迭代进程到达 100% 时，单击“确定”，出现如图 6.48 所示的输出结果。

表1. Logistic回归模型基本信息						
模型名称：Logistic回归						
模型类型：3分类因变量						
参数估计方法：极大似然						
数据类型：独立样本						
数据长度：132						
自变量个数：3						
迭代算法：Newton-Raphson						
允许迭代误差：0.0001						
迭代次数：20						
表2. Logistic回归方程统计检验						
全模型对数似然值 LLf	-139.8187					
零模型对数似然值 LLn	-142.4402					
似然比 -2*(LLn-LLf)	5.2429					
自由度 df	2					
卡方显著性概率 P-value	0.072695997					
表3. Logistic回归系数统计检验						
常数项和自变量名	回归系数	标准误	Wald统计量	自由度 df	卡方显著性概率 P-value	优势比 OR
常数项1	-1.6307	0.2400	46.1725	1	1.08287E-11	0.195789354
常数项2	0.1841	0.2160	0.7263	1	0.394071408	1.202082814
性别	0.2374	0.3086	0.5916	1	0.441789409	1.267899941
哑变量1	0.4039	0.3396	1.4142	1	0.23436133	1.497615804
哑变量2	0.8901	0.3691	5.8151	1	0.015889072	2.435302985

图 6.48 多分类有序因变量独立样本 Logistic 回归模型“治疗效果”结果输出

图 6.48 中表 1 是 Logistic 回归模型“治疗效果独立样本”的基本信息。

图6.48 中表2 卡方显著性概率 =0.072696 >0.025,说明模型总体并不显著。

图6.48 中表3 给出以下重要信息:

(1) 由常数项 $a_1=-1.6307$,常数项 $a_2=0.1841$,自变量"性别"的回归系数 $b_1=0.2374$,哑变量1 的回归系数 $b_2=0.4039$,哑变量2 的回归系数 $b_3=0.8901$,可以计算出因变量"疗效"各分类的累积概率:

$$\text{“无效”的累积概率} = p(\text{无效}) = \frac{e^{a_1+b_1x_1+b_2x_2+b_3x_3}}{1+e^{a_1+b_1x_1+b_2x_2+b_3x_3}} = \frac{e^{-1.6307+0.2374x_1+0.4039x_2+0.8901x_3}}{1+e^{-1.6307+0.2374x_1+0.4039x_2+0.8901x_3}} \tag{6.58}$$

$$\text{“有效”的累积概率} = p(\text{无效}+\text{有效}) = \frac{e^{a_2+b_1x_1+b_2x_2+b_3x_3}}{1+e^{a_2+b_1x_1+b_2x_2+b_3x_3}} = \frac{e^{0.1841+0.2374x_1+0.4039x_2+0.8901x_3}}{1+e^{0.1841+0.2374x_1+0.4039x_2+0.8901x_3}} \tag{6.59}$$

$$\text{“显效”的累积概率} = p(\text{无效}+\text{有效}+\text{显效}) = 1 \tag{6.60}$$

由此可以计算每一个分类单独的概率:

$$p(\text{无效}) = \frac{e^{-1.6307+0.2374x_1+0.4039x_2+0.8901x_3}}{1+e^{-1.6307+0.2374x_1+0.4039x_2+0.8901x_3}} \tag{6.61}$$

$$p(\text{有效}) = p(\text{无效}+\text{有效}) - p(\text{无效}) = \frac{e^{0.1841+0.2374x_1+0.4039x_2+0.8901x_3}}{1+e^{0.1841+0.2374x_1+0.4039x_2+0.8901x_3}} - \frac{e^{-1.6307+0.2374x_1+0.4039x_2+0.8901x_3}}{1+e^{-1.6307+0.2374x_1+0.4039x_2+0.8901x_3}} \tag{6.62}$$

$$p(\text{显效}) = p(\text{无效}+\text{有效}+\text{显效}) - p(\text{无效}+\text{有效}) = 1 - p(\text{无效}+\text{有效}) = 1 - \frac{e^{0.1841+0.2374x_1+0.4039x_2+0.8901x_3}}{1+e^{0.1841+0.2374x_1+0.4039x_2+0.8901x_3}} \tag{6.63}$$

将每一个独立样本(患者)的自变量性别(x_1)、治疗方法(x_2、x_3)分别代入式(6.61)、式(6.62)、式(6.63),可以计算每个患者治疗效果的概率。

(2) 在图6.48 表3 中,自变量"性别"的卡方显著性概率 =0.4418 >0.05,哑变量1(对应于治疗方法 A)的卡方显著性概率 =0.2344 >0.05,哑变量2(对应于治疗方法 C)的卡方显著性概率 =0.0159 <0.05,因此,只有哑变量2 的回归系数是显著的。

(3) 在本例中自变量"性别" =0 表示"男",为性别的对照组,自变量"性别" =1 表示"女"。图6.48 表3 中,自变量"性别"的优势比 OR =1.2679,表示治疗效果男性患者为对照组,是女性患者的1.2679 倍,即男性患者的治疗效果比女性患者好。

(4) 本例中治疗方法 B 为对照组。图6.48 表3 中,哑变量1(对应于治疗方法 A)的优势比 OR =1.4976,哑变量2(对应于治疗方法 C)的优势比 OR =2.4353。这说明治疗方法 A 的疗效是治疗方法 B(对照组)的 1.4976 倍,治疗方法 C 的疗效是治疗方法 B(对照组)的 2.4353 倍。根据以上两个优势比 OR 值是否可以得出治疗方法 C 的疗效比治疗方法 A 更好的结论? 可以这么猜测,但要证实这个猜测,还要将治疗方法 A 设为对照组,重新计算一遍。

6.4.11 多分类有序因变量分组数据模型的算例及分析

例6.15 将例6.14 治疗效果独立样本数据按患者的"性别""治疗方法"和"疗效"分组,并统计出每组的样本数,得到分组数据如表6.19 所示。统计操作详见"例6.15 治疗效果多分类分组数据 Logistic 回归. xlsx"。

表 6.19　治疗效果多分类分组数据

组号	患者性别	治疗方法	疗效	组样本数
1	女	A	无效	5
2	女	A	有效	11
3	女	A	显效	8
4	女	B	无效	4
5	女	B	有效	11
6	女	B	显效	13
7	女	C	无效	7
8	女	C	有效	9
9	女	C	显效	5
10	男	A	无效	6
11	男	A	有效	10
12	男	A	显效	7
13	男	B	无效	5
14	男	B	有效	7
15	男	B	显效	8
16	男	C	无效	6
17	男	C	有效	6
18	男	C	显效	4
合计				132

用上一节治疗效果独立样本模型同样的方法将以上数据数量化,得到如表 6.20 所示的结果。

表 6.20　数量化后的治疗效果多分类分组数据

组号	性别	哑变量		疗效	组样本数
i	x_1	x_2	x_3	y	n_i
1	0	1	0	1	5
2	0	1	0	2	11
3	0	1	0	3	8
4	0	0	0	1	4
5	0	0	0	2	11
6	0	0	0	3	13
7	0	0	1	1	7
8	0	0	1	2	9
9	0	0	1	3	5
10	1	1	0	1	6
11	1	1	0	2	10
12	1	1	0	3	7
13	1	0	0	1	5
14	1	0	0	2	7
15	1	0	0	3	8
16	1	0	1	1	6
17	1	0	1	2	6
18	1	0	1	3	4
合计					132

表6.19转换到表6.20的操作,详见文件“例6.15 治疗效果多分类分组数据 Logistic 回归.xlsx”。

上一节独立样本模型中,因变量 $y_i=j$ 的概率为 $P(y_i=j)^{d_{ij}}$,由于分组数据第 i 组有 n_i 个独立样本,因此多分类有序因变量分组数据 Logistic 模型的似然函数为:

$$L=\prod_{i=1}^{n}\prod_{j=1}^{k}P(y_i=j)^{n_id_{ij}} \tag{6.64}$$

多分类有序因变量分组数据 Logistic 模型的似然函数的对数为:

$$\begin{aligned}\ln L&=\ln\prod_{i=1}^{n}\prod_{j=1}^{k}P(y_i=j)^{n_id_{ij}}=\sum_{i=1}^{n}\sum_{j=1}^{k}n_id_{ij}\ln P(y_i=j)\\&=\sum_{i=1}^{n}\left\{n_id_{i1}\ln\frac{e^{a_1+b^TX_i}}{1+e^{a_1+b^TX_i}}+\sum_{j=2}^{k-1}n_id_{ij}\ln\left(\frac{e^{a_j+b^TX_i}}{1+e^{a_j+b^TX_i}}-\frac{e^{a_{j-1}+b^TX_i}}{1+e^{a_{j-1}+b^TX_i}}\right)+n_id_{ik}\ln\left(1-\frac{e^{a_{k-1}+b^TX_i}}{1+e^{a_{k-1}+b^TX_i}}\right)\right\}\end{aligned} \tag{6.65}$$

即将独立样本模型的每一项,都乘以相应的组样本数 n_i。

治疗效果分组数据的 Excel 数据表如图6.49所示。

自变量　　因变量

L	M	N	O	P	Q
组号	患者性别	哑变量1	哑变量2	疗效	组样本数
1	0	1	0	1	5
2	0	1	0	2	11
3	0	1	0	3	8
4	0	0	0	1	4
5	0	0	0	2	11
6	0	0	0	3	13
7	0	0	1	1	7
8	0	0	1	2	9
9	0	0	1	3	5
10	1	1	0	1	6
11	1	1	0	2	10
12	1	1	0	3	7
13	1	0	0	1	5
14	1	0	0	2	7
15	1	0	0	3	8
16	1	0	1	1	6
17	1	0	1	2	6
18	1	0	1	3	4

图6.49 “治疗效果”多分类分组数据的因变量和自变量

将“疗效”和“组样本数”作为因变量,“患者性别”“哑变量1”和“哑变量2”作为自变量。打开 Excel 菜单“数据通 > 回归分析 > Logistic 回归”,弹出如图6.50所示的对话窗口。模型类型选择“多分类”;数据类型选择“分组数据”;允许迭代误差选择默认值0.0001;选择因变量区域为 P1:Q19;勾选“第1行是标题”,即不包含标题的因变量数据为 P2:Q19(注意:多分类有序因变量分组数据模型,不包含列标题的因变量数据必须是2列,其中左边一列 P2:P19 是分类值,右边一列 Q2:Q19 是组样本数);选择自变量区域为 M1:O19;勾选“第1行是标题”,即不包含标题的自变量数据为 M2:O19;输入模型名称“治疗效果”;输出定位为 V1。输入完毕后,单击“确定”,出现如图6.51所示的迭代进程窗口。

Logistic回归

模型类型

○ 二分类

◉ 多分类

数据类型

○ 独立样本

◉ 分组数据

允许迭代误差

0.0001

选择因变量

Sheet1!$P$1:$Q$19

☑ 第1行是标题 ☐ 第1列是标题

选择自变量

Sheet1!$M$1:$O$19

☑ 第1行是标题 ☐ 第1列是标题

输出

模型名称 治疗效果分组数据

输出定位 Sheet1!$V$1

确定 退出 帮助

图 6.50　Logistic 回归模型“治疗效果”对话窗口

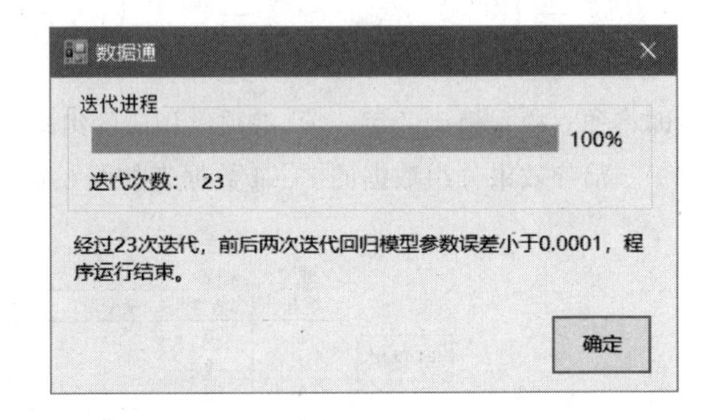

图 6.51　迭代进程

迭代进程到达 100% 时，单击“确定”，出现如图 6.52 所示的输出结果。

V	W	X	Y	Z	AA	AB
表1. Logistic回归模型基本信息						
模型名称：治疗效果						
模型类型：3分类因变量						
参数估计方法：极大似然						
数据类型：分组数据						
数据长度：18						
自变量个数：3						
迭代算法：Newton-Raphson						
允许迭代误差：0.0001						
迭代次数：20						
表2. Logistic回归方程统计检验						
全模型对数似然值 LLf	-139.8187					
零模型对数似然值 LLn	-142.4402					
似然比 -2*(LLn-LLf)	5.2429					
自由度 df	2					
卡方显著性概率 P-value	0.072696					
表3. Logistic回归系数统计检验						
常数项和自变量名	回归系数	标准误	Wald统计量	自由度 df	卡方显著性概率 P-value	优势比 OR
常数项1	-1.6307	0.2400	46.1725	1	1.08287E-11	0.1957894
常数项2	0.1841	0.2160	0.7263	1	0.394071408	1.2020828
患者性别	0.2374	0.3086	0.5916	1	0.441789409	1.2678999
哑变量1	0.4039	0.3396	1.4142	1	0.23436133	1.4976158
哑变量2	0.8901	0.3691	5.8151	1	0.015889072	2.435303

图 6.52　多分类有序因变量分组数据 Logistic 回归模型“治疗效果”结果输出

比较图 6.48 和图 6.52，可以发现治疗效果的独立样本模型和分组数据模型的输出结果，除了表 1 基本信息有所不同以外，表 2 和表 3 的数据完全相同。因此，治疗效果分组数据模型运行结果的理解和分析基本与独立样本模型相同。

多分类因变量分组数据模型的一个优点，是很适合展示各分类水平的观测概率、预测累积概率和预测概率。图 6.53 是治疗效果分组模型数据和观测概率、预测累积概率和预测概率计算的 Excel 工作表截图。具体计算见文件“例 6.15 治疗效果多分类分组数据.xlsx”。仔细研究这个 Excel 工作表可以深入理解多分类有序因变量 Logistic 模型概率计算的公式和算法。

L	M	N	O	P	Q	R	S	T
组号	患者性别	哑变量1	哑变量2	疗效	组样本数	观测概率	预测累积概率	预测概率
1	0	1	0	1	5	0.2083	0.2267	0.2267
2	0	1	0	2	11	0.4583	0.6429	0.4162
3	0	1	0	3	8	0.3333	1.0000	0.3571
4	0	0	0	1	4	0.1429	0.1637	0.1637
5	0	0	0	2	11	0.3929	0.5459	0.3822
6	0	0	0	3	13	0.4643	1.0000	0.4541
7	0	0	1	1	7	0.3333	0.3229	0.3229
8	0	0	1	2	9	0.4286	0.7454	0.4225
9	0	0	1	3	5	0.2381	1.0000	0.2546
10	1	1	0	1	6	0.2609	0.2710	0.2710
11	1	1	0	2	10	0.4348	0.6954	0.4243
12	1	1	0	3	7	0.3043	1.0000	0.3046
13	1	0	0	1	5	0.2500	0.1989	0.1989
14	1	0	0	2	7	0.3500	0.6038	0.4049
15	1	0	0	3	8	0.4000	1.0000	0.3962
16	1	0	1	1	6	0.3750	0.3768	0.3768
17	1	0	1	2	6	0.3750	0.7878	0.4110
18	1	0	1	3	4	0.2500	1.0000	0.2122

图 6.53　治疗效果的观测概率、预测累积概率和预测概率

由图 6.53 可以看出，Logistic 回归模型计算的各组治疗效果的预测概率与观测概率还是比较接近的。

习　题

习题 6-1　商品房销量及相关因素的数据见文件“习题 6-1.xlsx”。

（1）以“GDP 定基指数”为自变量，以“商品房销售面积”为因变量，画出散点图，添加趋势线，进行简单一元回归，写出一元回归方程。

（2）用以上一元回归方程，对 1986—1998 年“商品房销售面积”的观测值和预测值进行拟合，求出每年拟合的绝对误差和相对误差。

（3）以“GDP 定基指数”“人均收入”“常住人口”“每年新增人口”“人均住房面积”“固定资产投资”和“居民储蓄余额”为自变量，以“商品房销售面积”为因变量，用 Excel 回归工具进行多元线性回归。

(4) 用以上多元回归方程求出1986—1998年"商品房销售面积"的预测值,画出1986—1998年"商品房销售面积"的观测值和预测值的折线图。

(5) 对商品房销量及相关数据,分别用前向逐步回归和后向逐步回归对自变量进行筛选,求出相应的回归方程。

(6) 对商品房销量及相关数据,进行遍历子集回归,从中选出自变量都通过 t 检验的回归子集。

习题6-2 三个驾校(A、B、C)共接受了404名学员的驾驶培训。每个驾校学员人数、性别、培训时间、通过考试拿到驾照的学员人数见文件"习题6-2 驾校培训绩效.xlsx"。根据相关数据,建立驾校培训绩效的Logistic回归模型,并根据模型运行结果,分析"驾校""学员性别""培训时间"这三个因素对学员通过考试拿到驾照概率的影响。

习题6-3 某公司858名不同工龄、不同职位的员工对该公司薪酬激励制度进行了满意度测评,测评数据见文件"习题6-3 公司薪酬激励制度测评.xlsx"。根据测评数据,建立满意度概率的Logistic回归模型,并根据模型运行结果,分析"工龄"和"职位"对满意度概率的影响。

第 7 章　统计预测

7.1 预测概述

在现实生活中,我们经常需要进行预测。例如,司机开车出行需要预测到达目的地的时间,父母希望预测子女成年后的身高,农业生产需要预测未来的天气,股市投资者需要预测股市走势,石油公司需要预测国际市场原油价格。预测是根据过去的情况推断未来的发展,以便及早采取应对措施,争取利益或避免损失。

预测有狭义和广义之分。狭义预测是根据已经发生的定量数据,用量化的方法推断数据未来的变化。例如,根据历年全球平均气温和二氧化碳排放量,预测未来全球气温变化。而广义预测则是根据专业经验和当前形势,定性判断事物未来发展的态势。例如,根据目前国民经济现状预测明年的货币政策,根据军事经验和战局的发展预测战争的结局,等等。

本书只讨论狭义预测,即预测的基础是定量数据,预测的方法是数学模型,预测的目标是数据未来的变化。

根据预测期的长短,预测分为短期预测和中长期预测。短期预测的历史数据记录一般要求有 10 个左右,预测期一般限制在 1—2 期。例如,根据一年 12 个月的销量数据记录,要求预测今后一个月或两个月的销量。中长期预测要求有较多的数据历史记录,例如 30 期左右的历史数据记录,预测期一般为 5—10 期。例如,根据 3 年(36 个月)的销量历史数据记录,预测今后 6 个月的销量。一般来说,历史数据越多,预测期越短,预测结果的可靠性越好;历史数据越少,预测期越长,预测的效果越差。

预测方法很多,有定性预测、定量预测两大类。定量预测的种类和方法也非常多,本章仅介绍定量预测中的统计预测方法。

无论是广义预测还是狭义预测,无法正确预测事物发展的结局都是很正常的,并不是任何事物都可以正确预测的。狭义预测成功与否,取决于预测所用的数据是否完备、预测方法是否恰当以及预测的环境是否稳定。预测所用数据不正确或者缺失必要的数据,预测方法选择不恰当,未来环境的变化没有任何先兆,都会造成预测失败。必须认识到,预测是一种充满风险的行为,我们对预测结果应该保持谨慎审视的态度。

7.2 时间序列预测

7.2.1 时间序列概述

回归预测是用一些自变量的值来计算或解释另一个和这些自变量统计相关的因变量的

值。正如我们前面看到的那样，为了预测因变量的值，首先需要预测自变量的值。预测自变量的值有很多方法。其中有一种方法是根据每个自变量的历史数据来预测相应的各个自变量未来将要发生的值，这就是时间序列预测。

一个随机变量按照时间先后排列的观测值称为这个随机变量的时间序列，记为 $x_1, x_2, x_3, \cdots, x_t, \cdots, x_n$，或者记为 $\{x_t\}$。一般情况下，时间序列排列的时间间隔是相等的。例如，每间隔一年、一个月、一周或一天出现一个观测值。

能否根据一个随机变量过去的观测值来预测其未来的值呢？这是需要一定条件的，即随机变量的环境没有变化或者只有平稳的变化。如果随机变量的环境出现了新的变化，这种变化未能包含在它的历史数据中，这样的随机变量就不能用时间序列来预测。一般来说，随着时间的推移，随机变量的环境或多或少会出现新的变化，因此，时间序列预测一般只能用于短期预测。例如，企业营销部门根据12个月的销量记录预测第13个月的销量，旅馆根据前21天的入住旅客人数预测第22天的入住人数，等等。

根据变化的形态，时间序列可以分为平稳时间序列、线性趋势时间序列和周期性时间序列三种基本类型。由这三种基本类型还可以衍生出趋势周期性等其他类型的时间序列。下面分别介绍这几种时间序列的预测方法。

7.2.2 平稳时间序列预测

如果时间序列 $\{x_t\}$ 的均值是一个常数，则这样的时间序列称为平稳时间序列。在实际应用中，只要从图形观察，整个时间序列基本保持水平，没有明显的上升、下降趋势或周期性变化，就可以认为它是平稳时间序列。

例7.1 1978—2005年杭州市GDP指数（上年为100）统计数据如表7.1所示，具体见文件"例7.1杭州市GDP指数.xlsx"。

表7.1 杭州市GDP指数（上年为100）

年份	GDP指数	年份	GDP指数	年份	GDP指数	年份	GDP指数
1978	120.2	1985	119.4	1992	122.9	1999	110.2
1979	113.3	1986	111.5	1993	130.1	2000	112.0
1980	119.7	1987	112.8	1994	126.3	2001	112.2
1981	113.6	1988	107.4	1995	119.9	2002	113.2
1982	107.2	1989	96.9	1996	113.0	2003	115.2
1983	111.2	1990	105.8	1997	113.1	2004	115.0
1984	122.7	1991	118.1	1998	111.2	2005	113.0

资料来源：杭州市统计信息网（www.hzstats.gov.cn）。

GDP指数的均值为114.54（图7.1中虚线所示）。GDP指数的图形如图7.1中实线所示。可以看出，1978—2005年杭州市GDP指数没有明显的周期性，时间序列数据在均值线上下波动，因此是平稳非周期时间序列，简称平稳时间序列。

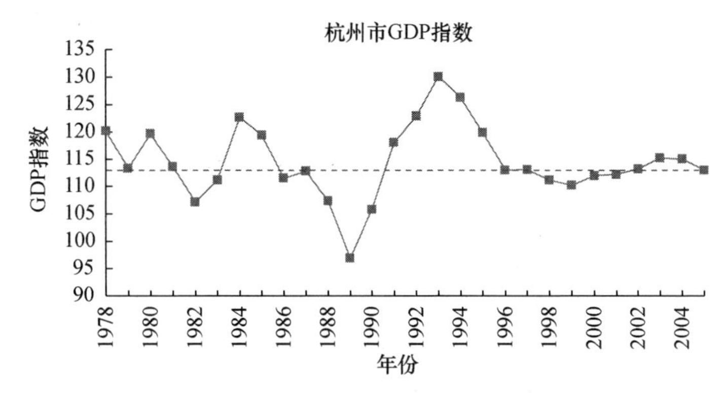

图 7.1　杭州市 GDP 指数—平稳时间序列

平稳时间序列的预测方法有移动平均法和指数平滑法。

1. 移动平均法

移动平均法又分为简单移动平均法和加权移动平均法两种。

简单移动平均法是将时间序列 $x_1, x_2, x_3, \cdots, x_t, \cdots, x_n$ 中连续 k 个数据的平均数作为下一个数据的预测值。设 $k=3$,则预测值为:

$$y_4 = \frac{x_1 + x_2 + x_3}{3}$$

$$y_5 = \frac{x_2 + x_3 + x_4}{3}$$

$$\cdots$$

$$y_{t+1} = \frac{x_{t-2} + x_{t-1} + x_t}{3}$$

$$\cdots$$

$$y_{n+1} = \frac{x_{n-2} + x_{n-1} + x_n}{3}$$

时间序列 $\{x_t\}$ $(t=1,2,\cdots,n)$ 和 $k=3$ 的预测值 $\{y_t\}$ $(t=4,5,\cdots,n+1)$ 的关系如图 7.2 所示。

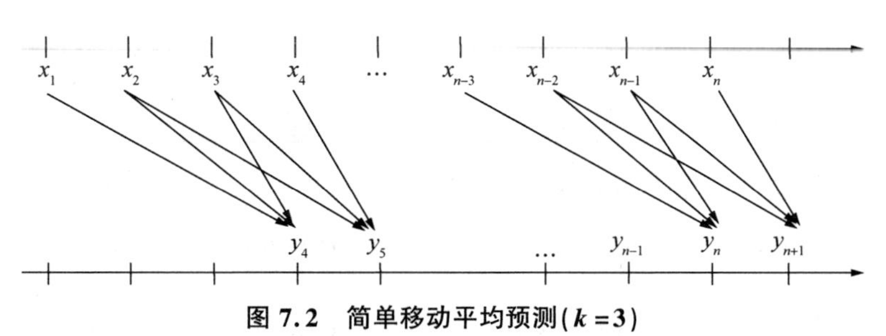

图 7.2　简单移动平均预测($k=3$)

简单移动平均预测可以用 Excel 函数 AVERAGE 产生。

例 7.2　以文件“例 7.1 杭州市 GDP 指数. xlsx”中的数据为例,用 AVERAGE 函数产生的 $k=3$ 和 $k=5$ 的简单移动平均预测如图 7.3 所示(见文件“例 7.2 杭州市 GDP 指数简单移动平均预测. xlsx”),预测期 $F=5$。

	A	B	C	D
1	GDP指数简单移动平均预测			
2	预测长度F=	5		
3	年份	GDP指数	移动平均k=3	移动平均k=5
4	1978	120.2		
5	1979	113.3		
6	1980	119.7		
7	1981	113.6	117.7	
8	1982	107.2	115.5	
9	1983	111.2	113.5	114.8
10	1984	122.7	110.7	113.0
11	1985	119.4	113.7	114.9
12	1986	111.5	117.8	114.8
13	1987	112.8	117.9	114.4
14	1988	107.4	114.6	115.5
15	1989	96.9	110.6	114.8
16	1990	105.8	105.7	109.6
17	1991	118.1	103.4	106.9
18	1992	122.9	106.9	108.2
19	1993	130.1	115.6	110.2
20	1994	126.3	123.7	114.8
21	1995	119.9	126.4	120.6
22	1996	113.0	125.4	123.5
23	1997	113.1	119.7	122.4
24	1998	111.2	115.3	120.5
25	1999	110.2	112.4	116.7
26	2000	112.0	111.5	113.5
27	2001	112.2	111.1	111.9
28	2002	113.2	111.5	111.7
29	2003	115.2	112.5	111.8
30	2004	115.0	113.5	112.6
31	2005	113.0	114.5	113.5
32	2006		114.4	113.7
33	2007		114.1	114.0
34	2008		113.8	114.2
35	2009		114.1	114.0
36	2010		114.0	113.8

图 7.3　杭州市 GDP 指数简单移动平均预测($k=3$ 和 $k=5$)

当预测期超过平均长度时,历史数据不足,一个变通的办法是用预测数据替代不足的历史数据。例如,图 7.3 中:

C(33) = AVERAGE(B30:B31,C32)

C(34) = AVERAGE(B31,C32:C33)

C(35) = AVERAGE(C32:C34)

C(36) = AVERAGE(C33:C35)

时间序列 GDP 指数和 $k=3$、$k=5$ 的简单移动平均预测值的图形如图 7.4 所示。可以看出,简单移动平均法可以反映时间序列的波动和趋势。$k=5$ 的预测值波动比 $k=3$ 的预测值波动更小,而且预测值的变化相对时间序列数据的变化延迟了 5 年。

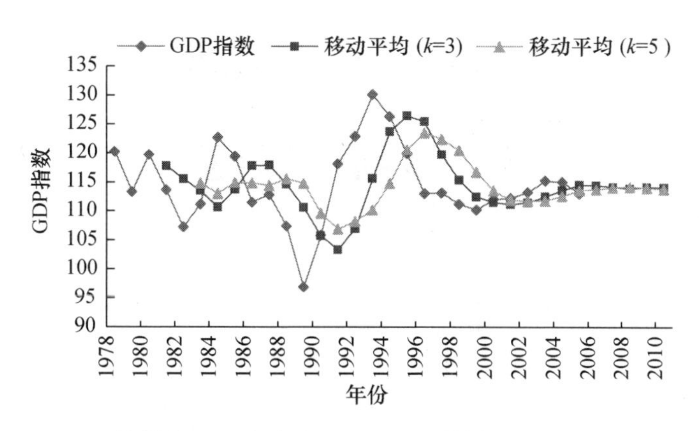

7.4　杭州市 GDP 指数和 $k=3$、$k=5$ 简单移动平均预测图形

因此,如果认为时间序列历史数据的波动完全是由偶然因素引起的,希望预测时较少反映这些波动,就应该将 k 值取得大一些,例如 $k=5$ 或者更大。如果认为时间序列历史数据的波动是其变化规律的一部分,预测时需要考虑这些波动,就应该将 k 值取得小一些,例如 $k=3$ 或者 $k=2$。

简单移动平均是把历史数据的简单平均值作为预测值。在简单移动平均预测中,历史数据是一视同仁对待的。如果需要对发生时间先后的数据进行区别对待,可以赋予 k 个连续历史数据不同的权重 $w_1 \geqslant 0$, $w_2 \geqslant 0$, …, $w_k \geqslant 0$, $\sum_{i=1}^{k} w_i = 1$, 则以下预测值称为加权移动平均预测:

$$y_{t+1} = w_1 x_{t-k+1} + w_2 x_{t-k+2} + \cdots + w_k x_t$$

如果希望 k 个连续时间序列数据中较新发生的数据对预测起更大的作用,可以取 $w_1 \leqslant w_2 \leqslant \cdots \leqslant w_k$,即越新的数据权重越大;反之,如果希望较早发生的数据对预测起更大的作用,则可以取 $w_1 \geqslant w_2 \geqslant \cdots \geqslant w_k$,即越早的数据权重越大。

例 7.3　以文件“例 7.1 杭州市 GDP 指数. xlsx”中的数据为例,对于 $k=3$,取 $w_1=0.1$, $w_2=0.3$, $w_3=0.6$,用加权移动平均对数据进行预测。以上加权移动平均中,最新的数据权重最大,最早的数据权重最小。

计算加权移动平均的 Excel 表如图 7.5 所示。预测期超过移动平均长度,历史数据不够,可用预测值替代历史数据继续预测。具体操作见文件“例 7.3 杭州市 GDP 指数加权移动平均预测. xlsx”。

杭州市GDP指数加权移动平均预测		
平均长度k=	3	
预测长度F=	5	
年份	GDP指数	加权移动平均
1978	120.2	
1979	113.3	
1980	119.7	
1981	113.6	117.8
1982	107.2	115.4
1983	111.2	110.4
1984	122.7	110.2
1985	119.4	117.7
1986	111.5	119.6
1987	112.8	115.0
1988	107.4	113.1
1989	96.9	109.4
1990	105.8	101.6
1991	118.1	103.3
1992	122.9	112.3
1993	130.1	119.8
1994	126.3	126.7
1995	119.9	127.1
1996	113.0	122.8
1997	113.1	116.4
1998	111.2	113.8
1999	110.2	112.0
2000	112.0	110.8
2001	112.2	111.4
2002	113.2	111.9
2003	115.2	112.8
2004	115.0	114.3
2005	113.0	114.9
2006		113.8
2007		113.7
2008		113.7
2009		113.7
2010		113.7

图 7.5　杭州市 GDP 指数加权移动平均预测的 Excel 表

以上加权移动平均的图形如图 7.6 所示。

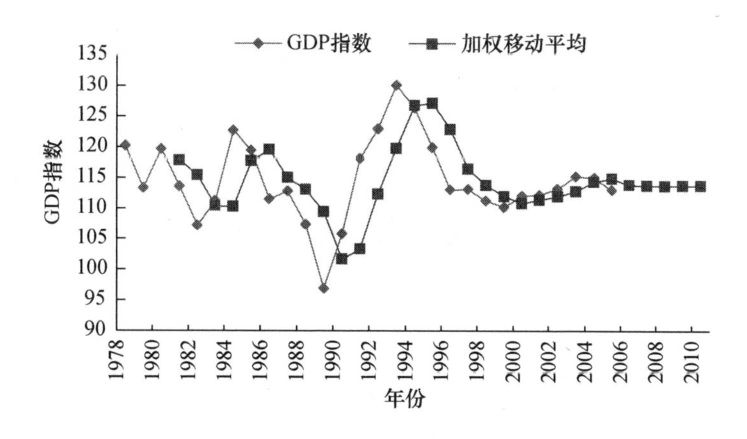

图 7.6　杭州市 GDP 指数加权移动平均预测

由于第三个数据的权重为 0.6,是三个权重中最大的,因此加权移动平均预测值和最近一年的数据比较接近。从图 7.6 可以看出,加权移动平均预测的图形和时间序列数据图形比较接近,并且变化延迟了 1 年。

2. 指数平滑法

移动平均法每次预测用到的只是时间序列 k 个最近的观测值,而指数平滑法(亦称简单指数平滑法)则用当前的观测值 x_t 和当前的预测值 y_t 的加权平均作为下一时期的预测值 y_{t+1}。作为初始化,将第一期的观测值 x_1 作为第一期的预测值 y_1,即:

$$\begin{cases} y_{t+1} = \alpha x_t + (1-\alpha) y_t, \quad t = 1,2,\cdots \\ y_1 = x_1 \end{cases} \tag{7.1}$$

式中,$0<\alpha<1$ 称为平滑常数。例如,$\alpha=0.3$,$1-\alpha=0.7$,当前的观测值 x_t 和当前的预测值 y_t 分别用权重 0.3 和 0.7 加权平均,即得到下一时期的预测值 $y_{t+1}=0.3x_t+0.7y_t$。

例 7.4　以文件"例 7.1 杭州市 GDP 指数. xlsx"中的数据为例,对于 $\alpha=0.3$,用简单指数平滑法对数据进行预测。

简单指数平滑法计算的 Excel 表如图 7.7 所示,具体计算方法见文件"例 7.4 杭州市 GDP 指数简单指数平滑法预测. xlsx"。

作为初始化,取第一个观测值作为第一个预测值,即 $y_1=x_1$。当预测期较长,观测数据不足时,用预测值替代观测值继续进行预测。以上预测结果的图形如图 7.8 所示。

如果将 Excel 表中的平滑常数 α 从 0.7 改为 0.3,得到新的简单指数平滑预测结果图形如图 7.9 所示。

杭州市GDP指数简单指数平滑预测			
预测长度F=	5		
平滑常数α=		0.7	0.3
年份	GDP指数	指数平滑预测	指数平滑预测
1978	120.2		
1979	113.3	120.2	120.2
1980	119.7	115.4	118.1
1981	113.6	118.4	118.6
1982	107.2	115.0	117.1
1983	111.2	109.6	114.1
1984	122.7	110.7	113.3
1985	119.4	119.1	116.1
1986	111.5	119.3	117.1
1987	112.8	113.8	115.4
1988	107.4	113.1	114.6
1989	96.9	109.1	112.5
1990	105.8	100.6	107.8
1991	118.1	104.2	107.2
1992	122.9	113.9	110.5
1993	130.1	120.2	114.2
1994	126.3	127.1	119.0
1995	119.9	126.6	121.2
1996	113.0	121.9	120.8
1997	113.1	115.7	118.5
1998	111.2	113.9	116.8
1999	110.2	112.0	115.2
2000	112.0	110.7	113.7
2001	112.2	111.6	113.2
2002	113.2	112.0	112.9
2003	115.2	112.8	113.0
2004	115.0	114.5	113.6
2005	113.0	114.8	114.0
2006		113.6	113.7
2007		114.5	114.0
2008		113.8	113.8
2009		114.3	113.9
2010		114.0	113.8

图 7.7　杭州市 GDP 指数简单指数平滑预测的 Excel 表

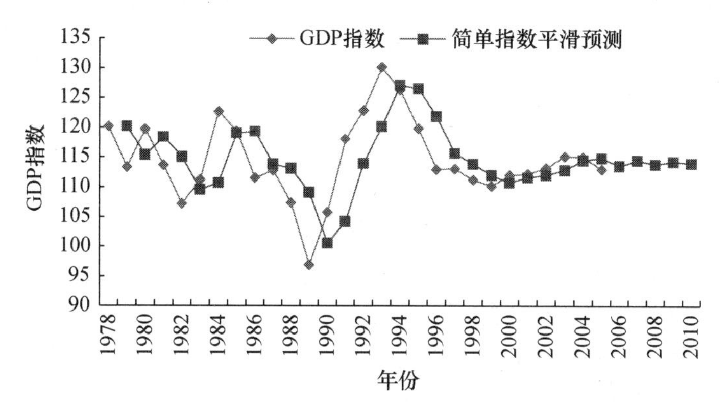

图 7.8　杭州市 GDP 指数简单指数平滑法预测($\alpha=0.7$)

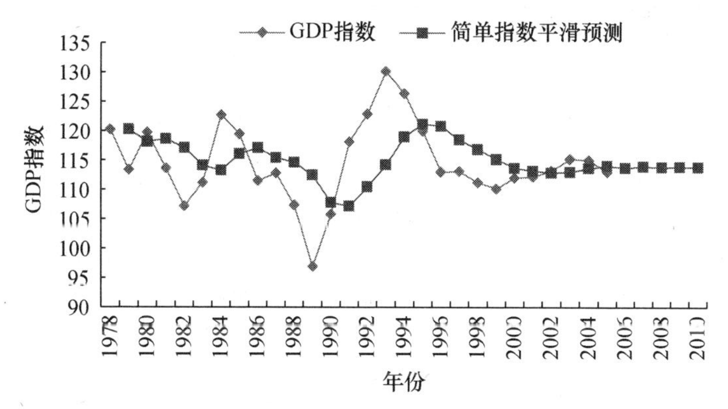

图 7.9　杭州市 GDP 指数简单指数平滑法预测($\alpha=0.3$)

比较图 7.8 和图 7.9,可以看出,简单指数平滑法可以反映时间序列的波动和趋势。平滑系数 α 较大时,预测结果就接近观测数据。当平滑系数 α 变小时,预测结果图形趋于平缓。因此,如果希望预测反映历史数据的波动因素,α 应该取得大一些,例如 $\alpha=0.7$ 或 0.8;如果不希望预测数据太多地反映历史数据中的波动因素,α 应该取得小一些,例如 $\alpha=0.3$ 或 0.4,让观测数据在下一个预测值中所占的比例更小一些。

指数平滑的预测值 y_{t+1} 是由上一个观测值 x_t 和上一个预测值 y_t 分别用权重 α 和 $1-\alpha$ 加权平均得到的,而上一个预测值 y_t 又可以表示为更上一次的观测值 x_{t-1} 和更上一次预测值 y_{t-1} 的加权平均。如此可以一直向前追溯,直到预测值 y_{t+1} 用所有的观测值 $x_t,x_{t-1},\cdots,x_2,x_1$ 表示。预测值 y_{t+1} 用所有的观测值 $x_t,x_{t-1},\cdots,x_2,x_1$ 表示的表达式推导如下:

$$
\begin{aligned}
y_{t+1} &= \alpha x_t + (1-\alpha)y_t \\
&= \alpha x_t + (1-\alpha)[\alpha x_{t-1} + (1-\alpha)y_{t-1}] \\
&= \alpha x_t + \alpha(1-\alpha)x_{t-1} + (1-\alpha)^2 y_{t-1} \\
&= \alpha x_t + \alpha(1-\alpha)x_{t-1} + (1-\alpha)^2[\alpha x_{t-2} + (1-\alpha)y_{t-2}] \\
&= \alpha x_t + \alpha(1-\alpha)x_{t-1} + \alpha(1-\alpha)^2 x_{t-2} + (1-\alpha)^3 y_{t-2} \\
&= \cdots
\end{aligned}
$$

$$= \alpha x_t + \alpha(1-\alpha)x_{t-1} + \alpha(1-\alpha)^2 x_{t-2} + \cdots + \alpha(1-\alpha)^{t-2}x_2 + (1-\alpha)^{t-1}y_2$$

$$= \alpha x_t + \alpha(1-\alpha)x_{t-1} + \alpha(1-\alpha)^2 x_{t-2} + \cdots$$

$$+ \alpha(1-\alpha)^{t-2}x_2 + (1-\alpha)^{t-1}[\alpha x_1 + (1-\alpha)y_1]$$

我们注意到 $y_1 = x_1$，因此有：

$$y_{t+1} = \alpha x_t + \alpha(1-\alpha)x_{t-1} + \alpha(1-\alpha)^2 x_{t-2} + \cdots$$

$$+ \alpha(1-\alpha)^{t-2}x_2 + (1-\alpha)^{t-1}[\alpha x_1 + (1-\alpha)x_1]$$

$$= \alpha x_t + \alpha(1-\alpha)x_{t-1} + \alpha(1-\alpha)^2 x_{t-2} + \cdots + \alpha(1-\alpha)^{t-2}x_2 + (1-\alpha)^{t-1}x_1 \quad (7.2)$$

由式(7.2)可以看出，指数平滑法实际上就是将所有历史数据分别用不同的权重加权平均来计算预测值，最近的数据 x_t 的权重最大，为 α。数据越早，权重越小，第一个数据 x_1 的权重最小，为 $(1-\alpha)^{t-1}$。

7.2.3 线性趋势时间序列预测

时间序列 $\{x_t\}$ 没有明显的周期性，均值呈线性上升或线性下降趋势，这样的时间序列称为线性趋势非周期性时间序列，简称线性趋势时间序列。

例 7.5 某品牌家用汽车 1997—2016 年销量数据见文件“例 7.5 家用汽车销量.xlsx”。

汽车销量的图形如图 7.10 所示。可以看出，这个时间序列虽然有波动，但没有明显的周期性，而且时间序列的均值具有线性上升的趋势，因此这个时间序列是线性趋势时间序列。

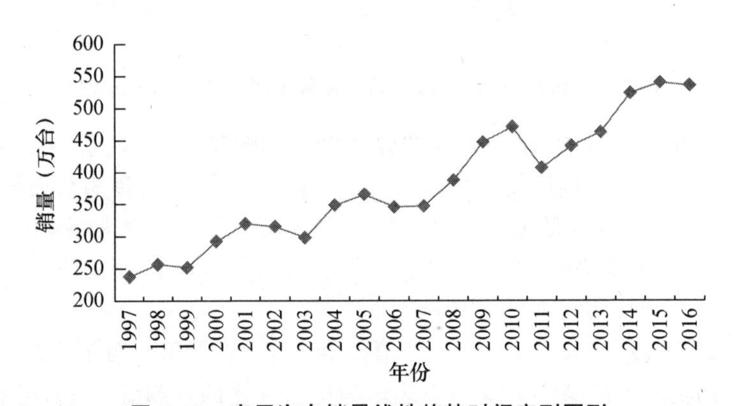

图 7.10　家用汽车销量线性趋势时间序列图形

线性趋势时间序列的预测方法有二次移动平均法和二次指数平滑法两种，它们的预测模型都是：

$$y_{t+\tau} = a_t + b_t\tau \quad (7.3)$$

式(7.3)是一个关于时间变量 τ 的线性函数。其中，a_t，b_t 是随时间变化的两个预测模型系数，它们将随观测值 x_t 和预测值 y_t 的变化而变化；τ 是从时刻 t 开始预测未来的时期数；$y_{t+\tau}$ 是从时刻 t 开始预测未来 τ 个时期的预测值。如果 $\tau=1$，$y_{t+1} = a_t + b_t$ 就是 t 时刻的下一个时刻 $t+1$ 的预测值。

二次移动平均法和二次指数平滑法计算预测模型系数 a_t、b_t 的方法不同。

1. 二次移动平均法

二次移动平均法是将时间序列$\{x_t\}$($t=1,2,\cdots,n$),用连续k个数据的平均数得到一次移动平均时间序列$\{m_t\}$($t=k+1,k+2,\cdots,n+1$),然后用$\{y_t\}$中连续k个数据的平均数得到二次移动平均时间序列$\{d_t\}$($t=2k+1,2k+2,\cdots,n+2$)。

设$k=3$,一次移动平均时间序列值m_t为

$$m_4=\frac{x_1+x_2+x_3}{3}$$

$$m_5=\frac{x_2+x_3+x_4}{3}$$

$$\cdots$$

$$m_{t+1}=\frac{x_{t-2}+x_{t-1}+x_t}{3}$$

$$\cdots$$

$$m_{n+1}=\frac{x_{n-2}+x_{n-1}+x_n}{3}$$

二次移动平均时间序列值d_t为:

$$d_7=\frac{m_4+m_5+m_6}{3}$$

$$d_8=\frac{m_5+m_6+m_7}{3}$$

$$\cdots$$

$$d_{t+1}=\frac{m_{t-2}+m_{t-1}+m_t}{3}$$

$$\cdots$$

$$d_{n+2}=\frac{m_{n-1}+m_n+m_{n+1}}{3}$$

对于$k=3$,时间序列$\{x_t\}$($t=1,2,\cdots,n$)、$\{m_t\}$($t=4,5,\cdots,n+1$)和$\{d_t\}$($t=7,8,\cdots,n+2$)的关系如图7.11所示。

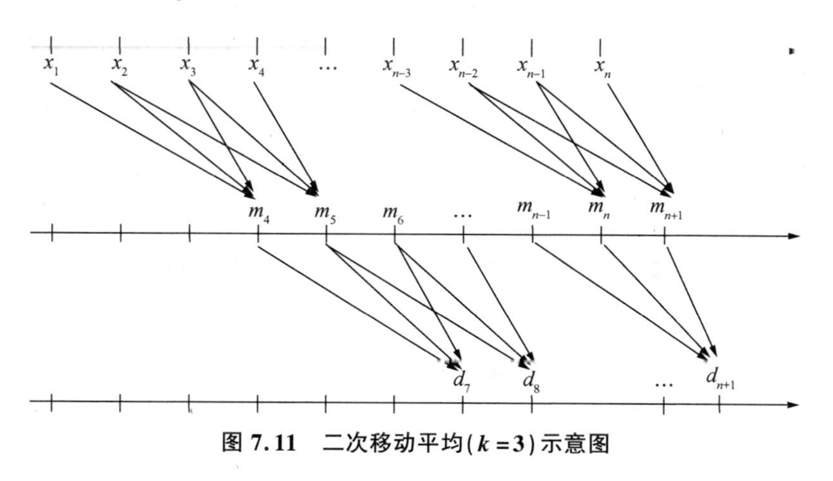

图7.11 二次移动平均($k=3$)示意图

建立了一次移动平均时间序列$\{m_t\}$和二次移动平均时间序列$\{d_t\}$后，计算预测模型中的系数a_t和b_t，公式如下：

$$a_t = 2m_t - d_t$$
$$b_t = \frac{2(m_t - d_t)}{k - 1} \tag{7.4}$$

对于某一个时刻t，得到相应的a_t和b_t以后，固定a_t和b_t不变，分别取$\tau = 1,2,3,\cdots$，就可以用预测模型$y_{t+\tau} = a_t + b_t\tau$分别计算$t+1, t+2, t+3, \cdots$的预测值$y_{t+1}, y_{t+2}, y_{t+3}, \cdots$。

例 7.6　对文件“例 7.5 家用汽车销量. xlsx”中的家用汽车 1997—2016 年销量数据，用二次移动平均法($k=5$)预测 2017—2021 年的销量。

用二次移动平均法($k=5$)预测的 Excel 表如图 7.12 所示，具体计算见文件“例 7.6 家用汽车销量二次移动平均预测. xlsx”。

家用汽车销量的二次移动平均预测						
平均长度k=	5					
预测长度F=	5					
年份	销量xt	mt	dt	at	bt	预测值yt
1997	237.2					
1998	256.6					
1999	251.7					
2000	292.2					
2001	319.6					
2002	315.4	271.46				
2003	298.2	287.10				
2004	348.6	295.42				
2005	365.0	314.80				
2006	345.6	329.36				
2007	347.0	334.56	299.63	369.49	34.93	
2008	387.3	340.88	312.25	369.51	28.63	404.42
2009	447.2	358.70	323.00	394.40	35.70	398.14
2010	470.7	378.42	335.66	421.18	42.76	430.09
2011	407.0	399.56	348.38	450.74	51.18	463.94
2012	441.3	411.84	362.42	461.26	49.42	501.91
2013	462.5	430.70	377.88	483.52	52.82	510.67
2014	523.2	445.74	395.84	495.64	49.90	536.34
2015	539.6	460.94	413.25	508.63	47.69	545.53
2016	535.1	474.72	429.76	519.68	44.96	556.32
2017						564.65
2018						609.61
2019						654.58
2020						699.54
2021						744.50

图 7.12　家用汽车销量二次移动平均预测($k=5$)的 Excel 表

家用汽车销量观测值和预测值的图形如图 7.13 所示。可以看出，二次移动平均预测模型可以反映线性趋势时间序列的水平和趋势。

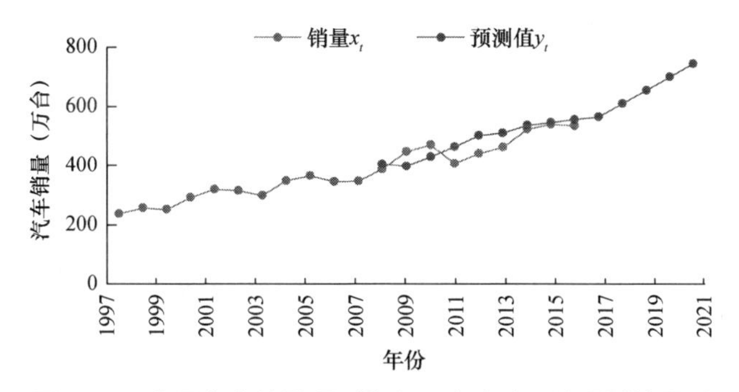

图 7.13　家用汽车销量观测值和二次移动平均预测的图形

2. 二次指数平滑法

二次指数平滑法有两个平滑常数 α 和 β，分别用来平滑预测模型 $y_{t+\tau}=a_t+b_t\tau$ 中的两个预测系数 a_t 和 b_t，公式如下：

$$
\begin{aligned}
a_t &= \alpha x_t + (1-\alpha)(a_{t-1}+b_{t-1}) \\
b_t &= \beta(a_t - a_{t-1}) + (1-\beta)b_{t-1}
\end{aligned}
\tag{7.5}
$$

例 7.7　基于文件“例 7.5 家用汽车销量. xlsx”，用二次指数平滑法对家用汽车销量进行预测。

设初始的预测系数 $a_1=x_1$，$b_1=x_2-x_1$，二次指数平滑预测的 Excel 表如图 7.14 所示。具体计算见文件“例 7.7 家用汽车销量二次指数平滑预测. xlsx”。

家用汽车销量二次指数平滑预测				
水平平滑常数α=	0.5			
趋势平滑常数β=	0.6			
预测长度F=	5			
年份	销量x_t	a_t	b_t	预测值y_t
1997	237.2	237.20	19.40	
1998	256.6	256.60	19.40	256.60
1999	251.7	263.85	12.11	276.00
2000	292.2	284.08	16.98	275.96
2001	319.6	310.33	22.54	301.06
2002	315.4	324.14	17.30	332.87
2003	298.2	319.82	4.33	341.44
2004	348.6	336.37	11.66	324.15
2005	365.0	356.52	16.75	348.04
2006	345.6	359.44	8.45	373.27
2007	347.0	357.44	2.18	367.89
2008	387.3	373.46	10.49	359.63
2009	447.2	415.58	29.46	383.95
2010	470.7	457.87	37.16	445.04
2011	407.0	451.01	10.75	495.03
2012	441.3	451.53	4.61	461.77
2013	462.5	459.32	6.52	456.14
2014	523.2	494.52	23.73	465.84
2015	539.6	528.92	30.13	518.25
2016	554.1	556.58	28.65	559.06
2017				585.22
2018				613.87
2019				642.51
2020				671.16
2021				699.81

图 7.14　家用汽车销量二次指数平滑预测

家用汽车销量二次指数平滑预测的观测值和预测值的折线图如图 7.15 所示。可以看出,二次指数平滑模型可以预测线性趋势时间序列的水平和趋势。

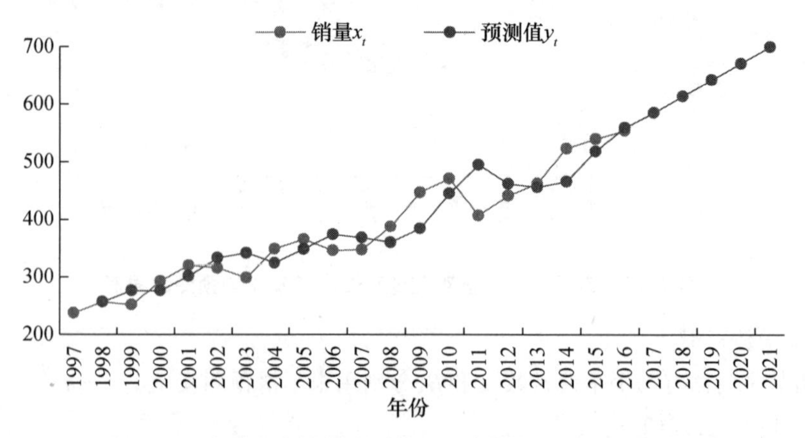

图 7.15 家用汽车销量观测值和二次指数平滑预测值图形

7.2.4 平稳周期性时间序列预测

有很多时间序列具有周期性特征。例如,饮料销量夏季达到高峰,冬季降至低谷,销量呈现以年为单位的周期性;电网负荷以 24 小时为周期,上午、下午和晚上出现三次高峰,凌晨为低谷。

周期性时间序列分为平稳周期性时间序列和线性趋势周期性时间序列。平稳周期时间序列的均值是一个常数,而线性趋势周期性时间序列的均值呈线性上升或线性下降趋势。

电网连续两天电力负荷的均值基本上不会有大的变化,因此,电力日负荷变化是一个平稳周期性时间序列。而饮料下一年的销量比上一年的销量会有所增加或有所减少,因此饮料的月销量是一个线性趋势周期性时间序列。本节研究平稳周期性时间序列的预测。

作为平稳周期性时间序列的例子,某旅馆两周入住旅客人数如表 7.2 所示。

表 7.2 某旅馆两周入住的旅客人数 单位:人

日期	周一	周二	周三	周四	周五	周六	周日
第一周顾客数	32	49	62	39	93	72	64
第二周顾客数	36	45	61	43	88	76	62

以上入住人数的时间序列图形如图 7.16 所示。可以看出,周一是入住人数的低谷,而周五是入住人数的高峰。相邻两周入住顾客的均值变化不大。这个时间序列就是平稳周期性时间序列,周期 $T=7$ 天。

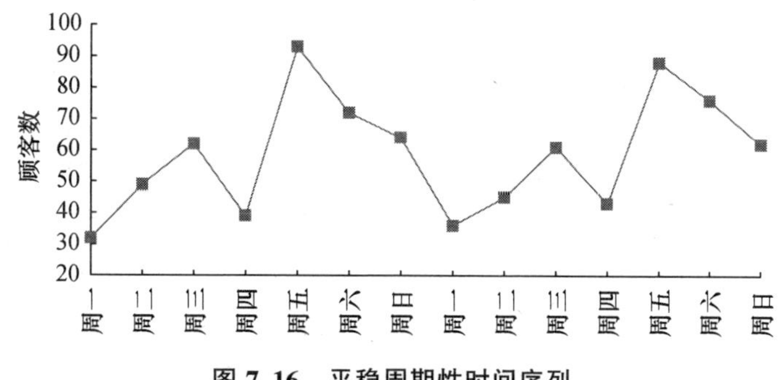

图 7.16　平稳周期性时间序列

平稳周期性时间序列的预测模型有平稳周期性加法模型和平稳周期性乘法模型。

1. 平稳周期性加法模型

平稳周期性加法模型用于预测平稳的周期性时间序列,时间序列的振幅(峰谷值之差)不随时间推移而增减;其预测长度最多为一个周期。

设周期长度为 T,t 为第一周期到第三周期中的时间变量,即 $1 \leqslant t \leqslant 3T$。平稳周期性加法模型的计算过程如下:

第一步,计算前两个周期内的水平因素 a_t 和周期因素 P_t;第二步,根据水平因素 a_t 和周期因素 P_t 计算预测值。

第一周期内($1 \leqslant t \leqslant T$),水平因素 a_t 的数值都相等,等于第一周期内时间序列值的平均值;周期因素 P_t 等丁同期时间序列值 x_t 和水平因素值 u_t 之差:

$$\begin{aligned} a_t &= \sum_{t=1}^{T} x_t \\ P_t &= x_t - a_t \end{aligned} \tag{7.6}$$

按式(7.6)计算的第一周期内的水平因素 a_t 和周期因素 P_t 作为后续计算的初始值。

第二周期内($T+1 \leqslant t \leqslant 2T$),由以下指数平滑方程依次计算各时期水平因素 a_t 和周期因素 P_t:

$$\begin{aligned} a_t &= \alpha(x_t - P_{t-T}) + (1-\alpha)a_{t-1} \\ P_t &= \beta(x_t - a_t) + (1-\beta)P_{t-T} \end{aligned} \tag{7.7}$$

在计算了水平因素 a_t 和周期因素 P_t 后,按下式计算第一周期和第二周期内的预测值:

$$y_{t+1} = a_t + P_t \quad 1 \leqslant t \leqslant 2T \tag{7.8}$$

按下式计算第三周期内的预测值:

$$y_t = a_{2T} + P_{t-T} \quad 2T+1 \leqslant t \leqslant 3T \tag{7.9}$$

式(7.9)表示,在计算第三周期的预测值时,水平因素固定在第二周期末的值 a_{2T} 不变,而周期因素则回退一个周期 T,用上一周期中的周期因素 P_{t-T} 值计算。

例 7.8　对旅馆入住人数按平稳周期性时间序列进行预测的 Excel 表如图 7.17 所示。具体的计算见文件“例 7.8 入住旅客人数的平稳周期性加法模型预测. xlsx”。

旅馆入住顾客数的平稳周期性加法模型预测				
水平平滑常数α=	0.6			
周期平滑常数γ=	0.5			
周期长度T=	7			
预测长度F=	7			
日期	旅客数xt	at	Pt	预测值yt
周一	32	58.7143	-26.7143	
周二	49	58.7143	-9.7143	32.0000
周三	62	58.7143	3.2857	49.0000
周四	39	58.7143	-19.7143	62.0000
周五	93	58.7143	34.2857	39.0000
周六	72	58.7143	13.2857	93.0000
周日	64	58.7143	5.2857	72.0000
周一	36	61.1143	-25.9143	64.0000
周二	45	57.2743	-10.9943	35.2000
周三	61	57.5383	3.3737	46.2800
周四	43	60.6439	-18.6791	60.9120
周五	88	56.4861	32.8998	41.9648
周六	76	60.2230	14.5313	89.3859
周日	62	58.1178	4.5840	74.7544
周一				32.2035
周二				47.1235
周三				61.4915
周四				39.4387
周五				91.0176
周六				72.6491
周日				62.7017

图 7.17　旅馆入住人数预测的 Excel 表

旅客数的观测值和预测值图形如图 7.18 所示。可以看出,平稳周期性加法模型可以反映历史数据的周期性。

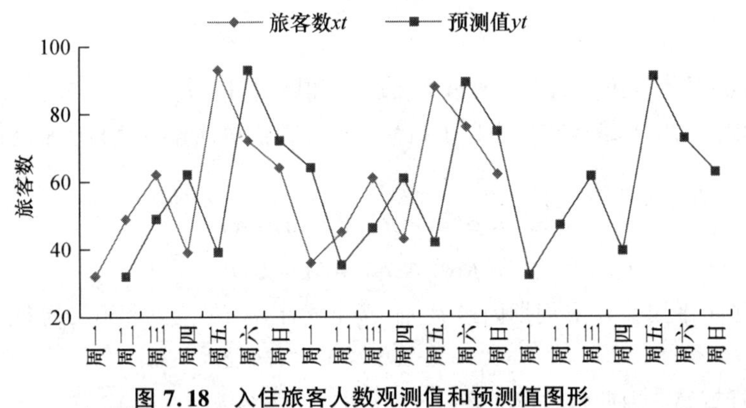

图 7.18　入住旅客人数观测值和预测值图形

2. 平稳周期性乘法模型

平稳周期性乘法模型适用于周期因素的振幅(峰谷值之差)随时间推移而增减的时间序列,其预测长度最多为一个周期。

设周期为 T,t 为三个周期内的时间变量($1\leqslant t\leqslant 3T$),平稳周期性乘法模型的计算过程为:

第一周期内($1\leqslant t\leqslant T$),计算水平因素 a_t 和周期因素 P_t 的初值。周期因素 P_t 初值的计算方法与加法模型不同：

$$a_t = \sum_{t=1}^{T} x_t$$

$$P_t = \frac{x_t}{a_t} \tag{7.10}$$

第二周期内（$T+1 \leqslant t \leqslant 2T$），用指数平滑方程计算水平因素 a_t 和周期因素 P_t。水平因素 a_t 和周期因素 P_t 的平滑方程与平稳周期性加法模型不同：

$$a_t = \alpha\left(\frac{x_t}{P_{t-T}}\right) + (1-\alpha)a_{t-1}$$

$$P_t = \gamma\left(\frac{x_t}{a_t}\right) + (1-\gamma)P_{t-T} \tag{7.11}$$

然后按下式计算第一周期和第二周期内的预测值：

$$y_{t+1} = a_t P_t \qquad 1 \leqslant t \leqslant 2T \tag{7.12}$$

按下式计算第三周期内的预测值：

$$y_t = a_{2T} P_{t-T} \quad 2T+1 \leqslant t \leqslant 3T \tag{7.13}$$

式(7.13)表示，在计算第三周期的预测值时，水平因素固定在第二周期末的值 a_{2T} 不变，而周期因素则回退一个周期 T，用上一周期中的周期因素 P_{t-T} 值计算。

例 7.9 某城市 24 个月用电负荷变化数据如表 7.3 所示。

表 7.3 某城市 24 个月用电负荷（万千瓦小时）

月份	用电负荷	月份	用电负荷
1 月	245.50	1 月	247.11
2 月	248.65	2 月	249.70
3 月	231.73	3 月	201.68
4 月	271.82	4 月	246.07
5 月	321.31	5 月	320.76
6 月	398.20	6 月	438.85
7 月	435.58	7 月	482.63
8 月	420.37	8 月	455.62
9 月	368.66	9 月	394.40
10 月	315.75	10 月	324.40
11 月	225.03	11 月	236.88
12 月	199.92	12 月	189.37

用电负荷数据的图形如图 7.19 所示。可以看出，用电负荷呈周期性变化，周期为 12 个月。用电负荷的均值变化不大，属平稳周期性时间序列。用电负荷的峰谷差幅度呈扩大趋势，因此是平稳周期性幅度变化的时间序列，这样的时间序列适用的预测方法是平稳周期性乘法模型。

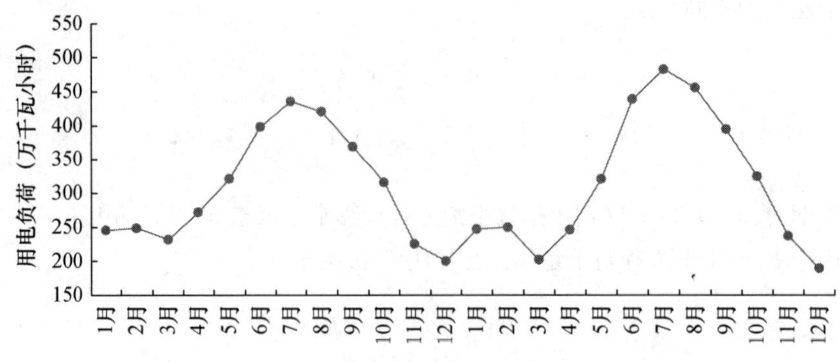

图 7.19　用电负荷数据图形

设 $\alpha=0.01$, $\gamma=0.99$，用式(7.10)—式(7.13)计算用电负荷的预测值，计算过程见文件“例7.9 城市用电负荷平稳周期性乘法预测.xlsx”。Excel 预测数据和预测结果如图 7.20 所示。

城市用电负荷的平稳周期性乘法模型预测				
水平平滑常数/α=	0.01			
周期平滑常数/γ=	0.99			
周期长度/T=	12			
预测长度/F=	12			
月份/t	用电负荷/xt	水平/at	周期/Pt	预测/yt
1月	245.50	306.88	0.80	
2月	248.65	306.88	0.81	245.50
3月	231.73	306.88	0.76	248.65
4月	271.82	306.88	0.89	231.73
5月	321.31	306.88	1.05	271.82
6月	398.20	306.88	1.30	321.31
7月	435.58	306.88	1.42	398.20
8月	420.37	306.88	1.37	435.58
9月	368.66	306.88	1.20	420.37
10月	315.75	306.88	1.03	368.66
11月	225.03	306.88	0.73	315.75
12月	199.92	306.88	0.65	225.03
1月	247.11	306.90	0.81	199.92
2月	249.70	306.91	0.81	247.09
3月	201.68	306.51	0.66	249.69
4月	246.07	306.22	0.80	201.98
5月	320.76	306.23	1.05	246.32
6月	438.85	306.55	1.43	320.76
7月	482.63	306.88	1.57	438.44
8月	455.62	307.14	1.48	482.16
9月	394.40	307.35	1.28	455.27
10月	324.40	307.43	1.05	394.15
11月	236.88	307.58	0.77	324.32
12月	189.37	307.42	0.62	236.77
1月				247.51
2月				250.10
3月				202.57
4月				247.28
5月				322.01
6月				439.68
7月				483.00
8月				455.68
9月				394.23
10月				324.31
11月				236.64
12月				189.48

图 7.20　城市用电负荷平稳周期性乘法模型预测数据

在此例中,水平平滑常数 $\alpha=0.01$ 和周期平滑常数 $\gamma=0.99$ 是经过反复调整后确定的,调整的依据是选定的预测误差评价指标(见第7.2.7节预测误差评价指标)尽可能小。

用电负荷的观测值和预测值图形如图7.21所示。可以看出,平稳周期性乘法模型可以较好地反映平稳(无线性趋势)周期性振幅变化的时间序列的水平、周期和振幅变化。

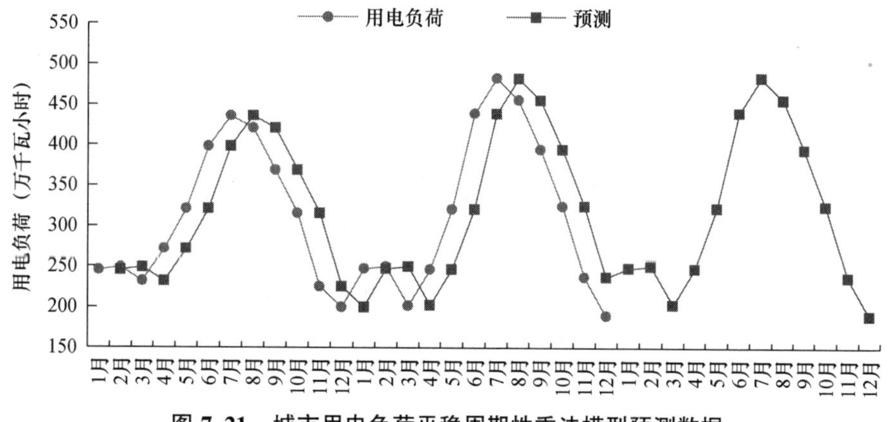

图7.21 城市用电负荷平稳周期性乘法模型预测数据

7.2.5 线性趋势周期性时间序列预测

时间序列 $\{x_t\}$ $(t=1,2,\cdots,n)$ 具有周期性,并且均值呈线性上升或线性下降趋势,这样的时间序列称为线性趋势周期性时间序列。

例7.10 某城市24个月的用水量数据如表7.4所示。

表7.4 某城市24个月用水量数据(万立方米)

月份	用水量	月份	用水量
1月	4643	1月	5254
2月	4345	2月	4958
3月	5064	3月	5661
4月	5264	4月	5870
5月	5538	5月	6147
6月	6038	6月	6639
7月	6780	7月	7372
8月	7486	8月	8071
9月	6760	9月	7365
10月	7188	10月	7795
11月	5833	11月	6445
12月	5159	12月	5745

表7.4中的时间序列的图形如图7.22所示。可以看出,城市用水量是线性趋势周期性

的时间序列。

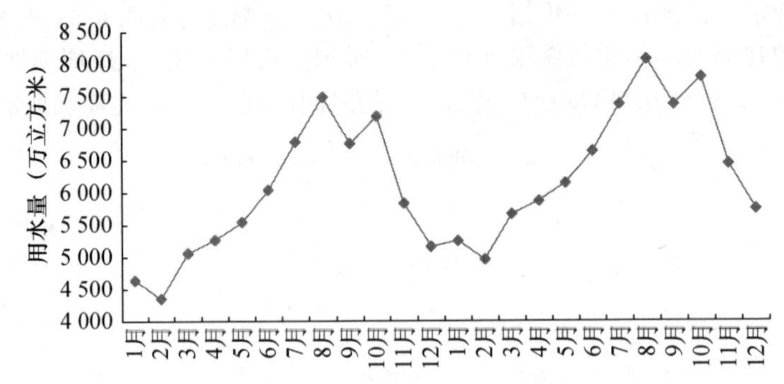

图 7.22　某城市用水量数据图形

线性趋势周期性时间序列预测模型首先由 C. C. Holt 提出，后经 P. R. Winter 发展，因而称为 Holt-Winter 模型。Holt-Winter 模型分为加法模型和乘法模型。加法模型用来预测线性趋势周期性，并且周期因素的振幅（峰谷值之差）不随时间推移而增减的时间序列；而乘法模型用来预测线性趋势周期性，并且周期因素的振幅随时间推移而增减的时间序列。

1. Holt-Winter 加法模型

Holt-Winter 加法模型适用于线性趋势周期性振幅不变的时间序列的预测，其预测长度最多为一个周期。

设周期长度为 T，t 为第一周期到第三周期中的时间变量，即 $1 \leqslant t \leqslant 3T$，Holt-Winter 加法模型的预测方程为：

$$y_{t+1} = a_t + b_t + P_{t-T+1}$$

式中，a_t 为水平因素，b_t 为趋势因素，P_t 为周期因素。

Holt-Winter 加法模型的计算过程如下：

第一周期（$1 \leqslant t \leqslant T$）用来计算水平因素 a_t、趋势因素 b_t 和周期因素 P_t 的初值：

$$\begin{aligned} a_t &= \frac{1}{T}\sum_{t=1}^{T} x_t \\ b_t &= \frac{1}{T}\sum_{t=1}^{T} \frac{(x_{T+t} - x_t)}{T} \\ P_t &= x_t - a_t \end{aligned} \tag{7.14}$$

由式（7.14）可以看出，在第一周期内，水平因素 a_t 和趋势因素 b_t 为常数。

第二周期（$T+1 \leqslant t \leqslant 2T$）用以下三个指数平滑方程分别计算水平因素 a_t、趋势因素 b_t 和周期因素 P_t，其中 $0<\alpha<1$ 为水平平滑常数，$0<\beta<1$ 为趋势平滑常数，$0<\gamma<1$ 为周期平滑常数：

$$\begin{aligned} a_t &= \alpha(x_t - P_{t-T}) + (1-\alpha)(a_{t-1} + b_{t-1}) \\ b_t &= \beta(a_t - a_{t-1}) + (1-\beta)b_{t-1} \\ P_t &= \gamma(x_t - a_t) + (1-\gamma)P_{t-T} \end{aligned} \tag{7.15}$$

然后按下式计算第一周期和第二周期内的计算预测值：

$$y_{t+1} = a_t + b_t + P_t \quad 1 \leqslant t \leqslant 2T \tag{7.16}$$

按下式计算第三周期内的预测值：

$$y_t = a_{2T} + b_{2T} + P_{t-T} \quad 2T + 1 \leqslant t \leqslant 3T \tag{7.17}$$

式(7.17)表示,在计算第三周期的预测值时,水平因素和趋势因素分别固定在第二周期末的值 a_{2T} 和 b_{2T} 不变,而周期因素则回退一个周期 T,用上一周期中的周期因素 P_{t-T} 值计算。

用 Holt-Winter 加法模型计算例 7.10 城市用水量预测值的 Excel 表如图 7.23 所示。

城市用水量Holt-Winter加法模型预测						
水平平滑常数α=	0.7					
趋势平滑常数β=	0.5					
周期平滑常数γ=	0.3					
周期长度T=	12					
预测长度F=	12					
月份	用水量x_t	周期差$x(t+T)-x(t)$	水平因素a_t	趋势因素b_t	周期因素P_t	预测值/y_t
1月	4643	611	5841.5000	50.1667	-1198.5000	
2月	4345	613	5841.5000	50.1667	-1496.5000	4693.1667
3月	5064	597	5841.5000	50.1667	-777.5000	4395.1667
4月	5264	606	5841.5000	50.1667	-577.5000	5114.1667
5月	5538	609	5841.5000	50.1667	-303.5000	5314.1667
6月	6038	601	5841.5000	50.1667	196.5000	5588.1667
7月	6780	592	5841.5000	50.1667	938.5000	6088.1667
8月	7486	585	5841.5000	50.1667	1644.5000	6830.1667
9月	6760	605	5841.5000	50.1667	918.5000	7536.1667
10月	7188	607	5841.5000	50.1667	1346.5000	6810.1667
11月	5833	612	5841.5000	50.1667	-8.5000	7238.1667
12月	5159	586	5841.5000	50.1667	-682.5000	5883.1667
1月	5254		6284.2500	246.4583	-1148.0250	5209.1667
2月	4958		6477.3625	219.7854	-1503.3588	5382.6833
3月	5661		6516.0944	129.2586	-800.7783	5193.7892
4月	5870		6506.8559	60.0101	595.3068	5844.5747
5月	6147		6485.4098	19.2820	-313.9729	5971.5592
6月	6639		6461.1575	-2.4851	190.9027	6190.7188
7月	7372		6441.0517	-11.2955	936.2345	6649.5751
8月	8071		6427.4769	-12.4352	1644.2069	7365.9907
9月	7365		6437.0625	-1.4248	921.3312	8059.2486
10月	7795		6444.6413	3.0770	1347.6576	7356.9690
11月	6445		6451.7655	5.1006	-7.9797	7795.3760
12月	5745		6436.3098	-5.1775	-685.1429	6448.8865
1月						5283.1073
2月						4922.5960
3月						5619.9989
4月						5820.2929
5月						6096.4492
6月						6596.1474
7月						7336.3016
8月						8039.0965
9月						7311.0433
10月						7732.1921
11月						6371.3773
12月						5689.0365

图 7.23　Holt-Winter 加法模型预测城市用水量的 Excel 表

以上 Excel 表中 36 个月用水量观测值和预测值的图形如图 7.24 所示。可以看出,Holt-Winter 加法模型能够较好地反映线性趋势周期性振幅不变时间序列的水平、趋势和周期。

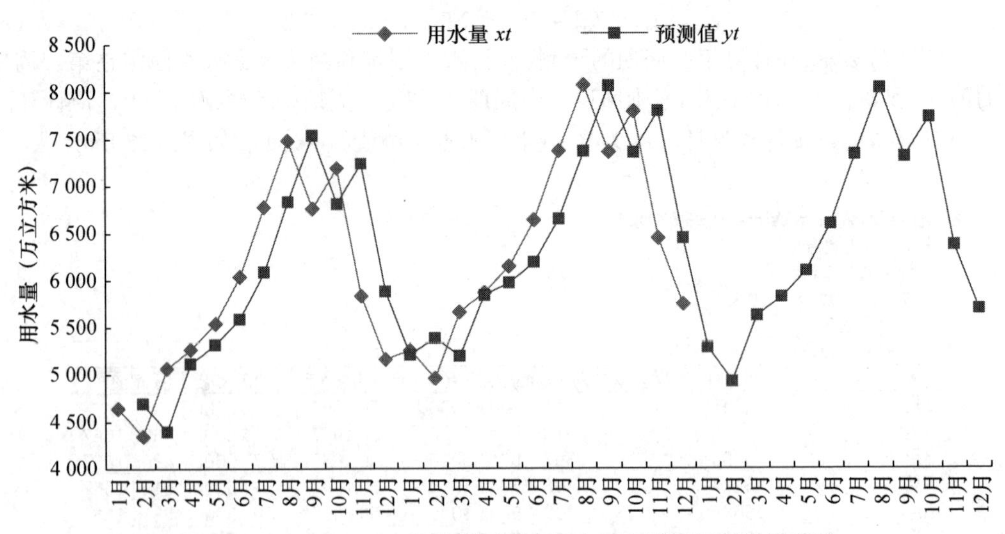

图 7.24　Holt-Winter 加法模型城市用水量观测值和预测值图形

2. Holt-Winter 乘法模型

Holt-Winter 乘法模型适用于线性趋势周期性振幅变化的时间序列的预测，其预测长度最多为一个周期。

设周期长度为 T，t 为第一周期到第三周期中的时间变量，即 $1 \leqslant t \leqslant 3T$，Holt-Winter 乘法模型的预测方程为：

$$y_{t+1} = (a_t + b_t) P_{t-T+1}$$

式中，a_t 为水平因素，b_t 为趋势因素，P_t 为周期因素。

Holt-Winter 乘法模型的计算过程如下：

第一周期（$1 \leqslant t \leqslant T$）用来计算水平因素 a_t、趋势因素 b_t 和周期因素 P_t 的初值：

$$\begin{aligned} a_t &= \frac{1}{T}\sum_{t=1}^{T} x_t \\ b_t &= \frac{1}{T}\sum_{t=1}^{T} \frac{(x_{T+t} - x_t)}{T} \\ P_t &= \frac{x_t}{a_t} \end{aligned} \tag{7.18}$$

由式（7.18）可以看出，在第一周期内，水平因素 a_t 和趋势因素 b_t 为常数。周期因素 P_t 的初值计算方法与 Holt-Winter 加法模型不同。

第二周期（$T+1 \leqslant t \leqslant 2T$）用以下三个指数平滑方程分别计算水平因素 a_t、趋势因素 b_t 和周期因素 P_t（其中 $0<\alpha<1$ 为水平平滑常数，$0<\beta<1$ 为趋势平滑常数，$0<\gamma<1$ 为周期平滑常数）：

$$\begin{aligned} a_t &= \alpha\left(\frac{x_t}{P_{t-T}}\right) + (1-\alpha)(a_{t-1} + b_{t-1}) \\ b_t &= \beta(a_t - a_{t-1}) + (1-\beta) b_{t-1} \\ P_t &= \gamma\left(\frac{x_t}{a_t}\right) + (1-\gamma) P_{t-T} \end{aligned} \tag{7.19}$$

其中,水平因素 a_t 和周期因素 P_t 的初值计算方法与 Holt-Winter 加法模型不同。

然后在第一周期和第二周期内计算预测值:

$$y_{t+1} = (a_t + b_t)P_t \qquad 1 \leqslant t \leqslant 2T \tag{7.20}$$

在第三周期内计算预测值:

$$y_t = (a_{2T} + b_{2T})P_{t-T} \quad 2T+1 \leqslant t \leqslant 3T \tag{7.21}$$

预测值的计算方法也与 Holt-Winter 加法模型不同。

式(7.21)表示,在计算第三周期预测值时,水平因素和趋势因素分别固定在第二周期末的值 a_{2T}和 b_{2T}不变,而周期因素则回退一个周期 T,用上一周期中的周期因素 P_{t-T}值计算。

例 7.11 某种饮料 36 个月的销售额如表 7.5 所示。

表 7.5 饮料 36 个月的销售额 单位:万元

月份	销售额	月份	销售额	月份	销售额
1 月	235.6	1 月	298.8	1 月	379.0
2 月	338.1	2 月	428.8	2 月	543.9
3 月	281.2	3 月	356.7	3 月	452.3
4 月	470.9	4 月	597.2	4 月	757.3
5 月	575.2	5 月	729.5	5 月	925.2
6 月	534.9	6 月	678.4	6 月	860.4
7 月	484.7	7 月	614.8	7 月	779.7
8 月	417.1	8 月	529.0	8 月	670.9
9 月	356.1	9 月	451.7	9 月	572.8
10 月	313.3	10 月	397.3	10 月	503.9
11 月	293.4	11 月	372.1	11 月	472.0
12 月	291.7	12 月	369.9	12 月	469.2

以上销售额数据的图形如图 7.25 所示。

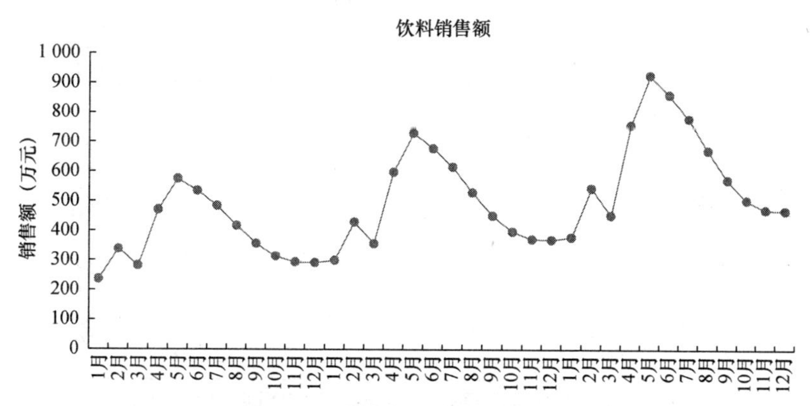

图 7.25 饮料销售额数据图形

可以看出,以上饮料销售额是线性趋势周期性幅度增大的时间序列,用 Holt-Winter 乘法模型预测的 Excel 表见图 7.26。具体计算见文件"例 7.11 饮料销售额 Holt-Winter 乘法模型预测.xlsx"。

饮料销售额的Holt-Winter乘法模型预测						
水平平滑常数α=	0.01					
趋势平滑常数β=	0.5					
周期平滑常数γ=	0.99					
周期长度T=	12					
预测长度F=	12					
月份	销售额	同期差	水平a_t	趋势b_t	周期P_t	预测值y_t
1月	235.6	63.2	382.68	8.56	0.62	
2月	338.1	90.7	382.68	8.56	0.88	240.87
3月	281.2	75.5	382.68	8.56	0.73	345.66
4月	470.9	126.3	382.68	8.56	1.23	287.49
5月	575.2	154.3	382.68	8.56	1.50	481.43
6月	534.9	143.5	382.68	8.56	1.40	588.06
7月	484.7	130.1	382.68	8.56	1.27	546.86
8月	417.1	111.9	382.68	8.56	1.09	495.54
9月	356.1	95.6	382.68	8.56	0.93	426.43
10月	313.3	84.0	382.68	8.56	0.82	364.06
11月	293.4	78.7	382.68	8.56	0.77	320.30
12月	291.7	78.2	382.68	8.56	0.76	299.96
1月	298.8		392.18	9.03	0.76	298.22
2月	428.8		402.05	9.45	1.06	305.09
3月	356.7		412.23	9.82	0.86	438.12
4月	597.2		422.68	10.13	1.41	364.64
5月	729.5		433.34	10.40	1.68	610.73
6月	678.4		444.15	10.60	1.53	746.20
7月	614.8		455.06	10.76	1.35	694.01
8月	529.0		466.01	10.85	1.13	628.94
9月	451.7		476.95	10.90	0.95	541.11
10月	397.3		487.83	10.88	0.81	461.94
11月	372.1		498.58	10.82	0.75	406.19
12月	369.9		509.15	10.70	0.73	380.28
1月	379.0		519.63	10.59	0.73	377.86
2月	543.9		530.03	10.49	1.03	386.89
3月	452.3		540.35	10.41	0.84	554.88
4月	757.3		550.62	10.34	1.38	461.16
5月	925.2		560.85	10.28	1.65	771.72
6月	860.4		571.06	10.25	1.51	942.35
7月	779.7		581.27	10.23	1.34	875.95
8月	670.9		591.49	10.23	1.13	793.47
9月	572.8		601.75	10.24	0.95	682.50
10月	503.9		612.06	10.28	0.82	582.52
11月	472.0		622.43	10.33	0.76	512.31
12月	469.2		632.89	10.39	0.74	479.76
1月						469.38
2月						671.02
3月						556.02
4月						927.84
5月						1112.81
6月						1047.61
7月						946.56
8月						812.13
9月						691.41
10月						606.52
11月						566.50
12月						561.52

图 7.26　饮料销售额 Holt-Winter 乘法预测的 Excel 表

预测模型的 $\alpha=0.01$、$\beta=0.05$ 和 $\gamma=0.99$ 是经过反复调整后确定的，调整的依据是选定的预测误差评价指标尽可能小。饮料销售额的数据和预测数据的图形如图 7.27 所示。可以看出，Holt-Winter 乘法模型预测结果能较好地反映线性趋势周期性振幅变化时间序列的趋势、周期和振幅变化。

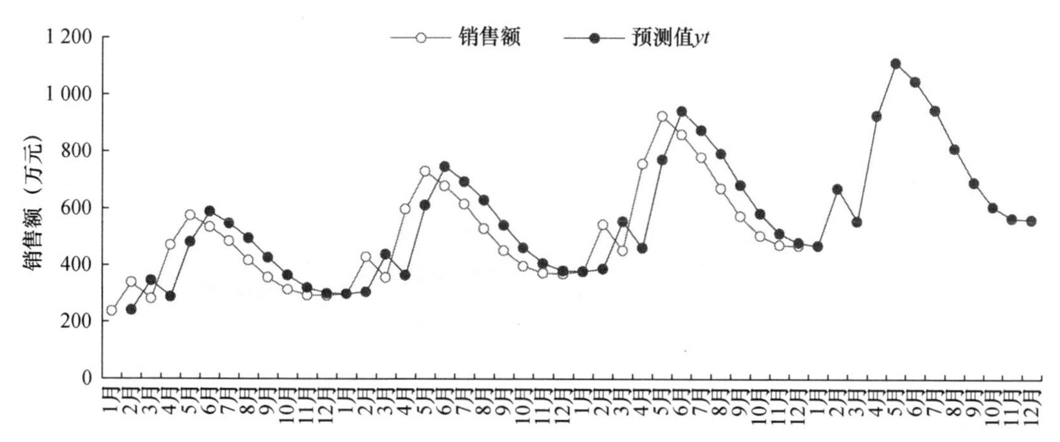

图 7.27　饮料销售额观测值和预测值图形

7.2.6　时间序列预测总结

时间序列预测的基础是变量的历史数据,这些历史数据是时间序列变量变化环境和影响因素的集中反映。如果这些变化环境和影响因素继续存在,或只发生平稳的变化,则时间序列可以用技术方法进行预测。如果变量未来的变化环境和影响因素发生了变化,则这样的时间序列就无法预测。随着时间的推移,变量的变化环境和影响因素难免不发生变化。因此,和回归预测不同,时间序列预测只适用于短期预测,而回归预测可以用于中长期预测。

按照趋势,时间序列可以分为平稳和线性趋势两类;按照周期性,时间序列可以分为无周期性和有周期性两类;按照时间序列周期因素的振幅是否变化,时间序列可以分为周期振幅不变和周期振幅变化两类。

不同类型的时间序列以及相应的预测方法总结如表 7.6 所示。

表 7.6　时间序列及其预测方法分类

周期性 / 平稳性		无周期性	有周期性	
			振幅不变	振幅变化
平稳时间序列	图形			
	预测方法	移动平均法 指数平滑法	平稳周期性加法模型	平稳周期性乘法模型
线性趋势时间序列	图形			
	预测方法	二次移动平均法 二次指数平滑法	Holt-Winter 加法模型	Holt-Winter 乘法模型

7.2.7 预测误差评价指标

时间序列预测的效果通常用预测误差来评价。设$\{x_t\}$为时间序列的观测值,$\{y_t\}$为时间序列的预测值,n为数据个数。预测误差有以下几种评价指标:

(1) 平均绝对误差(mean absolute deviation,MAD),计算公式如下:

$$\mathrm{MAD}=\frac{\sum_{i=1}^{n}|x_i-y_i|}{n}$$

MAD的单位和数据单位相同,因此这个指标和数据单位有关,不同单位的数据,例如分别以万元和亿元为单位的数据,其MAD的大小没有可比性。

(2) 均方误差(mean square error,MSE),计算公式如下:

$$\mathrm{MSE}=\frac{\sum_{i=1}^{n}(x_i-y_i)^2}{n}$$

MSE的单位是数据单位的平方,因此MSE的数值大小不太直观。同样,MSE也受数据单位的影响。

(3) 均方误差平方根(root of mean square error,RMSE),计算公式如下:

$$\mathrm{RMSE}=\sqrt{\frac{\sum_{i=1}^{n}(x_i-y_i)^2}{n}}$$

从公式可以看出,RMSE就是MSE的平方根,因此它的单位和数据单位相同。这是一个被经常采用的误差评价指标。

(4) 平均绝对百分比误差(mean absolute percentage error,MAPE),计算公式如下:

$$\mathrm{MAPE}=\frac{\sum_{i=1}^{n}\left|\frac{x_i-y_i}{x_i}\right|}{n}\times 100\%$$

MAPE是一个无量纲数据。不同单位的数据,其MAPE具有可比性。

这四个误差评价指标各有特点,需要根据实际情况选择应用。

7.2.8 数据通时间序列预测工具

第7.2.6节总结了六种类型的时间序列和针对每种类型时间序列的相应预测模型。这些时间序列预测模型都可以用“数据通”中的“时间序列预测”模块实现。

下面以文件“例7.7 家用汽车销量二次指数平滑预测.xlsx”为例,介绍“数据通”中“时间序列预测”模块的操作方法。

首先打开文件“例7.7 家用汽车销量二次指数平滑预测.xlsx”,单击Excel菜单“数据通 >回归和预测 >时间序列预测”,弹出“时间序列预测”模块对话窗口(见图7.28)。

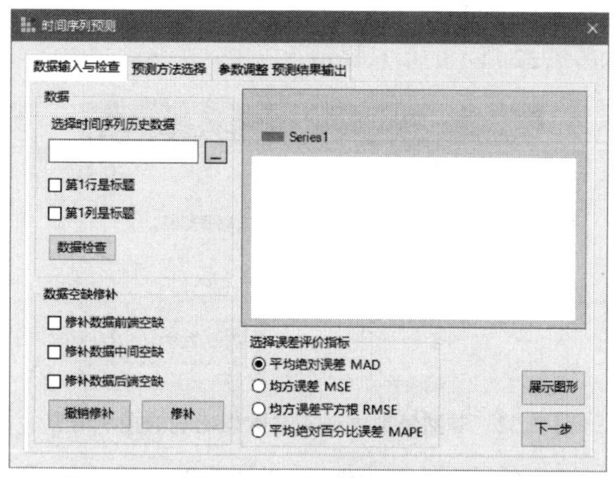

图 7.28 “数据通 > 时间序列预测”对话窗口

单击图 7.28 中“数据”分组框内中“ ”按钮，弹出“选择历史数据”对话框（见图 7.29），用鼠标选择时间序列数据区域 A5:B25，单击“确定”按钮，弹出图 7.30 所示的对话框。因所选区域包含行标题和列标题，勾选“第 1 行是标题”和“第 1 列是标题”两个选项。

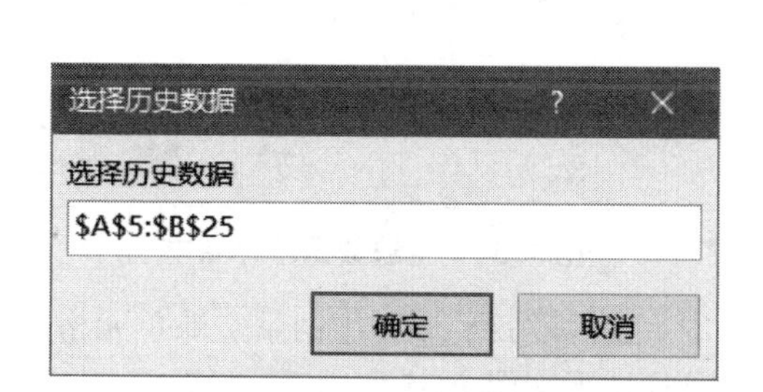

图 7.29 选择时间序列数据对话窗口

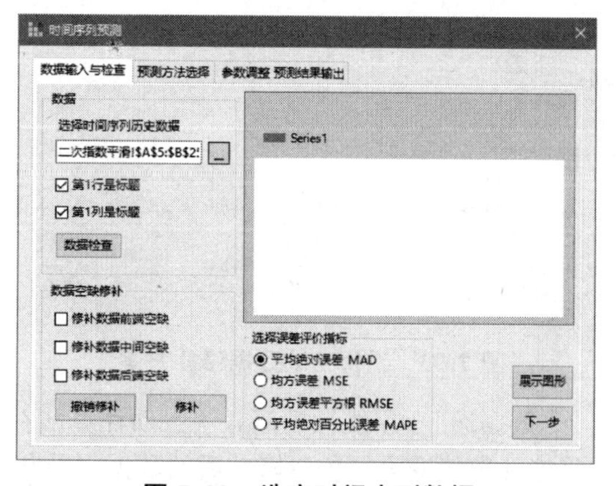

图 7.30 选定时间序列数据

在进行时间序列预测之前，我们必须要检查数据是否有空缺。Excel 中空缺单元格的数据默认为 0，将会严重影响预测结果。例如，如果将家用汽车销量中 2010 年销量删除，则预测结果如图 7.31 所示。

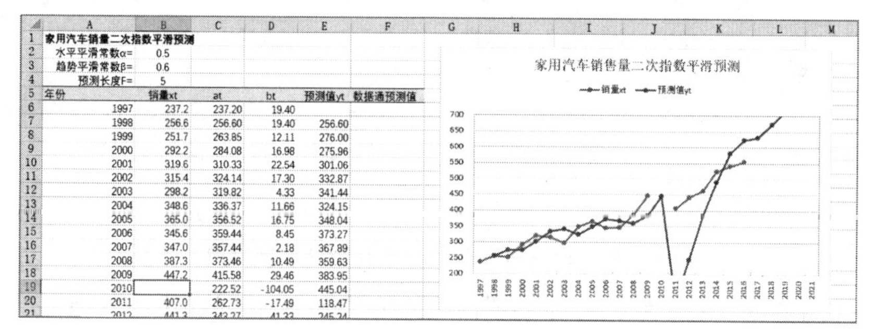

家用汽车销量二次指数平滑预测

水平平滑常数α= 0.5
趋势平滑常数β= 0.6
预测长度F= 5

年份	销量xt	at	bt	预测值yt	数据通预测值
1997	237.2	237.20	19.40		
1998	256.6	256.60	19.40	256.60	
1999	251.7	263.85	12.11	276.00	
2000	292.2	284.08	16.98	275.96	
2001	319.6	310.33	22.54	301.06	
2002	315.4	324.14	17.30	332.87	
2003	298.2	319.82	4.33	341.44	
2004	348.6	336.37	11.66	324.15	
2005	365.0	356.52	16.75	348.04	
2006	345.6	359.44	8.45	373.27	
2007	347.0	357.44	2.18	367.89	
2008	387.3	373.46	10.49	359.63	
2009	447.2	415.58	29.46	383.95	
2010		222.52	-104.05	445.04	
2011	407.0	262.73	-17.49	118.47	
2012	441.3	343.27	41.33	245.24	

图 7.31 空缺数据造成预测结果异常

显然,这样的预测结果是不可接受的。如果时间序列数据中存在非数值数据或空缺数据,检查数据将出现如图 7.32 所示的信息提示。

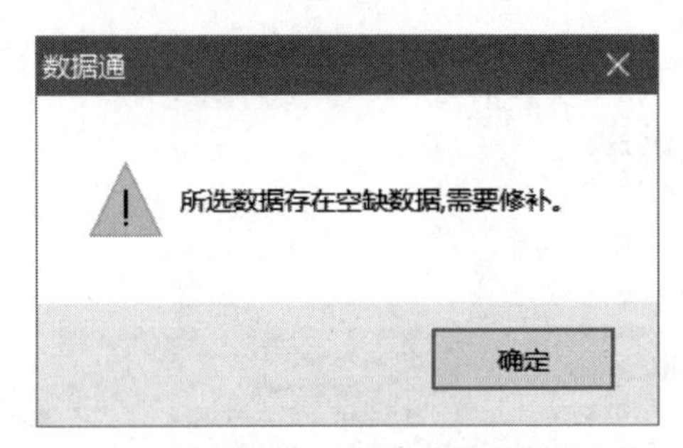

图 7.32　非数值数据或空缺数据出现的提示信息

勾选“数据空缺修补”中的一个或多个选项(见图 7.33),然后单击“修补”按钮,之后会弹出如图 7.34 所示的信息窗口。

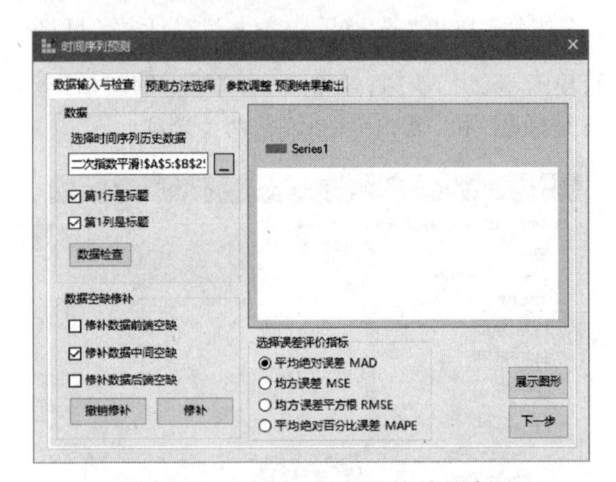

图 7.33　选择空缺数据修补方案

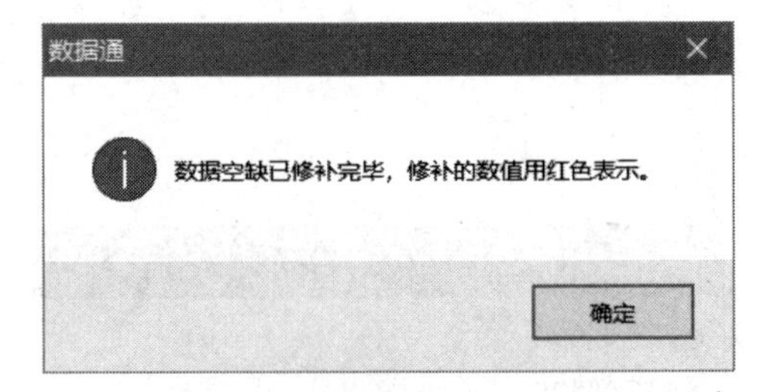

图 7.34　空缺数据修补完毕

“数据通”会用线性插值方法自动计算修补值 427.1,并填写到 2010 年销量空缺单元格,并将修补数值变为红色。修补后的数据以及相应的预测图形如图 7.35 所示。

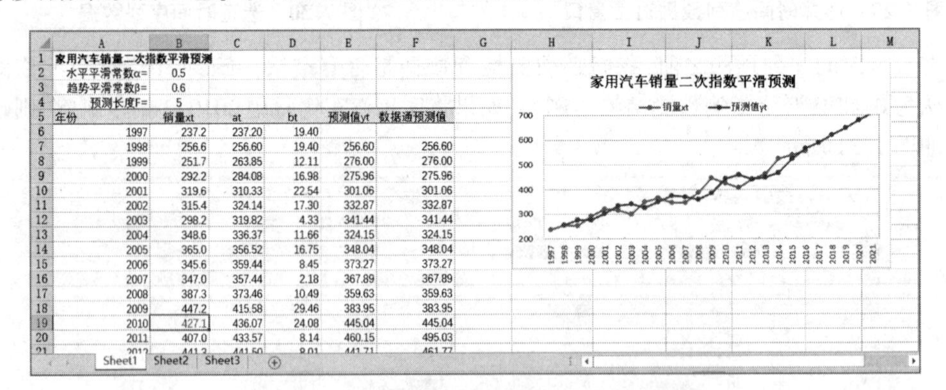

家用汽车销量二次指数平滑预测					
水平平滑常数α=	0.5				
趋势平滑常数β=	0.6				
预测长度F=	5				
年份	销量xt	at	bt	预测值yt	数据通预测值
1997	237.2	237.20	19.40		
1998	256.6	256.60	19.40	256.60	256.60
1999	251.7	263.85	12.11	276.00	276.00
2000	292.2	284.08	16.98	275.96	275.96
2001	319.6	310.33	22.54	301.06	301.06
2002	315.4	324.14	17.30	332.87	332.87
2003	298.2	319.82	4.33	341.44	341.44
2004	348.6	336.37	11.66	324.15	324.15
2005	365.0	356.52	16.75	348.04	348.04
2006	345.6	359.44	8.45	373.27	373.27
2007	347.0	357.44	2.18	367.89	367.89
2008	387.3	373.46	10.49	359.63	359.63
2009	447.2	415.58	29.46	383.95	383.95
2010	427.1	436.07	24.08	445.04	445.04
2011	407.0	433.57	8.14	460.15	495.03

图 7.35　空缺数据修补后的数据以及预测值

如果所选数据中没有非数值数据,也没有空缺单元格,则弹出如图 7.36 所示的信息。单击“确定”按钮,返回时间序列预测对话窗口(见图 7.30)。

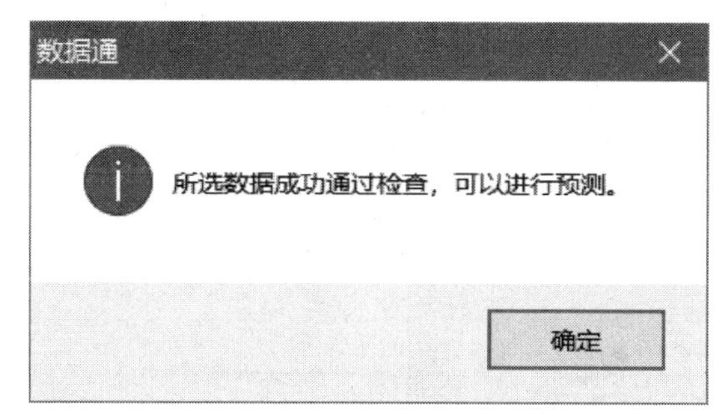

图 7.36　数据通过检查

单击“变量图形”分组框中的“展示图形”按钮,右侧数据图形区域出现时间序列图形(见图 7.37)。

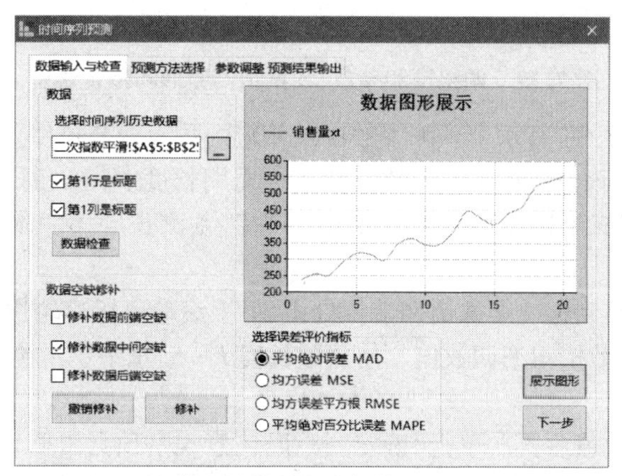

图 7.37　展示变量图形

选定一个误差评价指标,例如“平均绝对误差 MAD”,单击“下一步”按钮,转到“预测方法选择”选项卡(见图 7.38)。根据图 7.37 的数据图形特征,选择“二次指数平滑”预测模型。

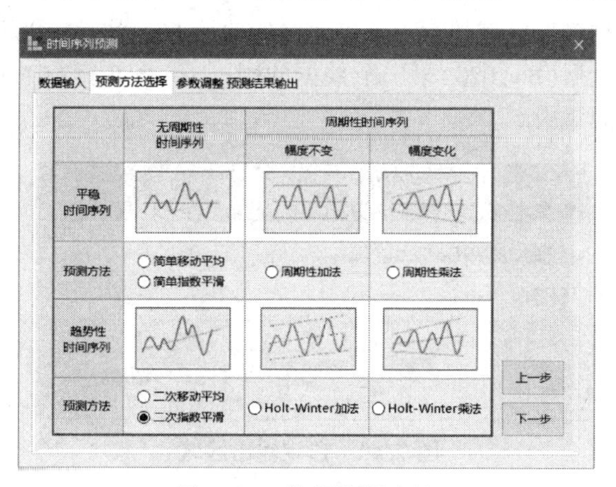

图 7.38　选择预测方法

单击“下一步”按钮,转到“参数调整预测结果输出”选项卡,如图 7.39 所示。

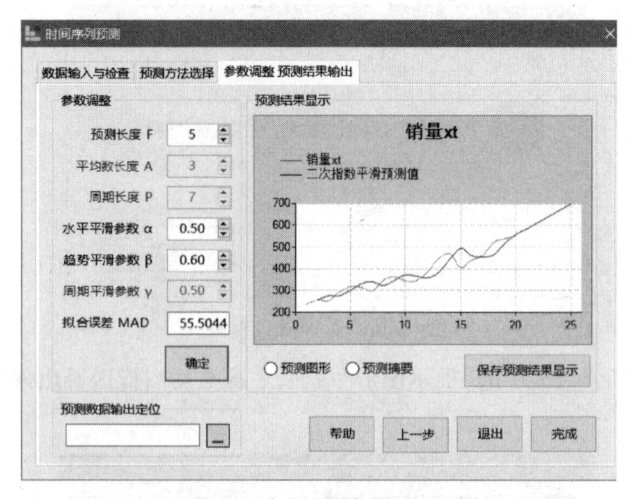

图 7.39　调整预测参数、观察预测图形和拟合误差

“参数调整”组合框中,有六个预测参数以及相应的数值调节控件。由于所选的预测方法是“二次指数平滑”法,该方法中“平均数长度 A”“周期长度 P”和“周期平滑参数 γ”这三个选项都不存在,因此这三个选项都变灰不可用。只有“预测长度 F”“水平平滑参数 α”和“趋势平滑参数 β”可用。

将鼠标光标分别移到这三个数值调节控件上,上下滚动鼠标滚轮快速粗调相应的参数数值,点击控件的上下调节按钮细调数值。使预测长度 $F=5$,水平平滑参数 $\alpha=0.50$,趋势平滑参数 $\beta=0.6$。

反复调整预测参数值后再次单击“确定”按钮,注意观察预测图形和历史数据之间的差距以及拟合误差的值。参数数值调整完毕后,单击“确定”按钮,右侧“预测结果显示”出现预测值图形,“拟合误差 MAD”文本框出现当前参数相应的误差值 55.5044。

预测参数调整完毕,单击“预测数据输出定位”的“ _ ”按钮,在弹出的对话窗口(见图 7.40)中,选定预测数据输出区域的第一个单元格的地址 F6。注意:预测数据的输出定位 F6,应该选择在时间序列数据(B6:B25)第一个数据的同一行(第 6 行)中,这样可以使时间序列数据和预测数据的时间对应。

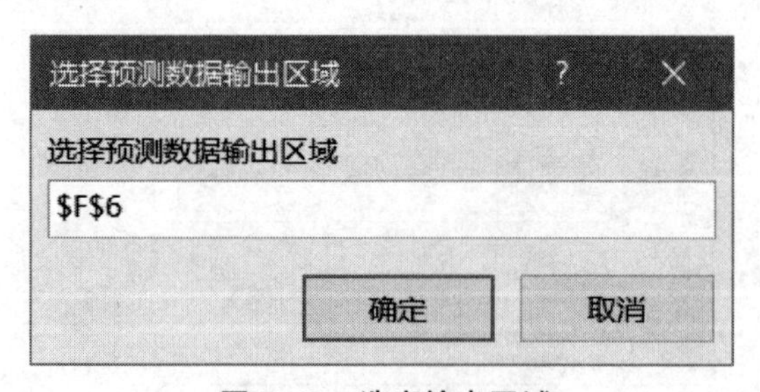

图 7.40　选定输出区域

在“预测结果显示”中,默认显示预测数据图形,单击“预测摘要”单选按钮,出现当前预测摘要,如图 7.41 所示。

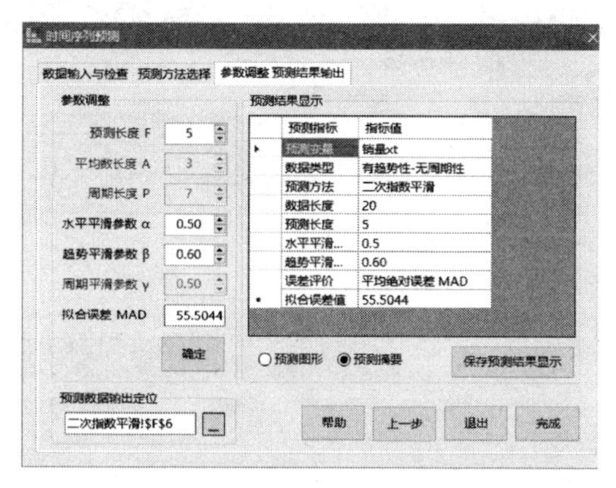

图 7.41　显示输出摘要

单击右侧“保存预测结果”按钮,如果当前“预测结果显示”选项为“预测摘要”,则弹出如图 7.42 所示的信息提示对话框。

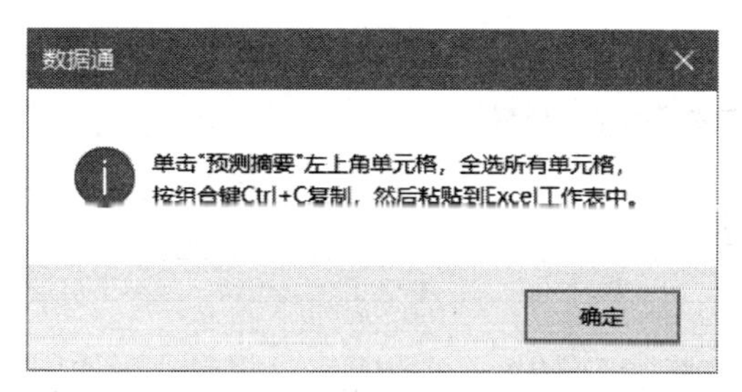

图 7.42　如何保存预测摘要的信息提示

如果当前“预测结果显示”选项为“预测图形”(见图 7.43),则弹出图形保存对话窗口(见图 7.44),修改预测图形文件名和存放路径,单击“保存”按钮,即可将当前预测图形保存到指定路径下的指定文件。

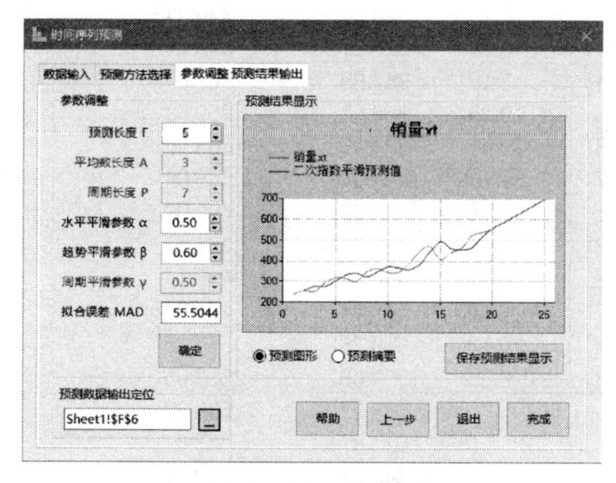

图 7.43　保存预测图形

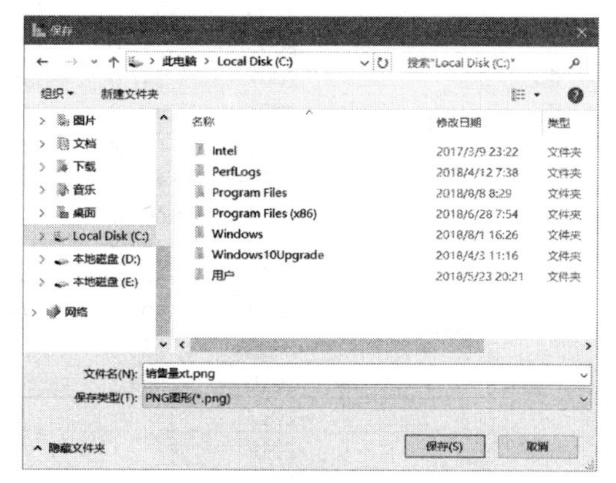

图 7.44　保存预测图形文件名称和路径的对话窗口

最后,单击右下角“完成”按钮(见图 7.45),就可将预测数据输出到选定的“输出定位”地址。

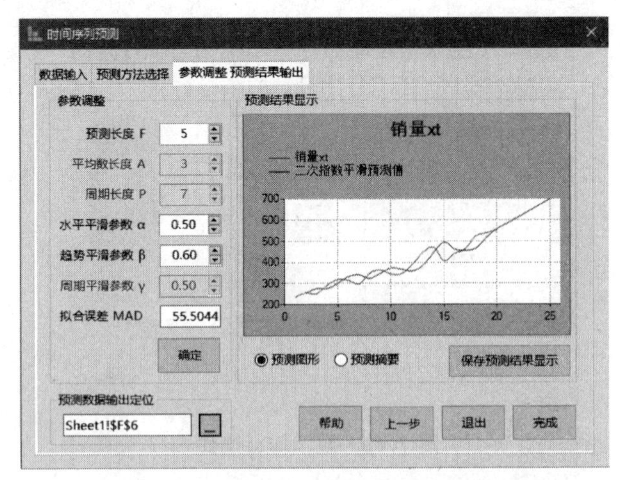

图 7.45　在 Excel 表指定地址输出预测数据的对话窗口

输出结果如图 7.46 所示。可以看出,"数据通"预测结果和用手算得到的预测结果是完全一致的。

家用汽车销量二次指数平滑预测					
水平平滑常数α=	0.5				
趋势平滑常数β=	0.6				
预测长度F=	5				
年份	销量xt	at	bt	预测值yt	数据通预测值
1997	237.2	237.20	19.40		
1998	256.6	256.60	19.40	256.60	256.60
1999	251.7	263.85	12.11	276.00	276.00
2000	292.2	284.08	16.98	275.96	275.96
2001	319.6	310.33	22.54	301.06	301.06
2002	315.4	324.14	17.30	332.87	332.87
2003	298.2	319.82	4.33	341.44	341.44
2004	348.6	336.37	11.66	324.15	324.15
2005	365.0	356.52	16.75	348.04	348.04
2006	345.6	359.44	8.45	373.27	373.27
2007	347.0	357.44	2.18	367.89	367.89
2008	387.3	373.46	10.49	359.63	359.63
2009	447.2	415.58	29.46	383.95	383.95
2010	470.7	457.87	37.16	445.04	445.04
2011	407.0	451.01	10.75	495.03	495.03
2012	441.3	451.53	4.61	461.77	461.77
2013	462.5	459.32	6.52	456.14	456.14
2014	523.2	494.52	23.73	465.84	465.84
2015	539.6	528.92	30.13	518.25	518.25
2016	554.1	556.58	28.65	559.06	559.06
2017				585.22	585.22
2018				613.87	613.87
2019				642.51	642.51
2020				671.16	671.16
2021				699.81	699.81

图 7.46　在 Excel 表指定地址输出预测数据

例 7.12 对例 7.2、例 7.4、例 7.6、例 7.7、例 7.8、例 7.9、例 7.10、例 7.11 中的时间序列数据，分别用“数据通”时间序列预测工具进行预测。预测结果详见文件“例 7.12 数据通时间序列预测工具. xlsx”。

习 题

习题 7-1 某城市 30 天道路交通事故变化数据见文件“习题 7-1. xlsx”。

(1) 绘制 30 天道路交通事故数据折线图。

(2) 分别用 $k=3$ 和 $k=5$ 的移动平均法预测第 31 天道路交通事故数量，并绘制观测值和预测值的折线图。

(3) 用指数平滑法($\alpha=0.7$)预测第 31 天道路交通事故数量，并绘制观测值和预测值的折线图。

(4) 用“数据通”时间序列预测工具预测未来 10 天交通事故数量。

习题 7-2 36 个月消费物价指数(CPI)变化情况见文件“习题 7-2. xlsx”。

(1) 绘制 36 个月消费物价指数变化折线图，观察并判断数据是哪一类时间序列。

(2) 分别用 $k=3$ 的二次移动平均法和二次指数平滑法($\alpha=0.4, \beta=0.6$)预测第 37—42 月的消费物价指数，并绘制观测值和预测值的折线图。

(3) 用“数据通”时间序列预测工具预测未来 12 个月的消费物价指数。

习题 7-3 连续 3 天每天 24 小时电网日负荷变化数据见文件“习题 7-3. xlsx”。

(1) 绘制电网日负荷时间序列数据的折线图，观察并判断数据是哪一类时间序列。

(2) 用“数据通”时间序列预测工具预测第 4 天 24 小时电力负荷变化。

习题 7-4 连续 2 年城市自来水月消费量变化数据见文件“习题 7-4. xlsx”。

(1) 绘制自来水月消费量时间序列数据的折线图，观察并判断数据是哪一类时间序列。

(2) 用“数据通”时间序列预测工具预测第 3 年 12 个月的自来水消费量。

第 8 章 风险决策和蒙特卡洛模拟

8.1 决策概述

8.1.1 决策的要素和分类

决策(decision)是每一个管理者经常遇到的问题。诺贝尔经济学奖获得者 H. A. Simon 说,管理就是决策。这句话清楚地说明了决策是管理的核心。

决策的定义如下:决策者在对决策环境进行分析的基础上,在若干可供选择的备选方案中选取一个决策方案并加以实施,方案的选择和实施都是不可反悔的。决策者相信选择和实施这个方案对事先给定的决策目标最为有利。

以上决策的定义中有如下要素:

(1) 决策者。决策者通常是指一个人,但也可以是一群人。一群人共同决策称为“群决策”。

(2) 决策环境。决策环境分为确定性环境和不确定性环境。根据决策环境是确定性环境还是不确定性环境,决策分为确定性决策和风险性决策。

(3) 备选方案。根据备选方案是连续的还是离散的,决策可以分为连续型决策和离散型决策。

(4) 决策目标。根据决策是单一目标还是多个目标,决策可以分为单目标决策和多目标决策。

以上要素的不同内涵以及相互组合,可以形成不同的决策类型。例如,一个决策者、单目标、确定性、离散型决策,多目标、风险性、离散型的群决策等。在各种类型决策中,确定性决策和风险性决策是两类主要的决策类型。

对于确定性决策,各种可能的备选方案都是明确的,决策者采用不同的备选方案产生的结果都是可以事先精确计算和估计的。在这种情况下,确定性决策问题的关键就在于如何确定决策目标,如果决策有多个互相冲突的目标,如何对这些目标进行评价、折中或权衡,以及如何在众多备选方案中选出一个或几个优选的方案。确定性决策问题,我们将在第 10 章和第 11 章中介绍。

所谓风险,是指决策出现对决策者不利的结果。风险决策的环境是不确定的,在不确定性环境下,决策者做的任何决策都或多或少地要冒出现不利后果的风险。风险决策的理论和方法就是分析风险的来源,评估风险的大小,研究风险环境下决策者的行为特征以及减少决策风险的技术和方法。

8.1.2 决策和对策

和决策(decision)有关的是对策(game),对策也称博弈。决策者面对的是决策环境,决策环境往往是随机的、可变化的,但决策环境的变化与决策者采取的决策方案无关。换言之,在决策过程中,变化的决策环境不具有能动性。例如,航天局评估气象情况后,做出了航天飞机24小时以后发射的决定。决策的另一方——天气,是会变化的,24小时以后可能天晴也可能下暴雨,但天气不会因航天局决定发射或不发射而相应改变。

因此,决策是具有能动性的一方——决策者,和变化的但没有能动性的另一方——决策环境之间的“较量”。

对策是具有能动性的一方——甲方局中人,和同样具有能动性的另一方——乙方局中人的较量。两方局中人都会根据对方的决策来改变自己的对策,力图使得结局变成对自己有利或使对方不利。下棋就是一种典型的对策。另外,交战中的双方、竞选中的候选人都是根据对方的行为做出有利于己方的选择,这些行为都是对策。

本书只研究决策而不涉及对策。

8.2 风险决策

8.2.1 风险决策概述

在风险决策中,决策者面对不确定的环境,力图选择正确的决策,使决策的结果对自己有利或较为有利,避免出现对自己不利的结局。

在本节中,我们将风险决策界定为:单一决策者,单一决策目标,离散的决策备选方案以及随机变化的决策环境,决策环境可能出现的状态是离散的。

以下是类风险决策的典型例子:企业打算开发一种新产品,需要投入人力、设备和资金。这种新产品的市场需求量有大、中、小三种可能,但实际会出现哪一种是不确定的。企业根据市场需求可能出现的需求量大、中、小三种情景,相应选择大规模生产、中等规模生产和小规模生产的决策方案。如果做了大规模生产的决策,结果市场需求量小,就会造成设备闲置、产品积压等损失。如果决策是小规模生产而市场需求量大,就会丧失获利的机会,也是一种损失。

在这个例子中,决策者就是企业的业主,备选方案是大规模生产、中等规模生产和小规模生产三个离散的方案。决策目标是单目标,可以在企业收益最大或企业损失最小两者中选取一个。决策环境是这种产品未来的市场需求量,市场需求量是目前尚不能确定的量,它可能是需求量大、需求量中等或需求量小三种离散状态中的一种。

从以上例子可以看出,风险决策的关键是对决策环境的不确定性的分析以及相应的决策方法。对于决策环境的不确定性,有以下几种情况:

(1) 假设这种产品是一种全新的产品,没有任何其他产品销售的经验或数据可供参考,那么我们对决策环境可能出现的三种状态的概率一无所知。

(2) 决策环境可能出现的三种状态的概率是可以估计的。例如,根据类似产品的销售业绩,销量大出现的概率为0.2,销量中等出现的概率为0.3,销量小出现的概率为0.5。

对于决策方法,有以下几种情况:

(1) 对决策环境进行分析后,只能进行一次决策。例如,决定进行小规模生产,这一决策实施以后,无论后果是好是坏,只能被动地接受。

(2) 一次决策实施以后,允许根据不同的结局,继续进行后续的一系列决策。例如,第一次决策为小规模生产,这一决策实施以后,却出现了销量大的状态。于是,进行第二次决策,即对设备进行技术改造,以扩大生产规模。这种决策方法称为多次决策或序贯决策。

8.2.2 简单风险决策方法

对于一个决策者、决策环境是不确定的、备选方案是离散的、单目标、一次性决策这样的简单决策问题,通常有以下几种决策方法:

1. 对于决策环境完全不确定的问题

这一类问题是指决策者无法估计决策环境各种可能情况出现的概率。这类问题的决策方法有悲观准则、乐观准则、等可能性准则、乐观系数准则和后悔值准则。

(1) 悲观准则,也称最小—最大准则,是指在最坏的情况下争取最好的结果。

例 8.1 某工厂决定投产一种新产品。投产以后销售情况有需求大、需求中、需求小三种可能,但厂家目前完全无法估计这三种情况出现的概率。产品的生产批量有大批量、中批量、小批量三种选择。不同情况下企业的收益以及根据悲观准则决策的结果如表8.1所示。

表 8.1 悲观准则决策 单位:万元

	需求大(N_1)	需求中(N_2)	需求小(N_3)	$\min(N_1, N_2, N_3)$
大批量(S_1)	500	300	-250	-250
中批量(S_2)	300	200	80	80
小批量(S_3)	200	150	100	100*

注:*代表悲观准则决策下的最优收益结果,对应决策为最优决策。

根据悲观准则,最优决策为小批量生产。容易看出,悲观准则是一种保守的决策准则,目标是避免最坏结局的发生。

(2) 乐观准则,也称最大—最大准则,是指在最好的情况下争取最好的结果。不同情况下企业的收益以及根据乐观准则决策的结果如表8.2所示。

表 8.2 乐观准则决策 单位:万元

	需求大(N_1)	需求中(N_2)	需求小(N_3)	$\max(N_1, N_2, N_3)$
大批量(S_1)	500	300	-250	500*
中批量(S_2)	300	200	80	300
小批量(S_3)	200	150	100	200

注:*代表乐观准则决策下的最优收益结果,对应决策为最优决策。

根据乐观准则,最优决策为大批量生产。容易看出,乐观准则是一种冒进的决策准则,目标是争取最好结局的实现。

(3) 等可能性准则,是指均等对待各种可能结局,它既不特别追求最好的结局,也不特别回避最坏的结局。不同情况下企业的收益以及根据等可能性准则决策的结果如表 8.3 所示。

表 8.3 等可能性准则决策 单位:万元

	需求大(N_1)	需求中(N_2)	需求小(N_3)	期望值
概率(p_i)	1/3	1/3	1/3	
大批量(S_1)	500	300	-250	183.33
中批量(S_2)	300	200	80	193.33*
小批量(S_3)	200	150	100	150.00

注:* 代表等可能性准则决策下的最优收益结果,对应决策为最优决策。

根据等可能性准则,最优决策为中批量生产。

(4) 乐观系数准则,是对悲观准则和乐观准则的折中,判断公式如下:

$$CV_i = \alpha \max_j(S_i, N_j) + (1-\alpha) \min_j(S_i, N_j),$$

式中, α 为乐观系数, $0 \leqslant \alpha \leqslant 1$。$\alpha$ 值越接近 1,决策方法越接近乐观准则;反之,越接近悲观准则。

对于 $\alpha = 0.7, (1-\alpha) = 0.3$,有:

$$CV_1 = 0.7\max(500, 300, -250) + 0.3\min(500, 300, -250) = 350 - 75 = 275(\text{万元})$$

$$CV_2 = 0.7\max(300, 200, 80) + 0.3\min(300, 200, 80) = 210 + 24 = 234(\text{万元})$$

$$CV_3 = 0.7\max(200, 150, 100) + 0.3\min(200, 150, 100) = 140 + 30 = 170(\text{万元})$$

不同情况下企业的收益以及根据乐观系数准则决策的结果如表 8.4 所示。

表 8.4 乐观系数准则决策(α=0.7) 单位:万元

	需求大(N_1)	需求中(N_2)	需求小(N_3)	CV_i
大批量(S_1)	500	300	-250	275*
中批量(S_2)	300	200	80	234
小批量(S_3)	200	150	100	170

注:* 代表乐观系数准则决策下的最优收益结果,对应决策为最优决策。

根据乐观系数准则,最优决策为大批量生产。

对于 $\alpha = 0.5, 1-\alpha = 0.5$,有:

$$CV_1 = 0.5\max(500, 300, -250) + 0.5\min(500, 300, -250) = 250 - 125 = 125$$

$$CV_2 = 0.5\max(300, 200, 80) + 0.5\min(300, 200, 80) = 150 + 40 = 190$$

$$CV_3 = 0.5\max(200, 150, 100) + 0.5\min(200, 150, 100) = 100 + 50 = 150$$

此时相应的企业收益以及根据乐观系数准则决策的结果如表 8.5 所示。

表 8.5　乐观系数准则决策($\alpha=0.5$)　　单位:万元

	需求大(N_1)	需求中(N_2)	需求小(N_3)	CV_i
大批量(S_1)	500	300	-250	125
中批量(S_2)	300	200	80	190*
小批量(S_3)	200	150	100	150

注:* 代表乐观系数准则决策下的最优收益结果,对应决策为最优决策。

根据乐观系数准则,最优决策为中批量生产。

对于 $\alpha=0.3$,$(1-\alpha)=0.7$,有:

$$CV_1 = 0.3\max(500,300,-250) + 0.7\min(500,300,-250) = 150 - 175 = -25$$

$$CV_2 = 0.3\max(300,200,80) + 0.7\min(300,200,80) = 90 + 56 = 146$$

$$CV_3 = 0.3\max(200,150,100) + 0.7\min(200,150,100) = 60 + 70 = 130$$

此时相应的企业收益以及根据乐观系数准则决策的结果如表 8.6 所示。

表 8.6　乐观系数准则决策($\alpha=0.3$)　　单位:万元

	需求大(N_1)	需求中(N_2)	需求小(N_3)	CV_i
大批量(S_1)	500	300	-250	-25
中批量(S_2)	300	200	80	146*
小批量(S_3)	200	150	100	130

注:* 代表乐观系数准则决策下的最优收益结果,对应决策为最优决策。

根据乐观系数准则,最优决策为中批量生产。

(5) 后悔值准则,是指以最大后悔值中的最小值为决策标准。所谓后悔值,是指可能出现的最好结果(如表 8.7 中最后一行的值)与决策的结果之差。

表 8.7　决策的最好结果　　单位:万元

	需求大(N_1)	需求中(N_2)	需求小(N_3)
大批量(S_1)	500	300	-250
中批量(S_2)	300	200	80
小批量(S_3)	200	150	100
最好结果 $\max(S_i,N_j)$	500	300	100

根据后悔值准则,构造后悔值矩阵如表 8.8 所示。

表 8.8　后悔值矩阵　　单位:万元

	需求大(N_1)	需求中(N_2)	需求小(N_3)	最大后悔值
大批量(S_1)	0	0	350	350
中批量(S_2)	200	100	20	200*
小批量(S_3)	300	150	0	300

注:* 代表后悔值准则决策下的最大后悔值中的最小值,对应决策为最优决策。

根据后悔值准则,最优决策为中批量生产。

2. 对于决策环境各种可能状态出现的概率可以估计的问题

这一类问题是指决策者能够估计决策环境各种可能状态出现的概率。这类问题的决策方法有最大可能值准则和期望值准则。

(1) 最大可能值准则。例如在需求大、需求中和需求小三种可能的状态中，需求小出现的概率为0.7，是各种可能状态中概率最大的，因此将“需求小”状态下的收益中最大的生产方式(小批量生产)作为决策选择，如表8.9所示。

表8.9 最大可能值准则决策 单位：万元

	需求大(N_1)	需求中(N_2)	需求小(N_3)	最大可能值
概率(p_i)	0.1	0.2	0.7	
大批量(S_1)	500	300	-250	-250
中批量(S_2)	300	200	80	80
小批量(S_3)	200	150	100	100*

注：*代表最大可能值准则决策下的最优收益结果，对应决策为最优决策。

最大可能值准则决策用于一种状态的可能性明显高于其他状态时，如果几种状态发生的概率相差不大，则此种方法不适用。

(2) 期望值准则。在各种可能状态出现的概率可以测定的条件下，期望值准则是最常用的决策方法。期望值准则是以各种可能状态出现的概率为权重，对可能出现的结果进行加权平均的决策方法。这种方法对可能出现的结果进行平均化，可能会掩盖最坏结果。因此，期望值准则决策方法会导致决策者忽视最坏结果的严重后果。如果决策者对最坏结果带来的危害特别敏感，需要引进效用值的概念来反映决策者对特别大的风险的态度。

相应的企业收益如表8.10所示。

表8.10 期望值准则决策 单位：万元

	需求大(N_1)	需求中(N_2)	需求小(N_3)	期望值
概率(p_i)	0.1	0.2	0.7	
大批量(S_1)	500	300	-250	-65
中批量(S_2)	300	200	80	126*
小批量(S_3)	200	150	100	120

注：*代表期望值准则决策下的最优收益结果，对应决策为最优决策。

可以看出，中批量的决策是期望值最大的决策，因而作为决策选择的方案。

8.2.3 决策树

决策树是一种有用的风险决策工具，它可以将风险决策的备选方案、决策实施中可能出现的状态以及各状态出现的概率、各状态出现会带来的效益或损失等风险决策涉及的因素，用树形图直观地展现在决策者面前，非常适合决策者特别是多个决策者对决策方案进行分析和讨论。

决策树分为单层决策树和多层决策树。

决策树由决策节点(decision node)、事件节点(event node)和终端节点(terminal node)组成。决策节点跟随若干备选的决策方案分枝,事件节点跟随若干可能出现的状态分枝,每个可能出现的状态分枝标注相应状态出现的概率,单层决策树每个可能出现的状态对应相应的终端节点,每个终端节点标注相应状态出现时将会带来的收益值(用正值表示)或损失值(用负值表示)。在多层决策树中,可能状态后面可以是第二层的决策节点。

例 8.2 单层决策树

表 8.10 中生产批量的期望值准则决策可以用单层决策树来表示,如图 8.1 所示。

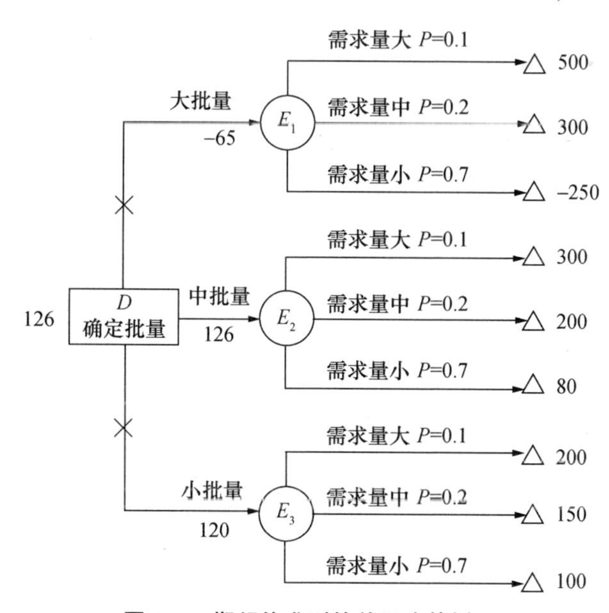

图 8.1 期望值准则的单层决策树

利用单层决策树进行决策的计算过程如下:

(1) 计算各决策备选方案的收益期望值。

大批量生产决策方案:$0.1\times500+0.2\times300+0.7\times(-250)=-65$(万元)

中批量生产决策方案:$0.1\times300+0.2\times200+0.7\times80=126$(万元)

小批量生产决策方案:$0.1\times200+0.2\times150+0.7\times100=120$(万元)

(2) 在各决策备选方案中,选取收益期望值最大的方案作为决策选择方案。

由于 $\max(-65,126,120)=126$(万元),即"中批量生产"为期望值准则下的决策选择方案。

决策者在做完第一次决策以后,如果面临不利的状态,需要而且可能做出进一步的决策,这样的决策称为序贯决策。序贯决策可以用多层决策树进行决策分析。

例 8.3 多层决策树

在以上单层决策树中,如果第一层决策采用大批量生产而事件 E1 出现需求量小的状态,决策者可以做第二层决策——技术改造,即让生产线转产另一种需求量较大的产品。技术改造有局部改造和彻底改造两种备选方案,局部改造成功和失败的概率分别为 0.6 和 0.4,而彻底改造成功和失败的概率分别为 0.3 和 0.7。如果局部改造成功,企业将获利 500 万元;如果失败,企业将损失 600 万元。彻底改造成功或失败,分别会给企业带来 1 000 万元的收益或 900 万元的损失。

以上描述的决策过程的二层决策树如图 8.2 所示。

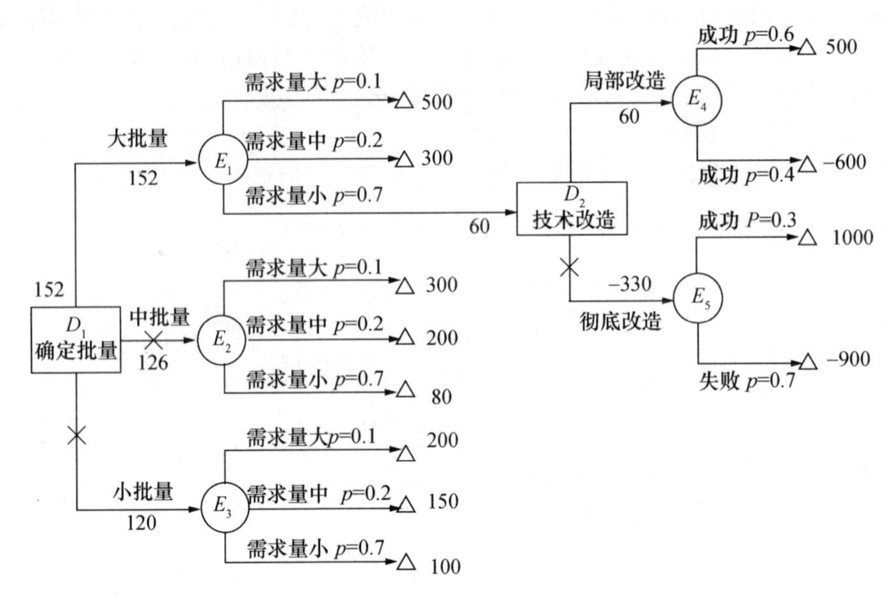

图 8.2　期望值准则的二层决策树

以上二层决策树的计算过程如下:

(1) 分别计算第二层决策中局部改造和彻底改造两个决策方案的收益期望值。

局部改造:$0.6\times500+0.4\times(-600)=60$(万元)

彻底改造:$0.3\times1000+0.7\times(-900)=-330$(万元)

由于 $\max(60,-330)=60$(万元),即应采用局部改造方案。

(2) 将第二层决策的期望值作为第一层决策的终端值,继续分别计算第一层决策中大批量生产、中批量生产和小批量生产三个决策方案的收益期望值。

大批量生产决策方案:$0.1\times500+0.2\times300+0.7\times60=152$(万元)

中批量生产决策方案:$0.1\times300+0.2\times200+0.7\times80=126$(万元)

小批量生产决策方案:$0.1\times200+0.2\times150+0.7\times100=120$(万元)

(3) 将大批量生产、中批量生产和小批量生产三个决策方案中收益期望值最大的一个方案,作为决策选择方案。

由于 $\max(152,126,120)=152$(万元),即应采用大批量生产方案。

综合二层决策树计算的结果,得到如下决策方案:首先进行大批量生产,如果需求量出现"大"或"中"的情况,不再进行第二层决策;如果出现需求量小的情况,对生产线进行局部技术改造。二层决策的收益期望值为 152 万元。

尽管生产批量决策的收益期望值为 152 万元,但这并不意味着以上决策没有风险。完全可能出现以下结局:做出了大批量生产的决策,但遇到需求量小的情况,企业不得不进行局部技术改造,而局部技术改造又失败了,企业最终损失 600 万元。任何决策者都不愿意看到这样的局面,但他们必须准备面对这种风险。

8.2.4 风险决策中完备信息的价值

例 8.2 中的风险决策假定决策者必须先做生产批量决策，然后等待决策状态(销量)的出现，如果决策状态(销量)出现对生产批量决策不利的局面，也只能被动地接受。如果决策者在做生产批量决策以前，就能得到这种产品销量的有关信息，决策就会比较主动，决策的收益就会更大。

假设有一位市场预测专家，他能够百分之百准确地预测这种产品未来的销售状况。但是他只能做正确的预测，并不能改变这种产品销量大、中和小出现的概率。同样，假设一位经验丰富的气象预报员，他能百分之百准确地预报明天的天气是晴、阴还是雨，尽管他预报天气的准确度极高，但他不能改变天气出现晴、阴和雨三种自然状态的概率。这样的市场预测专家和气象预报员提供的信息被称为完备信息。

上述产品生产的决策者如果获得了这位市场预测专家的完备信息，并根据这种完备信息进行生产批量决策，那么决策的收益一定会比没有完备信息条件下的决策收益要高。获得完备信息后决策的收益，比没有完备信息时决策的收益的增加值，我们称之为完备信息的价值。

图 8.3 向我们介绍了如何计算完备信息的价值。

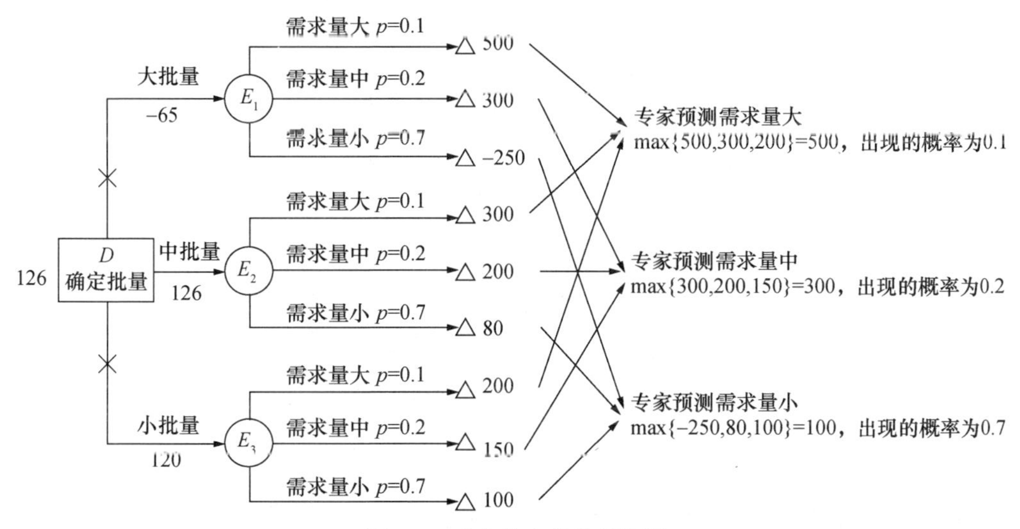

图 8.3 完备信息价值的图解

先由专家预测市场需求量，如果预测结果为需求量大，决策者比较生产批量大、中、小三种决策在市场需求量大的前提下的最大收益，即：

$$\begin{aligned}&\max(\text{大批量生产的收益},\text{中批量生产的收益},\text{小批量生产的收益})\\&=\max(500,300,200)=500(\text{万元})\end{aligned}$$

如果预测结果为需求量中，则有：

$$\begin{aligned}&\max(\text{大批量生产的收益},\text{中批量生产的收益},\text{小批量生产的收益})\\&=\max(300,200,150)=300(\text{万元})\end{aligned}$$

如果预测结果为需求量小，则有：

$$\max(\text{大批量生产的收益},\text{中批量生产的收益},\text{小批量生产的收益})$$
$$= \max(-250,80,100) = 100(\text{万元})$$

如前所述,这位专家能够准确预测产品市场需求量的大小,但不能改变这种产品市场需求量大、中、小出现的概率。换句话说,如果让这位专家预测市场需求量10次,其中需求量大的接近1次,需求量中的接近2次,需求量小的接近7次。因此,决策者在得到完备信息的基础上进行生产批量决策的收益期望值为:

$$0.1\times500+0.2\times300+0.7\times100=180(\text{万元})$$

没有完备信息时决策的收益期望值为126万元(见图8.1)。两者之差即为完备信息的价值:

$$180-126=54(\text{万元})$$

以上决策过程,是先由市场预测专家预测需求量,然后决策者根据预测专家预测的结果确定生产批量。这个决策过程,可以用事件节点在先、决策节点在后的决策树表示,如图8.4所示。

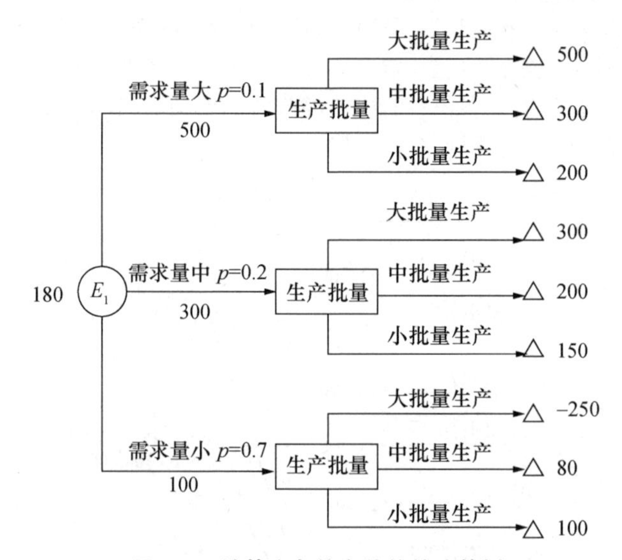

图8.4 计算完备信息价值的决策树

8.3 风险决策的效用理论

8.3.1 效用的概念

上一节利用决策树进行决策的方法,都是用期望值准则来判断和选择决策的,即假定决策者认为,期望值大小是决策选择的标准。可是进一步的研究表明,在实际风险决策过程中,决策者的许多决策行为并不遵循期望值准则。

例8.4 要求决策者从下面三个游戏中选择对自己最有利的一种。

游戏 A：投一枚硬币，正面朝上，游戏者获得 1 000 元；反面朝上，游戏者要支付 600 元。

游戏 B：投一枚硬币，正面朝上，游戏者获得 600 元；反面朝上，游戏者要支付 200 元。

游戏 C：不投硬币，游戏者直接获得 200 元。

尽管对于 A、B、C 三个游戏，收益的期望值都等于 200 元，但绝大多数游戏者都会直观地认为，这三个游戏对自己的价值是不同的，游戏 C 比游戏 B 好，游戏 B 比游戏 A 好。

为什么决策者认为游戏 C 是最好的呢？因为直接得到 200 元不包含任何风险，而尽管游戏 B 和游戏 A 的收益期望值都是 200 元，但游戏 B 和游戏 A 的收益期望值 200 元都是包含风险的，游戏 B 包含要支付 200 元的风险，而游戏 A 包含要支付 600 元的风险，游戏 A 包含的风险比游戏 B 更大。由此我们知道，决策者在进行决策时不仅考虑决策收益的期望值大小，还考虑决策包含的风险大小。

带有风险的收益对决策者的价值称为效用(utility)。

8.3.2 效用的测定和效用函数

效用是一个相对的概念。我们通常把收益取最大值时的效用定义为 1，收益取最小(即损失最大)值时的效用定义为 0。

现在，我们来定义期望效用(expected utility)的概念。设某一随机变量 X 可能出现的值为 $x_i(i=1,2,\cdots,n)$，这些值的效用为 $U(x_i)$，它们出现的概率分别为 $p(x_i)$，则这个随机变量 X 的期望效用 $\mathrm{EU}(X)$ 为：

$$\mathrm{EU}(X) = \sum_{i=1}^{n} p(x_i)U(x_i) \tag{8.1}$$

在例 8.4 的三个游戏中，所涉及的收益(损失值)从小到大排列如下：-600 元，-200 元，200 元，600 元，1 000 元。将 -600 元对应的效用定义为 0，将 1 000 元对应的效用定义为 1。

首先计算游戏 A 的期望效用。游戏 A 中可能出现的 1 000 元和 -600 元的效用是已知的，即 $U(1\,000)=1$，$U(-600)=0$，而 1 000 元和 -600 元出现的概率都是 0.5，因此游戏 A 的期望效用为：

$$\mathrm{EU(A)} = 0.5 \times 1 + 0.5 \times 0 = 0.5$$

对于一个确定性的事件 A，期望效用就是这个事件的效用，即

$$EU(\mathrm{A}) = U(\mathrm{A})$$

通过对决策者的问卷测试，可以测定决策者对不同的收益/损失值的效用值。测试的过程如下：

(1) 要求游戏者在游戏 A 和游戏 C 中做出选择，游戏者选择 C。这说明：

$$U(\mathrm{C}=200) > \mathrm{EU(A)} = 0.5 \times 1 + 0.5 \times 0 = 0.5$$

也就是说，游戏者认为没有风险的 200 元的价值比包含 -600 元风险的 200 元的价值高。

(2) 把游戏 C 中的 200 元降低为 100 元，要求游戏者再次在游戏 A 和游戏 C 中做出选择，游戏者还是选择 C。这说明：

$$U(\mathrm{C}=100) > \mathrm{EU(A)} = 0.5 \times 1 + 0.5 \times 0 = 0.5$$

(3) 把游戏 C 中的 100 元降低为 50 元，要求游戏者再次在游戏 A 和游戏 C 中做出选择，游戏者还是选择 C。这说明：

$$U(C=50) > EU(A) = 0.5 \times 1 + 0.5 \times 0 = 0.5$$

从这个结果可以看出，游戏者宁愿要没有风险的50元，也不愿意去冒可以收获1 000元但可能损失600元的风险。

（4）把游戏C中的50元降低为10元，要求游戏者再次在游戏A和游戏C中做出选择，游戏者还是选择C。这说明：

$$U(C=10) > EU(A) = 0.5 \times 1 + 0.5 \times 0 = 0.5$$

这就是说，游戏者宁愿要没有风险的10元，也不愿意去冒可以收获1 000元但可能损失600元的风险。由此可以看出，这是一位决策很稳健、不愿意冒险的决策者。

（5）把游戏C中的10元降低为－50元，要求游戏者再次在游戏A和游戏C中做出选择，即要求游戏者要么投掷硬币来决定他是赢1 000元还是输600元，如果他拒绝玩游戏A，就得支付50元。这时游戏者的选择发生了逆转，他认为，与其选择C而支付50元，不如孤注一掷，选择游戏A。这说明：

$$U(C=-50) < EU(A) = 0.5 \times 1 + 0.5 \times 0 = 0.5$$

（6）把游戏C中的－50元提高为－10元，要求游戏者在游戏A和游戏C中做出选择。游戏者这时产生了犹豫，考虑良久，最后认为游戏A和游戏C没有区别。这说明：

$$U(C=-10) = EU(A) = 0.5 \times 1 + 0.5 \times 0 = 0.5$$

这样，我们最终测定出这位游戏者除了$U(1\,000)=1$，$U(-600)=0$以外的第三个效用值，即$U(-10)=0.5$。

接着，我们可以改变游戏方法，例如，投掷两枚硬币并设置不同投掷结果的收益/损失值继续进行问卷，用类似的方法得出这位游戏者其他收益/损失值的效用值。最终测试得到的效用值标记在图8.5中。连接这些点形成的曲线称为这位游戏者的效用曲线，这条曲线对应的以收益/损失值为自变量、以效用值为因变量的函数称为效用函数。正如以上问卷表明的那样，这位游戏者是一位非常不愿意面对风险的决策者，我们把这样的决策者称为风险厌恶者。从图8.5可以看出，风险厌恶者的效用函数是一条上凸的曲线，上凸越多，表明决策者越厌恶风险。

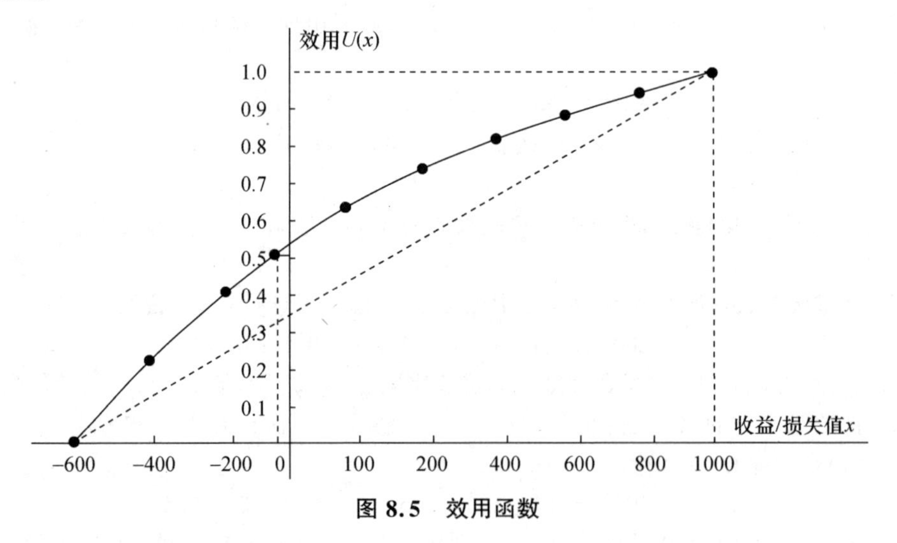

图8.5　效用函数

假设有另一位游戏者，在面临游戏A和游戏C的选择时，毫不犹豫地选择了游戏A。这

说明对这位游戏者来说,游戏 A 的价值远比游戏 C 高,即:

$$U(C=200)<EU(A)=0.5\times1+0.5\times0=0.5$$

将游戏 C 中的 200 元提高到 300 元,要求游戏者再次在游戏 A 和游戏 C 中做出选择,这位游戏者仍然坚定地选择游戏 A。这说明:

$$U(C=300)<EU(A)=0.5\times1+0.5\times0=0.5$$

如此不断提高游戏 C 中无条件即可获得的价值,一直提高到 600 元时,这位游戏者才认为游戏 A 和游戏 C 对他来说没有区别。这样就得到:

$$U(C=600)=EU(A)=0.5\times1+0.5\times0=0.5$$

这位游戏者的效用函数如图 8.6 所示,这是一条下凹的曲线,我们将其称为风险偏好者的效用曲线。下凹越多,表明决策者越偏好风险。

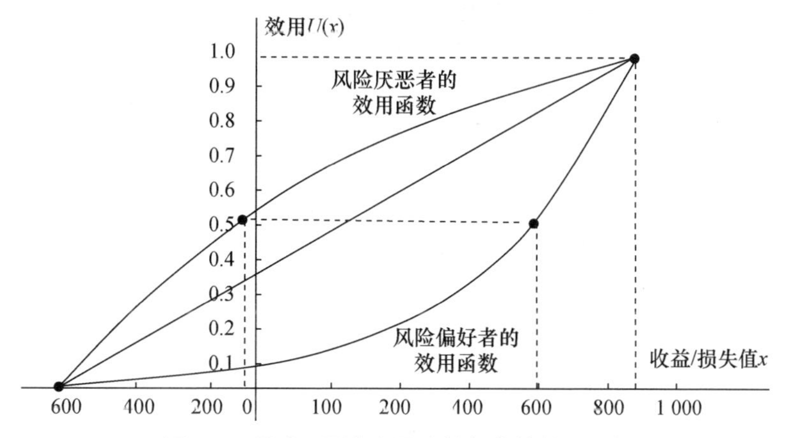

图 8.6 风险厌恶者和风险偏好者的效用函数

遵循期望值准则的决策者的效用函数是图 8.6 中两条曲线中间的直线,既不偏好风险,也不厌恶风险。研究表明,绝大多数决策者都是厌恶风险的,不过厌恶风险的程度因人而异,因问题而异。

8.3.3 期望效用决策方法

测定了决策者的效用函数以后,就可以将决策的收益/损失值转换成效用值,有了决策者对于不同收益/损失值的效用值,就可以用效用值代替收益/损失值,用期望效用代替期望值进行决策。

例 8.5 在一条河上计划建造一座水电站,大坝的高程有 50 米、80 米和 100 米三种方案。三种高程的大坝分别可以抵御 20 年一遇(即发生概率为 0.05)、50 年一遇(即发生概率为 0.02)和 100 年一遇(即发生概率为 0.01)的洪水。如果洪水强度在大坝设计标准以内,则不会造成任何损失,而且只要洪水强度在大坝设计标准以内,洪水越大,蓄水、发电等效益越显著。如果洪水强度超过设计标准,则不仅将危及大坝安全,还会给下游人民的生命、财产造成巨大损失,高程越高,损失越大。不同高程的大坝,遇到不同强度的洪水,相应的效益和损失如表 8.11 所示。

表 8.11　洪水发生的概率、大坝的高程和效益/损失值

洪水强度	发生概率	效益/损失值(千万元)		
		50 米	80 米	100 米
小于 20 年一遇	0.905	8	7	6
20 年一遇	0.050	20	15	10
50 年一遇	0.020	-6	200	180
100 年一遇	0.010	-15	-30	500
大于 100 年一遇	0.015	-20	-100	-200
收益/损失期望值		7.67	9.285	11.53

根据表 8.11,如果以收益/损失期望值为评价指标,建造 100 米高程的大坝为最优决策。设已测定出决策者的效用函数如图 8.7 所示。

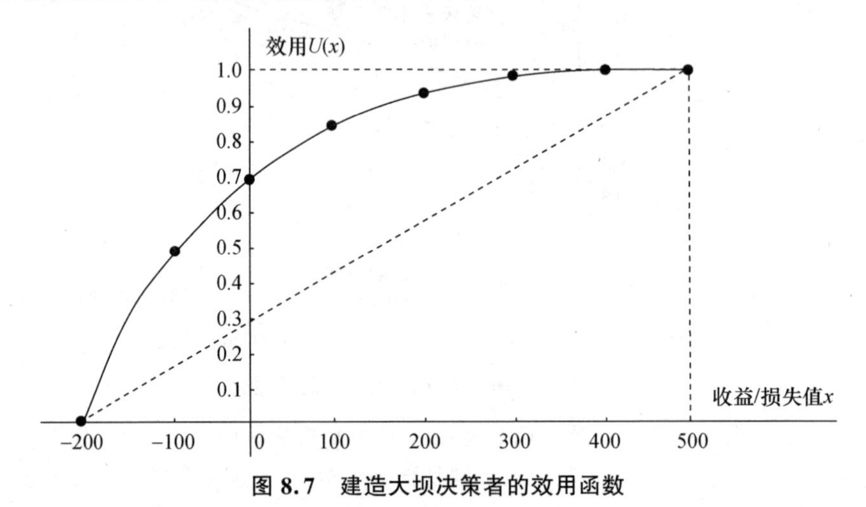

图 8.7　建造大坝决策者的效用函数

由图 8.7 可以得到建造大坝的效益/损失值和效用值对照表,如表 8.12 所示。

表 8.12　建造大坝的效益/损失值和效用值对照表

效益/损失值(千万元)	-200	-100	-30	-20	-15	-6	6	7
效用	0.00	0.50	0.70	0.71	0.72	0.73	0.74	0.75
效益/损失值(千万元)	8	10	15	20	180	200	500	
效用	0.76	0.77	0.78	0.80	0.93	0.95	1.00	

利用期望效用公式(8.1),计算不同高程大坝的期望效用,得到表 8.13。

表 8.13　洪水发生的概率、大坝的高程和效用值

洪水强度	发生概率	效用值		
		50 米	80 米	100 米
小于 20 年一遇	0.905	0.76	0.75	0.74
20 年一遇	0.050	0.80	0.78	0.77

（续表）

洪水强度	发生概率	效用值		
		50 米	80 米	100 米
50 年一遇	0.020	0.73	0.95	0.93
100 年一遇	0.010	0.72	0.70	1.00
大于 100 年一遇	0.015	0.71	0.50	0.00
期望效用		0.760	0.751	0.737

由表 8.13 可以看出，如果以期望效用为决策准则，建造高程为 50 米的大坝为最优决策。以期望效用为决策准则的决策选择不同于期望值准则的决策选择，因为决策者具有回避风险的倾向，他无论如何都要避免建造 100 米高的大坝，当遭受大于 100 年一遇的洪水时，将遭受 20 亿元损失的风险，尽管发生这种事件的概率只有 0.015。

8.4　蒙特卡洛模拟

蒙特卡洛是摩纳哥公国的一个城市。摩纳哥公国位于法国东南部，毗邻地中海，是世界上最小的国家之一。蒙特卡洛是一个风景优美的海滨城市，它与拉斯维加斯和澳门齐名，是世界级大赌城。大家知道，在每一个赌城中，无数的骰子、轮盘每天产生着无数的随机数，这些随机数决定了每个赌客的命运。

蒙特卡洛模拟是用大量随机数来研究随机现象的一种方法，它可以回避复杂而艰难的公式推导，直接用大量的数值计算来模拟问题的随机环境以及需要研究的结论。在计算机普及的今天，产生大量随机数变得轻而易举，蒙特卡洛模拟也就成了研究随机现象的重要工具。

8.4.1　随机数的产生

产生随机数是蒙特卡洛方法的基础。Excel 有较强的随机数产生功能。Excel 产生随机数的方法有两种：一种是用菜单工具“数据 > 分析 > 数据分析 > 随机数发生器”；另一种是用 Excel 函数。

1. 用 Excel 菜单工具产生随机数

例 8.6　用 Excel 菜单工具产生一个均值为 20、标准差为 2、包括 1 000 个随机数的正态分布随机变量。

打开 Excel 菜单“数据 > 分析 > 数据分析”，出现如图 8.8 所示的对话窗口。

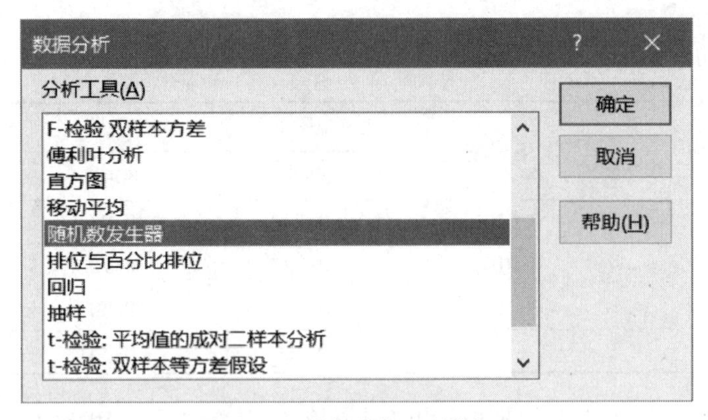

图 8.8 “数据分析”对话窗口

选择“随机数发生器”,单击“确定”,出现如图 8.9 所示的对话窗口。输入“变量个数”为 1,“随机数个数”为 1 000,在“分布”下拉菜单中选择“正态”。注意选择不同类型的随机变量,窗口中“参数”部分的格式将会随之变化。对于正态分布,继续输入“平均值”为 20,“标准偏差”为 2,“随机数基数”空缺,“输出区域”为 B2,如图 8.10 所示。

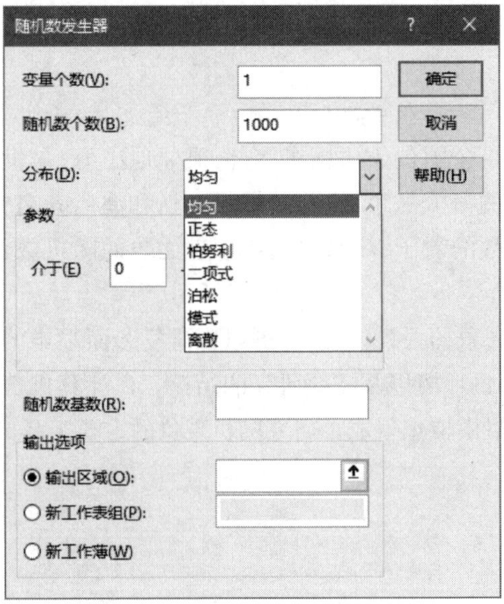

图 8.9 “随机数发生器”对话窗口 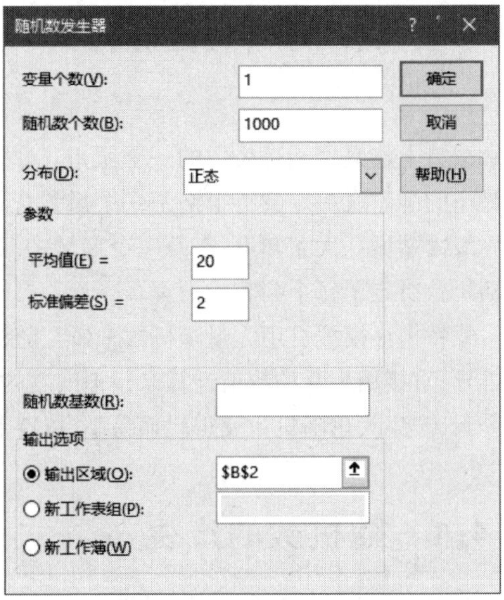　　8.10 “正态分布随机变量发生器”对话窗口

单击“确定”,就会从单元格 B2 开始,向下产生 1 000 个均值为 20、标准差为 2 的服从正态分布的随机数,如图 8.11 所示。

为了证实图 8.11 中所产生的 1 000 个随机数确实服从正态分布,用第 1.5.2 节所述的产生数据频数的方法产生这 1 000 个随机数的频数图,如图 8.11 右侧所示。从频数图可以看出,这 1 000 个随机数的频数确实呈现近似的正态分布密度函数的钟形曲线。

用 Excel 菜单工具产生其他分布的随机变量的方法是类似的。

2. 用 Excel 函数产生随机变量

Excel 有很多产生随机变量的函数,下面分别介绍常用的几个函数。

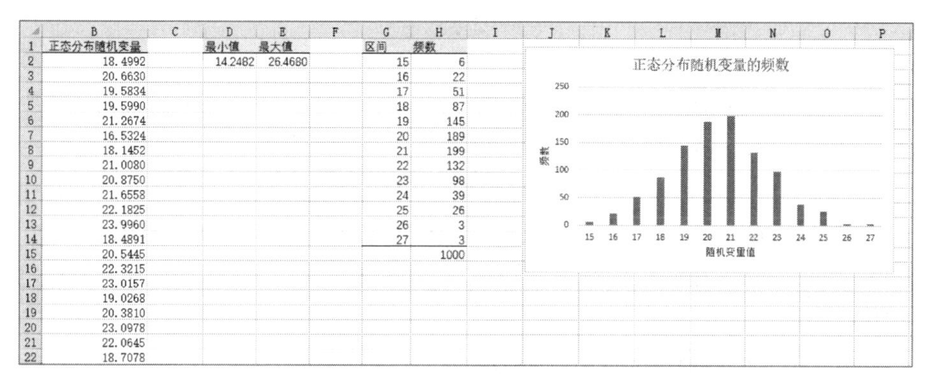

正态分布随机变量	最小值	最大值	区间	频数
18.4992	14.2482	26.4680	15	6
20.6630			16	22
19.5834			17	51
19.5990			18	87
21.2674			19	145
16.5324			20	189
18.1452			21	199
21.0080			22	132
20.8750			23	98
21.6558			24	39
22.1825			25	26
23.9960			26	3
18.4891			27	3
20.5445				1000
22.3215				
23.0157				
19.0268				
20.3810				
23.0978				
22.0645				
18.7078				

图 8.11　产生的 1 000 个正态分布随机变量及其频数图

■ RAND( )

函数 RAND( )产生[0,1]区间内均匀分布的随机变量。其中,括号中不需要填写任何参数。利用函数 RAND( )可以产生任意区间内的均匀分布随机变量。例如,要产生[8,12]中均匀分布的随机变量,可以用表达式“=8+(12-8)*RAND( )”。一般地,表达式“=a+(b-a)*RAND( )”产生区间[a,b]中均匀分布的随机变量。

例 8.7　产生 1 000 个位于区间[7,21]中均匀分布的随机变量。

在单元格 B3 中输入表达式“=7+14*RAND( )”,并向下复制到单元格 B1002 为止,就产生了 1 000 个位于区间[7,21]中均匀分布的随机变量(见图 8.12)。这 1 000 个变量的频数图如图 8.12 右侧直方图所示。

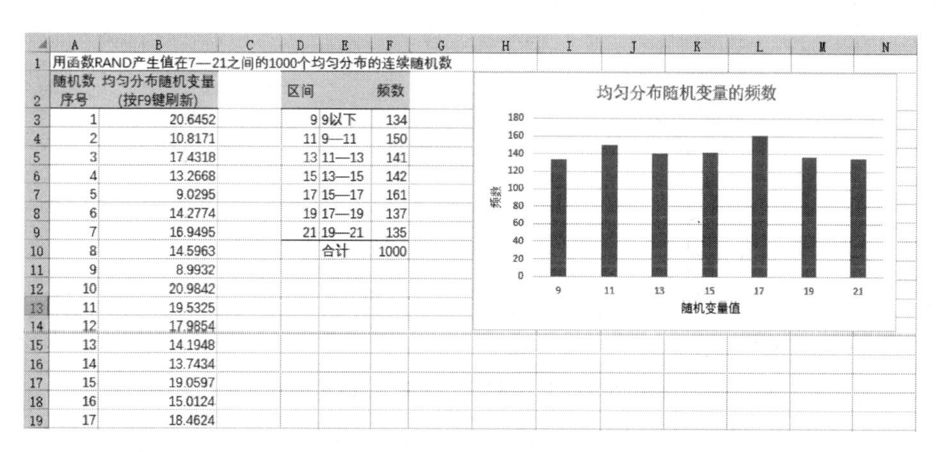

用函数RAND产生值在7—21之间的1000个均匀分布的连续随机数

随机数序号	均匀分布随机变量(按F9键刷新)		区间		频数
1	20.6452		9	9以下	134
2	10.8171		11	9—11	150
3	17.4318		13	11—13	141
4	13.2668		15	13—15	142
5	9.0295		17	15—17	161
6	14.2774		19	17—19	137
7	16.9495		21	19—21	135
8	14.5963			合计	1000
9	8.9932				
10	20.9842				
11	19.5325				
12	17.9854				
13	14.1948				
14	13.7434				
15	19.0597				
16	15.0124				
17	18.4624				

图 8.12　用 RAND( )函数产生 1 000 个均匀分布的随机变量及其频数图

用 RAND( )产生的随机变量,可以用 F9 键进行重运行。每按 F9 键一次,1 000 个随机变量的值会刷新一次,如果相应的频数统计是用 FREQUENCY 函数产生的,相应的频数图也会跟着变化一次。反复按 F9 键,可以看到,频数图中每一个区间的频数,都是在 140 次上下变化,说明这 1 000 个随机数确实是服从均匀分布的随机变量。

RAND( )函数在蒙特卡洛模拟中有着非常重要的应用,除了可以产生均匀分布的随机变量,用户还可以用它来产生一些其他分布的随机变量,具体方法将在第 9 章管理系统模拟中介绍。

■ NORM. INV(probability,mean,standard_dev)

函数 NORM. INV 产生一个给定概率值、给定均值和给定标准差的正态分布随机变量，它的三个参数含义如下：probability 代表正态分布的概率值；mean 代表正态分布的算术平均值；standard_dev 代表正态分布的标准差。

三个参数都必须是数值，否则函数 NORM. INV 将返回错误值"#VALUE!"。其中，概率 probability 的值必须在 0 和 1 之间，否则函数 NORM. INV 返回错误值"#NUM!"。

例 8.8 分别产生均值为 20，标准差为 2，概率值分别为 0.3214、0.9758、0.0015 的三个正态分布随机变量。

这三个概率值对应的随机变量值分别为：

NORM. INV(0.9758,20,2) = 23.94

NORM. INV(0.3214,20,2) = 19.07

NORM. INV(0.0015,20,2) = 14.06

在第 2 章，我们曾介绍过正态分布的另一个函数 NORM. DIST(x,mean,stand_dev, cumulative)，这个函数返回的是随机变量的概率值。其中 x 是随机变量的取值，mean 是均值，stand_dev 是标准差，cumulative 是逻辑变量，值为 FALSE 时返回概率值，值为 TRUE 时返回累积概率值。

函数 NORM. DIST 和函数 NORM. INV 的区别和联系可以用图 8.13 表示。图中的两条曲线都是给定均值 mean 和标准差 stand_dev 的正态分布随机变量的累积概率分布函数，横坐标都是正态分布随机变量的值，纵坐标都是正态分布随机变量的概率。

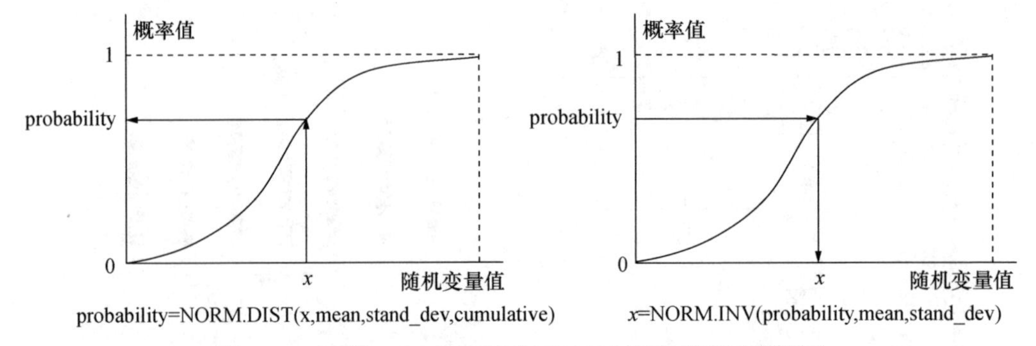

图 8.13　函数 NORM. DIST 和 NORM. INV 的联系和区别

由图 8.13 可知，NORM. DIST 是由随机变量的值计算相应的概率值，NORM. INV 是由随机变量的概率值计算相应的随机变量的值。NORM. INV 是 NORM. DIST 的反函数。

例 8.8 中对三个概率值用 NORM. INV 函数求相应的随机变量值的过程可以用图 8.14 表示。

当函数 NORM. INV 中的第一个参数概率值 probability 发生变化时，函数得到相应的随机变量值。如果用均匀分布的随机函数 RAND( )代替 probability，函数 NORM. INV(RAND( ), mean, standard_dev)就可以随机产生一系列均值为 mean、标准差为 stand_dev 的正态分布的随机变量。这就是用 Excel 函数产生正态分布随机变量的方法。

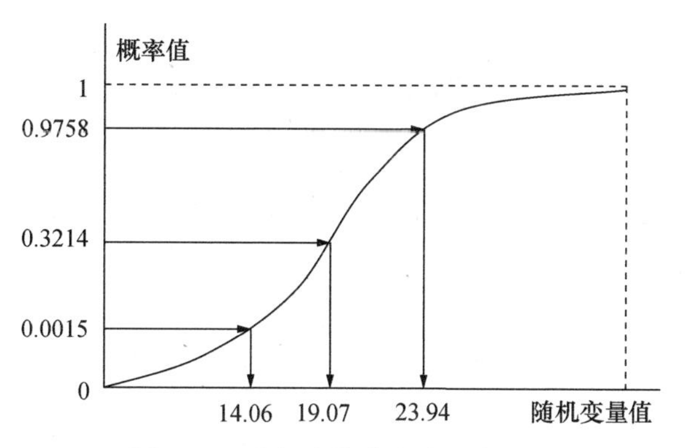

图 8.14 由概率值产生随机变量值

例 8.9 在 Excel 表中产生 1 000 个均值为 20、标准差为 2 的正态分布随机变量。

在图 8.15 单元格 B2 中,输入表达式“ = NORM. INV(RAND( ), 20, 2)”,并将该单元格向下复制,直到单元格 B1001。统计 B2:B1001 中数据的频数,绘制频数直方图。可以看到,所产生的 1 000 个随机变量确实服从正态分布。

这一结果与例 8.6 用 Excel 菜单工具产生的均值为 20、标准差为 2 的 1 000 个随机变量不同,用函数 NORM. INV 产生的 1 000 个随机变量,由于其中嵌入了 RAND( )随机函数,按 F9 键这 1 000 个随机变量会发生变化,Excel 表中的其他数据包括频数图也会相应地变化。而用菜单工具产生的随机变量按 F9 键不会变化。

用函数 NORM. INV 产生可以刷新的随机变量,在蒙特卡洛模拟中有很多好处。在例 8.9 中,每按一次 F9 键,就可以产生新的 1 000 个随机变量,这样模拟的结果会更有代表性,更加接近实际情况。

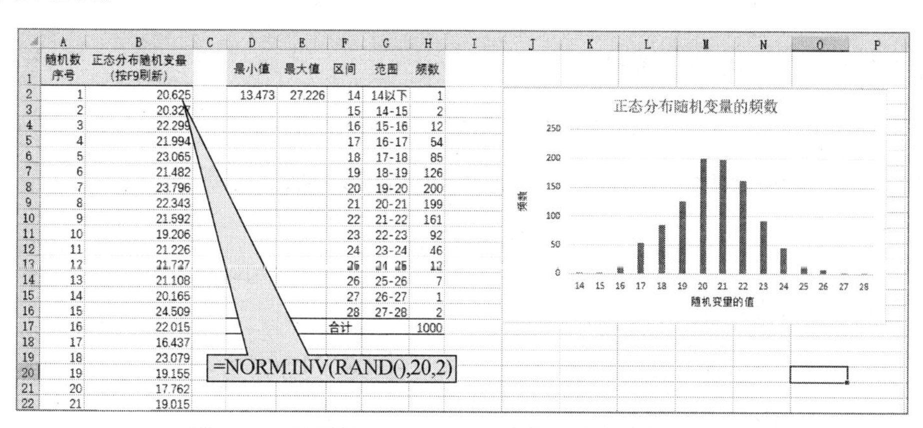

	A	B	C	D	E	F	G	H
1	随机数序号	正态分布随机变量(按F9刷新)		最小值	最大值	区间	范围	频数
2	1	20.625		13.473	27.226	14	14以下	1
3	2	20.327				15	14-15	2
4	3	22.299				16	15-16	12
5	4	21.994				17	16-17	54
6	5	23.065				18	17-18	85
7	6	21.482				19	18-19	126
8	7	23.796				20	19-20	200
9	8	22.343				21	20-21	199
10	9	21.592				22	21-22	161
11	10	19.206				23	22-23	92
12	11	21.226				24	23-24	46
13	12	21.727				25	24-25	12
14	13	21.108				26	25-26	7
15	14	20.165				27	26-27	1
16	15	24.509				28	27-28	2
17	16	22.015				合计		1000
18	17	16.437						
19	18	23.079						
20	19	19.155						
21	20	17.762						
22	21	19.015						

图 8.15 用函数 NORM. INV 产生正态分布随机变量

除了 NORM. INV, Excel 还有以下根据概率产生随机变量的函数:

- NORMS. INV(probability) 产生标准正态分布随机变量
- LOG. INV(probability, mean, standard_deviation) 产生对数正态分布随机变量
- BETA. INV(probability, alpha, beta, A, B) 产生 β 分布随机变量
- GAMMA. INV(probability, alpha, beta) 产生 γ 分布随机变量

8.4.2 风险投资的一个游戏

有了前面产生随机变量的技术,就可以进行蒙特卡洛模拟了。我们首先来看一个风险投资的游戏。

例 8.10 有一项风险投资,每次投资成功和失败的概率都是50%。投入1元资本,如果成功,连本带利资本增值为2.2元;如果失败,投入的资金全部损失,资本变为0。为了避免所有的资本全部损失,每次只投入当前资本的一半。

假设最初的资本为100万元,而这个游戏投资的次数没有限制,试问:这个投资游戏的前景如何?会是一本万利,还是血本无归?

对这个投资游戏问题,我们提供了以下两种不同的解法。

解法1 设初始资本 $A=100$ 万元,投资成功的资本增值率 $K=2.2$。

第1次投资的资本为:

$$\frac{A}{2}$$

第1次投资成功后的资本为:

$$\frac{A}{2}+\frac{A}{2}\times K=\frac{A}{2}(K+1)$$

第1次投资失败后的资本为:

$$\frac{A}{2}$$

第1次投资后资本的期望值为:

$$0.5\times\frac{A}{2}(K+1)+0.5\times\frac{A}{2}=\frac{1}{4}(K+2)A$$

第2次投资的资本为第一次投资后资本期望值的一半,即:

$$\frac{1}{8}(K+2)A$$

第2次投资成功后的资本为:

$$\frac{1}{8}(K+2)A+\frac{1}{8}(K+2)AK=\frac{1}{8}(K+1)(K+2)A$$

第2次投资失败后的资本为:

$$\frac{1}{8}(K+2)A$$

第2次投资后资本的期望值为:

$$0.5\times\frac{1}{8}(K+1)(K+2)+0.5\times\frac{1}{8}(K+2)A=\frac{1}{16}(K+2)^2A$$

……

依次类推,第 n 次投资以后的资本期望值为:

$$\frac{1}{4^n}(K+2)^n A = \frac{1}{4^n}(2.2+2)^n A = 1.05^n A$$

当 n 无限增大时,资本会无限增加,即投资是一本万利的。

解法 2　设投资 $2n$ 次,当 n 很大时,其中大约有 n 次成功,n 次失败。根据假设,每次投资成功或失败都是独立的,即每次投资成功还是失败和上一次投资成功还是失败没有关系。因此,不妨假设 $2n$ 次投资中前 n 次都成功,后 n 次全失败。这是对投资者最有利的安排。

第 1 次成功后的资本为:

$$\frac{1}{2}A + \frac{1}{2}KA = \frac{1}{2}(K+1)A$$

第 2 次成功后的资本为:

$$\frac{1}{4}(K+1)A + \frac{1}{4}K(K+1)A = \frac{1}{4}(K+1)^2 A$$

……

依次类推,第 n 次成功后的资本为:

$$\frac{1}{2^n}(K+1)^n A$$

n 次投资成功以后,接下去 n 次投资都是失败,每次失败后的资本是以前的一半。

第 1 次失败后的资本为:

$$\frac{1}{2^{n+1}}(K+1)^n A$$

第 2 次失败后的资本为:

$$\frac{1}{2^{n+2}}(K+1)^n A$$

……

依次类推,第 n 次失败后的资本为:

$$\frac{1}{2^{2n}}(K+1)^n A = \left(\frac{K+1}{4}\right)^n A = 0.8^n A$$

当 n 无限增大时,$2n$ 次投资以后的资本趋向于 0,即投资将会血本无归。

解法 1 和解法 2 的结果显然是矛盾的,其中至少有一个是错的。哪一个是错的,还是两个都是错的?错在哪里?

这个游戏问题可用蒙特卡洛模拟方法解决。

8.4.3　风险投资游戏的蒙特卡洛模拟模型

为了解决上述风险投资游戏问题,建立 Excel 蒙特卡洛模拟模型,如图 8.16 所示。

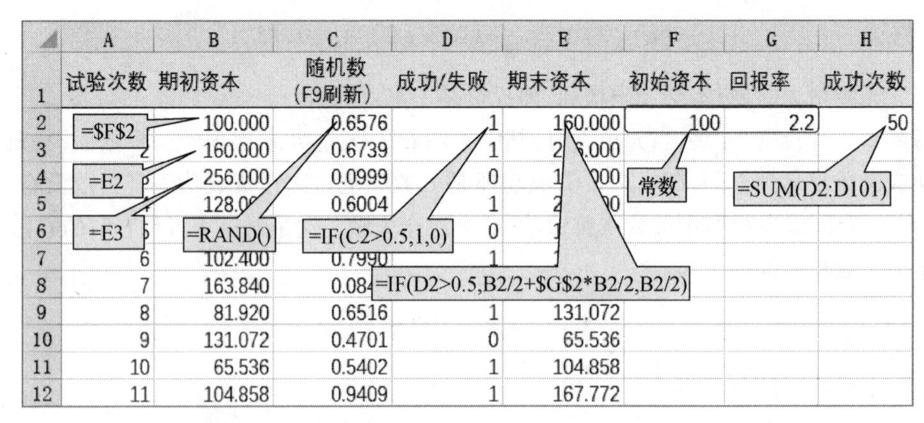

	A	B	C	D	E	F	G	H
1	试验次数	期初资本	随机数 (F9刷新)	成功/失败	期末资本	初始资本	回报率	成功次数
2	[illegible]	100.000	0.6576	1	160.000	100	2.2	50
3	2	160.000	0.6739	1	[illegible]			
4	[illegible]	256.000	0.0999	0	[illegible]			
5	[illegible]	[illegible]	0.6004	1	[illegible]			
6	[illegible]	[illegible]	[illegible]	0	[illegible]			
7	6	102.400	0.7990	1	[illegible]			
8	7	163.840	[illegible]	[illegible]	[illegible]			
9	8	81.920	0.6516	1	131.072			
10	9	131.072	0.4701	0	65.536			
11	10	65.536	0.5402	1	104.858			
12	11	104.858	0.9409	1	167.772			

图 8.16　风险投资游戏蒙特卡洛模拟的 Excel 模型

由于以上 Excel 模型中包含函数 RAND( ),因此,按下 F9 键,其中的数据将会变化刷新。绘制 E2:E1001 的折线图,如图 8.17 所示。

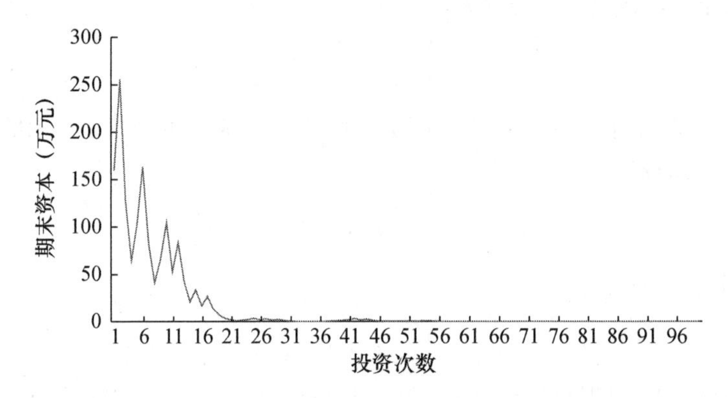

图 8.17　投资后资本随投资次数变化的折线图

按 F9 键,图 8.17 中变量“期末资本”的折线图将变化刷新。多次按 F9 键,观察“期末资本”的变化情况,可以发现,在绝大多数情况下,“期末资本”将随投资次数增加而很快减少到 0。这说明随着投资次数的增加,这个风险投资游戏的前景将是血本无归。

从以上例子可以看出,蒙特卡洛模拟可以非常简捷地回答复杂的风险投资决策问题。

现在可以肯定,解法 1 的结论“投资的前景将会是一本万利”是错误的。它的解法错在哪里？答案是错在它把期望值作为投资的真实状态。一次投资以后的资本只可能有两种状态:一种是投资成功,投入的资金增值为投入的 2.2 倍;另一种是投资失败,投入的资金全部损失。绝对不存在投资后的资金等于投资收益的期望值这么一种状态。

通过这个例子,我们可以进一步理解,随机变量的期望值仅仅是随机变量的结局发生以前,决策者对可能出现的结局做出的评估,期望值不是随机变量可能出现的一种真实状态。

另外,尽管解法 2 的结论不错,但是它的解法是不严密的。首先,投资 $2n$ 次,成功和失败的概率各为 50% 的所有可能情况应该包括:其中 k 次投资成功,$2n-k$ 次投资失败($k=0,1,2,\cdots,2n$)。$2n$ 次投资中前 n 次成功,后 n 次失败,这只是许多可能性中的一种。因此,考虑各种可能情况,$2n$ 次投资以后的资本应该用二项分布来计算,这样的表达式将是非常复杂的。通过蒙特卡洛模拟我们看到,确实存在 100 次投资后的资本变得非常大的可能性,不过这种情况发生的概率很小。

8.5 投资决策的蒙特卡洛模拟

8.5.1 确定性投资决策分析

例 8.10 仅仅是说明蒙特卡洛模拟的一个游戏。下面的例子将把蒙特卡洛模拟运用到传统的投资决策分析中去。

首先,我们来看传统的确定性投资决策问题。

设投资年限为 $t(t=0,1,2,\cdots,n)$,第 t 年投入资金为 I_t(投入用负值表示),回收的资金为 R_t(收益用正值表示)。当年收益和投入相抵的值称为净值。投资和收益的情况可以用图 8.18 表示。

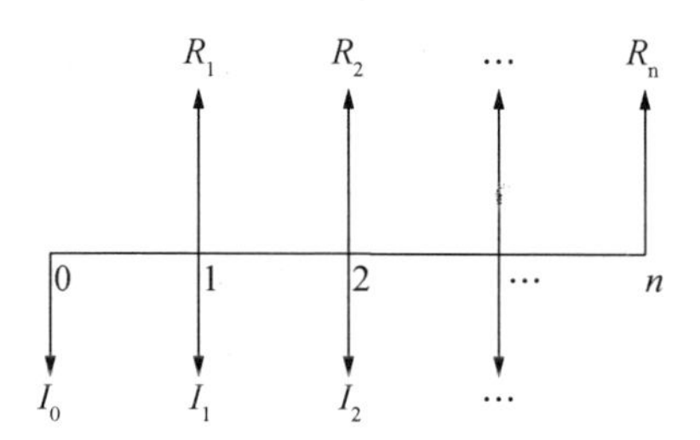

图 8.18 确定性投资项目的现金流

由于资金具有时间价值,即发生在不同时间的收入和支出具有不同的价值,因此,为了使发生在不同时间的收入和支出具有可比性,需要把它们折算成同一时刻的价值,通常用当前时刻的价值(即现值)表示,资金的贴现率(discounted rate)用 r 表示。

通常情况下,期初没有收益,即 $R_0=0$;期末不会投资,即 $I_n=0$。

贴现率表示资金成本。如果资金来自贷款,则贴现率可以用贷款利率表示;如果是自有资金,则贴现率一般用自有资金的机会成本表示,即该项资金如用于其他可能投资的最大增值率。

净现值(net present value,NPV)是投资可行性的评价指标。当 NPV≥0 时,投资可行;当 NPV<0 时,投资不可行。计算 NPV 的公式为:

$$\mathrm{NPV}=\sum_{t=0}^{n}\frac{R_t-I_t}{(1+r)^t} \tag{8.2}$$

式中,R_t-I_t 是第 t 年收益和投入的净值,$\frac{R_t-I_t}{(1+r)^t}$是第 t 年净值的折现值。对于初始年份 $t=0$,$(1+r)^t=(1+r)^0=1$,即期初的收益 R_0 和投资 I_0 不需要贴现。式(8.2)也可以表示为:

$$\mathrm{NPV}=(R_0-I_0)+\sum_{t=1}^{n}\frac{R_t-I_t}{(1+r)^t} \tag{8.3}$$

净现值 NPV 是随着贴现率 r 的增加而减少的,使得净现值等于 0 的贴现率 r 称为此项投资的内部收益率(internal rate of return,IRR),如图 8.19 所示。

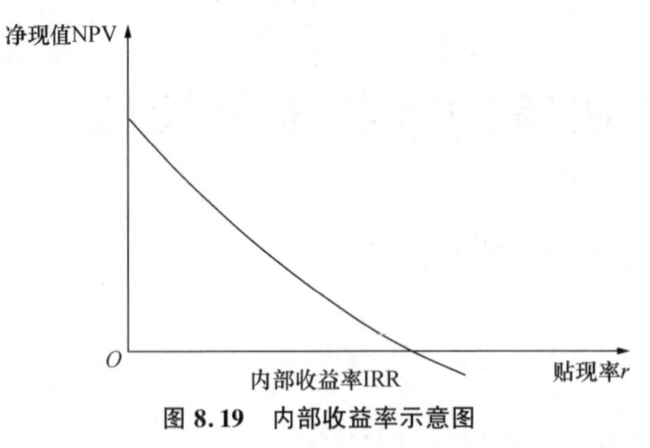

图 8.19　内部收益率示意图

当投资 I_t 和收益 $R_t(t=0,1,2,\cdots,n)$ 已知时,求解关于贴现率 r 的方程就可以得到内部收益率。

$$\sum_{t=0}^{n} \frac{R_t - I_t}{(1+r)^t} = 0 \tag{8.4}$$

例 8.11　一个项目第 1 年年初计划投资 100 万元,分四年回收。收益值是确定的,每年年末收益如表 8.14 所示。折现率 $r=0.05$,求这个投资项目的净现值 NPV 和内部收益率 IRR。

表 8.14　项目各年收益　单位:万元

年份	1	2	3	4
收益	40	30	25	20

这个投资项目的现金流如图 8.20 所示。

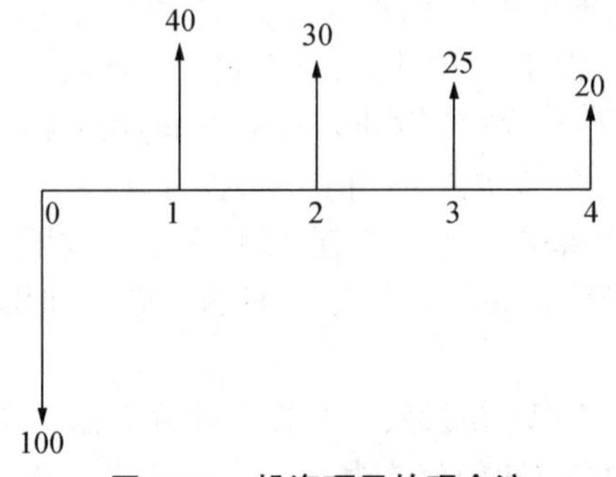

图 8.20　投资项目的现金流

净现值为:

$$NPV = -100 + \frac{40}{1+0.05} + \frac{30}{(1+0.05)^2} + \frac{25}{(1+0.05)^3} + \frac{20}{(1+0.05)^4} = 3.3561(\text{万元})$$

求解关于 r 的方程:

$$-100 + \frac{40}{1+r} + \frac{30}{(1+r)^2} + \frac{25}{(1+r)^3} + \frac{20}{(1+r)^4} = 0$$

得到内部收益率 IRR = 0.0662 = 6.62%。

Excel 有计算净现值和内部收益率的函数。计算净现值的函数是:

■ NPV(rate,value1,value2, …)

其中,rate 为贴现率,value1, value2, …为每一时期的收入支出的净值,收入为正数,支出为负数。收入支出的净值应按发生的先后顺序排列,所有时期的收入或支出都发生在期末,即整个项目的期初($t=0$)发生的收入或支出不应该包括在函数中。换言之,函数 NPV 不包括式(8.3)中不贴现的第一项 R_0-I_0,只包括所有贴现的收入和支出 $\sum_{t=1}^{n}\frac{R_t-I_t}{(1+r)^t}$。rate,value1,value2,…既可以是数值,也可以是引用的单元格。

函数 NPV 返回值的默认格式是货币格式。用函数 NPV 计算例 8.11 投资项目的净现值的 Excel 表如图 8.21 所示。

	A	B	C	D	E	F
1	贴现率	0.05				
2						
3	年份	0	1	2	3	4
4	投资/收益额(万元)	-100	40	30	25	20
5						
6	净现值NPV	3.3561				
7						
8						

=B4+NPV(B1,C4:F4)

图 8.21 Excel 净现值函数

注意以上函数 NPV 中只出现期末收益值,期初投资(B4 = -100 万元)不包括在函数 NPV 中。以上净现值函数 NPV 中是用单元格引用,也可以直接用数值计算:

$$净现值 = -100 + NPV(0.05,40,30,25,20) = 3.3561(万元)$$

计算内部收益率的函数为:

■ IRR(value1, value2,…, guess)

其中,value1,value2,…为每一时期的收入或支出。value1,value2,…不能为数字,只能是数组或单元格的引用。guess 为函数 IRR 计算的初始值。Excel 用迭代法计算 IRR。以 guess 为初始值,函数 IRR 进行循环计算,直至结果的精度达到 0.00001%。如果函数 IRR 经过 20 次迭代,仍未找到结果,则返回错误值 #NUM!。如果省略 guess,默认 IRR 的初始值为 0.1(10%)。

函数 IRR 返回值的默认格式是百分数。

例 8.12 用函数 IRR 计算例 8.11 投资项目的内部收益率。

	A	B	C	D	E	F
1	折现率	0.05				
2						
3	年份	0	1	2	3	4
4	投资/收益额(万元)	-100	40	30	25	20
5						
6	净现值NPV	3.3561				
7	内部收益率IRR	6.6248%				
8						

=IRR(B4:F4,B1)

图 8.22 Excel 内部收益率函数

8.5.2 随机性投资决策的蒙特卡洛模拟

由于投资的收益是未来发生的事项,具有不确定性,因此进行随机性投资决策分析时需要建立随机性投资决策的蒙特卡洛模拟模型。

例 8.13 一项长期风险投资,期初投资 100 万元,分四年回收。资金贴现率 $r=5\%$。每年的投资收益是随机的,服从正态分布。四年收益的期望值和方差如表 8.15 所示。

表 8.15 风险投资收益的期望值和标准差 单位:万元

年份	1	2	3	4
期望值	40	30	25	20
标准差	2	3	4	5

建立这个投资项目蒙特卡洛模拟模型的主要步骤如下:

(1) 设定投资模拟试验的次数为 100 次。

(2) 用函数 NORM.INV 产生 1—4 年收益值服从正态分布的四个随机变量,每个随机变量的随机数为 100 个。

(3) 用 NPV 函数计算每一次试验的净现值。

(4) 计算 100 个 NPV 的最小值和最大值。

(5) 根据 NPV 的最小值和最大值确定 NPV 的频数区间。

(6) 用函数 FREQUENCY 统计 100 个 NPV 落入各区间的频数。

(7) 绘制 NPV 频数直方图。

(8) 统计若干 NPV 值出现的概率(相对频数)。

计算过程如图 8.23 所示。

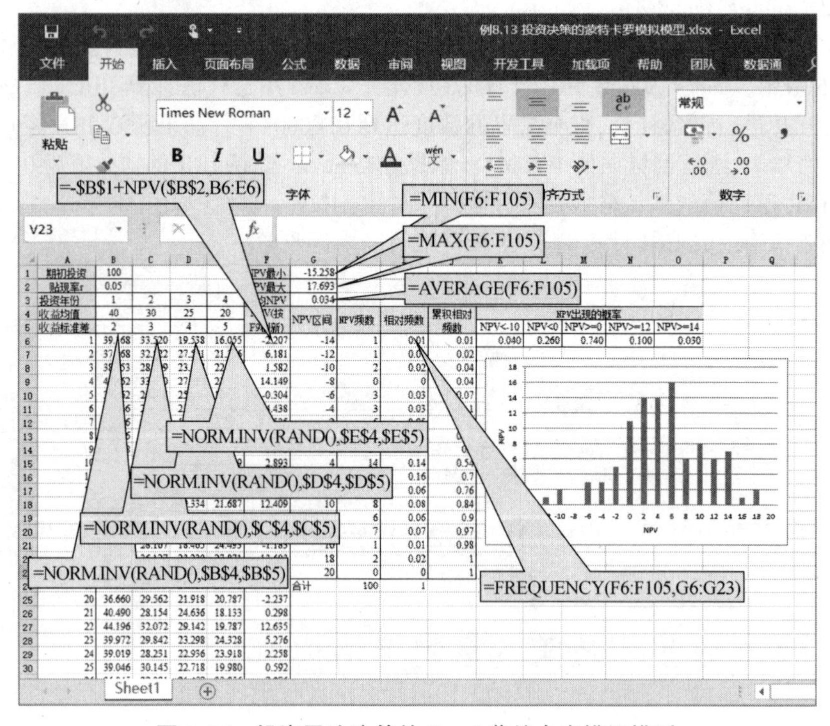

图 8.23 投资风险决策的 Excel 蒙特卡洛模拟模型

以上模型产生收益值随机变量的函数 NORM. INV 中,都包含随机函数 RAND( ),同时模型的所有运算都由 Excel 函数完成,按 F9 键,整个模型的运算结果(包括频数直方图)都会相应变化刷新。因此,这个模型可以较好地模拟投资的随机环境,评价投资的决策风险。

习 题

习题 8-1 某企业计划分两轮研制新的生产设备。第一轮有两个备选方案:① 自行研制;② 委托研制。无论是自行研制还是委托研制,如果成功,研制工作结束,新设备即可投入生产;如果失败,则该企业将进行第二轮研制,第二轮研制可以是自行研制,也可以是委托研制。第二轮研制无论成功还是失败,新设备研制工作都将结束。有关数据见文件“习题 8-1.xlsx”。

(1) 建立决策树。

(2) 用期望值准则分别确定企业第一轮和第二轮的最优决策。

习题 8-2 报童问题。一个报童每天销售一家早报,每份报纸的进价为 0.5 元,零售价为 1.0 元。这个报童早报的销量服从正态分布,均值为 250 份,标准差为 20 份。如果每天早报进货数量太少,就会出现缺货的现象;如果进货量太多,当天的报纸就会卖不完,从而造成损失。

(1) 创建报童问题的 Excel 蒙特卡洛模拟模型,求进货量为 250 份时净收益的期望值。

(2) 假设进货量在 200—280 份之间变化,用 Excel 模拟运算表分别计算相应的净收益,并求出最优进货量。

习题 8-3 投资公司期初有 1 000 万元投资基金,这些资金用于短期风险投资,每次投资期限为一年,年初投入,年末回收。回收的基金下一年年初全部用于再投资。投资的收益是随机的,与投资环境有关。投资环境好、一般、差三种情况出现的概率和相应的投资收益率如下表所示:

投资环境	好	一般	差
出现的概率	0.2	0.5	0.3
投资收益率	15%	5%	-20%

(1) 创建 Excel 蒙特卡洛模拟模型,模拟 100 次投资的结果并用折线图表示期末投资基金余额变化情况。

(2) 如果投资环境好的概率从 0.2 增加到 0.5,投资环境一般的概率从 0.5 降低到 0.3,投资环境差的概率从 0.3 降低到 0.2,则年末投资基金余额会有什么变化?

(3) 如果采用一种比较保守的策略,即每年年初只把一定比例(例如 80%)的基金用于投资,则年末投资基金余额又会有什么变化?投资基金的比例不同对投资后果有什么影响?

* 提示:Excel 函数 RAND( )的值落在(0,0.2]内的概率为 0.2,落在(0.2,0.7]内的概率为 0.5,落在(0.7,1.0)内的概率为 0.3。

习题 8-4 一个投资项目的数据如下表所示:

单位:万元

	第一年	第二年	第三年	第四年
年初投资额	90	50	30	—
预期年末收益均值	30	40	50	70
预期年末收益标准差	2	3	4	5

其中,投资都发生在年初,收益都发生在年末。假设资金贴现率为5%。

(1) 用 Excel 菜单工具对每年收益产生 100 个正态分布随机数进行试验,对每次试验计算净现值。

(2) 用函数 NORM. INV 对每年收益产生 100 个正态分布随机数进行试验,对每次试验计算净现值。

(3) 对 100 次试验得到的净现值计算发生的频数,并用直方图表示,估计投资不可行的试验占总试验次数(100 次)的比例。

(4) 如果四年收益额的标准差变更为 1 万元、2 万元、3 万元和 4 万元,再次进行以上计算。

(5) 如果资金贴现率分别为 3%、4%、5%、6%和 7%,用 Excel 模拟运算表求项目可行的概率。

(6) 设每年年末的收益为确定值,分别等于表中的收益均值,用函数 IRR 计算这个项目的内部收益率。

第 9 章 管理系统模拟

9.1 模型和模拟

9.1.1 模型的概念和分类

在日常生活、科学研究和商业活动中,我们经常遇到“模型”这个概念。例如,按一定比例缩小的汽车、飞机和舰船模型,商品房销售展示模型,原子模型和胰岛素分子模型,全球大气环流模型,宏观经济计量模型,驾驶员训练计算机模型,等等。模型在各领域都有广泛的应用。

所谓模型,是指真实对象的简化展示或简化描述。模型不是真实对象本身,但模型总有某一个方面与真实对象具有非常相似的特征,如外形、尺寸、比例、结构、变化的数量关系、内在的逻辑关系等。这些相似性使得人们可以通过对模型的观察、试验和研究来了解真实对象。

直接研究真实对象往往有很多困难,例如,实际情况太复杂、改变真实对象可能产生不可逆转的后果、研究的代价太高,等等。模型研究是一种常用的研究方法。模型研究具有代价低、可试验、可重复等优点,因而被广泛采用。但模型毕竟不是真实对象,因此,模型研究的结果或多或少地与真实情况存在一定的差距,这也是从事模型研究时应该注意的。

模型的类型很多,主要有物理模型、数学模型、逻辑模型、计算机模型等。例如,研究大坝泥沙淤积,需要建造按比例缩小的水利实验物理模型;研究大气环流,需要复杂的微分方程数学模型;研究精神病诱发机理,需要建立精神病诱发机理的逻辑模型;训练汽车驾驶员,需要建立驾驶模拟的计算机模型。本书主要介绍数学模型和计算机模型。

数学模型和计算机模型,按照模型目标和用途,可以分为描述模型、优化模型和模拟模型。

描述模型中的变量分为输入变量和输出变量。描述模型建立起输入变量和输出变量之间的关系,当输入变量变化时,输出变量也会发生相应的变化。描述模型可以是“白箱”模型或者“黑箱”模型。所谓“白箱”模型,是指研究对象的内部结构是可以观察的,模型是仿照研究对象内部结构构建的。例如,宏观经济计量模型就是一种“白箱”模型,其中投资、消费、产业结构等因素之间的关系是可以观察的。所谓“黑箱”模型,是指研究对象的内部结构是不可观察的,研究者只能观察和记录输入变量和输出变量之间相应的变化。“黑箱”模型需根据输入和输出数据,建立相应的模型。例如,回归模型就是一种“黑箱”模型。

优化模型有一个或多个优化目标,模型中变量变化会使这些目标有不同的结果。同时,这些变量的变化又受到一系列约束条件的制约，变量必须在这些约束条件的限制范围内变化。优化模型就是要建立变量、目标和约束条件之间的关系，并且在满足约束条件的情况下，求出使目标最满意的变量的值。例如，企业在原材料、场地、设备、资金等约束条件下，要确定产品的类型和产量，使得企业利润最大化，这就是典型的优化模型研究的内容。

模拟模型是针对一个具体的问题或过程，通过建立数学模型或计算机模型，来模仿真实对象的变化过程。例如，作战模拟系统可以模拟特定战场两军作战的过程和结局。下面将要研究的库存模拟模型和排队模拟模型可以分别模拟库存的变化过程和队列中顾客人数的变化过程。

9.1.2 系统模拟概述

系统模拟也称系统仿真。模拟是采用某种工具或方法，通过一些合理的假设，事先预演这个系统可能的变化。模拟的思想在现实生活中经常用到，例如大型活动的彩排、应对突发事件的演习、作战的沙盘推演都是模拟的方法。本书中所讲的系统模拟，是用计算机模型和数学模型，模拟一些特定的管理问题的变化过程，通过模拟来试验不同决策可能产生的后果，寻找解决问题的较好方法。

系统模拟有一些基本的术语，主要包括实体、活动、事件和过程。

实体是指模拟关注的对象。例如，在库存系统中，实体就是库存的物品；在银行客户排队系统中，实体就是来银行接受服务的客户；在生产系统中，实体就是原材料、在制品、产品；在作战模拟系统中，实体就是部队、装备、弹药，等等。

活动是指模拟系统中实体要参与的动作，如在库存系统中物品的进库、存放和出库，银行排队系统中顾客的到达、等待、接受服务、离开，作战模拟系统中部队的进攻、防御、撤退等。

事件是指模拟系统中促使实体开始或停止活动的信号。例如，在库存系统中，“库存量降到0”就是一个事件，这个事件会引发“进货补充”这一项活动；在排队系统中，“一个顾客接受服务完毕离去”就是一个事件，这个事件会使下一个顾客进入服务台接受服务。

过程是指模拟系统中某一个实体先后参与的活动。例如，在排队系统中，一个顾客先后要参与“到达”“进入队列等待”“接受服务”“服务完毕离开”等活动，这一系列活动就组成一个过程。

一个比较复杂的系统往往包括多个实体，每个实体参与的过程可能并不相同。在同一个时刻，不同的实体在从事不同的活动，不同的事件会使得不同的实体产生不同的活动。系统模拟就是通过一个模拟模型来建立实体、活动、事件和过程之间的关系，在虚拟状态下研究系统随着时间的推移会发生怎样的变化，变化的结果和哪些因素有关，从而使我们对真实系统有所了解，最终做出切实可行的决策。

系统模拟有不同的方法。第一种模拟方法称为活动扫描模拟，这种方法是把时间划分成阶段，如一个月、一周、一天或一小时等，看每一个时间段中哪些对象可能发生哪些活动。活动扫描模拟实质上就是以时间为线索来进行模拟的方法。第二种模拟方法称为过程导向模拟，这种方法是描述实体在系统中流动的过程。过程导向模拟实际上是以实体为线索来进行模拟的方法。第三种模拟方法称为事件导向模拟，这种方法描述每个事件发生时系统发生的变化。事件导向模拟方法是以事件为线索来进行模拟的方法。

9.2 库存系统

9.2.1 存储现象概述

存储是一种常见的现象。无论社会经济系统、环境生态系统还是生物生命系统,都普遍存在存储现象。例如,在流水生产线中,为了保证流水线运行稳定,往往在每个工位上设置一定数量的在制品堆栈,这些在制品堆栈就形成了在制品存储。有了这些存储,就可以保证在各工位操作节拍发生变化的情况下,流水线仍可以连续运行。任何火力发电厂都必须有燃煤堆场,这些燃煤堆场形成的原料存储可以应对电力生产环节和燃煤运输环节出现的不稳定因素,保证电力生产过程的连续和平稳。海洋、湖泊在调节大气环流中起到了能量存储的作用,在气温上升和下降过程中吸收和释放能量。人体的脂肪也是一种能量存储,可以弥补人体摄入和消耗能量过程中的不平衡。

由此可见,存储在系统运行中起着很重要的作用,具体概括如下:

(1) 存储可以在系统和环境中形成缓冲,防止和减少环境变化对系统运行的影响。

(2) 存储可以在系统内部各部分之间形成缓冲,起到解耦作用,避免各部分因偶然变化对总体产生破坏性影响,提高系统的可靠性和稳定性。

(3) 存储是需要成本的。适当提高库存量,增加一些存储成本,往往可以降低系统中各部件的可靠性成本和系统运行成本,从而对降低系统总成本可能是有利的。

9.2.2 库存量、需求量和补充量

一个库存系统的运行有三个要素:库存量(inventory)、需求量(demand)和补充量(replenishment)。这三个要素互相关联,互相影响,形成一个系统。

我们来研究一种被称为基本库存系统的模型:有一个仓库存放单一品种的物品,每天根据需求从该仓库提货,从而使得这种物品的库存量不断下降。为了保证持续的供应,仓库经过一段时间后必须补充库存。这样就形成库存量从高到低,补充以后再从高到低的库存周期性变化。

基本库存系统中库存量、需求量和补充量的变化如图 9.1 所示。

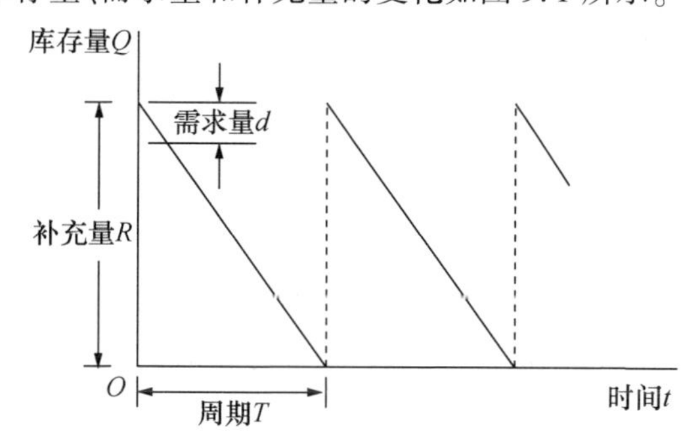

图 9.1 基本库存系统

这种库存变化的过程有很多类型。

1. 按需求类型分

确定性需求:单位时间的需求量是一个常数(见图9.2)。

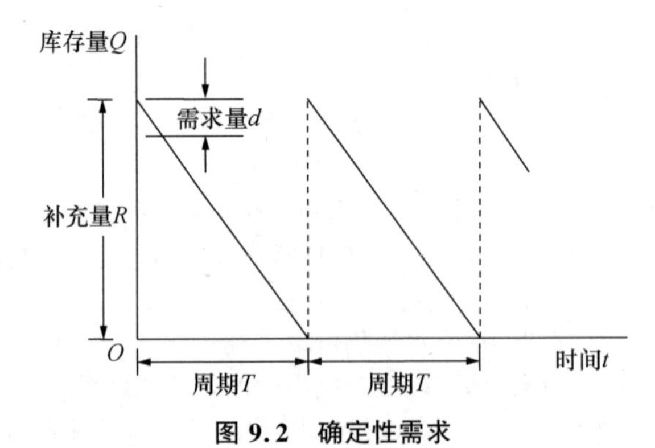

图9.2　确定性需求

随机性需求:需求量是一个随机数(见图9.3)。

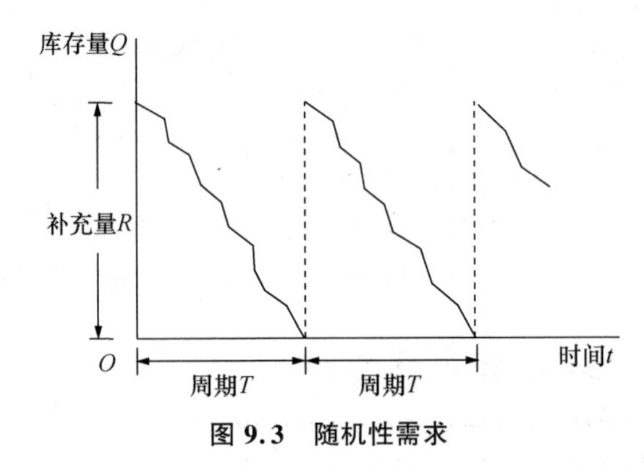

图9.3　随机性需求

2. 按补充周期分

定期补充:两次补充之间的时间间隔是一个定值T(见图9.4)。

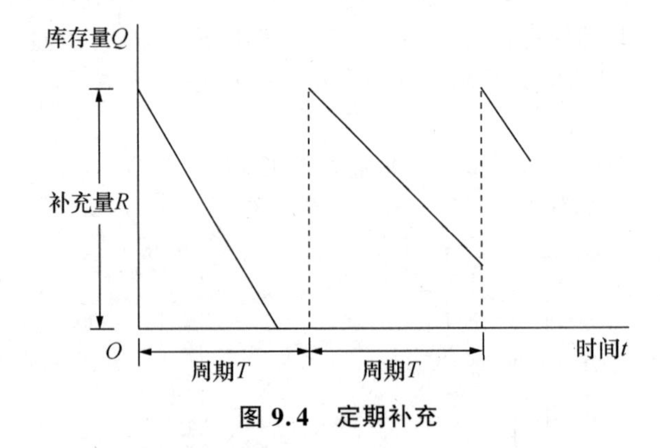

图9.4　定期补充

不定期补充:两次补充之间的时间间隔是变化的(见图9.5)。

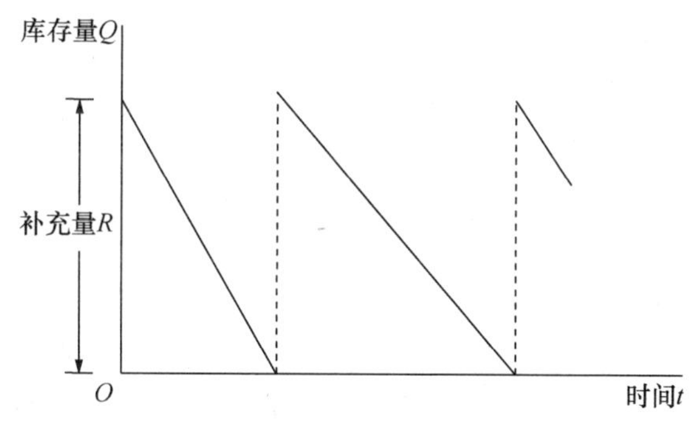

图 9.5　不定期补充

3. 按补充数量分

定值补充:无论补充时库存量还有多少,每次补充到库存的最高值 H(见图 9.6)。

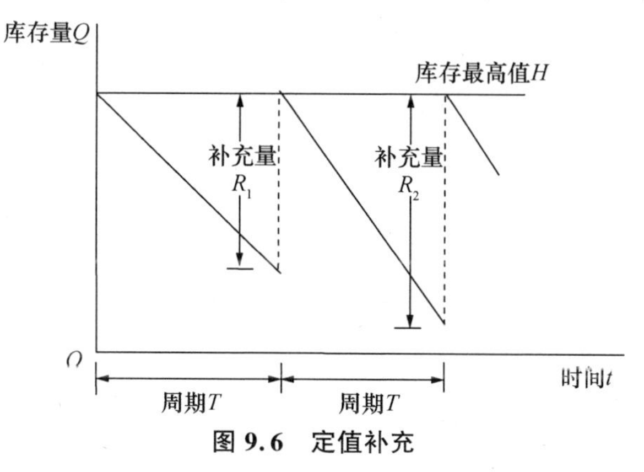

图 9.6　定值补充

等值补充:无论补充时库存量还有多少,每次补充一个设定值 R(见图 9.7)。

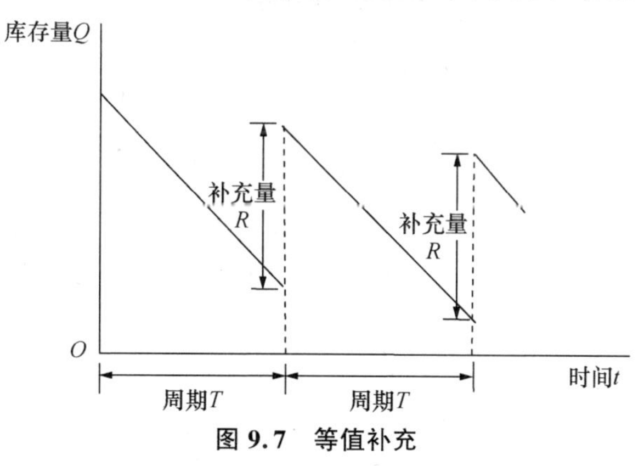

图 9.7　等值补充

9.2.3　库存问题中补充的经济批量

有一个仓库存放某种物品,每吨物品在仓库中存放一天的费用为 c(元),这种物品每天

的需求量为 d(吨),需求量 d 可以是一个常数,也可以是随机变量。根据需求,每天从该仓库提取相应数量的物品。

期初仓库中物品的数量为 Q(吨),随着每天提货,库存量不断减少。为了满足需求,需要补充物品。每次补充物品的数量为 R(吨),补充量 R 可以是一个常数,也可以是一个变数。每补充一次物品的费用为 C_s(元),C_s 是一个常数,与物品的补充量无关。每两次补充之间的时间间隔为 T(天),补充时间间隔可以是常数,也可以是变数。假定一次补充需要的时间很短,可以忽略不计,即补充可以在瞬间完成。

如果库存量减少到 0 时不进行补充,需求就不能满足,从而会形成缺货。缺货可以用负的库存表示。下一次补充时,已形成的缺货可以补给,也可以不补给。缺货会造成缺货损失,缺货一吨每天的损失为 s(元),一般情况下,缺货损失要比正常库存费用大(即 $s>c$)。

一般来说,存储系统的总费用由库存费用、补充费用和缺货损失三部分组成。

我们现在来研究一种被称为基本库存模型的问题。它的基本假设是:每天的需求量是一个常数 d,每单位物品每天的库存费用为 c;不允许缺货,库存量降到 0 时立即补充,补充瞬时完成;每次补充量均为 Q;每次补充费用为 C_s;两次补充的时间间隔相等,即补充周期 T 是一个定值。单个周期的基本库存模型如图 9.8 所示。

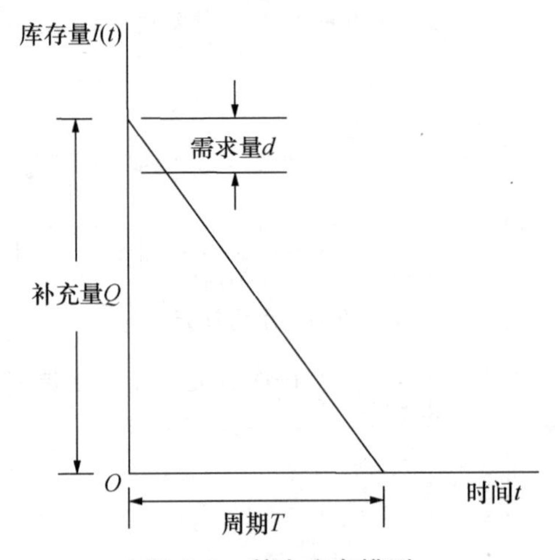

图 9.8　基本库存模型

根据以上假设,图 9.8 中库存量变化的直线方程为:

$$I(t) = Q - dt$$

由图可知,当 $t=T$ 时,$I(t)=0$,即:

$$Q - dT = 0$$

也就是

$$Q = dT \quad 或 \quad T = \frac{Q}{d}$$

在一个周期$(0,T)$内的库存费用为:

$$\int_0^T cI(t)\,\mathrm{d}t = \int_0^T c(Q-dt)\,\mathrm{d}t = c\left(QT - \frac{1}{2}dT^2\right) = c\left(QT - \frac{1}{2}QT\right) = \frac{1}{2}cQT$$

以上结果也可以有更简单的解释:周期 T 内的平均库存量为图 9.8 中三角形的面积,即

$\frac{1}{2}QT$，相应的库存费用就是$\frac{1}{2}cQT$。

总费用等于一次性补充费用加上库存费用，即 $C_s+\frac{1}{2}cQT$。

将总费用分摊到一个周期，每天的平均总费用为：

$$S(Q)=\frac{1}{T}\left(C_s+\frac{1}{2}cQT\right)=\frac{C_s}{T}+\frac{1}{2}cQ=\frac{C_s d}{Q}+\frac{1}{2}cQ \tag{9.1}$$

由式(9.1)可以看到，每天的平均总费用由两项构成，第一项随着补充批量 Q 的增加而减少，第二项随着补充批量 Q 的增加而增加。每天的平均总费用随补充批量 Q 变化的图形如图 9.9 所示。

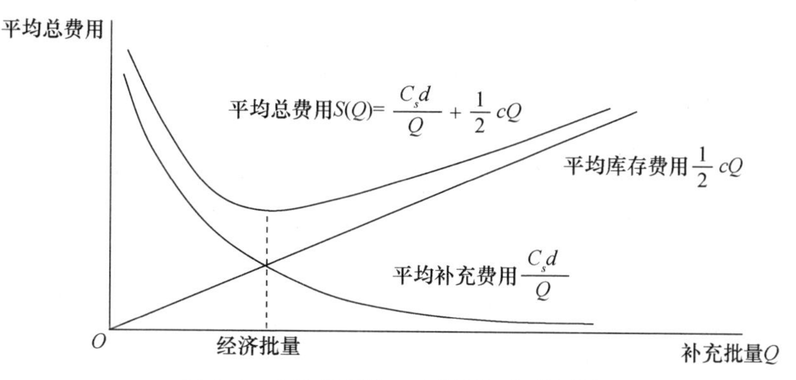

图 9.9　平均费用随补充批量变化的图形

由图 9.9 可以看到，随着补充批量的变化，每天平均总费用会取得一个最小值，这个最小值被称为经济批量(economy order quantity，EOQ)。

式(9.1)对补充批量 Q 求导数，并使导数等于 0，可得：

$$\frac{\mathrm{d}S(Q)}{\mathrm{d}Q}=-\frac{C_s d}{Q^2}+\frac{1}{2}c=0$$

因此，使每天平均总费用最小的补充批量为：

$$Q=\sqrt{\frac{2C_s d}{c}} \tag{9.2}$$

例 9.1　一个确定性存储问题，其中库存费用 $c=0.5$ 元/吨天，一次性补充费用 $C_s=150$ 元/次，需求量 $d=2$ 吨/天，不允许缺货，库存量为 0 时立即将库存量补充到 Q。要求：计算使平均总费用最小的经济批量 Q。

解　根据经济批量公式：

$$Q=\sqrt{\frac{2C_s d}{c}}=\sqrt{\frac{2\times150(\text{元})\times2(\text{吨}/\text{天})}{0.5(\text{元}/\text{吨天})}}=\sqrt{1\,200(\text{吨}^2)}=34.64(\text{吨})$$

补充周期为：

$$T=\frac{Q}{d}=\frac{34.64(\text{吨})}{2(\text{吨}/\text{天})}=17.32(\text{天})$$

从以上计算可以看出，经济批量公式的量纲也是正确的。

9.3 库存系统模拟

9.3.1 确定性需求的基本库存模拟模型

经济批量公式的应用有如下严格的条件：① 每天的需求量是一个常数；② 不允许缺货，库存量降到 0 时立即补充，且补充瞬时完成；③ 每次的补充量相等；④ 每次补充费用是一个常数，补充周期是一个定值。

如果对这些条件进行一些修改（例如，每天的需求量不是一个常数而是一个变数；允许缺货，且会产生缺货损失；设置一个最低安全库存量，库存降到安全库存水平时立即进行补充），那么经济批量公式就不再适用了。

在实际库存问题中，这样的条件变化较为常见。如果要对每一种情况都重新推导新的经济批量公式，这种推导有时会很困难，有时即使可以推导出最优解方程，也无法求出最优解。因此，需要一种新的研究库存系统的方法，这就是库存系统模拟模型。

例 9.2 我们先来看基本库存模拟模型。基本库存模拟模型的条件为：每天的需求量是一个常数 d；单位物品每天的库存费用为 c；不允许缺货，库存量降到 0 时立即补充，补充瞬时完成；每次补充量相等，为 Q；每次补充费用为 C_s；两次补充的时间间隔相等，即补充周期 T 是一个定值。

对于 $Q=200, d=20, c=0.5, C_s=150$，时间 $t=0$—100，建立如图 9.10 所示的 Excel 基本库存模拟模型。

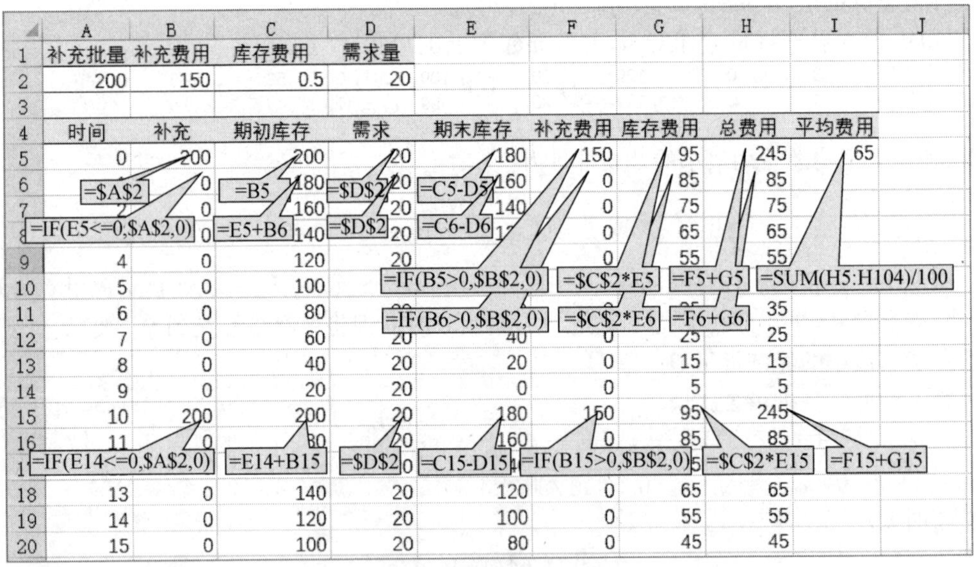

	A	B	C	D	E	F	G	H	I	J
1	补充批量	补充费用	库存费用	需求量						
2	200	150	0.5	20						
3										
4	时间	补充	期初库存	需求	期末库存	补充费用	库存费用	总费用	平均费用	
5	0	200	200	20	180	150	95	245	65	
6		0	180	20	160	0	85	85		
7	2	0	160	20	140	0	75	75		
8		0	140	20		0	65	65		
9	4	0	120	20		0	55	55		
10	5	0	100							
11	6	0	80					35		
12	7	0	60	20	40	0	25	25		
13	8	0	40	20	20	0	15	15		
14	9	0	20	20	0	0	5	5		
15	10	200	200	20	180	150	95	245		
16	11	0	180	20	160	0	85	85		
17										
18	13	0	140	20	120	0	65	65		
19	14	0	120	20	100	0	55	55		
20	15	0	100	20	80	0	45	45		

图 9.10 基本库存模拟模型

将“期末库存”E5:E104 的数据绘制成折线图，如图 9.11 所示。

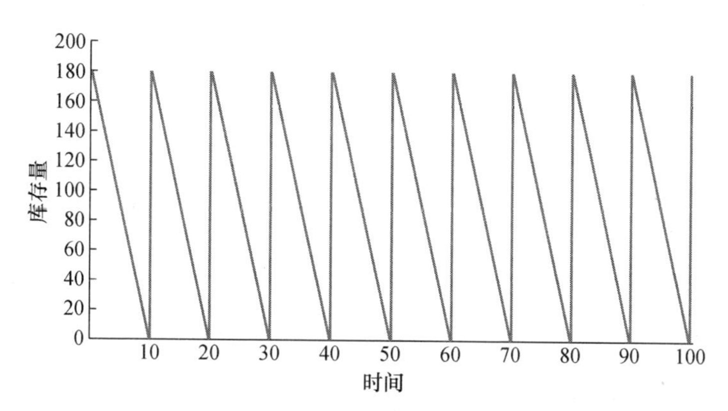

图 9.11　基本库存模拟模型的期末库存

从图 9.11 可以看出,从 $t=0$ 到 $t=100$,出现 10 个完整的周期和 1 个不完整的周期,即总费用并不是平摊在 10 个完整的周期中。同时,补充不是"瞬时"完成的,而是发生在期末库存等于 0 以后的 1 天。这些就是基本库存模拟模型和理论模型时间上的差异。

以上构造的基本库存模拟模型还有其他不完善的地方,例如,如果补充批量不是 200 而是 189,"期末库存"就会出现负值,而且相应的库存费用也是负值,这样就使得总费用减少了。当补充批量等于 189 时,库存模拟模型的相关结果如图 9.12 所示。

	A	B	C	D	E	F	G	H	I
1	补充批量	补充费用	库存费用	需求量					
2	189	150	0.5	20					
3									
4	时间	补充	期初库存	需求	期末库存	补充费用	库存费用	总费用	平均费用
5	0	189	189	20	169	150	89.5	239.5	59.875
6	1	0	169	20	149	0	79.5	79.5	
7	2	0	149	20	129	0	69.5	69.5	
8	3	0	129	20	109	0	59.5	59.5	
9	4	0	109	20	89	0	49.5	49.5	
10	5	0	89	20	69	0	39.5	39.5	
11	6	0	69	20	49	0	29.5	29.5	
12	7	0	49	20	29	0	19.5	19.5	
13	8	0	29	20	9	0	9.5	9.5	
14	9	0	9	20	-11	0	-0.5	-0.5	
15	10	189	178	20	158	150	84	234	
16	11	0	158	20	138	0	74	74	
17	12	0	138	20	118	0	64	64	

图 9.12　$Q=189$ 时的基本库存模拟模型

在图 9.12 中,第 14 天末的库存为 -11,相应的库存费用和总费用也是负值。这与模型不允许缺货的假定不相符,也和库存费用的计算方法不符。$Q=189$ 时模拟模型的图形如图 9.13 所示。

此外,通过模型试验发现,$Q=180$ 吨时,恰好补充 12 次。当 $t=99$ 时,期初库存等于 180,期末库存等于 160。也就是说,$t=99$ 恰好是第 12 个周期的开始,第 12 次补充费用 150 元并没有分摊到最后一个周期中。而当 $Q=181$ 时,由于补充周期增加,$t=99$ 时第 11 次补充的 181 吨恰好用完,即 $t=99$ 时,正好是完整的 11 个周期。这 11 次补充费用被完全分摊到 11 个完整的周期中。以上情况说明,$Q=180$ 和 $Q=181$ 两种情况的平均费用是不可比的。这也与

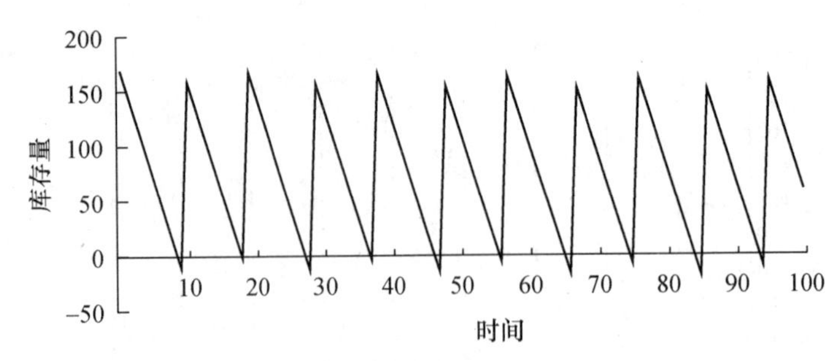

图 9.13　$Q=189$ 时的基本库存模拟模型图形

库存的理论模型不相符。

为了解决以上模型存在的问题，我们构造修正的库存模拟模型。修正模型对基本模型做了以下三处修改：

(1) 除了第一天($t=0$)的需求量为20吨，从第二天开始，需求量不再等于常数20吨。如果某一天的期末库存小于20吨，下一天的需求量就等于这个期末需求。这样，下一天的期末库存将一定等于0，而不可能出现负值。其中包括：如果某一天期末库存等于0，那么，下一天的需求也就等于0。

(2) 除了第一天($t=0$)的补充等于补充批量，以后所有的补充都等于0。

做了以上两处修改以后，随着期末库存的下降，必定有一天的期末库存会等于0。由于补充始终等于0，下一天的期初库存和需求为0，因此，下一天的期末库存还是0……这样，系统在一个周期完成后将趋于静止。

(3) 由于系统只运行一个周期，因此，平均费用不再是总费用之和除以100天，而是除以一个周期的时间长度。这个时间长度用公式 $T=\dfrac{Q}{d}$ 计算。

经过以上三处修改，修正的库存模拟模型如图9.14所示。

	A	B	C	D	E	F	G	H	I	J
1	补充批量	补充费用	库存费用	需求量						
2	200	150	0.5	20						
3										
4	时间	补充	期初库存	需求	期末库存	补充费用	库存费用	总费用	平均费用	
5	1	200	200	20	180	150	90	240	60	
6	[illegible]	0	180	20	[illegible]	0	80	80		
7	3	0	160	20	140	0	[illegible]	[illegible]		
8	4	0	140	20	120	0	60	60		
9	5	0	120	20	[illegible]	[illegible]	50	50		
10	6	0	100	20	80	0	40	40		
11	7	0	80	20	60	0	30	30		
12	8	0	60	20	40	0	20	20		
13	9	0	40	20	20	0	10	10		
14	10	0	20	20	0	0	0	0		
15	11	0	0	0	0	0	0	0		
16	12	0	0	0	0	0	0	0		
17	13	0	0	0	0	0	0	0		
18	14	0	0	[illegible]	[illegible]	[illegible]	0	0		
19	15	0	0	0	0	0	0	0		
20	16	0	0	0	0	0	0	0		

=$A$2
=0
=$D$2
=IF(E5<=$D$2,E5,$D$2)
=SUM(H5:H104)*$D$2/$A$2
=0
=IF(E14<=$D$2,E14,$D$2)

图 9.14　修正的库存模拟模型

修正的库存模拟模型的图形如图9.15所示。

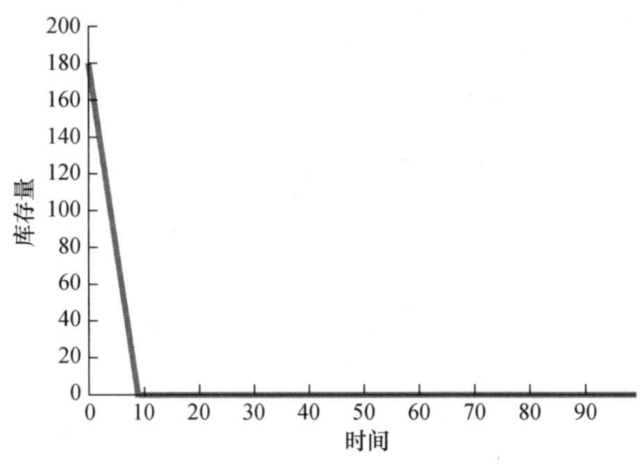

图 9.15　修正的库存模拟模型图形

可以看出,修正后模型的期末库存不再出现负值,而且整个模型在一个周期后所有的变量都等于0。这样,修正的模拟模型就和理论模型比较接近,可以用来做进一步研究。

例 9.3　对于 $Q=100, d=2, c=0.5, C_s=150$,时间 $t=0$—99,建立如图9.16所示的Excel修正的库存模拟模型。当 $Q=30,40,50,60,70$ 时,观察相应的平均费用。

	A	B	C	D	E	F	G	H	I
1	补充批量	补充费用	库存费用	需求量					
2	100	150	0.5	2					
3									
4	时间	补充	期初库存	需求	期末库存	补充费用	库存费用	总费用	平均费用
5	0	100	100	2	98	150	49	199	27.5
6	1	0	98	2	96	0	48	48	
7	2	0	96	2	94	0	47	47	
8	3	0	94	2	92	0	46	46	
9	4	0	92	2	90	0	45	45	
10	5	0	90	2	88	0	44	44	
11	6	0	88	2	86	0	43	43	
12	7	0	86	2	84	0	42	42	
13	8	0	84	2	82	0	41	41	
14	9	0	82	2	80	0	40	40	
15	10	0	80	2	78	0	39	39	
16	11	0	78	2	76	0	38	38	
17	12	0	76	2	74	0	37	37	
18	13	0	74	2	72	0	36	36	
19	14	0	72	2	70	0	35	35	
20	15	0	70	2	68	0	34	34	

图 9.16　$Q=100$ 时修正的库存模拟模型

以上模型的图形如图9.17所示。

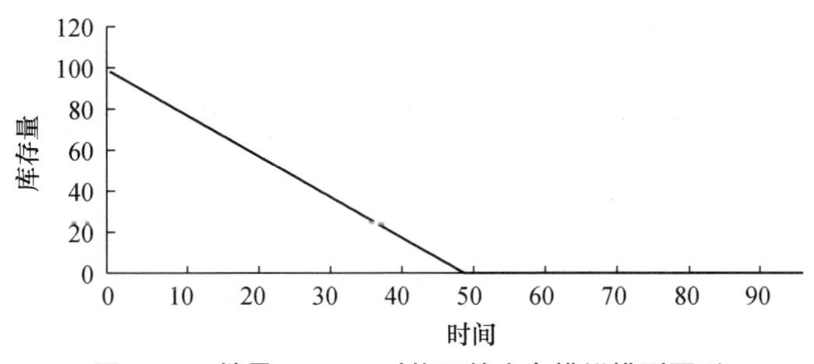

图 9.17　批量 $Q=100$ 时修正的库存模拟模型图形

利用以上模型，建立一个一维的模拟运算表，其中自变量为补充批量，因变量为平均费用。改变补充批量的值，观察相应的平均费用的值，可以得到补充批量 Q 从 30 到 55 对应的平均费用，如表 9.1 所示。

表 9.1　修正的库存模拟模型计算的不同补充批量的平均费用

补充批量(吨/次)	30	35	40	45	50	55
平均费用(元/天)	17.00	16.83	17.00	17.42	18.00	18.71

从表 9.1 可以看出，平均费用随补充批量的不同而变化。使平均费用最小的补充批量在 $Q=30$(吨/次)到 $Q=40$(吨/次)之间。

为了更精确地求出使平均费用最小的补充批量(即经济批量 EOQ)，可以用 Excel 菜单“数据 > 分析 > 规划求解”，如图 9.18 所示。

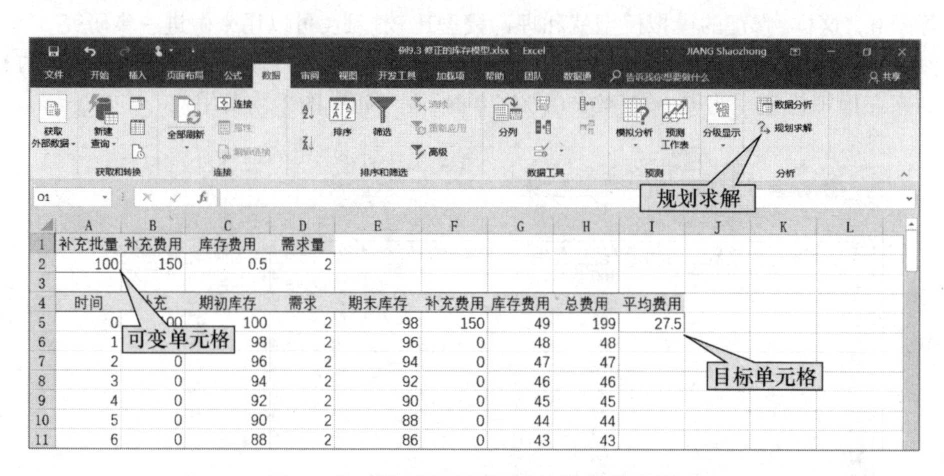

图 9.18　利用“规划求解”计算经济批量

“规划求解”是 Excel 中的一个重要工具，默认的 Excel 菜单中并没有“规划求解”工具，需要在“加载宏”中进行安装。加载宏的方法是：打开 Excel 菜单“文件 > 选项 > 加载项 > 转到 > 加载宏”。在“加载宏”对话窗口的“可用加载宏”列表中，勾选“规划求解加载项”，单击“确定”，之后 Excel 菜单“数据 > 分析”选项卡中就会出现“规划求解”。

将“平均费用”单元格$I $5 定义为“目标单元格”，将“补充批量”单元格$A $2 定义为“可变单元格”，目标选择为“最小值”，不添加任何约束，求解方法选择为“演化”，如图 9.19 所示。单击右侧“选项”按钮，弹出“选项”对话窗口，如图 9.20 所示。单击图中的“演化”选项卡，取消勾选其中“需要提供变量的界限”复选框，单击“确定”按钮，返回图 9.19“规划求解参数”对话窗口。

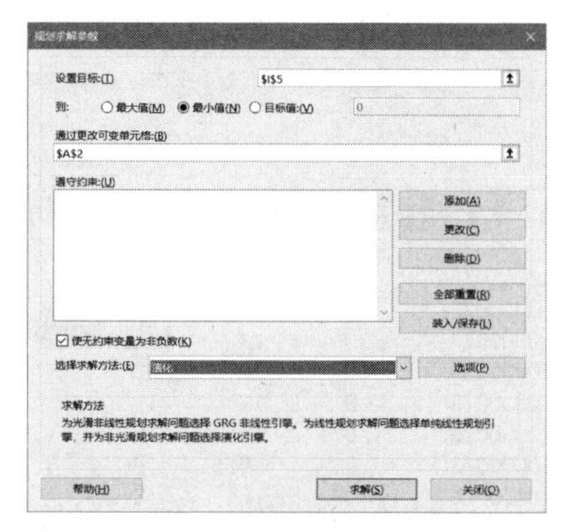

图 9.19　规划求解参数设定

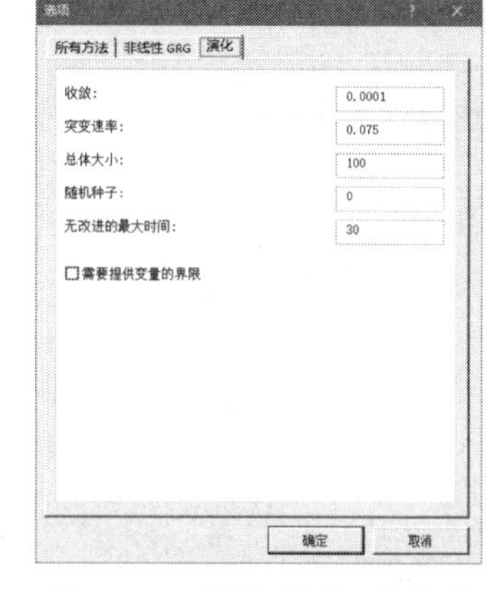

图 9.20　设置"演化"的选项

单击图 9.19 窗口下方的"求解"按钮,开始求解。Excel 工作表下方出现滚动变化的中间计算过程(见图 9.21)。

	A	B	C	D	E	F	G	H	I
1	补充批量	补充费用	库存费用	需求量					
2	34	150	0.5	2					
3									
4	时间	补充	期初库存	需求	期末库存	补充费用	库存费用	总费用	平均费用
5	0	34	34.0000133	2	32.0000133	150	16	166	16.8235
6	1	0	32.0000133	2	30.0000133	0	15	15	
7	2	0	30.0000133	2	28.0000133	0	14	14	
8	3	0	28.0000133	2	26.0000133	0	13	13	
9	4	0	26.0000133	2	24.0000133	0	12	12	
10	5	0	24.0000133	2	22.0000133	0	11	11	
11	6	0	22.0000133	2	20.0000133	0	10	10	
12	7	0	20.0000133	2	18.0000133	0	9.00001	9.00001	
13	8	0	18.0000133	2	16.0000133	0	8.00001	8.00001	
14	9	0	16.0000133		133	0	7.00001	7.00001	
15	10	0	14.0000133		133	0	6.00001	6.00001	

中间计算过程

Sheet1　Sheet2　Sheet3

重叠: 16.8235294805656 子问题: 5698 中间结果: 0 目标单元格: 16.8235294805656

图 9.21　规划求解过程

计算完毕以后,弹出"规划求解结果"窗口,如图 9.22 所示。

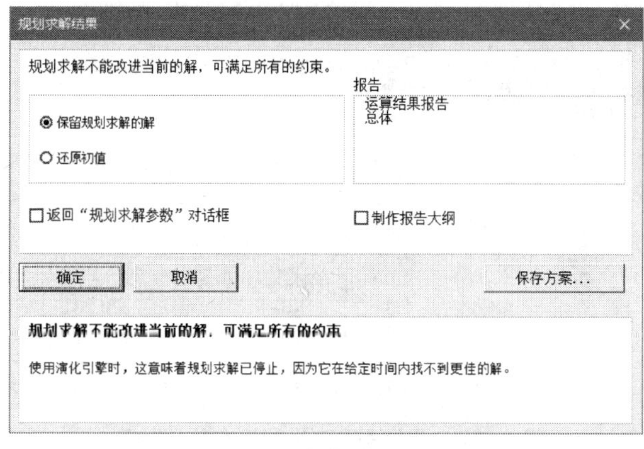

图 9.22　规划求解结果

选择“保存规划求解的解”,并单击“确定”,得到如图 9.23 所示的 Excel 表。

	A	B	C	D	E	F	G	H	I
1	补充批量	补充费用	库存费用	需求量					
2	34	150	0.5	2					
3									
4	时间	补充	期初库存	需求	期末库存	补充费用	库存费用	总费用	平均费用
5	0	34	34.0000073	2	32.0000073	150	16	166	16.8235
6	1	0	32.0000073	2	30.0000073	0	15	15	
7	2	0	30.0000073	2	28.0000073	0	14	14	
8	3	0	28.0000073	2	26.0000073	0	13	[illegible]	
9	4	0	26.0000073	2	24.0000073	0	12	12	
10	5	0	24.0000073	2	22.0000073	0	11	11	
11	6	0	22.0000073	2	20.0000073	0	10	10	
12	7	0	20.0000073	2	18.0000073	0	9	9	
13	8	0	18.0000073	2	16.0000073	0	8	8	

图 9.23　最优补充批量和最小平均费用的值

可以看到,利用“规划求解”得到的最小平均费用为 16.8235 元,使平均费用最小的补充批量为 34.00 吨,这和经济批量公式计算的经济批量 $Q=34.64$ 吨非常接近。

在 Excel 中用“规划求解”对模型进行优化时,应注意以下两点:

(1) 模型中尽量不要出现会使模型出现“不可微(即不光滑)”的点的函数,如最大值函数 MAX、最小值函数 MIN、取整函数 INT、求绝对值函数 ABS 等。

(2) 在用“规划求解”前,尽可能估计或猜测“可变单元格”取得最优解的范围,使得“可变单元格”的初始值尽可能离未知的最优解不要太远。如果初始值离最优值太远,则“规划求解”可能无法获得正确的结果。

9.3.2　需求线性变化和随机性变化的库存系统模拟

在基本库存模拟模型的基础上,可以进一步讨论更复杂的库存模拟模型。

1. 需求线性变化的库存模拟模型

例 9.4　设初始补充批量 $Q=50$ 吨,补充费用为 150 元/次,库存费用为 0.5 元/天吨,需求量 d 随着时间变化逐步减少,表达式为 $d=2-0.04t$,求经济批量。

在基本库存模拟模型的基础上,修改“需求”列的表达式,如图 9.24 所示。

	A	B	C	D	E	F	G	H	I
1	补充批量	补充费用	库存费用	需求量					
2	50	150	0.5	2					
3									
4	时间	补充	期初库存	需求	期末库存	补充费用	库存费用	总费用	平均费用
5	0	[illegible]	50.00	1.96	48.04	150.00	24.02	174.02	21.7352
6	1	0	48.04	1.96	46.08	0.00	23.04	23.04	
7	2	0	46.08	1.92	[illegible]	0.00	22.08	[illegible]	
8	3	0	44.16	1.88	[illegible]	[illegible]	[illegible]	[illegible]	
9	4	0	42.28	1.84	40.44	0.00	20.22	20.22	
10	5	0	40.44	1.80	38.64	0.00	19.32	19.32	
11	6	0	38.64	1.76	36.88	0.00	18.44	18.44	
12	7	0	36.88	1.72	35.16	0.00	17.58	17.58	

图 9.24　需求线性变化的库存模拟模型

库存量变化的图形如图 9. 25 所示。可以看出,当需求量随时间线性减少时,库存量的图形是一条曲线。

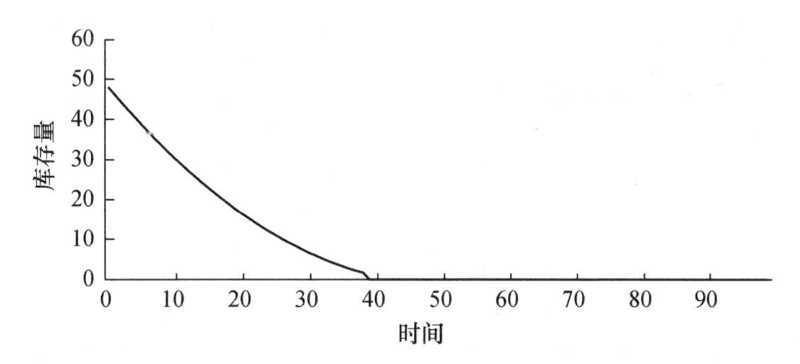

图 9.25　需求线性变化的库存模拟模型的图形

参照例 9.3,设置本例“规划求解”目标单元格和可变单元格,选择“求解方法”为“演化”,取消勾选“演化”中“需要提供变量界限”,然后用 Excel 规划求解优化的“补充批量”。计算完成后的优化结果如图 9.26 所示。

	A	B	C	D	E	F	G	H	I
1	补充批量	补充费用	库存费用	需求量					
2	30.52	150	0.5	2					
3									
4	时间	补充	期初库存	需求	期末库存	补充费用	库存费用	总费用	平均费用
5	[illegible]	[illegible]	30.52	1.96	28.56	150.00	14.28	164.28	17.8952
6	1	0	28.56	1.96	26.60	0.00	13.30	13.30	
7	2	0	26.60	1.92	24.68	0.00	12.34	12.34	
8	3	0	24.68	1.88	22.80	0.00	11.40	11.[illegible]	
9	4	0	22.80	1.84	20.96	0.00	10.48	10.48	
10	5	0	20.96	1.80	19.16	0.00	9.58	9.58	
11	6	0	19.16	1.76	17.40	0.00	8.70	8.70	
12	7	0	17.40	1.72	15.68	0.00	7.84	7.84	

最优补充批量

最小平均费用

图 9.26　需求线性变化的库存模拟模型用规划求解得到的经济批量

从图 9.26 可以看出,补充的经济批量为 30. 52 吨/次,相应的最小平均费用为 17. 89 元。与图 9.23 的基本库存模拟模型相比,经济批量有所减少,由于库存周期增加,因此平均费用有所增加。

2. 需求随机变化的库存模拟模型

例 9. 5　设初始补充批量 $Q = 100$ 吨,补充费用为 150 元/次,库存费用为 0. 5 元/天吨,需求服从均值为 2 吨/天、标准差为 1 吨/天的正态分布,求补充的经济批量。

在模型中增加一列“随机数”,用 NORM. INV 函数产生均值为$D $2、标准差为$E $2 的正态分布随机变量。第 1 天的“需求”等于随机变量 D5,从第 2 天起,如果前一天期末库存大于或等于随机数,则“需求”等于随机数;如果前一天期末库存小于随机数,则“需求”等于前一天期末库存。

	A	B	C	D	E	F	G	H	I	J
1	补充批量	补充费用	库存费用	需求量均值	需求量标准差					
2	100	150	0.5	2	1					
3										
4	时间	补充	期初库存	随机数	需求	期末库存	补充费用	库存费用	总费用	平均费用
5	0	100	100.00	1.45	1.45	98.55	150	49.27	199.27	25.86
6	1	0	[illegible]	3.23	3.23	95.32	0	47.66	47.66	
7	2	0	[illegible]	2.20	2.20	[illegible]	0	46.56	46.56	
8	3	0	93.13	1.29	1.29	[illegible]	[illegible]	45.92	45.92	
9	4	0	91.83	3.29	3.29	[illegible]	[illegible]	44.27	44.27	
10	5	0	88.54	3.23	3.23	[illegible]	[illegible]	42.65	42.65	
11	6	0	85.31	0.67	0.67	84.64	0	42.32	42.32	
12	7	0	84.64	0.73	0.73	83.91	0	41.95	41.95	
13	8	0	83.91	1.38	1.38	82.53	0	41.26	41.26	
14	9	0	82.53	3.37	3.37	79.16	0	39.58	39.58	
15	10	0	79.16	3.27	3.27	75.89	0	37.94	37.94	
16	11	0	75.89	2.19	2.19	73.70	0	36.85	36.85	
17	12	0	73.70	1.06	1.06	72.64	0	36.32	36.32	

=NORMINV(RAND(),$D$2,$E$2)

=D5

=IF(F5<=D6,F5,D6)

图 9.27　需求随机变化的库存模拟模型

需求为随机数的库存变化图形如图 9.28 所示。

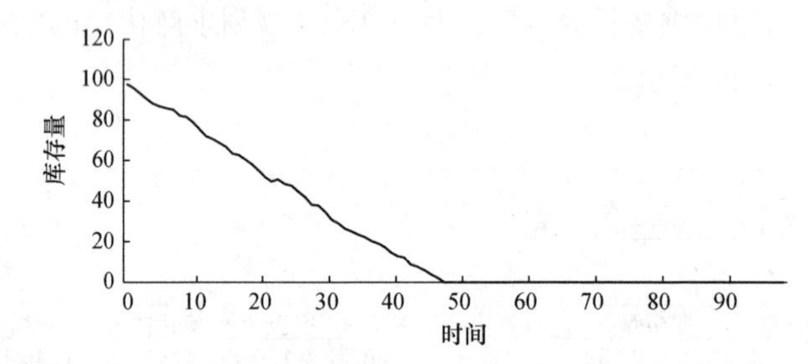

图 9.28　需求随机变化的库存模拟模型图形

由于“随机数”一列包含函数 RAND( ),因此这一列中的数据将会随着“规划求解”的运行发生变化。因此,在运用“规划求解”之前,必须先将“随机数”这一列的数值“冻结”,方法是:复制“随机数”列 D5:D104,然后打开 Excel 菜单“开始 > 剪贴板 > 选择性粘贴”,并选中“数值”选项,把这一列的数据重新粘贴回去,使它成为不包含函数 RAND( )的纯数据。这样,按 F9 键或进行“规划求解”运算时,这些数值将不再变化。

然后定义“规划求解”。将平均费用单元格$J $5 作为目标单元格,将补充批量单元格$A $2 作为可变单元格,用“规划求解”得到如图 9.29 所示的经济批量。

	A	B	C	D	E	F	G	H	I	J
1	补充批量	补充费用	库存费用	需求量均值	需求量标准差					
2	40.6709	150	0.5	2	1					
3										
4	时间	补充	期初库存	随机数	需求	期末库存	补充费用	库存费用	总费用	平均费用
5	0	[illegible]	40.67	4.22	4.22	36.45	150	18.23	168.23	14.17
6	1	[illegible]	[illegible]	4.20	4.20	32.25	0	16.12	16.12	
7	2	0	32.25	2.45	2.45	29.80	0	14.90	[illegible]	
8	3	0	29.80	3.55	3.55	26.24	0	13.12	[illegible]	
9	4	0	26.24	1.09	1.09	25.15	0	12.58	12.58	
10	5	0	25.15	2.29	2.29	22.86	0	11.43	11.43	
11	6	0	22.86	3.40	3.40	19.46	0	9.73	9.73	
12	7	0	19.46	0.83	0.83	18.63	0	9.32	9.32	
13	8	0	18.63	1.70	1.70	16.93	0	8.47	8.47	
14	9	0	16.93	2.58	2.58	14.35	0	7.18	7.18	
15	10	0	14.35	1.51	1.51	12.84	0	6.42	6.42	
16	11	0	12.84	2.34	2.34	10.50	0	5.25	5.25	

图 9.29　需求随机变化的库存模拟模型用规划求解得到的经济批量

由图9.29可以看出,最小平均费用为14.17元,补充的经济批量为40.67吨/次。与图9.23中基本库存模拟模型相比,由于需求的随机性,经济批量有所增加,而平均费用有所减少。

9.4 排队系统模拟

9.4.1 排队现象和排队系统

排队是一种非常常见的现象,售票窗口排队购票的旅客、银行窗口排队的顾客、超市收银台前等待付款的顾客、流水加工线上等待装配的零件等,都是我们熟悉的排队现象。在这些排队现象中,队列是有形的物理实体。另外,尚未交货的订单、等待修理的设备、等待处理的投诉、尚未破获的案件,这些也是排队现象,不过这些排队现象中并不存在物理上的队列,而是形成逻辑上的队列。

在任何排队现象中都有顾客、服务台和服务三个基本要素,只是在不同的排队现象中这三个要素有不同的形式。这三个要素组合形成的一个整体,称为一个排队系统。表9.2就是一些典型的排队系统中顾客、服务台和服务的具体内容。

表9.2 排队系统中的顾客、服务台和服务

排队系统名称	顾客	服务台	服务
超市收款系统	购物顾客	收银台	计价、收款、装袋
机场登机手续办理系统	登机旅客	登机手续服务台	验票、验收行李、发放登机牌
设备维修系统	故障设备	修理工	修理
投诉处理系统	投诉	投诉受理部门	调查、处理、回复

排队过程按时间先后分为四个阶段,即顾客到达、进入队列、接受服务和顾客离去,如图9.30所示。

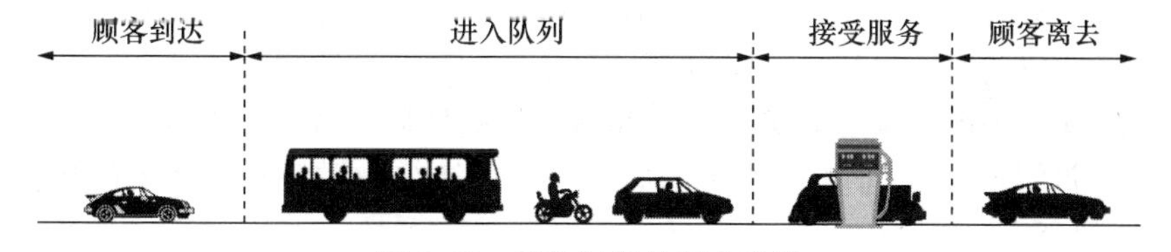

图9.30 排队过程的四个阶段

9.4.2 顾客到达和服务时间的分布

排队系统中,有两个随机因素:一是顾客到达时间;二是顾客接受服务的时间。下面分别对这两个随机因素的特性加以说明。

不断随机到达的顾客是一个随机过程，称为到达的顾客流。数学理论可以证明，只要顾客到达满足以下四个条件，到达的顾客流就是一个泊松过程。

(1) 顾客到达的概率不随时间变化，即顾客的到达是一个平稳的随机过程。

(2) 顾客到达的概率与已经到达的顾客的数量无关，即这个随机过程具有无后效性。

(3) 两个或两个以上的顾客同时到达的概率几乎等于0，即顾客基本上是单个到达而不是成批到达的。

(4) 在一定时间内，0个(即没有顾客到达)、1个、2个、3个等所有可能的顾客到达数量发生的概率之和等于1。

一个泊松过程在$(0, t)$时间内到达k个顾客的概率为：

$$P_k(t) = \frac{(\lambda t)^k}{k!}e^{-\lambda t}, \quad k = 0,1,2,\cdots \quad \lambda > 0$$

式中，λ是顾客到达数量的均值。

可以看到，很多排队系统中的到达顾客流都满足以上四个条件。例如，产品检验中每天抽出不合格产品的个数、一台手机每天收到短信的条数、打字员每页所打文字中出现错字的个数、每小时到达银行的顾客人数等。这些随机过程都可以看成泊松过程。

在随机排队系统中，顾客到达的随机性有两个不同的指标，一是单位时间内到达的顾客人数，二是前后两个顾客相继到达的时间间隔。单位时间内到达的顾客数越多，前后两个顾客相继到达的时间间隔就越短。

在第2.2.4节中我们曾提到，如果到达的顾客流是一个参数为λ的泊松流，则前后两个顾客相继到达的时间间隔服从参数为λ的负指数分布。在第2.3.3节中我们讲过，负指数分布是一种连续型随机变量的分布，它的概率密度函数为：

$$f(x) = \lambda e^{-\lambda x} \quad x \geqslant 0$$

累积概率分布函数为：

$$F(x) = 1 - e^{-\lambda x} \quad x \geqslant 0$$

负指数分布的均值是$1/\lambda$，方差是$(1/\lambda)^2$。

由此可见，λ是单位时间内到达顾客数的均值，$1/\lambda$是前后两个顾客相继到达的时间间隔的均值，λ越大，$1/\lambda$越小，这和直观判断是一致的。

此外，顾客接受服务的时间也是随机的。设服务时间服从参数为μ的负指数分布。因此，在服务台忙的前提下，服务完毕离去的前后相继的两个顾客，离去的时间间隔就等于后一个顾客在服务台接受服务的时间，因而也服从负指数分布。因此，当服务台忙时，服务完毕离去的顾客流也是一个泊松流。不过，这个泊松流的参数改变了，不是λ而是μ。

在服务台忙的条件下，排队系统输入流(到达的顾客流)和输出流(离去的顾客流)的关系如图9.31所示。

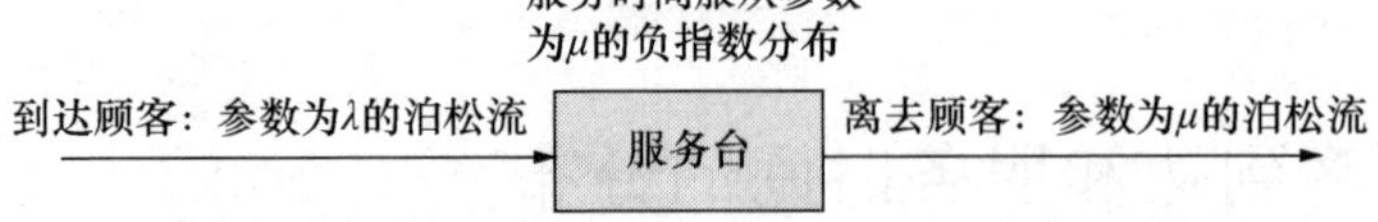

图9.31　到达顾客、服务时间和离去顾客的概率分布

9.4.3 排队系统的分类

按照服务台个数、队列个数以及排队系统的组织方式,排队系统可以分为以下几种类型。

1. 单服务台单队列

一个服务台,顾客到达后排成一个队列。先到先服务,服务完毕后顾客离去。

图 9.32 是单服务台单队列系统的示意图。

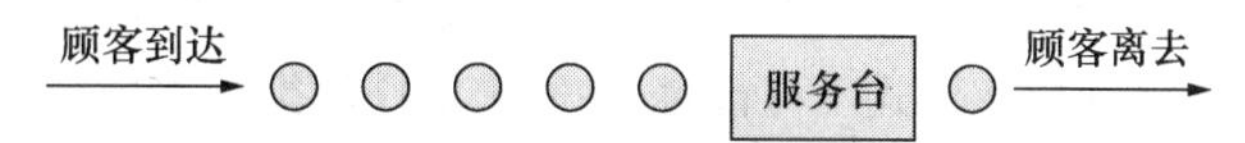

图 9.32 单服务台单队列系统

单服务台单队列的排队系统包括只开放一个收费通道的高速公路收费站、等待专科医生就诊的病人队列等。

单服务台单队列是最简单、最基本的排队系统。

2. 多服务台单队列

多个服务台,顾客到达后排成一个队列。先到先服务,任何一个服务台的服务完毕后,排在队列最前面的顾客即进入该空闲的服务台接受服务。

图 9.33 是多服务台单队列系统的示意图。

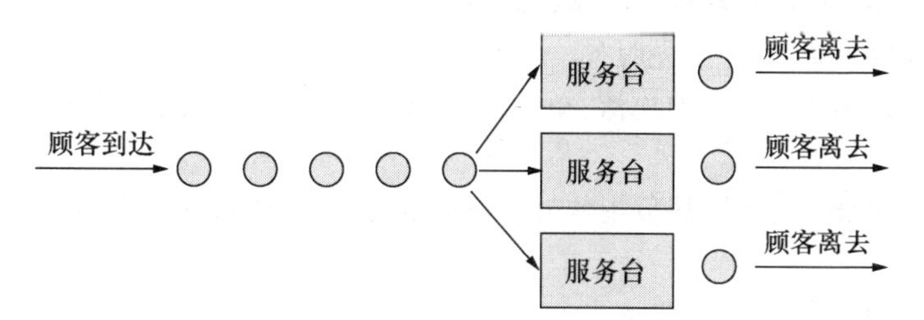

图 9.33 多服务台单队列系统

多服务台单队列是一种常见的排队系统。目前许多服务系统,如银行、邮局等服务窗口的取号排队,就是采用这种组织方式。这种排队系统对所有顾客都是先到先服务,对队列中所有顾客都很公平。稍后我们将看到,与其他组织方式的排队系统相比,这种排队系统的组织方式还具有很多系统运行指标上的优势。

3. 多服务台多队列

多个服务台,每个服务台前面排成一个队列。顾客到达后随机进入其中一个队列,每个队列实行先到先服务。已经进入一个队列等待服务的顾客,不能转到其他服务台。服务完毕后顾客离去。

图 9.34 是多服务台多队列系统的示意图。

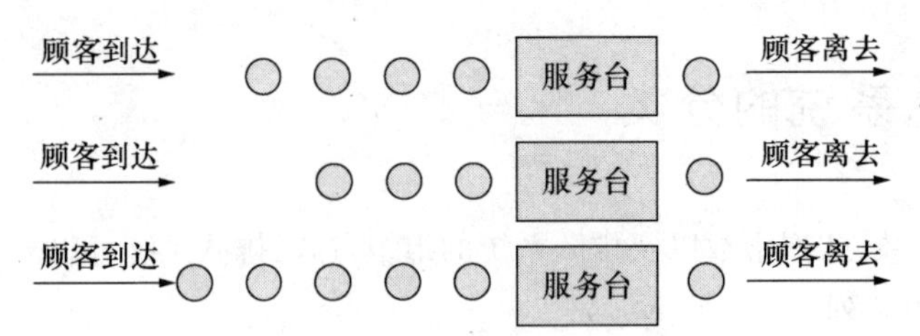

图 9.34　多服务台多队列系统

多服务台多队列的排队方式也很常见,例如,火车票售票窗口的排队、超市收银台的排队等,都采用这种排队方式。顾客流量很大,必须采用多服务台,或者由于服务台很多以及场地限制,采用多服务台单队列排队方式不可行时,一般采用这种排队方式。

这种排队系统的缺点是明显的,由于顾客进入哪一个队列是随机的,顾客接受服务的时间也是随机的,各窗口的服务速率又不完全相同,因此可能导致后到达的顾客先接受服务的情况发生。另外,由于我们假定排入队列的顾客不能转到其他队列,因此可能出现一个窗口空闲而其他窗口有顾客排队的情况发生。稍后我们也将看到,这个系统有些运行指标不如多服务台单队列系统。

9.4.4　基本排队系统及其运行指标

符合以下条件的排队系统称为基本排队系统:

(1) 单服务台单队列,先到先服务。

(2) 到达的顾客流是一个泊松流,单位时间内到达的顾客数的期望值为 λ,称为平均到达速率。

(3) 服务台的服务速率服从负指数分布,单位时间内接受服务的顾客数的均值为 μ,称为平均服务速率。

图 9.35 是基本排队系统的图示。

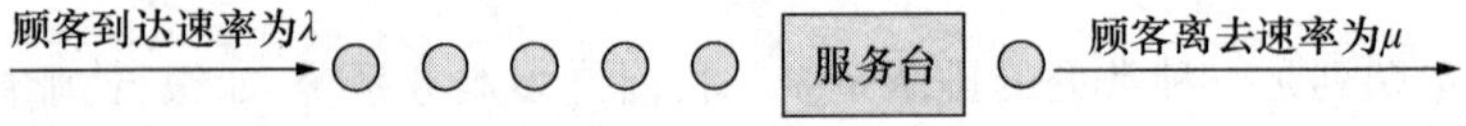

顾客到达速率为 λ　服务台　顾客离去速率为 μ

图 9.35　基本排队系统

平均到达速率 λ 与平均服务速率 μ 之比,称为服务强度,用 ρ 表示:

$$\rho = \frac{\lambda}{\mu}$$

ρ 是排队系统的一个重要指标。

排队论的理论可以证明①,对于一个基本排队系统,只有当平均到达速率 $\lambda <$ 平均服务速率 μ 时,随着时间的推移,队列长度才不会越来越长;反之,当 $\lambda \geqslant \mu$,即顾客到达的平均速率大于或等于平均服务速率时,队列长度将随着时间推移变得越来越长。这样的排队系统没有研究的价值。

① 蒋绍忠:《管理运筹学教程》,浙江大学出版社,2014 年第 2 版。

因此,我们总是假定一个排队系统的顾客平均到达速率 $\lambda <$ 平均服务速率 μ,即服务强度满足 $0 < \rho < 1$。

要注意的是,按照以上理论的结果,当平均到达速率 $\lambda =$ 平均服务速率 μ 时,排队系统的队列长度也会越来越长,这似乎与常识不符。

这个问题直观的解释如下:$\lambda = \mu$ 表示这个排队系统的服务能力,总体上恰好等于顾客到达的数量,即只有在服务台一直不间断服务的前提下,队列长度才会趋于稳定。可是,由于顾客到达和服务都是随机的,因此完全可能出现一段时间内没有顾客到达、服务台空闲的情况,即会有一部分服务能力被闲置,被利用的服务能力就不足以应对顾客数量。因此,在顾客到达和服务时间都是随机的条件下,当 $\lambda = \mu$ 时还是会出现队列越来越长的情况。

根据排队论的理论推导,得到以下基本排队系统的运行指标:

系统中有 k 个顾客的概率:

$$P_k = \rho^k (1 - \rho) \tag{9.3}$$

系统空闲($k = 0$)的概率:

$$P_0 = \rho^0 (1 - \rho) = 1 - \rho \tag{9.4}$$

系统忙($k \geqslant 1$)的概率:

$$1 - P_0 = 1 - (1 - \rho) = \rho \tag{9.5}$$

由于 $\rho = \dfrac{\lambda}{\mu}$,因此,当顾客到达的平均速率 λ 与平均服务速率 μ 的比值越小时,系统越空闲,λ 越接近 μ,即 ρ 越接近 1,系统越繁忙。

系统中的平均顾客数:

$$L = \frac{\rho}{1 - \rho} \tag{9.6}$$

队列中的平均顾客数:

$$L_q = \frac{\rho^2}{1 - \rho} = \rho L \tag{9.7}$$

顾客在系统中的平均驻留时间:

$$W = \frac{1}{\mu - \lambda} \tag{9.8}$$

顾客在队列中的平均等待时间:

$$W_q = \frac{\rho}{\mu - \lambda} = \rho W \tag{9.9}$$

以上公式可以用来计算一个基本排队系统的一些重要运行指标,从而了解这个排队系统的性能。

例 9.6 某高速公路收费站开通一个收费通道,到达车辆的平均速率为每分钟 3 辆,每辆车的平均收费时间为 15 秒。求该收费站的以下指标:

(1) 该收费站驻留车辆恰为 3 辆的概率;

(2) 该收费站驻留车辆在 3 辆以下(不含 3 辆)的概率;

(3) 该收费站驻留车辆在 2 辆以上(含 2 辆)的概率;

(4) 该收费站空闲的概率;

(5) 该收费站忙的概率;

(6) 该收费站平均驻留车辆数;

(7) 该收费站排队等候收费的平均车辆数；

(8) 该收费站到达车辆的平均驻留时间；

(9) 该收费站到达车辆的平均等候时间。

解 设时间以小时为单位,则有：

$$\lambda = 3(\text{辆}/\text{分钟}) \times 60 = 180(\text{辆}/\text{小时})$$

$$\mu = 3\,600(\text{秒}/\text{小时}) \div 15(\text{秒}/\text{辆}) = 240(\text{辆}/\text{小时})$$

$$\rho = \frac{\lambda}{\mu} = \frac{180}{240} = 0.75$$

(1) 该收费站驻留车辆恰为 3 辆的概率：

$$P_3 = \rho^3(1-\rho) = 0.75^3 \times (1-0.75) = 0.1055$$

(2) 该收费站驻留车辆在 3 辆以下(不含 3 辆)的概率：

$$\begin{aligned} P_0 + P_1 + P_2 &= (1-\rho) + \rho(1-\rho) + \rho^2(1-\rho) \\ &= 0.25 + 0.75 \times (1-0.75) + 0.75^2 \times (1-0.75) \\ &= 0.25 + 0.1875 + 0.1406 \\ &= 0.5781 \end{aligned}$$

(3) 该收费站驻留车辆在 2 辆以上(含 2 辆)的概率：

$$\begin{aligned} 1 - P_0 - P_1 &= 1 - (1-\rho) - \rho(1-\rho) \\ &= 1 - (1-0.75) - 0.75 \times (1-0.75) \\ &= 1 - 0.25 - 0.1875 \\ &= 0.5625 \end{aligned}$$

(4) 该收费站空闲的概率：

$$P_0 = 1 - \rho = 1 - 0.75 = 0.25$$

(5) 该收费站忙的概率：

$$1 - P_0 = 1 - (1-\rho) = \rho = 0.75$$

(6) 该收费站平均驻留车辆数：

$$L = \frac{\rho}{1-\rho} = \frac{0.75}{1-0.75} = \frac{0.75}{0.25} = 3(\text{辆})$$

(7) 该收费站排队等候收费的平均车辆数：

$$L_q = \frac{\rho^2}{1-\rho} = \rho L = \frac{0.75^2}{1-0.75} = \frac{0.5625}{0.25} = 2.25(\text{辆})$$

(8) 该收费站到达车辆的平均驻留时间：

$$W = \frac{1}{\mu-\lambda} = \frac{1}{240-180} = \frac{1}{60}(\text{小时}) = 1(\text{分钟})$$

(9) 该收费站到达车辆的平均等候时间：

$$W_q = \frac{\rho}{\mu-\lambda} = \rho W = \frac{0.75}{240-180} = \frac{0.75}{60} = 0.0125(\text{小时}) = 0.75(\text{分钟}) = 45(\text{秒})$$

9.4.5 多服务台单队列排队系统的运行指标

在介绍了单服务台单队列排队系统的运行指标后,我们再来看多服务台单队列排队系统的运行指标计算。

设排队系统(见图9.36)有$c(c\geqslant 2)$个服务台,到达的顾客流是一个泊松流,单位时间内到达的平均顾客数为λ,顾客到达后排成一个队列。每个服务台的平均服务速率相等,都为μ。

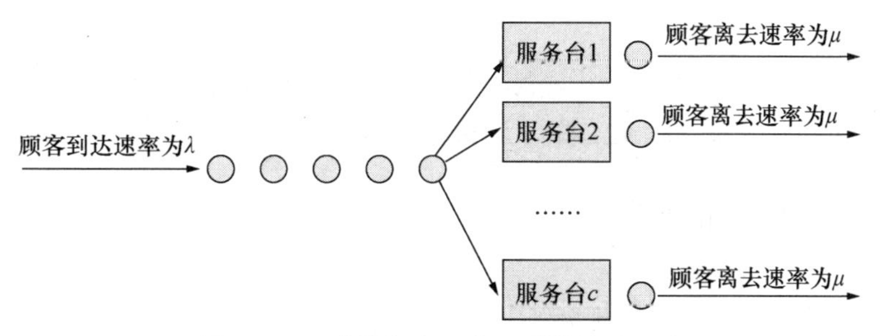

图9.36　c个服务台1个队列的排队系统

可以看出,在c个服务台、1个队列的排队系统中,整个系统的总服务速率是变化的,它和系统中的顾客数有关。

当系统中的顾客数n小于或等于服务台个数$c(n\leqslant c)$时,所有顾客全部在服务台中接受服务,有n个服务台忙、$c-n$个服务台空闲。这时,整个系统的服务速率等于$n\mu$。

当系统中的顾客数n大于服务台个数$c(n>c)$时,所有服务台中都有顾客在接受服务,c个服务台全为繁忙,还有$n-c$个顾客在队列中等待服务。这时整个系统的服务速率等于$c\mu$。这也是整个系统的最大服务速率。

因此,定义c个服务台、1个队列的排队系统的服务强度如下:

$$\rho = \frac{\lambda}{c\mu} \tag{9.10}$$

即服务强度为顾客到达速率与系统的最大服务速率之比。

与基本排队系统类似,当$0<\rho=\frac{\lambda}{c\mu}<1$,即顾客到达速率小于系统最大服务速率($\lambda<c\mu$)时,队列长度不会无限增加;当$\rho=\frac{\lambda}{c\mu}\geqslant 1$,即顾客到达速率等于或大于系统最大服务速率($\lambda\geqslant c\mu$)时,队列长度将随时间的推移逐渐无限增加。因此,我们只对$0<\rho=\frac{\lambda}{c\mu}<1$的情况进行研究。

c个服务台、1个队列的排队系统的运行指标计算公式如下:

$$P_0 = \left[\left(\sum_{n=0}^{c-1}\frac{\lambda^n}{\mu^n n!}\right)+\frac{1}{c!}\left(\frac{\lambda}{\mu}\right)^c\left(\frac{1}{1-\rho}\right)\right]^{-1} \tag{9.11}$$

$$P_n = \begin{cases}\dfrac{\lambda^n}{\mu^n n!}P_0 & 1\leqslant n<c \\ \dfrac{\lambda^n}{\mu^n c!c^{n-c}}P_0 & n\geqslant c\end{cases} \tag{9.12}$$

$$L_q = \frac{\lambda^c\rho P_0}{\mu^c c!(1-\rho)^2} \tag{9.13}$$

$$L = L_q + \frac{\lambda}{\mu} \tag{9.14}$$

$$W = \frac{L}{\lambda} \tag{9.15}$$

$$W_q = \frac{L_q}{\lambda} \tag{9.16}$$

例 9.7 某售票处有三个窗口,顾客到达人数服从泊松分布,到达速率为 0.9 人/分钟,售票时间服从负指数分布,每个窗口的平均售票速率为 0.4 人/分钟。顾客到达后排成一队,依次到空闲窗口购票。求:

(1) 所有窗口都空闲的概率;

(2) 系统中的平均顾客数;

(3) 顾客的平均等待时间及在系统中的平均驻留时间;

(4) 顾客到达后必须等待的概率。

解 这是一个 3 个服务台、1 个队列的排队系统,$c = 3, \lambda = 0.9, \mu = 0.4, \lambda/\mu = 2.25, \rho = \lambda/c\mu = 0.75$。

(1) 所有窗口都空闲的概率,即求 P_0 的值。

$$P_0 = \left[\frac{(2.25)^0}{0!} + \frac{(2.25)^1}{1!} + \frac{(2.25)^2}{2!} + \frac{(2.25)^3}{3!} \times \frac{1}{1-0.75}\right]^{-1} = 0.0748$$

(2) 求系统中的平均顾客数,即求 L 的值。

$$L_q = \frac{(2.25)^3 \times 0.75}{3! \times (1-0.75)^2} \times 0.0748 = 1.70(\text{人})$$

$$L = L_q + \frac{\lambda}{\mu} = 1.70 + 2.25 = 3.95(\text{人})$$

(3) 顾客的平均等待时间及在系统中的平均驻留时间,即求 W_q 和 W 的值。

$$W_q = \frac{L_q}{\lambda} = \frac{1.70}{0.9} = 1.89(\text{分钟})$$

$$W = W_q + \frac{1}{\mu} = 1.89 + \frac{1}{0.4} = 4.39(\text{分钟})$$

(4) 顾客到达后必须等待的概率,即 $n \geqslant 3$ 的概率。

$$1 - P_0 - P_1 - P_2 = 1 - P_0 - \frac{\lambda}{\mu}P_0 - \frac{\lambda^2}{\mu^2 2!}P_0 = 1 - \left(1 + \frac{\lambda}{\mu} + \frac{\lambda^2}{2\mu^2}\right)P_0$$

$$= 1 - (1 + 2.25 + 0.5 \times 2.25^2) \times 0.0748 = 0.5676$$

9.4.6 排队系统的比较

介绍了基本排队系统和多服务台单队列排队系统的运行指标计算公式以后,我们来比较几种常见的排队系统。这几种排队系统是:单服务台单队列,多服务台单队列,多服务台多队列,联合运行。为了使这些排队系统具有可比性,我们把它们的服务强度设计成相同的。每一种排队系统的顾客到达速率、服务速率分别用图 9.37—图 9.40 表示。

1. 单服务台单队列

顾客到达速率 $\lambda=3$，服务速率 $\mu=4$，服务强度 $\rho=\lambda/\mu=3/4=0.75$。

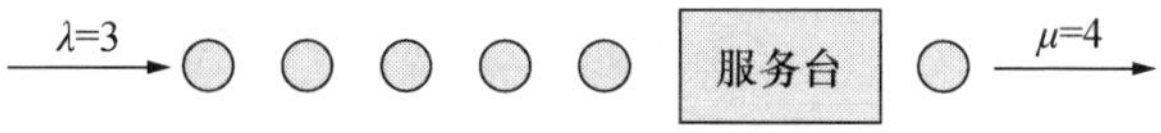

图 9.37　单服务台单队列

运行指标如下：

$$L=\frac{\rho}{1-\rho}=\frac{0.75}{1-0.75}=\frac{0.75}{0.25}=3$$

$$L_q=\frac{\rho^2}{1-\rho}=\rho L=\frac{0.75^2}{1-0.75}=\frac{0.5625}{0.25}=2.25$$

$$W=\frac{1}{\mu-\lambda}=\frac{1}{4-3}=1$$

$$W_q=\frac{\rho}{\mu-\lambda}=\rho W=\frac{0.75}{4-3}=0.75$$

2. 多服务台单队列

服务台数量 $c=3$，顾客到达速率 $\lambda=9$，每个服务台的服务速率 $\mu=4$，服务强度 $\rho=\lambda/c\mu=9/12=0.75$。

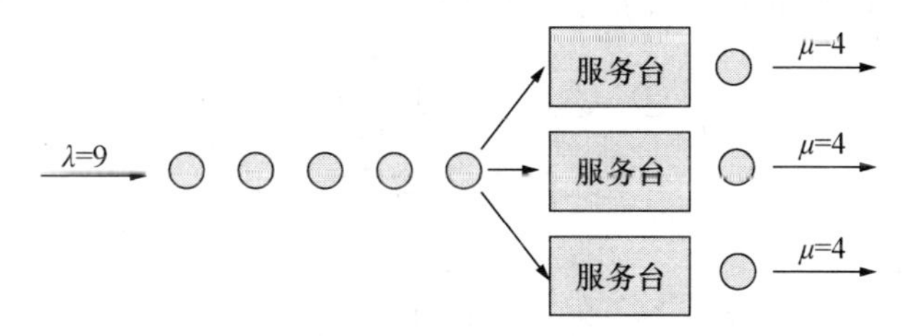

图 9.38　多服务台单队列

运行指标如下：

$$P_0=\left[\frac{(2.25)^0}{0!}+\frac{(2.25)^1}{1!}+\frac{(2.25)^2}{2!}+\frac{(2.25)^3}{3!}\times\frac{1}{1-0.75}\right]^{-1}=0.0748$$

$$L_q=\frac{(2.25)^3\times 0.75}{3!\times(1-0.75)^2}\times 0.0748=1.70$$

$$L=L_q+\frac{\lambda}{\mu}=1.70+2.25=3.95$$

$$W_q=\frac{L_q}{\lambda}=\frac{1.70}{9}=0.19$$

$$W=W_q+\frac{1}{\mu}=0.189+\frac{1}{4}=0.44$$

3. 多服务台多队列

服务台数量 $c=3$，每个服务台顾客到达速率 $\lambda=3$，每个服务台的服务速率 $\mu=4$，每个服务台的服务强度 $\rho=\lambda/\mu=3/4=0.75$。从图 9.39 可以看出，多服务台多队列实际上就是三个独立的单服务台单队列系统。

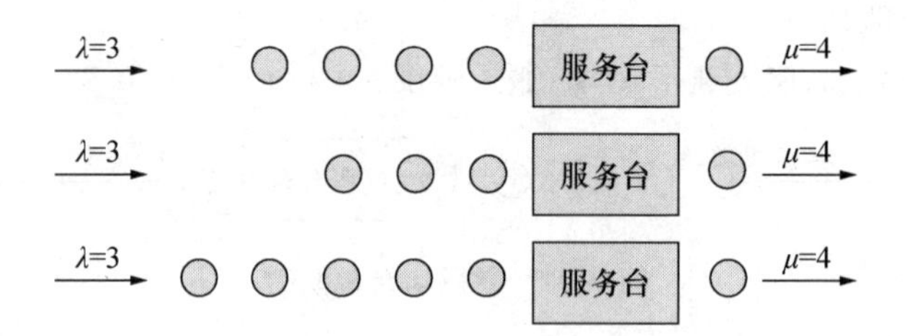

图 9.39　多服务台多队列

运行指标与单服务台单队列相同。

4. 联合运行

1 个服务台,顾客到达速率 $\lambda=9$,服务速率 $\mu=12$,服务强度 $\rho=\lambda/\mu=9/12=0.75$。

所谓联合运行,就是将三个单服务台单队列系统合并成一个,合并后服务台的服务速率是合并前三个服务台的服务速率之和。

联合运行的核心是服务资源(服务台)和服务对象(队列)的重新整合。这种整合可以是服务台和队列物理上的合并和调整,也可以是服务台和队列逻辑上或管理上的变动。

在实际问题中,排队系统的联合运行是经常遇到的管理问题。例如,将分散在几个办公室的几台复印机换成一台高速复印机;几个小医院的急诊室通过建立呼叫系统和协调机制,使得急诊病人统一安排就诊;将几个消防队合并指挥调度,构成一个能相互支援的消防体系等。

λ=9　服务台　μ=12

图 9.40　联合运行

运行指标如下:

$$L=\frac{\rho}{1-\rho}=\frac{0.75}{1-0.75}=\frac{0.75}{0.25}=3$$

$$L_q=\frac{\rho^2}{1-\rho}=\rho L=\frac{0.75^2}{1-0.75}=\frac{0.5625}{0.25}=2.25$$

$$W=\frac{1}{\mu-\lambda}=\frac{1}{12-9}=0.333$$

$$W_q=\frac{\rho}{\mu-\lambda}=\rho W=\frac{0.75}{12-9}=0.25$$

以上四个排队系统的运行指标归纳如表 9.3 所示。其中,单服务台单队列和多服务台多队列的运行指标是相同的。

表 9.3　排队系统运行指标比较

运行指标	单服务台单队列 多服务台多队列	多服务台单队列	联合运行
系统中的平均顾客数 L	3.00*	3.95	3.00*
队列中的平均顾客数 L_q	2.25	1.70*	2.25
顾客在系统中的驻留时间 W	1.00	0.44	0.33*
顾客在队列中的等待时间 W_q	0.75	0.19*	0.25

注:* 表示各系统中指标的最小值。

由表9.3可以看出，四种排队系统的运行指标各有优劣。没有一个系统的各项指标都是最好的。相对而言，单服务台单队列和多服务台多队列两个系统（运行指标相同）除了系统中的平均顾客数较好以外，其他指标都不如其他两个系统。

对于不同的实际排队系统，以上四项指标的重要性会有所不同。

例如，排队场地比较狭小、顾客人数众多的排队系统，如火车站售票窗口、超市收银台等会更加关注系统中的平均顾客数和队列中的平均顾客数这两项指标。通常，火车站售票窗口和超市收银台多采用多服务台多队列方式。

如果坚持"以顾客为中心"的理念，顾客在队列中的等待时间应该是最重要的指标，从这个角度比较，多服务台单队列显然是最好的排队方式。这也是越来越多的服务机构采用这种排队方式的原因。

尽管多服务台单队列系统在理论运行指标上有一定优势，但在实际问题中，如果服务台数量很多（如超市收银台和火车站售票窗口），则顾客从单队列的前端走到空闲的服务台也要花费一定的时间，造成服务台的闲置。因此，服务台数量很多的系统，不宜采用多服务台单队列方式。

9.5 单服务台单队列排队系统模拟

9.5.1 负指数分布随机变量的产生方法

排队论假设顾客到达是随机的，顾客在服务台中接受服务的时间也是随机的。而且对于大多数排队系统而言，都是假设顾客到达服从参数为 λ 的泊松分布，顾客接受服务的时间服从参数为 μ 的负指数分布。

根据前面的理论分析，我们知道，顾客到达的个数服从参数为 λ 的泊松分布，等价于顾客相继到达的时间间隔（time between arrivals，TBA）服从以 λ 为参数的负指数分布。

为了对排队系统进行模拟，需要分别产生以 λ 和 μ 为参数的、服从负指数分布的随机数。

Excel产生随机数的有关函数如下：

- RAND（）　　产生0—1之间均匀分布的随机变量
- NORM.INV（probability，mean，standard_deviation）　　产生均值为mean、标准差为standard_deviation的正态分布
- NORMS.INV（probability）　　产生均值为0、标准差为1的标准正态分布
- LOGINV（probability，mean，standard_deviation）　　产生均值为mean、标准差为standard_deviation的对数正态分布
- BETA.INV（probability，alpha，beta，A，B）　　产生参数为alpha、beta的 β 分布
- GAMMA.INV（probability，alpha，beta）　　产生参数为alpha、beta的 γ 分布

但是，Excel没有直接产生负指数分布的函数。因此，排队系统模拟需要解决Excel产生负指数分布随机变量的问题。

在第8.4.1节中，我们介绍过用函数RAND（）产生一个给定分布的随机变量的原理：首先要得到给定分布的累积概率分布函数的表达式，然后求出这个累积概率分布函数的反函

数，将反函数的自变量用 Excel 均匀分布随机变量函数 RAND( ) 代替，当 RAND( ) 在 0—1 之间变化时，反函数的函数值就产生给定分布的随机变量。

以上产生给定分布的随机变量的原理可以用图 9.41 表示。

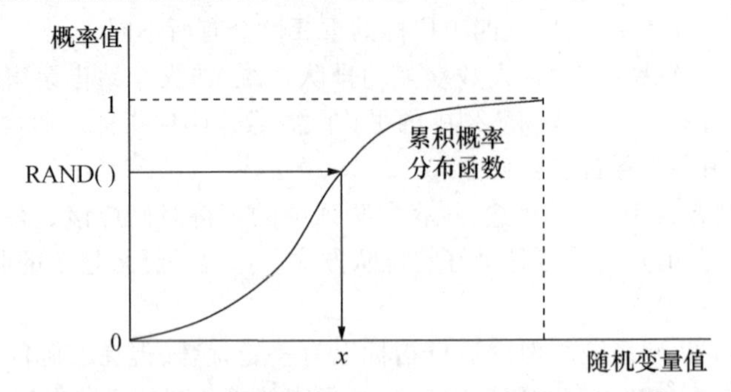

图 9.41　用 RAND 函数产生给定分布随机变量的原理

例如，对于参数为 μ 的负指数分布，概率密度函数为：

$$f(x) = \mu e^{-\mu x} \quad x \geqslant 0, \mu \geqslant 0$$

概率分布函数为：

$$y = F(x) = 1 - e^{-\mu x} \quad x \geqslant 0, \mu \geqslant 0, 0 \leqslant y \leqslant 1$$

概率分布函数的反函数为：

$$x = F^{-1}(y) = -\frac{1}{\mu}\ln(1 - y) \quad x \geqslant 0, \mu \geqslant 0, 0 \leqslant y \leqslant 1$$

因此，用 Excel 产生负指数分布的函数表达式为：

$$-\frac{1}{\mu}\ln[1 - \text{RAND}(\,)] \tag{9.17}$$

9.5.2　基本排队系统的模拟

排队系统的运行指标仅仅是一个排队系统总体情况的描述，这些指标都是总体的数值或平均值。实际的排队系统无论是顾客数量、等待时间还是服务时间，都是随时间动态变化的。如果希望观察一个排队系统在时间进程中的变化过程，就需要对排队系统进行模拟。

有了以上准备，就可以建立 Excel 基本排队模拟模型。为了进一步明确各变量之间的关系，图 9.42 按照时间进程绘制了 6 个顾客在单服务台单队列系统中的排队过程，其中，有关时刻（时间点）包括：

（1）前一个顾客到达时刻，简称前一个到达时刻；

（2）本顾客到达时刻，简称到达时刻；

（3）本顾客开始服务时刻，简称开始时刻；

（4）本顾客服务结束离去时刻，简称离去时刻。

有关时段（时间区间）变量包括：

（1）顾客相继到达的时间间隔，简称到达时间间隔；

（2）本顾客等待时间，简称等待时间；

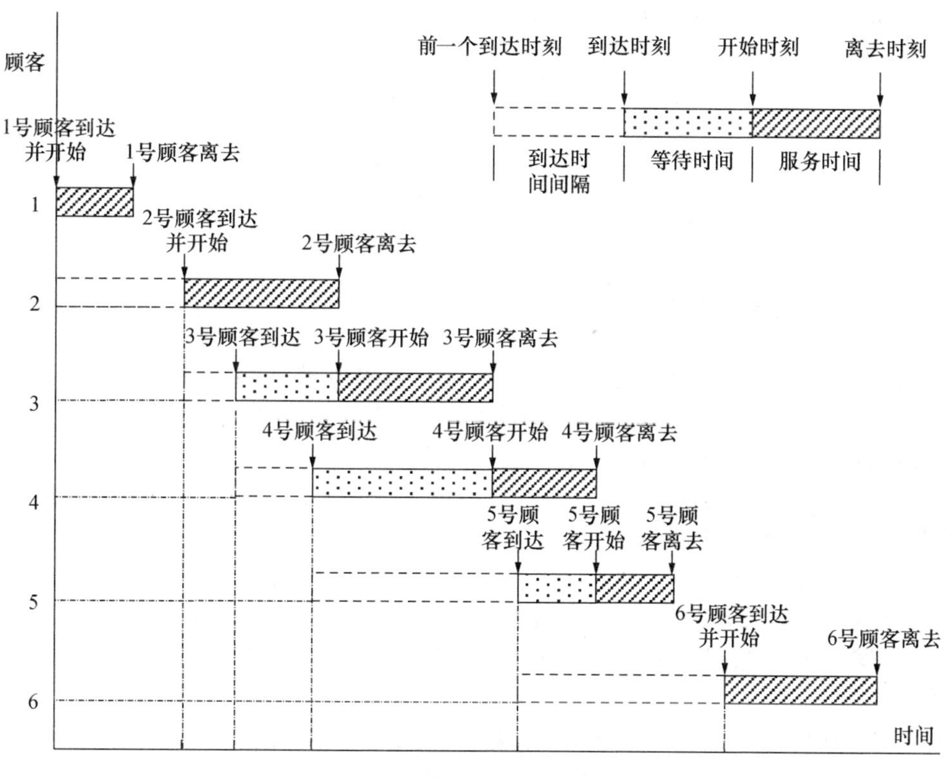

图 9.42　基本排队模型的排队过程

(3) 本顾客服务时间,简称服务时间。

图 9.42 中有关变量之间的数值关系定义如下:

(1) 第 k 个顾客到达时刻 = 第 $k-1$ 个顾客到达时刻 + 时间间隔(参数为 λ 的负指数分布随机变量)

(2) 第 k 个顾客开始时刻 = MAX(第 k 个顾客到达时刻,第 $k-1$ 个顾客离去时刻)

注意:该表达式表示,某一个顾客到达时,如果前一个顾客已经离去,即第 $k-1$ 个顾客离去时刻 < 第 k 个顾客到达时刻,则这个顾客开始服务的时刻就等于他的到达时刻;如果这个顾客到达时,前一个顾客还没有离去,即第 $k-1$ 个顾客离去时刻 > 第 k 个顾客到达时刻,则这个顾客开始服务的时刻等于前一个顾客的离去时刻。换句话说,这个顾客到达以后还必须等待,直到前一个顾客服务完毕为止。

(3) 第 k 个顾客离去时刻 = 第 k 个顾客开始时刻 + 服务时间(参数为 μ 的负指数分布随机变量)

(4) 第 k 个顾客等待时间 = 第 k 个顾客开始时刻 − 第 k 个顾客到达时刻

(5) 第 k 个顾客驻留时间 = 第 k 个顾客离去时刻 − 第 k 个顾客到达时刻

(6) 第 k 个顾客到达时系统顾客数 = k − (离去时刻小于该顾客到达时刻的顾客数 + 1)

举例说明。例如,根据图 9.42,第 2 个顾客到达时,第 1 个顾客已经离去,因此离去时刻小于该顾客到达时刻的顾客数等于 1,表达式为:

$$k-(\text{离去时刻小于该顾客到达时刻的顾客数}+1)=2-(1+1)=0$$

即第 2 个顾客到达时,系统中的顾客数(刚到达的第 2 个顾客不计算在内)等于 0。

又如,根据图 9.42,第 4 个顾客到达时,第 1 个顾客已经离去,第 2、第 3 个顾客还在系统中,因此离去时刻小于该顾客到达时刻的顾客数等于 1,表达式为:

$$k - (\text{离去时刻小于该顾客到达时刻的顾客数} + 1) = 4 - (1 + 1) = 2$$

即第 4 个顾客到达时系统中有 2 个顾客(刚到达的第 4 个顾客不计算在内)。

那么,在 Excel 中如何判断"离去时刻小于该顾客到达时刻的顾客数"呢? Excel 中有一个函数 MATCH 恰好可以完成这个任务。

■ MATCH(lookup_value, lookup_array, match_type)

其中,lookup_value 为需要在数据表中查找的数值,此处为当前顾客到达时刻。lookup_array 为数组的范围,此处为所有顾客离去时刻。match_type 为查找的类型,取值为 -1,0,1。match_type = -1 和 match_type =0 与本例无关。match_type =1 为非精确匹配查找,即查找数组 lookup_array 中比 lookup_value 小的数组元素中最大的一个数值在数组中的编号。match_type =1 时,数组 lookup_array 需要升序排列。

因此,函数 MATCH(第 k 个顾客到达时刻,0:第 $k-1$ 个顾客离去时刻,1)表示第 k 个顾客到达时已经离去的顾客的最大编号。

而表达式 k-MATCH(第 k 个顾客到达时刻,0:第 $k-1$ 个顾客离去时刻,1)表示第 k 个顾客到达时在他前面尚未离开的顾客的个数。

由于顾客按编号顺序的离去时刻一定是后一个比前一个大,因此这个数组满足升序排列的要求。

有了以上这些说明,就可以构造基本排队系统的 Excel 模拟模型。

例 9.8 基本排队系统的 Excel 模拟模型,如图 9.43 所示。

基本参数	
到达速率λ	12
服务速率μ	15
服务强度ρ	0.8
模拟次数	1000

模拟结果	理论值	模拟值
系统中的平均顾客数L	4	3.829
队列中的平均顾客数Lq	3.2	3.054
平均驻留时间W	0.33333	0.32605
平均等待时间Wq	0.26667	0.25846
平均服务时间1/μ	0.06667	0.06759
系统忙的概率ρ	0.8	0.775
系统空闲的概率1-ρ	0.2	0.225
系统中最大顾客数	-	19

顾客编号	TBA(按F9刷新)	到达时刻	开始时刻	服务时间	离去时刻	等待时间	驻留时间	系统中的顾客数	队列中的顾客数	系统忙	系统空闲
0	0	0	0	0	0	0	0	0	0	0	0
1	0.095	0.095	0.095	0.008	0.103	0.000	0.008	0	0	0	1
2	0.151	0.246	0.246	0.084	0.330	0.000	0.084	0	0	0	1
3	0.009	0.255	0.330	0.010	0.341	0.075	0.085	1	0	1	0
4	0.179	0.434	0.434	0.132	0.566	0.000	0.132	0	0	0	1
5	0.040	0.474	0.566	0.043	0.609	0.092	0.135	1	0	1	0
6	0.094	0.568	0.609	0.051	0.660	0.042	0.092	1	0	1	0
7	0.054	0.622	0.660	0.185	0.845	0.039	0.224	1	0	1	0
8	0.021	0.643	0.845	0.000	0.846	0.203	0.203	2	1	1	0
9	0.398	1.041	1.041	0.029	1.069	0.000	0.029	0	0	0	1
10	0.129	1.170	1.170	0.169	1.339	0.000	0.169	0	0	0	1
11	0.086	1.256	1.339	0.054	1.393	0.083	0.137	1	0	1	0
12	0.026	1.283	1.393	0.071	1.464	0.111	0.182	2	1	1	0
13	0.093	1.376	1.464	0.141	1.606	0.089	0.230	2	1	1	0
14	0.099	1.475	1.606	0.010	1.616	0.131	0.141	1	0	1	0
15	0.051	1.526	1.616	0.046	1.661	0.090	0.136	2	1	1	0

图 9.43 基本排队系统的 Excel 模拟模型

用折线图来表示模型中的“系统中顾客数”“驻留时间”和“等待时间”数组,如图 9.44—图 9.46 所示。

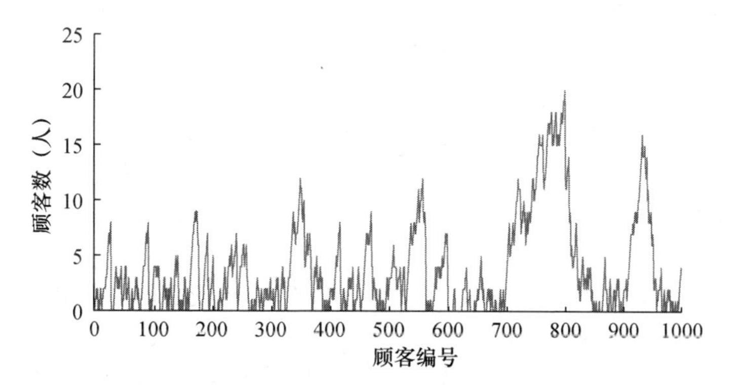

图 9.44　系统中的顾客数

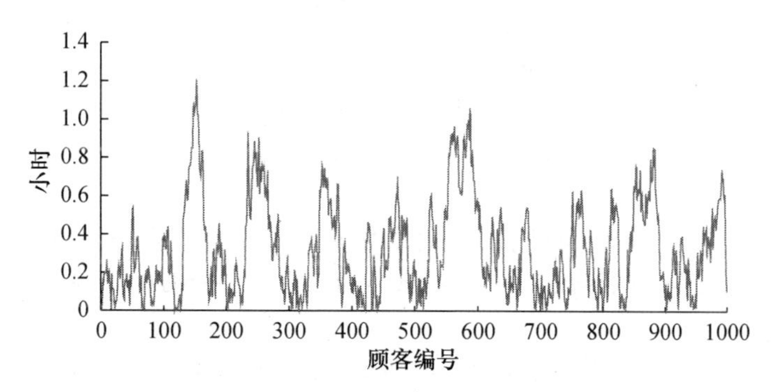

图 9.45　顾客在系统中的驻留时间

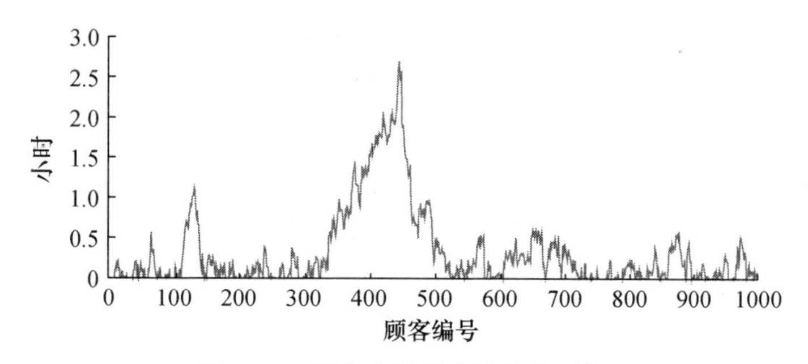

图 9.46　顾客在队列中的等待时间

由于模型中包含随机函数 RAND( ),因此按 F9 键,以上 Excel 表和图形都会发生变化。通过 Excel 模拟模型和图形,可以模拟一个基本排队系统的运行情况,并且评估模型的运行效果。

我们还可以构造两个或更多服务台的排队系统模拟模型。限于篇幅,我们把这些模型留给读者思考和练习。

习　题

习题 9-1　一个仓库每天提货的需求量是一个常数 $d=18$ 件，单位物品每天的库存费用为 $c=0.25$ 元/件。不允许缺货，库存量降到 0 时立即补充，补充瞬时完成。每次补充费用为 $C_s=100$ 元/件。

（1）用经济批量公式计算使平均总费用最小的补充批量 Q。

（2）设补充批量 $Q=200$ 件，时间 $t=100$ 天，建立以上库存问题的多周期 Excel 模拟模型。创建补充批量 Q 和平均总费用的模拟运算表，并画出平均总费用随补充批量 Q 变化的折线图。

（3）利用以上 Excel 库存模拟模型，用“规划求解”求出使平均总费用最小化的经济补充批量，比较模拟得到的经济批量和理论经济批量。

（4）设补充批量 $Q=200$ 件，建立以上库存问题的单周期 Excel 模拟模型。创建补充批量 Q 和平均总费用的模拟运算表，并画出平均总费用随补充批量 Q 变化的折线图。

（5）如果允许缺货，每次补充量是一个定值，补充以后首先补给缺货，剩余的补充形成库存，每件商品缺货一天的损失为 20 元/件天。总费用为“库存费用＋补充费用＋缺货损失”，建立允许缺货的多周期 Excel 模拟模型。

（6）利用允许缺货的 Excel 模拟模型，用“规划求解”求允许缺货条件下的经济批量。

习题 9-2　一个银行的营业窗口平均每小时到达顾客 12 人，平均每个顾客接受服务的时间为 4 分钟。

（1）用理论公式计算这个窗口平均顾客人数 L（包括在队列中等待的和正在窗口接受服务的）、队列中等待的平均顾客数 L_q、顾客在服务窗口平均驻留时间 W、顾客在队列中平均等待时间 W_q。

（2）如果平均每小时到达顾客人数增加到 24 人，银行又增开一个服务窗口，两个窗口的服务速率相同，都是 4 分钟/人。采用两服务台单队列的方式排队服务。计算 L、L_q、W、W_q，并比较（1）和（2）的计算结果。

（3）建立单服务台单队列排队系统的 Excel 模拟模型，对（1）中的排队系统进行模拟。

（4）建立两服务台单队列排队系统的 Excel 模拟模型，对（2）中的排队系统进行模拟。

第 10 章　管理系统优化

10.1 线性规划优化数学模型

10.1.1 管理优化问题数学模型概述

在管理实践中,决策者经常面临以下问题:如何在客观条件允许的范围内,适当地采取管理措施,使得预定的管理目标尽可能好一些。此类问题都有一个数量化的指标,我们称之为目标函数,如总成本最小化或者总利润最大化。

这个目标会受到许多因素的影响,其中有些因素是决策者可以控制的,如投资规模、产品产量等,这些因素被称为决策变量。决策变量可以是一个,也可以是多个。决策变量的取值往往受到一些条件的制约。例如,产品产量这个决策变量就受到原材料供应量、市场销量、设备生产能力、流动资金等条件的制约。这些限制条件被称为约束条件。

此外,根据问题的不同,这些决策变量自身也有一定的限制。例如,产品产量不能是负数,我们将其称为非负变量。亏损是小于等于 0 的变量,我们将其称为非正变量。而资产既可以是正值,也可以是负值(负债),也可以等于 0,我们将其称为自由变量。

线性规划(linear programming)就是将决策变量、目标函数、约束条件用线性函数的形式表示出来而形成的数学模型。下面我们介绍六个典型的线性规划数学模型。

10.1.2 生产计划问题

例 10.1 一个工厂有车床、刨床、钻床和铣床四种设备,生产 A、B、C、D、E 五种产品。每种设备全年能力(可用工时)依次为 24 000 小时、22 000 小时、16 000 小时和 12 000 小时,生产的五种产品的单位利润分别为 123 元、94 元、105 元、132 元和 118 元。每种产品生产一件需要分别占用这四种设备的工时如表 10.1 所示。

表 10.1 生产一件产品占用的设备工时 单位:小时

	产品 A	产品 B	产品 C	产品 D	产品 E
车床	0.23	0.44	0.17	0.08	0.36
刨床	0.13	—	0.20	0.37	0.19
钻床	—	0.25	0.34	—	0.18
铣床	0.55	0.72	—	0.61	—

要求：确定五种产品的生产数量，使得占用的设备工时不超过各种设备的能力，同时使总利润最大。

解　设五种产品的产量分别为 x_1、x_2、x_3、x_4、x_5，总利润为 z，则线性规划数学模型为：

$$
\begin{aligned}
\max\quad & z = 123x_1 + 94x_2 + 105x_3 + 132x_4 + 118x_5 \\
\text{s.t.}\quad & 0.23x_1 + 0.44x_2 + 0.17x_3 + 0.08x_4 + 0.36x_5 \leqslant 24\,000 \quad \text{车床能力约束} \\
& 0.13x_1 + 0.20x_3 + 0.37x_4 + 0.19x_5 \leqslant 22\,000 \quad \text{刨床能力约束} \\
& 0.25x_2 + 0.34x_3 + 0.18x_5 \leqslant 16\,000 \quad \text{钻床能力约束} \\
& 0.55x_1 + 0.72x_2 + 0.61x_4 \leqslant 12\,000 \quad \text{铣床能力约束} \\
& x_1,\ x_2,\ x_3,\ x_4,\ x_5 \geqslant 0
\end{aligned}
$$

式中，max 表示极大化，s. t. 表示约束（subject to）。这类问题称为生产计划问题。

这个问题的最优解为：

$$x_1 = 0(\text{件}),\quad x_2 = 0(\text{件}),\quad x_3 = 18\,772.10(\text{件})$$
$$x_4 = 19\,672.13(\text{件}),\quad x_5 = 53\,430.48(\text{件})$$

最大利润为：

$$z = 10\,872\,588.31(\text{元})$$

由于上述数学模型中没有指明决策变量必须是整数，因此最优解中产品产量是连续变量，而不是整数。如果在约束条件中增加决策变量必须是整数的要求，则表达式变为：

$$
\begin{aligned}
\max\quad & z = 123x_1 + 94x_2 + 105x_3 + 132x_4 + 118x_5 \\
\text{s.t.}\quad & 0.23x_1 + 0.44x_2 + 0.17x_3 + 0.08x_4 + 0.36x_5 \leqslant 24\,000 \\
& 0.13x_1 + 0.20x_3 + 0.37x_4 + 0.19x_5 \leqslant 22\,000 \quad \text{刨床能力约束} \\
& 0.25x_2 + 0.34x_3 + 0.18x_5 \leqslant 16\,000 \quad \text{钻床能力约束} \\
& 0.55x_1 + 0.72x_2 + 0.61x_4 \leqslant 12\,000 \quad \text{铣床能力约束} \\
& x_1, x_2, x_3, x_4, x_5 \geqslant 0,\ \text{且}\ x_1, x_2, x_3, x_4, x_5\ \text{为整数}
\end{aligned}
$$

决策变量必须取整数的问题称为整数规划（integer linear programming）问题。这个整数规划问题的最优解为：

$$x_1 = 0(\text{件}),\quad x_2 = 0(\text{件}),\quad x_3 = 18\,771(\text{件}),\quad x_4 = 19\,672(\text{件}),\quad x_5 = 53\,431(\text{件})$$

最大利润为：

$$z = 10\,872\,517(\text{元})$$

10.1.3　配料问题

例 10.2　化肥厂用四种原料 A、B、C、D 混合成复合肥料 M，四种原料的单价分别为每吨 2 200 元、1 800 元、2 400 元和 2 700 元。这四种原料的成分含量以及复合肥料所要求的氮（N）、磷（P）、钾（K）的最低百分含量如表 10.2 所示。

表 10.2　复合肥料配料问题的数据　　单位:%

	A	B	C	D	复合肥料
氮(N)	30	15	0	15	15
磷(P)	10	0	25	15	15
钾(K)	0	20	15	15	10

要求:假定在配制复合肥料过程中原料没有损耗,确定配制 1 000 吨复合肥料的配料方案,使得总成本最低。

解　设四种原料分别选取 x_1,x_2,x_3,x_4 吨,总成本为 z,线性规划数学模型为:

$$\min \quad z = 2\,200x_1 + 1\,800x_2 + 2\,400x_3 + 2\,700x_4$$

$$\begin{aligned} \text{s. t.}\quad & 0.30x_1 + 0.15x_2 + 0.15x_4 \geqslant 150 && \text{氮含量的下限约束} \\ & 0.10x_1 + 0.25x_3 + 0.15x_4 \geqslant 150 && \text{磷含量的下限约束} \\ & 0.20x_2 + 0.15x_3 + 0.15x_4 \geqslant 100 && \text{钾含量的下限约束} \\ & x_1 + x_2 + x_3 + x_4 = 1\,000 && \text{物料平衡约束} \\ & x_1,\ x_2,\ x_3,\ x_4 \geqslant 0 \end{aligned}$$

这一类问题称为配料问题。这个问题的最优解为:

$$x_1 = 375(\text{吨}),\quad x_2 = 125(\text{吨}),\quad x_3 = 375(\text{吨}),\quad x_4 = 125(\text{吨})$$

货物的最低成本为:

$$z = 2\,287\,500(\text{元})$$

10.1.4　背包问题

例 10.3　一艘货船最大装载重量为 5 000 千克,现有 A、B、C、D、E、F 六种货物待装运,每种货物单件的价值和重量如表 10.3 所示。

表 10.3　背包问题的数据

	A	B	C	D	E	F
价值(万元/件)	2.75	3.22	4.55	4.73	5.01	5.50
重量(千克/件)	320	420	530	550	590	640

每种货物各装多少件,使得货船中货物的总价值最大?

解　设 A、B、C、D、E、F 六种货物各装 x_1、x_2、x_3、x_4、x_5、x_6 件,线性规划数学模型为:

$$\max \quad z = 2.75x_1 + 3.22x_2 + 4.55x_3 + 4.73x_4 + 5.01x_5 + 5.50x_6$$

$$\text{s. t.}\quad 320x_1 + 420x_2 + 530x_3 + 550x_4 + 590x_5 + 640x_6 \leqslant 5\,000 \quad \text{货船装载量约束}$$

$$x_1,x_2,x_3,x_4,x_5,x_6 \geqslant 0,\ \text{且}\ x_1,x_2,x_3,x_4,x_5,x_6\ \text{为整数}$$

这一类整数规划问题称为背包问题。这个货船装载问题的最优解为:

$$x_1 = 2(\text{件}),\quad x_2 = 0(\text{件}),\quad x_3 = 2(\text{件}),\quad x_4 = 6(\text{件}),\quad x_5 = 0(\text{件}),\quad x_6 = 0(\text{件})$$

货物的最大价值为:

$$z = 42.98(\text{万元})$$

10.1.5 物流配送问题

例 10.4 某种产品从两个生产地 A_1、A_2 运往三个需求地 B_1、B_2、B_3。A_1 和 A_2 两地的生产量分别为 520 吨和 480 吨；B_1、B_2 和 B_3 三地的需求量分别为 200 吨、400 吨和 400 吨。每个生产地到每个需求地每吨产品的运输价格如表 10.4 所示。要求：确定总运费最低的配送方案。

表 10.4 运输价格相关数据 单位：元/吨

	B_1	B_2	B_3
A_1	12	13	21
A_2	14	17	8

解 设从两个生产地到三个需求地的运量如表 10.5 所示。

表 10.5 物流配送问题的变量（运量）设置 单位：吨

	B_1	B_2	B_3
A_1	x_{11}	x_{12}	x_{13}
A_2	x_{21}	x_{22}	x_{23}

由表 10.5 可以看出，两个生产地的总产量和三个需求地的总需求量是相等的，这个问题称为供求平衡的物流配送问题。它的线性规划数学模型如下：

$$
\begin{aligned}
\min \quad & z = 12x_{11} + 13x_{12} + 21x_{13} + 14x_{21} + 17x_{22} + 8x_{23} \\
\text{s.t.} \quad & x_{11} + x_{12} + x_{13} = 520 \quad \text{生产地 } A_1 \text{ 约束} \\
& x_{21} + x_{22} + x_{23} = 480 \quad \text{生产地 } A_2 \text{ 约束} \\
& x_{11} + x_{21} = 200 \quad \text{需求地 } B_1 \text{ 约束} \\
& x_{12} + x_{22} = 400 \quad \text{需求地 } B_2 \text{ 约束} \\
& x_{13} + x_{23} = 400 \quad \text{需求地 } B_3 \text{ 约束} \\
& x_{11},\ x_{12},\ x_{13},\ x_{21},\ x_{22},\ x_{23} \geqslant 0
\end{aligned}
$$

这一类问题称为运输问题（transportation problem）。运输问题有一个特点，只要供应量和需求量都是整数，那么最优解中的决策变量一定是整数，从而不必将其定义成整数变量。这个问题的最优解如表 10.6 所示。

表 10.6 物流配送问题（运量）的最优解 单位：吨

	B_1	B_2	B_3
A_1	120	400	0
A_2	80	0	400

最小总运费为 $z = 10\,960$ 元。

10.1.6 公司选择问题

例 10.5 一家控股公司要在下属的五家子公司中选择三家准备上市。这五家子公司的资产、负债和税后利润如表 10.7 所示。要求所选的三家子公司的总资产不低于 10 亿元,负债不超过 5 亿元,并使得新组建的公司税后利润最大。

表 10.7 公司选择问题的数据

	A	B	C	D	E
资产(亿元)	3.48	5.62	7.33	6.27	2.14
负债(亿元)	1.28	2.53	1.02	3.55	0.53
税后利润(万元)	5 400	2 300	4 600	3 300	980

解 设 5 个 0—1 变量 x_1, x_2, x_3, x_4, x_5,且有:

$$x_i = \begin{cases} 0 & \text{不选子公司 } i \\ 1 & \text{选择子公司 } i \end{cases} \quad (i = 1,2,3,4,5)$$

我们将变量的取值全为 0 或 1 的线性规划问题称为 0—1 规划问题(binary linear programming)。这个 0—1 线性规划数学模型如下:

$$\max \quad z = 5\,400x_1 + 2\,300x_2 + 4\,600x_3 + 3\,300x_4 + 980x_5$$

$$\begin{aligned} \text{s.t.} \quad & 3.48x_1 + 5.62x_2 + 7.33x_3 + 6.27x_4 + 2.14x_5 \geq 10 && \text{资产约束} \\ & 1.28x_1 + 2.53x_2 + 1.02x_3 + 3.55x_4 + 0.53x_5 \leq 5 && \text{负债约束} \\ & x_1 + x_2 + x_3 + x_4 + x_5 = 3 && \text{所选公司数量约束} \\ & x_1, x_2, x_3, x_4, x_5 \geq 0, \quad x_1, x_2, x_3, x_4, x_5 \text{ 为 0—1 变量} \end{aligned}$$

这个 0—1 规划问题的最优解为:

$$x_1 = 1, x_2 = 1, x_3 = 1, x_4 = 0, x_5 = 0, \max z = 12\,300(\text{万元})$$

即选择子公司 A、B、C 组建新公司,总资产可达 16.43 亿元,总负债为 4.83 亿元,符合指标要求。新组建公司税后总利润可以达到 1.23 亿元。

10.1.7 指派问题

有 n 项任务由 n 个人完成,每项任务交给一个人,每人都有一项任务。由 i 个人完成 j 项任务的成本(或效益)为 c_{ij}。求使总成本最小(或总效益最大)的分配方案。

设:

$$x_{ij} = \begin{cases} 0 & \text{第 } i \text{ 个人不从事第 } j \text{ 项任务} \\ 1 & \text{第 } i \text{ 个人被指派完成第 } j \text{ 项任务} \end{cases}$$

这也是一个 0—1 规划问题。这个问题的 0—1 线性规划数学模型如下:

$$\min(\max) \quad z = \sum_{i=1}^{n}\sum_{j=1}^{n} c_{ij}x_{ij}$$

$$\text{s.t.} \quad \sum_{i=1}^{n} x_{ij} = 1 \qquad j = 1,2,\cdots,n$$

$$\sum_{j=1}^{n} x_{ij} = 1 \qquad i = 1,2,\cdots,n$$

$$x_{ij} = 0,1$$

这一类问题称为指派问题(assignment problem)。

例 10.6 市政府有四项市政建设工程项目招标。经过初选,四家建设公司最后参与这四项工程竞标。每家公司对每个工程的报价如表 10.8 所示。市政府规定,每项工程只能有一家公司中标,每家公司只能承担一项工程。求总价最低的决标方案。

表 10.8 工程竞标指派问题的数据

单位:万元

	工程 A	工程 B	工程 C	工程 D
甲公司	920	480	650	340
乙公司	870	510	700	350
丙公司	880	500	720	400
丁公司	930	490	680	410

解 设

$$x_{ij} = \begin{cases} 0 & \text{公司 } i \text{ 不承担 } j \text{ 项工程} \\ 1 & \text{公司 } i \text{ 承担 } j \text{ 项工程} \end{cases}$$

表 10.9 表示变量的设置情况。

表 10.9 工程竞标指派问题的变量设置

	工程 A	工程 B	工程 C	工程 D
甲公司	x_{11}	x_{12}	x_{13}	x_{14}
乙公司	x_{21}	x_{22}	x_{23}	x_{24}
丙公司	x_{31}	x_{32}	x_{33}	x_{34}
丁公司	x_{41}	x_{42}	x_{43}	x_{44}

这个问题的线性规划数学模型如下:

$$\begin{aligned} \min \quad z = {} & 920x_{11} + 480x_{12} + 650x_{13} + 340x_{14} + 870x_{21} + 510x_{22} + 700x_{23} + 350x_{24} \\ & + 880x_{31} + 500x_{32} + 720x_{33} + 400x_{34} + 930x_{41} + 490x_{42} + 680x_{43} + 410x_{44} \end{aligned}$$

s.t.

$$x_{11} + x_{12} + x_{13} + x_{14} = 1 \qquad (1)$$

$$x_{21} + x_{22} + x_{23} + x_{24} = 1 \qquad (2)$$

$$x_{31} + x_{32} + x_{33} + x_{34} = 1 \qquad (3)$$

$$x_{41} + x_{42} + x_{43} + x_{44} = 1 \qquad (4)$$

$$x_{11} + x_{21} + x_{31} + x_{41} = 1 \qquad (5)$$

$$x_{12} + x_{22} + x_{32} + x_{42} = 1 \quad (6)$$
$$x_{13} + x_{23} + x_{33} + x_{43} = 1 \quad (7)$$
$$x_{14} + x_{24} + x_{34} + x_{44} = 1 \quad (8)$$
$$x_{ij} = 0,1$$

约束条件(1)—(4)表示每个公司只能承担一项工程，约束条件(5)—(8)表示每项工程只能由一家公司中标。

最优解为 $x_{13}=1, x_{24}=1, x_{31}=1, x_{42}=1, \min z = 2\,370$（万元），如表 10.10 所示。换句话说，甲公司中标工程 C，乙公司中标工程 D，丙公司中标工程 A，丁公司中标工程 B，四个标总价为 2 370 万元。

表 10.10 工程竞标指派问题的最优解

	工程 A	工程 B	工程 C	工程 D
甲公司	0	0	1	0
乙公司	0	0	0	1
丙公司	1	0	0	0
丁公司	0	1	0	0

指派问题也和运输问题有类似的性质，只要约束条件的右边常数都等于 1，最优解中的决策变量自然就等于 0 或 1，不必将决策变量定义成 0—1 变量。

10.1.8 线性规划数学模型的一般形式

从前面的例子可以总结出线性规划数学模型的一般形式如下：

$$\min(\max) \quad z = c_1x_1 + c_2x_2 + \cdots + c_nx_n \qquad \text{目标函数}$$

$$\begin{aligned} \text{s.t.} \quad & a_{11}x_1 + a_{12}x_2 + \cdots + a_{1n}x_n \geqslant (\leqslant, =) b_1 \\ & a_{21}x_1 + a_{22}x_2 + \cdots + a_{2n}x_n \geqslant (\leqslant, =) b_2 \qquad \text{约束条件} \\ & \cdots \\ & a_{m1}x_1 + a_{m2}x_2 + \cdots + a_{mn}x_n \geqslant (\leqslant, =) b_m \\ & x_1, x_2, \cdots, x_n \geqslant 0 (\leqslant 0, \text{free}) \qquad \text{变量符号} \end{aligned}$$

由此可见，线性规划数学模型由目标函数、约束条件和变量符号三部分组成。目标函数可以是极大化或者极小化。约束条件可以是大于等于（$\geqslant$）、小于等于（$\leqslant$）或等于（$=$）。约束条件右边的常数 $b_1, b_2, \cdots, b_m$ 称为右边常数。决策变量 $x_1, x_2, \cdots, x_n$ 按符号区分可以是变量非负约束（$\geqslant 0$）、变量非正约束（$\leqslant 0$）或自由变量（free）三种情况。

按决策变量的类型，线性规划可以分为连续变量、整数变量或 0—1 变量线性规划问题。如果一个线性规划问题中，一些决策变量是连续的，而另一些变量是整数变量或 0—1 变量，这样的线性规划问题称为混合整数规划或混合 0—1 规划问题。

线性规划模型的目标函数必须是变量的线性函数，约束条件必须是变量的线性等式或不等式。下面的问题就不是线性规划问题：

$$
\begin{aligned}
\min \quad & z = 3x_1^2 + 2x_1x_2 \\
\text{s.t.} \quad & 2x_1 + \frac{x_2 + x_3}{x_1} \leqslant 8 \\
& | x_1 + x_2 | + 4x_3 \leqslant 9 \\
& x_1, x_2, x_3 \geqslant 0
\end{aligned}
$$

这是因为:① 目标函数中出现变量的平方以及两个变量的乘积;② 第一个约束条件的分母中出现变量;③ 第二个约束条件中出现非线性函数。

10.2 线性规划问题的基本概念

10.2.1 线性规划的图解

为了更深入地了解线性规划问题,我们来看如何用图形表示线性规划数学模型。

例 10.7 用图解法求解线性规划问题,它的数学模型如下:

$$
\begin{aligned}
\max z = & 2x_1 + 3x_2 && \text{目标函数} \\
\text{s.t.} \quad & x_1 + x_2 \leqslant 10 && \text{约束条件 1} \\
& -x_1 + x_2 \leqslant 4 && \text{约束条件 2} \\
& x_1 \leqslant 8 && \text{约束条件 3} \\
& x_1, x_2 \geqslant 0 && \text{变量非负约束}
\end{aligned}
$$

以上数学模型只有两个决策变量,因此可以在二维直角坐标平面上画出它的图形。这样的线性规划问题称为二维线性规划问题。

设直角坐标系的横轴为 x_1,纵轴为 x_2。这个线性规划的一个解就是坐标平面中的一个点,这个点的两个坐标分别为 x_1 和 x_2。图解法求解线性规划的步骤如下:

1. 首先在直角坐标系中画出约束直线

约束条件 1 的直线方程是 $x_1 + x_2 = 10$,在图 10.1 中对应于直线 BC。在直线 BC 上的点的坐标满足方程 $x_1 + x_2 = 10$,在直线 BC 以及左下方的点,构成第一个可行半平面(图中已标明每个可行半平面在直线的哪一侧)。其中,点的坐标满足不等式 $x_1 + x_2 \leqslant 10$。

约束条件 2 的直线方程是 $-x_1 + x_2 = 4$,图 10.1 中对应的直线是 CD。在直线 CD 上的点的坐标满足方程 $-x_1 + x_2 = 4$,在直线 CD 以及右下方的点构成第二个可行半平面。其中,点的坐标满足不等式 $-x_1 + x_2 \leqslant 4$。

约束条件 3 的直线方程是 $x_1 \leqslant 8$,图 10.1 中对应的直线是 AB。在直线 AB 上的点的坐标满足方程 $x_1 = 8$,在直线 AB 以及左侧的点构成第三个“可行半平面”。其中,点的坐标满足不等式 $x_1 \leqslant 8$。

变量非负约束 $x_1 \geqslant 0$ 对应的直线 $x_1 = 0$ 是纵轴 OD。在纵轴 OD 上以及右侧的点构成第四个可行半平面。其中,点的坐标满足 $x_1 \geqslant 0$。$x_2 \geqslant 0$ 对应的直线 $x_2 = 0$ 是横轴 OA,在横轴 OA 以及上方点构成第五个可行半平面。其中,点的坐标满足 $x_2 \geqslant 0$。

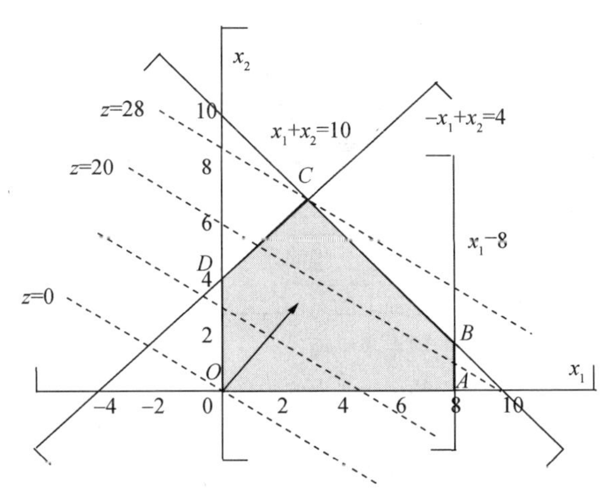

图 10.1　线性规划的图解

2. 确定线性规划问题的可行域

满足所有约束条件的解,称为线性规划的可行解。线性规划可行解的全体,称为可行域。这个线性规划问题的可行域,就是上述五个可行半平面的交集,即图形中的多边形 *OABCD* 的内部及边界。从图 10.1 可以看出,对于两个决策变量的线性规划问题,可行域一定是一个凸多边形。

3. 确定目标函数等值线

目标函数 z 对于每一个给定的值,例如 $z=10$,得到相应的一个线性方程 $2x_1+3x_2=10$,满足这个方程的点是一条直线,称为目标函数等值线。将目标函数 z 等于一系列不同的数值,就可以得到一系列目标函数等值线,如图 10.1 中的虚线所示。容易知道,这些目标函数等值线是一组平行的直线。与目标函数等值线方向垂直的向量称为目标函数梯度方向,是目标函数值增加最快的方向。与目标函数梯度方向相反的方向则是目标函数减少最快的方向。

4. 确定线性规划的最优解

对于目标函数最大化问题,将目标函数等值线沿目标函数梯度方向平行移动,目标函数等值线上可行解的目标函数值不断增加。当目标函数等值线和可行域有最后一个交点时,这个交点就是所有可行解中目标函数值最大的那个,我们把那个可行解称为最优解。在图 10.1 中,可行域上的点 C 就是例 10.7 线性规划的最优解。

从图 10.1 可以看到,线性规划的最优解至少在可行域凸多边形的一个顶点上。可行域凸多边形的顶点称为可行域的极点(extreme points)。

由于 C 点是两条约束直线的焦点,这个最优解的值可以通过求解以下方程组得到:

$$\begin{cases} x_1 + x_2 = 10 \\ -x_1 + x_2 = 4 \end{cases}$$

这个线性方程组的解为 $x_1=3, x_2=7$,代入目标函数,得到目标函数值 $z=2x_1+3x_2=2\times3+3\times7=27$。

这样,我们就用图解法求出例 10.7 线性规划问题的最优解。最优解为 $x_1=3, x_2=7$,最优解的目标函数值为 max $z=27$。

如果线性规划问题有三个决策变量,这样的线性规划问题称为三维线性规划问题。三维线性规划问题可以用三维坐标空间中的图形表示,只要把二维问题有关的概念进行相应的拓展即可。表 10.11 对两种线性规划问题进行了比较。

表 10.11　二维和三维线性规划中基本概念的比较

概念	二维问题	三维问题
线性规划的解	平面上的点(x_1,x_2)	三维空间中的点(x_1,x_2,x_3)
满足一个不等式约束的解	约束半平面	约束半空间
约束直线	约束半平面的边界线	约束半空间的边界平面
可行域	凸多边形	凸多面体
最优解	凸多边形的极点	凸多面体的极点

如果线性规划问题有四个或更多个决策变量,就无法用图形求最优解了。求线性规划最优解的一般方法是单纯形法(simplex method)。有关单纯形法的内容,请参见相关的《管理运筹学教程》或其他有关资料。

10.2.2　线性规划的基本概念和基本定理

通过两个决策变量线性规划问题的图解法,可以归纳出线性规划问题的以下基本概念:

(1) 决策变量:决策者可以控制的变量。

(2) 线性规划的解:所有的决策变量的一组值。

(3) 目标函数:决策者希望最大化或最小化的一个指标,它是决策变量的线性函数。

(4) 约束条件:决策变量必须满足的条件,这些条件是决策变量的线性等式或线性不等式。

(5) 右边常数:约束等式或不等式右边的常数。

(6) 变量的符号约束:决策变量大于等于0(≥ 0)、小于等于0(≤ 0)或没有符号限制。

(7) 可行解:满足所有约束条件的解。

(8) 可行域:可行解的全体。

(9) 目标函数等值线:目标函数值等于一个给定常数的直线。

(10) 目标函数梯度方向:目标函数值增加最快的方向。

(11) 最优解:所有可行解中使得目标函数最大或最小的可行解。

线性规划的可行域和最优解有图 10.2—图 10.7 所示的几种可能情况。

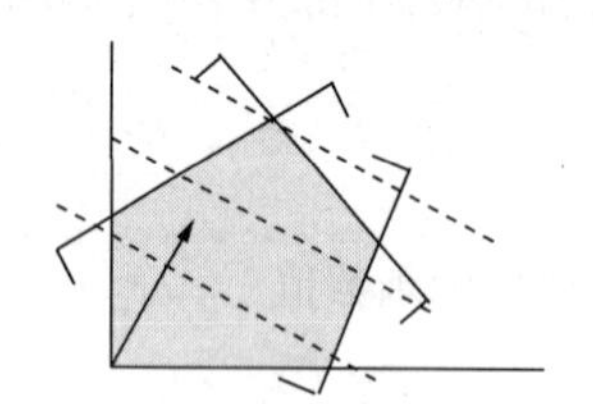

图 10.2　可行域封闭,唯一最优解

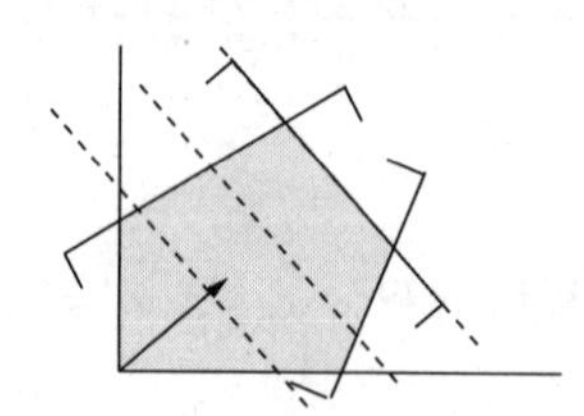

图 10.3　可行域封闭,多个最优解

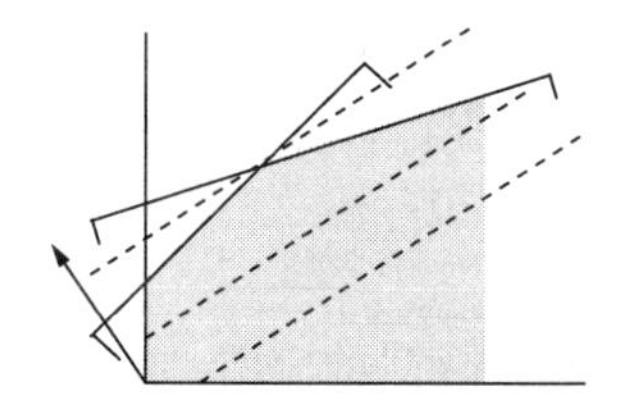

图 10.4　可行域开放，唯一最优解

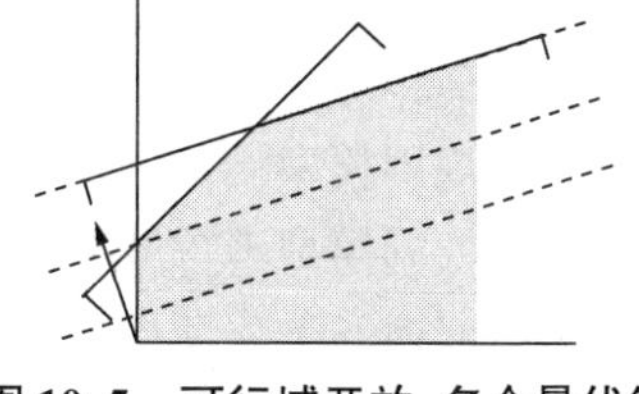

图 10.5　可行域开放，多个最优解

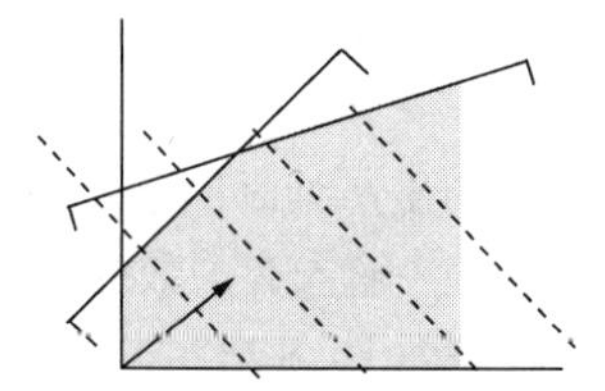

图 10.6　可行域开放，没有最优解

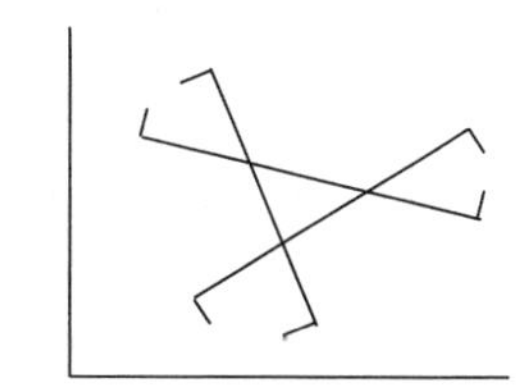

图 10.7　可行域为空集，没有可行解

由前面线性规划图解的过程以及上述线性规划的基本概念，我们可以得到以下线性规划的基本定理：

定理 10.1　如果线性规划的可行域不是空集，则线性规划的可行域是一个凸集。

定理 10.2　如果线性规划有最优解，则最优解至少在可行域的一个极点上。

第一个定理告诉我们，线性规划的最优解只需要在线性规划可行域中寻找。第二个定理进一步指出，线性规划的最优解只需要在可行域凸集的有限个极点中寻找。

以上两个重要定理为求解线性规划的算法——单纯形法奠定了理论基础。本书只介绍如何用 Excel 建立线性规划模型以及如何用 Excel 规划求解线性规划问题，并不讨论线性规划求解的算法。以上内容对读者了解线性规划数学模型和线性规划最优解的概念是很有必要的。

10.3　用"规划求解"工具求解线性规划问题

10.3.1　"规划求解"工具概述

"规划求解"工具的安装方法见例 9.3。"规划求解"既可以求解无约束问题，也可以求解有约束问题。本章主要介绍如何用"规划求解"工具来求解有约束问题，即线性规划问题。

"规划求解"可以求解最多 200 个变量、100 个约束条件和 400 个变量约束（决策变量的上下界约束或变量的整数约束、0—1 约束）的线性规划、整数规划、0—1 规划以及混合整数规划、混合 0—1 规划问题。

用 Excel"规划求解"工具求解线性规划最优解的主要步骤如下：

（1）建立线性规划的 Excel 模型，即相应的 Excel 表。其中，单元格分别表示常数、决策变量、约束条件左边值、目标函数值等。

（2）建立目标函数单元格、约束条件左边值的表达式。

（3）建立等式和不等式约束条件。

(4) 建立整数变量、0—1 变量约束。

(5) 设置其他相关参数,如设为线性模型,变量设为非负等。

(6) 求线性规划模型的最优解。

(7) 对线性规划模型进行敏感性分析和对偶分析。

下面分别以前面六个线性规划问题为例,说明 Excel“规划求解”的应用。

10.3.2 “规划求解”工具

例 10.8 用 Excel“规划求解”工具求解产量为连续变量的生产计划问题。

打开文件“例 10.8 产量为连续变量的生产计划问题. xlsx”。输入有关数据,并定义“占用能力”相关单元格 G3、G4、G5、G6 以及“总利润”单元格 B12,如图 10.8 所示。

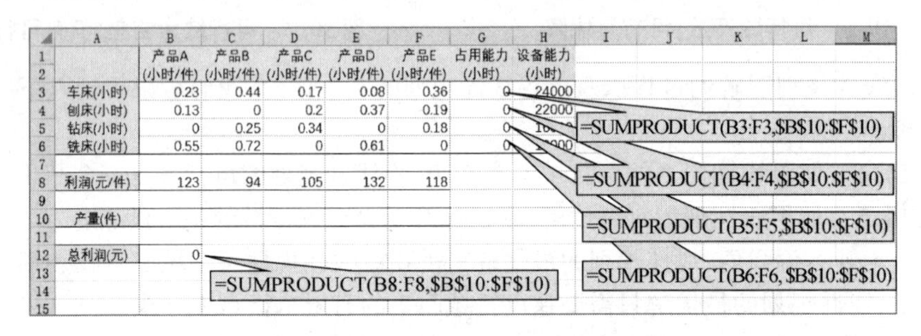

图 10.8　产量为连续变量的生产计划问题的 Excel 模型

打开 Excel 菜单“数据 > 分析 > 规划求解”,出现“规划求解参数”对话窗口,“设置目标”选项为 \$B \$12,“到”选项为“最大值”,“通过更改可变单元格”选项为 \$B \$10: \$F \$10,如图 10.9 所示。

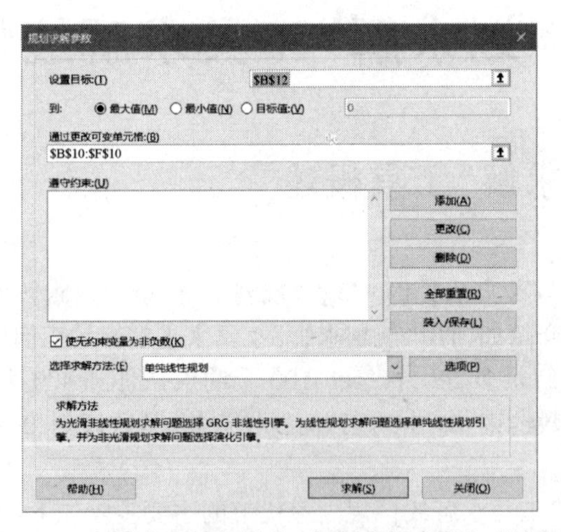

图 10.9　产量为连续变量的“规划求解参数”对话窗口

单击“添加”,得到“添加约束”对话窗口,如图 10.10 所示。添加车床“占用能力” < = “设备能力”约束。左边框选择车床“占用能力”G3,中间下拉框选择“ < = ”,右边框选择车床“设备能力”H3。

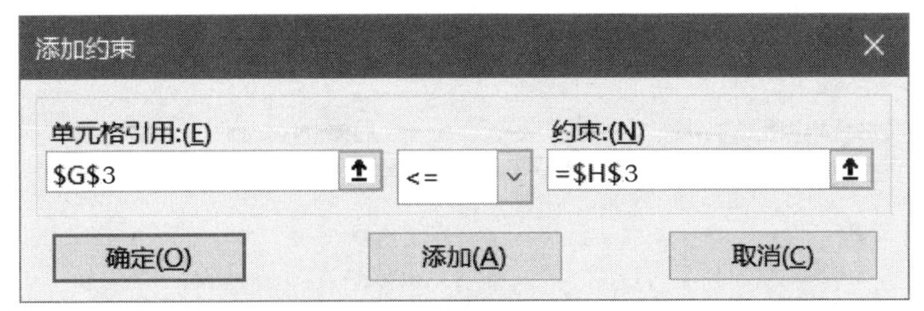

图 10.10　添加车床“占用能力” < =“设备能力”约束

注意:Excel 规划求解“添加约束”对话窗口中,约束条件的左边“单元格引用位置”只能引用一个单元格而不能输入表达式。约束条件的右边“约束值”也只能引用一个单元格或者直接输入一个数值。因此,在 Excel 线性规划模型中,约束条件左边一般都是一个表达式,必须事先将其写在一个单元格中,以便在“规划求解 > 添加约束”中直接引用。本例中“车床能力”约束条件左边车床“占用能力”的表达式为“ = SUMPRODUCT(B3:F3, $B$10:$F$10)”,必须事先将其写入单元格 G3 中,以便在添加约束时能直接引用。

车床能力约束添加完毕后,单击“添加”,出现新的“添加约束”对话窗口,按如图 10.11 所示添加刨床“占用能力” < =“设备能力”约束。

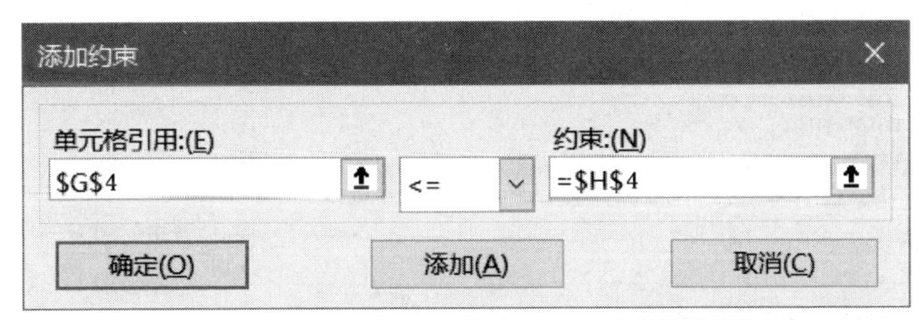

图 10.11　添加刨床“占用能力” < =“设备能力”约束

单击“添加”,又出现新的“添加约束”对话窗口,按如图 10.12 所示添加钻床“占用能力” < =“设备能力”约束。

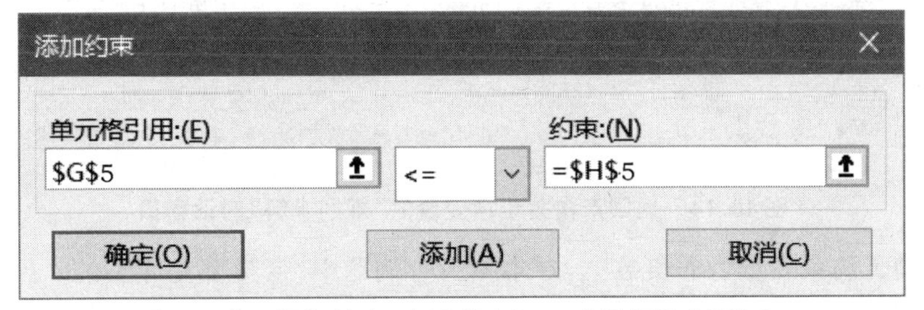

图 10.12　添加钻床“占用能力” < =“设备能力”约束

单击“添加”,按如图10.13 所示添加铣床“占用能力” < =“设备能力”约束,至此最后一个约束添加完成。

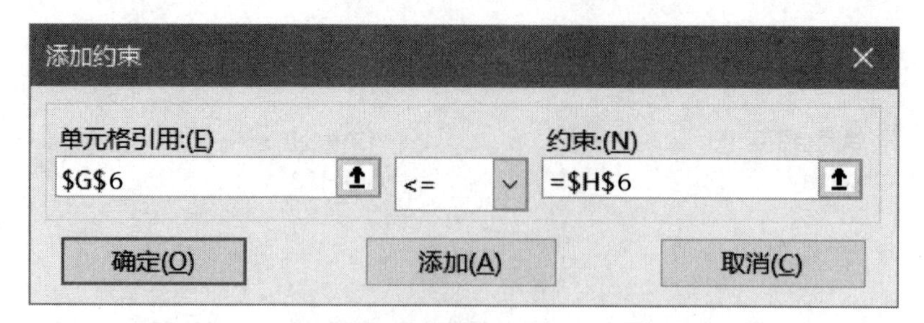

图 10.13　添加铣床"占用能力"<="设备能力"约束

单击"确定",返回"规划求解"参数对话窗口,如图 10.14 所示。

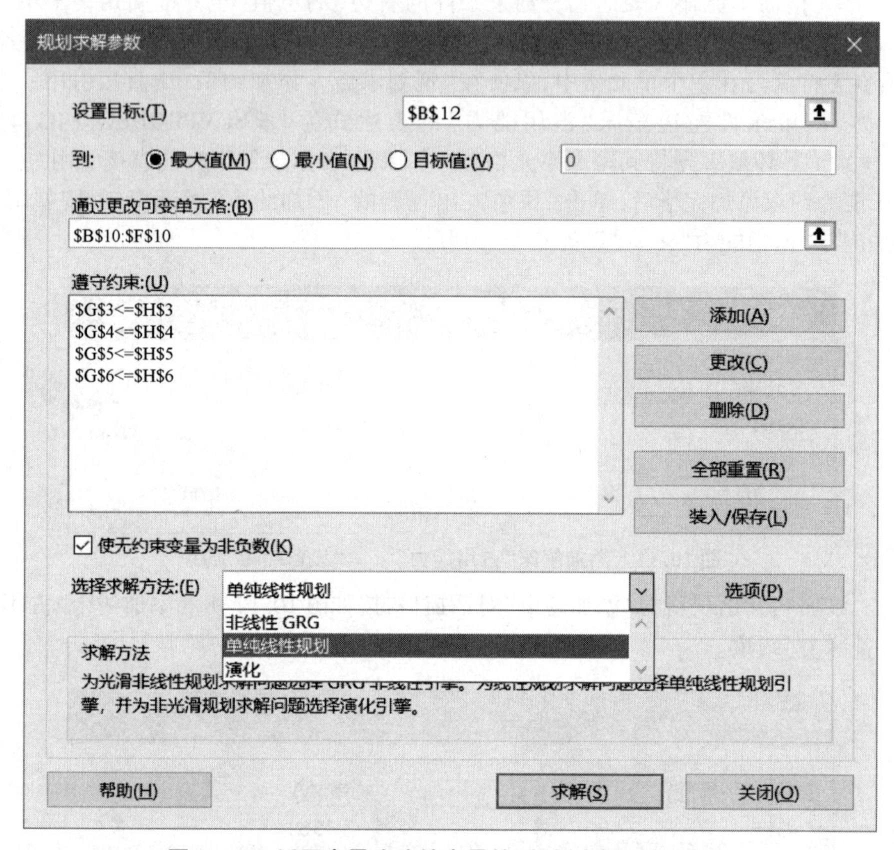

图 10.14　返回产量为连续变量的"规划求解"对话窗口

勾选"使无约束变量为非负数"。在本章所有例题中,变量都是非负的。因此"使无约束变量为非负数"这个选项始终需要勾选。在以下例题中,这个问题不再重复说明。

点击"选择求解方法"下拉箭头,在下拉菜单中选择"单纯线性规划"。然后单击"选项",进入"规划求解选项"对话窗口,如图 10.15 所示。

选项 ? ×

所有方法 | 非线性 GRG | 演化

约束精确度: 0.000001

☐ 使用自动缩放

☐ 显示迭代结果

具有整数约束的求解

☑ 忽略整数约束

整数最优性(%): 5

求解极限值

最大时间(秒): 100

迭代次数: 100

演化和整数约束:

最大子问题数目:

最大可行解数目:

确定 取消

图 10.15 产量为连续变量的“选项”对话窗口

选定“所有方法”选项卡。由于本例线性规划问题所有变量都是连续变量,没有整数约束,勾选或不勾选“忽略整数约束”对本例求解没有影响,所有选项都保持默认值无须改动。

单击“确定”结束“选项”对话窗口,返回“规划求解参数”对话窗口,如图 10.16 所示。

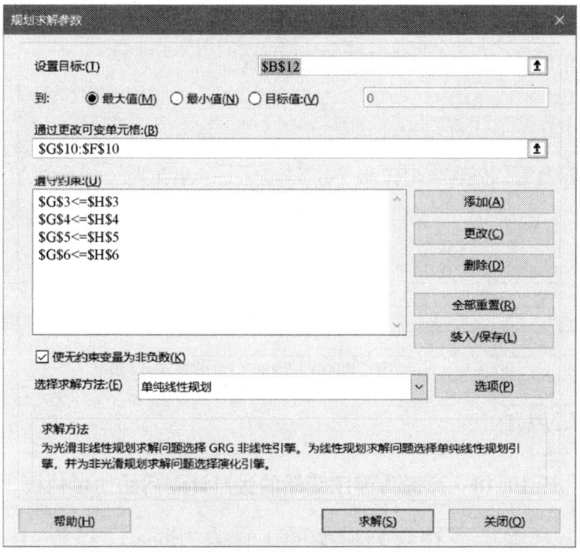

规划求解参数 ×

设置目标:(T) $B$12

到: ◉ 最大值(M) ○ 最小值(N) ○ 目标值:(V) 0

通过更改可变单元格:(B)

$G$10:$F$10

遵守约束:(U)

$G$3<=$H$3

$G$4<=$H$4

$G$5<=$H$5

$G$6<=$H$6

添加(A) 更改(C) 删除(D) 全部重置(R) 装入/保存(L)

☑ 使无约束变量为非负数(K)

选择求解方法:(E) 单纯线性规划 选项(P)

求解方法

为光滑非线性规划求解问题选择 GRG 非线性引擎。为线性规划求解问题选择单纯线性规划引擎，并为非光滑规划求解问题选择演化引擎。

帮助(H) 求解(S) 关闭(O)

图 10.16 产量为连续变量的“规划求解参数”对话窗口

此时仍然可以更改规划求解参数,例如添加、更改或删除约束。

如果所有参数都无须进一步修改,则单击“求解”按钮,开始求解线性规划问题。求解完毕以后,出现“规划求解结果”对话窗口,如图 10.17 所示。如果输入的线性规划模型出现没有可行解(即可行域为空集)或者目标函数无界等非正常结果,在窗口中会出现相应的提示。如果求出了最优解,则出现“规划求解找到一解,可满足所有的约束及最优状况”。

规划求解结果

规划求解找到一解,可满足所有的约束及最优状况。

报告

◉ 保留规划求解的解

○ 还原初值

运算结果报告
敏感性报告
极限值报告

☐ 返回“规划求解参数”对话框

☐ 制作报告大纲

确定　取消　保存方案...

报告

创建指定的报告类型,并将每个报告放置在工作簿单独的工作表中

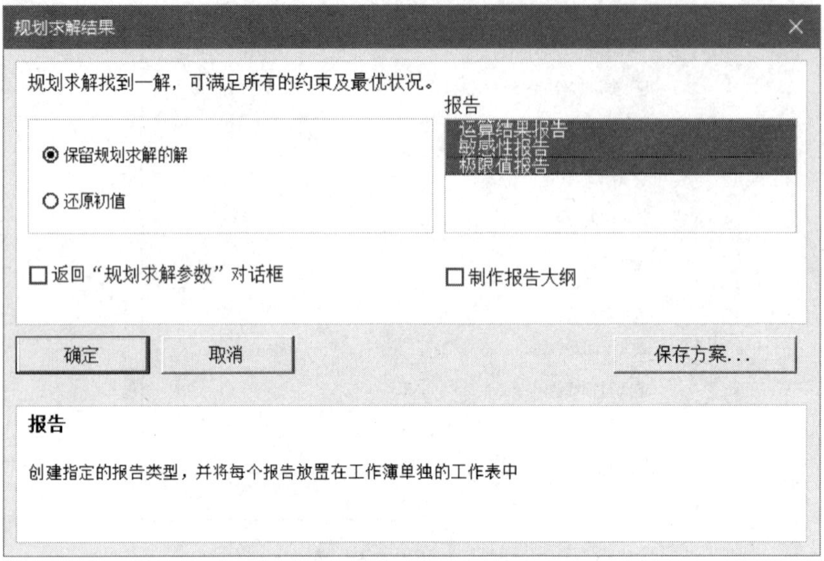

图 10.17　“规划求解结果”对话窗口

选定“保存规划求解的解”,单击“确定”,变量相应的单元格和目标函数相应的单元格的值就会保存下来。如果选择“恢复为原值”,变量相应的单元格和目标函数相应的单元格的值就会恢复为 0。

根据需要,选定“报告”中的全部三项或其中若干项。单击“确定”,就完成了线性规划求解的所有步骤。图 10.18 是生产计划问题的最优解。

	A	B	C	D	E	F	G	H	I
1		产品A	产品B	产品C	产品D	产品E	占用能力	设备能力	
2		(小时/件)	(小时/件)	(小时/件)	(小时/件)	(小时/件)	(小时)	(小时)	
3	车床(小时)	0.23	0.44	0.17	0.08	0.36	24000	24000	
4	刨床(小时)	0.13	0	0.2	0.37	0.19	21184.89946	22000	
5	钻床(小时)	0	0.25	0.34	0	0.18	16000	16000	
6	铣床(小时)	0.55	0.72	0	0.61	0	12000	12000	
7									
8	利润(元/件)	123	94	105	132	118			
9									
10	产量(件)	0	0	18772.099	19672.1	53430.47966			
11									
12	总利润(元)	10872588.31							
13									

图 10.18　产量为连续变量的生产计划问题的最优解

在图 10.18 中,Excel 除了线性规划模型的工作表“Sheet1”以外,还出现了“运算结果报告”“敏感性报告”和“极限值报告”三个新的工作表。这三个工作表的内容将在下一节介绍。

由图 10.18 还可以看到,五种产品产量的数值并不是整数,这是由于在模型中没有定义

变量为整数的约束。如果线性规划问题的变量必须是整数,这样的问题称为整数规划。例 10.9 是产量为整数变量的生产计划问题。

例 10.9 打开文件“例 10.9 产量为整数变量的生产计划问题. xlsx”。此文件中的数据与“例 10.8 产量为连续变量的生产计划问题. xlsx”中的数据完全相同,仅仅是决策变量由原来的连续变量改为整数变量。

例 10.8 产量为连续变量的生产计划问题的规划求解参数见图 10.16。

在例 10.8 产量为连续变量的生产计划问题的基础上,单击“添加”,添加约束条件:将所有产量定义为整数变量。在图 10.19 左边框“单元格引用”中选定 B10:F10 变量单元格的位置,中间下拉框中选定“int”(整数 integer 的缩写),右边框的“约束”就会自动出现“整数”。

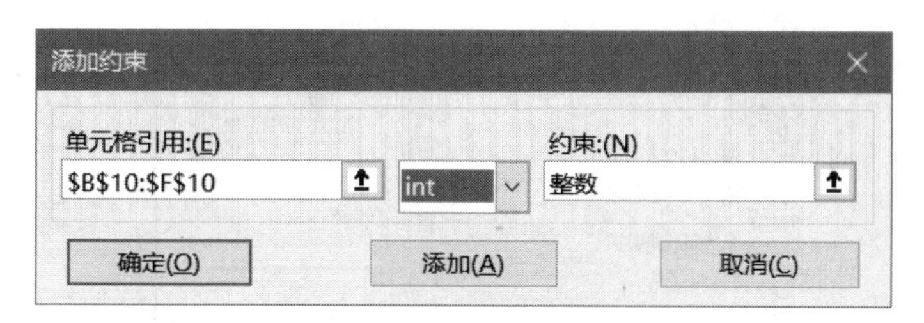

图 10.19 添加变量为整数的约束

单击“确定”,返回“规划求解参数”对话窗口,如图 10.20 所示。由图可见,“遵守约束”中增加了约束“ $B $10: $F $10 = 整数”。

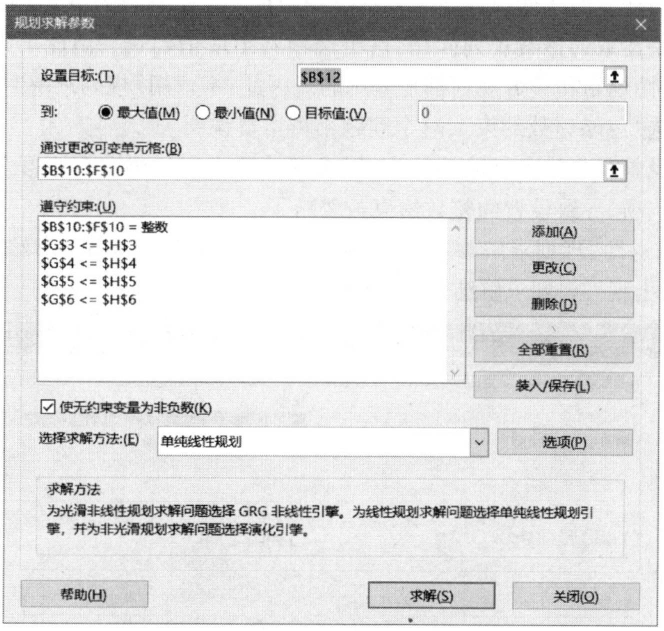

图 10.20 定义变量为整数的“规划求解参数”对话窗口

在图 10.20 中单击“选项”,弹出如图 10.21 所示的“选项”对话窗口。由于本例与上例不同,其中的产量不再是连续变量而要求是整数变量,整数的约束不能忽略,因此选项“忽略整数约束”不能勾选。

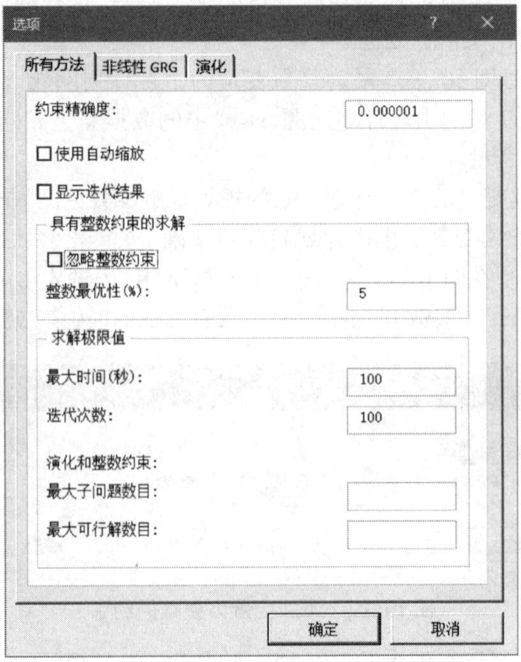

图 10.21　产量为整数变量的“选项”对话窗口

对于没有整数变量的线性规划问题,勾选与不勾选“忽略整数约束”对求解没有影响。然而对于变量必须是整数的整数规划问题,这个选项必须取消勾选。由此可知,始终不勾选这个选项,对求解线性规划和整数规划都是适用的。因此,本章用“规划求解”工具计算各例题,总是默认取消勾选“忽略整数约束”,这个问题不再重复说明。

如果模型中设置了变量是整数的约束,但求解结果中变量仍出现小数,就要检查是否错误地勾选了这个选项,导致设置的整数约束被忽略了。

单击“确定”,返回“规划求解参数”对话窗口(见图 10.20),单击“求解”,开始求解整数规划。求解完毕,出现“规划求解结果”对话窗口,如图 10.22 所示。

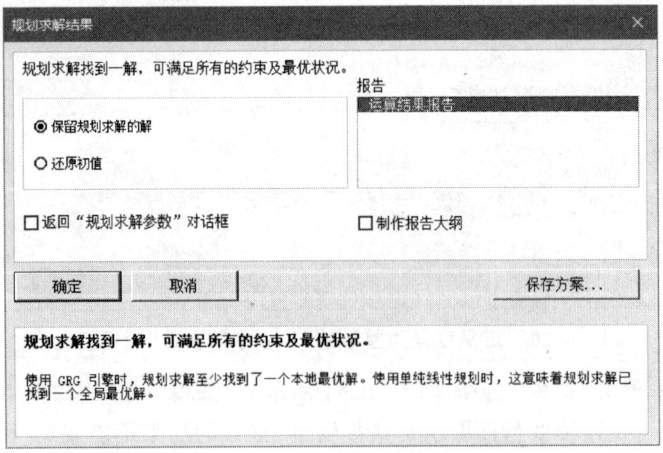

图 10.22　生产计划问题(整数规划)规划求解结果

由图 10.22 可以看到,求解结果对话窗口中有“规划求解找到一解,可满足所有约束及最优状况”信息,表示规划求解成功。同时可以发现“报告”栏中只有一个选项“运算结果报告”,说明整数规划不生成敏感性报告和极限值报告。

选定“运算结果报告”,单击“确定”,得到如图 10.23 所示的整数规划最优解。

	A	B	C	D	E	F	G	H
1		产品A	产品B	产品C	产品D	产品E	占用能力	设备能力
2		(小时/件)	(小时/件)	(小时/件)	(小时/件)	(小时/件)	(小时)	(小时)
3	车床(小时)	0.23	0.44	0.17	0.08	0.36	23999.99	24000
4	刨床(小时)	0.13	0	0.2	0.37	0.19	21184.73	22000
5	钻床(小时)	0	0.25	0.34	0	0.18	15999.72	16000
6	铣床(小时)	0.55	0.72	0	0.61	0	11999.92	12000
7								
8	利润(元/件)	123	94	105	132	118		
9								
10	产量(件)	0	0	18771	19672	53431		
11								
12	总利润(元)	10872517						
13								

图 10.23 生产计划问题的整数规划最优解

由图 10.23 可以看出,整数规划最优解中五种产品的产量都是整数。由于整数规划比相应的线性规划附带更多的条件,因此整数规划总利润最大值 10 872 517 元比线性规划总利润最大值 10 872 588.31 元要小。

例 10.10 用 Excel“规划求解”工具求解配料问题。

打开文件“例 10.10 配料问题.xlsx”,建立配料问题的 Excel 模型,如图 10.24 所示。

	A	B	C	D	E	F	G	H	I
1		C1	C2	C3	C4	元素实际含量	要求元素含量		
2		(吨/吨)	(吨/吨)	(吨/吨)	(吨/吨)	(吨)	(吨)		
3	氮N	0.30	0.15	0.00	0.15	0	150		
4	磷P	0.10	0.00	0.25	0.15	0	150		
5	钾K	0.00	0.20	0.15	0.15	0	[illegible]		
6									
7	单价(元/吨)	2200	1800	2400	2700				
8									
9	原料(吨)								
10									
11	原料总量(吨)	0							
12									
13	总成本(元)	0							
14									
15									

=SUMPRODUCT(B3:E3,B9:E9)
=SUMPRODUCT(B4:E4,B9:E9)
=SUMPRODUCT(B5:E5,B9:E9)
=SUM(B9:E9)
=SUMPRODUCT(B7:E7,B9:E9)

图 10.24 配料问题线性规划 Excel 模型

设置规划求解参数,如图 10.25 所示。

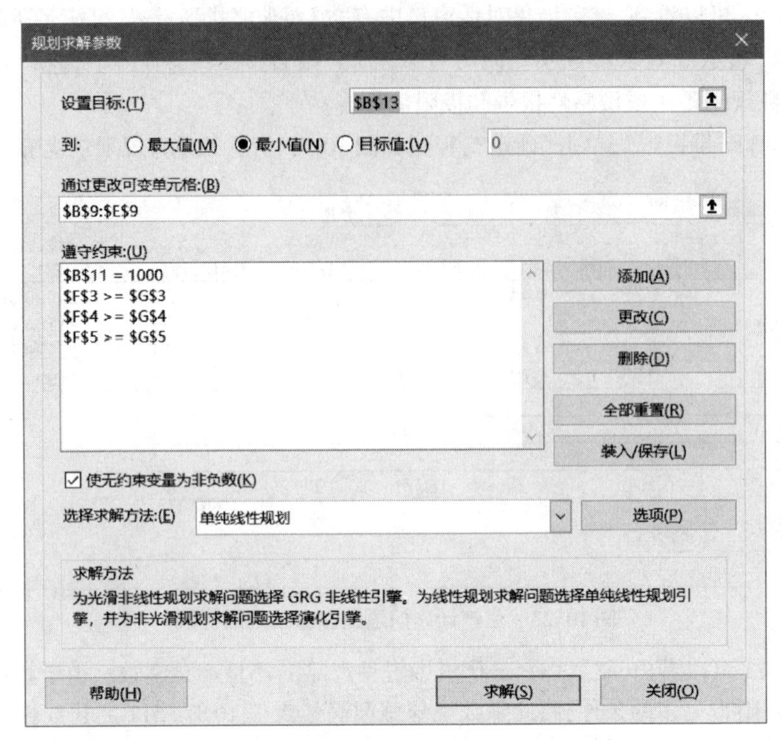

图 10.25　配料问题"规划求解参数"对话窗口

单击"求解",得到求解结果如图 10.26 所示。

	A	B	C	D	E	F	G
1		C1	C2	C3	C4	元素实际含量	要求元素含量
2		(吨/吨)	(吨/吨)	(吨/吨)	(吨/吨)	(吨)	(吨)
3	氮N	0.30	0.15	0.00	0.15	150	150
4	磷P	0.10	0.00	0.25	0.15	150	150
5	钾K	0.00	0.20	0.15	0.15	100	100
6							
7	单价（元/吨）	2200	1800	2400	2700		
8							
9	原料（吨）	375	125	375	125		
10							
11	原料总量（吨）	1000					
12							
13	总成本（元）	2287500					
14							

图 10.26　配料问题的最优解

结果表明:原料 C1、C2、C3 和 C4 的用量分别取 375 吨、125 吨、375 吨和 125 吨来配制化肥,原料总量恰为 1 000 吨,配制成的化肥中氮、磷、钾的含量分别达到要求的下限,配制的最小成本为 2 287 500 元。

例 10.11　用 Excel"规划求解"工具求解背包问题。

打开文件"例 10.11 整数规划背包问题. xlsx",建立背包问题的 Excel 模型,如图 10.27 所示。

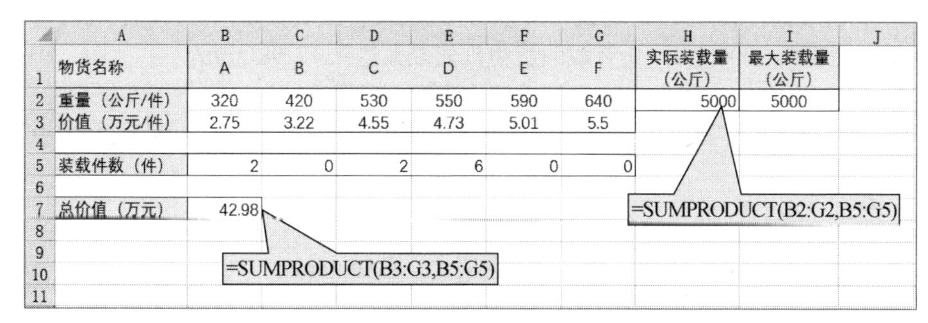

	A	B	C	D	E	F	G	H	I	J
1	物货名称	A	B	C	D	E	F	实际装载量（公斤）	最大装载量（公斤）	
2	重量（公斤/件）	320	420	530	550	590	640	5000	5000	
3	价值（万元/件）	2.75	3.22	4.55	4.73	5.01	5.5			
4										
5	装载件数（件）	2	0	2	6	0	0			
6										
7	总价值（万元）	42.98								
8										
9										
10										
11										

图 10.27 整数规划背包问题的 Excel 模型

设置规划求解参数，如图 10.28 所示。

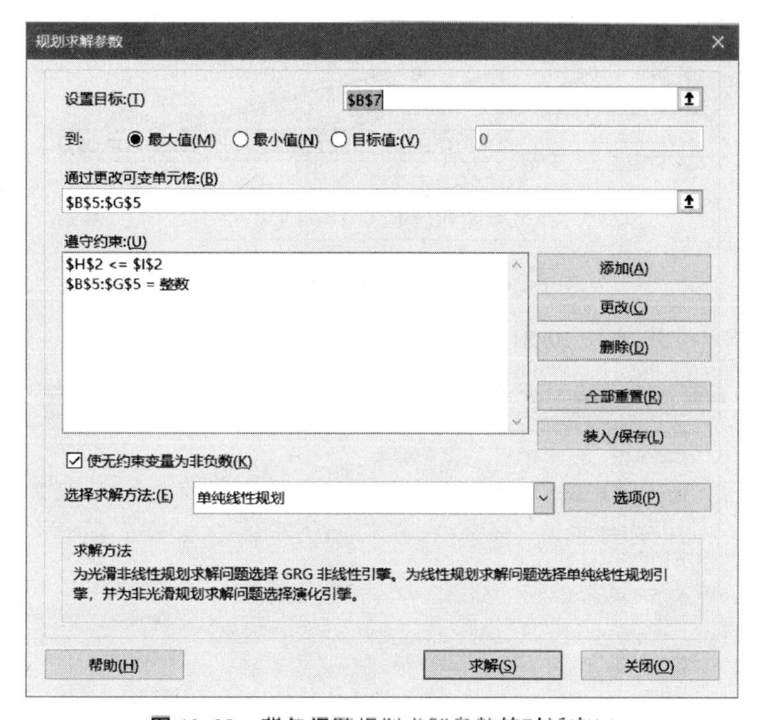

图 10.28 背包问题规划求解参数的对话窗口

背包问题是一个整数规划问题，其中的 6 个变量 $B $5：$G $5 被定义成整数变量。单击“求解”。选择“运算结果报告”后，得到求解结果如图 10.29 所示。

	A	B	C	D	E	F	G	H	I
1	物货名称	A	B	C	D	E	F	实际装载量（公斤）	最大装载量（公斤）
2	重量（公斤/件）	320	420	530	550	590	640	5000	5000
3	价值（万元/件）	2.75	3.22	4.55	4.73	5.01	5.5		
4									
5	装载件数（件）	0	0	2	6	0	1		
6									
7	总价值（万元）	42.98							
8									

图 10.29 背包问题的最优解

结果表明，最优装载方案为：货物 A、B 和 E 不装，货物 C 装 2 件，货物 D 装 6 件，货物 F 装 1 件，货船实际装载 5 000 公斤，所装载的货物价值最大达到 42.98 万元。

例 10.12 用 Excel“规划求解”工具求解物流配送问题。

打开文件“例 10.12 物流配送问题.xlsx”，建立物流配送问题的 Excel 模型，如图 10.30 所示。

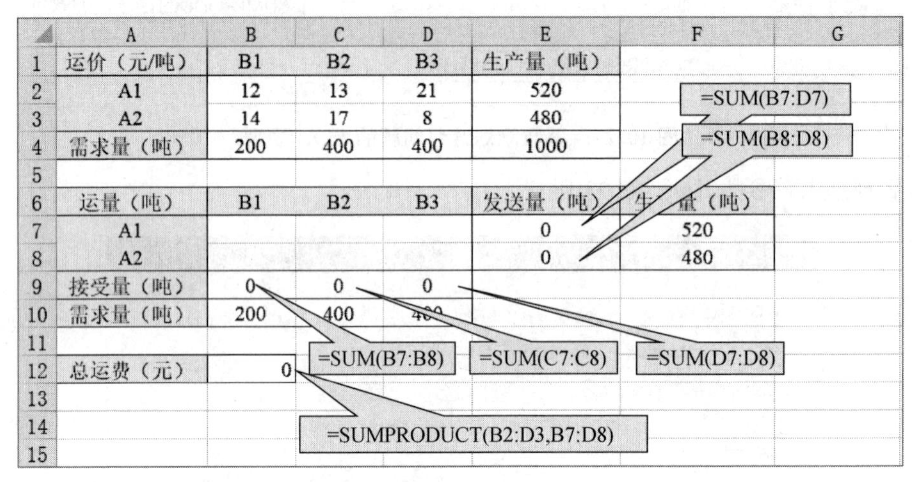

	A	B	C	D	E	F	G
1	运价（元/吨）	B1	B2	B3	生产量（吨）		
2	A1	12	13	21	520		
3	A2	14	17	8	480		
4	需求量（吨）	200	400	400	1000		
5							
6	运量（吨）	B1	B2	B3	发送量（吨）	生[illegible]量（吨）	
7	A1				0	520	
8	A2				0	480	
9	接受量（吨）	0	0	0			
10	需求量（吨）	200	400	40[illegible]			
11							
12	总运费（元）	0					
13							
14							
15							

图 10.30 物流配送问题的 Excel 模型

设置规划求解参数，如图 10.31 所示。

图 10.31 物流配送问题规划求解参数对话窗口

这是一个线性规划问题，其中没有变量需要定义为整数变量。单击“求解”，得到求解结果如图 10.32 所示。

	A	B	C	D	E	F
1	运价（元/吨）	B1	B2	B3	生产量（吨）	
2	A1	12	13	21	520	
3	A2	14	17	8	480	
4	需求量（吨）	200	400	400	1000	
5						
6	运量（吨）	B1	B2	B3	发送量（吨）	生产量（吨）
7	A1	120	400	0	520	520
8	A2	80	0	400	480	480
9	接受量（吨）	200	400	400		
10	需求量（吨）	200	400	400		
11						
12	总运费（元）	10960				
13						

图 10.32　物流配送问题的最优解

由图 10.32 可以看出，总运费最小的配送方案如表 10.12 所示。

表 10.12　物流配送问题（运量）的最优解　　单位：吨

	B_1	B_2	B_3
A_1	120	400	0
A_2	80	0	400

最小总运费为：$z = 10\,960$ 元。

应该注意的是，由于运输问题的特殊结构，只要供应量和需求量都是整数，运输问题最优解中的决策变量自然是整数。因此，在模型中不需要定义变量为整数变量。

例 10.13　用 Excel"规划求解"工具求解公司选择问题。

打开文件"例 10.13 公司选择 0—1 规划问题. xlsx"，建立公司选择问题的 Excel 模型，如图 10.33 所示。

	A	B	C	D	E	F	G	H
1	子公司	A	B	C	D	E	实际指标	限制指标
2	资产（亿元）	3.48	5.62	7.33	6.27	2.14	0	10
3	负债（亿元）	1.28	2.53	1.02	3.55	0.53	0	5
4	税后利润（万元）	5400	2300	4600	3300	980		
5								
6	是否选中（0—1）							
7								
8	选择子公司个数	0						
9								
10	总税后利润（万元）	0						
11								
12								
13								

图 10.33　公司选择 0—1 规划问题的 Excel 模型

这个问题中的五个变量是每家子公司是否被选中，如果某家子公司被选中，相应的变量等于 1；否则，相应的变量等于 0。因此，这个问题是一个 0—1 规划问题。

设置变量为 0—1 变量的对话窗口，如图 10.34 所示。

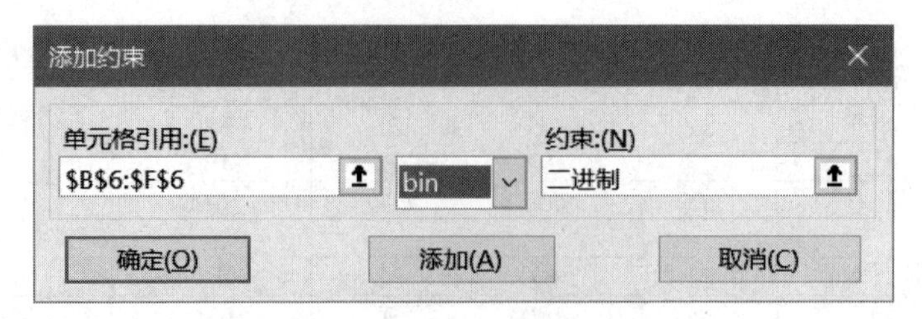

图 10.34　设置 0—1 变量对话窗口

设置其他规划求解参数对话窗口，如图 10.35 所示。

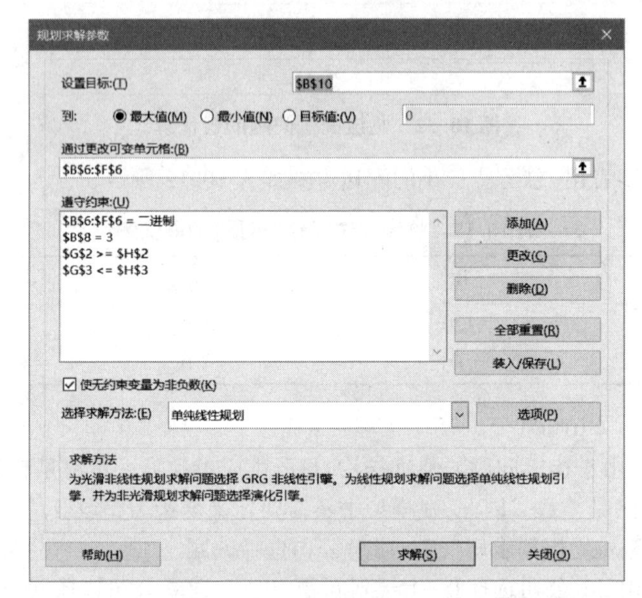

图 10.35　公司选择 0—1 规划问题规划求解参数的对话窗口

单击“求解”。选择“运算结果报告”，单击“确定”，得到公司选择问题的最优解，如图 10.36 所示。

	A	B	C	D	E	F	G	H
1	子公司	A	B	C	D	E	实际指标	限制指标
2	资产（亿元）	3.48	5.62	7.33	6.27	2.14	16.43	10
3	负债（亿元）	1.28	2.53	1.02	3.55	0.53	4.83	5
4	税后利润（万元）	5400	2300	4600	3300	980		
5								
6	是否选中（0—1）	1	1	1	0	0		
7								
8	选择子公司个数	3						
9								
10	总税后利润（万元）	12300						
11								

图 10.36　公司选择 0—1 规划问题的最优解

结果表明，应选择子公司 A、B 和 C 组建新公司上市，新公司的总资产为 16.43 亿元，负债为 4.83 亿元，最大化税后利润可达到 12 300 万元。

例 10.14 用 Excel“规划求解”工具求解指派问题。

打开文件“例 10.14 工程竞标指派问题. xlsx”,建立指派问题的 Excel 模型,如图 10.37 所示。

	A	B	C	D	E	F	G	H	I
1		工程A	工程B	工程C	工程D				
2	甲公司	920	480	650	340				
3	乙公司	870	510	700	350				
4	丙公司	880	500	720	400				
5	丁公司	930	490	680	410				
6									
7		工程A	工程B	工程C	工程D	合计			
8	甲公司	0	0	1	0	1			
9	乙公司	0	0	0	1	1			
10	丙公司	1	0	0	0	1			
11	丁公司	0	1	0	0	1			
12	合计	1	1	1	1				
13									
14	总额	2370							
15									
16									
17									
18									

=SUM(B8:E8)
=SUM(B9:E9)
=SUM(B10:E10)
=SUM(B11:E11)
=SUM(B8:B11)
=SUM(C8:C11)
=SUM(D8:D11)
=SUM(E8:E11)
=SUMPRODUCT(B2:E5,B8:E11)

图 10.37 工程竞标指派问题的 Excel 模型

这个问题中的 16 个变量是公司甲、乙、丙、丁是否中标工程 A、B、C、D。如果某公司中标某工程,相应的变量等于 1;否则,相应的变量等于 0。因此,这个问题是一个 0—1 规划问题。

设置规划求解参数对话窗口,如图 10.38 所示。

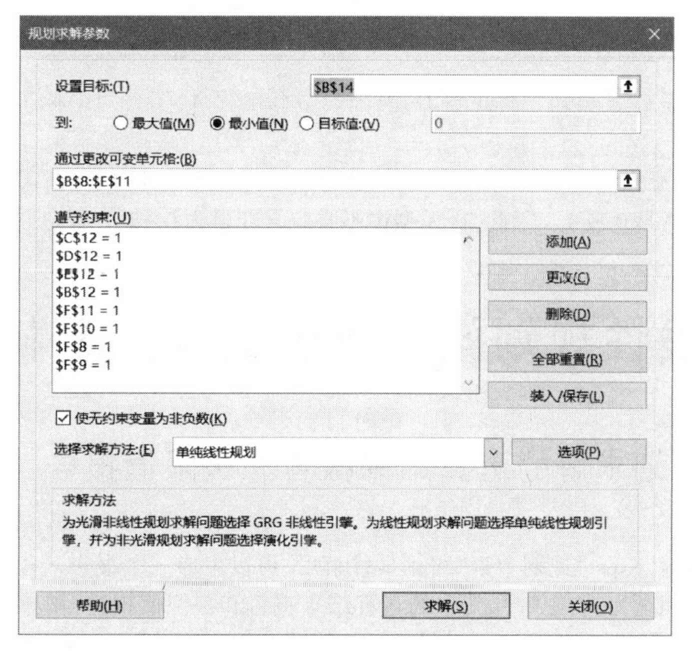

图 10.38 指派问题规划求解参数对话窗口

单击“求解”。选择“运算结果报告”,单击“确定”,得到公司选择问题的最优解,如图10.39所示。

	A	B	C	D	E	F
1		工程A	工程B	工程C	工程D	
2	甲公司	920	480	650	340	
3	乙公司	870	510	700	350	
4	丙公司	880	500	720	400	
5	丁公司	930	490	680	410	
6						
7		工程A	工程B	工程C	工程D	合计
8	甲公司	0	0	1	0	1
9	乙公司	0	0	0	1	1
10	丙公司	1	0	0	0	1
11	丁公司	0	1	0	0	1
12	合计	1	1	1	1	
13						
14	总额	2370				

图10.39　指派问题的最优解

最优解给出的各公司中标项目的方案如表10.13所示。

表10.13　指派问题的最优解

	工程A	工程B	工程C	工程D
甲公司	0	0	1	0
乙公司	0	0	0	1
丙公司	1	0	0	0
丁公司	0	1	0	0

即甲公司中标工程C,乙公司中标工程D,丙公司中标工程A,丁公司中标工程B。四个标总价2 370万元。

如前所述,指派问题和运输问题类似,只要约束条件的右边常数都是1,指派问题最优解中的决策变量自然是0或1。因此,在模型中不必定义变量为0—1变量。

10.4　线性规划问题求解结果的分析

10.4.1　规划求解的运算结果报告和极限值报告

我们已经知道,Excel“规划求解”得到最优解后,可以生成三个报告。我们以产量为连续变量的生产计划问题为例,先解释其中的运算结果报告和极限值报告,敏感性报告将在下一节中加以解释。

首先,来看运算结果报告,如图10.40所示。

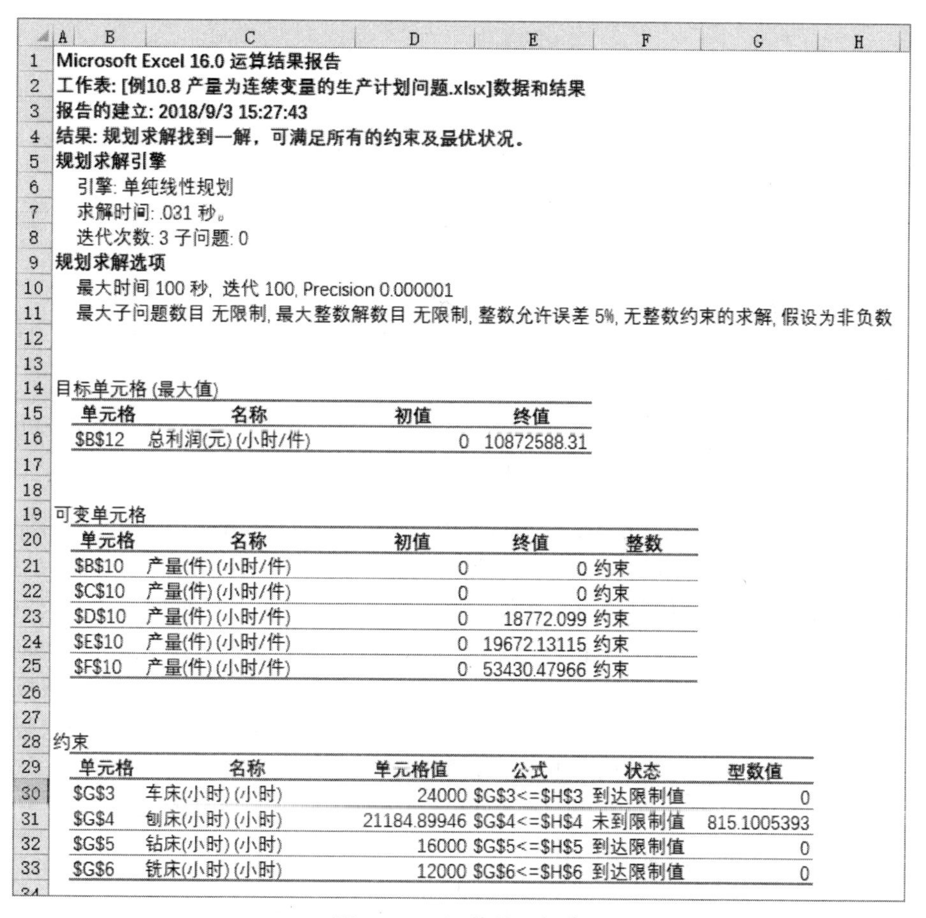

Microsoft Excel 16.0 运算结果报告
工作表: [例10.8 产量为连续变量的生产计划问题.xlsx]数据和结果
报告的建立: 2018/9/3 15:27:43
结果: 规划求解找到一解，可满足所有的约束及最优状况。
规划求解引擎
引擎: 单纯线性规划
求解时间: .031 秒。
迭代次数: 3 子问题: 0
规划求解选项
最大时间 100 秒, 迭代 100, Precision 0.000001
最大子问题数目 无限制, 最大整数解数目 无限制, 整数允许误差 5%, 无整数约束的求解, 假设为非负数

目标单元格 (最大值)

单元格	名称	初值	终值
$B$12	总利润(元) (小时/件)	0	10872588.31

可变单元格

单元格	名称	初值	终值	整数
$B$10	产量(件) (小时/件)	0	0	约束
$C$10	产量(件) (小时/件)	0	0	约束
$D$10	产量(件) (小时/件)	0	18772.099	约束
$E$10	产量(件) (小时/件)	0	19672.13115	约束
$F$10	产量(件) (小时/件)	0	53430.47966	约束

约束

单元格	名称	单元格值	公式	状态	型数值
$G$3	车床(小时) (小时)	24000	$G$3<=$H$3	到达限制值	0
$G$4	刨床(小时) (小时)	21184.89946	$G$4<=$H$4	未到限制值	815.1005393
$G$5	钻床(小时) (小时)	16000	$G$5<=$H$5	到达限制值	0
$G$6	铣床(小时) (小时)	12000	$G$6<=$H$6	到达限制值	0

图 10.40 运算结果报告

这个报告分为三部分。第一部分是有关目标函数的,其中“初值”就是求解以前单元格 B12 的值,等于 0。“终值”就是求得最优解以后单元格 B12 的值,即目标函数的最优值。

第二部分是有关可变单元格的,其中“初值”和“终值”的含义与第一部分相同。

第三部分是有关约束条件的,其中“单元格”是指四个约束条件左边值的单元格,即 G3、G4、G5、G6。“单元格值”是指求解以后这四个单元格的值,即四种设备的占用能力,注意其中刨床的占用能力为 21 184.89946 小时,未达到刨床的设备能力 22 000 小时。“公式”是指四个约束条件(用单元格表示)。“状态”是指每个约束条件的左边是否到达约束条件右边的限制值。例如,除了第二个约束“刨床占用能力”没有达到约束条件右边的限制值 22 000 小时以外,其他三个约束条件的左边值都达到右边的限制值,即车床、钻床和铣床的“占用能力”都达到了相应设备的上限。“型数值”是中文版 Excel 对英文版中“Slack”的错误翻译,应译成“松弛值”,表示取得最优解时,约束条件的左边和右边的差额。在这里,车床、钻床和铣床的松弛值都是 0,而刨床的松弛值等于 815.10054(22 000 − 21 184.89946)。

下面来看极限值报告,如图 10.41 所示。

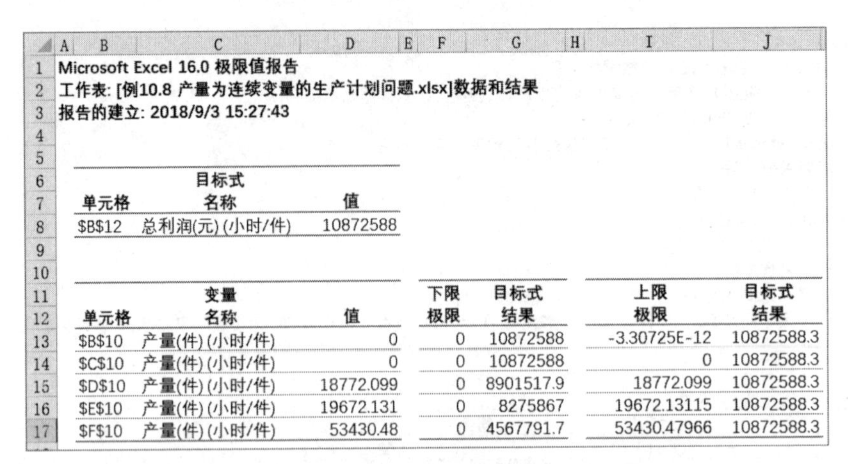

Microsoft Excel 16.0 极限值报告
工作表: [例10.8 产量为连续变量的生产计划问题.xlsx]数据和结果
报告的建立: 2018/9/3 15:27:43

单元格	目标式 名称	值
$B$12	总利润(元) (小时/件)	10872588

单元格	变量 名称	值	下限 极限	目标式 结果	上限 极限	目标式 结果
$B$10	产量(件) (小时/件)	0	0	10872588	-3.30725E-12	10872588.3
$C$10	产量(件) (小时/件)	0	0	10872588	0	10872588.3
$D$10	产量(件) (小时/件)	18772.099	0	8901517.9	18772.099	10872588.3
$E$10	产量(件) (小时/件)	19672.131	0	8275867	19672.13115	10872588.3
$F$10	产量(件) (小时/件)	53430.48	0	4567791.7	53430.47966	10872588.3

图 10.41　极限值报告

极限值报告分为两部分。第一部分是目标函数单元格和目标函数值。第二部分是变量，其中"单元格"是指决策变量所在的单元格，"变量名称"是指决策变量的名称，"值"是指决策变量最优解的值，"下限极限"是指决策变量约束的最小值。在生产计划问题中，产品产量决策变量的约束就是"≥0"，因此，五个变量的"下限极限"都是0。"目标式结果"是指如果这个变量的值取"下限极限"，其他变量仍旧取最优值，目标函数值将会变成多少。"上限极限"是指五个决策变量最优解中的最大值。"目标式结果"是指如果这五个变量都取得"上限极限"值，目标函数值将会变成多少。很明显，目标函数值就是最优值。

10.4.2　敏感性分析报告

我们以生产计划问题为例来说明敏感性分析报告中的相关内容。生产计划问题的敏感性分析报告如图 10.42 所示。

Microsoft Excel 16.0 敏感性报告
工作表: [例10.8 产量为连续变量的生产计划问题.xlsx]数据和结果
报告的建立: 2018/9/3 15:27:43

可变单元格

单元格	名称	终 值	递减 成本	目标式 系数	允许的 增量	允许的 减量
$B$10	产量(件) (小时/件)	0	-32.5085182	123	32.5085182	1E+30
$C$10	产量(件) (小时/件)	0	-189.995821	94	189.995821	1E+30
$D$10	产量(件) (小时/件)	18772.099	0	105	105.01973	49.2777778
$E$10	产量(件) (小时/件)	19672.1311	0	132	1E+30	36.054902
$F$10	产量(件) (小时/件)	53430.4797	0	118	104.352941	55.5986806

约束

单元格	名称	终 值	阴影 价格	约束 限制值	允许的 增量	允许的 减量
$G$3	车床(小时) (小时)	24000	231.1546841	24000	2616.30173	14426.2295
$G$4	刨床(小时) (小时)	21184.8995	0	22000	1E+30	815.100539
$G$5	钻床(小时) (小时)	16000	193.2461874	16000	1884.79168	4786.88525
$G$6	铣床(小时) (小时)	12000	186.0780742	12000	1440.87379	12000

图 10.42　敏感性报告

敏感性报告是三个报告中最重要的一个报告。其中有许多重要的概念,这些概念在分析实际问题时非常有用。

敏感性报告分为可变单元格的敏感性分析和约束的敏感性分析两部分。每一部分都有五个栏目。可变单元格部分包括终值、递减成本、目标式系数、允许的增量和允许的减量。约束部分的栏目包括终值、阴影价格、约束限制值、允许的增量和允许的减量。

我们先来解释可变单元格的有关栏目。

“规划求解”得到的线性规划最优解,只是有关常数不变条件下的最优解。在实际问题中,这些常数可能会有误差,也可能随着时间发生变化。常数的变化会不会影响最优解、在什么范围内变化最优解不会变化,这些问题就是线性规划敏感性分析所要回答的。

在图 10.42 中,有关目标函数系数(产品利润)的敏感性分析部分如表 10.14 所示。

表 10.14 产品利润的敏感性分析

单元格	名称	终值	目标式系数	允许的增量	允许的减量
$B $10	产品 A	0.000	123	32.509	1E +30
$C $10	产品 B	0.000	94	189.996	1E +30
$D $10	产品 C	18 772.099	105	105.020	49.278
$E $10	产品 D	19 672.131	132	1E +30	36.055
$F $10	产品 E	53 430.480	118	104.353	55.599

“名称”是产品名称,“终值”是五种产品最优解的产量。其中,产品 A 和产品 B 不生产,产品 C、产品 D、产品 E 安排生产。“目标式系数”是五种产品当前的利润值,“允许的增量”是每一种产品的利润允许增加的值,“允许的减量”是每一种产品的利润允许减少的值。如果表中“允许的增量”或“允许的减量”中出现 1E +30,即 10^{30},说明相应变量目标函数系数“允许的增量”或“允许的减量”的值为无穷大。

表 10.14 给出了五种产品利润的变化范围,每种产品的利润在这些范围内变化对最优解变化的影响可以从以下两个方面来说明:

(1) 如果利润变化的产品为最优解中不安排生产的产品,如产品 A、产品 B,它们的利润在上述范围内变化不会对最优生产计划的产品产量产生任何影响,当然也不会影响总利润的值。如果利润变化超出了相应的范围,原来最优解中不安排生产的某个产品在新的最优解中会安排生产,而原来安排生产的某个产品不再安排生产。

(2) 如果利润变化的产品为最优解中安排生产的产品,如产品 C、产品 D、产品 E,它们的利润在上述范围内变化会对最优生产计划的产品产量产生影响,当然也会影响总利润的值。但这种变化在上述范围内变动,最优解中安排生产的产品继续保持生产,最优解中不安排生产的产品仍旧不生产。如果产品利润变化超出了相应的范围,原来最优解中安排生产的某个产品在新的最优解中不再生产,而原来不安排生产的某个产品会安排生产。

例如表 10.14 中,产品 A(最优解中不安排生产,即产量为 0 件)当前的利润为 123 元/件,当该利润在$(123-10^{30}, 123+32.509)=(-\infty, 155.509)$之间变化,即产品 A 的利润小于 155.509 元/件时,新的最优解的产品产量保持不变,最大利润 10 872 588.307 元保持不变。如果产品 A 的利润超出$(-\infty, 155.509)$的范围,即利润大于 155.509 元/件,则原来最优解中安排生产的某个产品(产品 C、产品 D、产品 E 中的某一个)在新的最优解中不再生产,而原来在最优解中不生产的某个产品(实际上就是产品 A 自己)会安排生产。

又如,产品 C(最优解中安排生产,产量为 18 772.099 件)当前的利润为 105 元/件,当该利润在(105 - 49.278,105 + 105.020) = (55.722,210.020)之间变化时,新的最优解的产品产量会发生变化,最大利润也会发生变化,但会保持产品 A、产品 B 继续不安排生产,产品 C、产品 D、产品 E 继续安排生产。如果产品 C 的利润超出(55.722,210.020)的范围,原来最优解中安排生产的某个产品(产品 C、产品 D、产品 E 中的某一个)在新的最优解中不再生产,而原来不安排生产的某个产品(产品 A、产品 B 中的某一个)会安排生产。

下面举例说明以上两种情况。

例 10.15 生产计划问题最优解的敏感性分析如图 10.43 所示。假设其中产品 A 的利润从 123 元/件增加到 150 元/件,试问:最优生产计划和最大利润会发生什么变化?

	A	B	C	D	E	F	G	H
1		产品A	产品B	产品C	产品D	产品E	占用能力	设备能力
2		(小时/件)	(小时/件)	(小时/件)	(小时/件)	(小时/件)	(小时)	(小时)
3	车床(小时)	0.23	0.44	0.17	0.08	0.36	24000	24000
4	刨床(小时)	0.13	0	0.2	0.37	0.19	21184.89946	22000
5	钻床(小时)	0	0.25	0.34	0	0.18	16000	16000
6	铣床(小时)	0.55	0.72	0	0.61	0	12000	12000
7								
8	利润(元/件)	150	94	105	132	118		
9								
10	产量(件)	0	0	18772.099	19672.1	53430.47966		
11								
12	总利润(元)	10872588.31						

图 10.43 产品 A 利润(150 元/件)在敏感性分析范围内的最优解

由于产品 A 在最优解中不安排生产,因此,如果它的利润在 155.509 元/件以下变化,最优解的数值和最大利润的数值都不会变化。事实上,如果将产品 A 的利润改为 150 元/件,再次用 Excel 规划求解计算,将得到如图 10.43 所示的结果。

可以看出,这个最优解和最大利润与图 10.18 的最优解和最大利润完全相同。

如果产品 A 的利润增加到 160 元/件,超出了敏感性分析的范围,因此,最优解和最大利润都将发生变化。事实上,如果将产品 A 的利润改为 160 元/件,再次用 Excel 规划求解计算,将得到如图 10.44 的结果。

	A	B	C	D	E	F	G	H
1		产品A	产品B	产品C	产品D	产品E	占用能力	设备能力
2		(小时/件)	(小时/件)	(小时/件)	(小时/件)	(小时/件)	(小时)	(小时)
3	车床(小时)	0.23	0.44	0.17	0.08	0.36	24000	24000
4	刨床(小时)	0.13	0	0.2	0.37	0.19	15669.4791	22000
5	钻床(小时)	0	0.25	0.34	0	0.18	16000	16000
6	铣床(小时)	0.55	0.72	0	0.61	0	12000	12000
7								
8	利润(元/件)	160	94	105	132	118		
9								
10	产量(件)	21818.18182	0	25525.847	0	40673.40067		
11								
12	总利润(元)	10970584.27						

图 10.44 产品 A 的利润(160 元/件)超出敏感性分析范围后的最优解

可以看出,这个最优解和最大利润与图 10.18 的最优解和最大利润相比都发生了变化。产品 A 从不生产变为生产,而产品 D 从生产变为不生产。保持生产的产品 C 和产品 E 的产量也发生了变化，最大利润当然也发生了变化。

例 10.16 在生产计划问题中，假设产品 C 的利润从 105 元/件减少到 103 元/件，最优生产计划和最大利润会有什么变化？

产品 C 在最优生产计划中是安排生产的，根据敏感性分析，它的利润在敏感性分析的范围内变化，最优解和最大利润都会发生变化，但原来安排生产的产品仍然安排生产，原来不生产的产品仍然不生产。事实上，如果将产品 C 的利润改为 103 元/件，再次用 Excel 规划求解计算，将得到如图 10.45 的结果。

	A	B	C	D	E	F	G	H
1-2		产品A (小时/件)	产品B (小时/件)	产品C (小时/件)	产品D (小时/件)	产品E (小时/件)	占用能力 (小时)	设备能力 (小时)
3	车床(小时)	0.23	0.44	0.17	0.08	0.36	24000	24000
4	刨床(小时)	0.13	0	0.2	0.37	0.19	21184.89946	22000
5	钻床(小时)	0	0.25	0.34	0	0.18	16000	16000
6	铣床(小时)	0.55	0.72	0	0.61	0	12000	12000
7								
8	利润(元/件)	123	94	103	132	118		
9								
10	产量(件)	0	0	18772.099	19672.1	53430.47966		
11								
12	总利润(元)	10835044.11						

图 10.45 产品 C 的利润(103 元/件)在敏感性分析范围内的最优解

可以看出，这个最大利润与图 10.18 的最大利润相比，发生了变化。原来不生产的产品 A 和产品 B 仍旧保持不生产，原来生产的产品 C、产品 D 和产品 E 仍旧保持生产，最优生产计划没有变化。

如果产品 C 的利润减少到 55 元/件，超出了敏感性分析的范围，因此，最优解和最大利润都将发生变化。将产品 C 的利润改为 55 元/件，再次用 Excel 规划求解计算，将得到如图 10.46 所示的结果。

	A	B	C	D	E	F	G	H
1-2		产品A (小时/件)	产品B (小时/件)	产品C (小时/件)	产品D (小时/件)	产品E (小时/件)	占用能力 (小时)	设备能力 (小时)
3	车床(小时)	0.23	0.44	0.17	0.08	0.36	24000	24000
4	刨床(小时)	0.13	0	0.2	0.37	0.19	19114.7541	22000
5	钻床(小时)	0	0.25	0.34	0	0.18	11213.11475	16000
6	铣床(小时)	0.55	0.72	0	0.61	0	12000	12000
7								
8	利润(元/件)	123	94	55	132	118		
9								
10	产量(件)	0	0	0	19672.1	62295.08197		
11								
12	总利润(元)	9947540.984						

图 10.46 产品 C 的利润(55 元/件)超出敏感性分析范围后的最优解

可以看出，这个最优解和最大利润与图 10.18 的最优解和最大利润相比都发生了变化。原来生产的产品 C 变为不生产。

接下来，我们来解释“约束”这一部分的有关栏目。在图 10.42 中，有关设备能力的敏感性分析部分如表 10.15 所示。

表 10.15 设备能力的敏感性分析表

单元格	名字	设备占用能力终值	约束限制值	允许的增量	允许的减量
$G $6	铣床	12 000.000	12 000	1 440.874	12 000.000
$G $4	刨床	21 184.899	22 000	1E +30	815.101
$G $5	钻床	16 000.000	16 000	1 884.792	4 786.885
$G $3	车床	24 000.000	24 000	2 616.302	14 426.230

其中,“设备占用能力终值”是四种设备实际被占用的能力(单位:小时),“约束限制值”是四种设备的可利用能力(单位:小时),“允许的增量”和“允许的减量”的含义同“可变单元格”部分。

表 10.15 给出了四种设备能力的变化范围,具体如下:

(1) 铣床能力的变化范围为(12 000 - 12 000,12 000 + 1 440.874) = (0,13 440.874),即 0—13 440.874 小时。

(2) 刨床能力的变化范围为(22 000 - 815.101,22 000 + 10^{30}) = (21 184.899,10^{30}),即 21 184.899 小时至无穷大。

(3) 钻床能力的变化范围为(16 000 - 4 786.885,16 000 + 1 884.792) = (11 213.115,17 884.792),即 11 213.115—17 884.792 小时。

(4) 车床能力的变化范围为(24 000 - 14 426.230,24 000 + 2 616.302) = (9 573.770,26 616.302) 小时,即 9 573.770—26 616.302 小时。

设备能力分别在上述范围内变化,最优解中产品产量和总利润值会发生变化,但当前不安排生产的产品在新的最优解中仍旧不安排生产,当前安排生产的产品在新的最优解中依然安排生产。如果设备能力的变化超出以上范围,以上结论就会发生变化。

例 10.17 在生产计划问题中,设车床的设备能力从 24 000 小时增加到 25 000 小时,试问:最优生产计划和最大利润会有什么变化?

根据敏感性分析报告,25 000 小时没有超出敏感性分析的范围,因此,最优解中产品产量和总利润值会发生变化,但当前不安排生产的产品在新的最优解中仍旧不安排生产,当前安排生产的产品在新的最优解中依然安排生产。事实上,将车床的设备能力改为 25 000 小时,再次用 Excel 规划求解计算,将得到如图 10.47 所示的结果。

	A	B	C	D	E	F	G	H
1		产品A	产品B	产品C	产品D	产品E	占用能力	设备能力
2		(小时/件)	(小时/件)	(小时/件)	(小时/件)	(小时/件)	(小时)	(小时)
3	车床(小时)	0.23	0.44	0.17	0.08	0.36	25000	25000
4	刨床(小时)	0.13	0	0.2	0.37	0.19	21496.4463	22000
5	钻床(小时)	0	0.25	0.34	0	0.18	16000	16000
6	铣床(小时)	0.55	0.72	0	0.61	0	12000	12000
7								
8	利润(元/件)	123	94	105	132	118		
9								
10	产量(件)	0	0	16811.315	19672.1	57134.18336		
11								
12	总利润(元)	11103742.99						

图 10.47 车床设备能力(25 000 小时)在敏感性分析范围内的最优解

可以看出,这个最优解和最大利润与图 10.18 的最优解和最大利润相比都发生了变化。

但原来不安排生产的产品 A 和产品 B 仍旧不安排生产,原来安排生产的产品 C、产品 D 和产品 E 仍旧安排生产。

如果车床的能力增加到 27 000 小时,超出了敏感性分析的范围,则最优解和最大利润都将发生变化。事实上,将车床的能力改为 27 000 小时,再次用 Excel 规划求解计算,将得到如图 10.48 所示的结果。

	A	B	C	D	E	F	G	H
1		产品A	产品B	产品C	产品D	产品E	占用能力	设备能力
2		(小时/件)	(小时/件)	(小时/件)	(小时/件)	(小时/件)	(小时)	(小时)
3	车床(小时)	0.23	0.44	0.17	0.08	0.36	27000	27000
4	刨床(小时)	0.13	0	0.2	0.37	0.19	22000	22000
5	钻床(小时)	0	0.25	0.34	0	0.18	16000	16000
6	铣床(小时)	0.55	0.72	0	0.61	0	12000	12000
7								
8	利润(元/件)	123	94	105	132	118		
9								
10	产量(件)	472.8823785	0	13036.125	19245.8	64265.0967		
11								
12	总利润(元)	11550679.65						

图 10.48　车床设备能力(27 000 小时)超出敏感性分析范围后的最优解

可以看出,这个最优解和最大利润与图 10.18 的最优解和最大利润相比都发生了变化,而且原来不安排生产的产品 A 现在安排生产了。

10.4.3　影子价格、机会成本和差额成本

从敏感性报告中还可以获得线性规划问题经济分析的一些重要数据,这就是设备的影子价格、产品的机会成本和差额成本。下面分别介绍这些概念以及如何从敏感性分析得到这些概念的数据。

结合图 10.40 运算结果报告和图 10.42 敏感性报告,可以整理得到表 10.16 所示的数据。

表 10.16　设备能力的松弛值和影子价格

单元格	名称	终值	约束限制值	松弛值	影子价格
$G $6	铣床占用能力	12 000	12 000	0	186.078
$G $4	刨床占用能力	21 184.899	22 000	815.101	0
$G $5	钻床占用能力	16 000	16 000	0	193.246
$G $3	车床占用能力	24 000	24 000	0	231.155

其中,“终值”表示在按最优解生产时,四种设备实际被占用的能力,“约束限制值”表示四种设备的可利用能力,“松弛值”表示四种设备未利用的能力(即可利用能力和实际占用能力之差),“影子价格”(被误译为“阴影价格”)表示四种设备的可利用能力每增加 1 小时总利润相应增加的值,也就是设备可利用能力的边际利润。

影子价格越大,说明设备的能力越紧缺;影子价格越小,说明设备的能力越宽裕。如果设备能力有剩余(即松弛值大于 0),这种设备的影子价格一定等于 0。因此,设备能力的影子价格是设备紧缺程度的度量。

从表10.16可以看出,四种设备中车床的影子价格最高,为231.155元/小时;其次是钻床和铣床,分别为193.246元/小时和186.078元/小时。而刨床的可利用能力为22000小时,实际只占用了21184.899小时,还有815.101小时的能力剩余,因此刨床能力的增加不会增加总利润,即影子价格等于0。如果希望进一步增加总利润,应该依次考虑增加车床、钻床和铣床的能力。

知道了设备的影子价格,再来介绍一个重要的概念——产品的机会成本(opportunity cost),Excel“规划求解”中没有计算机会成本的选项。

产品的机会成本是某种产品少生产1件所释放的四种设备的能力可以产生的利润。

例如,从图10.48可以看出,每生产1件产品A,需要占用车床、刨床、钻床和铣床的能力分别为0.23小时、0.13小时、0小时和0.55小时,如果产品A少生产1件,这些生产能力就会被释放出来。根据设备影子价格的概念,这些被释放出来的设备能力分别乘以设备的影子价格,就是它们可以产生的利润。因此,产品A的机会成本可计算如下:

产品A:$0.23\times231.155+0.13\times0+0\times193.246+0.55\times186.078=155.509$(元/件)

同样,可以分别计算其他产品的机会成本如下:

产品B:$0.44\times231.155+0\times0+0.25\times193.246+0.72\times186.078=283.996$(元/件)

产品C:$0.17\times231.155+0.2\times0+0.34\times193.246+0\times186.078=105$(元/件)

产品D:$0.08\times231.155+0.37\times0+0\times193.246+0.61\times186.078=132$(元/件)

产品E:$0.36\times231.155+0.19\times0+0.18\times193.246+0\times186.078=118$(元/件)

产品的机会成本和产品的利润之差称为产品的差额成本(reduced cost),差额成本在Excel“规划求解”中被译为“递减成本”。“差额成本”和图10.42中的“递减成本”相差一个负号。

由此可以得到生产计划问题五种产品的机会成本和差额成本,如表10.17所示。

表10.17 产品的机会成本和差额成本

单位:元/件

	产品A	产品B	产品C	产品D	产品E
机会成本	155.509	283.996	105	132	118
利润	123	94	105	132	118
差额成本	32.509	189.996	0	0	0

表10.18列示了五种产品最优解的产量、利润、机会成本和差额成本。

表10.18 产品的产量、利润、机会成本和差额成本的关系

名称	最优解中的产量	利润	机会成本	差额成本
产品A	0.000	123	155.509	32.509
产品B	0.000	94	283.996	189.996
产品C	18772.099	105	105.000	0.000
产品D	19672.131	132	132.000	0.000
产品E	53430.480	118	118.000	0.000

可以看出,凡是最优生产计划中安排生产的产品(产品C、产品D、产品E),它们的机会成本都等于利润(即差额成本等于0),而机会成本大于利润的产品,在最优生产计划中都不安排生产(即产量等于0)。这个结果反映出了线性规划中的一个重要理论——互补松弛定理。

这个定理还可以推广到更一般的非线性规划中去，即非线性规划最优解存在的 Kuhn-Tucker 条件。

习　题

习题 10-1　一个化工企业生产 A、B、C、D、E 五种产品，这五种产品的生产都要消耗甲、乙两种原料，同时会排放污水和有害气体（废气）。生产每吨产品所消耗的甲、乙两种原料的数量，排放污水和废气的数量，每吨产品的销售收入和利润，甲、乙两种原料的上限，允许排放的污水和废气的上限以及总产品的销售收入的下限数据见文件“习题 10-1. xlsx”。

（1）建立 Excel 最优生产计划模型，使得原料甲、乙的消耗都不超过限量，排放的污水和废气都不超过上限，总销售收入不低于下限，实现总利润最大化。

（2）用 Excel 求解这五种产品的最优生产计划，并创建运算结果报告、极限值报告和敏感性报告。

（3）根据敏感性报告，指出产品利润的变化范围以及约束条件右边常数的变化范围。

（4）利用三个报告的数据，求各约束的影子价格和五种产品的机会成本。

习题 10-2　饮料公司有 P_1、P_2、P_3 三个生产厂，生产的饮料发送到 D_1、D_2 两个配送中心，再由这两个配送中心发送到 S_1、S_2、S_3、S_4 四个销售地。

三个生产地的生产量、四个销售地的需求量如下图所示。由于生产总量（130 吨）小于需求总量（140 吨），因此至少有一个需求地的需求不能完全满足。但销售地 S_4 的需求必须满足。从生产地到配送中心，再从配送中心到销售地所有可能的运输路线如下图所示。每条运输路线每吨产品的运价数据见文件“习题 10-2. xlsx”。

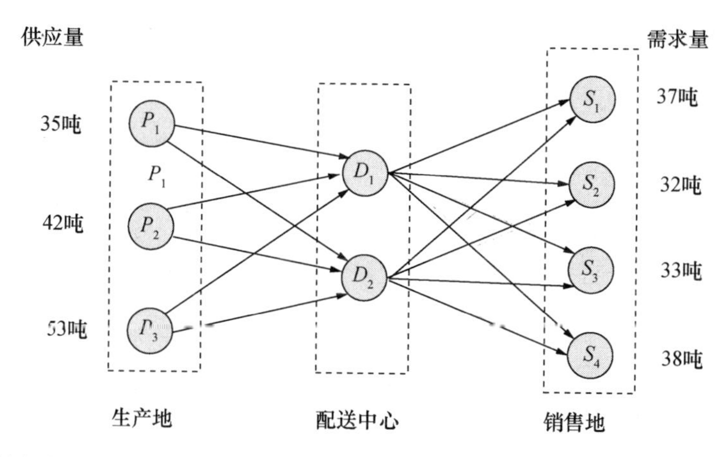

（1）建立线性规划 Excel 模型，并用线性规划 Excel 模型求总运费最小的运输方案。

（2）创建运算结果报告、极限值报告和敏感性报告。根据这些报告分析各条运输路线运价的变化范围。

习题 10-3　一只背包最大装载重量为 50 千克，有四种物品，每种物品的数量无限。每种物品的单件重量和价值数据见文件“习题 10-3. xlsx”。要求：背包中每种物品装载多少件，使得物品总重量不超过 50 千克，同时使得所装载物品的价值最大？

（1）建立以上问题的 Excel 整数规划优化模型。

（2）求解这个问题的最优解。

习题 10-4 在五个备选地点中选择三处建设生产同一产品的工厂,每个地点建厂所需投资、占用农田、建成以后的生产能力数据见文件“习题 10-4. xlsx”。要求总投资不超过 800 万元,占有农田不超过 60 亩,问如何选择厂址使总生产能力最大?

(1) 建立以上问题的 0—1 规划 Excel 优化模型。

(2) 求出这个问题的最优解。

习题 10-5 张老师、王老师、李老师和赵老师分别教一个班的语文、数学、物理和化学,每位老师教一门课,每门课由一位老师教。四位老师分别教这四门课的平均成绩数据见文件“习题 10-5. xlsx”。

问:如何安排教学,使得这个班级四门课的总成绩最高?

(1) 建立这个问题的 Excel 优化模型。

(2) 求解这个问题的最优解。

第 11 章　多目标决策

11.1 多目标决策概述

11.1.1 单目标和多目标决策

决策是基于一个指标来制定,这样的决策被称为单目标决策。例如,是否兼并一家公司,决策的依据是这家公司的净资产指标;是否投资某一个项目,决策的依据是这个项目的投资收益,或者是项目的净现值,或者是项目的内部收益率,或者是这个项目的投资回收年限。许多决策方法都是建立在单目标决策基础上的,如线性规划模型就是一种典型的单目标决策模型。

决策时要考虑多个指标,这样的决策被称为多目标决策。例如,购买家用轿车,就有价格、品牌、动力、经济、安全、舒适等多个目标。挑选住房,要考虑价格、面积、地段、楼层和朝向等多个因素。选择供应商,要考虑价格、质量、信誉、售后服务、付款方式等因素。这些都是多目标决策的例子。在多目标决策中,这些指标往往是互相冲突的,即一个方案的某个指标比较好,其他指标就比较差。"又要马儿好,又要马儿不吃草",就是指两个目标不可兼顾。更进一步地,多目标决策中各个目标的重要性对决策者而言并不相同。多目标决策就是要全面分析和评估各项指标,从而获得决策者可以接受并认为最理想的备选方案。

11.1.2 多目标决策的线性加权法

解决多目标决策问题的一种常用方法是将多目标转化为单目标问题,如线性加权法。

例 11.1 商品住宅选择问题。有三套商品住宅可供选择,选择的目标包括面积、单价、朝向、地段和楼层五个因素。三套住宅、五个目标的数据如表 11.1 所示。

表 11.1 商品住宅选择的多目标决策问题

目标	单价 (元/平方米)	面积 (平方米)	地段	楼层	朝向
住宅 A	14 000	200	丙	四层	南
住宅 B	21 000	180	甲	七层	西
住宅 C	11 000	150	乙	三层	东

在这三套住宅中选择一套最理想的住宅，这就是一个典型的多目标决策问题。

这五个目标有的是数值，有的是属性，数值的单位也不相同。为了使这五个目标具有可比性，需要把各目标进行标准化处理(见表 11.2)，即确定各目标最理想和最不理想的值，将各目标进行标准化处理，最理想的值为 1，最不理想的值为 0，将各决策方案的实际目标值转化为 0—1 之间的值。

表 11.2　目标数据的标准化处理

目标		单价 (元/平方米)	面积 (平方米)	地段	楼层	朝向
最好值		10 000 (1.0)	200 (1.0)	甲 (1.0)	三层 (1.0)	南 (1.0)
最差值		25 000 (0.0)	100 (0.0)	丁 (0.0)	一层 (0.0)	北 (0.0)
实际指标	A	14 000	200	丙	四层	南
	B	21 000	180	甲	七层	西
	C	11 000	150	乙	三层	东
标准化指标	A	0.7333	1.00	0.4	0.9	1.0
	B	0.2667	0.80	1.0	0.6	0.4
	C	0.9333	0.50	0.7	1.0	0.7

为了将五个目标转化为一个目标，需要确定各目标对决策者的重要性，即各目标的权重。然后用相应的权重对各目标的标准化值进行线性加权。

根据决策者对五个目标的偏好，设定目标重要性由大到小依次为单价、地段、面积、楼层、朝向，设五个目标的权重分别为 λ_1、λ_2、λ_3、λ_4、λ_5，其中 $\lambda_1 + \lambda_2 + \lambda_3 + \lambda_4 + \lambda_5 = 1$，$\lambda_1 > \lambda_2 > \lambda_3 > \lambda_4 > \lambda_5 > 0$。

给出符合以上条件的一组权重值：$\lambda_1 = 0.30$，$\lambda_2 = 0.2$，$\lambda_3 = 0.25$，$\lambda_4 = 0.15$，$\lambda_5 = 0.10$。将各目标的标准化值乘以相应权重，计算各套住宅的评价值(如表 11.3 所示)，评价值最高的住宅为最理想住宅。

表 11.3　线性加权法求各住宅的评价值

目标		单价 (元/平方米)	面积 (平方米)	地段	楼层	朝向	评价值
目标权重		0.30	0.2	0.25	0.15	0.10	
实际指标	A	14 000	200	丙	四层	南	
	B	21 000	180	甲	七层	西	
	C	11 000	150	乙	三层	东	
标准化指标	A	0.7333	1.00	0.40	0.90	1.00	0.7550
	B	0.2667	0.80	1.00	0.60	0.40	0.6200
	C	0.9333	0.50	0.70	1.00	0.70	0.7750

根据评价值，住宅 C 是最优方案，即为最理想住宅。

多目标决策的线性加权法简单易行，可操作性好。不足之处是各目标的权重完全由主观确定，随意性较大，而权重的选取对决策结果起着十分关键的作用。从表 11.3 可以看出，住宅 C 和住宅 A 的评价值相差很小，即使权重选取顺序不变，只要权重的大小稍有变化，决策的结果就可能发生变化。

下一节介绍的层次分析法是一种将目标分层,并用目标重要性的两两比较来确定权重的系统化的方法。

11.2 层次分析法

11.2.1 矩阵的特征向量和特征根

层次分析法需要用到矩阵的特征向量和特征根,因此在介绍层次分析法之前,我们先了解下矩阵的特征向量和特征根。

设 $\boldsymbol{A}$ 是 $n\times n$ 非奇异(即矩阵的行列式不等于0)矩阵,如果存在一个实数 $\lambda>0$ 和一个 $n\times 1$ 的非零向量 $\boldsymbol{V}$,满足 $\boldsymbol{AV}=\lambda\boldsymbol{V}$,则称向量 $\boldsymbol{V}$ 为矩阵 $\boldsymbol{A}$ 的特征向量,λ 为矩阵 $\boldsymbol{A}$ 的一个特征根。

例 11.2 设矩阵 $\boldsymbol{A}$ 和向量 $\boldsymbol{V}_1$、$\boldsymbol{V}_2$ 的乘积恰好分别是这两个向量的倍数。

$$\boldsymbol{AV}_1=\begin{bmatrix}-4 & -5\\ 2 & 3\end{bmatrix}\begin{bmatrix}1\\ -1\end{bmatrix}=\begin{bmatrix}1\\ -1\end{bmatrix}=1\times\begin{bmatrix}1\\ -1\end{bmatrix}=\lambda_1\boldsymbol{V}_1$$

$$\boldsymbol{AV}_2=\begin{bmatrix}-4 & -5\\ 2 & 3\end{bmatrix}\begin{bmatrix}5\\ -2\end{bmatrix}=\begin{bmatrix}-10\\ 4\end{bmatrix}=(-2)\times\begin{bmatrix}5\\ -2\end{bmatrix}=\lambda_2\boldsymbol{V}_2$$

由此可知:

$$\boldsymbol{V}_1=\begin{bmatrix}1\\ -1\end{bmatrix},\quad \boldsymbol{V}_2=\begin{bmatrix}5\\ -2\end{bmatrix}$$

都是矩阵 $\boldsymbol{A}$ 的特征向量,相应的倍数 $\lambda_1=1$ 和 $\lambda_2=-2$ 是这个矩阵的两个特征根。

由线性代数可知,方程 $\boldsymbol{AV}=\lambda\boldsymbol{V}$ 即 $(\boldsymbol{A}-\lambda\boldsymbol{I})\boldsymbol{V}=\boldsymbol{0}$ 有非零解的条件是系数行列式 $|\boldsymbol{A}-\lambda\boldsymbol{I}|=0$,其中 $\boldsymbol{I}$ 为单位矩阵。这个方程称为矩阵的特征方程。

例 11.3 求以下矩阵 $\boldsymbol{A}$ 的特征根。

$$\boldsymbol{A}=\begin{bmatrix}-4 & -5\\ 2 & 3\end{bmatrix}$$

解 矩阵 $\boldsymbol{A}$ 的特征方程为:

$$|\boldsymbol{A}-\lambda\boldsymbol{I}|=\begin{vmatrix}-4 & -5\\ 2 & 3\end{vmatrix}-\lambda\begin{vmatrix}1 & 0\\ 0 & 1\end{vmatrix}=\begin{vmatrix}-4-\lambda & -5\\ 2 & 3-\lambda\end{vmatrix}=0$$

展开行列式,得到:

$$(-4-\lambda)(3-\lambda)+10=0$$

即:

$$\lambda^2+\lambda-2=0$$

求解以上一元二次方程,得到矩阵的特征根 $\lambda_1=1,\lambda_2=-2$。然后,可以继续求解矩阵的特征向量。

例 11.4 对于以下矩阵 $\boldsymbol{A}$,求对应于特征根 $\lambda_1=1$ 和 $\lambda_2=-2$ 的特征向量。

$$\boldsymbol{A}=\begin{bmatrix}-4 & -5\\ 2 & 3\end{bmatrix}$$

解　设对应于特征根 $\lambda_1=1$ 的特征向量为：

$$V_1=\begin{bmatrix}x_1\\x_2\end{bmatrix}$$

根据特征向量和特征根的定义，有：

$$AV_1=\lambda_1 V_1$$

即：

$$\begin{bmatrix}-4&-5\\2&3\end{bmatrix}\begin{bmatrix}x_1\\x_2\end{bmatrix}=\begin{bmatrix}x_1\\x_2\end{bmatrix}$$

写成方程组的形式，有：

$$\begin{cases}-4x_1-5x_2=x_1\\2x_1+3x_2=x_2\end{cases}$$

即：

$$\begin{cases}-5x_1-5x_2=0\\2x_1+2x_2=0\end{cases}$$

以上方程组中的两个方程是同解的，因此满足条件的特征向量不是唯一的。令 $x_1=1$，得到 $x_2=-1$，这是其中的一个特征向量。这就是向量：

$$V_1=\begin{bmatrix}1\\-1\end{bmatrix}$$

对于特征根 $\lambda_2=-2$，同样可以得到：

$$\begin{bmatrix}-4&-5\\2&3\end{bmatrix}\begin{bmatrix}x_1\\x_2\end{bmatrix}=(-2)\begin{bmatrix}x_1\\x_2\end{bmatrix}$$

写成方程组的形式，有：

$$\begin{cases}-4x_1-5x_2=-2x_1\\2x_1+3x_2=-2x_2\end{cases}$$

即：

$$\begin{cases}-2x_1-5x_2=0\\2x_1+5x_2=0\end{cases}$$

这个方程组的解也不是唯一的。令 $x_1=5$，得到 $x_2=-2$。这就是向量：

$$V_2=\begin{bmatrix}5\\-2\end{bmatrix}$$

对于高阶矩阵，用行列式计算特征根需要求解高次方程，计算比较复杂，有些高次方程还无法求解。求高阶矩阵的特征向量可以采用迭代法。

例 11.5　用迭代法求以下矩阵 A 的特征向量和特征根。

$$A=\begin{bmatrix}1&2&2/3&1/2\\1/2&1&1/3&1/4\\3/2&3&1&3/4\\2&4&4/3&1\end{bmatrix}=\begin{bmatrix}1&2&0.67&0.5\\0.5&1&0.33&0.25\\1.5&3&1&0.75\\2&4&1.33&1\end{bmatrix}$$

任取一个初始 $n\times1$ 向量：

$$W_0 = \begin{bmatrix} 1/4 \\ 1/4 \\ 1/4 \\ 1/4 \end{bmatrix} = \begin{bmatrix} 0.25 \\ 0.25 \\ 0.25 \\ 0.25 \end{bmatrix}$$

计算：

$$AW_0 = \begin{bmatrix} 1 & 2 & 0.67 & 0.5 \\ 0.5 & 1 & 0.33 & 0.25 \\ 1.5 & 3 & 1 & 0.75 \\ 2 & 4 & 1.33 & 1 \end{bmatrix} \begin{bmatrix} 0.25 \\ 0.25 \\ 0.25 \\ 0.25 \end{bmatrix} = \begin{bmatrix} 1.04 \\ 0.52 \\ 1.56 \\ 2.08 \end{bmatrix}$$

四个分量之和为：

$$1.04 + 0.52 + 1.56 + 2.08 = 5.20$$

将每一个分量除以总和，得到：

$$W_1 = \begin{bmatrix} 1.04/5.20 \\ 0.52/5.20 \\ 1.56/5.20 \\ 2.08/5.20 \end{bmatrix} = \begin{bmatrix} 0.2 \\ 0.1 \\ 0.3 \\ 0.4 \end{bmatrix}$$

这样的运算称为向量的归一化。很明显，经过归一化的向量，其分量之和等于1。归一化运算一般只适用于分量非负的向量。

继续计算矩阵 A 和归一化向量 W_1 的乘积，得到：

$$AW_1 = \begin{bmatrix} 1 & 2 & 0.67 & 0.5 \\ 0.5 & 1 & 0.33 & 0.25 \\ 1.5 & 3 & 1 & 0.75 \\ 2 & 4 & 1.33 & 1 \end{bmatrix} \begin{bmatrix} 0.2 \\ 0.1 \\ 0.3 \\ 0.4 \end{bmatrix} = \begin{bmatrix} 0.2 \\ 0.1 \\ 0.3 \\ 0.4 \end{bmatrix} = W_1$$

乘积后的向量不再改变，称为已经收敛。因此，判断矩阵的特征向量为：

$$W_1 = \begin{bmatrix} 0.2 \\ 0.1 \\ 0.3 \\ 0.4 \end{bmatrix}$$

特征向量对应的特征根为 $\lambda = 1$。

例 11.6 用迭代法求以下矩阵 A 的特征向量和特征根。

$$A = \begin{bmatrix} 1 & 3 & 1/2 & 2 \\ 1/3 & 1 & 5 & 1/3 \\ 2 & 1/5 & 1 & 4 \\ 1/2 & 3 & 1/4 & 1 \end{bmatrix} = \begin{bmatrix} 1 & 3 & 0.5 & 2 \\ 0.33 & 1 & 5 & 0.33 \\ 2 & 0.2 & 1 & 4 \\ 0.5 & 3 & 0.25 & 1 \end{bmatrix}$$

取初始向量：

$$W_0 = \begin{bmatrix} 1/4 \\ 1/4 \\ 1/4 \\ 1/4 \end{bmatrix} = \begin{bmatrix} 0.25 \\ 0.25 \\ 0.25 \\ 0.25 \end{bmatrix}$$

计算矩阵 A 和向量 W_0 的乘积：

$$\boldsymbol{AW}_0 = \begin{bmatrix} 1 & 3 & 0.5 & 2 \\ 0.33 & 1 & 5 & 0.33 \\ 2 & 0.2 & 1 & 4 \\ 0.5 & 3 & 0.25 & 1 \end{bmatrix} \begin{bmatrix} 0.25 \\ 0.25 \\ 0.25 \\ 0.25 \end{bmatrix} = \begin{bmatrix} 1.625 \\ 1.665 \\ 1.800 \\ 1.188 \end{bmatrix}$$

归一化,得到:

$$\boldsymbol{W}_1 = \begin{bmatrix} 0.259 \\ 0.265 \\ 0.288 \\ 0.189 \end{bmatrix}$$

继续计算矩阵 $\boldsymbol{A}$ 和向量 $\boldsymbol{W}_1$ 的乘积:

$$\boldsymbol{AW}_1 = \begin{bmatrix} 1 & 3 & 0.5 & 2 \\ 0.33 & 1 & 5 & 0.33 \\ 2 & 0.2 & 1 & 4 \\ 0.5 & 3 & 0.25 & 1 \end{bmatrix} \begin{bmatrix} 0.259 \\ 0.265 \\ 0.288 \\ 0.189 \end{bmatrix} = \begin{bmatrix} 1.576 \\ 1.853 \\ 1.615 \\ 1.185 \end{bmatrix}$$

归一化,得到:

$$\boldsymbol{W}_2 = \begin{bmatrix} 0.253 \\ 0.297 \\ 0.259 \\ 0.190 \end{bmatrix}$$

继续计算矩阵 $\boldsymbol{A}$ 和向量 $\boldsymbol{W}_2$ 的乘积:

$$\boldsymbol{AW}_2 = \begin{bmatrix} 1 & 3 & 0.5 & 2 \\ 0.33 & 1 & 5 & 0.33 \\ 2 & 0.2 & 1 & 4 \\ 0.5 & 3 & 0.25 & 1 \end{bmatrix} \begin{bmatrix} 0.253 \\ 0.297 \\ 0.259 \\ 0.190 \end{bmatrix} = \begin{bmatrix} 1.653 \\ 1.738 \\ 1.584 \\ 1.272 \end{bmatrix}$$

归一化,得到:

$$\boldsymbol{W}_3 = \begin{bmatrix} 0.265 \\ 0.278 \\ 0.254 \\ 0.203 \end{bmatrix}$$

继续计算矩阵 $\boldsymbol{A}$ 和向量 $\boldsymbol{W}_3$ 的乘积:

$$\boldsymbol{AW}_3 = \begin{bmatrix} 1 & 3 & 0.5 & 2 \\ 0.33 & 1 & 5 & 0.33 \\ 2 & 0.2 & 1 & 4 \\ 0.5 & 3 & 0.25 & 1 \end{bmatrix} \begin{bmatrix} 0.265 \\ 0.278 \\ 0.254 \\ 0.203 \end{bmatrix} = \begin{bmatrix} 1.632 \\ 1.702 \\ 1.652 \\ 1.233 \end{bmatrix}$$

归一化,得到:

$$\boldsymbol{W}_4 = \begin{bmatrix} 0.262 \\ 0.274 \\ 0.266 \\ 0.198 \end{bmatrix}$$

迭代了四次向量还没有收敛。计算相邻两次迭代的结果 $\boldsymbol{W}_3$ 和 $\boldsymbol{W}_4$ 的差的绝对值:

$$|W_3-W_4|=\begin{bmatrix}0.265\\0.278\\0.254\\0.203\end{bmatrix}-\begin{bmatrix}0.262\\0.274\\0.266\\0.198\end{bmatrix}=\begin{bmatrix}0.003\\0.004\\0.012\\0.005\end{bmatrix}$$

$\boldsymbol{W}_3$ 和 $\boldsymbol{W}_4$ 的绝对值误差已经小于 0.015,可以近似认为已经收敛,迭代停止。因此,特征向量的近似值为:

$$\boldsymbol{W}_4=\begin{bmatrix}0.262\\0.274\\0.266\\0.198\end{bmatrix}$$

得到特征向量的近似值以后,继续计算相应的特征根。计算特征根的近似方法如下:

计算矩阵 $\boldsymbol{A}$ 和近似的特征向量 $\boldsymbol{W}_4$ 的乘积:

$$\boldsymbol{AW}_4=\begin{bmatrix}1&3&0.5&2\\0.33&1&5&0.33\\2&0.2&1&4\\0.5&3&0.25&1\end{bmatrix}\begin{bmatrix}0.262\\0.274\\0.266\\0.198\end{bmatrix}=\begin{bmatrix}1.613\\1.572\\1.424\\1.069\end{bmatrix}$$

如果 $\boldsymbol{W}_4$ 是矩阵 $\boldsymbol{A}$ 精确的特征向量,那么向量 $\boldsymbol{AW}_4$ 应该是向量 $\boldsymbol{W}_4$ 的倍数,即 $\boldsymbol{AW}_4=\lambda\boldsymbol{W}_4$,这个倍数 λ 就是特征向量 $\boldsymbol{W}_4$ 对应的特征根。

但现在 $\boldsymbol{W}_4$ 是 $\boldsymbol{A}$ 近似的特征向量,因此 $\boldsymbol{AW}_4$ 并不是向量 $\boldsymbol{W}_4$ 的倍数,例如 $1.613/0.262=6.16$, $1.572/0.274=5.74$, $1.424/0.266=5.35$, $1.069/0.198=5.40$,四个比值并不相等。我们可以把四个比值的平均数作为特征根的近似值,因此有:

$$\lambda=\frac{1}{4}\left(\frac{1.613}{0.262}+\frac{1.572}{0.274}+\frac{1.424}{0.266}+\frac{1.069}{0.198}\right)=5.662$$

除了迭代法,和法也是计算矩阵特征向量和特征根常用的近似方法。

例 11.7 用和法求以下矩阵 $\boldsymbol{A}$ 的特征向量和特征根。

$$\boldsymbol{A}=\begin{bmatrix}1&3&1/2&2\\1/3&1&5&1/3\\2&1/5&1&4\\1/2&3&1/4&1\end{bmatrix}=\begin{bmatrix}1&3&0.5&2\\0.33&1&5&0.33\\2&0.2&1&4\\0.5&3&0.25&1\end{bmatrix}$$

将矩阵 $\boldsymbol{A}$ 的 4 列相加,得到:

$$\begin{bmatrix}1\\0.33\\2\\0.5\end{bmatrix}+\begin{bmatrix}3\\1\\0.2\\3\end{bmatrix}+\begin{bmatrix}0.5\\5\\1\\0.25\end{bmatrix}+\begin{bmatrix}2\\0.33\\4\\1\end{bmatrix}=\begin{bmatrix}6.50\\6.66\\7.20\\4.75\end{bmatrix}$$

各分量的和为:

$$6.50+6.66+7.20+4.75=25.11$$

归一化,得到:

$$\begin{bmatrix} 6.50/25.11 \\ 6.66/25.11 \\ 7.20/25.11 \\ 4.75/25.11 \end{bmatrix} = \begin{bmatrix} 0.259 \\ 0.265 \\ 0.287 \\ 0.189 \end{bmatrix}$$

归一化的向量就可以作为矩阵 **A** 特征向量的近似值，即矩阵 **A** 的特征向量为：

$$\boldsymbol{W} = \begin{bmatrix} 0.259 \\ 0.265 \\ 0.287 \\ 0.189 \end{bmatrix}$$

用同样的方法，可以求这个特征向量对应的（近似）特征根。计算矩阵 **A** 和向量 **W** 的乘积：

$$\boldsymbol{AW} = \begin{bmatrix} 1 & 3 & 0.5 & 2 \\ 0.33 & 1 & 5 & 0.33 \\ 2 & 0.2 & 1 & 4 \\ 0.5 & 3 & 0.25 & 1 \end{bmatrix} \begin{bmatrix} 0.259 \\ 0.265 \\ 0.287 \\ 0.189 \end{bmatrix} = \begin{bmatrix} 1.576 \\ 1.986 \\ 1.384 \\ 1.044 \end{bmatrix}$$

$$\lambda = \frac{1}{4}\left(\frac{1.576}{0.259} + \frac{1.986}{0.265} + \frac{1.384}{0.287} + \frac{1.044}{0.189}\right) = 5.891$$

很明显，和法比迭代法要简单得多，但精确度稍差。不过，比较例 11.6（迭代法）和例 11.7（和法），可以看出虽然用迭代法与和法得到的特征向量和特征根并不相同，但它们还是比较接近的。因此，和法是求矩阵特征向量的一种简易、快捷的近似方法。

11.2.2 层次分析法原理

层次分析法（analytic of hierarchy process，AHP）是 Thomas L. Saaty 提出的一种用于确定多目标决策中各目标权重的方法。层次分析法不仅在管理决策中有重要作用，在管理以外的其他学科领域也有许多重要应用。

在多目标决策中，各目标权重对分析结果具有重要影响，但权重的确定比较困难。层次分析法的基础是目标的分层和对同一层次各目标的重要性进行两两比较，使确定各目标权重的任务具有可操作性。

为了便于理解层次分析法的原理，我们首先来看一个物理问题。

设有 n 个物体，重量分别为 $w_1, w_2, \cdots, w_n$，总重量为：

$$W = \sum_{i=1}^{n} w_i$$

将每一个物体的重量除以 n 个物体的总重量，称为这个物体的归一化重量，即：

$$\bar{w}_i = \frac{w_i}{W} \quad i = 1, 2, \cdots, n$$

令

$$\bar{W}=\begin{bmatrix}\bar{w}_1\\\bar{w}_2\\\cdots\\\bar{w}_n\end{bmatrix}$$

显然,归一化向量的各分量之和 $\bar{w}_1+\bar{w}_2+\cdots+\bar{w}_n=1$,即 n 个物体归一化重量之和等于1。

如果不知道这 n 个物体的重量,只知道这 n 个物体重量两两比较的值,那么能否求出它们的归一化重量?

设 n 个物体重量的两两比较判断矩阵如下:

$$A=\begin{bmatrix}\bar{w}_1/\bar{w}_1 & \bar{w}_1/\bar{w}_2 & \cdots & \bar{w}_1/\bar{w}_n\\\bar{w}_2/\bar{w}_1 & \bar{w}_2/\bar{w}_2 & \cdots & \bar{w}_2/\bar{w}_n\\\cdots & \cdots & \cdots & \cdots\\\bar{w}_n/\bar{w}_1 & \bar{w}_n/\bar{w}_2 & \cdots & \bar{w}_n/\bar{w}_n\end{bmatrix}$$

例如,四个物体的重量为 $w_1=2$ 千克,$w_2=1$ 千克,$w_3=3$ 千克,$w_4=4$ 千克,它们的总重量 $W=10$ 千克。四个物体的归一化重量分别为 $\bar{w}_1=0.2$,$\bar{w}_2=0.1$,$\bar{w}_3=0.3$,$\bar{w}_4=0.4$。物体重量的两两比较判断矩阵为:

$$A=\begin{bmatrix}a_{11} & a_{12} & \cdots & a_{1n}\\a_{21} & a_{22} & \cdots & a_{2n}\\\cdots & \cdots & \cdots & \cdots\\a_{n1} & a_{n2} & \cdots & a_{nn}\end{bmatrix}=\begin{bmatrix}1 & 2 & 2/3 & 1/2\\1/2 & 1 & 1/3 & 1/4\\3/2 & 3 & 1 & 3/4\\2 & 4 & 4/3 & 1\end{bmatrix}$$

这个矩阵具有以下特点:

(1) 对角线上的元素 $a_{ii}=1(i=1,2,\cdots,n)$。

(2) 以对角线对称的元素互为倒数,即 $a_{ij}=1/a_{ji}(i,j=1,2,\cdots,n)$。例如,在以上矩阵中,$a_{23}=1/3$,则 $a_{32}=3$。

(3) 各物体之间的相对重量比值是一致的,即 $a_{ij}=a_{ik}/a_{jk}(i,j=1,2,\cdots,n)$。例如,在以上矩阵中,$a_{12}=2$,$a_{32}=3$,则 $a_{13}=a_{12}/a_{32}=2/3$。

(4) n 个物体归一化的重量组成的向量 $\bar{\boldsymbol{W}}$ 是判断矩阵的一个特征向量,对应最大特征根 $\lambda_{max}=n$,则矩阵 $\boldsymbol{A}$ 和向量 $\bar{\boldsymbol{W}}$ 乘积的表达式如下:

$$A\bar{W}=\begin{bmatrix}\bar{w}_1/\bar{w}_1 & \bar{w}_1/\bar{w}_2 & \cdots & \bar{w}_1/\bar{w}_n\\\bar{w}_2/\bar{w}_1 & \bar{w}_2/\bar{w}_2 & \cdots & \bar{w}_2/\bar{w}_n\\\cdots & \cdots & \cdots & \cdots\\\bar{w}_n/\bar{w}_1 & \bar{w}_n/\bar{w}_2 & \cdots & \bar{w}_n/\bar{w}_n\end{bmatrix}\begin{bmatrix}\bar{w}_1\\\bar{w}_2\\\cdots\\\bar{w}_n\end{bmatrix}=\begin{bmatrix}n\bar{w}_1\\n\bar{w}_2\\\cdots\\n\bar{w}_n\end{bmatrix}=n\begin{bmatrix}\bar{w}_1\\\bar{w}_2\\\cdots\\\bar{w}_n\end{bmatrix}=n\bar{W}$$

因此,只要给出 n 个物体重量两两比较判断矩阵,求出这个判断矩阵的特征向量,这个特征向量就是 n 个物体的归一化重量。

把以上结果用到多目标决策中,把 n 个物体换成 n 个决策目标,把物体的重量换成决策目标的权重,我们立即可以得出这样的结论:在多目标决策中,如果能给出各目标重要性两两比较的判断矩阵,求这个判断矩阵的特征向量,这个特征向量就是这些目标的权重。这就是层次分析法的理论基础。

设目标 C 由 n 个元素 $A_1,A_2,\cdots,A_n$组成,对这 n 个元素相对于目标 C 的重要性进行两两比较,构成如表 12.4 所示的两两比较判断矩阵。

表 11.4　两两比较判断矩阵

	A_1	A_2	…	A_n
A_1	a_{11}	a_{12}	…	a_{1n}
A_2	a_{21}	a_{22}	…	a_{2n}
…	…	…	…	…
A_n	a_{n1}	a_{n2}	…	a_{nn}

其中,a_{ij} = 1、2、3、4、5、6、7、8、9 以及 1/2、1/3、1/4、1/5、1/6、1/7、1/8、1/9。这些数字的含义如表 12.5 所示。

表 11.5　判断矩阵元素的含义

比值	含义
1	元素 i 和元素 j 同等重要
3	元素 i 比元素 j 稍微重要
5	元素 i 比元素 j 明显重要
7	元素 i 比元素 j 强烈重要
9	元素 i 比元素 j 绝对重要

数值 2、4、6、8 的意义介于以上表格相邻两行的含义之间。

物体重量的两两比较判断矩阵一定是完全一致的。例如,如果物体 A 的重量是物体 B 重量的 2 倍,物体 C 的重量是物体 B 重量的 3 倍,那么可以肯定,物体 A 的重量是物体 C 的重量的 2/3。而目标重要性两两比较判断矩阵的情况却有所不同,可能存在不一致性(inconsistency)。例如,对目标 A、B、C 的重要性进行两两比较,在实际操作中可能会做出目标 A 比目标 B 重要,目标 B 比目标 C 重要,而目标 C 又比目标 A 重要这样逻辑上有矛盾的判断;也可能出现目标 A 比目标 B 明显重要(重要性值为 5),目标 B 比目标 C 明显重要(重要性值为 5),而目标 A 比目标 C 稍微重要(重要性值为 3)这样的结果,这个结果虽然逻辑顺序上没有矛盾,但重要性程度上有矛盾。如果目标更多,产生逻辑上或者程度上不一致的可能性就会更大。

不一致性在一定范围以内,判断矩阵是有效的;超出一定范围,判断矩阵的有效性就有问题。线性代数可以证明,$n \times n$ 阶判断矩阵的不一致性可以由矩阵的最大特征根 λ_{max} 表示,当判断矩阵完全一致时,$\lambda_{max} = n$;当判断矩阵不完全一致时,$\lambda_{max} > n$。λ_{max} 比 n 大得越多,说明不一致性越严重。

11.2.3　层次分析法的步骤

第一步,构建问题的层次模型。首先,确定问题的目标层、准则层、子准则层和方案层;确定每一层的因素以及每一个因素和上一层因素之间的关系,如图 11.1 所示。如果问题不复杂,底层方案因素的个数不太多(如10个以内),一般只需要设一层准则层。如果底层方案因素的个数相当多(如20个以上),就需要设一层以上的准则层和子准则层。设置准则层或子准则层是为了细化准则,准则越明确,重要性的两两比较越容易判断。

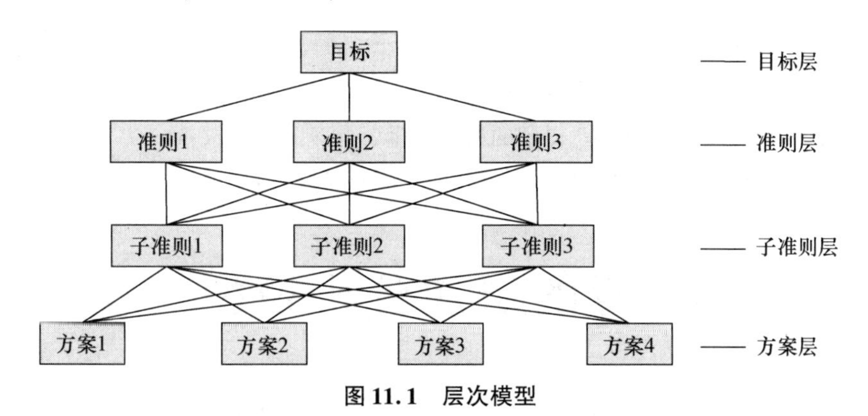

图 11.1　层次模型

第二步,构造组成目标各元素的重要性两两比较判断矩阵。

第三步,求判断矩阵的特征向量和相应的最大特征根。

第四步,判断矩阵的一致性检验(consistency test)。一致性检验包括以下步骤:

(1)计算一致性指标(consistency index,C.I.)。两两比较判断矩阵的最大特征根 λ_{max} 的大小反映了判断矩阵一致性的好坏,但矩阵理论表明,矩阵越大,最大特征根 λ_{max} 越大。为了消除矩阵维数对一致性的影响,需要计算一致性指标 C.I.:

$$\text{C.I.} = \frac{\lambda_{max} - n}{n - 1} \tag{11.1}$$

这样,两个维数不同的判断矩阵的一致性指标就具有可比性了。

(2)计算平均随机一致性指标(random index,R.I.)。这个指标是随机产生的不同维数的判断矩阵的特征根的平均值。

Saaty 用计算机产生大量随机数构成判断矩阵,这些随机判断矩阵都满足对角线上元素都是1、以对角线对称的元素互为倒数这两个原则,但不要求满足一致性原则。可以想象,这样的随机判断矩阵的一致性肯定是很差的。此外,他计算了这些随机判断矩阵的一致性指标(C.I.),并计算了维数相同的随机判断矩阵的一致性指标的平均值(即R.I.)。

Saaty 认为,如果一个两两比较判断矩阵是经过深思熟虑给出的,这个矩阵的一致性指标一定会比相同维数的平均随机一致性指标小很多。因此,他认为,两个一致性指标的比值小于0.1,就可以认为构造的两两比较判断矩阵的不一致性非常小,这个判断矩阵可以认为是有效的。

不同维数的平均随机一致性指标如表11.6所示。

表 11.6　平均随机一致性指标

n	1	2	3	4	5	6	7	8
R.I.	—	—	0.52	0.89	1.12	1.26	1.36	1.41
n	9	10	11	12	13	14	15	16
R.I.	1.46	1.49	1.52	1.54	1.56	1.58	1.59	1.60

其中,$n=1$ 是没有意义的,$n=2$ 时判断矩阵一定是完全一致的,不需要进行一致性检验。这一点后面还会讲到。

(3) 计算一致性比率(consistency ratio,C. R.)。

$$\text{C. R.} = \frac{\text{C. I.}}{\text{R. I.}} \tag{11.2}$$

(4) 当 C. R. < 0.1 时,认为判断矩阵的一致性是可以接受的。

第五步,如果通过一致性检验,得到的特征向量就是各元素的权重。

第六步,利用各层次的权重计算底层方案对顶层目标的总权重。

11.3 住宅选择的层次分析模型

例 11.8 住宅选择问题。购买一套商品住宅,要考虑单价、面积、楼层、地段和朝向五个因素。为了便于对这五个因素的重要性进行两两比较,设立经济、舒适和便利三个准则因素。问题的目标就是理想的住宅。

第一步,建立层次模型,如图 11.2 所示。

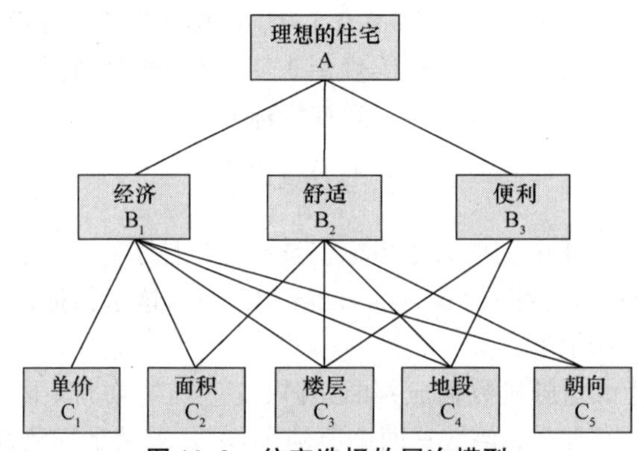

图 11.2 住宅选择的层次模型

以上层次模型中,并不是所有上下层的目标都是关联的,例如准则层中"舒适"(B_2)和"单价"(C_1)不关联,"便利"(B_3)和"单价"(C_1)、"面积"(C_2)以及"朝向"(C_5)不关联。

第二步,自上而下进行各层次因素对上层因素的两两比较,建立两两比较判断矩阵。

(1) 首先,将"经济"(B_1)、"舒适"(B_2)和"便利"(B_3)三个准则对总目标"理想的住宅"(A)的重要性进行两两比较,两两比较判断矩阵示意图如图 11.3 所示。

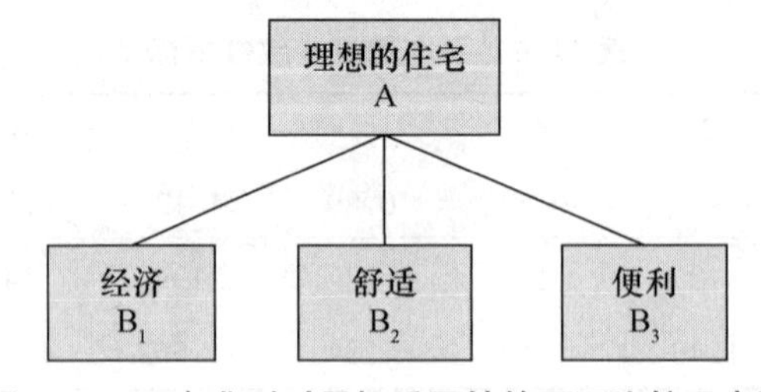

图 11.3 三个准则对目标重要性的两两比较示意图

经济、舒适和便利三个准则的两两比较判断矩阵如表 11.7 所示。

表 11.7　准则层因素对目标重要性的两两比较判断矩阵

	经济 B_1	舒适 B_2	便利 B_3
经济 B_1	1	3	7
舒适 B_2	1/3	1	3
便利 B_3	1/7	1/3	1

即

$$\boldsymbol{A} = \begin{bmatrix} 1 & 3 & 7 \\ 1/3 & 1 & 3 \\ 1/7 & 1/3 & 1 \end{bmatrix} = \begin{bmatrix} 1 & 3 & 7 \\ 0.3333 & 1 & 3 \\ 0.1429 & 0.3333 & 1 \end{bmatrix}$$

将矩阵的三列相加,得到和向量为:

$$\begin{bmatrix} 11.0000 \\ 4.3333 \\ 1.4762 \end{bmatrix}$$

三个分量之和为:$11.0000 + 4.3333 + 1.4762 = 16.8095$。归一化,得到矩阵 $\boldsymbol{A}$ 的特征向量(近似值):

$$\boldsymbol{W} = \begin{bmatrix} 11.0000/16.8095 \\ 4.3333/16.8095 \\ 1.4762/16.8095 \end{bmatrix} = \begin{bmatrix} 0.6544 \\ 0.2578 \\ 0.0878 \end{bmatrix}$$

判断矩阵 $\boldsymbol{A}$ 和特征向量 $\boldsymbol{W}$ 的乘积为:

$$\boldsymbol{AW} = \begin{bmatrix} 1 & 3 & 7 \\ 0.3333 & 1 & 3 \\ 0.1429 & 0.3333 & 1 \end{bmatrix} \begin{bmatrix} 0.6544 \\ 0.2578 \\ 0.0878 \end{bmatrix} = \begin{bmatrix} 2.0425 \\ 0.7394 \\ 0.2672 \end{bmatrix}$$

如果向量 $\boldsymbol{W} = \begin{bmatrix} 0.6544 \\ 0.2578 \\ 0.0878 \end{bmatrix}$是矩阵 $\boldsymbol{AW} = \begin{bmatrix} 1 & 3 & 7 \\ 0.3333 & 1 & 3 \\ 0.1429 & 0.3333 & 1 \end{bmatrix}$的特征向量,那么,

$$\boldsymbol{AW} = \begin{bmatrix} 1 & 3 & 7 \\ 0.3333 & 1 & 3 \\ 0.1429 & 0.3333 & 1 \end{bmatrix} \begin{bmatrix} 0.6544 \\ 0.2578 \\ 0.0878 \end{bmatrix} = \begin{bmatrix} 2.0425 \\ 0.7394 \\ 0.2672 \end{bmatrix}$$

应该是向量 $\boldsymbol{W} = \begin{bmatrix} 0.6544 \\ 0.2578 \\ 0.0878 \end{bmatrix}$的倍数。但是 $\boldsymbol{W}$ 不是矩阵 $\boldsymbol{A}$ 精确的特征向量,因此 $\boldsymbol{AW}$ 不是 $\boldsymbol{W}$ 的倍数,用两个向量 $\boldsymbol{AW}$ 和 $\boldsymbol{W}$ 对应分量比值的平均值作为特征根的近似值,得到矩阵 $\boldsymbol{A}$ 的最大特征根为:

$$\lambda_{\max} = \frac{1}{3}\left(\frac{2.0425}{0.6544} + \frac{0.7394}{0.2578} + \frac{0.2672}{0.0878}\right) = 3.0108$$

判断矩阵 $\boldsymbol{A}$ 的特征向量 $\boldsymbol{W}$ 就是经济、舒适和便利三个准则因素对目标理想住宅的权重。

$$W = \begin{bmatrix} 0.6544 \\ 0.2578 \\ 0.0878 \end{bmatrix}$$

可以看到，在三个准则因素中，经济是最重要的，权重为 0.6544；其次是舒适，权重为 0.2578；便利的重要性很低，权重只有 0.0878。这三个权重反映出决策者对这三个准则重要性的偏好。

计算出特征根以后，就可以进行经济、舒适和便利三个准则两两比较判断矩阵 $\boldsymbol{A}$ 的一致性检验。

首先，计算一致性指标。由于准则对目标的判断矩阵是 3×3 的矩阵，因此 $n = 3$。

$$\text{C.I.} = \frac{\lambda_{\max} - n}{n - 1} = \frac{3.0108 - 3}{3 - 1} = 0.0054$$

其次，由表 11.6，得到平均随机一致性指标。

$$\text{R.I.} = 0.52$$

最后，根据 C.I. 和 R.I. 计算一致性比率 C.R.。

$$\text{C.R.} = \frac{\text{C.I.}}{\text{R.I.}} = 0.0104$$

由于 C.R. < 0.1，因此准则层三个因素对目标的两两比较判断矩阵的一致性通过检验。

(2) 完成准则层对目标层重要性的两两比较以后，继续进行五个方案层因素分别对准则层三个因素的两两比较。

首先，将五个方案层因素对经济准则进行两两比较，两两比较判断示意图如图 11.4 所示。

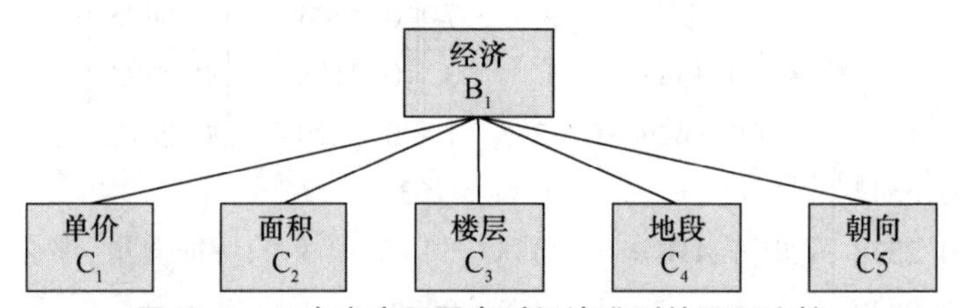

图 11.4　五个方案层因素对经济准则的两两比较

两两比较判断矩阵如表 11.8 所示。

表 11.8　方案层因素对经济准则的两两比较判断矩阵

	单价 C_1	面积 C_2	楼层 C_3	地段 C_4	朝向 C_5
单价 C_1	1	1	5	1	7
面积 C_2	1	1	5	1	7
楼层 C_3	1/5	1/5	1	1/5	3
地段 C_4	1	1	5	1	9
朝向 C_5	1/7	1/7	1/3	1/9	1

同样，用和法求出以上矩阵的特征向量：

$$W = \begin{bmatrix} 0.2813 \\ 0.2813 \\ 0.0863 \\ 0.3188 \\ 0.0324 \end{bmatrix}$$

求出特征根,计算一致性指标(计算过程同前):

$$\lambda_{max} = 5.1217, \quad C.I. = 0.0304, \quad R.I. = 1.12, \quad C.R. = 0.0272 < 0.1$$

因此,方案层对经济准则两两比较判断矩阵的一致性通过检验。单价、面积、楼层、地段、朝向五个因素对经济准则的权重分别为0.2813、0.2813、0.0863、0.3188和0.0324,其中地段的权重最大。

其次,面积(C_2)、楼层(C_3)、地段(C_4)和朝向(C_5)四个方案层因素对舒适准则(B_2)的重要性进行两两比较,两两比较判断矩阵示意图如图11.5所示。

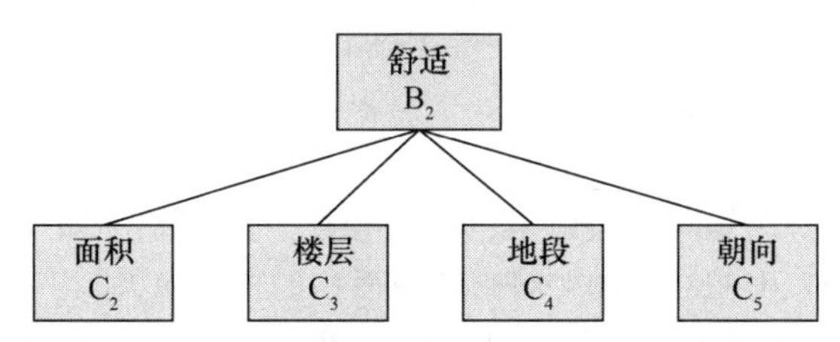

图11.5　四个方案层因素对舒适准则的两两比较

得到相应的两两比较判断矩阵如表11.9所示。

表11.9　方案层因素对舒适准则的两两比较判断矩阵

	面积 C_2	楼层 C_3	地段 C_4	朝向 C_5
面积 C_2	1	5	2	7
楼层 C_3	1/5	1	1/5	3
地段 C_4	1/2	5	1	3
朝向 C_5	1/7	1/3	1/3	1

求出判断矩阵的特征向量:

$$W = \begin{bmatrix} 0.4884 \\ 0.1433 \\ 0.3094 \\ 0.0589 \end{bmatrix}$$

计算特征根和一致性检验指标:

$$\lambda_{max} = 4.3367, \quad C.I. = 0.1122, \quad R.I. = 0.89, \quad C.R. = 0.1261 > 0.1$$

一致性检验没有通过。这时,需要检查以上两两比较判断矩阵中造成不一致性的原因。经过观察发现,在表11.9的判断矩阵中,以下两点是矛盾的:① 楼层:朝向的重要性是3;地段:朝向的重要性也是3。由此推理,楼层和地段的重要性应该是同等重要。② 楼层:地段的重要性为1/5,为明显不重要。这就是判断矩阵产生不一致性的原因之一。

将楼层:朝向的重要性由3改为1,同时将朝向:楼层的重要性也改为1。更新后的两两比较判断矩阵如表 11.10 所示。

表 11.10　更新后的方案层因素对舒适准则的两两比较判断矩阵

舒适	面积 C_2	楼层 C_3	地段 C_4	朝向 C_5
面积 C_2	1	5	2	7
楼层 C_3	1/5	1	1/5	1
地段 C_4	1/2	5	1	3
朝向 C_5	1/7	1	1/3	1

用和法求出判断矩阵的特征向量：

$$\boldsymbol{W}=\begin{bmatrix}0.5106\\0.0817\\0.3234\\0.0843\end{bmatrix}$$

计算特征根和一致性检验指标：

$$\lambda_{\max}=4.0609,\quad \text{C.I.}=0.0203,\quad \text{R.I.}=0.89,\quad \text{C.R.}=0.0228<0.1$$

一致性检验通过。判断矩阵修改以后，面积、楼层、地段、朝向四个因素对舒适准则的权重分别为 0.5106、0.0817、0.3234 和 0.0843，其中面积的权重最大。

最后，进行楼层（C_3）和地段（C_4）两个方案层因素对便利（B_3）准则重要性的两两比较，两两比较判断矩阵示意图如图 11.6 所示。

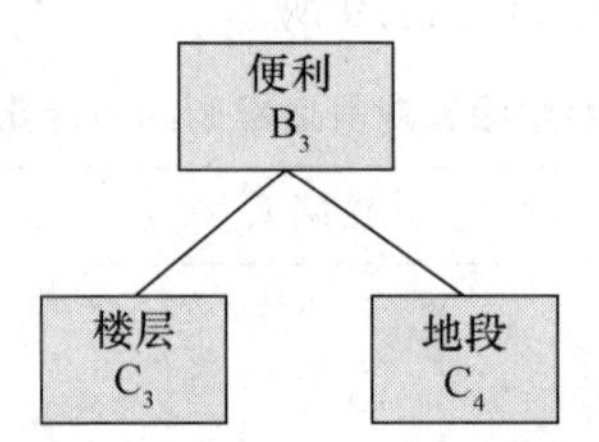

图 11.6　两个方案层因素对便利准则的两两比较

得到相应的两两比较判断矩阵，如表 11.11 所示。

表 11.11　方案层因素对便利准则的两两比较判断矩阵

便利	楼层 C_3	地段 C_4
楼层 C_3	1	1/5
地段 C_4	5	1

求出判断矩阵的特征向量：

$$\boldsymbol{W}=\begin{bmatrix}0.1667\\0.8333\end{bmatrix}$$

计算特征根和一致性检验指标：

$$\lambda_{\max}=2,\quad \text{C.I.}=0,\quad \text{C.R.}=0<0.1$$

一致性检验通过。楼层、地段两个因素对便利准则的权重分别为 0.1667、0.8333。其中地段的权重较大。

第三步,在层次模型中,标注每一层因素对上一层因素的权重,如图 11.7 所示。

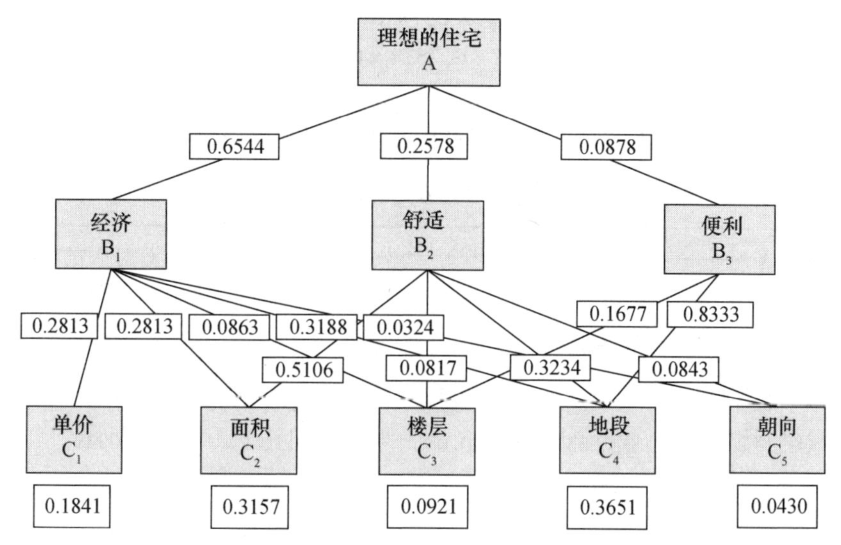

图 11.7　住宅评价问题的权重计算

计算方案层因素对目标总权重的方法是:找出从目标到该因素的一条路径,将路径上所有的权重相乘,然后将所有可能路径上的权重的乘积相加。例如:

C_1 到 A 只有一条路径:C_1—B_1—A。

C_1 对 A 的总权重 = B_1 对 A 的权重 × C_1 对 B_1 的总权重

$= 0.6544 \times 0.2813$

$= 0.1841$

C_2 到 A 有两条路径:C_2—B_1—A,C_2—B_2—A。

C_2 对 A 的总权重 = B_1 对 A 的权重 × C_2 对 B_1 的总权重

+ B_2 对 A 的权重 × C_2 对 B_2 的总权重

$= 0.6544 \times 0.2813 + 0.2578 \times 0.5106$

$= 0.3157$

C_3 到 A 有三条路径:C_3—B_1—A,C_3—B_2—A,C_3—B_3—A。

C_3 对 A 的总权重 = B_1 对 A 的权重 × C_3 对 B_1 的总权重

+ B_2 对 A 的权重 × C_3 对 B_2 的总权重

+ B_3 对 A 的权重 × C_3 对 B_3 的总权重

$= 0.6544 \times 0.0863 + 0.2578 \times 0.0817 + 0.0878 \times 0.1667$

$= 0.0921$

C_4 到 A 有三条路径:C_4—B_1—A,C_4—B_2—A,C_4—B_3—A。

C_4 对 A 的总权重 = B_1 对 A 的权重 × C_4 对 B_1 的总权重

+ B_2 对 A 的权重 × C_4 对 B_2 的总权重

+ B_3 对 A 的权重 × C_4 对 B_3 的总权重

$= 0.6544 \times 0.3188 + 0.2578 \times 0.3234 + 0.0878 \times 0.8333$

$= 0.3651$

C_5 到 A 有两条路径:C_5—B_1—A,C_5—B_2—A。

$$
\begin{aligned}
C_5 \text{ 对 A 的总权重} &= B_1 \text{ 对 A 的权重} \times C_5 \text{ 对 } B_1 \text{ 的总权重} \\
&\quad + B_2 \text{ 对 A 的权重} \times C_5 \text{ 对 } B_2 \text{ 的总权重} \\
&= 0.6544 \times 0.0324 + 0.2578 \times 0.0834 \\
&= 0.0430
\end{aligned}
$$

以上计算各方案层因素对总目标权重的方法,也可以在表格中实现,如表 11.12 所示。

表 11.12　方案层因素对总目标的权重计算

	B 对 A 的权重	经济 (B_1)	舒适 (B_2)	便利 (B_3)	C 对 A 的总权重	权重排序
		0.6544	0.2578	0.0878		
C对B的权重	单价 (C_1)	0.2813			0.1841	3
	面积 (C_2)	0.2813	0.5106		0.3157	2
	楼层 (C_3)	0.0863	0.0817	0.1677	0.0921	4
	地段 (C_4)	0.3188	0.3234	0.8333	0.3651	1
	朝向 (C_5)	0.0324	0.0843		0.0430	5

由表 11.12 可以看出,对于总目标“理想的住宅”,五个底层因素单价、面积、楼层、地段和朝向中,权重最大的是地段,以下依次为面积、单价、楼层和朝向。

层次分析法的任务,就是计算层次模型底层目标的权重,这些权重并不针对任何一套具体的住宅,是普遍适用的。对于图 11.2 住宅选择的层次模型而言,这个任务已经完成了。用这些目标的权重来评价和比较具体的住宅,这是层次分析法以外的任务。

第四步,将三套住宅 A、B、C 在因素单价、面积、楼层、地段和朝向上的评分(见表 11.3),分别乘以这五个因素的总权重,得到住宅 A、B、C 的加权总评分。

表 11.13　三套住宅的总评分

底层目标	总权重	评分		
		住宅 A	住宅 B	住宅 C
单价 C_1	0.1841	0.7333	0.2667	0.9333
面积 C_2	0.3157	1.0000	0.8000	0.5000
楼层 C_3	0.0921	0.4000	1.0000	0.7000
地段 C_4	0.3651	0.9000	0.6000	1.0000
朝向 C_5	0.0430	1.0000	0.4000	0.7000
加权总评分		0.8591	0.6301	0.7893
排序		1	3	2

住宅 A、B、C 的总评分分别为 0.8591、0.6301 和 0.7893。由此可以看出,三套住宅中,住宅 A 的总得分最高,住宅 C 其次,住宅 B 最低。

表 11.13 对三套住宅 A、B、C 的评价结果,无论是评价值还是排序,都与表 11.3 完全不同。原因是表 11.3 中项目的权重完全是单凭主观给出的,而表 11.13 中的项目权重是基于

层次分析法计算得到的。

层次分析法的核心是评价目标的分层以及目标重要性的两两比较。尽管对每两个目标重要性的比较还是基于决策者的主观判断,但是这些主观判断是有规范的(不同准则下进行两两比较,重要性为 1—9 和 1/2—1/9),有约束的(必须满足一致性检验)。因此,层次分析法得到的权重,比单纯凭直观判断的权重,更具有科学性和系统性。

11.4　层次分析法的 Excel 模型

11.4.1　用近似算法“和法”求判断矩阵的特征向量和特征根

由上一节可知,层次分析法的计算量比较大,可以借助 Excel 来实现。下面以例 11.9 说明层次分析法的 Excel 模型。

例 11.9　还是以例 11.8 的住宅选择决策问题为例进行说明。这个问题用和法求判断矩阵特征向量和特征根的 Excel 工作表如图 11.8 所示。

	A	B	C	D	E	F	G	H	I	J	K	L	M	N	O	P	Q	R	S
1	总目标	经济性	舒适性	便利性				各列求和		特征根		矩阵向量乘积		分量比值		λ_{MAX}	3.0108		
2	经济性	1	3	7				11.0000		0.6544		2.0425		3.1212		C.I.	0.0054		
3	舒适性	0.3333	1	3				4.3333		0.2578		0.7394		2.8681		R.I.	0.52		
4	便利性	0.1429	0.3333	1				1.4762		0.0878		0.2672		3.0430		C.R.	0.0104	通过一致性检验	
5								16.8095											
6																			
7	经济性	单价	面积	楼层	地段	朝向		各列求和		特征根		矩阵向量乘积		分量比值		λ_{MAX}	5.1217		
8	单价	1	1	5	1	7		15.0000		0.2813		1.5397		5.4741		C.I.	0.0304		
9	面积	1	1	5	1	7		15.0000		0.2813		1.5397		5.4741		R.I.	1.12		
10	楼层	0.2	0.2	1	0.2	3		4.6000		0.0863		0.3598		4.1718		C.R.	0.0272	通过一致性检验	
11	地段	1	1	5	1	9		17.0000		0.3188		1.6046		5.0336					
12	朝向	0.1429	0.1429	0.3333	0.1111	1		1.7302		0.0324		0.1770		5.4550					
13								53.3302											
14																			
15	舒适性	面积	楼层	地段	朝向			各列求和		特征根		矩阵向量乘积		分量比值		λ_{MAX}	4.06092		
16	面积	1	5	2	7			15.0000		0.5106		2.1559		4.2222		C.I.	0.0203		
17	楼层	0.2	1	0.2	1			2.4000		0.0817		0.3328		4.0734		R.I.	0.89		
18	地段	0.5	5	1	3			9.5000		0.3234		1.2401		3.8346		C.R.	0.0228	通过一致性检验	
19	朝向	0.1429	1	0.3333	1			2.4762		0.0843		0.3467		4.1135					
20								29.3762											
21																			
22	便利性	楼层	地段					各列求和		特征根		矩阵向量乘积		分量比值		λ_{MAX}	2		
23	楼层	1	0.2					1.2		0.1667		0.3333		2		C.I.	0		
24	地段	5	1					6		0.8333		1.6667		2		R.I.	—		
25								7.2								C.R.	0	通过一致性检验	
26																			
27		经济性	舒适性	便利性	总权重	评分													
28		0.6544	0.2578	0.0878		住宅A	住宅B	住宅C											
29	单价	0.2813			0.1841	0.7333	0.2667	0.9333											
30	面积	0.2813	0.5106		0.3157	1	0.8	0.5											
31	楼层	0.0863	0.0817	0.1667	0.0921	0.4	1	0.7											
32	地段	0.3188	0.3234	0.8333	0.3651	0.9	0.6	1											
33	朝向	0.0324	0.0843		0.0430	1	0.4	0.7											
34					加权评分	0.8591	0.6301	0.7893											
35					住宅排序	1	3	2											
36																			

图 11.8　和法求判断矩阵特征向量和特征根的层次分析模型

以上工作表的具体操作见文件“例 11.9 用和法计算特征向量和特征根的层次分析模型.xlsx”。以上工作表的特点是两两比较判断矩阵中的数据为基础数据,其他所有数据都是基础数据的函数,只要基础数据发生变化,整个层次分析模型中的其他数据都会相应发生变化。这样的层次分析模型对于调试两两比较判断矩阵中的基础数据是非常有用的。

11.4.2 用自定义函数计算判断矩阵的特征向量和特征根

和法是一种近似计算判断矩阵的特征向量和特征根的方法。本节将介绍作者编制的两个自定义函数,它们可以计算特征向量和特征根的精确值。这两个自定义函数的加载宏文件在“自定义函数”文件中,安装这两个加载宏的方法见附录1。

计算特征向量的自定义函数是:

- Eigen_Vector(matrix, precision)

计算特征根的自定义函数是:

- Eigen_Value(matrix, precision)

这两个自定义函数有相同的参数,其中第一个参数 matrix 为判断矩阵单元格的地址,第二个参数 precision 为迭代精确度,precision 是可选的,可以省略。如果省略,默认的迭代精确度为0.00001。

计算特征向量的自定义函数 Eigen_Vector 是向量函数,这个函数返回整个特征向量的值。向量函数 Eigen_Vector 的输入和确认,与频数统计函数 FREQUENCY 以及矩阵乘法函数 MMULT 是一样的,在输入函数名以前先选定输出区域,输入函数名和参数以后,按组合键 Ctrl + Shift + Enter 确认。而计算特征根的自定义函数 Eigen_Value 是标量函数,它在一个单元格中返回判断矩阵 matrix 特征根的值。

例如,判断矩阵为:

$$\begin{bmatrix} 1 & 2 & 5 \\ 0.5 & 1 & 3 \\ 0.2 & 0.3333 & 1 \end{bmatrix}$$

用自定义函数 Eigen_Vector 和 Eigen_Value 计算这个判断矩阵的特征向量和特征根的 Excel 表如图11.9所示。

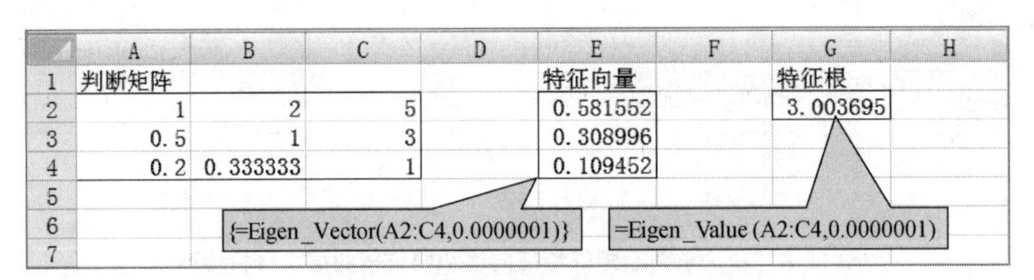

	A	B	C	D	E	F	G	H
1	判断矩阵				特征向量		特征根	
2	1	2	5		0.581552		3.003695	
3	0.5	1	3		0.308996			
4	0.2	0.333333	1		0.109452			
5								
6								
7								

{=Eigen_Vector(A2:C4,0.0000001)}

=Eigen_Value (A2:C4,0.0000001)

图 11.9 计算判断矩阵特征向量和特征根的自定义函数

例 11.10 仍以例11.8的住宅选择决策问题为例。用自定义函数 Eigen_Vector 和 Eigen_Value 计算两两比较判断矩阵的特征向量和特征根的 Excel 工作表如图11.10所示。

比较图11.8和图11.10可以看出,和法与自定义函数两种方法求特征向量和特征根的数值有所不同,但层次分析模型的结论是完全一致的。说明这两个方法对于层次分析模型来说都是有效的。

	A	B	C	D	E	F	G	H	I	J	K	L	M
1	总目标	经济性	舒适性	便利性				特征向量		λ_{MAX}	3.0070		
2	经济性	1	3	7				0.6694		C.I.	0.0035		
3	舒适性	0.3333	1	3				0.2426		R.I.	0.52		
4	便利性	0.1429	0.3333	1				0.0879		C.R.	0.0068	通过一致性检验	
5													
6													
7	经济性	单价	面积	楼层	地段	朝向		特征向量		λ_{MAX}	5.0629		
8	单价	1	1	5	1	7		0.2939		C.I.	0.0157		
9	面积	1	1	5	1	7		0.2939		R.I.	1.12		
10	楼层	0.2	0.2	1	0.2	3		0.0698		C.R.	0.0140	通过一致性检验	
11	地段	1	1	5	1	9		0.3076					
12	朝向	0.1429	0.1429	0.3333	0.1111	1		0.0348					
13													
14													
15	舒适性	面积	楼层	地段	朝向			特征向量		λ_{MAX}	4.0553		
16	面积	1	5	2	7			0.5284		C.I.	0.0184		
17	楼层	0.2	1	0.2	1			0.0823		R.I.	0.89		
18	地段	0.5	5	1	3			0.3045		C.R.	0.0207	通过一致性检验	
19	朝向	0.1429	1	0.3333	1			0.0849					
20													
21													
22	便利性	楼层	地段					特征向量		λ_{MAX}	2		
23	楼层	1	0.2					0.1667		C.I.	0		
24	地段	5	1					0.8333		R.I.	—		
25										C.R.	0	通过一致性检验	
26													
27		经济性	舒适性	便利性	总权重	评分							
28		0.6694	0.2426	0.0879		住宅A	住宅B	住宅C					
29	单价	0.2939			0.1967	0.7333	0.2667	0.9333					
30	面积	0.2939	0.5284		0.3249	1	0.8	0.5					
31	楼层	0.0698	0.0823	0.1667	0.0813	0.4	1	0.7					
32	地段	0.3076	0.3045	0.8333	0.3531	0.9	0.6	1					
33	朝向	0.0348	0.0849		0.0439	1	0.4	0.7					
34					加权评分	0.8634	0.6232	0.7868					
35					住宅排序	1	3	2					
36													

图 11.10　自定义函数求判断矩阵特征向量和特征根的层次分析模型

11.4.3 "数据通"层次分析法工具

例 11.11　用"数据通"层次分析法工具求解住宅选择问题。

首先,在 Excel 工作表中输入层次模型各目标名称和所在层次,如图 11.11 所示。

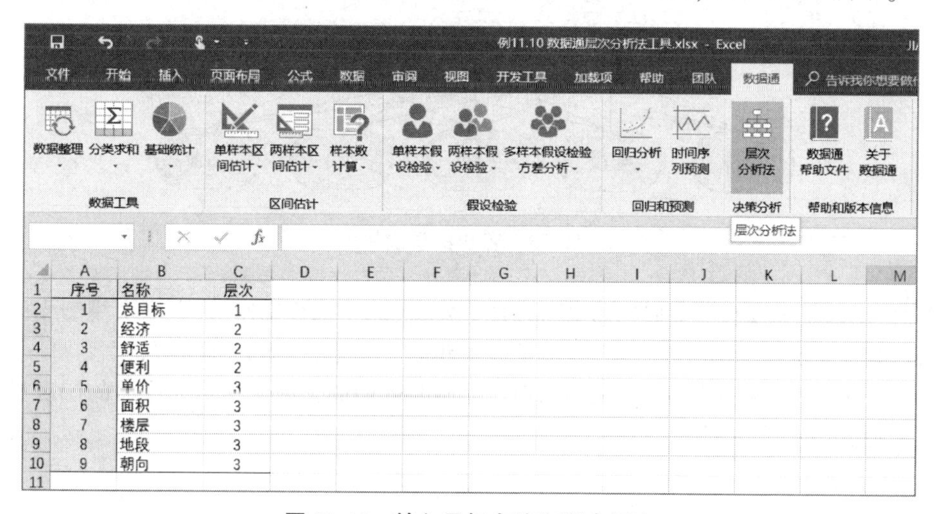

	A	B	C
1	序号	名称	层次
2	1	总目标	1
3	2	经济	2
4	3	舒适	2
5	4	便利	2
6	5	单价	3
7	6	面积	3
8	7	楼层	3
9	8	地段	3
10	9	朝向	3
11			

图 11.11　输入目标名称和所在层次

打开 Excel 菜单“数据通 > 层次分析法”，弹出“层次分析法”对话窗口（见图 11.12）。

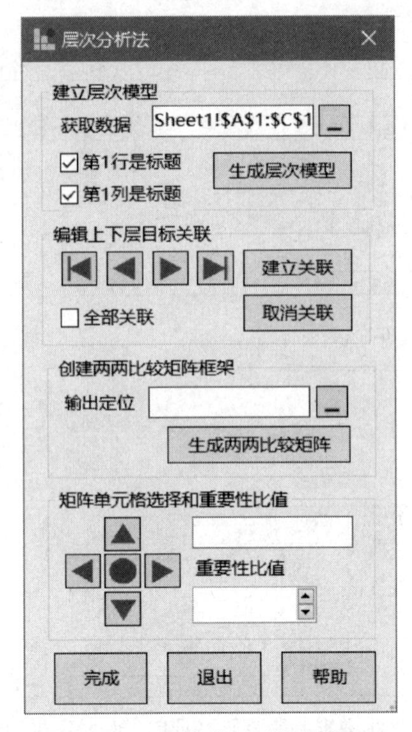

图 11.12 “层次分析法”对话窗口

输入数据 A1:C10，勾选“第 1 行是标题”和“第 1 列是标题”。单击“生成层次模型”，得到图 11.13。

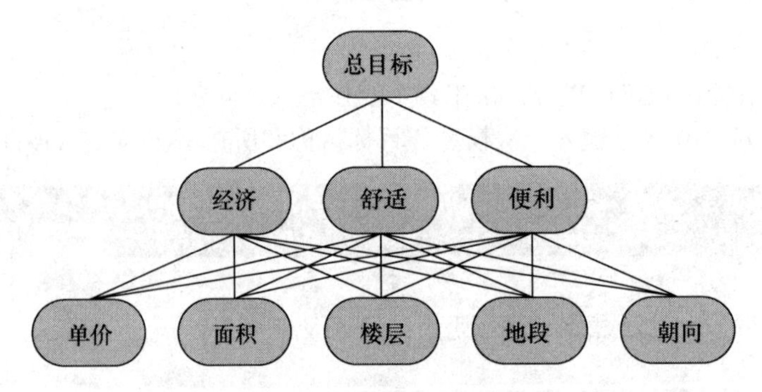

图 11.13 输出的层次模型

单击“编辑上下层目标关联”（见图 11.12）中的关联符选择按钮，选定层次模型中的关联符，单击“建立关联”“取消关联”或“全部关联”，编辑上下层目标的关联状态。

取消舒适与单价的关联，取消便利与单价、面积、朝向的关联。编辑完成后的层次模型如图 11.14 所示。

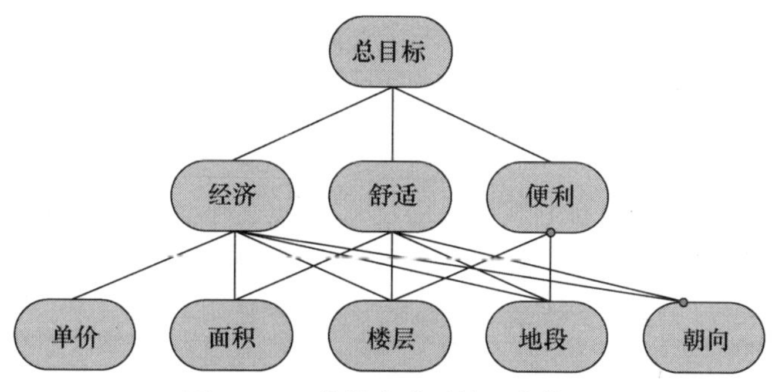

图 11.14 编辑完成后的层次模型

选择两两比较判断矩阵的输出定位,如图 11.15 所示。

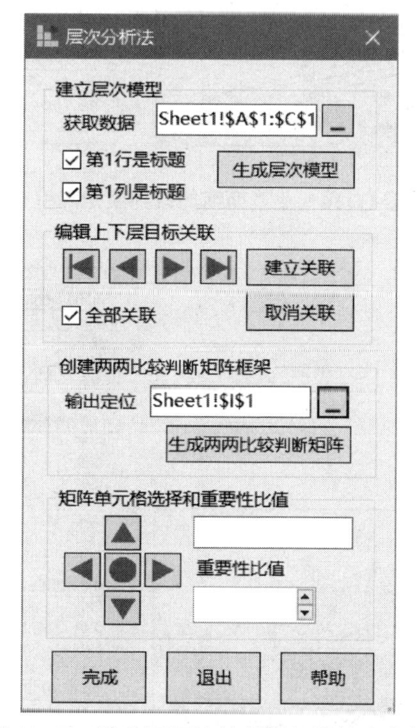

图 11.15 选定两两比较判断矩阵输出定位

单击“生成两两比较判断矩阵”按钮,生成与层次模型对应的两两比较判断矩阵框架(见图 11.16)。

点击单元格选择按钮,见图 11.12 或图 11.15 中的“矩阵单元格选择和重要性比值”部分。中间圆形图标的按钮是选择单元格,周围四个三角形图标的按钮是移动选定的单元格。选定判断矩阵中的单元格以后,“重要性比值”数值调节控件的数值为“1”,单击上箭头,数值增加为 2,3,…,9,单击下箭头,数值减少为 0.5(二分之一),0.3333(三分之一),…,0.1111(九分之一)。

判断矩阵内的单元格赋值全部完成后的工作表如图 11.17 所示。

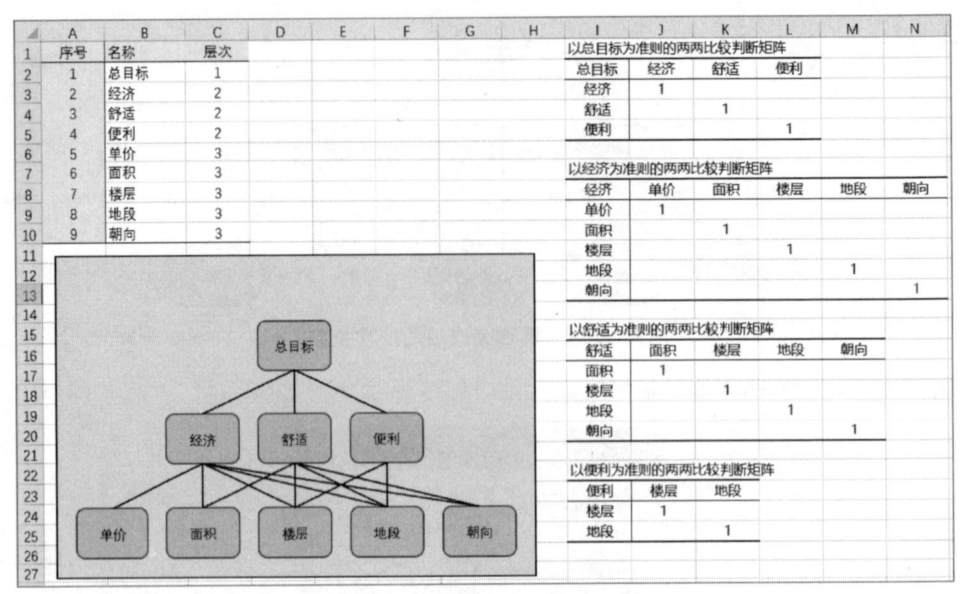

序号	名称	层次
1	总目标	1
2	经济	2
3	舒适	2
4	便利	2
5	单价	3
6	面积	3
7	楼层	3
8	地段	3
9	朝向	3

以总目标为准则的两两比较判断矩阵

总目标	经济	舒适	便利
经济	1		
舒适		1	
便利			1

以经济为准则的两两比较判断矩阵

经济	单价	面积	楼层	地段	朝向
单价	1				
面积		1			
楼层			1		
地段				1	
朝向					1

以舒适为准则的两两比较判断矩阵

舒适	面积	楼层	地段	朝向
面积	1			
楼层		1		
地段			1	
朝向				1

以便利为准则的两两比较判断矩阵

便利	楼层	地段
楼层	1	
地段		1

图 11.16　生成两两比较判断矩阵框架

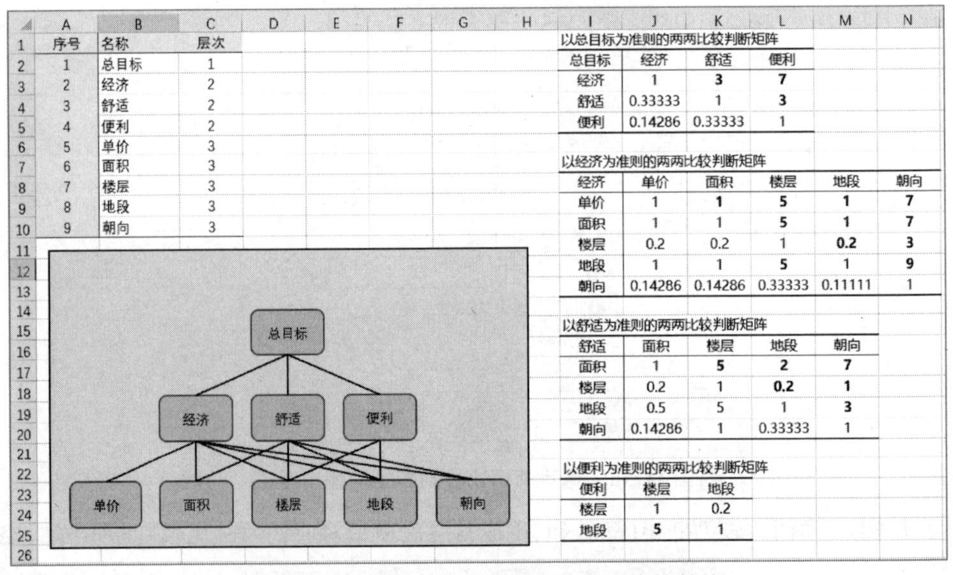

序号	名称	层次
1	总目标	1
2	经济	2
3	舒适	2
4	便利	2
5	单价	3
6	面积	3
7	楼层	3
8	地段	3
9	朝向	3

以总目标为准则的两两比较判断矩阵

总目标	经济	舒适	便利
经济	1	3	7
舒适	0.33333	1	3
便利	0.14286	0.33333	1

以经济为准则的两两比较判断矩阵

经济	单价	面积	楼层	地段	朝向
单价	1	1	5	1	7
面积	1	1	5	1	7
楼层	0.2	0.2	1	0.2	3
地段	1	1	5	1	9
朝向	0.14286	0.14286	0.33333	0.11111	1

以舒适为准则的两两比较判断矩阵

舒适	面积	楼层	地段	朝向
面积	1	5	2	7
楼层	0.2	1	0.2	1
地段	0.5	5	1	3
朝向	0.14286	1	0.33333	1

以便利为准则的两两比较判断矩阵

便利	楼层	地段
楼层	1	0.2
地段	5	1

图 11.17　输入两两比较判断矩阵单元格的数值

所有两两比较判断矩阵中的单元格数值输入完毕后,单击图 11.15 中的“完成”按钮,在两两比较判断矩阵右侧输出相应的一致性检验表以及综合权重计算表,如图 11.18 所示。

至此,“数据通”层次分析法工具计算住宅选择模型全部完成。

比较自定义函数计算特征向量和特征根的图 11.10 中“总权重”的五个数据和图 11.18 中“第 3 层权重”中的五个数据,可以看出两个计算结果是完全相同的。

如前所述,“数据通”层次分析法工具的计算,是到底层(第 3 层)的综合权重为止;图 11.10 中计算三套住宅 A、B、C 的加权评分值,并不属于经典的层次分析法内容的范畴。

以总目标为准则的两两比较判断矩阵

总目标	经济	舒适	便利
经济	1	**3**	**7**
舒适	0.33333	1	**3**
便利	0.14286	0.33333	1

以总目标为准则的两两比较判断矩阵的一致性检验

总目标	特征向量	特征根	矩阵维数	C.I.	R.I.	C.R.	一致性检验
经济	0.66942	3.00702	3	0.00351	0.52	0.00675	通过
舒适	0.24264						
便利	0.08795						

以经济为准则的两两比较判断矩阵

经济	单价	面积	楼层	地段	朝向
单价	1	**1**	**5**	**1**	**7**
面积	1	1	**5**	**1**	**7**
楼层	0.2	0.2	1	**0.2**	**3**
地段	1	1	**5**	1	**9**
朝向	0.14286	0.14286	0.33333	0.11111	1

以经济为准则的两两比较判断矩阵的一致性检验

经济	特征向量	特征根	矩阵维数	C.I.	R.I.	C.R.	一致性检验
单价	0.29389	5.06291	5	0.01573	1.12	0.01404	通过
面积	0.29389						
楼层	0.06978						
地段	0.30764						
朝向	0.0348						

以舒适为准则的两两比较判断矩阵

舒适	面积	楼层	地段	朝向
面积	1	**5**	**2**	**7**
楼层	0.2	1	**0.2**	**1**
地段	0.5	5	1	**3**
朝向	0.14286	1	0.33333	1

以舒适为准则的两两比较判断矩阵的一致性检验

舒适	特征向量	特征根	矩阵维数	C.I.	R.I.	C.R.	一致性检验
面积	0.52839	4.0553	4	0.01843	0.89	0.02071	通过
楼层	0.08229						
地段	0.30446						
朝向	0.08486						

以便利为准则的两两比较判断矩阵

便利	楼层	地段
楼层	1	0.2
地段	**5**	1

以便利为准则的两两比较判断矩阵的一致性检验

便利	特征向量	特征根	矩阵维数	C.I.	R.I.	C.R.	一致性检验
楼层	0.16667	2	2	0	1	0	通过
地段	0.83333						

综合权重计算表

	总目标	
第1层权重	1	第2层权重
经济	0.66942	0.66942
舒适	0.24264	0.24264
便利	0.08795	0.08795

	经济	舒适	便利	
第2层权重	0.66942	0.24264	0.08795	第3层权重
单价	0.29389	0	0	0.19673
面积	0.29389	0.52839	0	0.32494
楼层	0.06978	0.08229	0.16667	0.08133
地段	0.30764	0.30446	0.83333	0.3531
朝向	0.0348	0.08486	0	0.04389

图 11.18　输出一致性检验表和综合权重计算表

习　题

习题 11-1　旅游目的地选择问题的有关数据见文件“习题 11-1. xlsx”。

建立旅游目的地选择问题的 Excel 层次分析模型，用层次分析模型评价和比较旅游目的地 A、B、C。

本习题是将评价对象直接放在层次模型的底层，综合权重最大的为最优选择对象。这也是一种类型的层次分析模型。

习题 11-2　在七家电梯供应商中选择一个最佳供应商，评价要考虑高品质、低价格和低风险三个准则。有关评价的数据见文件“习题 11-2. xlsx”。

建立电梯供应商选择问题的 Excel 层次分析模型，用层次分析模型评价和比较七家电梯供应商。

习题 11-3　自己提出一个需要用层次分析法进行多目标选择和决策的实际问题，并用 Excel 工具进行建模和分析。

附录 1　Excel 自定义函数加载宏的安装

为了能便捷地完成一些比较常用的复杂计算,作者编制了三个 Excel 自定义函数。

Excel 自定义函数是一段由 VBA 代码创建的宏,通过调用这些宏可以自动完成一项比较复杂的计算。但用户并不需要知道这些代码是如何编制的,只要安装自定义函数的加载宏文件后,就可以像调用 Excel 的内置函数一样,调用这些自定义函数。

这三个自定义函数是:

(1) Alpha(Data):克隆巴赫 α 信度系数计算自定义函数,参数为问卷数据范围。

(2) Eigen_Vector(matrix,precision):层次分析法判断矩阵特征向量计算的自定义函数,参数 matrix 为判断矩阵单元格,precision 为迭代精确度。precision 为可选参数,可以省略,默认的迭代精确度为 0.00001。

(3) Eigen_Value(matrix,precision):层次分析法判断矩阵特征根计算的自定义函数,参数 matrix 为判断矩阵单元格,precision 为迭代精确度。precision 为可选参数,可以省略,默认的迭代精确度为 0.00001。

这三个自定义函数的加载宏文件在“自定义函数”文件夹中,文件名分别为:Alpha 信度系数计算加载宏.xlam、特征向量计算加载宏.xlam、特征根计算加载宏.xlam。

下面以 Alpha 信度系数计算自定义函数为例,介绍如何安装自定义函数加载宏。

安装自定义函数加载宏的步骤如下:

打开 Excel,单击菜单中第一项“文件”,在弹出菜单的底部选择“选项”(见附图 1),弹出“Excel 选项”对话窗口(见附图 2)。

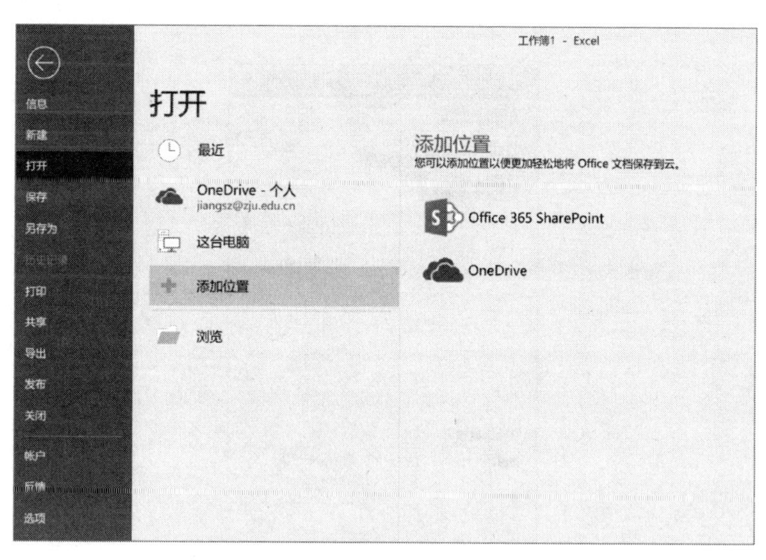

附图 1

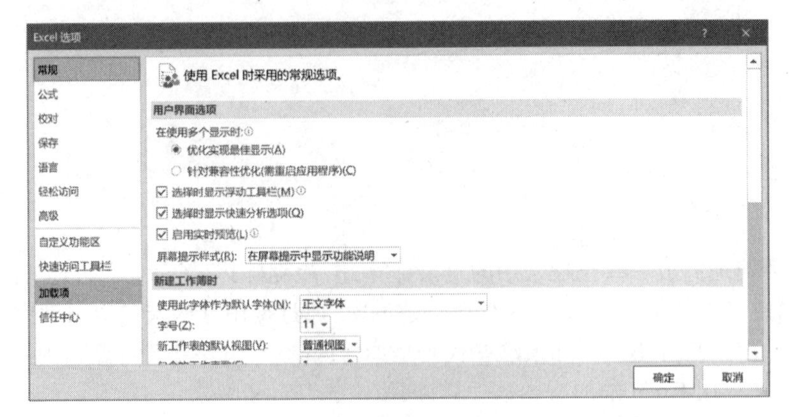

附图 2

在“Excel 选项”对话窗口的左边菜单中,选择“加载项”,然后在窗口右边底部单击“转到”按钮(见附图 3),弹出“加载项”对话窗口(见附图 4)。

附图 3

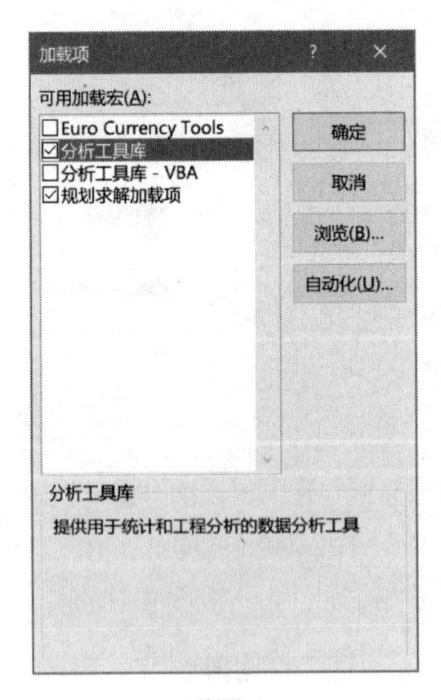

附图 4

在“加载项”对话窗口中，单击“浏览”按钮，出现文件浏览器界面（见附图5）。找到并打开存放自定义函数的文件夹。

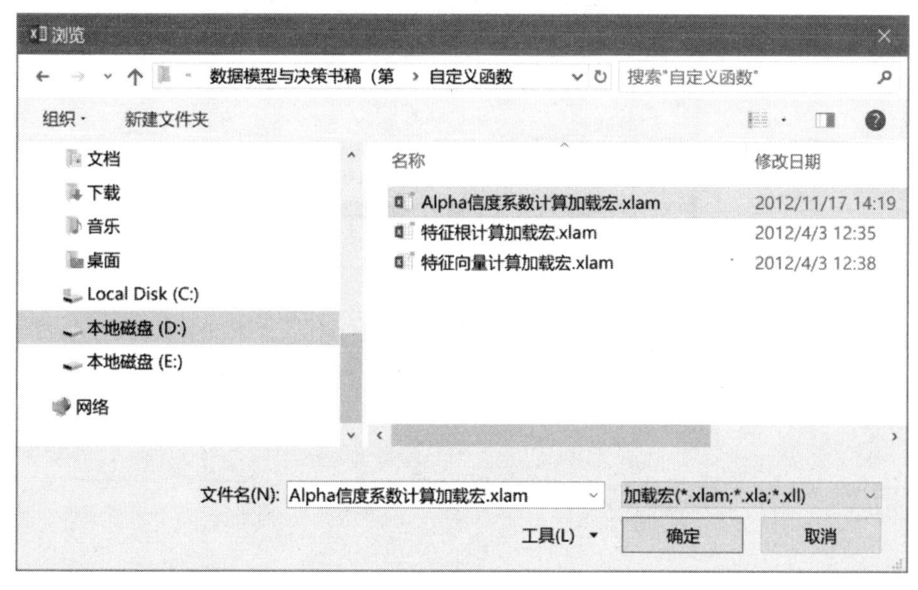

附图5

在浏览器中选择“Alpha信度系数计算加载宏.xlam”，单击“确定”。这样，“特征根计算加载宏”就出现在“可用加载宏”中了（见附图6）。

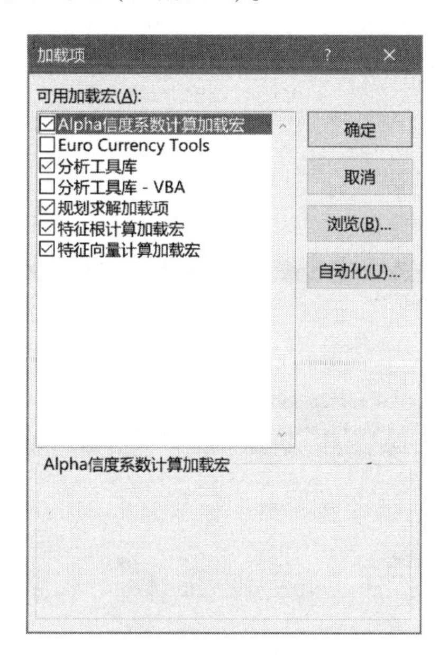

附图6

重复以上操作，可分别将“特征根计算加载宏”和“特征向量计算加载宏”加载到Excel中。

为了确认以上三个自定义函数是否已正确安装，单击Excel工作簿界面上函数输入栏的

“fx”按钮,出现“插入函数”对话窗口(见附图7)。

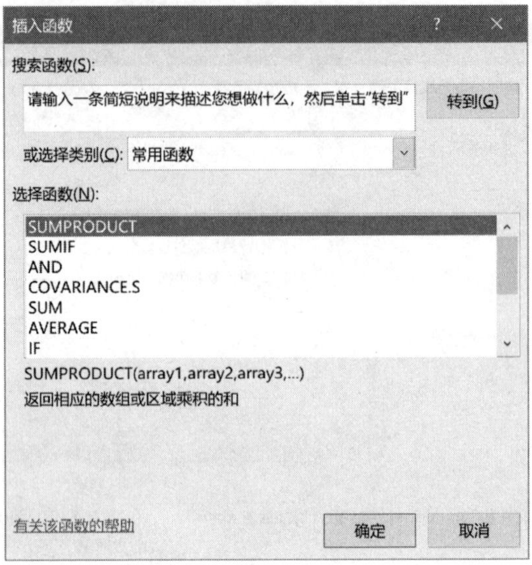

插入函数 ? ×
搜索函数(S):
请输入一条简短说明来描述您想做什么，然后单击“转到” 转到(G)
或选择类别(C): 常用函数
选择函数(N):
SUMPRODUCT
SUMIF
AND
COVARIANCE.S
SUM
AVERAGE
IF
SUMPRODUCT(array1,array2,array3,...)
返回相应的数组或区域乘积的和
有关该函数的帮助 确定 取消

附图 7

单击对话窗口中“或选择类别”下拉菜单,选择其中“用户定义”(见附图8)。

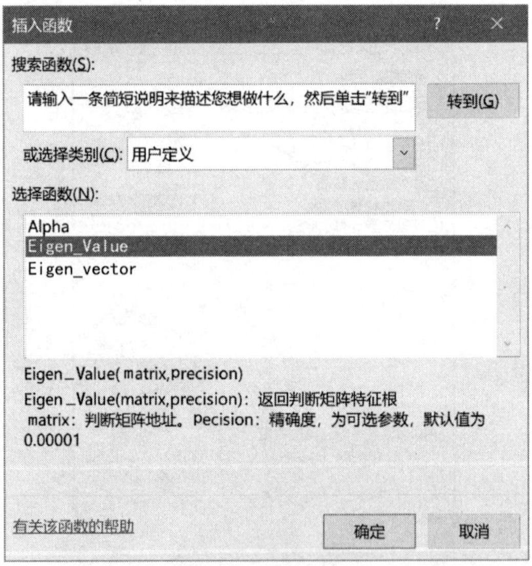

插入函数 ? ×
搜索函数(S):
请输入一条简短说明来描述您想做什么，然后单击“转到” 转到(G)
或选择类别(C): 用户定义
选择函数(N):
Alpha
Eigen_Value
Eigen_vector
Eigen_Value(matrix,precision)
Eigen_Value(matrix,precision)：返回判断矩阵特征根
matrix：判断矩阵地址。Pecision：精确度，为可选参数，默认值为0.00001
有关该函数的帮助 确定 取消

附图 8

在“选择函数”窗口就可以看到加载的三个自定义函数。选中其中一个自定义函数,例如Eigen_Value,对话窗口的下方就会出现关于这个自定义函数的功能和参数的说明。

自定义函数加载完成后,在Excel工作表中就可以像其他函数一样使用自定义函数。

附录 2 Excel 数据通的安装、关闭和卸载

一、安装“Excel 数据通”的系统要求

操作系统：Windows7\Windows8\Windows10
Office 版本：Office 2013\Office2016
数据通运行需要以下必备文件：
Microsoft .Net Framework 4.6.2
Visual Studio Tools for Office Runtime

二、安装“Excel 数据通”

1. 双击数据通安装文件：

2. 出现以下安装对话窗口：

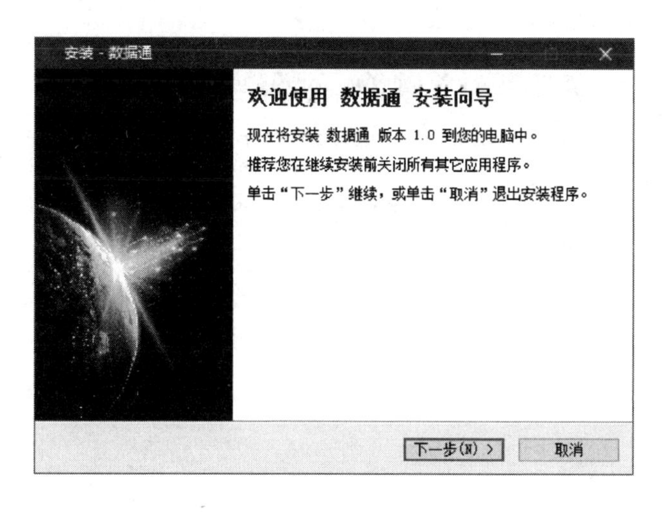

3. 单击“下一步”,出现以下“许可协议”:

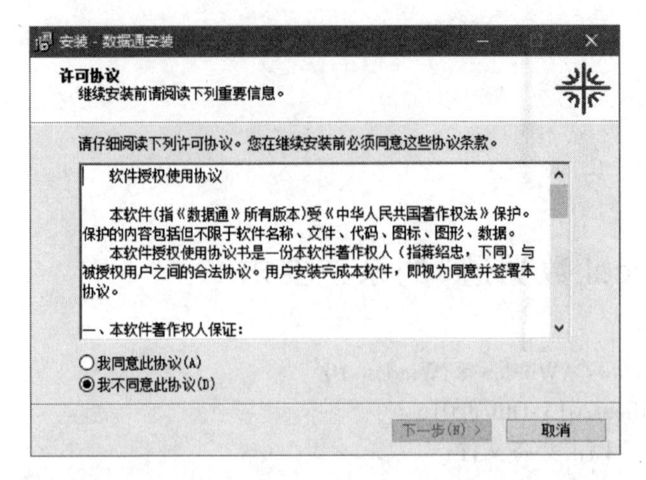

4. 选择“我同意此协议”,单击“下一步”,出现以下“准备安装”界面:

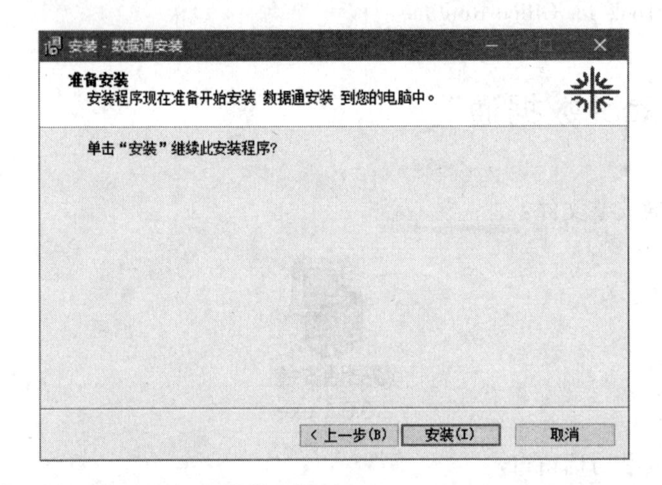

5. 单击“安装”,出现以下“正在安装”界面:

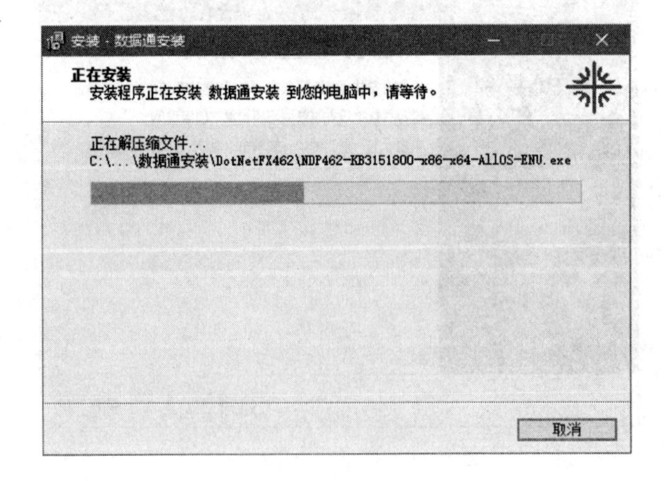

6. 安装完成，出现以下界面：

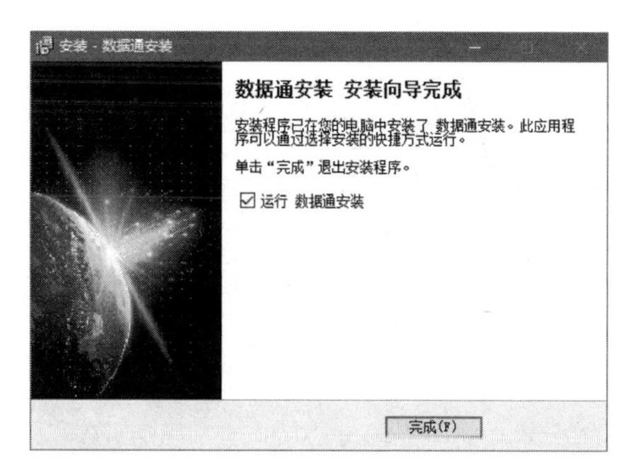

7. 勾选“运行 数据通安装”，单击“完成”。接下来，还会出现以下安装 Office 自定义项的对话窗口：

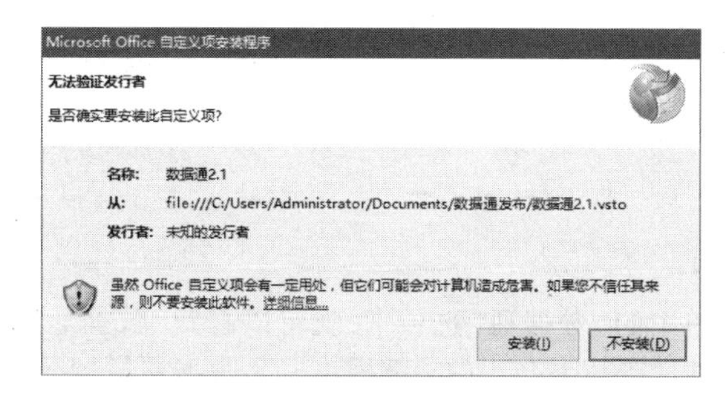

单击“安装”按钮，出现 Office 自定义项的安装界面：

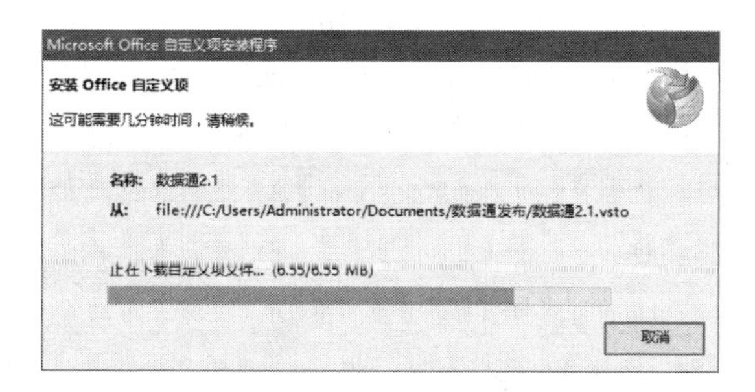

安装完成后，出现 Office 自定义项安装成功的提示：

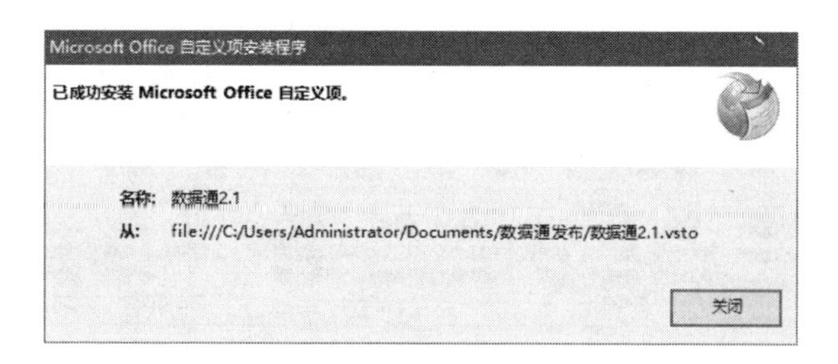

单击“关闭”。安装完毕,“数据通”已完成安装并成功加载到 Excel 中。

8. 打开 Excel,会出现如下“数据通”首页:

9. 单击以上“数据通”首页的“继续”按钮,Excel 主菜单中会出现一个新的选项卡“数据通”:

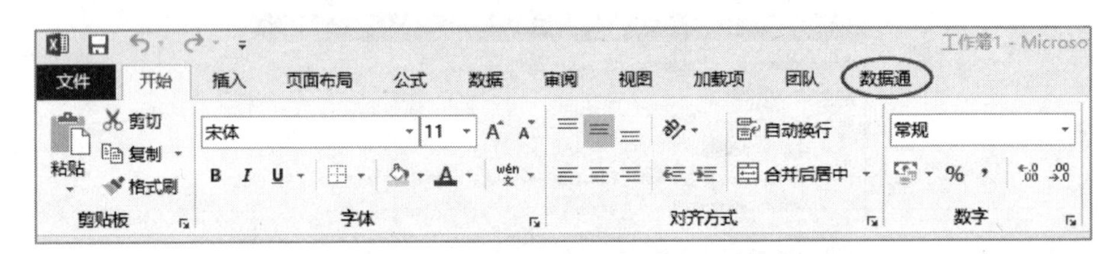

10. 单击 Excel 菜单中的“数据通”选项卡,就可以看到“数据通”的各项功能模块分组(如“数据工具”“区间估计”)以及各组的功能模块(如“数据整理”“分类求和”等)。

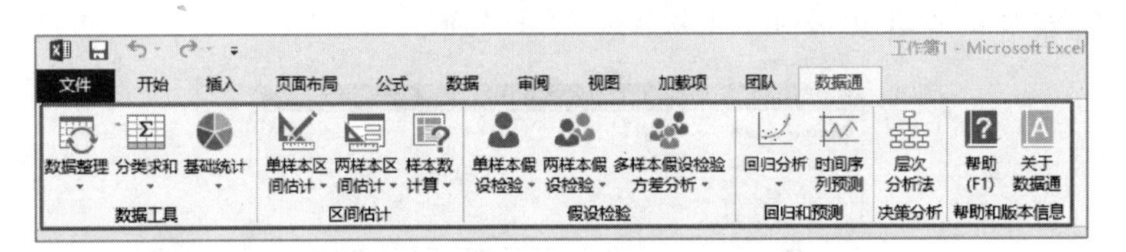

至此,“数据通”安装完毕。

三、在 Excel 中关闭“数据通”

1. 单击 Excel 菜单项“文件”:

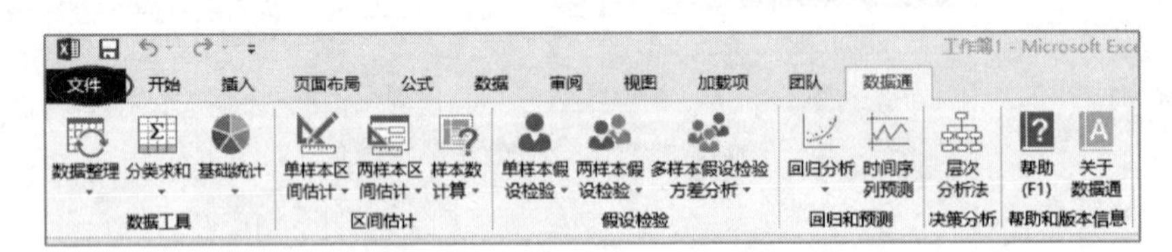

2. 单击“选项”：

3. 单击“Excel 选项”对话窗口左侧的“自定义功能区”：

4. 在“自定义功能区”右侧的窗口中，勾选“开发工具”：

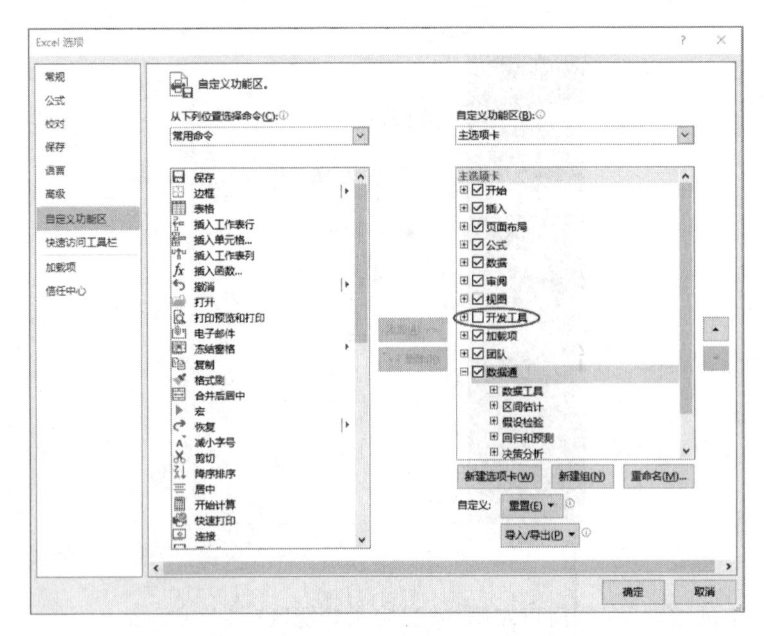

5. Excel 主菜单上出现“自定义功能区”选项卡：

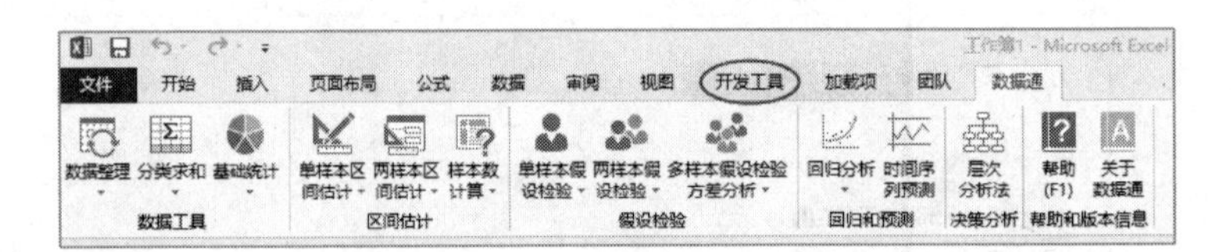

6. 单击“开发工具”选项卡中“COM 加载项”：

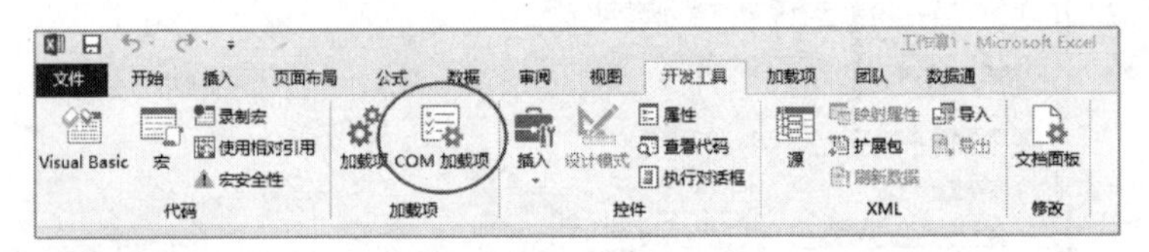

7. 单击“COM 加载项”，出现以下对话窗口：

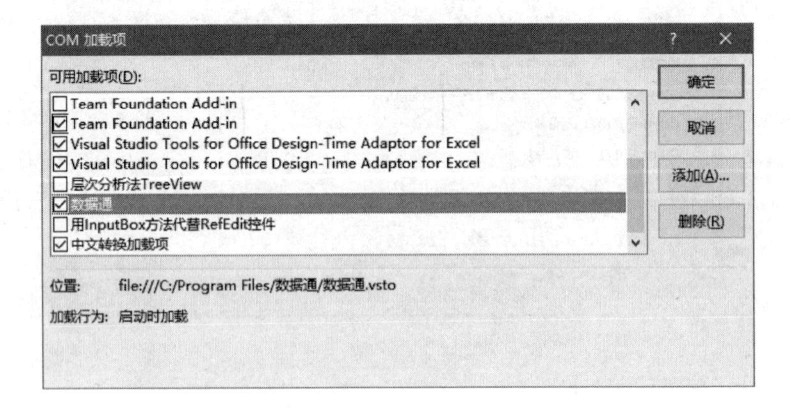

8. 在“COM 加载项”对话窗口中,取消勾选“数据通”,单击“确定”:

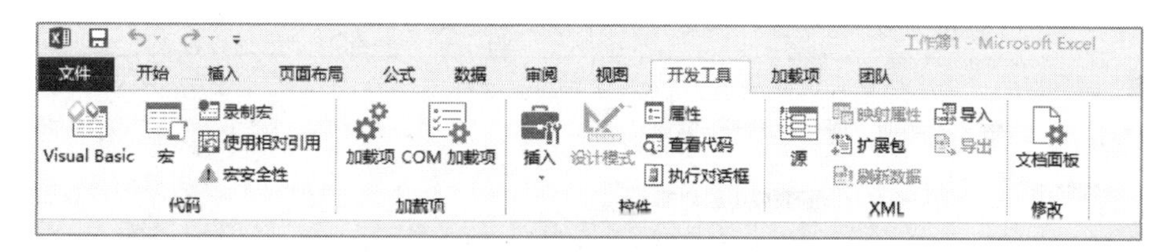

Excel 主菜单中“数据通”选项卡消失,Excel 中的“数据通”加载项已关闭。如果需要重新加载“数据通”,只要在 COM 加载项中,重新勾选“数据通”即可。

四、从 Windows 中卸载“数据通”

1. 右键单击 Windows 左下角 Windows 开始图标,在开始菜单中选择“Windows 系统\控制面板”:

2. 在“控制面板”对话窗口中选择“程序\卸载程序”:

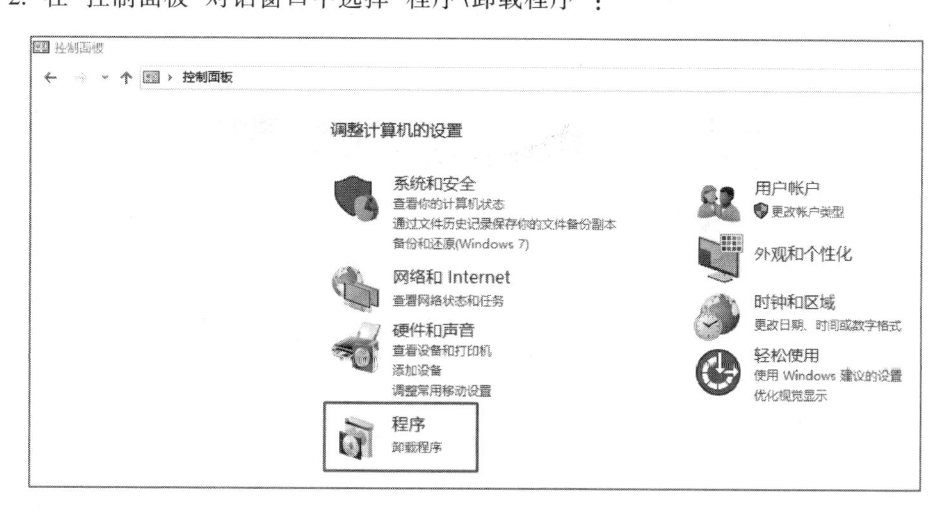

3. 单击“卸载程序”,在“卸载或更改程序”列表中找到“数据通”和“数据通版本 2.0.0.1”:

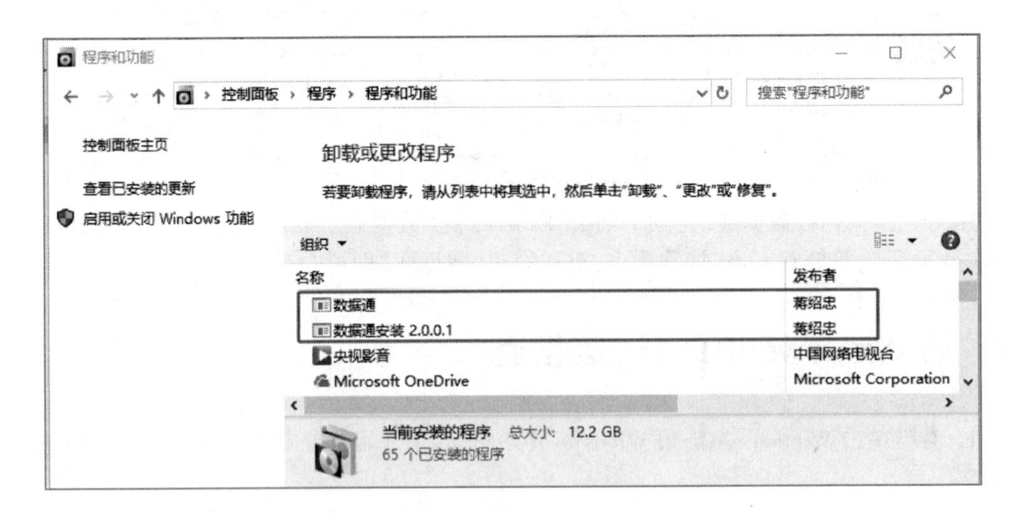

4. 分别右键单击“数据通”和“数据通安装 2.0.0.1”,并选择“卸载”:

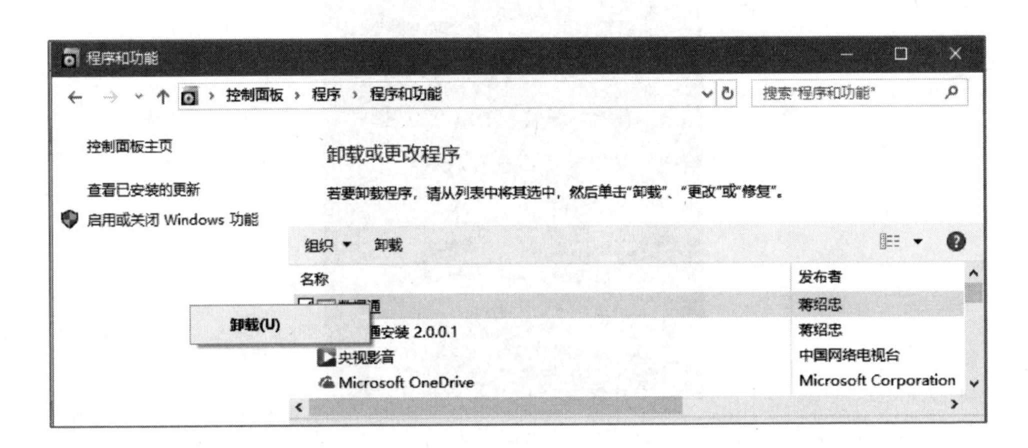

5. 弹出以下对话窗口:

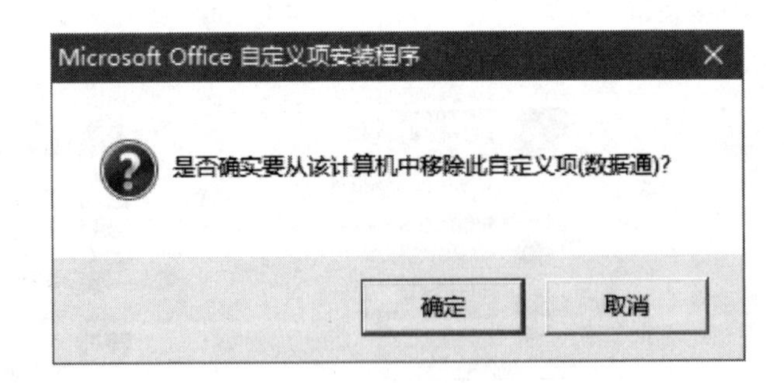

单击“确定”。这样就删除了 Office 自定义项(数据通)。用同样的方法继续删除第二个程序“数据通安装 2.0.0.1”后,“数据通”即从 Windows 系统中被彻底删除。

6. 为了确认“数据通”是否被删除，单击“开发工具”中“COM 加载项”：

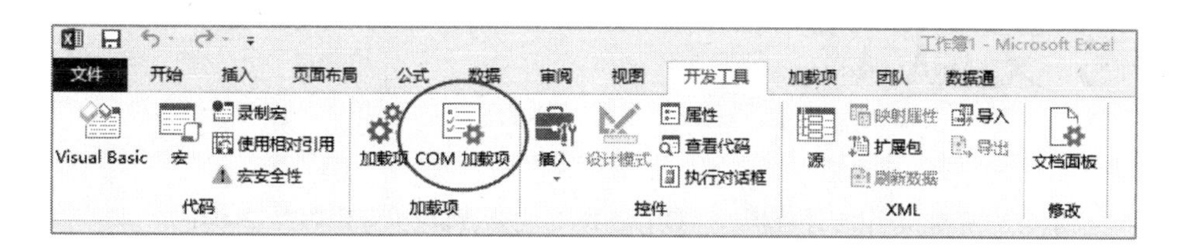

7. 在“COM 加载项”对话窗口“可用加载项”中，“数据通”已不再出现。

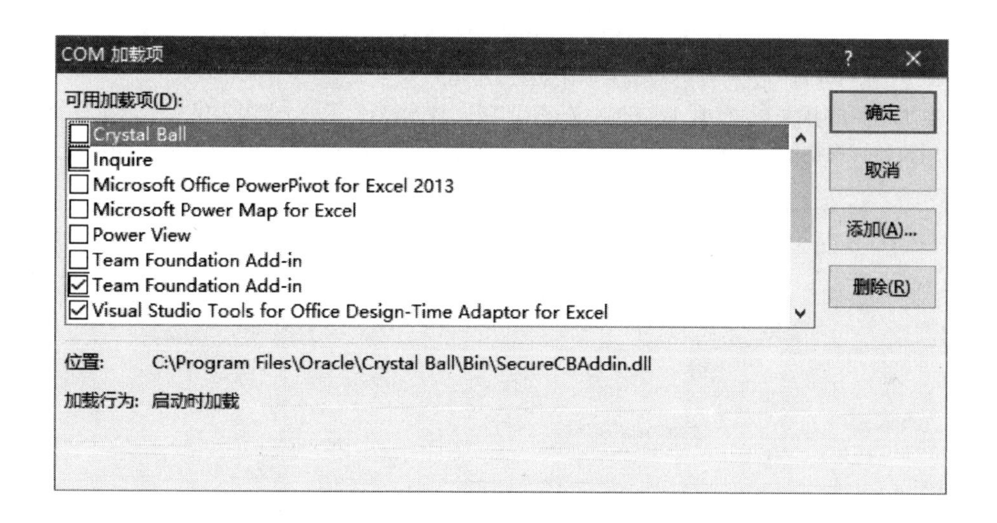

参考文献

1. 杰拉尔德·凯勒.应用统计分析——使用 Excel,北京:机械工业出版社,2004.

2. 朱建平,范霄文编著. Excel 在统计工作中的应用,北京:清华大学出版社,2007.

3. 戴维·R.安德森,丹尼斯·J.斯威尼,托马斯·A. 威廉斯,基普·马丁.数据、模型与决策.侯文华等译,北京:机械工业出版社,2009.

4. 梁飞豹,吕书龙,薛美玉,刘文丽编著.应用统计方法,北京:北京大学出版社,2010.

5. 谢宇.回归分析.北京:社会科学文献出版社,2010.

6. 詹姆斯·R.埃文斯.数据、模型与决策(第四版).杜本峰译,北京:中国人民大学出版社,2011.

7. 斯科特·梅纳德.应用 Logistic 回归分析(第二版).李俊秀译,上海:格致出版社,2012.

教辅申请说明

北京大学出版社本着“教材优先、学术为本”的出版宗旨，竭诚为广大高等院校师生服务。为更有针对性地提供服务，请您按照以下步骤在微信后台提交教辅申请，我们会在1~2个工作日内将配套教辅资料，发送到您的邮箱。

◎手机扫描下方二维码，或直接微信搜索公众号“北京大学经管书苑”，进行关注；

◎点击菜单栏“在线申请”—“教辅申请”，出现如右下界面：

◎将表格上的信息填写准确、完整后，点击提交；

◎信息核对无误后，教辅资源会及时发送给您；
如果填写有问题，工作人员会同您联系。

教辅申请表

1. 您的姓名：*

2. 学校名称*

3. 院系名称*

••• •••

感谢您的关注，我们会在核对信息后在1~2个工作日内将教辅资源发送给您。

提交

温馨提示：如果您不使用微信，您可以通过下方的联系方式（任选其一），将您的姓名、院校、邮箱及教材使用信息反馈给我们，工作人员会同您进一步联系。

我们的联系方式：

北京大学出版社经济与管理图书事业部

北京市海淀区成府路205号，100871

联 系 人：周莹

电　　话：010-62767312 /62757146

电子邮件：em@pup.cn

Q Q：5520 63295（推荐使用）

微信：北京大学经管书苑（pupembook）

网址：www.pup.cn